COMENTARIO MACARTHUR

DEL
NUEVO TESTAMENTO

FILIPENSES, COLOSENSES Y FILEMÓN

JOHN MACARTHUR

EDITORIAL PORTAVOZ

Título del original: *The MacArthur New Testament Commentary: Philippians* © 2001 por John MacArthur y publicado por Moody Publishers, 820 N. LaSalle Boulevard, Chicago, IL 60610. Traducido con permiso.

Título del original: *The MacArthur New Testament Commentary: Colossians & Philemon* © 1992 por John MacArthur y publicado por Moody Publishers, 820 N. LaSalle Boulevard, Chicago, IL 60610. Traducido con permiso.

Edición en castellano: *Comentario MacArthur del Nuevo Testamento: Filipenses, Colosenses, Filemón* © 2012 por Editorial Portavoz, filial de Kregel, Inc., Grand Rapids, Michigan 49505. Todos los derechos reservados.

EDITORIAL PORTAVOZ
2450 Oak Industrial Dr. NE
Grand Rapids, Michigan 49505 USA
Visítenos en: www.portavoz.com

ISBN 978-0-8254-1805-1

3 4 5 6 / 25 24 23 22 21

Impreso en los Estados Unidos de América
Printed in the United States of America

FILIPENSES

Contenido

Prólogo

La predicación expositiva del Nuevo Testamento aún significa para mí una gratificante comunión con Dios. Mi meta es tener siempre una comunión profunda con el Señor en la comprensión de su Palabra, y basado en esa experiencia, explicarle a su pueblo el significado de un pasaje. En palabras de Nehemías 8:8, mi intención es "ponerle el sentido" a fin de que puedan escuchar a Dios hablar, y de esta manera, corresponderle.

Es evidente que el pueblo de Dios necesita entender a Dios, y esto exige conocer su Palabra de verdad (2 Ti. 2:15) y permitir que esa Palabra more en abundancia en nosotros (Col. 3:16). La principal razón de ser de mi ministerio es contribuir a que la Palabra viviente de Dios cobre vida para su pueblo. Esta es una aventura siempre refrescante.

Esta serie de comentarios del Nuevo Testamento refleja la búsqueda de este objetivo que consiste en explicar y aplicar las Escrituras. Algunos comentarios son en esencia lingüísticos, otros de enfoque teológico, y otros homiléticos. El presente comentario es básicamente explicativo, o expositivo. Aunque no se especializa en la lingüística, recurre a ella en los casos que requieren una adecuada interpretación. Tampoco se extiende en lo teológico, aunque se centra en las principales doctrinas presentes en cada texto y en su relación con las Escrituras en su conjunto. Y aunque no es en esencia homilético, cada unidad de pensamiento abarca por lo general un capítulo con un bosquejo claro y un orden de ideas lógico. La mayoría de los conceptos están ilustrados y aplicados con base en otros pasajes de las Escrituras. Tras haber establecido el contexto de un pasaje, me he esforzado en seguir de cerca la evolución argumentativa y el razonamiento del escritor.

Mi oración es que cada lector pueda entender plenamente lo que el Espíritu Santo dice a través de este pasaje de la Palabra, de manera que su revelación pueda fijarse en las mentes de los creyentes y producir en ellos una mayor obediencia y fidelidad, para la gloria de nuestro gran Dios.

Introducción

Hoy día las personas están empeñadas en la búsqueda apasionada de la felicidad. Libros de autoayuda, oradores motivacionales y columnistas de opinión pretenden ofrecer la llave de la felicidad, si bien para muchos la puerta sigue cerrada. Incapaces de controlar sus circunstancias, descubren más bien que ellas los controlan. Cada vez que sus hogares, trabajos o relaciones (o en el caso de los cristianos, la iglesia) fallan en brindarles felicidad, abandonan y buscan algo nuevo. Con todo, en el torbellino de la vida, nunca parecen alcanzar lo que tanto anhelan. Tras un esfuerzo inútil por hallar la felicidad en el placer y la gratificación personal, llegan a la consabida visión de la vida que declaró el predicador en Eclesiastés 1:2: "Vanidad de vanidades, todo es vanidad".

Si bien la felicidad, aquel sentimiento de alegría fugaz, nos elude, el gozo no. El gozo bíblico, la firme convicción de que Dios controla de manera soberana los sucesos de la vida para el bien del creyente y para gloria de Él, está al alcance de todos los que le obedecen. De hecho, Dios les ordena a los creyentes regocijarse (2:18; 3:1; 4:4; cp. 2 Co. 13:11; 1 Ts. 5:16). Ese gozo divino es el tema de Filipenses. La palabra griega para gozo, tanto en la forma sustantiva como verbal, se menciona más de doce veces en estos cuatro capítulos (1:4, 18, 25; 2:2, 17, 18, 28, 29; 3:1; 4:1, 4, 10).

Tanto las circunstancias del autor como de los destinatarios de esta breve epístola no son lo que podría considerarse una fuente de gozo y felicidad. El apóstol Pablo era prisionero en Roma cuando escribió esta carta a su amada congregación filipense. Pocas experiencias de su turbulenta vida desde su impresionante conversión en el camino a Damasco tres décadas antes serían consideradas un motivo de gozo. Había enfrentado una oposición violenta e implacable, tanto de los gentiles como de sus compatriotas judíos que no creían (cp. 2 Co. 11:23-30).

Justo después de la conversión de Pablo, su proclamación osada y valiente del evangelio despertó la ira de la población judía de Damasco. Ellos procuraron matarlo, y tuvo que escapar de allí en la noche escondido en una canasta que bajaron por el muro (Hch. 9:20-25). Luego tuvo que huir de Iconio (Hch. 14:5-6), fue apedreado y dado por muerto en Listra (Hch. 14:19-20), fue golpeado y encarcelado en Filipos (Hch. 16:16-40), tuvo que huir de Tesalónica después que su predicación suscitara un alboroto (Hch. 17:5-9); de allí salió para Berea, de donde también tuvo que escapar (Hch. 17:13-14); soportó la mofa y la burla de los filósofos griegos en Atenas (Hch. 17:16-34), fue llevado ante el procónsul romano en Corinto (Hch. 18:12-17), enfrentó la oposición judía (Hch. 19:9; cp. 20:18-19) y el alboroto de los gentiles en Éfeso (Hch. 19:21-41; cp. 1 Co. 15:32). Cuando se disponía a viajar desde Grecia hacia Palestina, una confabulación judía en contra suya lo obligó a cambiar su itinerario (Hch. 20:3). De camino a Jerusalén, se encontró con los ancianos de Éfeso en Mileto y les declaró: "Ligado yo en espíritu, voy a Jerusalén, sin saber lo que allá me ha de acontecer; salvo que el Espíritu Santo por todas las ciudades me da testimonio, diciendo que me esperan prisiones y tribulaciones" (Hch. 20:22-23). Al llegar a Jerusalén, los judíos de Asia Menor lo reconocieron en el templo, una turba enfurecida lo golpeó brutalmente, y fue rescatado de una muerte segura por la intervención de los soldados romanos que lo arrestaron (Hch. 21:27-36). Mientras Pablo estaba bajo custodia en Jerusalén, los judíos planearon otra emboscada contra su vida, y esto ocasiono que el comandante romano lo enviara al gobernador en Cesarea bajo estricta vigilancia (Hch. 23:12-35). Después que su caso se prolongara dos años sin resolverse y ante dos gobernadores romanos, Pablo ejerció su derecho como ciudadano romano y apeló al César (Hch. 25:10-11). Tras un viaje agitado, que incluyó el naufragio en una recia tormenta, Pablo llegó a Roma (Hch. 27, 28). En el momento de escribir Filipenses, el apóstol pasaba su cuarto año de custodia romana, a la espera de la decisión final del emperador Nerón para su caso.

La iglesia filipense también tenía su cuota de dificultades. Sus miembros eran extremadamente pobres, tanto que Pablo se admiró al constatar la contribución de ellos a la ofrenda que recaudó para los pobres en Jerusalén (2 Co. 8:1-5). Al igual que Pablo, sufrían persecución por causa de Cristo (1:27-30). Peor aún, eran atacados por falsos maestros (3:2, 18-19). Y para colmo de males, una pelea entre dos mujeres destacadas de la congregación amenazaba dañar la unidad de la iglesia (4:2-3; cp. 2:1-4, 14).

Pese a las circunstancias del autor y de los destinatarios, el gozo satura Filipenses, tanto que puede llamarse "la epístola del gozo". R. C. H. Lenski escribió: "El gozo es la música que resuena en esta epístola, la luz que esparce en toda ella. La epístola entera irradia gozo y felicidad" (*The Interpretation of St. Paul's Epistles to the Galatians, to the Ephesians, and to the Philippians* [La interpretación de las Epístolas de Pablo a los gálatas, a los efesios y a los filipenses] [Minneapolis: Augsburg, 1961], p. 691). Aquellos que estudian su enseñanza y aplican sus principios aprenderán, como su autor humano, el secreto para tener gozo, paz, y contentamiento en medio de cualquier circunstancia (4:11-13).

LA CIUDAD DE FILIPOS

Filipos era una ciudad importante al oriente de Macedonia (Grecia nororiental). Estaba ubicada en la fértil planicie aluvial del río Estrimón, cerca de la corriente profunda y caudalosa que se conocía como el río Gangites (cp. Hch. 16:13). La importancia de Filipos en la antigüedad estribaba en su ubicación estratégica (dominaba la vía terrestre a Asia Menor). En la época de Pablo un importante camino romano conocido como la Vía Egnatia atravesaba Filipos. La ciudad también era notable debido a las minas de oro ubicadas en las montañas cercanas.

Aquellas minas de oro despertaron el interés de Felipe II de Macedonia (padre de Alejandro Magno). Él anexó la región en 356 a.C. y fortificó la pequeña aldea de Krénides (denominada "las pequeñas fuentes" por sus manantiales cercanos), y cambió el antiguo nombre por Filipos ("ciudad de Felipe"), el suyo propio. Después que los romanos conquistaron Macedonia en el siglo II a.C., se anexó Filipos a la provincia romana que llevaba ese nombre. La ciudad cayó en cierto olvido por más de un siglo, hasta que en 42 a.C. se convirtió en el sitio de una de las batallas más decisivas de la historia romana. En esa batalla, conocida en la historia como la batalla de Filipos, las fuerzas de Antonio y Octavio ("César Augusto"; Lc. 2:1) vencieron las fuerzas republicanas de Bruto y Casio. La batalla marcó el fin de la república romana y el comienzo del imperio (el senado declaró emperador a Octavio en 29 a.C., después que éste derrotó a Antonio y a Cleopatra en la batalla de Accio en 31 a.C). Antonio y Octavio ubicaron a muchos de sus veteranos del ejército en Filipos, que recibió la codiciada categoría de colonia romana (cp. Hch. 16:12). Más adelante, otros veteranos de guerra romanos se establecieron allí.

Como colonia, Filipos tenía la misma categoría legal que las ciudades en Italia. Los ciudadanos de Filipos eran ciudadanos romanos, gozaban de la exención de ciertos impuestos, y no estaban sujetos a la autoridad del gobernador de la provincia. Los filipenses copiaron la arquitectura romana y su estilo de vestir, sus monedas llevaban inscripciones romanas, y el latín era el idioma oficial de la ciudad (aunque también se hablaba el griego).

LA IGLESIA DE FILIPOS

La iglesia filipense fue la primera que fundó Pablo en Europa. El apóstol llegó a Filipos en su segundo viaje misionero, siendo dirigido de manera poderosa por el Espíritu Santo:

> *Y se le mostró a Pablo una visión de noche: un varón macedonio estaba en pie, rogándole y diciendo: Pasa a Macedonia y ayúdanos. Cuando vio la visión, en seguida procuramos partir para Macedonia, dando por cierto que Dios nos llamaba para que les anunciásemos el evangelio (Hch. 16:9-10).*

Aunque los primeros convertidos eran judíos o judíos prosélitos (Hch. 16:13-15), los gentiles eran mayoría en la congregación. El hecho de que no hubiera sinagoga en Filipos (pues de lo contrario las mujeres a quienes Pablo encontró primero no estarían reunidas fuera de la ciudad el sábado), prueba que la ciudad contaba con una limitada población judía. El nacimiento de la iglesia fue marcado por la admirable conversión de Lidia, una mujer prosélita y adinerada (Hch. 16:13-15), y del carcelero (Hch. 16:25-34). (Para una descripción de los acontecimientos relacionados con la fundación de la iglesia filipense, véase el capítulo 18 de este libro).

Los filipenses sentían un profundo afecto por Pablo, que era recíproco. Aunque eran pobres, ellos solos lo apoyaron económicamente durante una etapa de su ministerio (4:15). Ahora, después de muchos años, habían vuelto a enviar al apóstol una abundante contribución en su hora de necesidad. (Para profundizar en el tema del apoyo financiero de los filipenses a Pablo, véase el capítulo 20 de este libro). Medio siglo después, la iglesia filipense mostraría la misma generosidad hacia Ignacio, padre de la iglesia, el cual pasó por esa ciudad de camino al martirio en Roma.

Pablo escribió esta carta a su amada congregación filipense para agradecerles su generosa dádiva (4:10-19), explicar el motivo por el cual les enviaba de nuevo a Epafrodito (2:25-30), informarles sobre sus circunstancias (1:12-26), y advertirles acerca del peligro de los falsos maestros (3:2, 18-19).

AUTOR

El texto de Filipenses inspirado por Dios presenta a Pablo como el autor (1:1), de modo que la autoría del libro no admite discusión. De hecho, aparte de unos pocos críticos radicales del siglo XIX, dicha autoría jamás ha sido cuestionada. Hoy día la mayoría de los eruditos, sin importar sus convicciones teológicas, la consideran una auténtica epístola paulina. J. B. Lightfoot comenta:

> La mayoría de los lectores podría considerar que la evidencia interna descarta cualquier duda sobre la autenticidad de la Epístola a los Filipenses. Dicha evidencia presenta dos facetas, una negativa y otra positiva. Por un lado, la Epístola refleja por completo la mente y el carácter de san Pablo, aun en los más delicados matices. Por el otro, no ofrece argumento alguno para considerar una falsificación. Solo puede concebirse como la expresión del sentimiento personal impulsada por las circunstancias del momento. Un falsificador no habría producido una obra tan carente de propósito (porque debió serlo en ese caso), y habría sido incapaz de producir una tan natural (*St. Paul's Epistle to the Philippians* [La Epístola de san Pablo a los Filipenses] [Reimpreso; Grand Rapids: Zondervan, 1953], p. 74).

LUGAR Y FECHA

Pablo escribió Filipenses, al igual que Colosenses, Efesios, y Filemón, desde la prisión. Hasta finales del siglo XVIII, la iglesia reconoció que las cuatro epístolas de prisión fueron escritas durante el cautiverio del apóstol en Roma (Hch. 28:14-31). Sin embargo, en épocas más recientes se ha propuesto que Cesarea y Éfeso también son lugares posibles.

La evidencia de que Pablo escribió Filipenses desde Roma es notable. Lo más lógico es que expresiones como "el pretorio" (1:13) y "la casa de César" (4:22) se entiendan como referencias a la guardia del emperador y a los sirvientes establecidos en Roma. Los detalles del cautiverio de Pablo como se registran en Hechos concuerdan con los de Filipenses. Pablo era vigilado por soldados (Hch. 28:16; Fil. 1:13-14), se le permitía recibir visitas (Hch. 28:30; Fil. 4:18), y gozaba de libertad para predicar el evangelio (Hch. 28:31; Fil. 1:12-14). El hecho de que existiera una iglesia numerosa en la ciudad desde donde Pablo escribió (cp. 1:12-14) también favorece la opción de Roma. Es indiscutible que la iglesia en la capital imperial era mucho mayor que la de Éfeso, o especialmente la de Cesarea.

Existen dos objeciones principales a la idea tradicional de que Pablo escribió Filipenses desde Roma. Primero, algunos arguyen que mientras Pablo intentaba visitar España después de pasar por Roma (Ro. 15:24, 28), las epístolas de prisión registran sus planes de visitar Filipos (2:24) y Colosas (Flm. 22) después de su liberación. Ellos sostienen, por tanto, que Filipenses (y Colosenses) debieron escribirse antes de que Pablo llegara a Roma. Si bien es cierto que Pablo había planeado en un principio visitar España después de Roma, dos hechos lo llevaron a cambiar sus planes. Pablo no había previsto llegar a Roma como prisionero. Había pasado cuatro años bajo la custodia romana, y durante ese tiempo surgieron problemas en las iglesias de Grecia y Asia Menor. Por consiguiente, Pablo decidió volver a visitar estas iglesias antes de emprender su viaje a España. Además, el hecho de que la iglesia en Roma no estaba unida para apoyarlo (cp. 1:14-17) demoró la visita del apóstol a España (cp. Ro. 15:24).

Segundo, algunos piensan que en Filipenses se sugieren varios viajes entre Filipos y la ciudad desde donde Pablo escribió. Debido a la gran distancia que existe entre Roma y Filipos, ellos creen que todos esos viajes no pudieron ocurrir durante el cautiverio de Pablo en Roma. Por otro lado, Éfeso estaba mucho más cerca de Filipos. (Cabe agregar que, de ser válido, ese argumento significaría descartar a Cesarea como lugar donde se escribió Filipenses. Cesarea no estaba más cerca de Filipos de lo que estaba Roma).

Con todo, ese argumento no es válido. Moisés Silva señala lo siguiente:

> Es muy posible ubicar esos tres viajes [entre Roma y Filipos] en un período de cuatro a seis meses. Sin embargo, aun si le concedemos dos meses de

> duración a *cada uno*, bastaría un lapso muy inferior a un año para dar
> cuenta de ellos (y según los datos, nada nos obliga a pensar que debió
> transcurrir menos de un año desde la llegada de Pablo a Roma hasta
> el momento de escribir Filipenses). Es muy difícil comprender por qué
> este argumento contra el origen de la epístola en Roma aún se considera
> con seriedad. El asunto debería excluirse de un estudio más amplio. Y al
> hacerlo, el único argumento contra el concepto tradicional [que Pablo
> escribió Filipenses desde Roma] desaparece (*Philippians*[Filipenses], The
> Wycliffe Exegetical Commentary [Chicago: Moody, 1988], p. 7. Cursivas
> del original).

El argumento más convincente de que Pablo escribió Filipenses desde Roma se basa en el carácter perentorio del veredicto que esperaba el apóstol. Sería liberado, lo cual aguardaba confiado (1:19, 24-26; 2:24), o ejecutado (1:20-21, 23). De cualquier forma, la decisión con respecto a su caso sería definitiva, y no habría apelación. Parece que esto excluye tanto Cesarea como Éfeso, puesto que como ciudadano romano Pablo pudo (como sucedió según Hch. 25:11-12) ejercer su derecho de apelar al emperador desde esas ciudades (lo que un escritor denominó "el as bajo la manga" de Pablo).

Las teorías de que Pablo escribió Filipenses desde Cesarea o Éfeso enfrentan más complicaciones significativas. Los proponentes del punto de vista a favor de Cesarea señalan que la misma palabra griega traducida como "pretorio" en 1:13 se emplea en los Evangelios y en Hechos para referirse a los palacios del gobernador en Jerusalén (Mt. 27:27; Mr. 15:16; Jn. 18:28, 33; 19:9) y en Cesarea (Hch. 23:35). Sin embargo, la frase "y a todos los demás" (1:13) indica que Pablo se refería a las tropas de la guardia pretorial, no a un edificio. El hecho de que Pablo no menciona a Felipe el evangelista resulta enigmático si escribió las Epístolas de prisión desde Cesarea, ya que Felipe vivió en esa ciudad y hospedó a Pablo y a sus acompañantes (Hch. 21:8). Además, Hechos no registra una predicación extensa del evangelio en Cesarea como la que relata en 1:12-18. Por último, la expectativa de Pablo de una pronta liberación (cp. 1:25; 2:24) no concuerda con las circunstancias de su cautiverio en Cesarea. Allí la única esperanza de liberación de Pablo era sobornar a Félix, o aceptar la solicitud de Festo de volver a Jerusalén para un juicio. Como es obvio, Pablo rechazó ambas opciones y se quedó en Cesarea como prisionero hasta su apelación al emperador.

Aunque la teoría que sostiene que Pablo escribió Filipenses (y las otras Epístolas de prisión) desde Éfeso goza de mayor aceptación que la de Cesarea, también enfrenta serias dificultades. La más evidente y seria es que no existe registro alguno en Hechos de que Pablo estuviera jamás encarcelado en Éfeso. Ese silencio resulta significativo, en especial porque Lucas consagra un capítulo entero (Hch. 19) al ministerio de Pablo allí que duró tres años. Además, la declaración de Pablo a los ancianos de la iglesia en Éfeso: "Por tres años, de noche y de día, no he cesado de amonestar con lágrimas a cada uno" (Hch. 20:31), sugiere que su ministerio en aquella ciudad fue continuo, sin interrupción causada por un cautiverio prolongado. Otra omisión notable es que Pablo no mencionó en las Epístolas de prisión la colecta que se hizo para los santos de Jerusalén que sufrían pobreza, que sí mencionó en las Epístolas escritas durante su estadía en Éfeso (p. ej., Romanos, 1 y 2 Corintios). El hecho de que Pablo no mencionara a Gayo y a Aristarco en Filipenses también resulta extraño si la escribió desde Éfeso, ya que ellos estaban allí con él (Hch. 19:29). La iglesia que se encontraba en el lugar desde donde Pablo escribió Filipenses no estaba unida en apoyarlo (1:14-17; cp. 2:20-21). Sin embargo, eso no era cierto con respecto a la iglesia en Éfeso (cp. Hch. 20:36-38). Tampoco es probable que los filipenses hubieran sentido la necesidad de enviarle dádivas a Pablo en Éfeso, donde el apóstol gozaba del apoyo tanto de la iglesia como de los amigos cercanos, como Aquila y Priscila (cp. 1 Co. 16:19; 1 Corintios fue escrita desde Éfeso). Por último, aunque Lucas estuvo con Pablo en el momento de escribir las Epístolas de prisión (Col. 4:14), al parecer no acompañaba a Pablo en Éfeso (Hch. 19 no es uno de los pasajes de Hechos que hablan en primera persona del plural para indicar que Lucas acompañaba a Pablo).

Dado que Roma se ajusta a los hechos que se conocen del cautiverio de Pablo, mientras que Cesarea y Éfeso no, no hay motivo para rechazar la idea tradicional de que el apóstol escribió Filipenses cerca del final de su primer cautiverio en Roma (alrededor del 61 d.C.).

BOSQUEJO

I. Salutación de Pablo (1:1-11)

II. Situación de Pablo (1:12-26)

III. Exhortaciones de Pablo (1:27—2:18)

   A. Estar firmes en Cristo (1:27-30)

   B. Ser humildes como Cristo (2:1-11)

   C. Ser luminares para Cristo (2:12-18)

IV. Los compañeros de Pablo (2:19-30)

   A. Timoteo (2:19-24)

   B. Epafrodito (2:25-30)

V. Advertencias de Pablo (3:1—4:1)

   A. Contra el legalismo (3:1-16)

   B. Contra la impiedad (3:17—4:1)

VI. El gozo de Pablo (4:2-9)

VII. La gratitud de Pablo (4:10-20)

VIII. La despedida de Pablo (4:21-23)

La epístola del gozo

Pablo y Timoteo, siervos de Jesucristo, a todos los santos en Jesucristo que están en Filipos, con los obispos y diáconos: Gracia y paz a vosotros, de Dios nuestro Padre y del Señor Jesucristo. (1:1-2)

En términos generales, vivimos en un mundo triste, un mundo caído que conoce bien la desesperanza, la depresión, la desilusión, la insatisfacción, y el anhelo por una felicidad duradera que casi nunca llega. Los momentos de placer y satisfacción son escasos en medio del dolor que predomina y la pesadumbre de la vida. Muchas personas abrigan poca o ninguna esperanza de que sus vidas mejoren. La desesperanza tiende a aumentar con la edad. Largos años de vida se convierten con frecuencia en largos años de pesares, frustración, pérdida de seres amados y amigos, y muchas veces limitaciones físicas y dolor. Esos momentos de felicidad cada vez más escasos suelen producir una tristeza malsana y minan el gusto por la vida.

La mayoría de las personas define la felicidad como una actitud de satisfacción o deleite basada en las circunstancias positivas que en gran medida escapan a su control. Por consiguiente, la felicidad no puede planearse ni programarse, mucho menos garantizarse. Solo se experimenta si las circunstancias son favorables, y en ese momento nada más. Por tanto, resulta incierta y esquiva.

Por su parte, el gozo espiritual no es una actitud que depende del azar o las circunstancias. Es la confianza permanente y profunda de que, a pesar de las circunstacias de la vida, todo está bien entre el creyente y el Señor. Sin importar qué dificultad, dolor, desilusión, fracaso, rechazo, o cualquier otra prueba, el gozo verdadero permanece debido al bienestar eterno recibido por la gracia de Dios por medio de la salvación. Por eso, las Escrituras dejan claro que el supremo gozo, el más duradero y que produce mayor satisfacción, es el resultado de una genuina relación con Dios. No se basa en las circunstancias ni el azar, sino que es la posesión permanente y el don de todo hijo de Dios. Por tanto, no resulta sorprendente que el gozo sea un tema importante en el Nuevo Testamento. El verbo *regocijar (chairō)* aparece noventa y seis veces en el Nuevo Testamento (lo cual incluye las veces en las que se emplea como saludo), y el sustantivo *gozo (chara)* cincuenta y nueve. Las dos palabras aparecen trece veces en Filipenses.

Una teología bíblica del gozo abarca varios aspectos. Primero, el gozo es un don de Dios. David declaró: "Tú diste alegría a mi corazón mayor que la de ellos cuando abundaba su grano y su mosto. En paz me acostaré, y asimismo dormiré; porque solo tú, Jehová, me haces vivir confiado" (Sal. 4:7-8); "me mostrarás la senda de la vida; en tu presencia hay plenitud de gozo; delicias a tu diestra para siempre" (Sal. 16:11).

Segundo, Dios les concede gozo a quienes creen el evangelio. Al anunciar el nacimiento de Cristo a los pastores, el ángel dijo: "No temáis; porque he aquí os doy nuevas de gran gozo, que será para todo el pueblo: que os ha nacido hoy, en la ciudad de David, un Salvador, que es CRISTO el Señor" (Lc. 2:10-11). Jesús les dijo a sus discípulos: "Estas cosas os he hablado, para que mi gozo esté en vosotros, y vuestro gozo sea cumplido" (Jn. 15:11). Cristo vino a proclamar un evangelio que ofreciera verdadero gozo sobrenatural a quienes lo reciben como Salvador y Señor.

Tercero, el Espíritu Santo de Dios es quien produce gozo. Pablo dijo: "Porque el reino de Dios no es comida ni bebida, sino justicia, paz y gozo en el Espíritu Santo" (Ro. 14:17). En su carta a las iglesias de Galacia, el apóstol escribió: "Mas el fruto del Espíritu es amor, gozo, paz, paciencia, benignidad, bondad, fe, mansedumbre, templanza; contra tales cosas no hay ley" (Gá. 5:22-23).

Cuarto, el gozo se experimenta plenamente si los creyentes reciben y obedecen la Palabra de Dios. El profeta Jeremías exclamó: "Fueron halladas tus palabras, y yo las comí; y tu palabra me fue por gozo y por alegría de mi corazón; porque tu nombre se invocó sobre mí, oh Jehová Dios de los ejércitos" (Jer. 15:16). Una de las razones por las cuales el apóstol Juan escribió su primera carta es que su gozo, y el de sus lectores "sea cumplido" (1 Jn. 1:4).

Quinto, el gozo del creyente se profundiza mediante las pruebas. La plenitud del gozo se experimenta al enfrentar la tristeza, la pena y las dificultades. "Y vosotros vinisteis a ser imitadores de nosotros y del Señor, recibiendo la palabra en medio de gran tribulación, con gozo del Espíritu Santo" (1 Ts. 1:6). En su segunda carta a los creyentes en Corinto, Pablo habló de estar "entristecidos, mas siempre gozosos" (2 Co. 6:10). Santiago exhortó a los creyentes con estas palabras: "Tened por sumo gozo cuando os halléis en diversas pruebas" (Stg. 1:2), y Pedro los animó diciéndoles:

Bendito el Dios y Padre de nuestro Señor Jesucristo, que según su grande miseri-
cordia nos hizo renacer para una esperanza viva, por la resurrección de Jesucristo
de los muertos, para una herencia incorruptible, incontaminada e inmarcesible,

reservada en los cielos para vosotros, que sois guardados por el poder de Dios mediante la fe, para alcanzar la salvación que está preparada para ser manifestada en el tiempo postrero. En lo cual vosotros os alegráis, aunque ahora por un poco de tiempo, si es necesario, tengáis que ser afligidos en diversas pruebas (1 P. 1:3-6).

Sexto, el gozo de los creyentes se consuma al poner su esperanza en la gloria celestial. Siempre deben estar "gozosos en la esperanza" (Ro. 12:12). Pedro les recordó: "A quien amáis sin haberle visto, en quien creyendo, aunque ahora no lo veáis, os alegráis con gozo inefable y glorioso" (1 P. 1:8). Más adelante exhortó en esa carta: "Gozaos por cuanto sois participantes de los padecimientos de Cristo, para que también en la revelación de su gloria os gocéis con gran alegría" (1 P. 4:13). Judas concluyó su breve carta con esta preciosa bendición: "Y a aquel que es poderoso para guardaros sin caída, y presentaros sin mancha delante de su gloria con gran alegría, al único y sabio Dios, nuestro Salvador, sea gloria y majestad, imperio y potencia, ahora y por todos los siglos. Amén" (Jud. 24-25).

Quizá el lazo de amor que unía a Pablo con los creyentes filipenses era más fuerte que el que lo uniera con cualquier otra congregación. El tema del gozo en la carta de Pablo a los Filipenses se debe en gran medida al gozo que le inspiraba este amor. La profundidad del vínculo entre el apóstol y los filipenses lo animó durante su cautiverio y completó su gozo. Él se preocupaba por la unidad entre ellos, por su fidelidad, y por muchos otros asuntos espirituales y prácticos relevantes. Sin embargo, su mayor preocupación era aliviar la tristeza que sentían, por causa de las aflicciones que él padecía, con el gozo de saber de la fidelidad de Pablo al Señor y la gran recompensa que le esperaba en el cielo. Pablo no quería entristecerlos, sino comunicarles al máximo su gozo profundo y permanente en Jesucristo. Aunque Pablo les escribió advertencias y exhortaciones, los creyentes filipenses gozaban de un testimonio notable de madurez, pues el apóstol no hizo mención alguna de problemas teológicos o morales en la iglesia de Filipos. Eso también le trajo gozo al apóstol.

En los primeros dos versículos, el apóstol se describe a sí mismo y a Timoteo como siervos de Jesucristo, a los creyentes filipenses como santos en Jesucristo, y los saludó en el nombre de su Señor.

LOS SIERVOS

Pablo y Timoteo, siervos de Jesucristo, (1:1*a*)

Pablo es el amado apóstol que escribió trece epístolas del Nuevo Testamento, y tal vez el siervo de Jesucristo más ilustre y privilegiado que el mundo haya conocido. Con todo, se refirió a sí mismo y a **Timoteo** como **siervos de Jesucristo**, y nada más. No aludió a su autoridad apostólica ni el haber sido escogido para escribir parte de la Palabra escrita de Dios. Ante todo, se consideraba a sí mismo y a todo creyente como un esclavo del Señor.

Tal vez la descripción más clara y breve de Pablo que hay en el Nuevo Testamento fue escrita por el apóstol mismo en esta carta. Acerca de su vida en el judaísmo escribió:

> *Aunque yo tengo también de qué confiar en la carne. Si alguno piensa que tiene de qué confiar en la carne, yo más: circuncidado al octavo día, del linaje de Israel, de la tribu de Benjamín, hebreo de hebreos; en cuanto a la ley, fariseo; en cuanto a celo, perseguidor de la iglesia; en cuanto a la justicia que es en la ley, irreprensible. Pero cuantas cosas eran para mí ganancia, las he estimado como pérdida por amor de Cristo. Y ciertamente, aun estimo todas las cosas como pérdida por la excelencia del conocimiento de Cristo Jesús, mi Señor, por amor del cual lo he perdido todo, y lo tengo por basura, para ganar a Cristo, y ser hallado en él, no teniendo mi propia justicia, que es por la ley, sino la que es por la fe de Cristo, la justicia que es de Dios por la fe; a fin de conocerle, y el poder de su resurrección, y la participación de sus padecimientos, llegando a ser semejante a él en su muerte, si en alguna manera llegase a la resurrección de entre los muertos (Fil. 3:4-11).*

Las credenciales humanas de Pablo eran extraordinarias. Su vida era el epítome de la masculinidad judía, un "hebreo de hebreos" ejemplar, fiel a la tradición, celoso y legalista. A los ojos de sus compañeros era intachable y justo. Sin embargo, después de su conversión él consideró todo aquello por lo que era a los ojos de Dios: Pura basura. Descubrió que lo que consideraba valioso ante Dios era en realidad destructivo. Lo que creyó justo era en realidad impiedad, y lo abandonó jubiloso para obtener la verdadera justicia que solo viene "por la fe de Cristo, la justicia que es de Dios por la fe" (3:9).

Timoteo era también partícipe de esa justicia, como fiel siervo de **Jesucristo**. Era el hijo de Pablo en la fe (1 Ti. 1:2), y más que un protegido, un compañero estimado a quien el apóstol dejó un ministerio y un legado espiritual extraordinarios. Sus dos cartas inspiradas para Timoteo fueron escritas varios años antes, la primera después que el apóstol había sido liberado de su primer cautiverio en Roma y la segunda durante su segundo cautiverio allí.

La palabra **siervos** traduce el plural del conocido término griego *doulos*, que describe a una persona cuyo dueño es otro, al cual está subordinado y del cual depende. Pablo emplea el término para referirse a sí mismo al comienzo de tres de sus epístolas (Ro. 1:1; Fil. 1:1; Tit. 1:1), y en cada caso antecede la mención de su apostolado. Santiago (Stg. 1:1), Pedro (2 P. 1:1), y Judas (Jud. 1) lo emplean de igual forma.

Al emplearse en el Nuevo Testamento para referirse a la relación del creyente con Jesucristo, *doulos* describe un servicio voluntario, resuelto y consagrado. Refleja la actitud de un esclavo del Antiguo Testamento que rechazó la oportunidad de ser libre para someterse de manera voluntaria a su señor de por vida. La ley mosaica establecía: "Y si el siervo dijere: Yo amo a mi señor, a mi mujer y a mis hijos, no saldré libre; entonces su amo lo llevará ante los jueces, y le hará estar junto a la puerta o al poste; y su amo le horadará la oreja con lesna, y será su siervo para siempre" (Éx. 21:5-6). Acerca de todos los creyentes fieles, Pablo declaró: "Ahora estamos libres de la ley, por haber muerto para aquella en que estábamos sujetos, de modo que sirvamos bajo el régimen nuevo del Espíritu y no bajo el régimen viejo de la letra" (Ro. 7:6). A los Corintios él explicó: "Porque el que en el Señor fue llamado siendo esclavo, liberto es del Señor; asimismo el que fue llamado siendo libre, esclavo es de Cristo" (1 Co. 7:22).

Bajo esa perspectiva, **Pablo** y **Timoteo** solo consideraban el hecho de ser **siervos de Jesucristo** en el sentido más positivo. No se consideraban **siervos** de la iglesia, de Roma, ni de cualquier persona o institución, sino solo de **Jesucristo**. Pablo les recordó a los ancianos de la iglesia en Éfeso aquella devoción sincera al encontrarse con ellos en Mileto: "Pero de ninguna cosa hago caso, ni estimo preciosa mi vida para mí mismo, con tal que acabe mi carrera con gozo, y el ministerio que recibí del Señor Jesús, para dar testimonio del evangelio de la gracia de Dios" (Hch. 20:24). Cada creyente debe mostrar una devoción semejante, en especial si está llamado al ministerio. Aun si la devoción primordial de un pastor o maestro es hacia la iglesia, esto acarreará cierto grado de frustración, transigencia y fracaso espiritual. En cambio, la devoción a **Jesucristo** nunca será vana ni acarreará desilusión. Si el ministerio de un pastor se rige por las normas y opiniones de otros creyentes, sin duda se distanciará del evangelio y caerá en algún tipo de transigencia. Por el contrario, la devoción y la obediencia al Señor y a su Palabra siempre lo mantendrán en un andar fiel y piadoso.

Las cadenas que ataban a Pablo no reflejaban en realidad su servidumbre a Roma sino a su Señor. Su cautiverio *en* Roma simbolizaba su servidumbre *a* Jesucristo. "Mis prisiones", explicó, "se han hecho patentes en Cristo en todo el pretorio, y a todos los demás. Y la mayoría de los hermanos, cobrando ánimo en el Señor con mis prisiones, se atreven mucho más a hablar la palabra sin temor" (1:13-14). Jesucristo mismo fue quien le asignó todos sus deberes y suplió todas sus necesidades. Él tenía el mismo espíritu de devoción a Cristo que los siervos de David mostraban para con él como rey: "Y los siervos del rey dijeron al rey: He aquí, tus siervos están listos a todo lo que nuestro señor el rey decida" (2 S. 15:15). Jesús afirmó con toda claridad que "ninguno puede servir a dos señores; porque o aborrecerá al uno y amará al otro, o estimará al uno y menospreciará al otro. No podéis servir a Dios y a las riquezas" (Mt. 6:24). Y ya que el Señor a quien servimos es tan amoroso, sus siervos pueden testificar junto con Pablo: "Y me ha dicho: Bástate mi gracia; porque mi poder se perfecciona en la debilidad.

Por tanto, de buena gana me gloriaré más bien en mis debilidades, para que repose sobre mí el poder de Cristo" (2 Co. 12:9).

LOS SANTOS

a todos los santos en Cristo Jesús que están en Filipos, con los obispos y diáconos: (1:1*b*)

Pablo dirige su carta **a todos los santos en Jesucristo que están en Filipos**. Al igual que *qodesh*, la palabra equivalente en hebreo, *hagios* (**santos**) se refiere a alguien que es apartado, en particular los creyentes que son apartados por Dios para Él mismo. Ambas palabras se traducen por lo general "santo".

Por desdicha, se piensa con frecuencia que **los santos** corresponden a una orden superior y especial de cristianos que llevaron a cabo obras extraordinarias y llevaron una vida sobresaliente. En el sistema católico-romano, los santos son personas reverenciadas que son canonizadas después de su muerte de manera oficial en virtud del cumplimiento de ciertos requisitos. No obstante, las Escrituras establecen con claridad que todos los redimidos, ya sea bajo el Antiguo o el Nuevo Pacto, son **santos**, apartados del pecado para Dios.

Cuando Dios le ordenó a Ananías imponer sus manos al recién convertido Saulo (Pablo) para que este recobrara la vista, él respondió: "Señor, he oído de muchos acerca de este hombre, cuántos males ha hecho a tus santos en Jerusalén" (Hch. 9:13). Unos versículos más adelante, Lucas escribió: "Aconteció que Pedro, visitando a todos, vino también a los santos que habitaban en Lida" (Hch. 9:32). En ambos pasajes es evidente que **los santos** se refiere a *todos* los creyentes de esas ciudades (cp. Ef. 1:1; Col. 1:2). El hecho de que Pablo incluso se refiriera a los creyentes mundanos e inmaduros de Corinto como santos, revela sin duda alguna que no había relación del término con el carácter o la madurez espiritual. A ellos escribió: "A la iglesia de Dios que está en Corinto, a los santificados en Cristo Jesús, llamados a ser santos con todos los que en cualquier lugar invocan el nombre de nuestro Señor Jesucristo, Señor de ellos y nuestro" (1 Co. 1:2). Al igual que todos los creyentes, los cristianos de Corinto no eran santos por su madurez espiritual (cp. 1 Co. 3:1-3), sino porque eran "llamados a ser santos", una referencia a su llamado a la salvación (cp. Ro. 8:29-30).

Todos los creyentes son **santos**, no porque sean justos en sí mismos, sino porque lo son **en** su Señor, **Jesucristo**, cuya justicia les fue impartida (Ro. 4:22-24). Un budista no alega que está *en* Buda, ni un musulmán declara que está *en* Mahoma. Un adepto de la Ciencia Cristiana no está *en* Mary Baker Eddy, ni un mormón *en* José Smith o Brigham Young. Pueden seguir fielmente las enseñanzas y el ejemplo de esos líderes religiosos, pero no están *en* ellos. Solo los cristianos pueden decir que están *en* su Señor porque han sido hechos uno con Él en espíritu (cp. Ro. 6:1-11). "Pero Dios, que es rico en misericordia, por su gran amor con que nos amó, aun estando nosotros muertos en pecados, nos dio vida juntamente con Cristo (por gracia sois salvos), y juntamente con él nos resucitó, y asimismo nos hizo sentar en los lugares celestiales con Cristo Jesús" (Ef. 2:4-6). A los gálatas les dijo: "Con Cristo estoy juntamente crucificado, y ya no vivo yo, mas vive Cristo en mí" (Gá. 2:20). En las cartas de Pablo, la frase "en Jesucristo" aparece cincuenta veces, "en Cristo" veintinueve veces, y "en el Señor" cuarenta y cinco. Estar **en Jesucristo** y ser así aceptado por Dios constituye para el creyente la suprema fuente de gozo.

Los obispos y diáconos tienen el llamado de guiar a la iglesia. Como se ve claramente en Hechos 20:17, 28 y Tito 1:5, 7, *obispo* es otro término para decir *anciano*, el nombre más conocido del Nuevo Testamento para el cargo (cp. Hch. 11:30; 14:23; 15:2, 4, 6, 23; Stg.5:14). A los ancianos también se les llama pastores (Hch. 20:28; 1 P. 5:1-2), pastores y maestros (Ef. 4:11), y obispos (cp. Hch. 20:28; 1 Ti. 3:2). Sus notables virtudes se describen en 1 Timoteo 3:1-7 y Tito 1:6-9. Al hablar del dinero para aliviar el hambre, que la iglesia de Antioquía envió por medio de Bernabé y Saulo a los ancianos de Judea, se menciona primero a **los obispos**, o ancianos (Hch. 11:30). Ellos comunican la norma de Cristo en las iglesias locales por medio de la predicación, la enseñanza, el ejemplo de una vida piadosa, y el liderazgo guiado por el Espíritu Santo.

Si bien el papel que desempeñan es principalmente un servicio práctico más que la predicación o la enseñanza, **los diáconos** deben cumplir con las mismas normas elevadas a nivel espiritual y moral (1 Ti. 3:8-13) que los ancianos. La diferencia entre los dos cargos es que los ancianos deben ser maestros experimentados (1 Ti. 3:2; Tit. 1:9).

SALUTACIÓN

Gracia y paz a vosotros, de Dios nuestro Padre y del Señor Jesucristo. (1:2)

Pablo usó esta conocida salutación en varias de sus cartas a las iglesias (Ro. 1:7; 1 Co. 1:3; 2 Co. 1:2; Ef. 1:2; Col. 1:2-3; 2 Ts. 1:2) así como en una carta personal (Flm. 3). Es una expresión del profundo amor del apóstol hacia sus hermanos creyentes, incluso los inmaduros de Corinto que le causaron tanta tristeza. Sin embargo, debió sentir un gozo y una gratitud especiales por los santos en Filipos quienes, a diferencia de los corintios, habían sido motivo de inmenso consuelo y satisfacción.

El supremo don divino que reciben los pecadores arrepentidos que creen es la eterna **gracia** salvadora, y la **paz** eterna su mayor bendición. La fuente de ambas es **Dios nuestro Padre y el Señor Jesucristo**. Esta salutación expresa el amor continuo de Pablo y su preocupación por los fieles creyentes en Filipos, y sirve como introducción a los innumerables motivos para regocijarse que tanto menciona en la más afectuosa de sus epístolas.

La habitual salutación del Nuevo Testamento que menciona tanto a **Dios nuestro Padre** como al **Señor Jesucristo** destaca repetidas veces la unidad que existe entre los dos en su naturaleza (Ro. 1:7; 1 Co. 1:3, 9; 2 Co. 1:2-3; Gá. 1:1, 3; Ef. 1:1-2; Fil. 1:2; Col. 1:3; 1 Ts. 1:1, 3; 1 Ti. 1:1-2; 2 Ti. 1:2; Tit. 1:4; Flm. 3; He. 1:1-3; Stg. 1:1; 1 P. 1:3; 2 P. 1:1-2; 1 Jn. 1:3; 2 Jn. 3; Jud. 1). **Dios Padre** comparte su naturaleza divina con **el Señor Jesucristo**. El énfasis en esta cualidad establece la deidad de nuestro Señor Jesús, que constituye la verdad central del cristianismo.

2

Los motivos del gozo

Doy gracias a mi Dios siempre que me acuerdo de vosotros, siempre en todas mis oraciones rogando con gozo por todos vosotros, por vuestra comunión en el evangelio, desde el primer día hasta ahora; estando persuadido de esto, que el que comenzó en vosotros la buena obra, la perfeccionará hasta el día de Jesucristo; como me es justo sentir esto de todos vosotros, por cuanto os tengo en el corazón; y en mis prisiones, y en la defensa y confirmación del evangelio, todos vosotros sois participantes conmigo de la gracia. Porque Dios me es testigo de cómo os amo a todos vosotros con el entrañable amor de Jesucristo. (1:3-8)

Un conocido examen para diagnosticar la depresión califica a las personas en una escala del uno al diez. A mayor puntaje, mayor gravedad. Si el apóstol Pablo se hubiera sometido a dicha prueba, sin duda habría puntuado cero, porque su gozo era completo e irrefrenable. Al igual que el autor de los Salmos 42 y 43, él sabía cómo vencer la depresión, la ansiedad y la preocupación (cp. Sal. 42:5, 11; 43:5).

Sin embargo, las circunstancias de Pablo en el momento de escribir su carta eran terribles. Estaba encarcelado en Roma, quizás al borde de la ejecución. Al final fue liberado de ese cautiverio, pero no estaba seguro de que eso sucediera cuando escribió Filipenses. Vivía bajo arresto domiciliario (Hch. 28:23, 30), y encadenado a un soldado romano (Hch. 28:16) para evitar cualquier fuga. Allí Pablo decayó, siendo incapaz de hacer la obra que amaba, mientras otros sacaban provecho de su situación para predicar el evangelio por envidia y contienda (1:15-17). A pesar de eso, su corazón rebozaba de gozo (1:18). Si en algo afectaban aquellas horrendas circunstancias a Pablo, era para aumentar su gozo, pues él confiaba en el soberano propósito de su Señor y se volvía con mayor intensidad a Él en busca de fortaleza y consuelo.

El gozo verdadero es una constante en una vida llena del Espíritu (cp. Ro. 14:17), no un sentimiento pasajero que va y viene según las circunstancias. Puesto que Pablo gozaba de continua cercanía de Dios, estaba siempre gozoso. Experimentó la paz que sobrepasa todo entendimiento (4:7) y contentamiento

(4:11) de parte del Espíritu Santo en lo profundo de su corazón y de su alma porque estaba convencido de tener una conciencia irreprensible ante Dios (Hch. 23:1; 24:16; 2 Co. 1:12; 2 Ti. 1:3).

La iglesia filipense no era perfecta. Sin embargo, comparada con la mayoría de iglesias con las que Pablo se relacionaba, no tenían problemas morales o espirituales de consideración. Él los exhortó así: "Que os comportéis como es digno del evangelio de Cristo, para que o sea que vaya a veros, o que esté ausente, oiga de vosotros que estáis firmes en un mismo espíritu, combatiendo unánimes por la fe del evangelio" (1:27). Unos versículos más adelante, animó a los filipenses: "Completad mi gozo, sintiendo lo mismo, teniendo el mismo amor, unánimes, sintiendo una misma cosa. Nada hagáis por contienda o por vanagloria; antes bien con humildad, estimando cada uno a los demás como superiores a él mismo; no mirando cada uno por lo suyo propio, sino cada cual también por lo de los otros" (2:2-4). Luego les mandó: "Haced todo sin murmuraciones y contiendas, para que seáis irreprensibles y sencillos, hijos de Dios sin mancha en medio de una generación maligna y perversa, en medio de la cual resplandecéis como luminares en el mundo" (2:14-15). En el capítulo 4 les rogó a Evodia y a Síntique, quienes obviamente no habían aún resuelto un pleito, "que sean de un mismo sentir en el Señor" (v. 2), y animó a la iglesia entera con estas palabras: "Por nada estéis afanosos, sino sean conocidas vuestras peticiones delante de Dios en toda oración y ruego, con acción de gracias" (v. 6). Con todo, estas amonestaciones son más una forma de animar que de reprender.

A medida que Pablo pensaba en esta amada congregación a la cual escribía, su gozo iba en aumento. Él no pensaba mucho en sus propias circunstancias sino en la fidelidad de ellos (1:3-5), tampoco en sus propias aflicciones sino en el amor de ellos (2:1-2), ni en su propio padecimiento físico sino en la constancia espiritual que ellos manifestaban (2:12-16). Él pensaba en la generosidad desinteresada de ellos al enviarle ayuda financiera (4:14-16). Pensaba en su "provecho y gozo de la fe" (1:25), en sus "amados y deseados, gozo y corona mía" (4:1). Así, podía decir con absoluta sinceridad: "Doy gracias a mi Dios siempre que me acuerdo de vosotros" (1:3).

En 1:3-8 el apóstol presenta cinco motivos específicos de su gozo inspirado por el Espíritu en relación con sus hermanos. Se centra en el gozo de la remembranza (v. 3), de la intercesión (v. 4), de la comunión (v. 5), de la seguridad (v. 6), y del amor (vv. 7-8).

EL GOZO DE LA REMEMBRANZA

Doy gracias a mi Dios siempre que me acuerdo de vosotros, (1:3)

Gracias viene de *eucharisteō*, palabra de la cual se deriva "eucaristía", término que suele usarse para referirse a la Cena del Señor. En esa ordenanza los creyentes dan gracias a Dios al rememorar el sacrificio vicario de Cristo en la cruz. En este caso, Pablo da gracias por sus hermanos y hermanas espirituales en Filipos quienes, a lo largo de los años, habían sido motivo de tanta bendición y gozo para él.

La expresión **mi Dios** refleja la profunda intimidad y comunión de Pablo con el Señor, a quien pertenecía y servía (Hch. 27:23). Su gratitud por los filipenses era a **Dios**, lo cual pone de relieve que el Señor es la fuente última de todo gozo, y que la relación de los filipenses con Él por medio de Cristo era lo que impulsaba a Pablo a dar **gracias... a Dios**. Pablo manifestó una gratitud similar por los creyentes en Corinto (1 Co. 1:4), en Colosas (Col. 1:3), y en Tesalónica (1 Ts. 1:2; cp. 2:13), y por sus amados compañeros en la obra, Timoteo (2 Ti. 1:3) y Filemón (Flm. 4).

Los recuerdos que tenía Pablo de los filipenses empiezan con su segundo viaje misionero, cuando el apóstol fue por primera vez a Filipos. El Espíritu Santo lo guió de manera específica a ir a Macedonia (la provincia donde está ubicada Filipos) y no a Bitinia, como habían planeado con Silas (Hch. 16:7-10). El día de reposo salieron de la ciudad a la ribera del río, donde esperaban encontrar adoradores judíos. (Es evidente que no había suficientes hombres judíos en Filipos para formar una sinagoga). Los únicos presentes conformaban un grupo de mujeres que oraban. Una de ellas era Lidia, que "adoraba a Dios", lo cual significa que era una gentil y prosélita del judaísmo. El Señor abrió su corazón para recibir a Cristo. Al escuchar el evangelio, ella fue bautizada junto con su familia recién convertida, e instó a Pablo y a sus compañeros a hospedarse en su casa (Hch. 16:13-15). Lidia y su familia fueron los primeros cristianos convertidos en Europa, y llegaron a ser el centro de la primera iglesia en ese continente. La generosidad y hospitalidad que ellos manifestaron fueron virtudes que perduraron durante años en aquella congregación.

No cabe duda de que Pablo se acordaba también de la joven esclava en Filipos que tenía un demonio de adivinación, por el cual sus amos ganaban mucho dinero. Ella siguió al apóstol y a sus compañeros durante varios días y "daba voces, diciendo: Estos hombres son siervos del Dios Altísimo, quienes os anuncian el camino de salvación". Entonces, "desagradando a Pablo, éste se volvió y dijo al espíritu: Te mando en el nombre de Jesucristo, que salgas de ella. Y salió en aquella misma hora" (Hch. 16:16-18). Aunque Lucas no lo relata de manera específica, es probable que, al igual que Lidia, la joven naciera de nuevo y se convirtiera en una hermana en Cristo a quien Pablo ahora recordaba con cariño.

Pablo también pudo haberse acordado del tiempo que pasó en prisión en Filipos por causa de los amos de la joven esclava, quienes perdieron una gran fuente de ganancia e incitaron a la población contra él y contra Silas (Hch. 16:19-23). El Señor no solo les dio paz y gozo a pesar de sus cadenas, y puso canciones en sus corazones (Hch. 16:25), sino que también se sirvió de ese cautiverio para traer la salvación al carcelero y a su familia (Hch. 16:26-34). Al salir de la ciudad tras haber sido liberados de la prisión, Pablo y Silas fueron a la casa de Lidia por última vez y recibieron aliento de los muchos creyentes que vinieron a verlos allí (Hch. 16:40).

Pablo debió recordar muchas veces que, después de salir de Macedonia, la iglesia filipense fue la única que lo apoyó económicamente (Fil. 4:15-16). La generosidad de esos creyentes fervientes volvió a manifestarse en su contribución a la colecta que organizó Pablo para los creyentes necesitados de Jerusalén (2 Co. 8:1-5).

Tener el deseo sincero de recordar y fijarse en la bondad, amabilidad y aciertos de los demás no significa negar sus debilidades y defectos, sino más bien olvidarlos. El Espíritu Santo impulsa a los creyentes a apreciar el amor, la generosidad y la compasión de otros, y a olvidar lo demás (cp. 4:8; 1 Co. 13:4-7). Por otro lado, una persona que siempre se fija en lo negativo, en las fallas, defectos, y desaciertos, no es alguien controlado por el Espíritu Santo, sino tal vez un incrédulo. La amargura, el resentimiento, la crítica, la queja y demás son obras de la carne, no del Espíritu.

En gran medida, el gozo de Pablo se basaba en los recuerdos gratos y afectuosos de creyentes que, al igual que los filipenses, permanecían fieles al Señor, a sus hermanos en la fe, y a él.

EL GOZO DE LA INTERCESIÓN

siempre en todas mis oraciones rogando con gozo por todos vosotros, (1:4)

Otro motivo esencial de gozo para los creyentes es la intercesión ante Dios por otros. Los que son obedientes al Espíritu Santo se deleitarán en el privilegio de la oración intercesora. La intercesión fiel y sincera es mucho más que una obligación, es un gozo. Los intercesores fieles se preocupan más por las necesidades y el bienestar de otros que por los suyos, y le piden a Dios derramar su divina bendición sobre los demás. Una prueba infalible del gozo verdadero en un creyente es la medida en que ora con fervor por el bien y la bendición de otros, más que por él mismo.

El sustantivo *deēsis* (**oración**), usado en dos ocasiones en este versículo, encierra el significado básico de una petición, ruego, o súplica, y en el Nuevo Testamento, siempre se dirige a Dios (cp. Lc. 1:13; 5:33; Ro. 10:1; 2 Co. 1:11; He. 5:7; Stg. 5:16; 1 P. 3:12).

Como lo explica más adelante el apóstol en este capítulo (vv. 12-21), atravesaba entonces uno de los momentos más difíciles y dolorosos de su ministerio. Además de estar en prisión, le resultaba más agobiante aún el hecho de ser difamado por otros maestros y predicadores cuya intención era "añadir aflicción a [sus] prisiones" (v. 16). Si bien no desconocía ni era indiferente a este comportamiento injusto y maligno, estaba resuelto a no permitir que opacara su gozo. Antes bien, Pablo estaba agradecido porque "de todas maneras, o por pretexto o por verdad, Cristo es anunciado; y en esto me gozo, y me gozaré aún" (v. 18).

En ocasiones, la oración intercesora significa desilusión y sufrimiento. Más adelante en su carta, él aconsejó a los filipenses: "Hermanos, sed imitadores de mí, y mirad a los que así se conducen según el ejemplo que tenéis en nosotros. Porque por ahí andan muchos, de los cuales os dije muchas veces, y aun ahora lo digo llorando, que son enemigos de la cruz de Cristo; el fin de los cuales será perdición, cuyo dios es el vientre, y cuya gloria es su vergüenza; que sólo piensan en lo terrenal" (3:17-19). Esos falsos creyentes no solo estaban faltos de amor al extremo, sino eran mundanos procaces. Eran "enemigos de la cruz de Cristo". Sus falsas enseñanzas y su vida inmoral representaban una seria amenaza contra la iglesia, y esa lamentable situación acongojaba al apóstol. Pablo le recordó a la iglesia en Corinto: "Porque por la mucha tribulación y angustia del corazón os escribí con muchas lágrimas, no para que fueseis contristados, sino para que supieseis cuán grande es el amor que os tengo" (2 Co. 2:4; cp. 11:29).

Sin embargo, las oraciones de Pablo por los filipenses se ofrecían con gran afecto, gratitud y gozo. Ni los falsos maestros incrédulos, como los que menciona la carta, ni los creyentes contenciosos, como Evodia y Síntique (4:2), podían robarle a Pablo los alegres recuerdos de su amada congregación. Después de suplicarles a Clemente y a otro anciano de la iglesia de Filipos que ayudaran en la reconciliación de las dos mujeres, exclama: "Regocijaos en el Señor siempre. Otra vez digo: ¡Regocijaos!" (4:3-4).

Al igual que Pablo, los creyentes que poseen el gozo que Dios da no se centran en sí mismos, aun en medio del sufrimiento o de circunstancias difíciles. A ellos les preocupa más el sufrimiento, las circunstancias difíciles, las privaciones, los fracasos y las penas de sus hermanos creyentes, e interceden por ellos con fervor. Oran gozosos para que Dios bendiga en todo a sus hermanos en la fe, por encima de su propio bienestar espiritual. Más adelante en su carta, Pablo manifiesta este rasgo personal en una exhortación: "No mirando cada uno por lo suyo propio, sino cada cual también por lo de los otros" (2:4).

Parece que a lo largo de casi toda la historia de la iglesia solo un puñado de cristianos han conocido la verdad y el gozo pleno que Dios da a sus hijos obedientes. La falta de gozo se refleja de tres maneras: Pensamientos y conversaciones negativas acerca de otros, falta de interés por su bienestar, y falta de intercesión a su favor. Los creyentes sin gozo son egoístas, orgullosos, egocéntricos, y con frecuencia vengativos, y es inevitable que la tendencia a centrarse en sí mismos se manifieste en la falta de oración.

EL GOZO DE LA COMUNIÓN

por vuestra comunión en el evangelio, desde el primer día hasta ahora; (1:5)

Un tercer motivo del gozo que Dios da es la **comunión**. *Koinōnia* (comunión) se traduce por lo general "compañerismo", y su significado original era participar de algo que se tiene en común. Se emplea en varios pasajes con respecto a compartir las posesiones o el dinero. En la forma verbal, Pablo declara que los creyentes fieles deben practicar "compartiendo para las necesidades de los santos" (Ro. 12:13); y luego en la carta emplea la forma sustantiva al referirse a "una ofrenda para los pobres que hay entre los santos que están en Jerusalén" (Ro. 15:26; cp. 2 Co. 8:4, donde *koinōnia* se traduce como "participar"; 9:13). En 1 Timoteo 6:18 la forma adjetiva se traduce "dadivosos", y en Hebreos 13:16 el sustantivo se traduce "ayuda mutua".

En el sentido más amplio, Pablo se gozaba en que los filipenses fueran salvos y compañeros suyos en la predicación del evangelio. Dicha participación incluía el generoso apoyo financiero para con él. Más adelante en su carta él les recordó: "Y sabéis también vosotros, oh filipenses, que al principio de la predicación del evangelio, cuando partí de Macedonia, ninguna iglesia participó conmigo en razón de dar y recibir, sino vosotros solos; pues aun a Tesalónica me enviasteis una y otra vez para mis necesidades" (4:15-16).

Es indiscutible que el mayor bien que comparten los creyentes es su unidad espiritual, **su comunión en el evangelio** de Jesucristo. "Fiel es Dios", explicó Pablo, "por el cual fuisteis llamados a la comunión con su Hijo Jesucristo nuestro Señor" (1 Co. 1:9). La comunión incluye cooperar en la predicación de las buenas nuevas de salvación a quienes nunca las han escuchado, a fin de que la comunión espiritual pueda extenderse y glorificar a Dios en mayor medida (cp. 2 Co. 4:15). En este contexto la frase **en el evangelio** se refiere a la misión entera del ministerio del evangelio, en especial la evangelización. Así pues, Pablo aquí elogia a los filipenses por su participación fiel, permanente y conjunta, en esta suprema obligación.

Tal vez la hermosa bendición de Pablo en 2 Corintios resuma como ninguna otra el alcance y la profundidad de la *koinōnia* cristiana: "La gracia del Señor Jesucristo, el amor de Dios, y la comunión del Espíritu Santo sean con todos vosotros" (2 Co. 13:14). La gracia del Hijo que justifica, el amor del Padre que escoge, y la comunión santificadora del Espíritu Santo se unen de manera inextricable en la comunión de los santos, una hermandad espiritual inmensa que incluye a cada persona que profesa una fe salvadora en Jesucristo. Dicha comunión era una gran fuente de gozo para Pablo, como lo es para todos los cristianos que encuentran fortaleza, aliento, apoyo, y ayuda a través de su comunión con otros creyentes.

En su comentario sobre Filipenses, el célebre comentarista William Hendriksen enumera ocho aspectos, o tipos, de *koinōnia* cristiana (véase *New Testament Commentary: Exposition of Philippians* [Comentario del Nuevo Testamento: Estudio de Filipenses] [Grand Rapids: Baker, 1962], pp. 51-53). Su lista no pretende ser exhaustiva, y los ocho aspectos no necesariamente están en orden de importancia. Estos son: Gracia, fe, oración y acción de gracias, amor, servicio, ayuda a los necesitados, separación del mundo y guerra espiritual. Es evidente que en varios sentidos se superponen.

Primero y ante todo está la comunión de la gracia. No se trata de un compañerismo humano y natural, sino de uno que es planeado y movido por Dios a través de su Espíritu Santo. "Porque por gracia sois salvos por medio de la fe", declaró Pablo; "y esto no de vosotros, pues es don de Dios" (Ef. 2:8; cp. Hch. 15:11; Ro. 4:5). Todos los creyentes han sido escogidos por Dios por la gracia, para salvación. Si Él no los hubiera escogido, ellos no lo habrían escogido a Él. En Juan 6:44 Jesús declaró: "Ninguno puede venir a mí, si el Padre que me envió no le trajere; y yo le resucitaré en el día postrero". A los romanos Pablo escribió: "Porque a los que antes conoció [Dios], también los predestinó para que fuesen hechos conformes a la imagen de su Hijo, para que él sea el primogénito entre muchos hermanos. Y a los que predestinó, a éstos también llamó; y a los que llamó, a éstos también justificó; y a los que justificó, a éstos también glorificó" (Ro. 8:29-30; cp. Jn. 15:16).

Aquellos a quienes Dios escoge para salvación son unidos al Padre, al Hijo, y al Espíritu Santo, así como a sus hermanos en la fe. Refiriéndose a sí mismo, Jesús oró al Padre: "Como le has dado potestad sobre toda carne, para que dé vida eterna a todos los que le diste. Y esta es la vida eterna: que te conozcan a ti, el único Dios verdadero, y a Jesucristo, a quien has enviado" (Jn. 17:2-3). Pablo resumió esa verdad en estas palabras: "El que se une al Señor, un espíritu es con él" (1 Co. 6:17).

Segundo está la comunión de la fe. A nivel humano, solo la fe trae a los pecadores a la salvación. Pablo y Silas le dijeron al carcelero en Filipos: "Cree en el Señor Jesucristo, y serás salvo, tú y tu casa" (Hch. 16:31; cp. Ro. 10:9-10). Con todo, como ya se citó, aun la fe humana tiene origen divino: "Porque por gracia sois salvos por medio de la fe; y esto no de vosotros, pues es don de Dios" (Ef. 2:8).

Tercero está la comunión de la oración y de la acción de gracias. Nada une más a los creyentes que la adoración a Dios en alabanza y acciones de gracias. Los cristianos deben estar "dando siempre gracias por todo al Dios y Padre, en el nombre de nuestro Señor Jesucristo" (Ef. 5:20); y "todo lo que [hacen], sea de palabra o de hecho, [lo hacen] todo en el nombre del Señor Jesús, dando gracias a Dios Padre por medio de él" (Col. 3:17). Deben también estar "siempre gozosos… [orar] sin cesar… [dar] gracias en todo, porque esta es la voluntad de Dios para con [ellos] en Cristo Jesús" (1 Ts. 5:16-18).

Cuarto está la comunión del amor, la virtud suprema que encierra todas las demás. Es más importante que hablar en lenguas, profetizar, tener conocimiento teológico; más que la fe, la generosidad sacrificada e incluso el martirio (1 Co. 13:1-3). Pablo prosigue con esta declaración: "El amor es sufrido, es benigno; el amor no tiene envidia, el amor no es jactancioso, no se envanece; no hace nada indebido, no busca lo suyo, no se irrita, no guarda rencor; no se goza de la injusticia, mas se goza de la verdad. Todo lo sufre, todo lo cree, todo lo espera, todo lo soporta. El amor nunca deja de ser... el mayor de ellos es el amor" (1 Co. 13:4-8, 13). El apóstol Juan enseñó que el amor es la señal terminante de la comunión cristiana: "Amados, amémonos unos a otros; porque el amor es de Dios. Todo aquel que ama, es nacido de Dios, y conoce a Dios. El que no ama, no ha conocido a Dios; porque Dios es amor" (1 Jn. 4:7-8).

Quinto está la comunión de la ayuda a los necesitados. "Según tengamos oportunidad", amonestó Pablo, "hagamos bien a todos, y mayormente a los de la familia de la fe" (Gá. 6:10). Incluso bajo el antiguo pacto, a los creyentes se les ordenaba: "No te niegues a hacer el bien a quien es debido, cuando tuvieres poder para hacerlo" (Pr. 3:27).

Sexto está la comunión que promueve el evangelio, como ya se mencionó. Esto se lleva a cabo mediante la predicación, la enseñanza, el testimonio, y el apoyo a quienes el Señor ha llamado de manera específica a esos ministerios. Esta comunión es claramente el cumplimiento de la Gran Comisión de Jesús: "Por tanto, id, y haced discípulos a todas las naciones, bautizándolos en el nombre del Padre, y del Hijo, y del Espíritu Santo; enseñándoles que guarden todas las cosas que os he mandado" (Mt. 28:19-20).

Séptimo está la comunión de la separación del mundo. En su discurso en el Aposento Alto poco antes de su arresto, Jesús dijo a los once discípulos: "No sois del mundo, antes yo os elegí del mundo" (Jn. 15:19). Un aspecto restrictivo pero vital de la comunión es "guardarse sin mancha del mundo" (Stg. 1:27), lo cual jamás ha sido tan difícil como en nuestra era. Juan exhorta a los creyentes: "No améis al mundo, ni las cosas que están en el mundo. Si alguno ama al mundo, el amor del Padre no está en él. Porque todo lo que hay en el mundo, los deseos de la carne, los deseos de los ojos, y la vanagloria de la vida, no proviene del Padre, sino del mundo" (1 Jn. 2:15-16).

Octavo está la comunión de la guerra espiritual. En gran parte esto es una extensión del punto anterior. Si un creyente está realmente separado del mundo, se convertirá en el blanco de los ataques del mundo. "Si fuerais del mundo, el mundo amaría lo suyo; pero porque no sois del mundo, antes yo os elegí del mundo, por eso el mundo os aborrece. Acordaos de la palabra que yo os he dicho: El siervo no es mayor que su señor. Si a mí me han perseguido, también a vosotros os perseguirán" (Jn. 15:19-20). En esta gran lucha espiritual "las armas de nuestra milicia no son carnales", pues el conflicto no es de la carne, "sino poderosas en Dios para la destrucción de fortalezas" (2 Co. 10:4). En esta guerra los creyentes son soldados del mismo ejército (2 Ti. 2:3).

Un cristiano que decide abandonar la comunión con otros creyentes carecerá del gozo genuino que da el Espíritu. Es imposible vivir con gozo y fidelidad sin la comunión con los creyentes en Cristo. En cambio, el creyente que acostumbra rodearse de santos como él, y cumple con las responsabilidades que dicha comunión requiere y presenta, será lleno de gozo divino. Estar en compañía de quienes son coherederos con Cristo, personas que aman, se interesan, comprenden, y oran los unos por los otros, que sirven y pelean la buena batalla juntos, sin duda disfrutarán de un gozo abundante y permanente.

Tal es el gozo que Pablo expresó aquí con respecto a los creyentes filipenses. Ellos habían servido fielmente con él en su iglesia, habían proclamado el evangelio con él, adorado y orado con él, y defendido la fe con él. Habían compartido con prodigalidad sus recursos materiales con él una y otra vez. Habían sido sus incansables y abnegados compañeros **desde el primer día hasta ahora**, durante varios años.

EL GOZO DE LA SEGURIDAD

estando persuadido de esto, que el que comenzó en vosotros la buena obra, la perfeccionará hasta el día de Jesucristo; (1:6)

Un cuarto motivo de gozo es la seguridad. Nada puede animar tanto a un cristiano como la certeza de que, a pesar de las incertidumbres y dificultades de la vida, y sin importar cuántas derrotas espirituales pueda enfrentar, un día será hecho perfecto.

Persuadido es la traducción de *peithō*, que aquí significa estar seguro de o tener confianza en. La confianza de Pablo era mucho más que esperanza humana. Era la absoluta confianza, fruto de conocer y creer la promesa de Dios de que **el que comenzó en [él] la buena obra, la perfeccionará hasta el día de Jesucristo**. La salvación es obra exclusiva de Dios, y por ese motivo su consumación es tan cierta como si ya se hubiera cumplido.

Comenzó viene de *enarchomai*, un verbo compuesto que significa "empezar en". Se emplea solo dos veces en el Nuevo Testamento, y en ambos casos en relación con la salvación. Pablo reprendió a ciertos creyentes de las iglesias de Gálatas que se creían capaces de terminar en sus propias fuerzas lo que Dios había comenzado en sus vidas solo por el poder del Espíritu Santo. Preguntó retóricamente: "¿Tan necios sois? ¿Habiendo comenzado por el Espíritu, ahora vais a acabar por la carne?" (Gá. 3:3). En efecto, en este pasaje de Filipenses el apóstol responde a la misma pregunta, y les asegura a los filipenses que su salvación es obra exclusiva de la gracia de Dios. Para la salvación Dios demanda fe, pero esta no es una obra meritoria. La salvación viene por el poder de Dios en respuesta a la fe; y, como ya se expuso, la fe misma es obra de Dios. Él la inicia y Él la perfecciona (Ef. 2:8-9). Aunque Lidia, la primera persona convertida en cuya casa se estableció la iglesia de Filipos, creyó el evangelio de Cristo, Lucas deja claro que "el Señor abrió el corazón de ella para que estuviese atenta a lo que Pablo decía" (Hch. 16:14).

Más adelante en Filipenses, Pablo subrayó que "a vosotros os es concedido a causa de Cristo, no sólo que creáis en él, sino también que padezcáis por él", y que "Dios es el que en vosotros produce así el querer como el hacer, por su buena voluntad" (Fil. 1:29; 2:13). Juan declaró: "A todos los que le recibieron [a Cristo], a los que creen en su nombre, les dio potestad de ser hechos hijos de Dios" (Jn. 1:12). Cuando "oyeron los apóstoles y los hermanos que estaban en Judea, que también los gentiles habían recibido la palabra de Dios" por medio del testimonio de Pedro, "disputaban con él los que eran de la circuncisión", pues creían que el evangelio solo era para los judíos o los convertidos al judaísmo. Sin embargo, después de escuchar lo que Pedro contó, "callaron, y glorificaron a Dios, diciendo: ¡De manera que también a los gentiles ha dado Dios arrepentimiento para vida!" (Hch. 11:1-2, 18). Santiago escribió: "Él, de su voluntad nos hizo nacer por la palabra de verdad, para que seamos primicias de sus criaturas" (Stg. 1:18).

Como ya se expuso, la salvación es solo por la gracia de Dios. Dios "nos escogió en él antes de la fundación del mundo, para que fuésemos santos y sin mancha delante de él" (Ef. 1:4). Dios escogió a todos los creyentes antes de existir el tiempo, mucho antes de que ellos pudieran de algún modo escogerlo a Él; y sin esa elección, ellos nunca lo hubieran escogido (Jn. 6:44). Siempre ha sido cierto, en cada era y circunstancia, que solo "creyeron todos los que estaban ordenados para vida eterna" (Hch. 13:48). Pablo expresó con claridad esa verdad en Romanos 5:8-10:

> *Mas Dios muestra su amor para con nosotros, en que siendo aún pecadores, Cristo murió por nosotros. Pues mucho más, estando ya justificados en su sangre, por él seremos salvos de la ira. Porque si siendo enemigos, fuimos reconciliados con Dios por la muerte de su Hijo, mucho más, estando reconciliados, seremos salvos por su vida.*

En otro pasaje de Romanos, Pablo escribió uno paralelo a Filipenses 1:6, con esta observación: "Porque a los que antes conoció [Dios], también los predestinó para que fuesen hechos conformes a la imagen de su Hijo, para que él sea el primogénito entre muchos hermanos. Y a los que predestinó, a éstos también llamó; y a los que llamó, a éstos también justificó; y a los que justificó, a éstos también glorificó" (Ro. 8:29-30). Todos los escogidos serán glorificados. Dios terminará lo que comenzó.

Cada aspecto de la salvación es por la voluntad soberana y la elección de Dios. Pablo escribió a los efesios:

> *Pero Dios, que es rico en misericordia, por su gran amor con que nos amó, aun estando nosotros muertos en pecados, nos dio vida juntamente con Cristo (por gracia sois salvos), y juntamente con él nos resucitó, y asimismo nos hizo sentar en los lugares celestiales con Cristo Jesús, para mostrar en los siglos venideros las abundantes riquezas de su gracia en su bondad para con nosotros en Cristo Jesús.*

> *Porque por gracia sois salvos por medio de la fe; y esto no de vosotros, pues es don de Dios (Ef. 2:4-8; cp. Tit. 3:4-6; Stg. 1:18; 1 P. 1:2-3).*

Es el Señor quien comienza la obra de salvación, y es Él, por medio de su Espíritu Santo, quien la **perfeccionará**. Pablo escribió a los gálatas: "Con Cristo estoy juntamente crucificado, y ya no vivo yo, mas vive Cristo en mí; y lo que ahora vivo en la carne, lo vivo en la fe del Hijo de Dios, el cual me amó y se entregó a sí mismo por mí" (Gá. 2:20). *Epiteleō* (**perfeccionará**) es una palabra compuesta por la preposición *epi* y el verbo *teleō* ("completar"), que acentúa el significado de "totalmente consumado". Pablo tenía la absoluta certeza de que Dios completaría su obra de salvación en los filipenses. No hay posibilidad alguna de fracaso o de cumplimiento parcial.

La expresión escatológica **el día de Jesucristo** no se refiere a lo que tanto el Antiguo como el Nuevo Testamento profetizan como el día final del Señor, el momento en que Dios juzgará al mundo pecador. Pablo describe el día del Señor en 1 Tesalonicenses:

> *Porque vosotros sabéis perfectamente que el día del Señor vendrá así como ladrón en la noche; que cuando digan: Paz y seguridad, entonces vendrá sobre ellos destrucción repentina, como los dolores a la mujer encinta, y no escaparán. Mas vosotros, hermanos, no estáis en tinieblas, para que aquel día os sorprenda como ladrón* (5:2-4; para más información sobre el día del Señor, véanse Is. 13:6-22; Jl. 1:15; 2:11; Hch. 2:20; 2 Ts. 1:10, "aquel día"; 2 P. 3:10, y *Apocalipsis 1-11,* Comentario MacArthur del Nuevo Testamento [Grand Rapids: Portavoz, 2010], pp. 203-206).

Por otro lado, la expresión escatológica **el día de Jesucristo** también se refiere claramente al tiempo en el cual los creyentes serán glorificados, una vez que su salvación se complete y perfeccione (1 Co. 3:10-15; 2 Co. 5:10). Es el mismo "día de Cristo" que menciona Pablo varias veces en Filipenses, el día para el cual los cristianos deben prepararse con una vida sincera e irreprensible (1:10) y "asidos de la palabra de vida" (2:16). En su primera carta a la iglesia en Corinto, el apóstol se refirió a él como "el día de nuestro Señor Jesucristo" (1 Co. 1:8), y en su segunda carta lo llamó "el día del Señor Jesús" (2 Co. 1:14). En cada caso, aparecen los nombres *Jesús* o *Cristo* (en lugar de *Señor*), y se refiere al tiempo en el cual los creyentes participarán plenamente de la justicia perfecta del Señor, cuando "Cristo sea formado en [ellos]" (Gá. 4:19), y "[ellos sean] manifestados con él en gloria" (Col. 3:4).

Los creyentes están predestinados "para que fuesen hechos conformes a la imagen de su Hijo" (Ro. 8:29), porque "así como [ellos han] traído la imagen del terrenal, [traerán] también la imagen del celestial... [y] en un momento, en un abrir y cerrar de ojos… [ellos serán] transformados… Porque es necesario que esto corruptible se vista de incorrupción, y esto mortal se vista de inmortalidad" (1 Co. 15:49, 52-53). Juan escribió: "Sabemos que cuando él se manifieste, seremos semejantes a él, porque le veremos tal como él es" (1 Jn. 3:2). Pedro escribió: "Cuando aparezca el Príncipe de los pastores, vosotros recibiréis la corona incorruptible de gloria" (1 P. 5:4). Aunque un creyente que viva en pecado sin arrepentirse puede ser entregado por un tiempo a Satanás como disciplina, "el espíritu [se salvará] en el día del Señor Jesús" (1 Co. 5:5). El día de Jesucristo es el tiempo de perfección y glorificación, el día de la manifestación gloriosa de los hijos de Dios (Ro. 8:18-19, 23).

Cuando Dios salva, salva por completo y para siempre. En términos solemnes de pacto, ser justificado es ser santificado y glorificado. No hay tal cosa como experimentar uno de estos aspectos de la salvación en ausencia de los otros dos. Cada uno es necesario y conforma la obra completa de salvación. Para Dios, empezar la salvación en la vida de alguien constituye la garantía irrevocable de que Él la terminará. Como William Hendriksen comentó: "Dios… no es como los hombres. Los hombres experimentan, pero Dios ejecuta un plan. Dios nunca hace algo a medias" (*Philippians* [Filipenses], p. 55).

El Señor dijo de David: "Mas no quitaré de él mi misericordia, ni falsearé mi verdad" (Sal. 89:33; cp. v. 20). Jesús le promete a cada creyente con toda solemnidad que "todo lo que el Padre me da, vendrá a mí; y al que a mí viene, no le echo fuera… Y esta es la voluntad del Padre, el que me envió: Que de todo lo que me diere, no pierda yo nada, sino que lo resucite en el día postrero" (Jn. 6:37, 39). Más adelante Él reiteró esa promesa: "Mis ovejas oyen mi voz, y yo las conozco, y me siguen, y yo les doy vida eterna; y no perecerán jamás, ni nadie las arrebatará de mi mano" (Jn. 10:27-28). Pablo declaró: "Por lo cual estoy seguro de que ni la muerte, ni la vida, ni ángeles, ni principados, ni potestades, ni lo presente, ni lo por venir, ni lo alto, ni lo profundo, ni ninguna otra cosa creada nos podrá separar del amor de Dios, que es en Cristo Jesús Señor nuestro" (Ro. 8:38-39). El apóstol escribió a Timoteo que "el fundamento de Dios está firme, teniendo este sello: Conoce el Señor a los que son suyos" (2 Ti. 2:19; cp. Jn. 10:14). Pedro se gozó declarando:

> *Bendito el Dios y Padre de nuestro Señor Jesucristo, que según su grande misericordia nos hizo renacer para una esperanza viva, por la resurrección de Jesucristo de los muertos, para una herencia incorruptible, incontaminada e inmarcesible, reservada en los cielos para vosotros, que sois guardados por el poder de Dios mediante la fe, para alcanzar la salvación que está preparada para ser manifestada en el tiempo postrero (1 P. 1:3-5; cp. Jud. 24).*

Es fácil para los creyentes desanimarse cuando se fijan en sus problemas e imperfecciones (y los de otros creyentes). Esos pecados no deben ser ignorados o desestimados, pero tampoco se debe permitir que ensombrezcan la maravillosa realidad de la perfección futura de la iglesia y de cada creyente en particular, como lo garantiza la Palabra de Dios con tanta insistencia y claridad. Recordar esa gloriosa verdad aleja la presión debilitante de la duda, y alienta el gozo triunfante, la gratitud, y la seguridad. De ese modo, el pueblo de Dios puede vivir de manera más abundante y fructífera.

El comentarista del siglo XIX F. B. Meyer escribió:

> Vamos al taller del artista y allí encontramos pinturas inacabadas en grandes lienzos que sugieren grandes diseños, pero que fueron abandonadas, ya sea porque el genio era incapaz de terminar la obra, o porque la parálisis sepultó la obra de su mano. En cambio, cuando ingresamos al gran taller de Dios nada encontramos que lleve la marca del afán o la incapacidad para acabarla, y estamos seguros de que la obra que en su gracia ha comenzado, el brazo de su fuerza la completará (*The Epistle to the Philippians* [La Epístola a los Filipenses] [Grand Rapids: Baker, 1952], p. 28).

Dios no tiene obras inacabadas. El Dios que salva es el mismo que justifica, santifica y glorifica. El Dios que empieza es el Dios que termina. Durante su encarnación, el Señor ofreció esta seguridad absoluta inequívoca, que es una fuente de gozo para todos los que en Él confían: "Todo lo que el Padre me da, vendrá a mí; y al que a mí viene, no le echo fuera" (Jn. 6:37).

EL GOZO DEL AMOR

como me es justo sentir esto de todos vosotros, por cuanto os tengo en el corazón; y en mis prisiones, y en la defensa y confirmación del evangelio, todos vosotros sois participantes conmigo de la gracia. Porque Dios me es testigo de cómo os amo a todos vosotros con el entrañable amor de Jesucristo. (1:7-8)

En estos versículos el gozo de Pablo alcanza un crescendo al presentar un quinto motivo de gozo: el amor. No existe un gozo mayor ni más jubiloso que el gozo derivado del amor profundo, genuino y constante hacia los demás.

Dikaios (**justo**) significa más que una simple conveniencia. Denota justicia moral y espiritual, no solo de lo que se espera sino de lo que se exige. Para Pablo, era **justo** ante los hombres y ante Dios **sentir esto** hacia los santos en Filipos.

Sentir traduce una forma de *phroneō*, cuyo significado fundamental es tener una actitud o disposición mental particular. Se refiere a un acto del intelecto y de la voluntad, y en algunas versiones se traduce "pensar". Pablo emplea este verbo en numerosas ocasiones en la epístola: dos veces en 2:2 ("sintiendo lo mismo", lit., "de un mismo sentir"); en 2:5 y 3:15 ("este sentir"); en 3:19 ("solo piensan") y 4:2 ("de un mismo sentir"); y dos veces en 4:10 ("cuidado", "estabais solícitos"). En Romanos, él usa una forma de *phroneō* tres veces para amonestar a los creyentes: "No tenga más alto concepto de sí que el que debe tener, sino que piense de sí con cordura, conforme a la medida de fe que Dios repartió a cada uno" (Ro. 12:3).

Es evidente que las personas aman con su mente. El amor es ante todo pensamiento. Sin embargo, en este pasaje Pablo extiende este concepto al emplear la palabra **corazón**, que encierra la idea de sentimiento. En las Escrituras, con frecuencia, la mente y el corazón son sinónimos. Salomón advirtió: "Sobre toda cosa guardada, guarda tu corazón; porque de él mana la vida" (Pr. 4:23). El corazón se usa para confiar y creer en Dios (Pr. 3:5; Jer. 29:13; Lc. 24:25; Hch. 8:37), para servirle, obedecerle y seguirle (Dt. 11:13; 26:16; 1 R. 2:4), y para adorarlo y alabarlo (He. 10:22). También es un depositario para la Palabra de Dios (Sal. 119:11). A los creyentes se les ordena tener un corazón limpio (Sal. 51:10), puro (Mt. 5:8), obediente (Sal. 119:36), adorador (Sal. 57:7), perdonador (Mt. 18:35), y amoroso (Mt. 22:37; 2 Ts. 3:5).

Pablo manifestó su amor incluso hacia los creyentes de Corinto, que eran inmaduros, egoístas y mundanos. "No lo digo para condenaros", les dijo en su segunda carta, "pues ya he dicho antes que estáis en nuestro corazón, para morir y para vivir juntamente" (2 Co. 7:3). El amor que Pablo tenía por sus hermanos creyentes, aun por los que le causaban sufrimiento o desilusión, le traía mucho gozo.

Para el apóstol, no era difícil estimar a los amados creyentes filipenses y tenerlos en su **corazón**. Por lo mucho que significaban para él, le resultaba imposible pensar de ellos de otra manera. Así pues, él les recuerda: **en mis prisiones, y en la defensa y confirmación del evangelio, todos vosotros sois participantes conmigo de la gracia**. Tanto *apologia* (**defensa**) como *bebaiōsis* (**confirmación**) son términos legales. *Apologia*, que dio origen a las palabras "apología" y "apologética", alude a una defensa verbal. *Bebaiōsis* se refiere a la confirmación positiva de la verdad del evangelio. En este pasaje, estas palabras señalan la primera etapa de **prisiones** del apóstol y el juicio en Roma en el que defendió **el evangelio**, o quizás en un sentido más amplio, a su defensa de la fe a lo largo de su ministerio. En cualquier caso, Pablo afirmó que la iglesia filipense lo acompañó de manera desinteresada y sacrificada para animarlo, ayudarle a mitigar su sufrimiento, y suplir sus necesidades de todas las formas posibles. Eran sus compañeros espirituales, **participantes de la gracia con** él, en el sentido más completo.

Pablo invoca a **Dios** como su **testigo** para dar fe de su anhelo sincero por los filipenses **con el entrañable amor de Jesucristo**. Él quería que no tuvieran reservas acerca de su amor pleno y genuino. **Amor** traduce *splagchnon*, que en sentido literal se refiere a los órganos internos, en especial los intestinos. Se emplea en sentido físico solo en una ocasión en el Nuevo Testamento, en el caso del suicidio de Judas

(Hch. 1:18). En todos los demás se emplea en sentido figurado para describir el amor compasivo y abnegado. En la profecía de Zacarías, se traduce "entrañable misericordia" (Lc. 1:78), al igual que en Colosenses 3:12. En 2 Corintios 6:12, Filemón 7, 20, y 1 Juan 3:17, se traduce "corazón". En 2 Corintios 7:15 se traduce "cariño" y en Filipenses 2:1 "afecto entrañable". La palabra equivalente en hebreo se emplea de forma similar, para describir sentimientos de simpatía (Is. 16:11; 63:15; Jer. 31:20), de profunda angustia o desesperación (Lm. 1:20; 2:11), y de amor conyugal (Cnt. 5:4).

Todos los creyentes de Filipos, sin excepción, eran depositarios del gran **amor** de Pablo, uno tan profundo y penetrante hasta el punto de reflejar el de **Jesucristo** mismo. Además, aumentaba y se enriquecía gracias al ciudado compasivo y afectuoso que tocaba lo íntimo de su corazón. Era, de hecho, un **amor** sobrenatural, infundido por el Señor tanto en el corazón del apóstol como en el de ellos. Era nada menos que "el amor de Dios [que] ha sido derramado en nuestros corazones por el Espíritu Santo" (Ro. 5:5). Pablo escribió acerca de este amor dado por Dios a los tesalonicenses: "Pero acerca del amor fraternal no tenéis necesidad de que os escriba, porque vosotros mismos habéis aprendido de Dios que os améis unos a otros" (1 Ts. 4:9).

¿Qué priva a los creyentes del gozo bíblico? Primero, y antes que nada, la salvación falsa. En las iglesias han existido siempre personas cuya fe no es auténtica (cp. Mt. 13:24-30, 36-43; Stg. 2:14-26). Debido a que en ellos no mora el Espíritu Santo, estos falsos creyentes no pueden tener el gozo bíblico (Gá. 5:22). Pueden asistir a las iglesias donde se enseña la Palabra de Dios, y tener comunión con creyentes verdaderos. Sin embargo, al no conocer al Señor, son incapaces de experimentar su gozo. Por desdicha, si ríen es "la risa del necio... [que] es vanidad" (Ec. 7:6). Por eso Pablo pronuncia la solemne advertencia: "Examinaos a vosotros mismos si estáis en la fe; probaos a vosotros mismos. ¿O no os conocéis a vosotros mismos, que Jesucristo está en vosotros, a menos que estéis reprobados?" (2 Co. 13:5).

Un segundo factor que frena el gozo es la obra de Satanás y sus demonios. Pedro exhortó: "Sed sobrios, y velad; porque vuestro adversario el diablo, como león rugiente, anda alrededor buscando a quien devorar" (1 P. 5:8). El diablo trata de engañar a los creyentes de muchas formas, entre ellas falsos maestros. Aunque no puede robarles la salvación, sí puede quitarles el gozo, y eso sucede con frecuencia (por causa del pecado; cp. Sal. 51:12).

Un tercer factor que despoja a los creyentes del gozo es la comprensión equivocada de la soberanía de Dios. El hecho de inquietarse y preocuparse por sus circunstancias y temer el futuro equivale en un creyente a dudar de la soberanía de Dios, así como de su poder y amor. Dios ha prometido que "a los que aman a Dios, todas las cosas les ayudan a bien" (Ro. 8:28). El Señor Jesucristo encarnado prometió: "Y yo les doy vida eterna [a mis ovejas]; y no perecerán jamás, ni nadie las arrebatará de mi mano. Mi Padre que me las dio, es mayor que todos, y nadie las puede arrebatar de la mano de mi Padre" (Jn. 10:28-29). En el sermón del monte, Jesús les mandó a los creyentes no afanarse por nada (Mt. 6:25-34; cp. Fil. 4:6). Y en la promesa tal vez más amada y guardada, Él dijo: "No se turbe vuestro corazón; creéis en Dios, creed también en mí. En la casa de mi Padre muchas moradas hay; si así no fuera, yo os lo hubiera dicho; voy, pues, a preparar lugar para vosotros. Y si me fuere y os preparare lugar, vendré otra vez, y os tomaré a mí mismo, para que donde yo estoy, vosotros también estéis" (Jn. 14:1-3). Para los creyentes, la soberanía de Dios es la realidad que todo lo abarca y a todo se extiende, y que por ende mantiene todo en la perspectiva correcta. Gracias a la soberanía divina, los creyentes pueden decir confiados: "Echa sobre Jehová tu carga, y Él te sustentará; no dejará para siempre caído al justo" (Sal. 55:22).

Cuando esta realidad se olvida o desconoce, se pierde el gozo. Por ejemplo, cuando el profeta Habacuc olvidó esta gran verdad, clamó en desesperación:

¿Hasta cuándo, oh Jehová, clamaré, y no oirás; y daré voces a ti a causa de la violencia, y no salvarás? ¿Por qué me haces ver iniquidad, y haces que vea molestia? Destrucción y violencia están delante de mí, y pleito y contienda se levantan. Por lo cual la ley es debilitada, y el juicio no sale según la verdad; por cuanto el impío asedia al justo, por eso sale torcida la justicia (Hab. 1:2-4).

No obstante, al acercarse al final de su mensaje, su perspectiva cambió de manera decisiva. Al ejercitar sus sentidos espirituales, declaró: "Aunque la higuera no florezca, ni en las vides haya frutos, aunque falte el producto del olivo, y los labrados no den mantenimiento, y las ovejas sean quitadas de la majada, y no haya vacas en los corrales; con todo, yo me alegraré en Jehová, y me gozaré en el Dios de mi salvación" (Hab. 3:17-18).

Un cuarto elemento negativo que roba el gozo es la falta de oración. Los creyentes que no oran pierden de vista la soberanía de Dios y su amor y cuidado para con nosotros. Esos creyentes pierden la esperanza, como le sucedió a Habacuc por un tiempo, o buscan ayuda en otras fuentes. En ocasiones resulta apropiado acudir a los líderes de la iglesia para obtener ayuda (Stg. 5:14-16). Sin embargo, eso no puede sustituir las oraciones del creyente, como lo explica Pablo más adelante en su carta: "Sean conocidas vuestras peticiones delante de Dios en toda oración y ruego, con acción de gracias" (4:6).

Una quinta causa de la falta de gozo son los altibajos emocionales en la vida espiritual. Elías venció y ejecutó a todos los profetas paganos de Baal (1 R. 18:38-40) en el Monte Carmelo. Sin embargo, cuando la reina Jezabel lo amenazó de muerte, Elías "viendo, pues, el peligro, se levantó y se fue para salvar su vida, y vino a Beerseba, que está en Judá, y dejó allí a su criado. Y él se fue por el desierto un día de camino, y vino y se sentó debajo de un enebro; y deseando morirse, dijo: Basta ya, oh Jehová, quítame la vida, pues no soy yo mejor que mis padres"

(1 R. 19:3-4). Si bien los altibajos de los creyentes no llegan a ser tan extremos o dramáticos, la mayoría han tenido experiencias similares de éxito y fracaso espiritual. Esos momentos son inesperados e intimidatorios, y pueden robarles el gozo a los creyentes desprevenidos.

Un sexto motivo que lleva a los creyentes a perder su gozo es centrarse en las circunstancias. Pese a las abundantes bendiciones que todos los creyentes tienen en el Señor, muchos llegan a sentirse insatisfechos con sus circunstancias. Se sienten descontentos con sus capacidades físicas o mentales, su apariencia, las oportunidades que se presentan en su vida, o con infinidad de cosas que no tienen, pero que creen merecer. Jesús prometió: "La paz os dejo, mi paz os doy; yo no os la doy como el mundo la da. No se turbe vuestro corazón, ni tenga miedo" (Jn. 14:27). Pablo siempre tuvo presente esa promesa y, como resultado, su actitud hacia las cosas terrenales y pasajeras no admitía duda: "No lo digo porque tenga escasez, pues he aprendido a contentarme, cualquiera que sea mi situación. Sé vivir humildemente, y sé tener abundancia; en todo y por todo estoy enseñado, así para estar saciado como para tener hambre, así para tener abundancia como para padecer necesidad" (4:11-12).

Un séptimo elemento negativo que roba el gozo a los creyentes es la ingratitud. Pocas actitudes son más repulsivas que la ingratitud. Pablo mandó que las oraciones y ruegos a Dios se hicieran con acción de gracias (4:6). En 1 Tesalonicenses él exhortó: "Dad gracias en todo, porque esta es la voluntad de Dios para con vosotros en Cristo Jesús" (1 Ts. 5:18). Los pecadores rebeldes han sido enjuiciados y sentenciados al juicio divino por causa de su ingratitud (Ro. 1:18-21).

Una octava causa de la falta de gozo es el olvido. Olvidar al Señor no es una señal de ingenuidad sino de infidelidad y pecado. David le recordó a los creyentes, y a sí mismo: "Bendice, alma mía, a Jehová, y no olvides ninguno de sus beneficios" (Sal. 103:2). La falta de armonía espiritual que causa divisiones en la iglesia no proviene de los nuevos convertidos, sino de quienes han perdido su primer amor. El Señor les hizo esta advertencia a los creyenes en Éfeso, que eran ortodoxos, trabajadores y perseverantes: "Pero tengo contra ti, que has dejado tu primer amor. Recuerda, por tanto, de dónde has caído, y arrepiéntete, y haz las primeras obras; pues si no, vendré pronto a ti, y quitaré tu candelero de su lugar, si no te hubieres arrepentido" (Ap. 2:4-5).

Un noveno factor de la pérdida del gozo es vivir con sentimientos descontrolados, según la carne y no por el Espíritu. En su libro *La depresión espiritual: Sus causas y su cura*, el Dr. Martyn Lloyd-Jones escribe:

Sugiero que la principal perturbación en todo este asunto de la depresión espiritual es esta: Que le permitimos al yo hablarnos en vez de nosotros hablarle al yo… ¿se ha dado cuenta de que gran parte de su infelicidad en la vida se debe al hecho de que se escucha a sí mismo en vez de hablarse a sí mismo?… La mayor disciplina en los asuntos de la vida espiritual es saber cómo manejar su propio yo" (Grand Rapids: Libros Desafío, 1998, pp. 20-21 del original en inglés).

Sin embargo, una conversación apropiada consigo mismo no admite egocentrismo y autoanálisis malsano, dos de las peores plagas de gran parte de la psicología moderna. Contrario a lo que el mundo tanto predica, el egocentrismo es la fuente más segura de insatisfacción y desdicha. Una sana conversación consigo mismo tampoco incluye cierta "confesión positiva" que presuntamente crea una realidad. Eso es necio. El asunto es hablarse a sí mismo acerca de Dios, de su Palabra y de su voluntad.

Una décima y última razón para la falta de gozo es la incapacidad de aceptar el perdón. A simple vista, esa actitud parece humildad, pero está lejos de serlo. De hecho, es un insulto al carácter justo de Dios y a la clara enseñanza de su Palabra. Nuestro Señor dijo con sencillez: "Porque si [los creyentes perdonan] a los hombres sus ofensas, [los] perdonará también a [ellos] [su] Padre celestial; mas si no [perdonan] a los hombres sus ofensas, tampoco [su] Padre perdonará [sus] ofensas" (Mt. 6:14-15). David declaró: "Cuanto está lejos el oriente del occidente, hizo alejar de nosotros sus rebeliones" (Sal. 103:12), y Juan escribió que "si confesamos nuestros pecados, él es fiel y justo para perdonar nuestros pecados, y limpiarnos de toda maldad" (1 Jn. 1:9; cp. 2:12). Esa sola verdad fundamental es razón suficiente para que el creyente jamás pierda su gozo.

De algún modo y desde otra óptica, las Escrituras también enseñan la asombrosa y humillante verdad de que los creyentes fieles y obedientes no solo reciben gozo *de* Dios, sino que también pueden regocijar *a* Dios. El hecho de que nuestro Dios santo, infinito y todopoderoso se regocije en sus hijos excede nuestra comprensión, pero su Palabra lo enseña.

Dios se regocija cuando un creyente se arrepiente y abandona su pecado para volver a Él. Jesús dijo: "Os digo que así habrá más gozo en el cielo por un pecador que se arrepiente, que por noventa y nueve justos que no necesitan de arrepentimiento" (Lc. 15:7; cp. v. 10). "Por la fe Enoc fue traspuesto para no ver muerte, y no fue hallado, porque lo traspuso Dios; y antes que fuese traspuesto, tuvo testimonio de haber agradado a Dios" (He. 11:5).

Dios se goza en la oración y la adoración de sus hijos, y en su conducta recta. "El sacrificio de los impíos es abominación a Jehová; mas la oración de los rectos es su gozo… Abominación son a Jehová los perversos de corazón, mas los perfectos de camino le son agradables" (Pr. 15:8; 11:20). Ante "toda la asamblea" de Israel, David confesó: "Yo sé, Dios mío, que tú escudriñas los corazones, y que la rectitud te agrada; por eso yo con rectitud de mi corazón voluntariamente te he ofrecido todo esto, y ahora he visto con alegría que tu pueblo, reunido aquí ahora, ha dado para ti espontáneamente" (1 Cr. 29:1, 17). A pesar de sus muchos pecados y fallas, como el corazón de David era recto, agradaba al Señor. De hecho, Dios lo llamó "un varón conforme a su corazón" (1 S. 13:14). En la parábola de los talentos, Cristo prometió que quienes viven para Él hasta el final, un día participarán de su propio gozo divino: "Y su señor le dijo: Bien, buen siervo y fiel; sobre poco has sido fiel, sobre mucho te pondré; entra en el gozo de tu señor" (Mt. 25:21; cp. v. 23).

Todo esto conduce a la ineludible conclusión de que la comunión del pueblo de Dios debe ser una comunión de gozo. El gozo de los incrédulos debe venir de fuera, mientras que el gozo del cristiano viene del interior. A pesar del inevitable sufrimiento que hay en esta vida, y de sus penas y desencantos, los creyentes pueden estar siempre gozosos. El gozo bíblico no se basa en las circunstancias, porque es el don del Espíritu Santo (Gá. 5:22).

3

Elementos esenciales para crecer en piedad

Y esto pido en oración, que vuestro amor abunde aun más y más en ciencia y en todo conocimiento, para que aprobéis lo mejor, a fin de que seáis sinceros e irreprensibles para el día de Cristo, llenos de frutos de justicia que son por medio de Jesucristo, para gloria y alabanza de Dios. (1:9-11)

La pasión de Pablo por el crecimiento espiritual de los creyentes que estaban bajo su cuidado no solo se manifestaba en su predicación, su enseñanza y sus cartas, sino ante todo en su vida de oración. En Efesios les dijo a sus lectores:

no ceso de dar gracias por vosotros, haciendo memoria de vosotros en mis oraciones, para que el Dios de nuestro Señor Jesucristo, el Padre de gloria, os dé espíritu de sabiduría y de revelación en el conocimiento de él, alumbrando los ojos de vuestro entendimiento, para que sepáis cuál es la esperanza a que él os ha llamado, y cuáles las riquezas de la gloria de su herencia en los santos (Ef. 1:16-18).

Luego, en esa carta, agregó:

Por esta causa doblo mis rodillas ante el Padre de nuestro Señor Jesucristo, de quien toma nombre toda familia en los cielos y en la tierra, para que os dé, conforme a las riquezas de su gloria, el ser fortalecidos con poder en el hombre interior por su Espíritu; para que habite Cristo por la fe en vuestros corazones, a fin de que, arraigados y cimentados en amor, seáis plenamente capaces de comprender con todos los santos cuál sea la anchura, la longitud, la profundidad y la altura, y de conocer el amor de Cristo, que excede a todo conocimiento, para que seáis llenos de toda la plenitud de Dios (Ef. 3:14-19).

Su anhelo profundo y su oración por los colosenses era que anduvieran "como es digno del Señor, agradándole en todo, llevando fruto en toda buena obra, y creciendo en el conocimiento de Dios" (Col. 1:10). Él confirmó su amor por los tesalonicenses con esta declaración: "Damos siempre gracias a Dios por todos vosotros, haciendo memoria de vosotros en nuestras oraciones" (1 Ts. 1:2). También tuvo presente a algunas personas en particular, como a Timoteo, a quien dijo: "Sin cesar me acuerdo de ti en mis oraciones noche y día" (2 Ti. 1:3), y a Filemón: "Doy gracias a mi Dios, haciendo siempre memoria de ti en mis oraciones... para que la participación de tu fe sea eficaz en el conocimiento de todo el bien que está en vosotros por Cristo Jesús" (Flm. 4, 6).

En este pasaje, después de saludar a los filipenses (1:1-2) y de mencionar su oración por ellos (1:3-8), Pablo revela el contenido específico de esas oraciones. Como en todas sus plegarias escritas, el apóstol no oró por las necesidades físicas ni por el crecimiento de la iglesia. Esto no significa que estas peticiones le parecieran irrelevantes, sino que los asuntos espirituales eran de suma importancia. Él realizó milagros de sanidad física (Hch. 14:8-10; 19:11-12; 20:9-12) y le dio esta instrucción a Timoteo: "Ya no bebas agua, sino usa de un poco de vino por causa de tu estómago y de tus frecuentes enfermedades" (1 Ti. 5:23). Sin embargo, el centro de sus oraciones era el bienestar espiritual de otros.

No existe un indicador más exacto del nivel de madurez espiritual de un cristiano que su vida de oración. La vida de oración de Pablo revela más acerca de su verdadera espiritualidad que toda su predicación, enseñanza y milagros, por maravillosos y santos que fueran. Él se sentía constreñido a orar por la obra poderosa y continua del Espíritu de Dios en su corazón.

Es indiscutible que la oración es un deber espiritual de los cristianos. Jesús enseñó "sobre la necesidad de orar siempre, y no desmayar" (Lc. 18:1). Pablo exhortó a los creyentes a ser "constantes en la oración" (Ro. 12:12) y les dijo: "Por nada estéis afanosos, sino sean conocidas vuestras peticiones delante de Dios en toda oración y ruego, con acción de gracias" (Fil. 4:6). Pedro les ordenó a los creyentes a ser "sobrios, y [velar] en oración" (1 P. 4:7).

Sin embargo, la oración es mucho más que un deber. Es un apremio para el cristiano maduro espiritualmente. La oración ferviente no nace de un simple sentido del deber, sino de un anhelo interno profundo. No surge de la exigencia externa sino de la pasión interna. Las más hondas aspiraciones de un corazón lleno del Espíritu por la honra a Dios y la bendición de los hombres, encuentran su expresión natural en la oración.

El nivel de madurez espiritual de una persona no es su conformación externa al mandato de la oración. El punto es cuán constreñido se siente a orar por su gran amor a Dios y al prójimo. Los verdaderos anhelos del corazón se reflejarán en la oración. Un corazón egoísta y superficial centrado ante todo en problemas, luchas e intereses personales, producirá oraciones egoístas y superficiales. Un corazón centrado en la gloria del Señor y en su pueblo, redundará en oraciones enfocadas en la gloria de Dios y las necesidades del prójimo. Un firme sentido del deber no puede compensar un corazón indiferente ni producir oraciones fervientes. En los primeros años de la iglesia, los apóstoles fijaron con su instrucción la norma de elegir hombres encargados de las necesidades prácticas de la iglesia. Los apóstoles debían persistir "en la oración y en el ministerio de la palabra" (Hch. 6:4).

Pablo estaba tan consagrado al Señor y a las almas, que el Espíritu Santo podía infundir en su corazón con facilidad la pasión para orar. Él oraba sin cesar, no por un sentido legalista del deber, sino por su amor inmenso y genuino por el Señor y por las personas, en especial por el pueblo de Dios. Él oraba por los incrédulos, entre ellos los gobernantes paganos y tiránicos bajo los cuales él y otros cristianos padecían tal injusticia y aflicción, y ordenó que todos los creyentes hicieran lo mismo (1 Ti. 2:1-2; cp. Ro. 13:1-7; 1 P. 2:13-17). Oraba con especial fervor por sus hermanos judíos que no eran salvos, para quienes "el anhelo de [su] corazón, y [su] oración a Dios por Israel, es para salvación" (Ro. 10:1). Ese anhelo brotaba de tal "tristeza y continuo dolor en [su] corazón" que deseaba él mismo "ser anatema, separado de Cristo, por amor a [sus] hermanos, los que son mis parientes según la carne" (Ro. 9:2-3).

Sin embargo, Pablo oraba ante todo por la iglesia, por sus parientes espirituales en Cristo (Ro. 1:9; 2 Ti. 1:3). Exhortó a otros creyentes a orar con intensidad, así como él mismo hacía "súplica por todos los santos" (Ef. 6:18; cp. Col. 1:3; 1 Ts. 5:17). Les recordó a los tesalonicenses: "Por lo cual asimismo oramos siempre por vosotros, para que nuestro Dios os tenga por dignos de su llamamiento, y cumpla todo propósito de bondad y toda obra de fe con su poder, para que el nombre de nuestro Señor Jesucristo sea glorificado en vosotros, y vosotros en él, por la gracia de nuestro Dios y del Señor Jesucristo" (2 Ts. 1:11-12).

Este pasaje revela cinco peticiones específicas de Pablo por los filipenses que motivaban su oración diligente: Su progreso espiritual en amor, en excelencia, en integridad, en buenas obras, y en glorificar a Dios. Estos son elementos espirituales esenciales ordenados por Dios, que todos los cristianos deben pedir unos por otros. Debido al pecado que mora en ellos y a su fragilidad, los creyentes no pueden llevar a cabo a la perfección tales objetivos espirituales. Sin embargo, deben ser la meta constante de todo hijo de Dios, especialmente de aquellos que Él ha llamado al servicio en su iglesia. El apóstol mismo confesó más adelante en su carta: "No que lo haya alcanzado ya, ni que ya sea perfecto; sino que prosigo, por ver si logro asir aquello para lo cual fui también asido por Cristo Jesús" (3:12).

Al igual que en muchos otros pasajes (cp. Ro. 5:3-4; 2 P. 1:5-7), la lista que menciona Pablo en Filipenses 1:9-11 se presenta como una secuencia, en la que cada elemento se edifica sobre el fundamento del anterior. El amor abundante produce excelencia espiritual, que a su vez produce integridad personal, la cual produce buenas obras verdaderas. Juntos alcanzan el objetivo supremo de la alabanza y la gloria de Dios.

AMOR

Y esto pido en oración, que vuestro amor abunde aun más y más en ciencia y en todo conocimiento, (1:9)

Cualquiera que conoce al menos un poco el Nuevo Testamento sabe que el amor (de Dios por los hombres, de los hombres por Dios, y de los hombres entre sí), es el eje del cristianismo bíblico. El Dios de las Escrituras no solo ama sino que es amor (1 Jn. 4:8, 16). "El amor es de Dios. Todo aquel que ama, es nacido de Dios, y conoce a Dios… y el que permanece en amor, permanece en Dios, y Dios en él" (1 Jn. 4:7, 16). Dios ama tanto a la humanidad caída que "ha dado a su Hijo unigénito, para que todo aquel que en él cree, no se pierda, mas tenga vida eterna" (Jn. 3:16). El amor es un atributo absoluto y predominante de la naturaleza esencial de Dios, y una realidad cardinal del evangelio de Jesucristo.

Nadie comprendió mejor la importancia del amor que el apóstol Pablo. Puesto que él amaba a los creyentes filipenses, oraba sin cesar por ellos. Al igual que con todos los que estaban bajo su cuidado, el interés constante del apóstol por estos santos se encaminaba al crecimiento espiritual de ellos, para lo cual era indispensable crecer en amor. Él expresa la misma preocupación por el crecimiento de los gálatas: "Hijitos míos, por quienes vuelvo a sufrir dolores de parto, hasta que Cristo sea formado en vosotros" (Gá. 4:19). La responsabilidad de los apóstoles, profetas, evangelistas, pastores y maestros es:

> *perfeccionar a los santos para la obra del ministerio, para la edificación del cuerpo de Cristo, hasta que todos lleguemos a la unidad de la fe y del conocimiento del Hijo de Dios, a un varón perfecto, a la medida de la estatura de la plenitud de Cristo… siguiendo la verdad en amor, crezcamos en todo en aquel que es la cabeza, esto es, Cristo (Ef. 4:12-13, 15).*

La palabra griega *agapē* (**amor**) se usa de manera tan particular en el Nuevo Testamento que la literatura griega antigua, inclusive la Septuaginta (la traducción griega del Antiguo Testamento), arroja poca luz sobre su significado neotestamentario. Sin embargo, en ambos Testamentos, el **amor** es la virtud suprema. De hecho, es el prerrequisito para todas las demás. Cuando un fariseo le preguntó a Jesús: "Maestro, ¿cuál es el gran mandamiento en la ley?", Él contestó citando Deuteronomio 6:5 y Levítico 19:18: "Amarás al Señor tu Dios con todo tu corazón, y con toda tu alma, y con toda tu mente. Este es el primero y grande mandamiento.

Y el segundo es semejante: Amarás a tu prójimo como a ti mismo. De estos dos mandamientos depende toda la ley y los profetas" (Mt. 22:36-40).

Pablo habla también del amor en la parte introductoria de varias cartas. Al escribirles a las iglesias en Éfeso, Colosas, y Tesalónica, les encarga a los creyentes amarse y amar a los hermanos en todas partes (Ef. 1:15; Col. 1:4; 1 Ts. 1:3; 2 Ts. 1:3). Más adelante, en Colosenses, él se refiere al amor como "el vínculo perfecto" (3:14). En 1 Corintios, exalta el amor por encima de la esperanza e incluso de la fe (1 Co. 13:13). Unos versículos antes declara que en realidad el amor abarca las otras dos, porque el amor "todo lo cree [y] todo lo espera" (v. 7). De hecho, sin el amor genuino que viene de Dios, cualquier otra virtud y actividad, por bíblica y sincera que parezca, no significa nada (vv. 1-3).

En este versículo, Pablo menciona o sugiere al menos cinco características distintas pero interrelacionadas del **amor** cristiano *agapē*. Este amor es divino, práctico, decidido, dinámico, y conocedor.

Primero, como sugiere la afirmación **Y esto pido en oración**, el **amor** sobre el cual Pablo escribió es divino en su naturaleza y origen. Pablo le pidió a Dios que les diera a los filipenses más del amor que solo viene de Él. Estaba en completo acuerdo con su compañero, el apóstol Juan, quien afirmó: "El amor es de Dios. Todo aquel que ama, es nacido de Dios, y conoce a Dios. El que no ama, no ha conocido a Dios; porque Dios es amor... En esto consiste el amor: no en que nosotros hayamos amado a Dios, sino en que él nos amó a nosotros, y envió a su Hijo en propiciación por nuestros pecados... Nosotros le amamos a él, porque él nos amó primero" (1 Jn. 4:7-8, 10, 19).

Solo la obra del Espíritu Santo en el corazón de quienes pertenecen a Él puede producir el **amor** divino. "El amor de Dios ha sido derramado en nuestros corazones por el Espíritu Santo que nos fue dado" (Ro. 5:5). Este es el principal fruto del Espíritu (Gá. 5:22-23). Dios mismo les enseña a los creyentes a amar. Pablo explicó: "Pero acerca del amor fraternal no tenéis necesidad de que os escriba, porque vosotros mismos habéis aprendido de Dios que os améis unos a otros; y también lo hacéis así con todos los hermanos que están por toda Macedonia. Pero os rogamos, hermanos, que abundéis en ello más y más" (1 Ts. 4:9-10).

Al igual que el amor general de Dios por la humanidad (Jn. 3:16-17) y su amor particular por los creyentes (Jn. 17:23; 1 Jn. 4:16), el **amor** bíblico es una elección. Se basa únicamente en la intención del que ama, no en mérito alguno del que lo recibe. Por supuesto, la única excepción es el **amor** del creyente por Dios, quien de manera única y suprema es digno de recibirlo.

Para ilustrar el **amor** bíblico en el sermón del monte Jesús declaró:

> *Oísteis que fue dicho: Amarás a tu prójimo, y aborrecerás a tu enemigo. Pero yo os digo: Amad a vuestros enemigos, bendecid a los que os maldicen, haced bien a los que os aborrecen, y orad por los que os ultrajan y os persiguen; para que seáis hijos*

de vuestro Padre que está en los cielos, que hace salir su sol sobre malos y buenos, y que hace llover sobre justos e injustos. Porque si amáis a los que os aman, ¿qué recompensa tendréis? ¿No hacen también lo mismo los publicanos? (Mt. 5:43-46).

Por consiguiente, queda claro que el **amor** *agapē* no se basa en sentimientos o emociones, y mucho menos en la atracción física. Eso no significa que el amor cristiano carezca de sentimientos. Es inevitable que el amor de los creyentes entre sí, y aun hacia quienes no aman a cambio, produzca apego sentimental (cp. Ro. 9:1-4; 10:1). El amor de Pablo por los hermanos, como el caso de los filipenses que lo amaban y se interesaban tanto por él, era profundamente emocional. Sin embargo, la atracción emocional no era el fundamento de su amor por ellos. A nivel volitivo, también amaba a los creyentes corintios, los cuales eran ingratos, conflictivos e inmaduros.

Segundo, podría decirse que ese **amor** era práctico. Los filipenses ya demostraban su amor entre ellos y hacia Pablo. Por eso, el apóstol podía decir que anhelaba que ese **amor abunde aun más y más**. Las Escrituras revelan que todos los cristianos verdaderos poseen el amor de Dios, porque el Espíritu Santo lo pone en sus corazones (cp. Ro. 5:5; Gá. 5:22; 1 Ts. 4:9-10; 1 Jn. 4:7-8).

El amor entre cristianos es una señal inequívoca de la fe que salva. Jesús dijo: "En esto conocerán todos que sois mis discípulos, si tuviereis amor los unos con los otros" (Jn. 13:35). Para ampliar esa verdad, Juan escribió más adelante: "Nosotros sabemos que hemos pasado de muerte a vida, en que amamos a los hermanos. El que no ama a su hermano, permanece en muerte... Si alguno dice: Yo amo a Dios, y aborrece a su hermano, es mentiroso. Pues el que no ama a su hermano a quien ha visto, ¿cómo puede amar a Dios a quien no ha visto?" (1 Jn. 3:14; 4:20).

Tercero, el **amor** auténtico es una decisión. Como se mencionó antes, es un amor que no se basa en los sentimientos, sino que es más bien una elección consciente e intencional de mostrar amabilidad y generosidad. En obediencia al mandato del Señor, los creyentes deciden manifestar el amor que les fue dado. Lo hacen sin importar cuán difícil resulte amar a alguien ni cómo respondan a ello. Los creyentes aman a otros con prodigalidad porque así ama Dios, y porque así les ordena Él amar. Al obedecer el mandato del Señor: "Que os améis unos a otros; como yo os he amado" (Jn. 13:34), los creyentes llegan a ser "imitadores de Dios como hijos amados" (Ef. 5:1).

Jesús dio ese mandato en el Aposento Alto, poco después de lavar los pies de los discípulos, una tarea servil y desagradable que por regla general solo desempeñaban los sirvientes. El Señor explicó además:

Vosotros me llamáis Maestro, y Señor; y decís bien, porque lo soy. Pues si yo, el Señor y el Maestro, he lavado vuestros pies, vosotros también debéis lavaros los pies los unos a los otros. Porque ejemplo os he dado, para que como yo os he hecho, vosotros también hagáis. De cierto, de cierto os digo: El siervo no es mayor que su señor, ni el enviado es mayor que el que le envió (Jn. 13:13-16).

Jesús también ilustró este **amor** voluntario, decidido y abnegado en la parábola del buen samaritano (Lc. 10:30-35). El samaritano ayudó al extraño que había sido golpeado y asaltado porque el hombre requería ayuda, no por su propia satisfacción, deleite o presunción. Amar a nuestro prójimo como a nosotros mismos es hacer todo lo que esté a nuestro alcance por suplir sus necesidades de la misma forma y medida que desearíamos que las nuestras lo fueran bajo circunstancias similares. Se trata de poner en práctica la regla de oro: "Así que, todas las cosas que queráis que los hombres hagan con vosotros, así también haced vosotros con ellos; porque esto es la ley y los profetas" (Mt. 7:12).

De nuevo, Jesús es el ejemplo supremo de amor sacrificado. En Juan 15:12-13, Él declaró: "Este es mi mandamiento: Que os améis unos a otros, como yo os he amado. Nadie tiene mayor amor que este, que uno ponga su vida por sus amigos". Pablo escribió: "Sed, pues, imitadores de Dios como hijos amados. Y andad en amor, como también Cristo nos amó, y se entregó a sí mismo por nosotros, ofrenda y sacrificio a Dios en olor fragante" (Ef. 5:1-2). A los esposos se les ordena de manera específica "[amar] a [sus] mujeres, así como Cristo amó a la iglesia, y se entregó a sí mismo por ella" (v. 25).

Más adelante, en Filipenses, Pablo ofrece la que tal vez sea la más excelente sinopsis del amor que viene de Dios:

Por tanto, si hay alguna consolación en Cristo, si algún consuelo de amor, si alguna comunión del Espíritu, si algún afecto entrañable, si alguna misericordia, completad mi gozo, sintiendo lo mismo, teniendo el mismo amor, unánimes, sintiendo una misma cosa. Nada hagáis por contienda o por vanagloria; antes bien con humildad, estimando cada uno a los demás como superiores a él mismo; no mirando cada uno por lo suyo propio, sino cada cual también por lo de los otros. Haya, pues, en vosotros este sentir que hubo también en Cristo Jesús, el cual, siendo en forma de Dios, no estimó el ser igual a Dios como cosa a que aferrarse, sino que se despojó a sí mismo, tomando forma de siervo, hecho semejante a los hombres; y estando en la condición de hombre, se humilló a sí mismo, haciéndose obediente hasta la muerte, y muerte de cruz (2:1-8).

La iglesia de hoy, tan influenciada por el mundo con su idea trastornada del amor, precisa mucho de esa clase de amor humilde, intencional y entregado. A las personas les importa poco el amor caritativo y desinteresado (ni hablar del amor divino). La idea que tiene el mundo del amor gira en torno al interés propio, aun si se trata de apoyar una causa a favor de otros. Por desgracia, incluso en la iglesia, a las personas se les pide dar para la obra del Señor porque así pueden sentirse mejor consigo mismas.

Cuarto, el **amor** de Dios es dinámico. Tiene la capacidad de **abundar**. El **amor** no es un simple sentimiento o emoción, y a medida que crece encuentra siempre mayores posibilidades de expresión a través de un carácter justo y un servicio humilde. **Abundar** viene de *perisseuō*, que encierra el concepto de rebosar profusamente. En este versículo el tiempo presente indica un progreso continuo. El amor debe crecer y **abundar** en toda la vida del creyente. Jesús empleó el verbo en la parábola del sembrador, y explicó: "Porque a vosotros os es dado saber los misterios del reino de los cielos; mas a ellos no les es dado. Porque a cualquiera que tiene, se le dará, y tendrá más; pero al que no tiene, aun lo que tiene le será quitado" (Mt. 13:11-12).

Debido a su naturaleza divina, este amor dinámico alienta el cumplimiento de la ley establecida por Dios. Jesús declaró que cumplir los dos mandamientos principales de amar a Dios y a los hombres constituye la base de toda la ley y los profetas (Mt. 22:37-40). En términos similares, Pablo dijo: "No debáis a nadie nada, sino el amaros unos a otros; porque el que ama al prójimo, ha cumplido la ley. Porque: No adulterarás, no matarás, no hurtarás, no dirás falso testimonio, no codiciarás, y cualquier otro mandamiento, en esta sentencia se resume: Amarás a tu prójimo como a ti mismo. El amor no hace mal al prójimo; así que el cumplimiento de la ley es el amor" (Ro. 13:8-10).

La segunda ley de la termodinámica establece que toda la materia y la energía del universo se encuentran en un estado permanente de entropía, un proceso de continua degeneración y deterioro. Esa ley de la física tiene su equivalente en la vida cristiana. Existe un principio destructivo y latente de entropía espiritual, que presiona al pueblo de Dios para que resbale. Con el fin de evitarlo, el creyente debe estudiar y obedecer la Palabra de Dios con diligencia, buscarlo en oración, y confiar en su constante gracia y poder para crecer y **abundar** en amor.

Pablo describió su propia lucha contra este principio latente en Romanos 7:21-25:

> *Así que, queriendo yo hacer el bien, hallo esta ley: que el mal está en mí. Porque según el hombre interior, me deleito en la ley de Dios; pero veo otra ley en mis miembros, que se rebela contra la ley de mi mente, y que me lleva cautivo a la ley del pecado que está en mis miembros. ¡Miserable de mí! ¿quién me librará de este cuerpo de muerte? Gracias doy a Dios, por Jesucristo Señor nuestro. Así que, yo mismo con la mente sirvo a la ley de Dios, mas con la carne a la ley del pecado.*

En Efesios él denominó esta inclinación permanente a pecar, el "viejo hombre, que está viciado conforme a los deseos engañosos" (Ef. 4:22; cp. Col. 3:9). Por eso el apóstol le recordó a la iglesia en Corinto que solo Dios es poderoso "para hacer que abunde en vosotros toda gracia, a fin de que, teniendo siempre en todas las cosas todo lo suficiente, abundéis para toda buena obra" (2 Co. 9:8). También oró así a favor de los tesalonicenses, para que "el Señor os haga crecer y abundar en amor unos para con otros y para con todos, como también lo hacemos nosotros para con vosotros" (1 Ts. 3:12; cp. 1 Jn. 3:11).

La dinámica del amor divino también abunda **en ciencia**, a saber, el conocimiento verdadero e infalible expresado en la Palabra de Dios. Cualquier amor que no se basa ni crece en la verdad y las normas de las Escrituras, no llega a ser el auténtico amor bíblico. La **ciencia** verdadera es mucho más que la simple información acerca de la Palabra de Dios, o incluso el hecho de reconocerla como verdadera e infalible. La verdadera **ciencia** produce santidad mediante la devoción sincera y la obediencia a las Escrituras, que son infalibles. Puesto que los fieles creyentes en Roma llevaban una vida justa, Pablo podía decirles: "Pero estoy seguro de vosotros, hermanos míos, de que vosotros mismos estáis llenos de bondad, llenos de todo conocimiento, de tal manera que podéis amonestaros los unos a los otros" (Ro. 15:14). La virtud está ligada y es inseparable del conocimiento real de la verdad de Dios. "Porque el fruto del Espíritu es en toda bondad, justicia y verdad" (Ef. 5:9). Asimismo, Pedro declara: "Habiendo purificado vuestras almas por la obediencia a la verdad, mediante el Espíritu, para el amor fraternal no fingido, amaos unos a otros entrañablemente, de corazón puro" (1 P. 1:22). "Entrañablemente" viene de *ektenōs*, que encierra la idea de extender, ejercitar al máximo, o alcanzar el límite, y en sentido figurado habla de gran sinceridad, seriedad y fervor. La obediencia a la Palabra de Dios, la única fuente de la verdadera **ciencia**, purifica el alma y posibilita amar al extremo.

El amor bíblico significa obediencia a la Palabra. "Si me amáis", dijo Jesús, "guardad mis mandamientos... El que tiene mis mandamientos, y los guarda, ése es el que me ama... El que me ama, mi palabra guardará; y mi Padre le amará, y vendremos a él, y haremos morada con él... Si guardareis mis mandamientos, permaneceréis en mi amor; así como yo he guardado los mandamientos de mi Padre, y permanezco en su amor" (Jn. 14:15, 21, 23; 15:10; cp. 1 Jn. 3:24).

Ningún impulso o sentimiento que lleva a alguien a desobedecer las Escrituras puede recibir la aprobación o la bendición de Dios. Un "amor" semejante no refleja el amor de Dios, y es además su antítesis y enemigo. Por ejemplo, quienes intentan justificar una relación inmoral diciendo que el Señor los guió para enamorarse de la otra persona, niegan la Palabra de Dios. Las Escrituras condenan claramente toda inmoralidad sexual sin excepción, incluso la atracción romántica.

Quinto, el **amor** divino es conocedor. No solo abunda en la vida de quien posee la ciencia verdadera y exacta de la Palabra de Dios, sino que lo hace **en todo conocimiento**. *Aisthēsis* (**conocimiento**) dio origen a la palabra "estético". Sin embargo, el significado de *aisthēsis* es casi contrario a "estético", que tiene que ver por lo general con preferencias y gustos personales. Pablo llama a los creyentes a abandorar sus gustos y preferencias personales para enfocarse más bien en alcanzar un mayor discernimiento y comprensión. *Aisthēsis* solo aparece aquí en el Nuevo Testamento, y se refiere a un elevado nivel de comprensión bíblica, teológica, moral, y espiritual. También significa la correcta aplicación de ese conocimiento. En otras palabras, el **conocimiento** es comprender y apreciar la verdadera **ciencia** de Dios que produce una vida santa. El amor bíblico está lejos de ser ciego, como suele concebirlo el mundo. Antes bien, es sabio y sensato. Entiende "la mente de Cristo" (1 Co. 2:16), tiene conocimiento, y realiza juicios que conducen a una vida santa. Es un amor que puede conocerse y entenderse por medio de las Escrituras, y que funciona controlado por una mente y un corazón sometidos al Espíritu. Es la clase de amor que puede traducir a la práctica la exhortación de Pablo a los tesalonicenses: "Examinadlo todo; retened lo bueno. Absteneos de toda especie de mal" (1 Ts. 5:21-22).

EXCELENCIA

para que aprobéis lo mejor, (1:10*a*)

Después de establecer la prioridad del amor en el versículo 9, Pablo continúa su presentación de los elementos esenciales del crecimiento espiritual con el segundo elemento: la excelencia. La frase **para que** señala que el primer elemento es la base del segundo. La progresión va del amor, que incluye el conocimiento de la verdad de Dios y el discernimiento espiritual, a la excelencia, es decir, a pensar y vivir de manera bíblica. Si un creyente obra inspirado y controlado por el amor de Dios, habrá en consecuencia un deseo de vivir según su voluntad de la manera más fiel y plena posible. Ese anhelo se basa en parte en un sentido del deber. Las Escrituras mandan a los creyentes a ser "perfectos, como [su] Padre que está en los cielos es perfecto" (Mt. 5:48). En consecuencia, los creyentes nuncan pueden cumplir totalmente su deber hacia Dios o hacia el prójimo. Después de contar una historia acerca de un esclavo que obedecía a su amo terrenal, Jesús concluyó con estas palabras: "Así también vosotros, cuando hayáis hecho todo lo que os ha sido ordenado, decid: Siervos inútiles somos, pues lo que debíamos hacer, hicimos'" (Lc. 17:10). Según las palabras de Jesús, si es imposible excederse en el deber a un amo terrenal, ¿cuánto menos el creyente en sus deberes para con Dios?

Sin embargo, amar de manera profunda y genuina a Dios, y más aún, conocer y experimentar su amor hacia ellos, eleva la motivación de los creyentes para obedecerle más allá del simple cumplimiento de un deber. La obediencia motivada por el amor a Dios no solo llega a ser el objetivo supremo de los creyentes, sino su mayor satisfacción y deleite.

Aprobéis viene de *dokimazō*, un verbo empleado con frecuencia en el Nuevo Testamento que se traduce "admitir, examinar, probar", e incluso "discernir".

En el griego clásico se empleaba para referirse a la tarea de ensayar metales para determinar su pureza, así como probar la autenticidad del metal con que fabricaban las monedas. En Lucas 12:56 la palabra se traduce "distinguir" y se emplea en relación con la predicción del clima: "¡Hipócritas!", le dijo Jesús a una multitud que había venido a escucharlo. "Sabéis distinguir el aspecto del cielo y de la tierra; ¿y cómo no distinguís este tiempo?". Poco después contó una parábola del reino mientras cenaba con un grupo de líderes fariseos, acerca de un hombre que declinó la invitación a cenar de un hombre rico con esta excusa: "He comprado cinco yuntas de bueyes, y voy a probarlos" (Lc. 14:19). **Aprobar** significa mucho más que un simple acuerdo o reconocimiento de que algo es recto o verdadero. La petición de Pablo a los creyentes es a estudiar, investigar, y determinar la mejor manera posible de obedecer y agradar al Señor, y vivir como corresponde.

Como se acaba de señalar, *dokimazō* (**aprobar**) puede significar "discernir", lo cual refuerza el llamado al discernimiento al final del versículo 9. Resulta útil citar la Nueva Versión Internacional en este caso: "Para que disciernan lo que es mejor". **Aprobar lo mejor** es valorar, determinar e identificar con atención lo excelente, lo más importante, lo más vital. Tiene mucho que ver con la amonestación posterior de Pablo: "Por lo demás, hermanos, todo lo que es verdadero, todo lo honesto, todo lo justo, todo lo puro, todo lo amable, todo lo que es de buen nombre; si hay virtud alguna, si algo digno de alabanza, en esto pensad" (4:8). **Lo mejor** se refiere a todas las verdades, actitudes, pensamientos, palabras y hechos que expresan la voluntad de Dios para el creyente. Son los elementos de la vida y la mente santificada y santa.

Pablo no se refiere a distinguir entre el bien y el mal, que tan solo requiere un conocimiento básico de la Palabra de Dios. Aun el diablo y sus demonios conocen lo que es bueno y malo, correcto e incorrecto, verdadero y falso. Por ejemplo, saben muy bien que solo hay un Dios (Stg. 2:19), y al comienzo del ministerio de Jesús, sabían (e incluso confesaban) que Él era el Hijo de Dios (Lc. 4:41; cp. vv. 3, 9). La idea aquí es más bien el anhelo y la capacidad de descubrir adecuadamente **lo mejor**, a fin de que los creyentes puedan llevar vidas que alcancen el máximo nivel de devoción y obediencia. Dicha habilidad establece una distinción entre el creyente totalmente consagrado y el que lo es en menor grado, el maduro del inmaduro, el fuerte en la fe del débil, y el siervo eficaz del Señor del que no lo es. Los cristianos que viven en el nivel más elevado de devoción a Dios y a su voluntad son constantes. No se dejan distraer ni enredar en los innumerables afanes que de tantas formas se atraviesan en su camino.

Por desdicha, muchos cristianos se dejan llevar fácilmente de un lado a otro, y brincan de un compromiso o interés a otro. Andan errantes, reaccionan ante cualquier circunstancia que se les atraviesa o idea que viene a su mente. En consecuencia, como niños pequeños, son "fluctuantes, llevados por doquiera de todo viento de doctrina, por estratagema de hombres que para engañar emplean con astucia las artimañas del error" (Ef. 4:14). Aun cuando alcanzan logros que son buenos y correctos a la luz de la Biblia, su falta de discernimiento y persistencia les impide realizar una obra eficaz. Peor aún, su inmadurez les impide buscar y hallar lo que es más valioso, esencial y necesario para el reino, todo **lo mejor**. La historia de la iglesia, desde los días de Pablo hasta hoy, demuestra que los cristianos con discernimiento han sido pocos. Incluso los fieles y amorosos filipenses requerían constante aliento para alcanzar los mejores objetivos espirituales. Y aun quienes se consagran a la búsqueda de la excelencia enfrentan el constante peligro de perderla si permiten que su pasión por el Señor se enfríe, como le sucedió a la iglesia en Éfeso (Ap. 2:4).

Aprobar **lo mejor** involucra la mente, y se construye "en ciencia y en todo conocimiento" (v. 9), los cuales se producen en la mente a través de la adquisición diligente de las verdades de las Escrituras. Cuando Pablo escribió: "Nosotros tenemos la mente de Cristo" (1 Co. 2:16), se refería a la revelación divina, a las Escrituras, donde la mente de Cristo se revela. Los creyentes poseen la Biblia, pero en su mayoría desconocen los tesoros de Dios, y no piensan con la mente de Cristo, que significa tener en todo momento la perspectiva divina.

El cristiano que discierne no puede ser víctima de sus emociones e impulsos personales si ha de aspirar y alcanzar la excelencia espiritual. Pablo amonestó a los creyentes en Roma: "No os conforméis a este siglo, sino transformaos por medio de la renovación de vuestro entendimiento, para que comprobéis cuál sea la buena voluntad de Dios, agradable y perfecta" (Ro. 12:2). El llamado de Pablo a renovar la mente deja ver que crecer en la gracia es un proceso continuo. Ya que Pablo había alcanzado tal excelencia, bien hacía en ponerse como ejemplo: "Lo que aprendisteis y recibisteis y oísteis y visteis en mí, esto haced; y el Dios de paz estará con vosotros" (Fil. 4:9).

Pablo les recordó a los colosenses: "A quien anunciamos [Cristo], amonestando a todo hombre, y enseñando a todo hombre en toda sabiduría, a fin de presentar perfecto en Cristo Jesús a todo hombre" (Col. 1:28). Él exhortó a los efesios a "[andar] como hijos de luz (porque el fruto del Espíritu es en toda bondad, justicia y verdad), comprobando lo que es agradable al Señor" (Ef. 5:8-10), y a los de Tesalónica dijo: "Examinadlo todo; retened lo bueno" (1 Ts. 5:21). Juan tenía en mente el mismo objetivo cuando escribió: "Amados, no creáis a todo espíritu, sino probad los espíritus si son de Dios; porque muchos falsos profetas han salido por el mundo. En esto conoced el Espíritu de Dios: Todo espíritu que confiesa que Jesucristo ha venido en carne, es de Dios" (1 Jn. 4:1-2). Con la misma finalidad, Pedro exhortó a los creyentes: "Creced en la gracia y el conocimiento de nuestro Señor y Salvador Jesucristo" (2 P. 3:18). El Señor elogió a la iglesia en Éfeso porque "a los que se dicen ser apóstoles, y no lo son... los [halló] mentirosos" (Ap. 2:2).

Cuando Juan Wesley se fue a Oxford, su piadosa madre, Susana, escribió sabiamente en una de sus cartas para él: "Cualquier cosa que debilite tu razón, menoscabe la delicadeza de tu conciencia, opaque tu sensibilidad a Dios, o quite el deleite por lo espiritual, o cualquier cosa que eleve la supremacía del cuerpo sobre tu mente, es pecado".

El carácter cristiano en su grado más alto se origina en el amor siempre creciente que Dios infunde. Ambos conducen, y son dirigidos por una abundante comprensión y fiel obediencia a la verdad divina revelada en las Escrituras.

INTEGRIDAD

a fin de que seáis sinceros e irreprensibles para el día de Cristo, (1:10*b*)

Un tercer elemento esencial para crecer en piedad es la integridad personal y en las relaciones. Al igual que la frase "para que" al principio del versículo 10, la frase **a fin de que** alude a una progresión continua. La integridad espiritual se basa en la excelencia espiritual, así como esta última se basa en el amor de Dios. Tener dicha integridad significa ser **sinceros e irreprensibles para el día de Cristo**.

El adjetivo *eilikrinēs* (**sinceros**) tiene dos significados posibles. Un posible origen de ese adjetivo sugiere la idea de tamizar, como se pasa el grano por un tamiz para quitar las impurezas. Si esa es la etimología correcta, el significado aquí es ser separado *de* lo falso *para* lo verdadero, y *de* lo incorrecto *para* lo correcto. No obstante, parece más apropiado considerar la otra raíz del término, pues comunica la idea de poner a prueba algo a la luz del sol. Esto concuerda más con la anterior insistencia de Pablo sobre le necesidad de aprobar. Este significado también coincide con la palabra latina que da origen al término *sincero*. En la antigua Roma las cerámicas finas eran más bien frágiles y delgadas, y muchas veces se fracturaban durante la cocción. Las tiendas sin escrúpulos llenaban las grietas con una cera oscura y resistente que permanecía oculta si se pintaba o barnizaba, pero que se derretía al verter en el utensilio algo caliente. Bajo una luz normal, el engaño era casi imperceptible, pero al llevarlo a la luz del sol quedaba en evidencia, pues la cera se veía más oscura. Los comerciantes respetables solían marcar sus productos *sine cera* ("sin cera") como garantía de su alta calidad.

Al igual que esas piezas de cerámica eran expuestas a la luz del sol para detectar grietas u otros defectos, el creyente fiel y obediente se asegura de exponer su vida a la luz de las Escrituras. Como declaró el autor de Hebreos: "Porque la palabra de Dios es viva y eficaz, y más cortante que toda espada de dos filos; y penetra hasta partir el alma y el espíritu, las coyunturas y los tuétanos, y discierne los pensamientos y las intenciones del corazón" (He. 4:12). Por desdicha, muchas personas tratan de cubrir sus faltas de formas diversas, a fin de dar una apariencia de espiritualidad menos imperfecta de lo que es en realidad. Para dar una apariencia de integridad espiritual usan la asistencia a la iglesia, ofrendas generosas, participación en funciones eclesiales y conversaciones espirituales, entre otras. Sin embargo, frente a la tentación o la persecución por su fe, salen a relucir las grietas.

Ya que los niños son pecadores por naturaleza (Sal. 51:5), sus padres no son completamente responsables de su comportamiento, aun si son pequeños. Sin embargo, la integridad moral y espiritual de los padres, o la ausencia de la misma, afecta siempre en gran manera a sus hijos. En ocasiones, los hijos que nacen en los hogares más piadosos se rebelan contra el Señor. Sin embargo, no pocas veces un hijo descarriado se rebela por la hipocresía de sus padres, pues sabe que sin importar cuán auténtica y sincera parezca la fe que profesan sus padres ante la iglesia y la comunidad, esta no se manifiesta en la intimidad de la vida familiar. Aunque eso no justifica el pecado de tales hijos, los padres sí comparten la culpa.

Aparte de la incredulidad, el pecado que Jesús condenó más fue la hipocresía, en especial la de los escribas y fariseos que aparentaban religiosidad y se creían muy justos (cp. Mt. 7:5; 15:7; Lc. 12:56; 13:15). Pablo también detestaba la falta de sinceridad y la falsedad, y amonestó: "El amor sea sin fingimiento. Aborreced lo malo, seguid lo bueno" (Ro. 12:9). El apóstol podía atestiguar con sinceridad su propia integridad, y declaró: "Pues no somos como muchos, que medran falsificando la palabra de Dios, sino que con sinceridad, como de parte de Dios, y delante de Dios, hablamos en Cristo" (2 Co. 2:17).

Eilikrinēs también encierra la idea de avenencia, acuerdo y unidad. En una vida cristiana sincera, todo encaja y obra en acuerdo. Nada se desliga del fundamento de la fe salvadora y la vida santa. Los aspectos prácticos y cotidianos de la vida están en completa armonía con las disciplinas básicas espirituales como la lectura de la Biblia, la oración, la adoración, la teología, la moral y las buenas obras. Llevar una vida sincera, íntegra, es como hornear pan. No basta con verter los ingredientes en un molde, ponerlo en el horno y esperar que salga el pan. Todos los ingredientes deben primero mezclarse en el orden adecuado, para que cada uno se incorpore a los demás y formen así un todo único, integrado y consistente.

La integridad espiritual también comprende las relaciones con otros. En 2 Corintios, Pablo afirmó que "con sencillez y sinceridad de Dios, no con sabiduría humana, sino con la gracia de Dios, nos hemos conducido en el mundo, y mucho más con vosotros" (2 Co. 1:12; cp. Hch. 24:16). Antes, ya les había aconsejado a estos creyentes: "No seáis tropiezo ni a judíos, ni a gentiles, ni a la iglesia de Dios" (1 Co. 10:32), y le pidió a los de Roma: "Ya no nos juzguemos más los unos a los otros, sino más bien decidid no poner tropiezo u ocasión de caer al hermano" (Ro. 14:13). El cristiano maduro no solo decide apartarse del pecado en su propia vida, sino también cerciorarse de que sus palabras y sus actos no sean motivo de tropiezo para otro creyente. Cualquier cosa que daña siquiera a un hijo de Dios, perjudica a la iglesia entera, que es el Cuerpo de Cristo. Por lo tanto, una ofensa contra un hermano en la fe constituye una ofensa contra el Señor. En una de sus más serias advertencias, Jesús dijo: "Y cualquiera que haga tropezar a alguno de estos pequeños que creen en mí, mejor le fuera que se le colgase al cuello una piedra de molino de asno, y que se le hundiese en lo profundo del mar" (Mt. 18:6).

Tener integridad es también apartarse del mundo. Santiago dijo con claridad: "La religión pura y sin mácula delante de Dios el Padre es esta: Visitar a los huérfanos y a las viudas en sus tribulaciones, y guardarse sin mancha del mundo" (Stg. 1:27). Juan advirtió: "No améis al mundo, ni las cosas que están en el mundo. Si alguno ama al mundo, el amor del Padre no está en él" (1 Jn. 2:15). Y Pablo rogó: "No os conforméis a este siglo, sino transformaos por medio de la renovación de vuestro entendimiento, para que comprobéis cuál sea la buena voluntad de Dios, agradable y perfecta" (Ro. 12:2).

Irreprensibles (*aproskopos*) expresa el alcance y el objetivo de la integridad. Significa "sin caída, sin ofensa", y abarca tanto la idea de no caer en conductas pecaminosas, como la de abstenerse de hacer tropezar a otros en la iniquidad. Ser **irreprensibles** es avanzar en la vida sin fallas morales. No es un llamado a la perfección en la santidad que solo es propia de Dios y de los santos en la gloria eterna, pues Pablo exhortó a los Corintios: "No seáis tropiezo [*aproskopos*] ni a judíos, ni a gentiles, ni a la iglesia de Dios" (1 Co. 10:32). Es un llamado a los creyentes a hacer todo lo posible para glorificar a Dios y vivir ante Él y los demás con dignidad. Los creyentes deben llevar vidas íntegras, como lo hizo Pablo (cp. Hch. 23:1; 24:16; 2 Co. 1:12; 2 Ti. 1:3).

Por lo general, caer en pecado sucede por etapas. Primero, un creyente se limita a tolerar algo que reconoce como pecaminoso, quizá con cierta objeción pero sin resistirlo. Luego lo acomoda, poco a poco, a fin de atenuar su inquietud respecto al pecado, hasta que deja de ser un problema. En seguida, intenta legitimarlo inventando excusas y defendiéndolo. Por último, y sin que pueda evitarlo, empieza a participar en el pecado, y lo abraza como parte de su estilo de vida normal. Los valores y normas del mundo se mezclan tanto con las bíblicas que la diferencia ya no se nota ni preocupa. En su famoso *Ensayo sobre el hombre*, Alexander Pope expresa magníficamente, sin restar solemnidad, esa trágica tendencia:

> El vicio es un monstruo de horrible parecer,
> pues no hay más que verlo para detestarlo;
> sin embargo, de tanto contemplarlo puede suceder,
> que tras tolerarlo y compadecerlo, lleguemos a abrazarlo.

Pocas veces Satanás ataca a los cristianos de frente. Desde su primera obra maligna en el huerto de Edén, ha usado la astucia y el engaño para desviar al pueblo de Dios (Gn. 3:1; Ap. 12:9). "Él ha sido homicida desde el principio, y no ha permanecido en la verdad, porque no hay verdad en él. Cuando habla mentira, de suyo habla; porque es mentiroso, y padre de mentira" (Jn. 8:44). En consecuencia, los creyentes que van en pos de la excelencia no solo deben conocer la Palabra de Dios, sino también crecer de continuo en su comprensión y aplicación por medio del Espíritu Santo. Cada idea, cada concepto, y cada práctica deben ser expuestos a la luz divina de las Escrituras, bajo la cual han de juzgarse.

El amor divino, la excelencia, y la integridad no son una opción. Son imperativos y permanentes **para el día de Cristo**, cuando regresará para llevarse a su pueblo (v. 6). En aquel día "es necesario que todos nosotros comparezcamos ante el tribunal de Cristo, para que cada uno reciba según lo que haya hecho mientras estaba en el cuerpo, sea bueno o sea malo" (2 Co. 5:10), y allí "la obra de cada uno se hará manifiesta; porque el día la declarará, pues por el fuego será revelada; y la obra de cada uno cuál sea, el fuego la probará" (1 Co. 3:13). Pablo enseñó: "Así que, no juzguéis nada antes de tiempo, hasta que venga el Señor, el cual aclarará también lo oculto de las tinieblas, y manifestará las intenciones de los corazones; y entonces cada uno recibirá su alabanza de Dios" (1 Co. 4:5). Aquel día la verdad acerca de nosotros será revelada.

BUENAS OBRAS

llenos de frutos de justicia que son por medio de Jesucristo, (1:11*a*)

El cuarto elemento esencial para crecer en piedad son las buenas obras, a las que Pablo se refiere aquí como **frutos de justicia**. La progresión continúa. El amor divino produce excelencia espiritual, que a su vez produce integridad, y esta última buenas obras.

Llenos es la traducción de un participio pasado perfecto en el texto griego, y se refiere a algo que sucedió en el pasado y tiene resultados continuos. En otras palabras, cuando los cristianos estén delante del Señor en el trono del juicio, ya habrán sido **llenos de frutos de justicia**. Esto alude a un estado acabado gracias a la obra de Dios, o a una condición de **justicia** basada en el amor, la excelencia y la integridad que Pablo acaba de exponer.

Los **frutos de justicia** son una idea del Antiguo Testamento que el autor de los Proverbios denomina "árbol de vida" (Pr. 11:30). El profeta Amós culpó a su pueblo de haber "convertido el juicio en veneno, y el fruto de justicia en ajenjo" (Am. 6:12). En el Nuevo Testamento, Santiago se refirió al concepto en relación con las buenas obras que produce la justicia de Dios en la vida del creyente. En su carta explicó: "Y el fruto de justicia se siembra en paz para aquellos que hacen la paz" (Stg. 3:18).

El fruto espiritual que el Señor produce en los creyentes incluye ganar a los perdidos para Cristo. En Romanos 1:13 Pablo dijo: "Pero no quiero, hermanos, que ignoréis que muchas veces me he propuesto ir a vosotros (pero hasta ahora he sido estorbado), para tener también entre vosotros algún fruto, como entre los demás gentiles". Él pone de relieve la misma verdad en Colosenses, al explicar que "la palabra verdadera del evangelio, que ha llegado hasta vosotros, así como a todo el mundo… lleva fruto y crece también en vosotros" (Col. 1:5-6).

El fruto espiritual también comprende las buenas obras, justo lo que Pablo tiene en mente en este pasaje. Esas buenas obras siempre empiezan con actitudes piadosas, que Pablo enumera en parte en su carta a las iglesias de Galacia: "Mas el fruto del Espíritu es amor, gozo, paz, paciencia, benignidad, bondad, fe, mansedumbre, templanza" (Gá. 5:22-23). Dichas actitudes que Dios confiere están diseñadas para producir buenas obras que Él mismo faculta. Pablo mencionó el fruto de las buenas obras al decirles a los creyentes en Corinto: "Y el que da semilla al que siembra, y pan al que come, proveerá y multiplicará vuestra sementera, y aumentará los frutos de vuestra justicia" (2 Co. 9:10; cp. Ef. 5:9). Como sucede con toda justicia que posee el creyente, los **frutos de justicia… son por medio de Jesucristo**. La condición humana es incapaz de crearlos.

El propósito de Dios es producir tales obras en todos los creyentes, "porque somos hechura suya, creados en Cristo Jesús para buenas obras, las cuales Dios preparó de antemano para que anduviésemos en ellas" (Ef. 2:10). Jesús resaltó con especial claridad esa verdad en su discurso en el Aposento Alto: "Permaneced en mí, y yo en vosotros. Como el pámpano no puede llevar fruto por sí mismo, si no permanece en la vid, así tampoco vosotros, si no permanecéis en mí. Yo soy la vid, vosotros los pámpanos; el que permanece en mí, y yo en él, éste lleva mucho fruto; porque separados de mí nada podéis hacer" (Jn. 15:4-5).

LA GLORIA DE DIOS

para gloria y alabanza de Dios. (1:11*b*)

El quinto elemento esencial para crecer en piedad que menciona Pablo es sin duda alguna el más importante: **la gloria y alabanza de Dios**.

Jesús dijo: "En esto es glorificado mi Padre, en que llevéis mucho fruto, y seáis así mis discípulos" (Jn. 15:8). Dios hace al creyente fructífero para su **gloria**. Por esto Pablo ordenó: "Si, pues, coméis o bebéis, o hacéis otra cosa, hacedlo todo para la gloria de Dios" (1 Co. 10:31), y en otra carta explica que "tuvimos herencia… a fin de que seamos para alabanza de su gloria, nosotros los que primeramente esperábamos en Cristo. En él también vosotros… fuisteis sellados con el Espíritu Santo de la promesa… para alabanza de su gloria" (Ef. 1:11-14). En la mitad de esa carta, al parecer rebosante por las maravillosas verdades que acababa de explicar, expresó con gozo: "Y a Aquel que es poderoso para hacer todas las cosas mucho más abundantemente de lo que pedimos o entendemos, según el poder que actúa en nosotros, a él sea gloria en la iglesia en Cristo Jesús por todas las edades, por los siglos de los siglos. Amén" (Ef. 3:20-21).

El resultado y el objetivo supremo de una vida que muestra el amor divino, excelencia, integridad, y buenas obras, es manifestar la **gloria y alabanza de Dios**. Su **gloria** es el cenit de toda su perfección y el honor que le corresponde por ser quien es y hacer lo que ha hecho. Su **alabanza** es la confesión de esa gloria por parte de quienes la reconocen.

4

El gozo del ministerio— Primera parte: A pesar de las pruebas y los detractores

Quiero que sepáis, hermanos, que las cosas que me han sucedido, han redundado más bien para el progreso del evangelio, de tal manera que mis prisiones se han hecho patentes en Cristo en todo el pretorio, y a todos los demás. Y la mayoría de los hermanos, cobrando ánimo en el Señor con mis prisiones, se atreven mucho más a hablar la palabra sin temor. Algunos, a la verdad, predican a Cristo por envidia y contienda; pero otros de buena voluntad. Los unos anuncian a Cristo por contención, no sinceramente, pensando añadir aflicción a mis prisiones; pero los otros por amor, sabiendo que estoy puesto para la defensa del evangelio. ¿Qué, pues? Que no obstante, de todas maneras, o por pretexto o por verdad, Cristo es anunciado; y en esto me gozo, y me gozaré aún. (1:12-18)

Uno de los indicativos más ciertos de la madurez espiritual de un cristiano es lo que precisa para perder el gozo que le da el Espíritu. La madurez de Pablo se evidencia en este pasaje al demostrar que las circunstancias difíciles, desagradables, dolorosas e incluso amenazantes no podían robarle el gozo, sino más bien lo hacían aumentar.

Si bien constituye un don de Dios para cada creyente y quien lo reparte es el Espíritu Santo (Gá. 5:22), el gozo no es siempre constante y pleno (cp. 1 Jn. 1:4). La única razón cierta para que un creyente pierda el gozo es el pecado que daña su comunión con el Señor, quien es la fuente del gozo. Actitudes pecaminosas como el descontento, la amargura, el enfado, la duda, el temor, y el negativismo echan a perder el gozo. Por consiguiente, la única manera de recuperar el gozo perdido es arrepentirse y volver a la debida adoración y obediencia a Dios.

Nada aparte del pecado, sin importar cuán difícil, doloroso o decepcionante, debería robarle el gozo al cristiano. Con todo, incluso pequeñeces logran hacerlo si el creyente reacciona de manera pecaminosa. Un revés en la salud, el empleo, las finanzas, las relaciones personales o cualquier otro aspecto importante de la vida puede llevar con facilidad al creyente a dudar del Señor, de su sabiduría soberana y de su provisión generosa. Si esto ocurre, el gozo es uno de los primeros perjudicados. Los creyentes resultan especialmente afectados cuando ese tipo de situaciones ocurren de improviso y los toman por sorpresa. Por lo general, reaccionan con ira, duda, desconfianza, temor, autocompasión, ingratitud, o queja. En esos casos, los acontecimientos que no son pecaminosos en sí, suscitan respuestas pecaminosas que roban el gozo.

La Palabra de Dios dice con claridad que en esta vida sí tendremos aflicción (cp. Job 5:7; 14:1; Ec. 2:23; Jn. 16:33). Los creyentes no son ajenos a los problemas y las dificultades comunes que enfrentan las personas. Deben además encarar la persecución del mundo adverso por causa de su fe. Jesús dijo: "Acordaos de la palabra que yo os he dicho: El siervo no es mayor que su señor. Si a mí me han perseguido, también a vosotros os perseguirán" (Jn. 15:20). Poco después agregó: "En el mundo tendréis aflicción; pero confiad, yo he vencido al mundo" (Jn. 16:33). A los cristianos judíos de la iglesia primitiva que estaban dispersos y sufrían gran persecución, Santiago escribió: "Hermanos míos, tened por sumo gozo cuando os halléis en diversas pruebas, sabiendo que la prueba de vuestra fe produce paciencia. Mas tenga la paciencia su obra completa, para que seáis perfectos y cabales, sin que os falte cosa alguna" (Stg. 1:2-4). Con todo, Dios puede usar hasta las pruebas más difíciles para nuestro bien y para su gloria.

Ningún escritor del Nuevo Testamento comprendió esta verdad mejor que Pablo. Él era de lejos un ejemplo de hombre de Dios cuyo gozo nunca vaciló. Él resistió cualquier amenaza que se interpusiera entre él y su comunión íntima y su confianza en el Señor. No cabe duda de que Pablo experimentó penas y tristezas, sufrió aflicciones y decepciones, y vivió con preocupaciones por creyentes débiles, pecadores y conflictivos. Aun así, parece que en ningún momento de su vida como creyente las circunstancias minaron su gozo. De hecho, parece que la peor aflicción lo impulsó a aferrarse más al gozo de su salvación (Fil. 4:4, 10-13).

En el momento de escribir Filipenses, Pablo había experimentado serias privaciones de toda índole. Cuando escribió esta epístola, era prisionero en Roma. Había anhelado por mucho tiempo predicar en esa gran ciudad, y pocos años antes le había escrito a la iglesia allí:

> *Porque testigo me es Dios, a quien sirvo en mi espíritu en el evangelio de su Hijo, de que sin cesar hago mención de vosotros siempre en mis oraciones, rogando que de alguna manera tenga al fin, por la voluntad de Dios, un próspero viaje para ir a vosotros... Pero no quiero, hermanos, que ignoréis que muchas veces me he*

propuesto ir a vosotros (pero hasta ahora he sido estorbado), para tener también entre vosotros algún fruto, como entre los demás gentiles (Ro. 1:9-10, 13; cp. v. 15).

El apóstol expresaba más que un deseo personal de ministrar en un lugar nuevo y difícil. Estaba convencido de la importancia de llevar el evangelio a esa ciudadela del paganismo y usar Roma como un trampolín para un ministerio más amplio (hasta España, Ro. 15:24). No es seguro que tuviera en mente ministrar en Roma como prisionero. Tampoco parecía prever que llegaría allá solo después de soportar una agitada tormenta que culminó en un calamitoso naufragio (cp. Hch. 21:33—28:31). Pero sin importar cómo llegó ni las circunstancias que le esperaban, Pablo ansiaba predicar el evangelio allí "por la voluntad de Dios" (Ro. 1:10).

Aunque no escribía su epístola desde un calabozo sino una residencia privada (Hch. 28:16, 30), Pablo estaba encadenado día y noche a un soldado romano. No tenía privacidad para comer, dormir, escribir, orar, predicar, enseñar o recibir visitas de amigos (vv. 17-31). Con todo, esa misma falta de privacidad que se prolongó dos años hizo imposible que los guardias romanos pudieran evitar escuchar el evangelio y el testimonio de la extraordinaria semejanza de Cristo en Pablo. Como sugieren los versículos siguientes, parece que algunos de ellos conocieron la salvación (Fil. 1:13-14; cp. 4:22). Pablo se regocijaba por el ministerio al cual el Señor le había llamado y por el fruto espiritual que este producía, aun a pesar de sus cadenas.

Los versículos 12-26 del capítulo uno presentan cuatro elementos del gozo de Pablo en el ministerio. Él estaba gozoso a pesar de las pruebas, con tal que avanzara la causa de Cristo (vv. 12-14); a pesar de los adversarios, con tal que el nombre de Cristo fuera proclamado (vv. 15-18); a pesar de la muerte, con tal que el Señor fuera glorificado (vv. 19-21); y a pesar de estar en la carne, con tal que eso redundara en provecho para la iglesia (vv. 22-26).

A PESAR DE LAS PRUEBAS, CON TAL QUE AVANCE LA CAUSA DE CRISTO

Quiero que sepáis, hermanos, que las cosas que me han sucedido, han redundado más bien para el progreso del evangelio, de tal manera que mis prisiones se han hecho patentes en Cristo en todo el pretorio, y a todos los demás. Y la mayoría de los hermanos, cobrando ánimo en el Señor con mis prisiones, se atreven mucho más a hablar la palabra sin temor. (1:12-14)

Quiero que sepáis es la traducción de una conocida expresión griega que aparece con frecuencia en cartas antiguas. Expresiones afines, como "quiero que comprendan esto" o "quiero que entiendan esto", se emplean en la actualidad para llamar la atención sobre un punto importante, en especial uno que podría pasarse por alto, malinterpretarse o rechazarse con facilidad. A la inversa, Pablo declaraba muchas veces que él no quería que sus lectores estuvieran desinformados (cp. Ro. 1:13; 11:25; 1 Co. 10:1; 12:1; 2 Co. 1:8; 1 Ts. 4:13). En este versículo, él quería que sus amados hermanos comprendieran que él hablaba en serio. A pesar de su situación, Pablo no se sentía amargado ni desanimado, sino que tenía un gran motivo para regocijarse.

Las cosas que me han sucedido es la traducción de *ta kata eme*, cuyo significado literal es "las cosas tocantes a mí o relacionadas conmigo". En Efesios 6:21 se traduce "mis asuntos"; y en Colosenses 4:7, "todo lo que a mí se refiere". Según explica Pablo, **las cosas**, por terrible que parezcan desde la óptica humana, **han redundado más bien para el progreso del evangelio**. Él no pasaba por alto ni tomaba con ligereza sus **prisiones** (cp. 1:7, 14, 17; Col. 4:3, 18; Flm. 9, 13), pero ocupaban un lugar secundario frente a su posición gozosa, privilegiada y anhelada como siervo de Jesucristo (1:1). *Mallon* (**más bien**) se traduce también "en realidad" (DHH), o "en el mayor" (LBLA). En lugar de estorbar o frenar su ministerio, las difíciles circunstancias de Pablo habían tenido un efecto contrario (cp. 2 Co. 12:9-10).

Era el **progreso del evangelio** a lo que Pablo se entregaba con tanto ahínco. A los ancianos de Éfeso él declaró: "Pero de ninguna cosa hago caso, ni estimo preciosa mi vida para mí mismo, con tal que acabe mi carrera con gozo, y el ministerio que recibí del Señor Jesús, para dar testimonio del evangelio de la gracia de Dios" (Hch. 20:24). Cualquier otra cosa en la vida de Pablo importaba solo en la medida en que tuviera que ver con **el progreso del evangelio**.

Pablo no solo se consideraba a sí mismo en deuda con el Señor, sino también "a griegos y a no griegos, a sabios y a no sabios... Porque no me avergüenzo del evangelio, porque es poder de Dios para salvación a todo aquel que cree; al judío primeramente, y también al griego" (Ro. 1:14, 16). Tan firme era su compromiso que Pablo declaró: "Me es impuesta necesidad; y ¡ay de mí si no anunciare el evangelio!" (1 Co. 9:16). "Y esto hago por causa del evangelio", explicó unos versículos más adelante (v. 23). Su ministerio y su vida terrenal eran inseparables. Su vida terrenal no acabaría hasta que su ministerio concluyera, y cuando su ministerio terminara, su vida terrenal carecería de propósito (cp. Fil. 1:21-26; 2 Ti. 4:6-8).

Prokopē (**progreso**) no solo describe el avance sino la superación de los obstáculos. El verbo relacionado se empleaba para referirse a un grupo explorador o militar que se abre paso entre la densa selva y la maleza, y que avanza con lentitud y gran esfuerzo. La oposición forma parte entonces de esa clase de progreso, y nadie conocía mejor que Pablo cuán inevitable era la oposición de Satanás (1 Ts. 2:18) y del mundo (1 Jn. 2:15-16) contra **el progreso del evangelio**. La oposición pagana de Roma lo había sometido a un cautiverio de dos años, y, antes de eso, la oposición de los líderes judíos incrédulos lo había puesto en prisión dos años en Cesarea (Hch. 24:27). Él explicó a los corintios que, aunque "se me ha abierto puerta grande y eficaz... muchos son los adversarios" (1 Co. 16:9). A los tesalo-nicenses él escribió: "Pues habiendo antes padecido y sido ultrajados en Filipos, como sabéis, tuvimos denuedo en nuestro Dios para anunciaros el evangelio de Dios en medio de gran oposición" (1 Ts. 2:2). Él animó a Timoteo:

> *Acuérdate de Jesucristo, del linaje de David, resucitado de los muertos conforme a mi evangelio, en el cual sufro penalidades, hasta prisiones a modo de malhechor; mas la palabra de Dios no está presa. Por tanto, todo lo soporto por amor de los escogidos, para que ellos también obtengan la salvación que es en Cristo Jesús con gloria eterna (2 Ti. 2:8-10).*

Lejos de lamentarse, resentirse o quejarse por sus privaciones, Pablo las consi-deraba un elemento ineludible de su ministerio. Sin embargo, a sus ojos no eran más que un pequeño precio que estaba más que dispuesto a pagar, porque Dios usó esas pruebas como medio para favorecer **el progreso del evangelio**.

La predicación de Juan Bunyan era tan poderosa y reconocida, y a los líderes de la iglesia de Inglaterra del siglo XVII les resultaba tan molesta, que lo encar-celaron para silenciarlo. Él rehusó callar, y empezó a predicar en el patio de la cárcel. Allí no solo tuvo un buen público entre los prisioneros, sino que cientos de ciudadanos de Bedford y de los alrededores se acercaban a diario a la prisión para escuchar desde afuera la enseñanza de las Escrituras. Lo silenciaron poniéndolo en un profundo calabozo de la cárcel, y prohibiéndole predicar. Aún así, en ese silencio, habló con más vehemencia y a más personas de lo que hubiera podido imaginar. Fue durante ese tiempo que escribió *El progreso del peregrino*, el gran clásico cristiano que ha comunicado el mensaje del evangelio a millones en todo el mundo. Durante varios siglos fue el libro más leído y traducido en el mundo después de la Biblia. Los opositores de Bunyan pudieron detener su predicación unos pocos años, mas no frenar su ministerio. Más bien facilitaron la expansión del mismo desde las profundidades de una prisión en la pequeña ciudad de Bedford hasta los confines de la tierra.

Pablo podía decirles a quienes lo perseguían lo mismo que José a sus herma-nos después que lo vendieran como esclavo: "No me enviasteis acá vosotros, sino Dios, que me ha puesto por padre de Faraón y por señor de toda su casa, y por gobernador en toda la tierra de Egipto... Vosotros pensasteis mal contra mí, mas Dios lo encaminó a bien" (Gn. 45:8; 50:20). Un incalculable número de santos de Dios han podido corroborar esa verdad. Job pudo manifestarlo a quienes le "reconfortaban", Ester a Amán, Jeremías a los falsos profetas y gobernantes de Judá, y el apóstol Juan a quienes lo exiliaron en Patmos. Como siempre, el Señor puede transformar los intentos de frenar su Reino en instrumentos para su progreso.

Por supuesto, la obra suprema de Dios de utilizar los malvados planes del hombre y de Satanás para llevar a cabo sus propósitos divinos fue la redención de su Hijo. Con su muerte y resurrección Jesucristo venció el pecado y la muerte, derrotó a Satanás, y ofrece la redención para siempre a todos los que se vuelven a Él con una fe sincera para salvación.

En seguida, Pablo fija su atención en dos logros importantes de su ministerio, primero el progreso del evangelio fuera de la iglesia (v. 13) y luego el progreso dentro de la iglesia (v. 14). Primero, se gozaba en que sus **prisiones se han hecho patentes en Cristo en todo el pretorio, y a todos los demás**. **Prisiones** viene de *desmon*, cuyo significado literal es atadura, como la que se hace con cadenas o lazos. Más adelante, el término llegó a emplearse para referirse a cualquier restricción o confinamiento, en especial de un prisionero. En un discurso a un grupo de líderes judíos en Roma cuando escribía Filipenses, Pablo dijo: "Porque por la esperanza de Israel estoy sujeto con esta cadena" (Hch. 28:20), y en Efesios habló de ser "embajador en cadenas" (Ef. 6:20). Las cadenas de Pablo (de *halusis*) eran un poco más largas que las esposas que se usan en la actualidad, de unos cuarenta y cinco centímetros de longitud. Un extremo se ataba a la muñeca del prisionero, y el otro a la del guardia. Al prisionero no se le quitaba la cadena mientras estuviera bajo custodia, lo cual hacía imposible escapar o tener privacidad. Aunque al apóstol se le permitía vivir en habitaciones privadas (Hch. 28:30), estuvo encadenado a varios soldados en un período de dos años. Es probable que durante ese tiempo varias docenas de soldados diferentes fueran designados para vigilar a Pablo, convirtiéndose así cada uno en su público cautivo. En caso de no saberlo, aquellos soldados pronto descubrirían que este hombre extraordinario no estaba preso por cometer un crimen, sino por predicar el evangelio. Su fidelidad a **Cristo** no tardó en hacerse **patente en todo el pretorio, y a todos los demás**. Es indudable que los fieles creyentes de la iglesia de Roma habían orado por mucho tiempo que el Señor abriera la puerta para testificar a la selecta e influyente guardia pretoriana. En su soberana sabiduría, Él respondió esa oración al mantener atado a Pablo a los miembros de la guardia durante dos años.

Praitōrion (**pretorio**) se refería originalmente a la tienda de un capitán del ejército, luego a la residencia de los oficiales militares de alto rango, y más adelante a cualquier persona adinerada o influyente. En los Evangelios se emplea para referirse a la residencia del gobernador romano en Jerusalén (cp. Mt. 27:27; Mr. 15:16; Jn. 18:28, 33; 19:9). En Hechos 23:35, el palacio del gobernador en Cesarea se llama el pretorio de Herodes.

Por lo anterior, algunos comentaristas consideran que Filipenses 1:13 es una alusión a los cuarteles de la guardia pretoriana. Sin embargo, la frase siguiente (**y a todos los demás**) señala que Pablo se refería a personas, no a un lugar. En un principio, la guardia pretoriana estaba conformada por unos diez mil soldados seleccionados. César Augusto, que era emperador en la época del nacimiento de Jesús (Lc. 2:1), así lo había establecido. Estos hombres estaban repartidos de manera estratégica por toda Roma a fin de velar por la paz general, y sobre todo proteger al emperador. Más adelante, los emperadores aumentaron el número, y Tiberio construyó un imponente campo fortificado para asegurarse de tener una representación ilustre en Roma. Los miembros del **pretorio** servían durante doce (y luego dieciséis) años, al cabo de los cuales recibían los mayores honores y privilegios, entre ellos una considerable indemnización. Con el tiempo llegaron a ser tan poderosos que eran considerados "artífices de reyes", que no solo protegían sino que elegían a los emperadores.

Los resultados de la estadía de Pablo en Roma eran bastante predecibles. Además de escuchar su predicación y enseñanzas, los soldados también experimentaron de primera mano su gentileza, su notable paciencia y perseverancia en medio de gran aflicción, su sabiduría, sus profundas convicciones, su veracidad, su humildad, y su amor y preocupación sinceros por ellos. Ellos conocían las falsas acusaciones que le imputaron en Cesarea y el riesgo personal que había tomado al apelar al César. Su mensaje y su carácter afectó profundamente aquellos soldados endurecidos, distinguidos e influyentes. Se desconoce cuántos guardias del **pretorio** se hicieron cristianos, pero quienes se convirtieron llegaron a ser evangelistas. Sin duda alguna, fue a través de estos hombres que algunos miembros de la propia casa del César se convirtieron (4:22).

Las noticias acerca de Pablo se difundieron por toda la ciudad de Roma (**y a los demás**), y durante dos años muchos lo visitaron "en una casa alquilada [donde él] recibía a todos los que a él venían, predicando el reino de Dios y enseñando acerca del Señor Jesucristo, abiertamente y sin impedimento" (Hch. 28:30-31). Lo que para la mayoría de las personas, incluso cristianos, parecería un completo desastre, fue una oportunidad inigualable para **el progreso del evangelio**.

F. B. Meyer comenta:

> En ocasiones, la casa alquilada estaría llena de personas que escuchaban las palabras de vida del apóstol; y después de irse el guardia se sentaría a su lado, con muchas inquietudes respecto al significado de las palabras que aquel extraño prisionero pronunciaba. Otras veces, cuando ya todos se habían ido, y en especial durante la noche, bajo la luz de la luna que brillaba en las lejanas laderas del Monte Soracte, soldado y apóstol quedaban a solas para hablar, y en esas horas oscuras y solitarias, el apóstol le contaría a un soldado tras otro el relato de su notable carrera de años pasados, de su oposición a Cristo, y de su conversión, y sería evidente que estaba allí como prisionero, no por algún crimen, ni por causar alborotos o sublevaciones, sino porque creía que Aquel a quien los soldados romanos habían crucificado, por orden de Pilato, era el Hijo de Dios y el Salvador de los hombres. A medida que estas noticias se difundían, y que los soldados las comentaban entre sí, la guardia entera sería persuadida a respaldar al manso y amable apóstol, que siempre

se mostraba tan bondadoso con los hombres cada vez que compartían, aunque involuntariamente, su cautiverio.

¡Cuán consecuente debió ser el apóstol! Al mínimo asomo de discrepancia, en el día o en la noche, con la elevada norma que defendía, el soldado que le acompañaba lo habría captado, y lo hubiera comunicado a otros. El hecho de que tantos se convirtieran en ardientes cristianos, y que la Palabra de Jesús llegara a difundirse por todas partes en el pretorio, evidencia cuán absolutamente coherente era la vida del apóstol (*The Epistle to the Philippians* [La Epístola a los Filipenses] [Grand Rapids: Baker, 1952], pp. 36-37).

La fiel perseverancia de Pablo no solo añadía nuevos cristianos fuera de la iglesia, sino que también fortalecía y animaba a los creyentes dentro de ella. La valentía y la fidelidad del apóstol durante su confinamiento alentó a **la mayoría** de sus **hermanos**, tanto en Roma como en otros lugares, **cobrando ánimo en el Señor con** sus **prisiones**, y a atreverse **mucho más a hablar la palabra sin temor**. Su influencia era penetrante y de grandes proporciones. No solo eran *algunos* creyentes, sino **la mayoría de los hermanos**, quienes recibieron aliento gracias a **sus prisiones**. Si bien causaban perturbación e incomodidad, los que criticaban y calumniaban a Pablo (1:15, 17) eran una minoría.

Esto sugiere que, antes de **sus prisiones**, los creyentes eran temerosos, o al menos reacios a comunicar abiertamente su fe. La animadversión hacia esta nueva secta del judaísmo, como se le consideraba en todo el imperio, iba en aumento. No solo se intensificaba la oposición y persecución por parte de los líderes judíos, sino que los gentiles también comenzaban a ver el cristianismo como una amenaza a su religión y a su forma de vida (Hch. 19:23-41).

Con el ejemplo de Pablo sus **hermanos... se atreven mucho más a hablar la palabra sin temor**. Al ver cómo Dios lo guardaba y bendecía su ministerio, a pesar de la persecución y el cautiverio, su **ánimo** se renovó y su valentía y celo se intensificaron. La fortaleza de Pablo se volvió la de ellos, a medida que su ejemplo tocaba sus corazones. Por medio del Espíritu Santo, la repercusión de esa sola vida fiel revolucionó y vivificó la iglesia entera. Los hermanos en la fe del apóstol descubrieron que el **ánimo** es tan contagioso como la cobardía que habían experimentado.

Es natural que los cristianos aprecien la libertad para proclamar el evangelio que gozan hoy día en el llamado mundo libre. Sin embargo, muchos, si no la mayoría de las grandes difusiones de la fe y los avivamientos espirituales en la iglesia han ocurrido en tiempos de persecución y oposición. El cristianismo fue prohibido durante mucho tiempo en la China comunista, e incluso hoy en gran parte de esa nación aún se restringe duramente su manifestación pública. A pesar de eso, según fuentes confiables, hay millones de cristianos en ese gran país. Por el contrario, en gran parte del mundo occidental "libre" la capacidad de influir de la iglesia evangélica, sin hablar del tamaño, ha ido menguando.

Las circunstancias de Pablo excedían la capacidad de comprensión de la mayoría. Aún así, era un ejemplo de gozo, contentamiento y paz. Es evidente que dichas cualidades internas no se basaban en su comodidad física, posesiones, libertad, gratificación personal, reputación o prestigio. Se basaban por completo en su confianza en su Señor soberano y lleno de gracia, y en su gozo por el progreso del evangelio.

A PESAR DE LOS DETRACTORES, CON TAL QUE SE PROCLAME EL NOMBRE DE CRISTO

Algunos, a la verdad, predican a Cristo por envidia y contienda; pero otros de buena voluntad. Los unos anuncian a Cristo por contención, no sinceramente, pensando añadir aflicción a mis prisiones; pero los otros por amor, sabiendo que estoy puesto para la defensa del evangelio. ¿Qué, pues? Que no obstante, de todas maneras, o por pretexto o por verdad, Cristo es anunciado; y en esto me gozo, y me gozaré aún. (1:15-18)

Al igual que el Señor en su ministerio terrenal, Pablo tenía suficientes detractores, en su mayoría de instituciones religiosas judías o paganas. En poco tiempo la iglesia llegó a tener en sus propias filas detractores que calumniaban a sus líderes, no pocas veces a los más capaces y piadosos.

Una de las experiencias más desalentadoras para un siervo de Dios es la de ser acusado falsamente por sus hermanos en la fe, y en especial sus consiervos en la iglesia. Puede esperarse recibir calumnias de un incrédulo, mas no de un creyente. El dolor es profundo cuando el ministerio de alguien es difamado, malinterpretado y criticado injustamente por consiervos que son predicadores y maestros del evangelio. Esa era la situación de Pablo en Roma, donde **algunos** líderes de la iglesia, para oponerse a él, **predican a Cristo por envidia y contienda**.

En la iglesia de Corinto había sectores de la congregación que estaban a favor de Pablo, y otros en contra de él. "Quiero decir", explicó él, "que cada uno de vosotros dice: Yo soy de Pablo; y yo de Apolos; y yo de Cefas; y yo de Cristo'" (1 Co. 1:12). Es indiscutible que los partidarios de Apolos y Pedro (Cefas, 1 Co. 3:22) tenían reservas con respecto a Pablo, así como los partidarios de Pablo las tenían con respecto a los otros dos. Al parecer, el sector a favor de "Cristo" se creía la flor y nata espiritual y a los otros los consideraban inferiores.

Los detractores de Pablo, que **predican a Cristo por envidia y contienda**, no eran herejes como los judaizantes, sino ortodoxos en su teología. Predicaban y enseñaban el verdadero evangelio de Jesucristo. No pregonaban un "evangelio diferente", como hacían algunos en Corinto y Galacia (2 Co. 11:4; Gá. 1:6).

Tampoco eran "falsos apóstoles, obreros fraudulentos, que se disfrazan como apóstoles de Cristo" (2 Co. 11:13), ni "los mutiladores del cuerpo" que menciona más adelante en esta carta (Fil. 3:2).

A la verdad señala una clase de paréntesis, un breve giro en el tema principal de Pablo, que es el gozo. En esencia quería decir: "Soy muy consciente de que no todo funciona como debería en la iglesia. No soy ingenuo en lo que atañe a los motivos de unos pocos pastores y evangelistas. Sé que **predican a Cristo por envidia y contienda**". El problema no radicaba en la teología de estos predicadores, sino en sus motivos; no en lo que predicaban sino por qué lo predicaban, o sea, **envidia y contienda**.

Phthonos (**envidia**) es el deseo de privar a otros de lo que les corresponde por derecho, desear que no lo tuvieran o lo tuvieran en menor grado. Fue "por envidia" que la muchedumbre judía (Mt. 27:18) y los jefes de los sacerdotes (Mr. 15:10) entregaron a Jesús a Pilato para crucificarlo. Entre las muchas demostraciones de "toda impiedad e injusticia de los hombres que detienen con injusticia la verdad" (Ro. 1:18) se menciona la **envidia**, junto con la avaricia, los homicidios, los engaños, las malignidades, las contiendas, las murmuraciones, y otros pecados graves (Ro. 1:29; 13:13; 1 Co. 1:11; 3:3; 2 Co. 12:20; Gá. 5:19-21; 1 Ti. 6:4; Tit. 3:9). Pablo le recordó a Tito que "nosotros también éramos en otro tiempo insensatos, rebeldes, extraviados, esclavos de concupiscencias y deleites diversos, viviendo en malicia y envidia, aborrecibles, y aborreciéndonos unos a otros" (Tit. 3:3). En cambio, los creyentes poseen una nueva naturaleza (2 Co. 5:17) y deben mediante el poder del Espíritu desechar "toda malicia, todo engaño, hipocresía, envidias, y todas las detracciones" (1 P. 2:1). Sobra decir que los cristianos fallan con frecuencia en obedecer la Palabra y someterse al Espíritu.

Ya que la **envidia** desea que otros no tengan lo que tienen, se relaciona estrechamente con los celos, que son el deseo de tener lo que otro posee. Según el contexto, es probable que los detractores de Pablo sintieran envidia y también celos del apóstol. Envidiaban los dones, las bendiciones, la inteligencia, la capacidad ministerial de Pablo y, tal vez más específicamente, el hecho de ser tan amado y respetado en la iglesia. Tal vez incluso envidiaban sus encuentros personales con el Señor Jesucristo resucitado y exaltado (cp. Hch. 9:1-6; 18:9-11; 22:17-18; 23:11). Todos los que eran movidos por la **envidia** y los celos veían entonces al apóstol como una amenaza a su propia distinción e influencia en la iglesia.

Contienda, que viene de *eris*, se refiere a contención, particularmente con un espíritu de enemistad. Como en este caso, el término se relaciona muchas veces con la envidia y los celos, al igual que con otras pasiones pecaminosas, como la avaricia y la malicia. La envidia conduce a la rivalidad, la hostilidad y el conflicto.

El propósito de Pablo al enfrentar este asunto no era ganar para sí alguna simpatía, y mucho menos vengarse de sus detractores. Más bien hacía notar que la fidelidad al ministerio no solo incluye una sana doctrina sino motivos correctos. En la iglesia han existido siempre aquellos cuyo servicio se motiva en gran parte por un deseo de superar a otros. De ahí que se ofendan cuando otros son apreciados o dan fruto en su ministerio. Resulta inevitable que tales personas generen **contienda y envidia** y causen así gran daño a la iglesia de Cristo.

Aquí no se exponen los rumores acerca de Pablo que buscaban afligirlo y destruir su reputación. Pero dado que las acusaciones eran falsas, los detalles carecían de importancia. El objetivo del apóstol no era defenderse sino presentar un informe exacto de la situación. Como sucedió en Corinto (cp. 1 Co. 1:11-17), es probable que varios sectores estuvieran involucrados, cada uno alegando fidelidad, ingenio, y autoridad. Cuando los falsos maestros lograron tener audiencia en Corinto, atacaron sin piedad a Pablo, que escribió 2 Corintios en respuesta a esos ataques (cp. 2 Co. 10:10; 11:6). Como hicieron los amigos de Job, algunos predicadores envidiosos en Roma pudieron incluso sugerir que el cautiverio de Pablo era castigo del Señor por algún pecado oculto (cp. Jn. 9:1-2). Otros pudieron pensar que Pablo estaba en prisión porque le faltaba fe para obtener la victoria de su liberación. Según ellos, era evidente que no había aprovechado todo el poder del Espíritu Santo. El hecho de que ellos gozaran de libertad y que él estuviera en prisión constituía para ellos la evidencia de que el poder y utilidad espirituales de Pablo eran inferiores a los suyos. De lo contrario, ¿por qué no liberó Dios a Pablo milagrosamente como lo había hecho en Filipos (Hch. 16:25-26)?

Con todo, es probable que otros se hayan atrevido a pensar que el Señor mantuvo a Pablo en prisión por causa de una supuesta predicación deficiente y engañosa de la Palabra de Dios. Dado que las visitas al apóstol eran limitadas, las personas tenían mayor oportunidad de escuchar a los opositores de Pablo que alegaban tener una comprensión más profunda y completa de la fe. Como sucede con los cristianos hoy, quizá sentían que Pablo era anticuado, y que alcanzar a la distinguida población de Roma precisaba un enfoque más moderno y pertinente. Otros argüían tal vez que si Pablo hubiera sido radical y fiel a la fe, habría sido martirizado mucho antes. Por lo tanto, debió haber negociado con los romanos a fin de proteger su vida y asegurar un trato favorable. Tales hipótesis ofrecen alguna idea razonable de lo que se decía de Pablo.

Pablo prosigue afirmando con evidente satisfacción que **otros** predican el evangelio **de buena voluntad**. Al igual que la envidia y la contienda, la **buena voluntad** (*eudokia*) se relaciona con el motivo, y en este caso el correcto, que es desear lo mejor para los demás. Esos creyentes en Roma no solo rehusaban criticar a Pablo, sino que también lo apoyaban con entusiasmo y apreciaban su obra. Sus motivos eran puros y desprovistos de todo egoísmo. Comprendían y agradecían la fidelidad del apóstol en proclamar el evangelio y su ministerio lleno de amor hacia ellos.

A diferencia de los detractores, estos últimos (que obran **de buena voluntad**) predicaban a Cristo **por amor**. Solo unos años antes, en su primera carta a la partidista y conflictiva iglesia en Corinto, él escribió:

Si yo hablase lenguas humanas y angélicas, y no tengo amor, vengo a ser como metal que resuena, o címbalo que retiñe. Y si tuviese profecía, y entendiese todos los misterios y toda ciencia, y si tuviese toda la fe, de tal manera que trasladase los montes, y no tengo amor, nada soy. Y si repartiese todos mis bienes para dar de comer a los pobres, y si entregase mi cuerpo para ser quemado, y no tengo amor, de nada me sirve... Y ahora permanecen la fe, la esperanza y el amor, estos tres; pero el mayor de ellos es el amor (1 Co. 13:1-3, 13).

Sin un espíritu y una motivación de amor, nada que se haga en el nombre del Señor, ya sea predicar, enseñar, o servir, de la manera más ortodoxa o convincente, le agrada a Él. No significa nada.

El contexto parece indicar que el **amor** al que Pablo se refiere aquí es en esencia el **amor** hacia él. Los creyentes motivados por la **buena voluntad** amaban sin duda al Señor y al prójimo, pero aquí se pone de relieve su **amor** por el apóstol. Ellos tenían un interés genuino y preocupación por su bienestar personal, así como por el alcance de su ministerio. Sabían que no estaba en prisión por algún pecado oculto o falta. Estaban seguros de que no estaba allí por infidelidad, sino más bien por su lealtad al Señor; ni porque su obra fuera un fracaso, sino antes bien un éxito magistral; y tampoco porque se desviara de la voluntad de Dios, sino porque estaba en el centro mismo de ella. Esos creyentes sabían que Pablo había sido escogido por Dios para la defensa del evangelio (cp. Fil. 1:7) y estaban agradecidos por su fiel obediencia a ese llamado, una obediencia que les comunicaba abundantes bendiciones espirituales.

Keimai (**estoy puesto**), cuyo sentido original era acostarse o reclinarse, llegó a definir una designación oficial y en ocasiones el destino. En el ejército se empleaba para referirse a una tarea especial, como el deber de proteger o defender una posición estratégica. En el momento de bendecir al bebé Jesús, Simeón le dijo a su madre María: "He aquí, éste está puesto para caída y para levantamiento de muchos en Israel, y para señal que será contradicha" (Lc. 2:34). En un sentido más figurado Pablo usa el término para recordarles a los tesalonicenses: "que nadie se inquiete por estas tribulaciones; porque vosotros mismos sabéis que para esto estamos puestos" (1 Ts. 3:3).

Pablo había sido **puesto** por Dios **para la defensa del evangelio**. En el momento de su conversión, Jesús le comunicó al apóstol que había sido escogido "para llevar [su] nombre en presencia de los gentiles, y de reyes, y de los hijos de Israel" (Hch. 9:15; cp. 13:2; Gá. 1:15-16; Ef. 3:6-7). Su cautiverio en Roma no era una casualidad del destino ni una decisión de hombres, ni siquiera la de Pablo de apelar al César (Hch. 25:11). Por encima de todo, era parte fundamental de su llamado divino a defender **el evangelio**. En este caso, Dios en su voluntad lo había destinado a experimentar esas prisiones, a fin de que pudiera predicar **el evangelio** en Roma.

En el versículo 16 Pablo menciona otra vez a sus detractores, aquellos creyentes

(v. 15*a*) que proclamaban a Cristo **por contención, no sinceramente**. Como ya se indicó, no era su doctrina lo que estaba errado, pues **anuncian a Cristo**. Sin embargo, no predicaban para la gloria y honra de **Cristo**, sino **por contención**.

Eritheia (**contención**) no tenía en principio una connotación negativa, sino que se refería a trabajar por un salario. Sin embargo, con el tiempo, adquirió el significado de buscar únicamente los intereses personales, sin importar las consecuencias que esto trajera para otros. Aludía a profesionales que procuraban sin piedad escalar hasta la cima de sus carreras y a políticos que buscaban ocupar un cargo a cualquier precio.

Es evidente que los detractores contenciosos de Pablo **no** predicaban **sinceramente**. No solo buscaban lo suyo, sino peor aún, perjudicar a Pablo, **pensando añadir aflicción a [sus] prisiones**. Lo criticaban y acusaban sin razón con el objetivo perverso de irritarlo y aumentar su **aflicción**. Mostraban una crueldad inconcebible fruto de los celos, sirviéndose del cautiverio de Pablo para desprestigiarlo y promocionarse a sí mismos.

Sin embargo, la principal aflicción de Pablo no se debía al sufrimiento, causado por Roma o por otros creyentes. Él sabía que la hipocresía y los motivos perversos de sus detractores perjudicaban en gran manera la causa de Cristo, y esto era lo que más le afligía. Como ya se indicó, no podía evitar sentirse ofendido. Con todo, él no buscaba ser comprendido ni defenderse. Él sabía que otros líderes fieles de la iglesia enfrentaban críticas y oposición, tanto del mundo como de otros creyentes. Su reacción frente a esa situación en Roma marcaría la pauta para otros siervos fieles del Señor. Así podrían enfrentar sus propias aflicciones con la misma paz mental, espíritu perdonador y confianza en la victoria de la verdad divina que él había manifestado.

Pablo sabía muy bien que los creyentes inmaduros son propensos a "contiendas, envidias, iras, divisiones, maledicencias, murmuraciones, soberbias, desórdenes" (2 Co. 12:20). Él quería que Timoteo se cuidara de cualquier persona en la iglesia que "está envanecido… y delira acerca de cuestiones y contiendas de palabras, de las cuales nacen envidias, pleitos, blasfemias, malas sospechas" (1 Ti. 6:4).

Pero más que eso, él vio la situación con mayor amplitud. Ya que esos hombres envidiosos predicaban en realidad el verdadero evangelio, las personas se salvaban. Entonces pregunta: **¿Qué, pues?**, y responde: **Que no obstante, de todas maneras, o por pretexto o por verdad, Cristo es anunciado; y en esto me gozo, y me gozaré aún**. En otras palabras, si ha sido provechoso para la causa de **Cristo**, incluso **por pretexto** de sus detractores envidiosos, él se gozaba. Aunque la principal motivación de los detractores no era exaltar a **Cristo** o ganar almas, sino exaltarse a sí mismos a expensas de Pablo, él no sentía amargura. Aunque no felicitaba a los hombres que predicaban la verdad **por pretexto**, él sabía que el Dios soberano honraría a pesar de todo su mensaje, si **Cristo es anunciado**. Esa realidad llenaba de gozo a Pablo.

La Palabra de Dios es siempre poderosa, sin importar los motivos del que la proclama. Lo último que deseaba el profeta Jonás era que Nínive se arrepintiera por su predicación, pero el mensaje que comunicó de parte de Dios produjo arrepentimiento a pesar de todas sus malas intenciones (cp. Jon. 4:1-9). Dios puede usar hasta a un predicador o maestro envidioso, celoso y egoísta si el mensaje que comunica se conforma a las Escrituras. Dios honra siempre su Palabra, y su Palabra siempre produce fruto. "Mi Palabra que sale de mi boca; no volverá a mí vacía, sino que hará lo que yo quiero, y será prosperada en aquello para que la envié" (Is. 55:11). Como observó sabiamente el ministro escocés del siglo XIX John Eadie: "La virtud reside en el evangelio, no en quien lo comunica; en su exposición, y no en el expositor" (*A Commentary on the Greek Text of The Epistle of Paul to the Philippians* [Comentario del texto griego de la Epístola de Pablo a los Filipenses] [reimpreso; Grand Rapids: Baker, 1979], p. 40).

Por verdad señala de nuevo a quienes predicaban "de buena voluntad... por amor" (Fil. 1:15-17). **Verdad** denota aquí la veracidad e integridad de sus corazones, no la exactitud del mensaje. En evidente contraste con los detractores, ellos no eran hipócritas que predicaban el evangelio puro con motivos impuros.

Katangellō (**anunciado**) se refiere a proclamar o declarar algo con autoridad. Aunque el evangelio fuera **anunciado** por predicadores celosos e injuriosos, o por quienes fueron fieles y humildes al predicarlo con una motivación pura, era **anunciado** con precisión, llevaba fruto, y Pablo no podía más que gozarse. Él reiteró la seriedad de su afirmación al agregar **y me gozaré aún**. Su **gozo**, su actitud benévola, y su comprensión de la prevalencia de la verdad del evangelio no eran pasajeros, sino permanentes y firmes (cp. Sal. 4:7-8; Ro. 12:12; 2 Co. 6:10).

Nada en absoluto podía robarle a Pablo el gozo que Dios le dio. Él podía desgastarse, pero el evangelio no. Su privacidad y libertad eran fortuitas, y nada le importaban el reconocimiento o los méritos. Tampoco las dolorosas cadenas de Roma, ni la todavía más agobiante crítica de otros cristianos podían impedirle gozarse, porque **Cristo** era **anunciado** y su iglesia crecía y maduraba. Tal vez la perspectiva del apóstol de su propia vida y ministerio se describan mejor en 2 Corintios:

Así, pues, nosotros, como colaboradores suyos, os exhortamos también a que no recibáis en vano la gracia de Dios. Porque dice: En tiempo aceptable te he oído, Y en día de salvación te he socorrido. He aquí ahora el tiempo aceptable; he aquí ahora el día de salvación. No damos a nadie ninguna ocasión de tropiezo, para que nuestro ministerio no sea vituperado; antes bien, nos recomendamos en todo como ministros de Dios, en mucha paciencia, en tribulaciones, en necesidades, en angustias; en azotes, en cárceles, en tumultos, en trabajos, en desvelos, en ayunos; en pureza, en ciencia, en longanimidad, en bondad, en el Espíritu Santo, en amor sincero, en palabra de verdad, en poder de Dios, con armas de justicia a diestra y a siniestra; por honra y por deshonra, por mala fama y por buena fama; como engañadores, pero veraces; como desconocidos, pero bien conocidos; como moribundos, mas he aquí vivimos; como castigados, mas no muertos; como entristecidos, mas siempre gozosos; como pobres, mas enriqueciendo a muchos; como no teniendo nada, mas poseyéndolo todo (2 Co. 6:1-10).

El ejemplo de humildad y abnegación de Pablo demuestra que cuanto peores sean las circunstancias, mayor puede ser el gozo. Cuando lo que parece más cierto en la vida empieza a desintegrarse, y el sufrimiento y el dolor aumentan, los creyentes deben buscar una comunión más profunda con el Señor. Entonces experimentarán plenamente el gozo inalterable que el apóstol tan bien conocía. Este gozo es mucho mayor y satisfactorio que cualquier felicidad circunstancial pasajera. Y este gozo puro y simple no viene por las circunstancias sino a pesar y en medio de ellas.

5

El gozo del ministerio—
Segunda parte: A pesar de la
muerte y la carne

Porque sé que por vuestra oración y la suministración del Espíritu de Jesucristo, esto resultará en mi liberación, conforme a mi anhelo y esperanza de que en nada seré avergonzado; antes bien con toda confianza, como siempre, ahora también será magnificado Cristo en mi cuerpo, o por vida o por muerte. Porque para mí el vivir es Cristo, y el morir es ganancia. Mas si el vivir en la carne resulta para mí en beneficio de la obra, no sé entonces qué escoger. Porque de ambas cosas estoy puesto en estrecho, teniendo deseo de partir y estar con Cristo, lo cual es muchísimo mejor; pero quedar en la carne es más necesario por causa de vosotros. Y confiado en esto, sé que quedaré, que aún permaneceré con todos vosotros, para vuestro provecho y gozo de la fe, para que abunde vuestra gloria de mí en Cristo Jesús por mi presencia otra vez entre vosotros. (1:19-26)

A pesar de las pruebas, penas y sufrimiento que Pablo experimentaba (cp. 2 Co. 11:23-33), su ministerio era siempre una experiencia gozosa para él. En este pasaje de Filipenses, él presenta cuatro aspectos que podrían haberle robado el gozo: las pruebas, los detractores, la muerte, y la carne. En el capítulo 4 de este tomo se expusieron los dos primeros (pruebas [su cautiverio] y detractores [predicadores que buscaban promocionarse a expensas de Pablo]). Ahora el apóstol revela que ni la amenaza de la muerte inminente ni la pena de seguir viviendo en la carne podían tampoco robarle su gozo.

A PESAR DE LA MUERTE, CON TAL QUE EL SEÑOR SEA GLORIFICADO

Porque sé que por vuestra oración y la suministración del Espíritu de Jesucristo, esto resultará en mi liberación, conforme a mi anhelo y esperanza de que en nada seré avergonzado; antes bien con toda confianza, como siempre, ahora también será magnificado Cristo en mi cuerpo, o por vida o por muerte. Porque para mí el vivir es Cristo, y el morir es ganancia. (1:19-21)

Según el estudio anterior, a Pablo no le importaba en realidad estar encarcelado, ni ser calumniado, ni enfrentar una posible ejecución, con tal que el evangelio salvador de Cristo fuera anunciado. Él tenía la plena confianza de que, a pesar de sus circunstancias negativas, la causa del Señor triunfaría. Por ese motivo podía enfrentar la muerte sin temor. En los versículos 19-21 él menciona cinco realidades sobre las cuales se basaba esa confianza: la voluntad del Señor (v. 19*a*), las oraciones de los santos (v. 19*a*), la provisión del Espíritu (v. 19*b*), la esperanza de Cristo (v. 20*a*), y el plan de Dios (vv. 20*b*-21).

CONFIANZA EN LA VOLUNTAD DEL SEÑOR

Porque sé que… esto resultará en mi liberación, (1:19*a, d*)

Oida (sé) significa saber algo con certeza. Pablo estaba convencido de que el sufrimiento que experimentaba tanto por obra de incrédulos como de creyentes también **[resultaría] en [su] liberación**. Él cita directamente de la Septuaginta (la traducción griega del Antiguo Testamento), la respuesta de Job a Zofar: "Y él mismo será mi salvación" (Job 13:16). Job entendía sin equivocación que su terrible sufrimiento no era un castigo de Dios por el pecado. Al igual que Job, Pablo creía plenamente que Dios lo libraría un día, tanto de sus aflicciones físicas como de las falsas acusaciones de quienes persistían en el error de creer que su sufrimiento era fruto de la iniquidad.

Pocos años antes, Pablo había escrito esta aseveración a los creyentes en Roma: "Y sabemos que a los que aman a Dios, todas las cosas les ayudan a bien, esto es, a los que conforme a su propósito son llamados" (Ro. 8:28), y ahora vivía en carne propia esa maravillosa verdad. Él sabía que su conciencia estaba tranquila (cp. Hch. 23:1; 24:16; 2 Co. 1:12; 1 Ti. 1:5; 3:9; 2 Ti. 1:3), que no había sido castigado por Dios, y estaba convencido de que sus sufrimientos presentes "[le ayudarían] a bien".

Liberación viene de *sōtēria*, que suele traducirse "salvación". Algunos comentaristas creen por tanto que Pablo se refería a su **liberación** del pecado y la muerte por medio de su fe en Jesucristo. En ese caso, la idea sería que estaba confiado en su seguridad eterna. Otros consideran que esta **liberación** se refiere a su defensa ante el César y la consiguiente **liberación** de prisión y de ser ejecutado. Sin embargo, la principal **liberación** de la que habla no podía referirse a la ejecución, porque en el versículo 20 él menciona su expectativa "o por vida o por muerte".

En cualquier caso, Pablo sabía que sus circunstancias presentes eran pasajeras. De alguna manera, "o por vida o por muerte", sería librado de ellas. Los versículos 21-25 revelan su esperanza segura de que viviría. Su salvación se perfeccionaría con su llegada a la presencia del Señor (v. 23). De nuevo podía declarar como Job: "Yo sé que mi Redentor vive, y al fin se levantará sobre el polvo; y después de deshecha esta mi piel, en mi carne he de ver a Dios" (Job 19:25-26).

CONFIANZA EN LAS ORACIONES DE LOS SANTOS

por vuestra oración (1:19*b*)

Pablo creía en la soberanía ilimitada de Dios, y confiaba absolutamente en el cumplimiento de la Palabra de Dios y de su propósito. También sabía que el plan soberano de Dios incluye la **oración** de su pueblo. Él agradecía en especial la **oración** de la amada congregación filipense, a la que expresaba sus más hondas convicciones y anhelos personales.

El apóstol sabía que "la oración eficaz del justo puede mucho" (Stg. 5:16), y por eso no solo oraba con diligencia, sino que también animaba sin cesar a otros creyentes a orar igualmente. Años antes, al enfrentar dificultades, él le había solicitado a la iglesia en Corinto orar por él:

> *Porque de la manera que abundan en nosotros las aflicciones de Cristo, así abunda también por el mismo Cristo nuestra consolación… Porque hermanos, no queremos que ignoréis acerca de nuestra tribulación que nos sobrevino en Asia; pues fuimos abrumados sobremanera más allá de nuestras fuerzas, de tal modo que aun perdimos la esperanza de conservar la vida. Pero tuvimos en nosotros mismos sentencia de muerte, para que no confiásemos en nosotros mismos, sino en Dios que resucita a los muertos; el cual nos libró, y nos libra, y en quien esperamos que aún nos librará, de tan gran muerte; cooperando también vosotros a favor nuestro con la oración, para que por muchas personas sean dadas gracias a favor nuestro por el don concedido a nosotros por medio de muchos (2 Co. 1:5, 8-11).*

Antes de visitar la iglesia en Roma, Pablo dijo: "Pero os ruego, hermanos, por nuestro Señor Jesucristo y por el amor del Espíritu, que me ayudéis orando por mí a Dios" (Ro. 15:30). Durante el mismo cautiverio desde donde escribió Filipenses, él exhortó a los efesios: "orando en todo tiempo con toda oración y súplica en el

Espíritu, y velando en ello con toda perseverancia y súplica por todos los santos; y por mí, a fin de que al abrir mi boca me sea dada palabra para dar a conocer con denuedo el misterio del evangelio" (Ef. 6:18-19). A los tesalonicenses pidió: "Hermanos, orad por nosotros" (1 Ts. 5:25); y más adelante: "Por lo demás, hermanos, orad por nosotros, para que la palabra del Señor corra y sea glorificada, así como lo fue entre vosotros" (2 Ts. 3:1).

Nada resulta más alentador para quienes ejercen el ministerio que saber que otros creyentes los presentan en oración ante el Señor.

CONFIANZA EN LA PROVISIÓN DEL ESPÍRITU

y la suministración del Espíritu de Jesucristo, (1:19*c*)

La Palabra de Dios, las oraciones de los santos, y el poder del **Espíritu** obran siempre unidos por el bien de los siervos de Dios. Jesús prometió: "Y yo rogaré al Padre, y os dará otro Consolador, para que esté con vosotros para siempre: el Espíritu de verdad, al cual el mundo no puede recibir, porque no le ve, ni le conoce; pero vosotros le conocéis, porque mora con vosotros, y estará en vosotros" (Jn. 14:16-17; cp. 15:26; Mr. 13:11; Lc. 12:12; Ro. 8:9). Sin embargo, parece que en este caso Pablo no se refería tanto al don del **Espíritu** que Cristo concede a los creyentes en el momento de la conversión, sino a la **suministración** del poder divino y la protección del Espíritu después de recibir la salvación.

Epichorēgia (**suministración**) describe una provisión plena, abundante y suficiente de lo que se necesita. El **Espíritu** Santo ofrece todos los recursos para cada necesidad del creyente. Él provee dirección cuando los creyentes no saben qué decir. "Mas cuando os entreguen, no os preocupéis por cómo o qué hablaréis; porque en aquella hora os será dado lo que habéis de hablar. Porque no sois vosotros los que habláis, sino el Espíritu de vuestro Padre que habla en vosotros" (Mt. 10:19-20). El **Espíritu** ayuda a los creyentes a orar. Si son débiles, la Palabra dice: "pues qué hemos pedir como conviene, no lo sabemos, pero el Espíritu mismo intercede por nosotros con gemidos indecibles" (Ro. 8:26). El **Espíritu** es la fuente de poder: "pero recibiréis poder, cuando haya venido sobre vosotros el Espíritu Santo", prometió Jesús antes de su ascensión, "y me seréis testigos en Jerusalén, en toda Judea, en Samaria, y hasta lo último de la tierra" (Hch. 1:8). A los efesios Pablo escribió que el Señor "es poderoso para hacer todas las cosas mucho más abundantemente de lo que pedimos o entendemos, según el poder que actúa en nosotros" (Ef. 3:20). Más tarde, dijo en Filipenses: "Mi Dios, pues, suplirá todo lo que os falta conforme a sus riquezas en gloria en Cristo Jesús" (Fil. 4:19). El **Espíritu** produce en la vida del creyente una abundante cosecha de fruto espiritual: "amor, gozo, paz, paciencia, benignidad, bondad, fe, mansedumbre, templanza" (Gá. 5:22-23).

CONFIANZA EN LA ESPERANZA DE CRISTO

conforme a mi anhelo y esperanza de que en nada seré avergonzado; antes bien con toda confianza, como siempre, ahora también será magnificado Cristo en mi cuerpo, (1:20*a*)

La idea implícita es que el **anhelo** y la **esperanza** viva de Pablo se fundaban en la promesa del Señor, no en las ilusiones del apóstol. *Apokaradokia* (**anhelo**) es una palabra compuesta que se refiere literalmente a estirar el cuello. Con frecuencia se empleaba en sentido figurado para hablar de un anhelo intenso o expectativa, y el sinónimo **esperanza** refuerza dicha connotación. Pablo estaba seguro de que, a los ojos de Dios, **nunca [sería] avergonzado**, ni ante el César, ni ante el mundo, ni ante la iglesia. Al final sería recompensado. Él manifestó una confianza semejante a los corintios: "Porque aunque me gloríe algo más todavía de nuestra autoridad, la cual el Señor nos dio para edificación y no para vuestra destrucción, no me avergonzaré" (2 Co. 10:8).

Pablo expresó su gozo supremo al escribir que **como siempre, ahora también será magnificado Cristo en mi cuerpo**. Con pleno conocimiento de que el cuerpo del creyente es "templo del Espíritu Santo" (1 Co. 6:19), él había presentado su cuerpo como "sacrificio vivo, santo, agradable a Dios, que [era su] culto racional" (Ro. 12:1). Él llevaba en su propio cuerpo "la muerte de Jesús, para que también la vida de Jesús se [manifestara en su cuerpo]" (2 Co. 4:10). **Como siempre**, aún en situaciones adversas, Pablo era un instrumento para glorificar a su Señor con su obediencia fiel y santa. Él se gozó en gran manera al saber que gracias a su fidelidad, podía dar testimonio de que las iglesias de Judea (y en todo el imperio) "glorificaban a Dios en mí" (Gá. 1:24).

CONFIANZA EN EL PLAN DE DIOS

o por vida o por muerte. Porque para mí el vivir es Cristo, y el morir es ganancia. (1:20*b*-21)

Pablo no sabía con certeza cuál era el plan de Dios para él, si servirle y glorificarle aún con su **vida** y ministerio, o con la exaltación final en **muerte**. De cualquier forma, se haría la voluntad del Señor. Su plan se consumaría.

A los ancianos de Éfeso, que lo encontraron en la playa cerca de Mileto, Pablo dijo claramente: "Pero de ninguna cosa hago caso, ni estimo preciosa mi vida para mí mismo, con tal que acabe mi carrera con gozo, y el ministerio que recibí del Señor Jesús, para dar testimonio del evangelio de la gracia de Dios" (Hch. 20:24). Poco después dijo a los creyentes en Cesarea que estaban angustiados por la profecía de Agabo del inminente arresto de Pablo: "¿Qué hacéis llorando y quebrantándome el corazón? Porque yo estoy dispuesto no sólo a ser atado, mas aun a morir en Jerusalén por el nombre del Señor Jesús" (Hch. 21:13). Él les recordó a los creyentes en Roma "ninguno de nosotros vive para sí, y ninguno muere para sí. Pues si vivimos, para el Señor vivimos; y si morimos, para el Señor morimos. Así pues, sea que vivamos, o que muramos, del Señor somos. Porque Cristo para esto murió y resucitó, y volvió a vivir, para ser Señor así de los muertos como de los que viven" (Ro. 14:7-9). Viviera o muriera, el apóstol podía afirmar las mismas palabras que dirige a Timoteo pocos años después: "Porque yo ya estoy para ser sacrificado, y el tiempo de mi partida está cercano. He peleado la buena batalla, he acabado la carrera, he guardado la fe" (2 Ti. 4:6-7). De cualquier modo, él saldría victorioso y Cristo sería glorificado.

La frase del griego traducida **el vivir es Cristo, y el morir es ganancia** no tiene verbo. En sentido literal, diría "vivir Cristo, morir ganancia". Pablo sabía que **vivir es Cristo**, pues mientras viviera seguiría sirviéndole. También sabía que **morir** sería **ganancia**, porque así estaría en la presencia de Dios, donde podría adorarlo y servirle en perfección santa (cp. v. 23). Pablo entendía muy bien que la riqueza, el poder, la influencia, las posesiones, el prestigio, la posición social, la salud, el éxito profesional o económico, y todo lo demás eran cosas pasajeras. Muchos reconocían esa verdad, pero pocos vivían como si fuera cierta. Pocos pueden decir con la misma franqueza absoluta de Pablo **para mí el vivir es Cristo, y el morir es ganancia**.

La vida entera del apóstol estaba rendida a su Señor y Salvador Jesucristo. Él confiaba, amaba, servía, testificaba, y en todo se consagraba y dependía de Él. Su única esperanza, su único propósito, la sola razón para **vivir** era **Cristo**. Él viajó por **Cristo**, predicó por **Cristo**, y fue perseguido y encarcelado por **Cristo**. Al final, moriría por **Cristo**. Pero incluso la muerte, por la prodigiosa gracia de Dios, era en definitiva **ganancia** eterna para Pablo.

A PESAR DE ESTAR EN LA CARNE, CON TAL QUE
SEA PARA EL PROVECHO DE LA IGLESIA

Mas si el vivir en la carne resulta para mí en beneficio de la obra, no sé entonces qué escoger. Porque de ambas cosas estoy puesto en estrecho, teniendo deseo de partir y estar con Cristo, lo cual es muchísimo mejor; pero quedar en la carne es más necesario por causa de vosotros. Y confiado en esto, sé que quedaré, que aún permaneceré con todos vosotros, para vuestro provecho y gozo de la fe, para que abunde vuestra gloria de mí en Cristo Jesús por mi presencia otra vez entre vosotros. (1:22-26)

Adoniram Judson fue el primer misionero extranjero enviado desde América. A principios del siglo XIX, él y su primera esposa viajaron a la India y, poco después, a Burma, donde trabajó por casi cuatro décadas. Después de catorce años, tenía un puñado de convertidos y había logrado escribir una gramática del burmés. Durante ese tiempo padeció un terrible cautiverio que duró año y medio, y perdió a su esposa e hijos por enfermedad. Al igual que Pablo, anhelaba estar con el Señor, y como él, pensaba que su servicio a Cristo revestía una importancia infinita frente a sus aspiraciones personales. Por tanto, oró para que Dios le permitiera vivir lo suficiente para traducir la Biblia entera al burmés y fundar allí una iglesia con al menos cien creyentes. El Señor le concedió su petición, y también le permitió compilar diccionarios bilingües de burmés e inglés, los cuales se convirtieron en herramientas de gran valor para los obreros cristianos que le siguieron, tanto extranjeros como burmeses. Él escribió: "Si no hubiera tenido la certeza de que cada prueba era dispuesta por un amor y una misericordia infinitos, no habría podido superar mis innumerables padecimientos".

Parte de la grandeza espiritual radica en conocer a Cristo de manera íntima y anhelar estar con Él. Sin embargo, la excelencia espiritual también significa el compromiso total con el progreso del reino y el servicio a Cristo en la tierra. Cada creyente experimenta dicho conflicto. Es evidente que Pablo no estaba exento de esa disyuntiva, la cual expresó con tanta gracia y vehemencia en los versículos 22-26. Él anhelaba estar con el Señor, pero si era la voluntad de Dios **quedar en la carne**, se gozaba. Él sabía que eso representaría un **beneficio de la obra** para la gloria de Dios. **La carne** no se refiere aquí al centro de la pecaminosidad, como en otros pasajes (cp. Ro. 6:19; 7:5, 18; 8:5; 2 Co. 7:1; 10:2; Gá. 3:3), sino a la vida física (cp. Ro. 1:3; 9:3; 1 Co. 6:16; 2 Co. 10:3; Gá. 2:20; 1 P. 4:1-2).

La obra es la del Señor, la que siempre bendice el Espíritu Santo. Cuando "la palabra verdadera del evangelio" es anunciada con fidelidad, "lleva fruto y crece también" (Col. 1:5-6; cp. Fil. 1:15-18). Por supuesto, Pablo no habla de buenas obras por medio de las cuales las personas aspiren en vano salvarse. Todas las obras humanas son incapaces de salvar, y en realidad invalidan la obra redentora de Cristo (Ro. 3:20-22, 28; 4:1-5; Gá. 2:16-21; Ef. 2:7-9). Él habla más bien de **la obra** impulsada por el Espíritu, buenas obras para las cuales fuimos "creados en Cristo Jesús… las cuales Dios preparó de antemano para que anduviésemos en ellas" (Ef. 2:10). Es el fruto de "Dios… que en vosotros produce así el querer como el hacer, por su buena voluntad" (Fil. 2:13). El fruto espiritual demuestra los motivos que dirige y confiere el Espíritu, y la conducta basada en el fundamento que es Jesucristo (1 Co. 3:11). Puede dividirse en varias categorías. El fruto del carácter comprende el "fruto del Espíritu" (Gá. 5:22-23), el fruto de los hechos que son las buenas obras (cp. Fil. 1:11), y por último, el fruto que incluye también a los convertidos (cp. Ro. 1:13).

Pablo enfrentaba un dilema sobre su vida y muerte, al confesar **no sé entonces qué escoger**. *Gnōrizō* (**sé**) se emplea en veintisiete ocasiones en el Nuevo Testamento, sobre todo por Pablo. Significa revelar algo que era desconocido, de parte del Señor a los hombres (como en Lc. 2:15; Jn. 15:15; Ro. 9:22-23) o de los hombres hacia otros (como en Hch. 7:13; 2 Co. 8:1; Ef. 6:19, 21). Al parecer, Pablo explicaba que aún **no** había decidido **qué escoger**, ya que el Señor aún no se lo había revelado. Al no estar seguro de la voluntad del Señor en el asunto, tampoco lo estaba de la suya propia.

No es que Pablo se resistiera a la voluntad del Señor o quisiera estar en el cielo mientras Él quería la permanencia del apóstol en su ministerio terrenal. Él quería llevar a cabo ambas cosas, y los dos anhelos eran igualmente válidos e intensos. Es como la disyuntiva de una esposa cuyo marido ha trabajado lejos de casa por muchos meses y le pide visitarlo durante un tiempo. Aunque ella lo ama entrañablemente y anhela estar con él, también ama a sus hijos y quiere estar con ellos.

En consecuencia, Pablo dice: **Porque de ambas cosas estoy puesto en estrecho**. El sentido literal de *sunechō* (**puesto en estrecho**) es "mantenerse juntos". Se usaba con frecuencia para describir el hecho de estar restringido por ambos lados, como si se caminara por un desfiladero estrecho. Lucas empleó el término para referirse a la multitud en Galilea que "aprieta y oprime" a Jesús (Lc. 8:45), y en la advertencia del Señor: "Porque vendrán días sobre ti, cuando tus enemigos te rodearán con vallado, y te sitiarán, y por todas partes te estrecharán" (Lc. 19:43).

Por otro lado, Pablo explicó que tenía el **deseo de partir y estar con Cristo**. **Partir** viene de *analuō*, que significa "soltar", como un barco que se desata de sus amarras cuando está listo para zarpar. En ocasiones, la palabra se usaba para describir a un prisionero que era liberado de sus cadenas, de un animal liberado de su carga, o de un destacamento militar que deja su campamento y reanuda la marcha. Pablo aludía a la última ilustración en 2 Corintios 5:1: "Porque sabemos que si nuestra morada terrestre, este tabernáculo, se deshiciere, tenemos de Dios un edificio, una casa no hecha de manos, eterna, en los cielos". Para los cristianos, la muerte no es más que dejar su campamento terrenal provisional para mudarse a su hogar eterno en los cielos. El sustantivo afín *analusis*, se empleaba con frecuencia como un eufemismo para muerte, idea que tenía Pablo en mente en este pasaje. En su segunda carta a Timoteo pocos años después, le dijo a su amado hijo en la fe: "Porque yo ya estoy para ser sacrificado, y el tiempo de mi partida [*analusis*] está cercano" (2 Ti. 4:6).

Filipenses 1:23 desmiente la falsa doctrina del "sueño del alma", la cual enseña que los muertos existen en un estado de inconsciencia hasta su resurrección. Cuando los creyentes mueren, lo hacen para **partir** de inmediato y **estar con Cristo**, como le ocurrió al ladrón arrepentido en la cruz, a quien Jesús dijo: "De cierto te digo que hoy estarás conmigo en el paraíso" (Lc. 23:43; cp. 2 Co. 5:8). La aparición de Moisés y de Elías en la transfiguración (Mt. 17:3) y los creyentes de la tribulación que gozaban de plena conciencia (Ap. 6:9-11) también refutan la idea del sueño del alma. El Nuevo Testamento habla del sueño como metáfora de la muerte. Esteban "invocaba y decía: Señor Jesús, recibe mi espíritu. Y puesto de rodillas, clamó a gran voz: Señor, no les tomes en cuenta este pecado. Y habiendo dicho esto, durmió" (Hch. 7:59-60; cp. Jn. 11:11-14; 1 Co. 11:30; 15:20, 51; 1 Ts. 4:13-15; 5:10).

La esperanza suprema del creyente es **estar con Cristo** por toda la eternidad, y **partir** para estar con Él es el comienzo de esa maravillosa experiencia. **Mucho mejor** traduce un giro del comparativo en griego que expresa el mayor adjetivo superlativo posible. Por consiguiente, en lo que respecta al gozo y deleite personal del creyente, es evidente que ir al cielo es **mucho mejor** que permanecer en la tierra.

Como Pablo, todos los creyentes deberían preferir "estar ausentes del cuerpo, y presentes al Señor" (2 Co. 5:8). Así quedarán libres del sufrimiento, las penas y los padecimientos de esta vida, y entrarán en la presencia gloriosa del Señor. Allí gozarán de la maravillosa libertad de la gloria y la justicia eternas, y

> *le sirven día y noche en su templo; y el que está sentado sobre el trono extenderá su tabernáculo sobre ellos. Ya no tendrán hambre ni sed, y el sol no caerá más sobre ellos, ni calor alguno; porque el Cordero que está en medio del trono los pastoreará, y los guiará a fuentes de aguas de vida; y Dios enjugará toda lágrima de los ojos de ellos (Ap. 7:15-17).*

Los creyentes ya no tendrán que andar por fe sino por vista (cp. 2 Co. 5:7). Ya no verán a Dios a través de un "espejo, oscuramente... mas... cara a cara", no conocerán "en parte... [sino] como [fueron conocidos]" (1 Co. 13:12; cp. 1 Co. 8:3). Puesto que son "hijos de Dios... [ellos serán] semejantes a Él, porque [lo verán] tal como Él es" (1 Jn. 3:2). Sentirán la misma confianza de Job: "Y después de deshecha esta mi piel, en mi carne he de ver a Dios; al cual veré por mí mismo, y mis ojos lo verán, y no otro" (Job 19:26-27; cp. Sal. 16:10-11; 17:15; 49:15).

Sin embargo, el anhelo de Pablo por el cielo no era su único interés. A los corintios escribió: "Por tanto procuramos también, o ausentes [en el cielo con Cristo] o presentes [sirviéndole en la tierra], serle agradables" (2 Co. 5:9). Por eso dijo a los filipenses: **pero quedar en la carne es más necesario por causa de vosotros**. Mientras el Señor dispusiera una obra para él sobre la tierra, es allí donde Pablo quería estar. El apóstol puso en práctica la misma exhortación que escribió a los creyentes en Corinto: "Así que, hermanos míos amados, estad firmes y constantes, creciendo en la obra del Señor siempre, sabiendo que vuestro trabajo en el Señor no es en vano" (1 Co. 15:58). Aunque sobre él se agolpaba cada día "la preocupación por todas las iglesias" (2 Co. 11:28), no consideraba esa responsabilidad como una carga que debiera aligerarse, sino una oportunidad gozosa de servir al Señor a través del servicio a los hermanos.

Más adelante, en su epístola, Pablo hizo un llamado de atención a los filipenses: "Nada hagáis por contienda o por vanagloria; antes bien con humildad, estimando cada uno a los demás como superiores a él mismo; no mirando cada uno por lo suyo propio, sino cada cual también por lo de los otros" (2:3-4). Ellos debían tener

este sentir que hubo también en Cristo Jesús, el cual, siendo en forma de Dios,
no estimó el ser igual a Dios como cosa a que aferrarse, sino que se despojó a sí
mismo, tomando forma de siervo, hecho semejante a los hombres; y estando en la
condición de hombre, se humilló a sí mismo, haciéndose obediente hasta la muerte,
y muerte de cruz (vv. 5-8).

El hecho de que ellos siguieran el ejemplo de Cristo "sintiendo lo mismo, teniendo el mismo amor, unánimes, sintiendo una misma cosa" (v. 2), completaba el gozo de Pablo. Debido a que el apóstol consideraba que los creyentes filipenses eran mejores que él, podía decirles: **pero quedar en la carne es más necesario por causa de vosotros**. Pablo pospondría con gozo sus bendiciones celestiales para seguir su servicio a los santos en la tierra.

Confiado en esta obligación de terminar su obra terrenal, Pablo les dice con seguridad: **sé que quedaré, que aún permaneceré con todos vosotros, para vuestro provecho y gozo de la fe, para que abunde vuestra gloria de mí en Cristo Jesús por mi presencia otra vez entre vosotros**. El apóstol sabía que los filipenses todavía lo necesitaban. No que él se considerara indispensable, sino más bien estaba **confiado** en que su ministerio para con ellos aún estaba incompleto. Puesto que acababa de manifestar su incertidumbre acerca de si viviría o moriría (1:22-24), parece que esta convicción es más algo personal que una revelación divina. Si Dios le hubiera dicho que no moriría hasta terminar la obra en la iglesia filipense, su vida o muerte no habrían sido tema de discusión.

Pablo estaba **confiado** en que la iglesia todavía requería su instrucción y liderazgo. A pesar de su madurez, amor, y espíritu manso, los filipenses debían ser un ejemplo más elevado de la humildad del Señor (2:1-8). Debían cuidarse de los falsos maestros (3:2), observar y seguir el ejemplo de Pablo, y resistir a los "enemigos de la cruz de Cristo" (3:17-18). Por lo menos dos miembros de la congregación debían aprender a ser "de un mismo sentir en el Señor" (4:2-3). Tal vez muchos estaban ansiosos y necesitaban escuchar estas palabras: "Por nada estéis afanosos, sino sean conocidas vuestras peticiones delante de Dios en toda oración y ruego, con acción de gracias" (4:6). Además de lo anterior, necesitaban pensar de continuo en "todo lo que es verdadero, todo lo honesto, todo lo justo, todo lo puro, todo lo amable, todo lo que es de buen nombre" (4:8).

Pablo esperaba **quedar y permanecer con** los filipenses para alentar **su provecho y gozo de la fe**. Antes se había referido en términos generales al "progreso del evangelio" (1:12). Aquí emplea la misma palabra (*prokopē*) para hablar del **provecho** de los creyentes filipenses en particular, primero en su **gozo** y luego en la **fe**. Como se vio en el comentario del versículo 1:12, *prokopē* encierra la idea de avanzar en medio de obstáculos, de enfrentar una resistencia permanente. Cuando Pablo y Bernabé "volvieron a Listra, a Iconio y a Antioquía, confirmando los ánimos de los discípulos, exhortándoles a que permaneciesen en la fe", les dijeron: "Es necesario que a través de muchas tribulaciones entremos en el reino de Dios" (Hch. 14:21-22). Aunque el **provecho… de la fe** no ocurre sin pagar un precio, siempre está acompañado por el gozo.

Para que es la traducción de *hina*, que, al usarse con un verbo subjuntivo, forma una cláusula de propósito. Si Pablo continuaba sirviendo a la iglesia filipense sería con el propósito de que estando **confiado… abunde la gloria [de él] en Cristo Jesús por [su] presencia otra vez entre** ellos. En el texto griego, la frase **en Cristo Jesús** antecede la expresión **de mí**, y ese es el orden que debió tener Pablo en mente, cuya idea es: "para que su confianza abunde en Jesucristo, ya que Él se manifiesta en mí". Luego aclara en el capítulo 3 de Filipenses que, a pesar de sus impecables credenciales religiosas (vv. 4-6),

> *cuantas cosas eran para mí ganancia, las he estimado como pérdida por amor de Cristo. Y ciertamente, aun estimo todas las cosas como pérdida por la excelencia del conocimiento de Cristo Jesús, mi Señor, por amor del cual lo he perdido todo, y lo tengo por basura, para ganar a Cristo, y ser hallado en él, no teniendo mi propia justicia, que es por la ley, sino la que es por la fe de Cristo, la justicia que es de Dios por la fe (vv. 7-9).*

Luego prosigue con una confesión: "No que lo haya alcanzado ya, ni que ya sea perfecto; sino que prosigo, por ver si logro asir aquello para lo cual fui también asido por Cristo Jesús. Hermanos, yo mismo no pretendo haberlo ya alcanzado; pero una cosa hago: olvidando ciertamente lo que queda atrás, y extendiéndome a lo que está delante" (vv. 12-13).

Pablo les había advertido a los corintios: "Así que, ninguno se gloríe en los hombres; porque todo es vuestro: sea Pablo, sea Apolos, sea Cefas, sea el mundo, sea la vida, sea la muerte, sea lo presente, sea lo por venir, todo es vuestro, y vosotros de Cristo, y Cristo de Dios" (1 Co. 3:21-23). Por tanto, era la obra de **Cristo Jesús** en él que haría abundar la confianza de los creyentes filipenses.

Ninguna circunstancia, de la gravedad que fuera, podía robarle el gozo a Pablo. Nada podía menoscabar su entusiasmo por el ministerio. Nada podía impedirle crecer "en la obra del Señor siempre, [porque sabía] que [su] trabajo en el Señor no [era] en vano" (1 Co. 15:58).

6

Un comportamiento digno de la iglesia

Solamente que os comportéis como es digno del evangelio de Cristo, para que o sea que vaya a veros, o que esté ausente, oiga de vosotros que estáis firmes en un mismo espíritu, combatiendo unánimes por la fe del evangelio, y en nada intimidados por los que se oponen, que para ellos ciertamente es indicio de perdición, mas para vosotros de salvación; y esto de Dios. Porque a vosotros os es concedido a causa de Cristo, no sólo que creáis en él, sino también que padezcáis por él, teniendo el mismo conflicto que habéis visto en mí, y ahora oís que hay en mí. (1:27-30)

Pablo tenía un amor, una estima y un respeto especiales hacia la iglesia en Filipos. Era una de las iglesias más maduras que describe el Nuevo Testamento. Con todo, sus miembros adolecían de unos cuantos problemas, algunos de los cuales podían ser graves. Al igual que toda iglesia de todos los tiempos, debían cuidarse de los falsos maestros (3:2) y expulsar de la congregación a quienes fueran "enemigos de la cruz de Cristo" (3:17-18). El apóstol sabía que hasta las iglesias fieles podían caer fácilmente en la indiferencia y terminar en el error doctrinal.

En 1:27-30 Pablo se aparta de su enfoque autobiográfico en la primera parte de la epístola, y se centra en la congregación filipense. Anima a los filipenses a mantener su compromiso espiritual, a perseverar en un comportamiento acorde con el poder del evangelio. Los llama a examinar con atención sus corazones para determinar si viven en integridad espiritual. Claro que dicho llamado le atañe a todo seguidor de Jesucristo, en toda época y lugar.

Puesto que él consideraba necesaria su presencia para el bienestar espiritual de ellos, Pablo expresó así su confianza de que el Señor se lo concedería: "Y confiado en esto, sé que quedaré, que aún permaneceré con todos vosotros, para vuestro provecho y gozo de la fe, para que abunde vuestra gloria de mí en Cristo Jesús por mi presencia otra vez entre vosotros" (1:25-26). Pero sin importar lo que pudiera ocurrirle, imploró: **Solamente que os comportéis como es digno del evangelio de Cristo… sea que vaya a veros, o que esté ausente.** Lo que en realidad importaba era su conducta santa y consecuente. *Monon* (**solamente**) se emplea al principio de la frase en el texto griego para resaltar la idea. Ante todo, Pablo quería que sus vidas fueran un reflejo digno del **evangelio de Cristo**. Es cierto que de manera implícita el apóstol insiste en esto a lo largo de la carta, y de manera explícita en el capítulo siguiente, donde los exhorta: "para que seáis irreprensibles y sencillos, hijos de Dios sin mancha en medio de una generación maligna y perversa, en medio de la cual resplandecéis como luminares en el mundo; asidos de la palabra de vida, para que en el día de Cristo yo pueda gloriarme de que no he corrido en vano, ni en vano he trabajado" (2:15-16).

Politeuomai (**comportéis**) es el verbo central de los versículos 27-30, que en el griego forman una sola frase. Su raíz es la palabra *polis* (ciudad), que en tiempos antiguos solía emplearse para hablar de las ciudades-estados a los cuales sus habitantes debían lealtad. El verbo encierra el significado básico de ser ciudadano. Claro que de manera indirecta significa ser un buen ciudadano, uno cuya conducta dignifique la comunidad política a la cual pertence.

Filipos se distinguía por ser una colonia romana (Hch. 16:12), una condición privilegiada que les permitía a sus habitantes gozar de muchos derechos que eran propios de los ciudadanos de Roma. Dichas colonias se consideraban a sí mismas como "pequeñas Romas" y se jactaban de tal alianza. Rendían lealtad incondicional a Roma y al emperador, usaban los atuendos y nombres romanos, y hablaban latín, el idioma oficial de Roma.

La sociedad romana, al igual que la griega que la precedió, se preocupaba en extremo por la vida comunitaria. El individuo era un subordinado del estado, y sus habilidades, fuerza, talentos, y esfuerzos debían consagrarse primero a los intereses de la sociedad en su conjunto. No se trataba de una sujeción forzada, como sucede en los estados totalitarios modernos, sino que se basaba en un sentido de interdependencia voluntaria de la cual se enorgullecían los ciudadanos. Un ciudadano responsable trataba de no hacer nada que desprestigiara su *polis*. También procuraba siempre ser considerado como un ciudadano honorable, para nunca ser borrado de la lista de ciudadanos.

Es posible que Pablo haya tenido en mente este sentido de consagración al usar el término *politeuomai* (**comportarse**). Si los ciudadanos de Filipos mostraban tal celo para honrar a su reino terrenal, ¿cuánto más debían los creyentes consagrarse al reino de **Cristo** (cp. Col. 1:12-13)? Por consiguiente, Pablo les encomendó comportarse **como es digno del evangelio de Cristo,** vivir como fieles ciudadanos del cielo (cp. 3:20). La iglesia, aunque imperfecta y transitoria, es la manifestación terrenal del reino celestial perfecto y eterno en esta era (cp. Col. 1:13). Comportarse como es digno del cielo significa ser "irreprensibles y sencillos, hijos de Dios sin mancha en medio de una generación maligna y perversa, en medio de la cual resplandecéis como luminares en el mundo" (2:15).

Vivir **como es digno del evangelio de Cristo** es vivir de manera consecuente con la Palabra de Dios revelada. Eso implica llevar una vida acorde con la verdad divina que los cristianos profesan creer, predicar, enseñar, y defender. En otras palabras, significa vivir con integridad en cada aspecto de la existencia. Este mandato aparece en otros pasajes del Nuevo Testamento, que exhortan a andar "como es digno de la vocación con que fuisteis llamados" (Ef. 4:1), "como es digno del Señor, agradándole en todo, llevando fruto en toda buena obra, y creciendo en el conocimiento de Dios" (Col. 1:10), y "como es digno de Dios, que os llamó a su reino y gloria" (1 Ts. 2:12; cp. 4:1). Esto significa mostrarse "fieles en todo, para que en todo [los creyentes] adornen la doctrina de Dios [su] Salvador" (Tit. 2:10), demostrando una "santa y piadosa manera de vivir", y procurando "con diligencia ser hallados por él sin mancha e irreprensibles" (2 P. 3:11, 14).

El mayor testimonio de la iglesia ante el mundo es la integridad espiritual. Cuando los cristianos viven por debajo de las normas bíblicas de la moral y la reverencia a su Señor, comprometen toda la verdad bíblica en lo que respecta al carácter, el plan y la voluntad de Dios. De esa manera, debilitan seriamente la credibilidad del evangelio y su capacidad de influir en el mundo. El pueblo de Dios ha estado siempre en enemistad con el mundo, porque el mundo está en enemistad con Dios (Ro. 1:28; 5:10; Ef. 2:3; Col. 1:21). Sin embargo, difícilmente se podría esperar que el mundo abrace una fe cuyos defensores imiten tan poco sus normas de santidad y sean incapaces de demostrar el poder transformador de Cristo.

Cuando el incrédulo observa a la iglesia y no ve santidad, pureza y virtud, pareciera no existir una razón para creer en el evangelio que profesa esta iglesia. Cuando los pastores cometen pecados escandalosos y luego son reubicados en posiciones de liderazgo en la iglesia, o cuando los miembros de la congregación mienten, roban, engañan, murmuran y pelean; y cuando a las congregaciones poco parece importarles el pecado y la hipocresía en sus filas, el mundo rechaza con razón sus pretensiones de amor y servicio a Dios. Además, el nombre de Cristo es manchado y deshonrado.

El **evangelio** es la buena nueva de salvación por medio de Jesucristo. Es la verdad de "que Cristo murió por nuestros pecados, conforme a las Escrituras; y que fue sepultado, y que resucitó al tercer día, conforme a las Escrituras" (1 Co. 15:3-4). Es el mensaje que Pablo describe como "poder de Dios para salvación a todo aquel que cree; al judío primeramente, y también al griego" (Ro. 1:16). La idea aquí es que quienes pertenecen a **Cristo** en virtud de la fe salvadora en su **evangelio**, deben demostrar ese poder a través de sus vidas transformadas (cp. 2 Co. 5:17).

Pablo acababa de expresar su esperanza gozosa de volver a visitar Filipos (1:25-26), pero esa no era su principal inquietud. Él comprendió que era inevitable, al igual que en el caso de la iglesia en Éfeso, que los filipenses experimentaran la amenaza de "lobos rapaces" y que, de ellos mismos, se levantarían falsos maestros, "hombres que hablen cosas perversas para arrastrar tras sí a los discípulos" (Hch. 20:29-30). Él entendió que, a pesar de la madurez espiritual que prevalecía en la congregación, algunos miembros evidenciarían la ausencia de fe salvadora en ellos al abandonar a Cristo por un evangelio diferente. Otros, que habían sido salvos por el poder del Espíritu Santo, caerían en la trampa legalista de confiar en sus propios logros carnales para alcanzar su santificación (Gá. 1:6; 3:3). Tanto si Pablo visitara a su amada iglesia en Filipos como si no, ellos debían rendirle cuentas a **Cristo**, no a él. Ni él ni nadie más era la fuente de fortaleza espiritual para ellos. Por consiguiente, él los llamaba, **sea que [fuera a verlos], o que [estuviera] ausente**, a confiar en el Señor y a vivir como es digno de Él.

En los versículos siguientes, el apóstol presenta cuatro cualidades de los creyentes que viven como es digno de Cristo, a saber: estar firmes (v. 27*b*), estar en unidad (v. 27*c*), combatir unánimes por la fe del evangelio (vv. 27*d*-28), y sufrir por Cristo (vv. 29-30).

ESTAR FIRMES

oiga de vosotros que estáis firmes (1:27*b*)

Estáis firmes traduce un solo verbo griego, *stēkō*, que se refiere a mantenerse firme y constante sin importar el peligro o la oposición (el v. 28 también recalca la fortaleza en medio de la oposición). La palabra se empleaba para referirse a un soldado que defendía su posición a toda costa, hasta el punto de sacrificar su vida. En sentido figurado, alude a mantenerse firme en una creencia, convicción, o principio sin transigir y sin importar el costo personal que eso demande. Esta amonestación incluye el hecho de permanecer firmes en la verdad bíblica y la vida santa.

Estar **firmes** tiene dos facetas, una positiva y una negativa. Es tomar partido por Dios y contra Satanás, por la verdad y contra la falsedad, por la justicia y contra el pecado. Al emplear más adelante la forma imperativa del mismo verbo, Pablo exhorta de manera similar en la carta: "Así que, hermanos míos amados y deseados, gozo y corona mía, estad así firmes en el Señor, amados" (4:1). En Romanos usa el término para describir la capacidad que le da el Señor a su pueblo para permanecer firme (Ro. 14:4). En otras cartas él amonesta a los creyentes con estas palabras: "Velad, estad firmes en la fe; portaos varonilmente, y esforzaos" (1 Co. 16:13; cp. 1 Ts. 3:8; 2 Ts. 2:15), "estad, pues, firmes en la libertad... y no estéis otra vez sujetos al yugo de esclavitud" (Gá. 5:1). En Efesios emplea dos veces un verbo relacionado en este llamado a los creyentes: "Vestíos de toda la armadura de Dios, para que podáis estar firmes contra las asechanzas del diablo... y habiendo acabado todo, estar firmes" (Ef. 6:11, 13). Solo con la armadura de

Dios los creyentes pueden mantenerse firmes, porque no luchan "contra sangre y carne, sino contra principados, contra potestades, contra los gobernadores de las tinieblas de este siglo, contra huestes espirituales de maldad en las regiones celestes" (Ef. 6:12).

Pablo no le temía a las burlas, las privaciones, el sufrimiento o la muerte. Sus convicciones eran firmes y constantes, así que él no transigía con la verdad divina. En esto era inconmovible. Su único temor era llegar a ser apartado del ministerio. Sin importar cuán sana era su doctrina, Pablo comprendió que el riesgo de ser descalificado existía en gran medida en el mal uso de su cuerpo. Por eso declaró con resolución: "golpeo mi cuerpo, y lo pongo en servidumbre" (1 Co. 9:27). El principal uso inadecuado del cuerpo que tenía Pablo en mente, si no el único, era la inmoralidad sexual. Con la mayor solemnidad dijo:

> *¿No sabéis que vuestros cuerpos son miembros de Cristo? ¿Quitaré, pues, los miembros de Cristo y los haré miembros de una ramera? De ningún modo. ¿O no sabéis que el que se une con una ramera, es un cuerpo con ella? Porque dice: Los dos serán una sola carne. Pero el que se une al Señor, un espíritu es con él. Huid de la fornicación. Cualquier otro pecado que el hombre cometa, está fuera del cuerpo; mas el que fornica, contra su propio cuerpo peca. ¿O ignoráis que vuestro cuerpo es templo del Espíritu Santo, el cual está en vosotros, el cual tenéis de Dios, y que no sois vuestros? Porque habéis sido comprados por precio; glorificad, pues, a Dios en vuestro cuerpo y en vuestro espíritu, los cuales son de Dios (1 Co. 6:15-20).*

Las exigencias del Nuevo Testamento para ejercer el liderazgo en la iglesia son elevadas, ya que los líderes deben establecer la norma según la cual todos los creyentes han de vivir. En su primera carta a Timoteo, Pablo escribió: "Los diáconos asimismo deben ser honestos, sin doblez, no dados a mucho vino, no codiciosos de ganancias deshonestas; que guarden el misterio de la fe con limpia conciencia. Y éstos también sean sometidos a prueba primero, y entonces ejerzan el diaconado, si son irreprensibles… Los diáconos sean maridos de una sola mujer, y que gobiernen bien sus hijos y sus casas" (1 Ti. 3:8-10, 12).

Los requisitos para los ancianos se explican claramente:

> *Pero es necesario que el obispo sea irreprensible, marido de una sola mujer, sobrio, prudente, decoroso, hospedador, apto para enseñar; no dado al vino, no pendenciero, no codicioso de ganancias deshonestas, sino amable, apacible, no avaro; que gobierne bien su casa, que tenga a sus hijos en sujeción con toda honestidad (pues el que no sabe gobernar su propia casa, ¿cómo cuidará de la iglesia de Dios?); no un neófito, no sea que envaneciéndose caiga en la condenación del diablo. También es necesario que tenga buen testimonio de los de afuera, para que no caiga en descrédito y en lazo del diablo (1 Ti. 3:2-7; cp. Tit. 1:5-9).*

Cabe observar que en estos pasajes que enumeran los requisitos para los líderes de la iglesia Pablo menciona en tres ocasiones que deben ser irreprensibles (1 Ti. 3:2; 10; Tit. 1:6). La firmeza de ellos en la fe y en la santidad establece el ejemplo que toda la iglesia debe seguir (cp. He. 13:7).

ESTAR EN UNIDAD

en un mismo espíritu... unánimes (1:27*c*)

Además de estar firmes en la fe, los cristianos deben también vivir en unidad, participar de las convicciones y responsabilidades **en un mismo espíritu... unánimes**.

Muchos intérpretes han argumentado que la frase debería leerse **en un Espíritu**, en este caso el Espíritu Santo. Es evidente que Pablo se refiere al Espíritu Santo cuando dice que "por un solo Espíritu fuimos todos bautizados en un cuerpo... y a todos se nos dio a beber de un mismo Espíritu" (1 Co. 12:13). Lo mismo es cierto cuando dice que por medio de Cristo "los unos y los otros tenemos entrada por un mismo Espíritu al Padre", y les manda a los creyentes a ser "solícitos en guardar la unidad del Espíritu en el vínculo de la paz" porque hay "un cuerpo, y un Espíritu,... un Señor, una fe, un bautismo, un Dios y Padre de todos, el cual es sobre todos, y por todos, y en todos" (Ef. 2:18; 4:3-6). Sin embargo, el contexto de este pasaje, que se centra en las actitudes del cristiano, parece indicar que habla del **espíritu** del creyente.

Psuchē (mente) se traduce por lo general como "alma". En este caso parece más apropiado utilizar el término *mente*, porque como vimos, Pablo habla de actitudes y puntos de vista personales. **Un espíritu... unánimes**, se refiere a la experiencia de unidad, armonía, e interdependencia. Desde sus comienzos la iglesia era de **un solo espíritu** y todos vivían **unánimes**. Pocos días después de Pentecostés,

> *Todos los que habían creído estaban juntos, y tenían en común todas las cosas; y vendían sus propiedades y sus bienes, y lo repartían a todos según la necesidad de cada uno. Y perseverando unánimes cada día en el templo, y partiendo el pan en las casas, comían juntos con alegría y sencillez de corazón (Hch. 2:44-46; cp. 4:32).*

Antes en su carta, Pablo alaba a los filipenses por su "comunión en el evangelio, desde el primer día hasta ahora" (1:5), y luego les exhorta: "Por tanto, si hay alguna consolación en Cristo, si algún consuelo de amor, si alguna comunión del Espíritu, si algún afecto entrañable, si alguna misericordia, completad mi gozo, sintiendo lo mismo, teniendo el mismo amor, unánimes, sintiendo una misma cosa" (2:1-2). Más adelante, también insta a "Evodia y a Síntique, que sean de un mismo sentir en el Señor" (4:2), al tiempo que expresaba gran estima por esas dos mujeres que "combatieron juntamente [con él] en el evangelio" (v. 3).

La unidad de su Iglesia era uno de los mayores anhelos de Jesús. En la última cena les dijo a sus discípulos: "Un mandamiento nuevo os doy: Que os améis unos a otros; como yo os he amado, que también os améis unos a otros. En esto conocerán todos que sois mis discípulos, si tuviereis amor los unos con los otros" (Jn. 13:34-35). Poco después, en su oración como sumo Sacerdote, pidió que todos los que creyeran en Él "sean uno; como tú, oh Padre, en mí, y yo en ti, que también ellos sean uno en nosotros; para que el mundo crea que tú me enviaste. La gloria que me diste, yo les he dado, para que sean uno, así como nosotros somos uno" (17:21-22). La respuesta a esta asombrosa petición es la unidad espiritual que existe en el Cuerpo de Cristo. Los creyentes comparten la vida eterna que Dios les ha dado en el nuevo nacimiento, de modo que son uno con el Señor y con los otros (cp. 1 Co. 10:16-17).

Pablo deseaba ver el cumplimiento práctico de esa verdadera unidad espiritual en el ministerio y el cuidado amoroso. La unidad de la iglesia manifiesta en la vida práctica era también uno de los mayores anhelos de Pablo. A los creyentes en Roma les recordó: "Porque de la manera que en un cuerpo tenemos muchos miembros, pero no todos los miembros tienen la misma función, así nosotros, siendo muchos, somos un cuerpo en Cristo, y todos miembros los unos de los otros... Unánimes entre vosotros; no altivos, sino asociándoos con los humildes" (Ro. 12:4-5, 16). Le rogó a la partidista iglesia en Corinto: "Os ruego, pues, hermanos, por el nombre de nuestro Señor Jesucristo, que habléis todos una misma cosa, y que no haya entre vosotros divisiones, sino que estéis perfectamente unidos en una misma mente y en un mismo parecer" (1 Co. 1:10).

En los conflictos eclesiales no siempre se presentan pecados tan notorios como el adulterio, el robo, la mentira o la calumnia. Con frecuencia se originan por pecados "menores" como guardar rencor por asuntos insignificantes, crítica injusta, amargura, queja e incredulidad. En ocasiones surge la falta de armonía y ni siquiera puede identificarse la causa ni inculparse a una persona, asunto o incidente. El enemigo de la iglesia triunfa cuando el pueblo de Dios usa "la libertad como ocasión para la carne", y olvida servir "por amor los unos a los otros". En lugar de eso, empiezan a "[morderse] y [comerse] unos a otros", incluso hasta el punto de "[consumirse] unos a otros" (Gá. 5:13, 15). La única solución es "[andar] en el Espíritu, y no [satisfacer así] los deseos de la carne" (v. 16). Ser "benignos unos con otros, misericordiosos, [perdonarse] unos a otros, como Dios también [nos] perdonó... en Cristo" (Ef. 4:32) demanda un esfuerzo especial.

Pablo tuvo que enfrentar de continuo divisiones en la iglesia entre judíos y gentiles, esclavos y libres, y hombres y mujeres. Como respuesta a esos asuntos, él declaró que en Cristo "no hay judío ni griego; no hay esclavo ni libre; no hay varón ni mujer; porque todos vosotros sois uno en Cristo Jesús" (Gá. 3:28). En otra ocasión, refiriéndose a judíos y gentiles, les recordó a los efesios: "Pero ahora en Cristo Jesús, vosotros que en otro tiempo estabais lejos, habéis sido hechos cercanos por la sangre de Cristo. Porque él es nuestra paz, que de ambos pueblos hizo uno, derribando la pared intermedia de separación" (Ef. 2:13-14; cp. vv. 18-22). "Pero el que se une al Señor, un espíritu es con él" (1 Co. 6:17; 2 Co. 12:18), y por lo tanto está llamado a ser uno en espíritu y mente con todo aquel que le pertenece a Él.

Pablo presenta la clave de la verdadera unidad en la iglesia al escribir: "sintiendo lo mismo, teniendo el mismo amor, unánimes, sintiendo una misma cosa. Nada hagáis por contienda o por vanagloria; antes bien con humildad, estimando cada uno a los demás como superiores a él mismo; no mirando cada uno por lo suyo propio, sino cada cual también por lo de los otros" (Fil. 2:2-4). En otras palabras, dice en seguida: "Haya, pues, en vosotros este sentir que hubo también en Cristo Jesús" (v. 5).

COMBATIR

combatiendo unánimes por la fe del evangelio, y en nada intimidados por los que se oponen, que para ellos ciertamente es indicio de perdición, mas para vosotros de salvación; y esto de Dios. (1:27*d*-28)

Una tercera característica de una vida digna de Cristo es estar **combatiendo unánimes** como cristianos. *Sunathleō* (**combatiendo unánimes**) es una palabra griega compuesta por la preposición *sun* (con) y el sustantivo *athleō*, que significa competir en un torneo, especialmente en un deporte como la lucha. De este término se derivan las palabras *atleta* y *atletismo*. Al escribirle a Timoteo, Pablo usó dos veces el verbo en sentido literal a manera de analogía espiritual. Dijo: "Y también el que lucha como atleta, no es coronado si no lucha legítimamente" (2 Ti. 2:5).

En este pasaje, **combatiendo unánimes** es sin duda la idea que Pablo tenía en mente, más que pelear o competir contra alguien o algo, como podría también traducirse. Él pone de relieve la actitud de sacrificar el bienestar propio para promover el de otros, no la de aprovecharse de otro para el bien personal. La idea de combatir contra algo está implícita, pero solo teniendo en cuenta que la iglesia debe también estar **combatiendo unánime** contra el pecado y contra su enemigo común, Satanás y sus huestes de demonios.

Pablo subraya aquí la relación constructiva de los creyentes entre sí. En más de una ocasión, un equipo deportivo compuesto por muchos miembros destacados ha fracasado en una competición debido a que la mayoría de ellos se preocupaban más por su propio éxito que por el del equipo. Un equipo menos talentoso puede ganar muchas veces al competir contra uno que lo supera, porque el equipo débil trabaja y funciona bien unido para alcanzar un objetivo común. A un jugador con enorme talento lo pueden dejar fuera de la competición e incluso sacar del equipo, porque a pesar de su gran capacidad individual, perjudica al equipo en vez de ayudarlo. **Combatir unánimes** en la iglesia significa jugar como un equipo para la extensión de la verdad divina.

Cualquier unidad verdadera debe tener un propósito. Tratar de alcanzar la unidad como un fin en sí mismo es un esfuerzo inútil, ya que debe existir la motivación y la visión de un objetivo y una causa común. La única verdadera unidad de la iglesia se basa en **la fe del evangelio**, que es la fe cristiana. En otros pasajes, Pablo la denomina "el evangelio de Cristo" (Gá. 1:7) y "el glorioso evangelio del Dios bendito", que le ha sido encomendado a él y a Timoteo, al igual que a todos los creyentes (1 Ti. 1:11; 6:20; cp. Ro. 1:1; 2 Ti. 1:14; cp. 4:7). Judas se refiere a ella como "la fe que ha sido una vez dada a los santos" (Jud. 3).

Como ya se observó, **combatir unánimes** no solo permite el avance de la fe del evangelio, sino que también frena cualquier oposición a él. La iglesia siempre ha enfrentado un mundo hostil. Parte de esa enemistad es evidente y directa, como la que viene de ateos, filósofos humanistas y otras religiones. Sin embargo, gran parte de la hostilidad es indirecta y sutil, y muchas veces resulta más peligrosa. Las falsas doctrinas han logrado entrar en iglesias que alguna vez fueron bíblicas y evangélicas. Quienes predican falsos evangelios, sin importar su forma, "tuercen… las Escrituras, para su propia perdición" (2 P. 3:16) y la de quienes caen en su engaño.

En ningún momento de la historia de la iglesia ha existido una mayor necesidad de discernimiento como en la actualidad. La iglesia necesita con suma urgencia atender la advertencia del Señor: "Guardaos de los falsos profetas, que vienen a vosotros con vestidos de ovejas, pero por dentro son lobos rapaces" (Mt. 7:15; cp. Hch. 20:28-30; Jud. 4). Los "vestidos de ovejas" son cualquier idea, principio o práctica impía que se disfraza con terminología cristiana. A menos que se examinen en profundidad, esas doctrinas de demonios parecen bíblicas. Al igual que Timoteo, los creyentes deben sin cesar y con atención "[guardar] lo que se [les] ha encomendado, evitando las profanas pláticas sobre cosas vanas, y los argumentos de la falsamente llamada ciencia'" (1 Ti. 6:20; cp. 2 Ti. 1:14).

En el sentido afirmativo, el otro objetivo de combatir juntos es proclamar **la fe del evangelio**. En Pentecostés, Pedro declaró: "Arrepentíos, y bautícese cada uno de vosotros en el nombre de Jesucristo para perdón de los pecados; y recibiréis el don del Espíritu Santo" (Hch. 2:38). Al poco tiempo él testificó ante los líderes judíos de aquella ciudad:

> *sea notorio a todos vosotros, y a todo el pueblo de Israel, que en el nombre de Jesucristo de Nazaret, a quien vosotros crucificasteis y a quien Dios resucitó de los muertos, por él este hombre está en vuestra presencia sano. Este Jesús es la piedra reprobada por vosotros los edificadores, la cual ha venido a ser cabeza del ángulo. Y en ningún otro hay salvación; porque no hay otro nombre bajo el cielo, dado a los hombres, en que podamos ser salvos (Hch. 4:10-12).*

Desde sus comienzos, las personas se han mofado del mensaje absoluto y claro de la predicación apostólica del evangelio. Para el mundo incrédulo, tales declaraciones son el gran escándalo del evangelio. Sin embargo, dichas verdades únicas y exclusivas son la esencia misma del evangelio. Jesús declaró: "Yo soy el camino, y la verdad, y la vida; nadie viene al Padre, sino por mí" (Jn. 14:6), y esa afirmación se confirma a lo largo del Nuevo Testamento.

Por desdicha, el evangelismo actual busca eliminar lo ofensivo que resulta predicar acerca del pecado y el arrepentimiento, la santidad y la humildad, en un esfuerzo por comunicar un mensaje más tolerable a la naturaleza humana caída y depravada. Un creciente número de iglesias omite de manera intencional los elementos bíblicos de la salvación y las exigencias del verdadero discipulado. De esa manera se trivializa el verdadero evangelio, el cual pierde toda su fuerza, y queda reducido al tamaño de esas falsificaciones que no son más que formas de entretenimiento y distracción.

En un esfuerzo por presentar el evangelio de manera más atractiva y aceptable, muchas iglesias ministran sin querer de tal forma que de hecho falsean la Palabra misma de Dios que proclaman. Es alentador saber que la predicación expositiva con base bíblica, criterio razonado y sana doctrina ha vuelto a cobrar importancia. Sin embargo, la gran mayoría de servicios de adoración evangélicos, clases de escuela dominical (incluso de adultos), reuniones de jóvenes y otras actividades, están diseñadas principalmente para ofrecer una gratificación emocional a quienes asisten a ellas. La adoración centrada en Dios, reverente y cuidadosa, que está acompañada de una enseñanza formal y la exhortación y corrección basadas en la Palabra, es escasa.

Si bien muchos cristianos elogian a los grandes predicadores y teólogos del pasado como George Whitefield, Jonathan Edwards, o Charles Spurgeon, los miembros de las iglesias en su gran mayoría no tolerarían escuchar a alguno de estos hombres por más de unos cuantos minutos, ni qué decir horas (¡que es la duración de algunos de sus sermones!). Dirían que aquellos hombres fueron instrumentos maravillosos del Señor en su época, pero extremadamente alejados y ajenos a la situación actual de las personas.

Pablo animó a los creyentes filipenses a estar **en nada intimidados por los que se oponen**. **Intimidados** viene de *pturō*, un verbo que solo aparece aquí en el Nuevo Testamento. No significa necesariamente espanto, como sugieren algunas versiones. No obstante, sí se refiere a un afán temeroso y serio. Se usaba para describir a un caballo que saltaba de sorpresa con brusquedad y tumbaba al jinete, a veces por algo completamente inofensivo. Los cristianos de la época de Pablo, incluso los de Filipos, tenían muchas veces buenas razones desde el punto de vista humano para tener miedo de posibles apaleamientos, cautiverios y aun ejecuciones de parte de **los que se oponen** al evangelio. Otros enfrentaban ciertos opositores menos amenazantes: familiares, amigos y vecinos que se mofaban de ellos y los repudiaban. Sin embargo, por serio que fuera el conflicto, no debían sentirse **intimidados**, porque el hecho mismo de sufrir ataques por causa del evangelio demostraba que **los que se oponen** iban a la **perdición**. Para los creyentes, en cambio, era **indicio** de su **salvación** eterna. Ambas señales vienen **de Dios**. La primera marca el destino de los enemigos de Dios, la segunda de sus hijos. De manera similar, Pablo animó a los fieles tesalonicenses con estas palabras: "tanto, que nosotros mismos nos gloriamos de vosotros en las iglesias de Dios, por vuestra paciencia y fe en todas vuestras persecuciones y tribulaciones que soportáis", y luego explicó: "Esto es demostración del justo juicio de Dios" (2 Ts. 1:4-5; cp. vv. 6-8).

Indicio viene de *endeixis*, que se refiere al hecho de presentar evidencias, o pruebas, de la veracidad de algo. En otras palabras, la misma animosidad de **los que se oponen** a los creyentes y al evangelio, constituía la doble evidencia que testificaba contra ellos y a favor de los creyentes.

En primer lugar, el **indicio** demuestra que los enemigos de Dios y su pueblo están bajo su juicio severo. Pablo alude al juicio como **perdición**, una referencia al castigo eterno, no a la destrucción total. Segunda de Tesalonicenses describe ese sufrimiento eterno en el infierno:

> *tanto, que nosotros mismos nos gloriamos de vosotros en las iglesias de Dios, por vuestra paciencia y fe en todas vuestras persecuciones y tribulaciones que soportáis. Esto es demostración del justo juicio de Dios, para que seáis tenidos por dignos del reino de Dios, por el cual asimismo padecéis. Porque es justo delante de Dios pagar con tribulación a los que os atribulan, y a vosotros que sois atribulados, daros reposo con nosotros, cuando se manifieste el Señor Jesús desde el cielo con los ángeles de su poder, en llama de fuego, para dar retribución a los que no conocieron a Dios, ni obedecen al evangelio de nuestro Señor Jesucristo (1:4-8).*

El Señor Jesucristo describió esta perdición en el infierno como el fuego y el tormento eternos (Mt. 25:30, 41). Como lo deja claro el Salmo 73, los malvados que al parecer prosperan y eluden el sufrimiento y el dolor están realmente en un estado lamentable y van a la destrucción.

En segundo lugar, este **indicio** demuestra la **salvación** de quienes padecen hostilidad **de los que se oponen** al evangelio. La persecución por causa de Cristo prueba que los creyentes le pertenecen a Él. Por eso, lejos de ser motivo de desánimo para los creyentes, debería serlo de confianza y gozo porque muestra que son salvos. Para Pablo era un honor traer "en [su] cuerpo las marcas del Señor Jesús" (Gá. 6:17; cp. Col. 1:24), es decir, haber padecido a manos de quienes odiaban a Cristo.

Si bien la iglesia lucha por llevar a cabo su misión divina, nunca debe ser intimidada, ni por los incrédulos del mundo que se oponen, ni por las críticas al interior de ella. Dios asegura la **perdición** de los opositores, y la **salvación** de los creyentes, pues el fin de todo es **de Dios**.

En el sentido inverso, Jesús habló de la misma doble verdad en Juan 3:16-21. En esta poderosa y clara aseveración, el Señor afirma la eterna condenación de los incrédulos y la seguridad de la vida eterna para los creyentes. La advertencia de condenación está implícita en las frases "no se pierda" (v. 16*c*) y "mas tenga vida eterna" (v. 17*c*). Luego lo hace explícito:

El que en él cree, no es condenado; pero el que no cree, ya ha sido condenado, porque no ha creído en el nombre del unigénito Hijo de Dios. Y esta es la condenación: que la luz vino al mundo, y los hombres amaron más las tinieblas que la luz, porque sus obras eran malas. Porque todo aquel que hace lo malo, aborrece la luz y no viene a la luz, para que sus obras no sean reprendidas (vv. 18-20).

SUFRIR

Porque a vosotros os es concedido a causa de Cristo, no sólo que creáis en él, sino también que padezcáis por él, teniendo el mismo conflicto que habéis visto en mí, y ahora oís que hay en mí. (1:29-30)

La cuarta característica de un comportamiento "digno del evangelio de Cristo" es el sufrimiento de los creyentes por causa de su fe en Él. Al igual que en el anterior, la provisión de Dios en este caso tiene dos facetas. **A causa de Cristo**, Dios les da a sus hijos fe y también sufrimiento.

Os es concedido viene de *charizō*, cuya raíz es la misma del sustantivo *charis* (gracia) y su significado literal es "dar, entregar, conceder por gracia". En su gracia soberana, Dios no solo les concedió a los creyentes el maravilloso don de la fe para creer en Él, sino también el privilegio de sufrir por su causa. Dicho sufrimiento ofrece la recompensa de la gloria venidera (Ro. 8:17; 1 P. 4:12-16).

Lo primero que se les ha **concedido** a los creyentes **a causa de Cristo** es la fe salvadora para creer **en Él**. Por medio de esa fe viene la salvación que Pablo acaba de mencionar (v. 28). En Efesios, él explica en detalle:

Pero Dios, que es rico en misericordia, por su gran amor con que nos amó, aun estando nosotros muertos en pecados, nos dio vida juntamente con Cristo (por gracia sois salvos), y juntamente con él nos resucitó, y asimismo nos hizo sentar en los lugares celestiales con Cristo Jesús, para mostrar en los siglos venideros las abundantes riquezas de su gracia en su bondad para con nosotros en Cristo Jesús. Porque por gracia sois salvos por medio de la fe; y esto no de vosotros, pues es don de Dios (Ef. 2:4-8).

Todo lo que trae la salvación, como la gracia y la fe, es una dádiva de Dios. Así lo declara Juan al comienzo de su evangelio: "Mas a todos los que le recibieron, a los que creen en su nombre, les dio potestad de ser hechos hijos de Dios" (Jn. 1:12). Luego, en el mismo evangelio, Jesús le dijo a la mujer samaritana: "Si conocieras el don de Dios, y quién es el que te dice: Dame de beber; tú le pedirías, y él te daría agua viva" (4:10).

El segundo regalo que Dios concede a sus hijos **a causa de Cristo** no es tan llamativo como el primero. Con todo, forma parte integral de la gracia divina. Pablo le recordó a Timoteo: "Y también todos los que quieren vivir piadosamente en Cristo Jesús padecerán persecución" (2 Ti. 3:12). Durante su ministerio terrenal, Jesús dejó claro que quienes lo sigan en verdad:

> *[serán] aborrecidos de todos por causa de mi nombre; mas el que persevere hasta el fin, éste será salvo… El discípulo no es más que su maestro, ni el siervo más que su señor. Bástale al discípulo ser como su maestro, y al siervo como su señor. Si al padre de familia llamaron Beelzebú, ¿cuánto más a los de su casa? (Mt. 10:22, 24-25; cp. Jn. 16:2-3).*

"Y llamando a la gente y a sus discípulos, les dijo: Si alguno quiere venir en pos de mí, niéguese a sí mismo, y tome su cruz, y sígame" (Mr. 8:34).

Aún así, poco después afirmó:

> *De cierto os digo que no hay ninguno que haya dejado casa, o hermanos, o hermanas, o padre, o madre, o mujer, o hijos, o tierras, por causa de mí y del evangelio, que no reciba cien veces más ahora en este tiempo; casas, hermanos, hermanas, madres, hijos, y tierras, con persecuciones; y en el siglo venidero la vida eterna (Mr. 10:29-30).*

En otra ocasión, justo después de dar el mandato: "Llevad mi yugo sobre vosotros, y aprended de mí", aseguró: "que soy manso y humilde de corazón; y hallaréis descanso para vuestras almas; porque mi yugo es fácil, y ligera mi carga" (Mt. 11:29-30).

Ese es el punto: sufrir **a causa de Cristo** no es solo un mandato sino también un privilegio. Pablo nunca olvidó lo que el Señor predijo por medio de Ananías: qué él sería "instrumento escogido… para llevar mi nombre en presencia de los gentiles, y de reyes, y de los hijos de Israel", y que "le es necesario padecer por mi nombre" (Hch. 9:15-16). Luego, en Filipenses, él dice con claridad que, en virtud de las inmensas y eternas riquezas que reciben los creyentes en Cristo, nada que ellos dejen en esta tierra por Él puede realmente ser un sacrificio. Pablo afirma:

> *Pero cuantas cosas eran para mí ganancia, las he estimado como pérdida por amor de Cristo. Y ciertamente, aun estimo todas las cosas como pérdida por la excelencia del conocimiento de Cristo Jesús, mi Señor, por amor del cual lo he perdido todo,*

y lo tengo por basura, para ganar a Cristo, y ser hallado en él, no teniendo mi propia justicia, que es por la ley, sino la que es por la fe de Cristo, la justicia que es de Dios por la fe (3:7-9).

Entre las inconmensurables bendiciones que había recibido por medio de su fe en Cristo no solo estaba la de "conocerle, y el poder de su resurrección", sino también "la participación de sus padecimientos, llegando a ser semejante a él en su muerte" (v. 10). Sufrir por **Cristo** no es una carga, sino más bien un gran honor que Él en su gracia concede a sus santos fieles.

De hecho, los creyentes deben "[gloriarse] en las tribulaciones, sabiendo que la tribulación produce paciencia; y la paciencia, prueba; y la prueba, esperanza; y la esperanza no avergüenza; porque el amor de Dios ha sido derramado en nuestros corazones por el Espíritu Santo que nos fue dado" (Ro. 5:3-5; cp. Stg. 1:2-4). Pedro evoca la exhortación de Pablo al recordarles a los creyentes su herencia celestial:

En lo cual vosotros os alegráis, aunque ahora por un poco de tiempo, si es necesario, tengáis que ser afligidos en diversas pruebas, para que sometida a prueba vuestra fe, mucho más preciosa que el oro, el cual aunque perecedero se prueba con fuego, sea hallada en alabanza, gloria y honra cuando sea manifestado Jesucristo, a quien amáis sin haberle visto, en quien creyendo, aunque ahora no lo veáis, os alegráis con gozo inefable y glorioso (1 P. 1:6-8; cp. 4:13; 5:10; Hch. 5:41).

Pablo continúa su discurso diciéndoles a sus lectores que cuando sufren por el Señor experimentan **el mismo conflicto que [han] visto en [él], y que ahora [oyen] que hay en [él]. El mismo conflicto que habéis visto en mí** se refiere a la oposición y persecución que él y Silas soportaron cuando fueron encarcelados en Filipos (Hch. 16:16-40). **Y ahora oís que hay en mí** alude, por supuesto, al presente cautiverio del apóstol en Roma, que había mencionado de antemano (vv. 12-18).

A la iglesia se le ordena estar firme, estar en unidad, combatir y sufrir por causa del Señor Jesucristo, pues "para esto estamos puestos" (1 Ts. 3:3).

7

El secreto de la unidad espiritual

Por tanto, si hay alguna consolación en Cristo, si algún consuelo de amor, si alguna comunión del Espíritu, si algún afecto entrañable, si alguna misericordia, completad mi gozo, sintiendo lo mismo, teniendo el mismo amor, unánimes, sintiendo una misma cosa. Nada hagáis por contienda o por vanagloria; antes bien con humildad, estimando cada uno a los demás como superiores a él mismo; no mirando cada uno por lo suyo propio, sino cada cual también por lo de los otros. (2:1-4)

Quizá el mayor peligro que enfrenta la iglesia es cualquier ataque contra su fuente de autoridad, que es la Palabra de Dios. La apatía espiritual, el desinterés y la indiferencia a la verdad bíblica y a las normas de justicia divinas también representan serios riesgos. Muchas veces tal indiferencia se niega y disfraza con una sinceridad aparente y engañosa, pero amenaza la espiritualidad de la iglesia. Cualquier amenaza contra la unidad de la iglesia es igualmente peligrosa. Todas pueden romper, debilitar, y destruir una iglesia al provocar discordias, falta de armonía, conflictos y división. Cuando Pablo terminó su última carta a los corintios, expresó su temor por los pecados que dañan la unidad: "Pues me temo que cuando llegue, no os halle tales como quiero, y yo sea hallado de vosotros cual no queréis; que haya entre vosotros contiendas, envidias, iras, divisiones, maledicencias, murmuraciones, soberbias, desórdenes" (2 Co. 12:20). También le preocupaban los pecados que minan la pureza de la iglesia: "que cuando vuelva, me humille Dios entre vosotros, y quizá tenga que llorar por muchos de los que antes han pecado, y no se han arrepentido de la inmundicia y fornicación y lascivia que han cometido" (v. 21).

Al parecer, la iglesia filipense enfrentaba el peligro de la discordia y la división a raíz del conflicto personal entre Evodia y Síntique (4:2). La falta de unidad puede ser peligrosa para cualquier iglesia, y Pablo trató este tema hasta cierto punto en cada una de sus cartas a las iglesias. A la iglesia de Roma escribió: "Pero el Dios de la paciencia y de la consolación os dé entre vosotros un mismo sentir según Cristo Jesús, para que unánimes, a una voz, glorifiquéis al Dios y Padre de nuestro Señor Jesucristo. Por tanto, recibíos los unos a los otros, como también Cristo nos recibió, para gloria de Dios" (Ro. 15:5-7; cp. 12:5, 16). A los corintios: "Os ruego, pues, hermanos, por el nombre de nuestro Señor Jesucristo, que habléis todos una misma cosa, y que no haya entre vosotros divisiones, sino que estéis perfectamente unidos en una misma mente y en un mismo parecer" (1 Co. 1:10), y "por lo demás, hermanos, tened gozo, perfeccionaos, consolaos, sed de un mismo sentir, y vivid en paz; y el Dios de paz y de amor estará con vosotros" (2 Co. 13:11). A los gálatas amonestó: "No nos hagamos vanagloriosos, irritándonos unos a otros, envidiándonos unos a otros" (Gá. 5:26; cp. 6:2-3). A los creyentes en Éfeso instó:

> *Yo pues, preso en el Señor, os ruego que andéis como es digno de la vocación con que fuisteis llamados, con toda humildad y mansedumbre, soportándoos con paciencia los unos a los otros en amor, solícitos en guardar la unidad del Espíritu en el vínculo de la paz; un cuerpo, y un Espíritu, como fuisteis también llamados en una misma esperanza de vuestra vocación; un Señor, una fe, un bautismo, un Dios y Padre de todos, el cual es sobre todos, y por todos, y en todos (Ef. 4:1-6).*

La verdadera unidad espiritual se basa en la insondable unidad de la Trinidad. Pablo escribió a los colosenses:

> *Vestíos, pues, como escogidos de Dios, santos y amados, de entrañable misericordia, de benignidad, de humildad, de mansedumbre, de paciencia; soportándoos unos a otros, y perdonándoos unos a otros si alguno tuviere queja contra otro. De la manera que Cristo os perdonó, así también hacedlo vosotros. Y sobre todas estas cosas vestíos de amor, que es el vínculo perfecto. Y la paz de Dios gobierne en vuestros corazones, a la que asimismo fuisteis llamados en un solo cuerpo; y sed agradecidos (Col. 3:12-15).*

A los tesalonicenses les encomendó: "Pero acerca del amor fraternal no tenéis necesidad de que os escriba, porque vosotros mismos habéis aprendido de Dios que os améis unos a otros... Pero os rogamos, hermanos, que abundéis en ello más y más" (1 Ts. 4:9-10; cp. 2 Ts. 1:3).

El fundamento de la unidad de los creyentes es la unidad que dio el Padre en respuesta a la oración de Jesús a favor de su pueblo: "para que todos sean uno; como tú, oh Padre, en mí, y yo en ti, que también ellos sean uno en nosotros; para que el mundo crea que tú me enviaste" (Jn. 17:21). La respuesta a esa oración vino cuando el Espíritu Santo fue derramado sobre todos los creyentes en Pentecostés y, posteriormente, para morar en todos los creyentes impartiendo la vida eterna de la cual todos ellos son partícipes (cp. 1 Co. 6:17, 19; 12:12-14). Esa unidad esencial de todos los creyentes en el Cuerpo de Cristo debe manifestarse en la vida práctica.

La falta de unidad en el pueblo de Dios le causa una profunda tristeza. La oración de todo pastor, líder y miembro de iglesia debe ser que los hombres no separen lo que Dios ha unido en el Cuerpo de Cristo. Ya que uno de los principales objetivos de Satanás es quebrantar la unidad de la iglesia de Cristo, el reto de preservar la unidad del Espíritu es permanente. Una iglesia dividida, sectaria, y pendenciera padece debilidad espiritual. En esas condiciones representa una amenaza insignificante a la obra del diablo y carece de poder para el avance del evangelio de Cristo. El esfuerzo por mantener o restablecer la unidad espiritual de una congregación es quizás el reto más apremiante, difícil y continuo que enfrentan los líderes.

Aunque la sana doctrina, la pureza moral, y el fiel compromiso al Señor y a su obra son esenciales para la eficacia ministerial de la iglesia, no pueden garantizar por sí solos la protección contra la discordia. William Barclay señaló con perspicacia que

> el único peligro que amenazaba la iglesia filipense era la falta de unidad. En un sentido esa es la amenaza que enfrenta toda iglesia sana. Cuando las personas experimentan su mayor consagración y convicción en las creencias, son más propensas a las desavenencias. Cuanto mayor sea su entusiasmo, mayor será el peligro de que surjan conflictos. Pablo deseaba proteger a sus amigos de ese peligro (*The Letters to the Philippians, Colossians, and Thessalonians* [Las cartas a los filipenses, colosenses y tesalonicenses]. Ed. rev. [Louisville, Ky.: Westminster, 1975], p. 31).

En este caso, a Pablo no le inquietan doctrinas, ideas, o prácticas contrarias a la Biblia. Su preocupación radica en las interpretaciones, reglas, intereses, preferencias y demás, que son en gran medida un asunto de elección personal. Esa clase de asuntos jamás deberían ser motivo de controversia en el Cuerpo de Cristo. Insistir en las costumbres de cada uno en estos asuntos es pecado, porque sin razón divide a los creyentes. Esto refleja un deseo altivo de promover las opiniones, el estilo o los planes personales. Claro que los creyentes nunca deben comprometer las doctrinas o principios que son claramente bíblicos. Sin embargo, respetar con humildad unos a otros en estos asuntos secundarios es un gesto que demuestra fortaleza espiritual, no debilidad (cp. Ro. 14:1—15:7). Es una señal de madurez y amor que Dios honra en gran manera, porque promueve y preserva la armonía en su iglesia.

Esta unidad que la Palabra tanto exalta, que es interna y no externa, es un deseo que nace del interior, no una imposición del exterior. Es espiritual, no eclesiástica; nace más del corazón que de las creencias. No se fundamenta en sentimentalismos, sino en la obediencia resuelta, cuidadosa y atenta a la voluntad de Dios. Es el lazo que une los corazones, las mentes y las almas de los hijos de Dios y que es motivado y conferido por el Espíritu. Preservar la unidad de la iglesia no es una opción (cp. Ef. 4:3).

A manera de analogía, piense en un saco lleno de canicas. Hay muchas canicas de varios colores, tamaños y materiales empacadas juntas. Sin embargo, están unidas solo por el saco que las contiene. Si el saco se abre o rompe, las canicas se esparcen por todas partes, porque no hay algo interno que las mantenga unidas. Por el contrario, piense en un imán puesto en un montón de virutas de acero. Por naturaleza, las virutas responden a la fuerza del imán y se mantienen unidas. Si una fuerza externa los separa, la fuerza de atracción permanece y vuelven a juntarse tan pronto desaparece aquella fuente extraña. De igual forma, los cristianos fieles que son separados por circunstancias que están fuera de su control, mantendrán la unión mutua por medio de la fuerza "magnética" del Espíritu que obra en ellos. Lo mismo ocurre con los miembros de una familia unida que sufren alguna división por causa de una guerra o un desastre natural, y que no cesan de buscar de nuevo la unión como la familia espiritual que conforman. Esa unidad de espíritu interna que Dios hace posible es vital para el gozo y la eficacia de la iglesia.

Dicha unidad se manifestó en la iglesia naciente después de su experiencia en Pentecostés. Los miles de creyentes nuevos (que en su mayoría habían sido extranjeros y otros incluso antiguos enemigos) "perseveraban en la doctrina de los apóstoles, en la comunión unos con otros... Todos los que habían creído estaban juntos, y tenían en común todas las cosas... Y perseverando unánimes cada día en el templo, y partiendo el pan en las casas, comían juntos con alegría y sencillez de corazón" (Hch. 2:42, 44, 46).

Si bien la unidad de los creyentes es constante en Cristo, la debilidad humana a la cual aún están sometidos hace que la unidad entre ellos sea frágil. Por eso Pablo les aconsejó a los efesios a ser "solícitos en guardar la unidad del Espíritu en el vínculo de la paz" (Ef. 4:3). "Solícito" viene de *spoudazō*, que describe un esfuerzo persistente. La unidad espiritual debe cultivarse y preservarse siempre con vigor y devoción abnegada. Como ya se mencionó, este constituye quizá el mayor reto para la iglesia en lo que respecta al liderazgo y el cuidado espiritual.

En términos generales, la iglesia en Filipos era sana en su teología, dedicada, moral, amorosa, celosa, valiente, generosa y disciplinada en oración. Con todo, enfrentaba el peligro de la discordia que tantas veces provocan solo unos pocos. Esos alborotadores pueden incitar contiendas y conflictos que dividen a una congregación entera. Y dado que la falta de unidad debilita con tan funestos resultados, Pablo les ruega a los creyentes con amor y firmeza a velar siempre y con diligencia a fin de que esto no ocurra. A los filipenses acababa de comunicarles su esperanza de "[oír de ellos] que [están] firmes en un mismo espíritu, combatiendo unánimes por la fe del evangelio" (1:27).

En 2:1-4 Pablo ofrece una enseñanza acerca de la unidad, quizá la más práctica y concisa en el Nuevo Testamento. En estos cuatro versículos, él presenta la fórmula para la unidad espiritual que contiene tres elementos necesarios sobre los cuales debe construirse: los motivos correctos (vv. 1-2*a*), las señales correctas (v. 2*b*) y los medios correctos (vv. 3-4). Por medio de estos, él explica *por qué* los creyentes deben ser de un espíritu y mente, *lo que* esto significa, y *cómo* pueden realmente alcanzarlo.

LOS MOTIVOS CORRECTOS PARA LA UNIDAD ESPIRITUAL

Por tanto, si hay alguna consolación en Cristo, si algún consuelo de amor, si alguna comunión del Espíritu, si algún afecto entrañable, si alguna misericordia, completad mi gozo, (2:1-2*a*)

Por tanto relaciona el pasaje con lo que Pablo acaba de decir, y que según los eruditos era su intención. Significa entonces que lo que el apóstol se dispone a decir se basa, al menos en parte, en su anterior discurso. El punto es: "Ya que debemos seguir el mismo mandato de estar en un mismo espíritu, unánimes (1:27), debemos **por tanto…**".

En el versículo 1 aparece cuatro veces la palabra "**si**" (esto es, en el griego original; en la RVR-1960 aparece cinco veces y en la versión LBLA aparece cuatro). La partícula griega *ei* (**si**) es siempre condicional cuando se usa con un verbo en indicativo. Sin embargo, en los escritos de Pablo, el verbo afín suele estar implícito, y requiere anotarse en la traducción, como aquí (**hay**). En este caso, *ei* introduce una cláusula condicional de primera clase, que expresa la idea: "Si esto es verdad, y lo es, entonces… ". En consecuencia, la palabra podría traducirse mejor "porque", o "ya que", o "por consiguiente", a fin de dar una idea más completa de su significado.

En el contexto de este pasaje, **por tanto** y **si** se refieren a dos condiciones estrechamente relacionadas. Como ya se expuso, **por tanto** *remite* al principio de que en virtud del mandato divino de estar en un mismo espíritu unánimes (1:27), los creyentes tienen un deber… **Si** *aguarda* las bendiciones que Dios otorga, de **consolación en Cristo,… consuelo de amor,… comunión del Espíritu… afecto entrañable** y **misericordia**. Ambos principios deberían alentar a los creyentes a desear y esforzarse por buscar la unidad de mente, amor, espíritu y propósito mencionados en el versículo siguiente (2:2). Pablo no habla aquí de abstracciones teológicas, sino de relaciones personales entre cristianos. Para reforzar su idea, repite la palabra *ei* (**si**) antes de cada una de las cuatro grandiosas verdades. Las dos primeras tienen que ver ante todo con Cristo, la primera de manera explícita y la segunda tácita. Las dos últimas tienen que ver ante todo con el Espíritu Santo, en el mismo orden de carácter explícito e implícito.

La primera verdad que motiva la unidad es la **consolación en Cristo**. La raíz de *paraklēsis* (**consolación**) significa acompañar a alguien con el fin de asistirlo a través del consuelo, el consejo o la exhortación. Es justamente el tipo de ayuda que ofreció el buen samaritano, quien, tras haber hecho todo lo posible por el extranjero herido y asaltado, "sacó dos denarios, y los dio al mesonero, y le dijo: Cuídamele; y todo lo que gastes de más, yo te lo pagaré cuando regrese" (Lc. 10:35; cp. vv. 30-34).

Usando una palabra afín, Jesús llamó al Espíritu Santo "otro Consolador [*paraklēton*]", el cual pediría al Padre que lo enviara a todos los que creyeran en él, "para que esté con [ellos] para siempre" (Jn. 14:16). La mayor **consolación en Cristo**, y la más importante, viene directamente del Espíritu Santo que mora en el creyente. La exhortación de Pablo aquí es a que, en virtud de esa **consolación**, los filipenses se "[comporten] como es digno del evangelio de Cristo" (1:27) esforzándose por ser de un mismo espíritu y estar unánimes. Este profundo principio espiritual demanda la búsqueda de la unidad como muestra de gratitud del creyente por su unión con Cristo. En otras palabras, Pablo pregunta: "¿La presencia de Cristo en sus vidas no debería impulsarlos a preservar la unidad que Él tanto estima?".

La segunda realidad que motiva la unidad es el **consuelo de amor**. El significado literal de *paramuthion* (**consuelo**) es hablar de cerca con alguien, y además dar consuelo y alivio. Su significado básico es similar al de *paraklēsis* (**consolación**); ambas palabras se relacionan de manera estrecha caracterizada por un interés genuino, servicio y **amor**. El **consuelo de amor** es lo que el Señor ofrece a los pecadores indignos mediante la gracia salvadora. Él derrama ese **amor** (Ro. 5:5) constantemente en los creyentes, quienes a su vez aman a sus hermanos en la fe. Eso demuestra gratitud por el **amor** que han recibido de Dios. Pablo les dijo a los corintios que el **amor** de Cristo por él era el motivo de su consagración al Señor y a la verdad hasta el punto de parecer loco (2 Co. 5:13-14).

La tercera realidad que motiva la unidad es la **comunión del Espíritu**. *Koinōnia* (**comunión**) sugiere participación y correspondencia. Esta comunión es íntima porque cada creyente es templo **del Espíritu** Santo (1 Co. 6:19). Él es el sello y las arras de la herencia eterna de los creyentes (Ef. 1:13-14; 4:30; 2 Co. 1:22), la fuente de poder espiritual (Hch. 1:8; cp. Ro. 15:19), de los dones espirituales (1 Co. 12:4-11; Ro. 12:6-8) y del fruto espiritual (Gá. 5:22-23). El **Espíritu** "nos ayuda en nuestra debilidad", y como no sabemos "pedir como conviene,… el Espíritu mismo intercede por nosotros con gemidos indecibles" (Ro. 8:26). Los creyentes deben ser llenos continuamente del Espíritu (Ef. 5:18). Estorbar o desestimar la unidad es entristecer al **Espíritu** (Ef. 4:30) y apagar su obra (1 Ts. 5:19). Los nuevos creyentes después de Pentecostés son el ejemplo neotestamentario más evidente de la unidad inspirada por el Espíritu (Hch. 2:41-47). Pablo termina 2 Corintios con la hermosa bendición: "La gracia del Señor Jesucristo, el amor de Dios, y la comunión del Espíritu Santo sean con todos vosotros" (2 Co. 13:14). Antes, le había recordado a la misma congregación que "por un solo Espíritu fuimos todos bautizados en un cuerpo, sean judíos o griegos, sean esclavos o libres; y a todos se nos dio a beber de un mismo Espíritu" (1 Co. 12:13). La respuesta correcta de los creyentes debe ser el apremio por ser "solícitos en guardar la unidad del Espíritu en el vínculo de la paz" (Ef. 4:3).

La cuarta realidad que motiva la unidad es el **afecto entrañable** y la **misericordia**. Esas son cualidades de Cristo, quien con ternura consuela y anima al débil y oprimido (cp. Is. 42:3; Mt. 12:18-20). Estas gracias también son bendiciones del Espíritu de Cristo. **Afecto entrañable** viene de *splanchna*, literalmente los intestinos o las vísceras, aunque se empleaba por lo general de manera metafórica acerca de las emociones. Pablo felicitó a la iglesia de Corinto por su afectuoso trato para con Tito, y les aseguró que "su cariño para con vosotros es aun más abundante, cuando se acuerda de la obediencia de todos vosotros, de cómo lo recibisteis con temor y temblor" (2 Co. 7:13, 15). En ocasiones se empleaba el término en relación con un anhelo profundo y personal, especialmente hacia personas muy amadas. En la parte introductoria de esta carta, el apóstol usó esta palabra en ese sentido para afianzar a los filipenses: "os amo a todos vosotros con el entrañable amor de Jesucristo" (1:8). **Misericordia** viene de *oiktirmos*, que Pablo usa en dos ocasiones respecto a las "misericordias" de Dios. Les suplica a los creyentes "por las misericordias de Dios, que presentéis vuestros cuerpos en sacrificio vivo, santo, agradable a Dios, que es vuestro culto racional" (Ro. 12:1), y describe a Dios como "Padre de misericordias" (2 Co. 1:3). "Como escogidos de Dios, santos y amados", los creyentes deben reflejar la misericordia del Señor vistiéndose "de entrañable misericordia, de benignidad, de humildad, de mansedumbre, de paciencia" (Col. 3:12).

Hay un aspecto negativo implícito en estas cuatro exhortaciones, a saber, el hecho de que no buscar ni preservar la unidad espiritual debilita la iglesia de Cristo. Aún más significativo es que no hacerlo es pecado. Es la máxima expresión de ingratitud hacia Dios. Es procurar y recibir dichoso cada bendición que el Señor ofrece, sin estar dispuesto a darle algo a cambio. Como ocurre con todo pecado, dicha indiferencia constituye un desacato a la Palabra revelada de Dios. Asimismo, menosprecia la gloriosa verdad de que "el mismo Jesucristo Señor nuestro, y Dios nuestro Padre… nos amó y nos dio consolación eterna y buena esperanza por gracia" (2 Ts. 2:16).

El apóstol basa su plegaria en primera instancia en la gracia y la bondad del Señor, como resulta evidente en las cuatro verdades que acaba de mencionar.

No obstante, al principio del versículo 2 añade un anhelo personal: **completad mi gozo**. Recompensar a un siervo fiel del Señor como él es un objetivo legítimo para los creyentes. El Nuevo Testamento deja claro que las iglesias deben amar, honrar, respetar y apreciar a sus líderes. Pablo amonestó a los tesalonicenses: "Os rogamos, hermanos, que reconozcáis a los que trabajan entre vosotros, y os presiden en el Señor, y os amonestan; y que los tengáis en mucha estima y amor por causa de su obra" (1 Ts. 5:12-13). El autor de Hebreos ordena: "Obedeced a vuestros pastores, y sujetaos a ellos; porque ellos velan por vuestras almas, como quienes han de dar cuenta; para que lo hagan con alegría, y no quejándose, porque esto no os es provechoso" (He. 13:17). El amor, la honra y el aprecio por los pastores y otros líderes de la iglesia están en perfecta armonía con el amor, la honra y la gratitud al Señor. Puesto que ambos son mandatos divinos, los primeros constituyen una manera de expresar los últimos.

LAS SEÑALES CORRECTAS DE LA UNIDAD ESPIRITUAL

sintiendo lo mismo, teniendo el mismo amor, unánimes, sintiendo una misma cosa. (2:2*b*)

Las bendiciones espirituales que enumeró Pablo exigen una respuesta apropiada. En este versículo Pablo presenta cuatro señales esenciales de la unidad espiritual.

El primero se expone en la frase **sintiendo lo mismo**. Es la traducción de *to auto phronēte*, cuyo significado literal es "pensar lo mismo", o "ser de un mismo parecer". Pensar de manera correcta es vital para la unidad espiritual que es un tema primordial en Filipenses. De las veintiséis veces que aparece el verbo *phroneō* en el Nuevo Testamento, diez se encuentran en esta carta.

Pablo no habla aquí de doctrina o normas morales. En este contexto, **sintiendo lo mismo** significa esforzarse por alcanzar el mutuo ententimiento y el acuerdo genuino. Unos versículos más adelante, el apóstol declara que la única forma de tener una armonía semejante es que haya "este sentir que hubo también en Cristo Jesús" (2:5). Por medio de la Palabra de Dios y del Espíritu Santo que mora en ellos, los creyentes pueden conocer "la mente de Cristo" (1 Co. 2:16). Después de afirmar su determinación: "prosigo, por ver si logro asir aquello para lo cual fui también asido por Cristo Jesús… [y] a la meta, al premio del supremo llamamiento de Dios en Cristo Jesús" (3:12, 14), Pablo exhorta a los creyentes filipenses a tener la misma actitud (Fil. 3:15). Quienes tienen una actitud contraria demuestran que "sólo piensan en lo terrenal" (3:19). Pablo ofrece después consejos prácticos para sentir **lo mismo**: "Por lo demás, hermanos, todo lo que es verdadero, todo lo honesto, todo lo justo, todo lo puro, todo lo amable, todo lo que es de buen nombre; si hay virtud alguna, si algo digno de alabanza, en esto pensad" (4:8).

En Romanos, Pablo profundiza en este llamado a sentir **lo mismo**. Su primera instrucción es que los creyentes no deben andar "conforme a la carne, sino conforme al Espíritu. Porque los que son de la carne piensan en las cosas de la carne; pero los que son del Espíritu, en las cosas del Espíritu" (Ro. 8:4-5). Pablo recordó a los creyentes colosenses que los conflictos en la iglesia siempre surgen de creyentes que en vez de poner la mira "en las cosas de arriba", la ponen "en las de la tierra" (Col. 3:2). Además, Pablo dice en Romanos que un creyente no debe tener "más alto concepto de sí que el que debe tener", que es una opinión equivocada y subjetiva, sino pensar "de sí con cordura, conforme a la medida de fe que Dios repartió a cada uno" (Ro. 12:3). Al obedecer el mandato de pensar en las cosas del Espíritu y pensar con cordura, el "Dios de la paciencia y de la consolación" les concede a los creyentes la capacidad de ser "un mismo sentir según Cristo Jesús" (15:5). Pablo podía entonces exhortar confiado aun a la iglesia en Corinto, inmadura y dividida, con estas palabras: "tened gozo, perfeccionaos, consolaos, sed de un mismo sentir, y vivid en paz; y el Dios de paz y de amor estará con vosotros" (2 Co. 13:11).

Una segunda señal de la unidad espiritual es tener **el mismo amor**, que se extiende y crece hasta lograr la "unanimidad". Tener **el mismo amor** es amar a otros por igual. En el plano emocional resulta imposible tener el mismo amor por otros, pues no todas las personas son igualmente agradables. Sin embargo, *agapē* (**amor**), es el amor volitivo, no de preferencias o atracción. Se basa en la elección intencional y consciente de procurar el bienestar de la persona amada. Debido a que *agapē* (**amor**) se basa en la voluntad, puede ser un mandato.

Tener **el mismo amor** es "[amarse] los unos a los otros con amor fraternal; en cuanto a honra, [preferirse] los unos a los otros", e incluye el deseo de servir a otros, por ejemplo, "compartiendo para las necesidades de los santos [y] practicando la hospitalidad" (Ro. 12:10, 13). Pablo continúa diciendo en ese pasaje que el amor *agapē* alcanza a los incrédulos, e incluso los perseguidores deben ser bendecidos, no maldecidos (v. 14). Sin embargo, en este pasaje, Pablo se centra en el **amor** especial y recíproco que los creyentes deben mostrar, el amor al que alude en otra carta como "el amor de todos y cada uno de vosotros [que] abunda" (2 Ts. 1:3).

En su primera carta, Juan dice con toda franqueza que el amor hacia otros creyentes caracteriza al verdadero cristiano: "Nosotros sabemos que hemos pasado de muerte a vida, en que amamos a los hermanos. El que no ama a su hermano, permanece en muerte" (1 Jn. 3:14). En otras palabras, hasta la mínima carencia de *agapē* (**amor**) genuino hacia otros cristianos demuestra falta de salvación. El amor genuino no es un simple afecto sentimental, sino un servicio sacrificial. "El que tiene bienes de este mundo y ve a su hermano tener necesidad, y cierra contra él su corazón, ¿cómo mora el amor de Dios en él?", pregunta Juan (v. 17). Los creyentes no deben amar "de palabra ni de lengua, sino de hecho y en verdad" (v. 18), lo cual puede requerir que incluso pongamos "nuestras vidas por los hermanos", como Cristo "puso su vida por nosotros" (v. 16).

Una mente gobernada por la humildad y la abnegación (Fil. 2:3) produce una vida que abunda en **amor** genuino y práctico hacia los hermanos en la fe. Por otro lado, un pensamiento pecaminoso y egocéntrico inhibe el amor y la unidad. Las discordias y la falta de unidad en la iglesia necesariamente derivan de la falta de **amor**.

Una tercera señal de unidad espiritual es ser **unánimes**, lo cual se relaciona de manera estrecha con sentir lo mismo y tener el mismo amor. El significado literal de *sumpsuchos* (**unánimes**) es "una misma alma" y solo aparece aquí en el Nuevo Testamento. Tiene la misma connotación de lo que se afirma en 1:27 sobre "un mismo espíritu". Estar **unánimes** significa vivir en armonía con los demás creyentes. Por definición, esto excluye la ambición personal, el egoísmo, el odio, la envidia, los celos, y las innumerables maldades que son fruto de la egolatría.

Como toda virtud cristiana, la unanimidad debe fundamentarse en la verdad objetiva de la Palabra de Dios. No obstante, contiene un elemento subjetivo. Dicha unidad comprende un interés profundo e intenso por Dios, su Palabra, su obra, su evangelio y su pueblo. Ningún cristiano, sin importar su grado de madurez espiritual o conocimiento de las Escrituras, entenderá todo de la misma forma que otro. A pesar de eso, si los creyentes actúan por humildad y amor, estarán realmente **unánimes**. No permitirán que las diferencias insignificantes los dividan o estorben su servicio al Señor.

Una cuarta señal de unidad espiritual es sentir **una misma cosa**, que es el complemento lógico de los tres anteriores. **Sintiendo una misma cosa** es la traducción de una forma de participio de *phroneō*, que Pablo usó antes en este versículo ("sintiendo… lo mismo") y otra vez en el versículo 5 ("este sentir"). La frase verbal *to en phronountes* (**sintiendo una misma cosa**) significa literalmente "pensando una cosa" y por ende es un posible sinónimo de la frase "sintiendo lo mismo".

En este versículo el apóstol presenta un ciclo completo de unidad: sentir lo mismo, un mismo amor, unanimidad de espíritu, unanimidad en el sentir que, como acabamos de ver, se refiere en esencia a la mente. Estos cuatro principios son complementarios, se entrelazan y son inseparables. La misma idea se expresa de cuatro formas distintas, y cada una pone el acento sobre algo diferente y esencial.

En Colosenses, Pablo resume con maestría estas señales de unidad espiritual:

> *Vestíos, pues, como escogidos de Dios, santos y amados, de entrañable misericordia, de benignidad, de humildad, de mansedumbre, de paciencia; soportándoos unos a otros, y perdonándoos unos a otros si alguno tuviere queja contra otro. De la manera que Cristo os perdonó, así también hacedlo vosotros. Y sobre todas estas cosas vestíos de amor, que es el vínculo perfecto. Y la paz de Dios gobierne en vuestros corazones, a la que asimismo fuisteis llamados en un solo cuerpo; y sed agradecidos. La palabra de Cristo more en abundancia en vosotros, enseñándoos*

y exhortándoos unos a otros en toda sabiduría, cantando con gracia en vuestros corazones al Señor con salmos e himnos y cánticos espirituales (3:12-16).

LOS MEDIOS CORRECTOS PARA ALCANZAR LA UNIDAD ESPIRITUAL

Nada hagáis por contienda o por vanagloria; antes bien con humildad, estimando cada uno a los demás como superiores a él mismo; no mirando cada uno por lo suyo propio, sino cada cual también por lo de los otros. (2:3-4)

Al presentar estos cinco medios, Pablo responde la pregunta de cómo lograr la verdadera unidad espiritual. Después de lo que acaba de decir en los versículos 1-2, estos medios precisan poca explicación o comentario. Como sucede con las cuatro señales de unidad espiritual, estos cinco medios se interrelacionan y son inseparables. Tres son de carácter restrictivo y dos afirmativo.

No resulta sorprendente que desechar la **contienda** encabece la lista, ya que el egoísmo es la raíz de todo pecado. Al poner su voluntad por encima de la de Dios, Satanás cayó (cp. Is. 14:12-17), y de igual forma Adán y Eva introdujeron el pecado en el mundo al anteponer su voluntad personal y no la de Dios (Gn. 3). La obstinación ha sido el eje de todo pecado posterior. En griego no hay un verbo (**hagáis**), sino que la forma gramatical (*mēden kat eritheia*, lit., "nada por la vía del egoísmo") expresa un mandato en tono negativo. Dicha prohibición va más allá de la simple acción; el egoísmo debe también excluirse por completo de los pensamientos internos del corazón.

Pablo usó antes *eritheia* (**contienda**) en su carta, donde se tradujo "contención" (1:16). Como se indicó en el estudio de ese versículo, el término no tenía en su origen una connotación negativa, y se refería tan solo a un jornalero. No obstante, llegó a usarse en sentido metafórico, y casi de manera exclusiva, para describir a una persona que insiste en buscar el beneficio y el provecho personales, sin importarle las consecuencias que pueda traer sobre otros. Solía emplearse para referirse a la competencia desleal y a la ambición individualista propias de los cargos políticos. En tiempos del Nuevo Testamento llegó a significar ambición desenfrenada y egoísta, en cualquier campo de trabajo. Por obvias razones, *eritheia* solía asociarse con rivalidades entre personas y bandos, luchas internas, y contiendas (como lo indica la versión citada de la Biblia). Por lo general, abarca la idea de exaltarse a sí mismo al tiempo que se lastima al otro, como en el juego, donde la ganancia de uno es el resultado de la ruina de otro. La palabra describe con precisión a alguien que lucha por abrirse paso por medio de la adulación, el engaño, las falsas acusaciones, las contiendas y toda práctica que le resulta ventajosa. No es extraño, entonces, que Pablo incluya *eritheia* ("contiendas") como una de las obras de la carne (Gá. 5:20).

La **contienda** es un pecado destructivo y voraz. La primera y segura víctima es quien la practica, aun si nadie más resulta perjudicado. Ya que este pecado, al igual que los demás, empieza en el corazón, cualquier persona puede cometerlo, aun sin motivos externos para que se manifieste. Aunque no se demuestre de manera abierta, la **contienda** engendra ira, resentimiento y celos. Ninguna iglesia, ni la que goza de gran madurez espiritual y sana doctrina, está exenta de la amenaza de este pecado, y nada puede con tanta rapidez dividir y debilitar a la iglesia. Quienes creen que sus habilidades para impulsar la obra de Cristo son superiores, disfrazan a veces las contiendas con discursos piadosos.

A juzgar por el texto del Nuevo Testamento, ninguna iglesia tenía mayores problemas con este pecado que la de Corinto. Pablo les suplicó: "Os ruego, pues, hermanos, por el nombre de nuestro Señor Jesucristo, que habléis todos una misma cosa, y que no haya entre vosotros divisiones, sino que estéis perfectamente unidos en una misma mente y en un mismo parecer. Porque he sido informado acerca de vosotros, hermanos míos, por los de Cloé, que hay entre vosotros contiendas" (1 Co. 1:10-11). Diversos sectores de la iglesia seguían a Apolos, a Pedro, o a Pablo. Un grupo, tal vez el que más justo se creía, se gloriaba de seguir solo a "Cristo". Sin embargo, el apóstol preguntó con asombro: "¿Acaso está dividido Cristo? ¿Fue crucificado Pablo por vosotros? ¿O fuisteis bautizados en el nombre de Pablo?" (vv. 12-13; cp. 3:4-6). En tono de fuerte reprensión les dijo después:

De manera que yo, hermanos, no pude hablaros como a espirituales, sino como a carnales, como a niños en Cristo. Os di a beber leche, y no vianda; porque aún no erais capaces, ni sois capaces todavía, porque aún sois carnales; pues habiendo entre vosotros celos, contiendas y disensiones, ¿no sois carnales, y andáis como hombres? (3:1-3).

Quienes eran objeto de lealtad personal en la iglesia de Corinto (Apolos, Pedro, y Pablo) eran servidores fieles que merecían por completo el respeto y la admiración de la congregación. Dos de ellos eran apóstoles sobresalientes. Sin embargo, la verdadera lealtad de los partidistas corintios, incluso los del bando de "Cristo", era para consigo mismos. Esta situación no buscaba tanto honrar a estos líderes predilectos, sino crear bandos para exaltarse a sí mismos. Cada bando solo se preocupaba por lo suyo. Promover la causa de Cristo y la unidad de su iglesia no formaban parte de sus objetivos. En vez de servir a Cristo y a otros en su nombre, se servían a sí mismos haciendo uso de su nombre. Las contiendas son el resultado y la clara evidencia de las "obras de la carne" (Gá. 5:19-20). Contaminan incluso la labor que se realiza a favor de causas bíblicas. Los escribas y fariseos se caracterizaban por una jactancia hipócrita de servir a Dios cuando en realidad servían al yo (cp. Mt. 15:1-9).

Las discordias y las divisiones son inevitables cuando las personas se ocupan de sus planes al tiempo que excluyen a otros en la iglesia. Con frecuencia, dicho afán limitado surge de una pasión genuina por un ministerio importante. Sin embargo, pasar por alto a los hermanos en la fe, sin importar cuán involuntario sea, demuestra falta de amor, indiferencia pecaminosa que engendra celos, contiendas, rivalidades y otros enemigos de la unidad espiritual. Dondequiera que haya "celos y contención", sin importar el motivo, "hay perturbación y toda obra perversa" (Stg. 3:16).

Un segundo medio para promover la unidad espiritual es desechar la **vanagloria**. **Vanagloria** es la traducción de la palabra griega compuesta *kenodoxia*, que solo aparece aquí en el Nuevo Testamento. Está formada por el adjetivo *kenos* ("vano") y el sustantivo *doxa* ("gloria"), por lo que se traduce "vanagloria". Denota una opinión excesivamente elevada de uno mismo, que no es más que una gloria vana. Mientras que las contiendas persiguen metas personales, la **vanagloria** busca la gloria personal y el aplauso. Lo primero tiene que ver con los logros personales; lo último, con una imagen propia sobredimensionada. Como es de esperar, una persona vanagloriosa siempre piensa que tiene la razón y espera que otros estén de acuerdo con ella. La única unidad que dicha persona busca o valora se centra en ella misma.

La **vanagloria** es orgullo, es ser "arrogantes en cuanto a [sí] mismos" (Ro. 11:25). Los antiguos griegos no admiraban la humildad, pues la consideraban una debilidad del carácter. Sin embargo, hasta ellos reconocían que la opinión de una persona sobre sí misma podía ser tan elevada hasta tornarse arrogante y desdeñable. El término que empleaban para describir a una persona semejante era *hubris*, que aún se emplea en algunos idiomas. En su extensa lista de pecados característicos de la humanidad rebelde e incrédula, Pablo emplea una palabra que se deriva de *hubris*, y se traduce "altivo" (Ro. 1:30). En su carta a las iglesias en Galacia, advirtió: "Porque el que se cree ser algo, no siendo nada, a sí mismo se engaña" (Gá. 6:3). Ya que por naturaleza la **vanagloria** lleva a las personas a engañarse a sí mismas, los creyentes deben estar en guardia constante contra esta. Es un enemigo implacable de la unidad espiritual.

El tercer medio que Pablo menciona para promover la unidad espiritual es positiva: La **humildad**. Es lo contrario a la contienda y la vanagloria, y el remedio contra ellas. La **humildad** es el fundamento del carácter cristiano y de la unidad espiritual. No es casualidad que la primera bienaventuranza, y la base de todas, habla de ser "pobres en espíritu" (Mt. 5:3), que es sinónimo de humildad.

Humildad es la traducción de la palabra griega *tapeinophrosunē*, que significa literalmente "humildad de mente". En Hechos 20:19 y Efesios 4:2 se traduce "humildad". En la literatura griega secular, el adjetivo *tapeinos* ("humilde") solo se usaba en sentido peyorativo, por lo general para referirse a un esclavo. Describía algo que se consideraba ordinario, bajo, inadecuado, y de poco valor. Así pues, no es extraño que el sustantivo *tapeinophrosunē* no apareciera en la literatura griega, aparte de la bíblica, antes del siglo II. Parece entonces que tuvo su origen en el Nuevo Testamento donde, al igual que sus sinónimos, siempre tuvo una connotación positiva. La **humildad** es lo contrario del orgullo, el pecado que siempre ha separado al hombre caído de Dios, y que lo lleva a hacer de sí mismo su dios.

La humildad también es una virtud que sobresale en el Antiguo Testamento. "Cuando viene la soberbia, viene también la deshonra", advierte Salomón, "mas con los humildes está la sabiduría" (Pr. 11:2). Más adelante declara: "Mejor es humillar el espíritu con los humildes que repartir despojos con los soberbios" (16:19). Zacarías describe al Rey mesiánico que ha de venir como "justo y salvador, humilde, y cabalgando sobre un asno, sobre un pollino hijo de asna" (Zac. 9:9), una profecía que Mateo cita específicamente para relatar la entrada triunfal, aunque humilde, de Jesús a Jerusalén el Domingo de Ramos (Mt. 21:5).

Moisés "era muy manso, más que todos los hombres que había sobre la tierra" (Nm. 12:3). David dijo: "Porque Jehová es excelso, y atiende al humilde, mas al altivo mira de lejos" (Sal. 138:6). En otro salmo, escribió: "Los mansos heredarán la tierra" (Sal. 37:11), un pasaje que Jesús citó en las Bienaventuranzas: "Bienaventurados los mansos, porque ellos recibirán la tierra por heredad" (Mt. 5:5). Jesús se describió a sí mismo como "manso y humilde de corazón" (11:29). Sin miedo o hipocresía, Pablo podía dar testimonio sincero de sí mismo a los ancianos de Éfeso: "Vosotros sabéis cómo me he comportado entre vosotros todo el tiempo, desde el primer día que entré en Asia, sirviendo al Señor con toda humildad" (Hch. 20:18-19). En dos versículos de su primera carta Pedro pronuncia tres llamados a la humildad: "y todos, sumisos unos a otros, revestíos de humildad; porque: Dios resiste a los soberbios, Y da gracia a los humildes. Humillaos, pues, bajo la poderosa mano de Dios, para que él os exalte cuando fuere tiempo" (1 P. 5:5-6).

La verdadera humildad implica que el creyente no tiene un concepto más alto de sí mismo, y exige demostrarlo **estimando cada uno a los demás como superiores a él mismo**. **Estimando** viene de un verbo cuyo significado va más allá de tener una opinión. Se refiere a una conclusión elaborada que se basa en la verdad. No significa que otros sean más importantes, sino creer que en realidad lo son.

Superiores es la traducción de una forma del participio de *huperechō*, que incluye la palabra griego que da origen al prefijo *hiper-* en español. Esta eleva y refuerza lo que se quiere decir, de modo que significa "superar, sobrepasar, o ser superior a". En Romanos, Pablo usa el término para referirse a "las autoridades superiores [lit. 'supremas']" a las cuales debe someterse "toda persona" (Ro. 13:1). De manera similar, Pedro lo emplea para mandar a los creyentes: "sométanse… al rey, como a superior [lit., 'como a supremo']" (1 P. 2:13). Más adelante, en la presente carta, Pablo usa el término para describir "la excelencia [supremacía, preeminencia] del conocimiento de Cristo Jesús" (Fil. 3:8), y para proclamar que "la paz de Dios, que sobrepasa [sobreexcede, supera] todo entendimiento, guardará vuestros corazones y vuestros pensamientos en Cristo Jesús" (4:7).

Es evidente que Pablo tiene en mente una visión del prójimo que no es propia del hombre y que resulta en extremo difícil de alcanzar, aun para creyentes. Quizá la mejor forma en que los creyentes pueden asumir este reto que parece imposible e irreal, es considerar sus propios pecados. Los creyentes conocen mejor su propio corazón que el de cualquier otra persona. El hecho de reconocer el pecado que hay en sus corazones debería eliminar toda vanagloria. Si Pablo se consideraba "el más pequeño de los apóstoles, que no [es] digno de ser llamado apóstol" (1 Co. 15:9), y "menos que el más pequeño de todos los santos" (Ef. 3:8), e incluso el primero de los pecadores (1 Ti. 1:15), ¿cómo puede un creyente pensar más de sí mismo sin engañarse?

Un cuarto medio para promover la unidad espiritual es la exhortación: **no mirando cada uno por lo suyo propio**. *Skopeō* (**mirando… por**) significa observar algo. Sin embargo, en este contexto, aludía además a prestar atención minuciosa o considerar algo de manera especial. Al incluir **por lo suyo propio** (y la palabra **también** que le sigue), el apóstol desecha la idea no bíblica de que el ascetismo refleja un nivel más profundo de espiritualidad y merece un grado especial de aprobación divina. Por el contrario, es una manifestación sutil y engañosa de orgullo legalista.

Pablo se esforzaba por disciplinar su cuerpo para someterlo a su servicio, a fin de evitar convertirse él en su esclavo y ser así eliminado del ministerio (1 Co. 9:27). Él vivió "en trabajo y fatiga, en muchos desvelos, en hambre y sed, en muchos ayunos, en frío y en desnudez" (2 Co. 11:27). Con todo, nunca se propuso de manera voluntaria aguantar hambre o imponerle algún daño a su cuerpo. Durante su ministerio terrenal, Jesús tampoco practicó ni aprobó la negación ascética de sí mismo. Él comía y dormía con regularidad, cuidaba su cuerpo, y pedía lo mismo de sus seguidores. Cabe observar que el ayuno bíblico (Mt. 6:16-17; 9:14-15) no debe compararse con el ascetismo severo y autodestructivo.

Los cristianos que no cuidan bien su cuerpo no pueden vivir ni servir de manera eficaz. Tampoco se les exige abandonar todo interés personal en otros aspectos de su vida. Lo que Pablo dice aquí tiene que ver ante todo, aunque no de manera exclusiva, con los intereses personales en el servicio al Señor. Como ya se indicó, muchas peleas y divisiones en la iglesia tienen que ver con programas o planes que pueden ser tanto bíblicas como importantes. Los problemas surgen cuando las personas buscan promover sus propias prioridades ministeriales a expensas de los demás. Algunos pueden considerar que el ministerio juvenil es más importante que el de adultos. Tal vez otros piensan que la evangelización personal es prioritaria en relación con el estudio bíblico grupal. La lista de conflictos posibles es casi infinita. Sin embargo, la división de la iglesia es destructiva. En cada caso, se sacrifican los mejores intereses del Señor y los de otros creyentes.

Hablar con sinceridad con miras al entendimiento bíblico de asuntos morales y doctrinales es una práctica completamente legítima y de suma importancia. No obstante, hasta el más aplomado debate sobre esos temas críticos debe realizarse en un espíritu de humildad y respeto mutuo. Los problemas surgen cuando la defensa de la Palabra de Dios es opacada por la defensa de los intereses u opiniones personales.

Es una verdadera tragedia que la cultura moderna (e incluso gran parte de la iglesia) haya rechazado los principios bíblicos ordenados por Dios, como la humildad y la abnegación, en gran medida por el influjo de la psicología secular. Cuando la virtud suprema es el amor propio y el propósito final en la vida es la satisfacción personal, el respeto mutuo es desplazado por el la falta de respeto, el servicio recíproco por la apatía y la indiferencia, y el amor entre hermanos por la enemistad y el odio.

El quinto y último medio que menciona Pablo aquí para promover la unidad espiritual se encuentra en la frase: **sino cada cual también por lo de los otros**. Este es el lado positivo del anterior principio de no solo mirar los intereses personales. Al igual que los otros, este principio tiene que ver ante todo con las relaciones entre creyentes, especialmente quienes trabajan en el ministerio. Es un principio amplio y general, que no menciona algún interés en particular ni limita el tipo de persona a quienes se refiere con "**otros**".

Como sucede con los otros principios mencionados aquí, mirar **cada cual también por lo de los otros** es indispensable para la unidad espiritual. Y de igual forma, exige un esfuerzo deliberado y persistente para practicarlo de manera sincera e incondicional. Aunque el significado del principio es fácil de comprender, no es sencillo ponerlo en práctica. Es el resultado práctico del extremadamente difícil mandato de estimar cada uno a los demás como superiores a sí mismo.

Mirar **por lo de los otros** exige de los creyente, entre otras, que "[se gocen] con los que se gozan; [lloren] con los que lloran" (Ro. 12:15), que sin cesar "[sigan] lo que contribuye a la paz y a la mutua edificación", que no "[coman] carne, ni [beban] vino… ni nada en que [un] hermano tropiece" (14:19, 21), y que "[soporten] las flaquezas de los débiles, y no [se agraden] a [ellos] mismos" (15:1). Además, que "[sobrelleven] los unos… las cargas de los otros, y [cumplan] así la ley de Cristo" (Gá. 6:2).

8

El modelo para la unidad espiritual

Haya, pues, en vosotros este sentir que hubo también en Cristo Jesús, el cual, siendo en forma de Dios, no estimó el ser igual a Dios como cosa a que aferrarse, sino que se despojó a sí mismo, tomando forma de siervo, hecho semejante a los hombres; y estando en la condición de hombre, se humilló a sí mismo, haciéndose obediente hasta la muerte, y muerte de cruz. (2:5-8)

En su libro *Miracles* [Milagros], C. S. Lewis presenta algunas reflexiones que ayudan a comprender la realidad insondable de la encarnación de Cristo:

En la historia cristiana Dios desciende para ascender de nuevo. Desciende, baja de la cima de lo absoluto al tiempo y al espacio, a lo humano… Pero desciende para volver a subir y traer consigo al mundo entero miserable. Uno se imagina a un hombre fuerte que se inclina cada vez más para ponerse debajo de una carga onerosa. Debe encorvarse para levantarse, debe casi desaparecer bajo el fardo antes de enderezar con fuerza prodigiosa la espalda y avanzar con todo el bulto que se balancea sobre sus hombros. O podemos imaginar a un buceador, que primero se despoja de todo hasta quedar desnudo, luego echa un vistazo en el aire, y desaparece con un chapoteo, invisible, y atraviesa vertiginoso las claras y tibias aguas para adentrarse en las más oscuras y frías, hasta hundirse a la máxima presión en la zona mortífera del cieno, el fango y la vieja podredumbre; y que luego sale, regresa al color y la luz, sus pulmones casi estallan, hasta regresar por fin a la superficie, con el precioso tesoro que gotea en su mano, el motivo de su descenso, el rescate. Él y su botín recobran el lustre al salir a la luz: Allá abajo, donde este yacía sin color en las tinieblas, también él perdió el suyo.

En este descenso y ascenso todos verán un modelo conocido: algo que está escrito por todo el mundo. Es el ciclo de toda la vida vegetal. Esta debe confinarse a algo duro, pequeño y sin vida aparente, debe caer en tierra: De allí asciende otra vez la nueva vida. También es el ciclo generativo del mundo animal. Hay un descenso del organismo perfecto y pleno al espermatozoide y el óvulo, y a la oscuridad del vientre... el lento ascenso al embrión perfecto, a la cría viviente y consciente, hasta llegar al adulto. También lo es nuestra vida moral y emocional. Los deseos primarios, inocentes y espontáneos deben ceder ante el proceso aniquilador del control o la total negación: pero de allí resurge el carácter enteramente formado que actúa con todo el ímpetu del material original mas de forma renovada. Muerte y renacimiento, descenso y ascenso, es un principio clave. Después del estrecho, de la mengua, casi siempre se encuentra el camino ancho.

La doctrina de la encarnación, si se acepta, dirige toda nuestra atención a este principio. El modelo está en la naturaleza porque primero estuvo en Dios. Todos los ejemplos que he mencionado no son más que trasposiciones del tema divino en una escala menor. No me refiero tan solo a la crucifixión y resurrección de Cristo. El modelo entero, del cual solo son el punto crucial, es el verdadero morir y renacer: porque ciertamente ninguna semilla cayó de un árbol más bello a un suelo tan oscuro y frío como para compararse a este incomparable descenso y ascensión en el que Dios dragó el fondo lodoso y estéril de la creación (Nueva York: Macmillan, 1947, pp. 115-117).

La encarnación es el milagro central del cristianismo, la suprema y más maravillosa obra que Dios haya hecho jamás. El milagro de milagros es el tema de Filipenses 2:5-8. Algunos eruditos creen que este pasaje era primero un himno que cantaban los cristianos de la iglesia primitiva para conmemorar y celebrar la encarnación del Hijo de Dios. Ha sido llamado una joya cristológica, un diamante teológico cuyo brillo tal vez no tenga paralelo en las Escrituras. Con sencillez y brevedad, pero con una profundidad extraordinaria, este pasaje describe la condescendencia de la segunda Persona de la Trinidad para nacer, vivir y morir en forma humana con el fin de lograr la redención de la humanidad caída.

Sin embargo, por insondable y profundo que sea este pasaje en lo teológico, también es ético. La primera frase (**Haya, pues, en vosotros este sentir que hubo también en Cristo Jesús**) deja claro que su propósito primordial es animar a los cristianos a vivir como su Señor y Salvador. Pablo no solo quiso describir la encarnación para revelar sus verdades teológicas, si bien son admirables. Él presenta un ejemplo supremo e inigualable de humildad que sirva como la motivación más poderosa de humildad en los creyentes. La encarnación llama a los creyentes a seguir el ejemplo incomparable de humildad, renuncia, entrega, sacrificio y amor abnegado de Jesús al enfrentar la encarnación en obediente sumisión a la voluntad de su Padre (cp. Lc. 2:49; Jn. 3:16-17; 5:30; 12:49; 15:10).

En el versículo 5 Pablo pasa de la exhortación a la ilustración, y la frase **este sentir** se relaciona con lo que antecede y lo que sigue. Alude al principio que acaba de plantear: "Nada hagáis por contienda o por vanagloria; antes bien con humildad, estimando cada uno a los demás como superiores a él mismo; no mirando cada uno por lo suyo propio, sino cada cual también por lo de los otros" (vv. 3-4). Por otro lado, se proyecta a la ilustración de ese principio en el cumplimiento perfecto en Jesús como lo describen los versículos 6-8.

La finalidad del creyente con **este sentir** es la unidad espiritual de la iglesia, "sintiendo lo mismo, teniendo el mismo amor, unánimes, sintiendo una misma cosa" (v. 2). La unidad de la iglesia solo puede surgir de un **sentir** de verdadera humildad, de creyentes que en realidad consideran a los demás como superiores a sí mismos, la actitud que **Cristo Jesús** manifestó como ningún otro en su encarnación. El apóstol Juan declara: "el que dice que permanece en él [Cristo], debe andar como él anduvo" (1 Jn. 2:6). Jesús ordenó: "Llevad mi yugo sobre vosotros, y aprended de mí, que soy manso y humilde de corazón; y hallaréis descanso para vuestras almas" (Mt. 11:29).

Refiriéndose al valor ético de este pasaje, Paul Rees escribe:

"No olviden", exclama Pablo, "que en todo este ancho universo y en todas las sombrías expansiones de la historia, nunca ha existido una demostración semejante de humildad servil como cuando el Hijo de Dios por pura gracia descendió a este planeta descarriado. ¡Recuerden que nunca jamás Él lo hubiera hecho si fuera la clase de deidad que solo mira 'lo suyo propio' y cierra sus ojos a 'lo de los otros'! Deben tener presente, mis hermanos, que en virtud de su unión con Él, en una experiencia viva y redentora, este mismo principio y esta pasión que lo motivaron a Él deben moverlos a ustedes" (*The Adequate Man: Paul in Philippians* [El hombre adecuado: Pablo en Filipenses] [Westwood, N.J.: Revell, 1954], p. 43).

En vosotros no se refiere a la virtud del creyente como individuo, sino que se dirige a toda la iglesia, que es tan propensa a las divisiones y contiendas producto del orgullo y la vanagloria. Toda la iglesia debe mostrar la humildad del Señor y cabeza de la Iglesia. Uno de las escenas más reveladoras de su humildad fue el lavamiento de los pies de sus discípulos en la última cena. La tarea servil de lavar pies sucios estaba reservada para los siervos del rango más bajo. A Jesús lo habían reconocido como el Mesías y Libertador mencionado en las profecías, el "Rey de Israel", en su entrada triunfal en Jerusalén pocos días antes (Jn. 12:12-15). Él sabía muy bien que "el Padre le había dado todas las cosas en las manos, y que había salido de Dios, y a Dios iba" (13:3). Con todo, en mansa humildad, "se levantó de la cena, y se quitó su manto, y tomando una toalla, se la ciñó. Luego puso agua en un lebrillo, y comenzó a lavar los pies de los discípulos, y a enjugarlos con la toalla con que estaba ceñido" (vv. 4-5). Ese gesto fue especialmente conmovedor porque los discípulos, insensibles al sufrimiento inminente de Jesús, estaban ocupados en disputas para determinar quién de ellos era el "mayor" en el reino del Mesías (cp. Lc. 22:24).

Poco después el Señor preguntó: "¿Sabéis lo que os he hecho?". Puesto que Él sabía muy bien que no comprendían el significado de lo que Él acababa de hacer, no esperó a que respondieran, sino que prosiguió con la explicación:

> *Vosotros me llamáis Maestro, y Señor; y decís bien, porque lo soy. Pues si yo, el Señor y el Maestro, he lavado vuestros pies, vosotros también debéis lavaros los pies los unos a los otros. Porque ejemplo os he dado, para que como yo os he hecho, vosotros también hagáis. De cierto, de cierto os digo: El siervo no es mayor que su señor, ni el enviado es mayor que el que le envió. Si sabéis estas cosas, bienaventurados seréis si las hiciereis (Jn. 13:13-17).*

Esa demostración de humildad ejemplifica con claridad **este sentir que hubo también en Cristo Jesús** que bien podría ser el acontecimiento que el apóstol tenía en mente al escribir este pasaje. Asimismo, ilustra su exhortación a la iglesia en Roma: "los que somos fuertes debemos soportar las flaquezas de los débiles, y no agradarnos a nosotros mismos. Cada uno de nosotros agrade a su prójimo en lo que es bueno, para edificación. Porque ni aun Cristo se agradó a sí mismo" (Ro. 15:1-3). Una vez más subraya la relación intrínseca entre humildad y unidad espiritual, al agregar: "Pero el Dios de la paciencia y de la consolación os dé entre vosotros un mismo sentir según Cristo Jesús, para que unánimes, a una voz, glorifiquéis al Dios y Padre de nuestro Señor Jesucristo. Por tanto, recibíos los unos a los otros, como también Cristo nos recibió, para gloria de Dios" (vv. 5-7).

Dado que Pablo vivía de continuo ese principio, podía recordarles a los corintios: "como también yo en todas las cosas agrado a todos, no procurando mi propio beneficio, sino el de muchos", y luego exhortarlos: "Sed imitadores de mí, así como yo de Cristo" (1 Co. 10:33—11:1; cp. 2 Co. 8:7-9). Asimismo, trajo a la memoria de los tesalonicenses el hecho de que "nuestro evangelio no llegó a vosotros en palabras solamente, sino también en poder, en el Espíritu Santo y en plena certidumbre, como bien sabéis cuáles fuimos entre vosotros por amor de vosotros", y los encomendó: "Y vosotros vinisteis a ser imitadores de nosotros y del Señor… de tal manera que habéis sido ejemplo a todos los de Macedonia y de Acaya" (1 Ts. 1:5-7).

La vía de la humildad no es la del mundo. En especial, no es la elección de sus líderes eminentes, de quienes se espera que tomen lo más selecto de todo para sí.

Se les otorgan los máximos lugares de honor y respeto, y antes que servir se supone que han de ser servidos. Jesús describió a los escribas y fariseos como hombres

que atan cargas pesadas y difíciles de llevar, y las ponen sobre los hombros de los hombres; pero ellos ni con un dedo quieren moverlas. Antes, hacen todas sus obras para ser vistos por los hombres. Pues ensanchan sus filacterias, y extienden los flecos de sus mantos; y aman los primeros asientos en las cenas, y las primeras sillas en las sinagogas, y las salutaciones en las plazas, y que los hombres los llamen: Rabí, Rabí (Mt. 23:4-7; cp. 20:25-28 para una actitud gentil similar).

La mayoría de judíos en tiempos de Jesús, entre ellos los doce durante gran parte de su ministerio terrenal, esperaban que el Mesías viniera como un libertador que conquistara, reinara y recibiera honores. Al igual que aquellos judíos, si los cristianos hubieran tenido que imaginar un plan para la encarnación del Hijo de Dios, sin duda habrían esperado que naciera en una familia ilustre y que recibiera la mejor educación. Estaría rodeado por las mentes más brillantes y los ayudantes más capaces. Además viviría en un ambiente suntuoso, con infinidad de sirvientes que obedecieran sus órdenes y satisfacieran cada deseo y necesidad. Estaría protegido constantemente de peligros físicos y de críticas destructivas. Y sin duda merecería todo eso.

Sin embargo, esa no es la manera como Dios obra. Su Hijo unigénito nació en la familia más humilde, en el lugar más humilde. A los ojos de quienes lo rodeaban, incluso amigos y su propia familia, vivía como cualquier hombre. Los doce hombres que Él eligió para ser sus apóstoles eran, a excepción quizá de Mateo, hombres comunes con poca educación, destrezas, o posición social. Él se sometió a cada humillación y afrenta de parte de sus enemigos y rehusó defenderse. El más digno llegó a ser el más bajo.

Claro que los creyentes no pueden seguir el ejemplo de la deidad, la encarnación, la perfección moral y espiritual, los milagros, ni la obra redentora de Cristo. No obstante, están llamados a seguir su ejemplo de humildad como lo manifestó en su encarnación. En patente contraste con los escribas y fariseos que amaban la gloria, Jesús les mandó a sus seguidores:

Pero vosotros no queráis que os llamen Rabí; porque uno es vuestro Maestro, el Cristo, y todos vosotros sois hermanos. Y no llaméis padre vuestro a nadie en la tierra; porque uno es vuestro Padre, el que está en los cielos. Ni seáis llamados maestros; porque uno es vuestro Maestro, el Cristo. El que es el mayor de vosotros, sea vuestro siervo. Porque el que se enaltece será humillado, y el que se humilla será enaltecido (Mt. 23:8-12).

Al presentar el ejemplo intachable de humildad de Jesús, Pablo también relata desde una óptica teológica el descenso del Hijo de Dios del cielo a la tierra, describe la elevada posición que dejó, y luego presenta una serie de descensos desde aquella posición de gloria y honra a la humillación creciente. Veremos estas categorías paralelas juntas en relación con cada una de las etapas descendentes que menciona este pasaje.

LA ELEVADA POSICIÓN QUE JESÚS DEJÓ

el cual, siendo en forma de Dios, (2:6*a*)

El descenso humillante de Jesús fue de su posición exaltada en virtud de su existencia **en forma de Dios**. Antes, durante y después de su encarnación, Él era, por naturaleza, de forma plena y eterna, **Dios**. **Siendo** es la traducción de un participio presente activo del verbo compuesto *huparchō*, que está formado por *hupo* ("bajo") y *archē* ("principio") y denota la continuación de un estado o existencia previos. Subraya la esencia de la naturaleza de una persona, la que es absolutamente inalterable, inalienable, e inmutable. William Barclay comenta que el verbo se refiere a "aquella parte de una [persona] que, bajo cualquier circunstancia, permanece igual" (*The Letters to the Philippians, Colossians, and Thessalonians* [Las cartas a los filipenses, colosenses y tesalonicenses]. Ed. rev. [Louisville, Ky.: Westminster, 1975], p. 35).

Jesucristo **era** desde la eternidad sin alteración alguna, y siempre será, **en forma de Dios**. *Morphē* (**forma**) se refiere a la manifestación externa de una realidad interna. La idea es que, antes de la encarnación, desde la eternidad, Jesús preexistía **en forma de Dios**, siendo igual a **Dios** el Padre en todo. Por su misma naturaleza y ser interior, Jesucristo es, ha sido siempre, y será siempre plenamente divino.

La palabra griega *schēma* también se traduce muchas veces "forma", pero el significado difiere mucho del de *morphē*. Como señala Barclay:

> *Morphē* es la forma esencial que nunca sufre alteraciones; *schēma* es la forma externa que cambia de vez en cuando y de una circunstancia a otra. Por ejemplo, la *morphē* esencial de todo ser humano es su humanidad, y esto nunca cambia; en cambio, su *schēma* cambia continuamente. Un bebé, un niño, un joven, un hombre, un adulto mayor, un anciano, siempre tiene la *morphē* humana, pero su *schēma* exterior cambia todo el tiempo (*Philippians* [Filipenses], pp. 35-36).

Pablo expresó la verdad de la deidad de Cristo a los colosenses, con estas palabras: "Él [Jesucristo] es la imagen del Dios invisible, el primogénito de toda creación" (Col. 1:15). Refiriéndose a Cristo, Juan empieza su evangelio con la declaración: "En el principio era el Verbo, y el Verbo era con Dios, y el Verbo era Dios. Este era en el principio con Dios… Y aquel Verbo fue hecho carne, y habitó entre nosotros (y vimos su gloria, gloria como del unigénito del Padre), lleno de gracia y de verdad" (Jn. 1:1-2, 14). Jesús dijo de sí mismo: "De cierto, de cierto os digo: Antes que Abraham fuese, yo soy" (Jn. 8:58), y luego oró: "Ahora pues, Padre, glorifícame tú al lado tuyo, con aquella gloria que tuve contigo antes que el mundo fuese… Padre, aquellos que me has dado, quiero que donde yo estoy, también ellos estén conmigo, para que vean mi gloria que me has dado; porque me has amado desde antes de la fundación del mundo" (17:5, 24). El autor de Hebreos nos recuerda que Dios "en estos postreros días nos ha hablado por el Hijo, a quien constituyó heredero de todo, y por quien asimismo hizo el universo; el cual, siendo el resplandor de su gloria, y la imagen misma de su sustancia, y quien sustenta todas las cosas con la palabra de su poder" (He. 1:2-3).

A la luz de la insondable realidad de la deidad de Jesús, plena e inalterable, su encarnación fue la más honda humillación posible. Para Él, cualquier cambio y a cualquier nivel, incluso pasajero, por el divino mandato de su Padre, significaba un descenso. Por definición, abandonar la perfección requiere adoptar algún grado de imperfección. No obstante, sin dejar ni menguar su perfecta deidad ni su absoluta santidad, en una realidad que excede la comprensión humana, el Creador tomó la forma de lo creado. Lo Infinito se hizo finito, lo absolutamente Santo llevó el pecado. El corazón mismo del evangelio de la redención es que el Padre, "al que no conoció pecado, por nosotros lo hizo pecado, para que nosotros fuésemos hechos justicia de Dios en él" (2 Co. 5:21). Si bien esta verdad del evangelio infinitamente maravillosa y cardinal es imposible de entender, debe creerse.

El ejemplo para quienes tienen la fe salvadora en Cristo es evidente. En virtud de su relación con Cristo, gozan de una posición y un privilegio especiales delante de Dios. Por medio de Cristo son hijos de Dios. "Mas a todos los que le recibieron, a los que creen en su nombre, les dio potestad de ser hechos hijos de Dios" (Jn. 1:12); y por cuanto son sus hijos, "cuando él se manifieste, [serán] semejantes a él, porque le [verán] tal como él es" (1 Jn. 3:2). Aunque ellos siempre serán sus siervos, Él les concede el privilegio de llamarles amigos: "os he llamado amigos, porque todas las cosas que oí de mi Padre, os las he dado a conocer" (Jn. 15:15). Jesucristo mora en los creyentes (Ef. 3:17), y también el Espíritu Santo (Jn. 14:17; Ro. 8:9, 11; 2 Ti. 1:14). En su vida terrenal ellos son templo viviente de Dios (1 Co. 6:19) y "embajadores en nombre de Cristo" (2 Co. 5:20). Han sido bendecidos por Dios "con toda bendición espiritual en los lugares celestiales en Cristo", escogidos "en él antes de la fundación del mundo", predestinados "para ser adoptados hijos suyos por medio de Jesucristo" (Ef. 1:3-5). Ellos han sido predestinados "para que fuesen hechos conformes a la imagen de su Hijo" (Ro. 8:29), llamados "conforme a su propósito", justificados, y un día serán glorificados (8:28, 30). Ellos son "piedras vivas… edificados como casa espiritual y sacerdocio santo, para ofrecer sacrificios espirituales aceptables a Dios por medio de Jesucristo… linaje escogido, real sacerdocio, nación santa, pueblo adquirido por Dios" (1 P. 2:5, 9; cp. Ap. 1:6; 5:10; 20:6).

No obstante, los cristianos solo son hijos de Dios por adopción (Ro. 8:15; Gá. 4:5; Ef. 1:5), no por un derecho inherente. Reciben todas las bendiciones maravillosas y los privilegios por pura gracia divina, son suyos en virtud de su unión con el unigénito y eterno Hijo de Dios, Jesucristo. Por consiguiente, si el Hijo eterno de Dios se humilló a sí mismo de forma tan incomparable, ¿cuánto más deberían decidir los hijos adoptados de Dios llevar una vida humilde y abnegada?

Es lamentable que, por desatender de forma egocéntrica el ejemplo y la enseñanza de su Señor, algunos cristianos se jacten de su posición como hijos de Dios. Como "hijos del Rey", creen que merecen vivir como la realeza, a pesar de que el Rey de reyes, el Señor Jesucristo, muchas veces ni tenía "dónde recostar su cabeza" (Mt. 8:20; cp. Jn. 7:53—8:1) y que Él les manda a sus seguidores: "Llevad mi yugo sobre vosotros, y aprended de mí, que soy manso y humilde de corazón" (Mt. 11:29). No es casual que la primera bienaventuranza diga: "Bienaventurados los pobres en espíritu, porque de ellos es el reino de los cielos" (Mt. 5:3).

PRIMER PASO

no estimó el ser igual a Dios como cosa a que aferrarse, (2:6*b*)

Desde su posición exaltada como Dios, el primer paso descendente de Cristo fue que **no estimó el ser igual a Dios como cosa a que aferrarse**. Aunque seguía existiendo plenamente como Dios, en su encarnación se negó a retener sus derechos y prerrogativas divinas. **Ser igual a Dios** es sinónimo de la frase anterior "en forma de Dios". Al repetir la declaración de la verdadera naturaleza y esencia de Cristo, Pablo recalca su absoluta e incontestable realidad. Es interesante que *isos* (**igual**) está en una forma plural (*isa*, "iguales"), lo cual sugiere que Pablo podría referirse a cada aspecto de la deidad de Jesús. El término alude a una equivalencia exacta. Un triángulo isósceles tiene dos lados iguales. Los isómeros son sustancias químicas que difieren en ciertas propiedades y estructura, pero son idénticas en su peso atómico. Al hacerse hombre, Jesús no perdió ni quedó disminuida en absoluto la realidad de **ser igual a Dios**.

Durante su ministerio terrenal, Jesús nunca negó ni desestimó su deidad. Él fue claro en reconocer su unión y dependencia divina como Hijo de su Padre (Jn. 5:17-18; 10:30, 38; 14:9; 17:1, 21-22; 20:28), su "potestad sobre toda carne" y para dar "vida eterna" (Jn. 17:2), y su "gloria que [tuvo]… antes que el mundo fuese" (Jn. 17:5; cp. v. 24). Con todo, nunca usó su poder ni autoridad para provecho personal, porque dichas prerrogativas de su divinidad no eran **como cosa a que aferrarse**. Esa fue la elección que puso en marcha la encarnación. Él estuvo dispuesto a sufrir la peor humillación posible antes que exigir el honor, el privilegio, y la gloria que le pertenecían. Tampoco usó los poderes de su deidad soberana y permanente para resistirse al propósito de su Padre porque el precio fuera demasiado alto.

A que aferrarse es la traducción del sustantivo griego *harpagmos*, que se refiere a algo que se toma o se lleva por la fuerza. A veces también se utilizaba para hablar de un premio o trofeo. Puesto que Jesús ya poseía igualdad con Dios, el significado de **aferrarse** no es tomar para sí, sino asirse o agarrarse. Él tenía todos los derechos y privilegios de Dios, y nunca podía perderlos. Sin embargo, rehusó **aferrarse** a esta posición privilegiada como Hijo de **Dios** para su propio provecho, y tampoco la consideró una posesión estimada que podía beneficiarle. En cualquier momento pudo haber acudido a su Padre y recibir de inmediato "más de doce legiones de ángeles" que lo defendieran (Mt. 26:53). No obstante, eso habría frustrado el plan de su Padre con el que estaba de acuerdo, y por tanto rehusaría hacerlo. Aunque sin duda estaba muy hambriento tras un ayuno de cuarenta días en el desierto, se negó a convertir las piedras en pan para alimentarse (Mt. 4:3-4). En cambio, multiplicó generosamente los panes y los peces para alimentar a las multitudes hambrientas (Mr. 6:38-44; 8:1-9).

Esa actitud de entrega abnegada de sí mismo, de las posesiones, de la autoridad y de los privilegios debería caracterizar a todos los que pertenecen a Cristo. Ellos deberían estar dispuestos a soltar las bendiciones que tienen, y que solo poseen gracias a Él. Los cristianos han sido separados del mundo como hijos de Dios y comparten la herencia con Jesucristo. Con todo, no deben aferrarse a dichos privilegios y bendiciones. Antes bien, al igual que su Señor, deben desligarse de estos y estar dispuestos a sacrificarlo todo por el bien de los demás.

SEGUNDO PASO

sino que se despojó a sí mismo, (2:7*a*)

En el siguiente paso descendente, Jesús siguió no aferrándose a sus prerrogativas divinas. Antes bien, **se despojó a sí mismo**. La conjunción griega *alla* (**sino que**) significa "no esto sino aquello", y establece un claro contraste de ideas. Aunque era plenamente Dios, **se despojó a sí mismo** de todos sus privilegios. **Despojó** viene de *kenoō*, que significa desprenderse completamente de algo. Se traduce "vana" en Romanos 4:14 y en 1 Corintios 1:17. Jesucristo **se despojó a sí mismo** de todo vestigio de superioridad y privilegio, y se negó a hacer valer cualquier derecho divino para su provecho personal. El que creó y es dueño de todo cuanto existe, lo entregó todo.

Cabe recordar siempre que Jesús **se despojó a sí mismo** de solo algunas prerrogativas divinas, y no de su deidad como tal. Él siempre ha sido, y siempre será

Dios, pleno y eterno, como Pablo declaró en el versículo anterior. Los cuatro Evangelios también dejan claro que Él no abandonó su poder divino para realizar milagros, perdonar pecados, o conocer la mente y el corazón de las personas. Si Él hubiera dejado de ser Dios (lo cual es imposible), no hubiera podido morir por los pecados del mundo. Habría muerto en la cruz y permanecido en la tumba, incapaz de vencer el pecado o la muerte. R. C. H. Lenski comenta: "Incluso muerto, tenía que ser el Dios poderoso a fin de vencer la muerte con su muerte" (*The Interpretation of St. Paul's Epistles to the Galatians, to the Ephesians, and to the Philippians* [La interpretación de las Epístolas de san Pablo a los gálatas, a los efesios y a los filipenses] [Minneapolis: Augsburg, 1961], p. 782). Otro erudito, el obispo Handley C. G. Moule, escribe:

> Sea cual sea el significado de "se despojó a sí mismo", *eauton ekenōsen*, que aquí alude a su encarnación, nunca podría significar un *"kenōsis"* que podía vulnerar o falsear su aptitud absoluta para guiar y bendecir a quienes vino a salvar. El hecho de [despojarse] lo puso realmente al nivel de sus criaturas en el sentido de experimentar la realidad humana de crecer y la capacidad de sufrir. Con todo, en ningún instante, esto podía hacer de Él algo menos que el Maestro y Guía absoluto e infalible de aquellos a quienes redimió (*Philippian Studies* [Estudios filipenses] [Londres: Pickering & Inglis, s.f.], p. 99).

El Hijo de Dios **se despojó a sí mismo** de cinco derechos divinos. Primero, se despojó momentáneamente de su gloria divina. Poco antes de su arresto, Jesús levantó "los ojos al cielo" y rogó: "Padre, la hora ha llegado; glorifica a tu Hijo, para que también tu Hijo te glorifique a ti… Ahora pues, Padre, glorifícame tú al lado tuyo, con aquella gloria que tuve contigo antes que el mundo fuese" (Jn. 17:1, 5; cp. v. 24). El Hijo de Dios dejó la adoración de los santos y los ángeles en el cielo y se sometió a la incomprensión, la negación, la incredulidad, las calumnias, y toda clase de persecución e injurias de parte de hombres pecadores. Él renunció a todo su esplendor celestial para sufrir una muerte abyecta y dolorosa en la cruz.

Él no perdió su gloria divina, sino que más bien estuvo velada, escondida en su humanidad (Jn. 7:5, 24; cp. 2 Co. 4:4-6) de la vista del hombre. Un asomo de ella pudo observarse en sus muchos milagros, sus palabras sabias, su actitud humilde a la cual Pablo exhorta a imitar aquí, y sin duda alguna en su sacrificio final por el pecado en la cruz. Se manifestó de manera breve y parcial a Pedro, Jacobo, y Juan en el monte de la transfiguración (Lc. 9:31-32; cp. 2 P. 1:16-18). No obstante, no se volvió a evidenciar hasta su resurrección y ascensión, y solo ante quienes le pertenecían.

Segundo, Jesús **se despojó a sí mismo** de la autoridad divina que podía ejercer con independencia. La manera como funciona la Trinidad es, por supuesto, un gran misterio. Al interior de la Deidad hay perfecta armonía y acuerdo en todo sentido y nivel posibles. Jesús declaró sin dejar lugar a dudas su plena igualdad con el Padre: "Yo y el Padre uno somos" (Jn. 10:30; cp. 17:11, 21). Con todo, acababa de decir con igual precisión durante su encarnación: "No puedo yo hacer nada por mí mismo; según oigo, así juzgo; y mi juicio es justo, porque no busco mi voluntad, sino la voluntad del que me envió, la del Padre" (Jn. 5:30), y "he descendido del cielo, no para hacer mi voluntad, sino la voluntad del que me envió" (Jn. 6:38). Mientras enseñaba en el templo, Jesús dijo: "A mí me conocéis, y sabéis de dónde soy; y no he venido de mí mismo, pero el que me envió es verdadero, a quien vosotros no conocéis. Pero yo le conozco, porque de él procedo, y él me envió" (Jn. 7:28-29). En el huerto de Getsemaní la noche de su traición y arresto, Él rogó tres veces: "Padre mío, si es posible, pase de mí esta copa", y sin embargo, cada petición fue seguida de otra de sometimiento: "pero no sea como yo quiero, sino como tú" (Mt. 26:39-44). El autor de Hebreos escribe: "aunque era Hijo, por lo que padeció aprendió la obediencia" (He. 5:8).

Tercero, Jesús **se despojó a sí mismo** del ejercicio voluntario de algunos de sus atributos divinos, mas no de la esencia de su deidad. Él no dejó de ser omnisciente, omnipresente, omnipotente, o inmutable; Él decidió no hacer pleno uso de esas facultades durante su ministerio y vida en la tierra. Aún así, ejerció algunos de manera selectiva y parcial. Sin haberlo conocido, Jesús en su omnisciencia sabía que Natanael era "un verdadero israelita, en quien no hay engaño… y no tenía necesidad de que nadie le diese testimonio del hombre, pues él sabía lo que había en el hombre" (Jn. 1:47; 2:25). Gracias a su omnipresencia, Él sabía dónde había estado Natanael antes de verlo (1:48). No obstante, hizo esta confesión acerca del momento exacto de su regreso: "Pero del día y la hora nadie sabe, ni aun los ángeles de los cielos, sino sólo mi Padre" (Mt. 24:36).

Cuarto, Jesús **se despojó a sí mismo** de sus riquezas eternas. Pablo explica: "por amor a vosotros se hizo pobre… para que vosotros con su pobreza fueseis enriquecidos" (2 Co. 8:9). Si bien muchos comentaristas han interpretado su "pobreza" como una referencia a su situación económica en la tierra, nada tiene que ver con eso. El punto no es que Cristo haya renunciado a las riquezas terrenales, sino a las celestiales. Como vimos, Él dejó la adoración y el servicio de los ángeles y los redimidos en el cielo, porque "el Hijo del Hombre no vino para ser servido, sino para servir, y para dar su vida en rescate por muchos" (Mt. 20:28).

Quinto, Él **se despojó a sí mismo** por un tiempo de su relación única, íntima y directa con su Padre celestial, incluso hasta el punto de que Él lo desamparara. Para cumplir el plan divino de la redención, "al que no conoció pecado, por nosotros lo hizo pecado [el Padre], para que nosotros fuésemos hechos justicia de Dios en él" (2 Co. 5:21). Esa era la voluntad del Padre, que Jesús vino a ejecutar y por cuyo cumplimiento oró. Sin embargo, incluso la breve separación de su Padre causada porque Jesús cargaba con el pecado, lo llevó a clamar "a gran voz, diciendo: Elí, Elí, ¿lama sabactani? Esto es: Dios mío, Dios mío, ¿por qué me has desamparado?" (Mt. 27:46). La expectación horrenda e inimaginable de estar alejado de su Padre y de llevar el pecado ya lo había llevado a sudar gotas de sangre en agonía, y a estar "muy triste, hasta la muerte" (Lc. 22:44; Mt. 26:38).

Es obvio que los cristianos no pueden despojarse a sí mismos en el mismo grado que el Señor lo hizo, porque mientras Él empezó de la posición más elevada, los cristianos lo hacen de la más baja. Los creyentes tienen infinitamente menos de qué despojarse. Aun lo que tienen les ha sido dado por la gracia de Dios. Los creyentes tienen la obligación de seguir el ejemplo de su Señor despojándose a sí mismos de todo lo que estorbe su servicio y obediencia a Él.

Así como Jesús no dejó de ser Dios cuando **se despojó a sí mismo**, tampoco los cristianos dejan de ser sus hijos cuando se despojan a sí mismos como Él lo hizo (cp. Ef. 5:1-2). Así como la obediencia abnegada de Jesús agradó al Padre (Mt. 3:17), los creyentes pueden agradarle por medio de la obediencia (25:21, 23). El creyente humilde conoce bien sus derechos y privilegios como hijo de Dios pero rehúsa aferrarse a ellos. En cambio, se despoja a sí mismo de toda ambición del beneficio terrenal que esos derechos y privilegios pudieran otorgarle.

TERCER PASO

tomando forma de siervo, (2:7*b*)

En el siguiente paso de su descenso, en el que se despojó aún más, Jesús dejó todos los derechos de su señorío **tomando forma de siervo**, de esclavo. Aunque tenía la *morphē* (**forma**) inherente de Dios (v. 6), voluntariamente tomó la **forma** (*morphē*), la esencia misma y la naturaleza, de un **siervo**. Tan cierto como Él era "en forma [*morphē*] de Dios", ahora existía en forma de **siervo**. Él no solo se vistió como un siervo, sino que en realidad se convirtió en esclavo en todo el sentido de la palabra.

Un *doulos* (**siervo**) nada poseía, ni siquiera las vestiduras que llevaba. Todo lo que tenía, incluso su vida, le pertenecía a su amo. Jesús sí era dueño de sus vestiduras, pero no tenía tierras, ni casas, ni oro ni joyas. No tenía un negocio, un bote o un caballo. Tuvo que pedir prestado un burro para entrar en Jerusalén el Domingo de Ramos, una habitación para la última cena, e incluso ser enterrado en una tumba prestada. Se negó a tener cualquier propiedad, o gozar de cualquier ventaja o servicio especial para sí. En lo que respecta a su gloria, el Rey de reyes quiso convertirse en el **Siervo** de siervos. El que "era en el principio con Dios" y por medio de quien "todas las cosas… fueron hechas" (Jn. 1:2-3) no reclamó para sí nada de cuanto había creado. Entre otras funciones, un **siervo** debía llevar las cargas de otros. Como el **Siervo** supremo, Jesús llevó la carga que ningún hombre podría llevar, que es el pecado de todos los que llegarían a creer. Como reveló Isaías: "Jehová cargó en él el pecado de todos nosotros" (Is. 53:6).

Jesús vino a hacer la voluntad del Padre y a servir a las necesidades de su pueblo en nombre de su Padre. Él renunció por completo a sus derechos como Hijo de Dios y se convirtió en **siervo**, y tampoco reclamó derecho alguno como el Hijo del Hombre. Él mismo testificó en su último viaje de camino a Jerusalén: "el Hijo del Hombre no vino para ser servido, sino para servir, y para dar su vida en rescate por muchos" (Mt. 20:28). Pocos días después, en la última cena, le preguntó a sus discípulos: "¿cuál es mayor, el que se sienta a la mesa, o el que sirve? ¿No es el que se sienta a la mesa? Mas yo estoy entre vosotros como el que sirve" (Lc. 22:27).

Mediante su ofrecimiento de salvación, Jesús sirvió a otros mejor que cualquier otro siervo o esclavo que haya vivido jamás. Pero también fue un ejemplo de servicio que sus discípulos deben seguir. Él les recordó: "El discípulo no es más que su maestro, ni el siervo más que su señor" (Mt. 10:24) y que "si yo, el Señor y el Maestro, he lavado vuestros pies, vosotros también debéis lavaros los pies los unos a los otros. Porque ejemplo os he dado, para que como yo os he hecho, vosotros también hagáis. De cierto, de cierto os digo: El siervo no es mayor que su señor, ni el enviado es mayor que el que le envió. Si sabéis estas cosas, bienaventurados seréis si las hiciereis" (Jn. 13:14-17). Él declaró: "El que es el mayor de vosotros, sea vuestro siervo" (Mt. 23:11). Con todo, después de haber hecho "todo lo que [les] ha sido ordenado", los cristianos no deben atribuirse mérito alguno, sino más bien confesar con humildad sincera: "Siervos inútiles somos, pues lo que debíamos hacer, hicimos" (Lc. 17:10).

CUARTO PASO

hecho semejante a los hombres; (2:7*c*)

Al seguir con su descenso, Jesús fue **hecho semejante a los hombres**. Así lo hizo Dios mediante su concepción y nacimiento virginal, que fueron prodigiosos (Lc. 1:30-35). *Homoiōma* (**semejante**) se refiere a lo que es hecho para parecerse a algo, no solo en apariencia (cp. v. 7), sino en realidad. Jesús no era un clon, un extraterrestre disfrazado, o algún simple facsímile de un hombre. Él se convirtió en un ser humano como cualquier otro, con todos los atributos de la humanidad, un hombre auténtico entre **los hombres**. Era tan evidente su humanidad que incluso su familia y discípulos no hubieran conocido su deidad, a no ser porque los ángeles (Mt. 1:20-21; Lc. 1:26-35; 2:9-11), Dios Padre (Mt. 3:17; 17:5), y Jesús mismo (Jn. 8:58; 14:1-4; 16:13-15; 17:1-26) se la revelaron. Y a pesar de sus incontables milagros, sus enemigos rehusaron pensar siquiera en su deidad. Ante sus ojos, Él no solo era un simple mortal, sino el más bajo de los hombres, un blasfemo (Jn. 5:18; 10:33).

Es importante entender que Jesús no se convirtió en el segundo, o último Adán (1 Co. 15:45), en el sentido de ser como la humanidad antes de la caída.

Más bien, en la encarnación, Él adoptó cada debilidad, limitación, problema y sufrimiento que vino como consecuencia de la caída, soportando así todas sus terribles consecuencias en la tierra.

Sin un padre humano, Jesús fue "nacido de mujer" (Gá. 4:4) en un "cuerpo de carne" (Col. 1:22) y, como todo niño humano, requería la atención y el cuidado de unos padres amorosos (Lc. 2:40-51). Salvo en lo que respecta al nivel, creció y se desarrolló como los otros niños, "crecía en sabiduría y en estatura, y en gracia para con Dios y los hombres" (v. 52). Él tuvo hambre y sed, sufrió el dolor, y sintió tristeza. Como otros hombres, se cansó, se sintió débil y necesitó dormir. "Así que, por cuanto los hijos participaron de carne y sangre, él también participó de lo mismo" (He. 2:14); y aunque nunca pecó, fue también "tentado en todo según nuestra semejanza" (He. 4:15; cp. Mt. 4:1-11). El autor de la carta ya había explicado que "en cuanto él mismo padeció siendo tentado, es poderoso para socorrer a los que son tentados" (He. 2:18).

Ya que Jesús vivió "en semejanza de carne de pecado" (Ro. 8:3), estaba sujeto a la muerte física. De hecho, fue solo mediante su muerte que pudo llevar a cabo su objetivo divino de la redención. Así también lo explica el autor de Hebreos: Jesús "debía ser en todo semejante a sus hermanos, para venir a ser misericordioso y fiel sumo sacerdote en lo que a Dios se refiere, para expiar los pecados del pueblo" (2:17). Él vino a morir.

Aunque Jesús perdonó pecados (Mt. 9:2, 6; Lc. 7:47) y aceptó ser adorado como le correspondía siendo el Hijo de Dios (Mt. 28:17; Jn. 9:38), no pidió ni aceptó privilegio alguno ni especial honra como hombre. En la humildad más sublime que pueda existir, vivió y obró no solo como un hombre entre los hombres, sino como un Siervo de siervos. Él tomó su lugar entre las personas comunes (cp. 1 Co. 1:26-29).

QUINTO PASO

y estando en la condición de hombre, (2:8*a*)

El descenso continuó con Jesús **estando en la condición de hombre**, para seguir con la verdad de que fue "hecho semejante a los hombres". Habiendo sido hecho un auténtico ser humano por el poder divino mediante la concepción virginal, Cristo fue visto, o reconocido, como un hombre por quienes lo conocieron y observaron encarnado. *Schēma* (**condición**) es la palabra que dio origen a "esquema". A diferencia de *morphē* ("forma", vv. 6-7) y *homoiōma* ("semejanza", v. 7), que se refieren a la esencia y la naturaleza del ser, *schēma* alude a la forma exterior o aspecto; no a la realidad sino a la **condición**. Jesús sufrió, y sufre aún, la humillación de ser considerado un mero **hombre**. Pablo usó el término al hablar de "la apariencia (*schēma*) de este mundo [que] se pasa" (1 Co. 7:31). Tanto Pablo como

Pedro emplearon una forma negativa compuesta (*suschēmatizō*) para advertirles a los creyentes: "No os conforméis a este siglo" (Ro. 12:2) y "no os conforméis a los deseos que antes teníais estando en vuestra ignorancia" (1 P. 1:14).

Como había profetizado Isaías cerca de setecientos años antes, el Mesías fue "despreciado y desechado entre los hombres, varón de dolores, experimentado en quebranto; y como que escondimos de él el rostro, fue menospreciado, y no lo estimamos" (Is. 53:3). Juan también escribió: "En el mundo estaba, y el mundo por él fue hecho; pero el mundo no le conoció. A lo suyo vino, y los suyos no le recibieron" (Jn. 1:10-11). Ellos dijeron: "¿No es éste Jesús, el hijo de José, cuyo padre y madre nosotros conocemos? ¿Cómo, pues, dice éste: Del cielo he descendido?" (Jn. 6:42). Es lamentable que "ni aun sus hermanos creían en él" (Jn. 7:5). Algunos judíos religiosos e incrédulos dijeron: "Pero éste, sabemos de dónde es; mas cuando venga el Cristo, nadie sabrá de dónde sea" (Jn. 7:27), y "por buena obra no te apedreamos, sino por la blasfemia; porque tú, siendo hombre, te haces Dios" (Jn. 10:33). Inclusive algunos le acusaban de tener un demonio (Jn. 7:20; 8:48).

SEXTO PASO

se humilló a sí mismo, (2:8*b*)

Para continuar la profunda descripción de la humillación de Cristo, Pablo dice que Jesús **se humilló a sí mismo**. Aquí el énfasis se centra más en la actitud personal de Jesús que en su naturaleza y forma. Él no fue humillado simplemente por la naturaleza y las circunstancias de su encarnación. **Se humilló a sí mismo** es la traduccción de *tapeinoō*, cuya idea es rebajarse. Jesús se rebajó **a sí mismo** no solo en relación con Dios, sino también con otros hombres.

El momento más impresionante y conmovedor de la humillación de Jesús fue su arresto, juicio y crucifixión. Se burlaron de Él, lo calumniaron, escupieron, golpearon, azotaron, y le arrancaron dolorosamente parte de su barba. Con todo, Él nunca se defendió, no se enojó, no exigió, no acusó. Se negó a hacer valer sus derechos como Dios o incluso como ser humano.

Al meditar en las implicaciones éticas de esta humillación, Paul Rees escribió con gran perspicacia:

> Mírenlo, ¡este maravilloso Jesús! Le ayuda a José a fabricar un yugo en el pequeño taller de carpintería en Nazaret. Este es Aquel que, de no haberse despojado de todo, podría sin dificultad alguna crear un sistema solar o una galaxia.
>
> ¡Mírenlo otra vez! Vestido de esclavo, servil, con toalla y vasija en mano, lava los pies de algunos de sus amigos quienes, si no fuera por sus riñas, debían lavar los *de Él*...

"'¡Se humilló a sí mismo!' No olviden esto", exclama Pablo a estos amados amigos suyos de Filipos. "¡Recuerden esto cada vez que se asome el más leve impulso egoísta y arrogante, para no romper así el lazo de su comunión fraternal!" (*The Adequate Man: Paul in Philippians* [El hombre adecuado: Pablo en Filipenses] [Westwood, N.J.: Revell, 1954], pp. 45-46).

SÉPTIMO PASO

haciéndose obediente hasta la muerte, (2:8*c*)

En su descenso, Jesús estuvo dispuesto a sufrir la humillación y la degradación aun **haciéndose obediente hasta la muerte**. Su obediencia y el alcance de la redención constituyen el tema de Romanos 5:12-19, cuya idea clave es que "por la justicia de uno vino a todos los hombres la justificación de vida" (v. 19). Ralph Martin hace una aguda observación:

> Su obediencia es una señal inequívoca de su deidad y autoridad, porque... solo un ser divino puede aceptar la muerte como *obediencia*; para el hombre común es una necesidad. Solo Él como obediente Hijo de su Padre podía elegir la muerte como su destino; y así lo hizo por su amor, un amor por el propósito redentor de su Padre, así como por el mundo al que vino. "He aquí que vengo, oh Dios, para hacer tu voluntad" (He. 10:7s), fue el lema de su vida entera (*The Epistle of Paul to the Philippians* [La Epístola de Pablo a los Filipenses]. Comentarios Tyndale del Nuevo Testamento [Grand Rapids: Eerdmans, 1975], p. 102. Cursivas en el original).

Uno podría pensar que en algún punto de su sacrificio final Él diría: "¡Basta!". No obstante, su perfecta sumisión lo llevó **hasta la muerte**, porque esa era la voluntad del Padre. Hasta en su agonía, al rogar a Dios en el huerto "Padre mío, si es posible, pase de mí esta copa", Él reconoció que en la voluntad de su Padre era imposible evitar la crucifixión, pues oró: "no sea como yo quiero, sino como tú" (Mt. 26:39). El compromiso con la voluntad de Dios era su deseo.

Al referirse a ese momento desgarrador, el autor de Hebreos dice que Cristo "en los días de su carne, ofreciendo ruegos y súplicas con gran clamor y lágrimas al que le podía librar de la muerte, fue oído a causa de su temor reverente". Aún así, explica: "Y aunque era Hijo, por lo que padeció aprendió la obediencia; y habiendo sido perfeccionado, vino a ser autor de eterna salvación para todos los que le obedecen" (He. 5:7-9; cp. 10:7).

Mucho antes de su arresto, Jesús declaró: "Por eso me ama el Padre, porque yo pongo mi vida, para volverla a tomar" (Jn. 10:17). Pedro se opuso con vehemencia a la clara predicción de Jesús acerca de su **muerte** inminente y necesaria, por lo que recibió una severa represión: "Entonces Pedro, tomándolo aparte, comenzó a reconvenirle, diciendo: Señor, ten compasión de ti; en ninguna manera esto te acontezca. Pero él, volviéndose, dijo a Pedro: ¡Quítate de delante de mí, Satanás!; me eres tropiezo, porque no pones la mira en las cosas de Dios, sino en las de los hombres" (Mt. 16:22-23). Puesto que la mente de Jesús solo se centraba en los intereses de Dios, no en los suyos ni los del hombre, con gusto se hizo **obediente hasta la muerte**. "Porque Cristo, cuando aún éramos débiles, a su tiempo murió por los impíos" (Ro. 5:6).

El Padre no obligó al Hijo a morir. Aunque era la voluntad del Padre, la voluntad del Hijo fue siempre obedecer por completo al Padre. Era su libre elección. Si Él no hubiera podido elegir, no habría tenido que ser **obediente**. "Nadie me la quita [mi vida]", dijo Él, "sino que yo de mí mismo la pongo. Tengo poder para ponerla, y tengo poder para volverla a tomar. Este mandamiento recibí de mi Padre" (Jn. 10:18). Él recibió la orden del Padre, pero no fue obligado. Como el amor encarnado, Él llegó a ser el ejemplo perfecto de la verdad que Él mismo había declarado: "Nadie tiene mayor amor que este, que uno ponga su vida por sus amigos" (Jn. 15:13).

OCTAVO PASO

y muerte de cruz. (2:8*d*)

En la última etapa de su descenso y humillación, Jesús se sometió a la muerte, **y muerte de cruz**. De muchas formas hubiera podido ser ejecutado. Una de ellas, por decapitación, como Juan el Bautista, o apedreado o colgado. Pero Él no había sido predestinado para otra clase de muerte, sino la **muerte de cruz**.

La crucifixión es quizá la forma de ejecución más cruel, extremadamente dolorosa y vergonzosa que se haya concebido. Fue inventada en un principio por los antiguos persas o fenicios, y luego perfeccionada por los romanos. Estaba reservada para los esclavos, los delincuentes más viles, y los enemigos del estado. Ningún ciudadano romano podía ser crucificado, sin importar cuán atroz fuera su crimen. En su libro *The Life of Christ* [La vida de Cristo], Frederick Farrar describe así la crucifixión:

> Una muerte por crucifixión parece incluir todo cuanto el dolor y la muerte puedan tener de horrendo y atroz: aturdimiento, calambres, sed, inanición, insomnio, fiebre traumática, vergüenza, ignominia, tormento prolongado y continuo, expectación pavorosa, mortificación por heridas bien calculadas... y todo intensificado hasta el punto exacto de poder ser soportado, y detenido justo antes de alcanzar el punto de brindarle a la víctima el alivio de la inconsciencia... La posición antinatural hacía

cada movimiento doloroso, las venas desgarradas y los tendones aplastados temblaban en agonía incesante (vol. 2 [Nueva York: E. P. Dutton, 1877], pp. 403-404).

Los judíos consideraban la crucifixión como una forma de horca, y quienes eran colgados eran malditos por Dios. Con respecto al cuerpo de un hombre colgado, la ley exigía: "no dejaréis que su cuerpo pase la noche sobre el madero; sin falta lo enterrarás el mismo día, porque maldito por Dios es el colgado; y no contaminarás tu tierra que Jehová tu Dios te da por heredad" (Dt. 21:23). Por eso, la idea de un Mesías crucificado constituía un obstáculo infranqueable para los judíos incrédulos (1 Co. 1:23). Como a Pedro, les resultaba inconcebile que el Mesías fuera sometido a la ejecución, y mucho menos una tan ignominiosa, horrenda, humillante y execrable como la **muerte de cruz**. La maldición de Deuteronomio 21:23 significaba la exclusión del pacto de Dios, y quedar proscrito de su pueblo y de sus bendiciones. En cambio, Jesús llevó la maldición en lugar de los creyentes para traerlos a Dios y a la gloria.

Sin embargo, en el plan perfecto de Dios, la crucifixión de su Hijo no solo era admisible, sino obligada. Pablo explicó: "Cristo nos redimió de la maldición de la ley, hecho por nosotros maldición (porque está escrito: Maldito todo el que es colgado en un madero)" (Gá. 3:13). Y Pedro declara: "quien llevó él mismo nuestros pecados en su cuerpo sobre el madero, para que nosotros, estando muertos a los pecados, vivamos a la justicia; y por cuya herida fuisteis sanados" (1 P. 2:24). En la infinita sabiduría de Dios, la **muerte de cruz** era el único camino a la redención de la humanidad caída, pecadora y condenada. La crucifixión era sangrienta, como lo eran los sacrificios del Antiguo Testamento que la prefiguraron. En el cumplimiento de sus funciones, los sacerdotes al servicio del templo debían derramar sangre y sacrificar animales. El Cordero de Dios también moriría de una muerte sangrienta.

Después de reflexionar sobre el plan divino de la salvación en los primeros once capítulos de Romanos, Pablo exclamó maravillado: "¡Oh profundidad de las riquezas de la sabiduría y de la ciencia de Dios! ¡Cuán insondables son sus juicios, e inescrutables sus caminos!" (Ro. 11:33).

9

La exaltación de Cristo

Por lo cual Dios también le exaltó hasta lo sumo, y le dio un nombre que es sobre todo nombre, para que en el nombre de Jesús se doble toda rodilla de los que están en los cielos, y en la tierra, y debajo de la tierra; y toda lengua confiese que Jesucristo es el Señor, para gloria de Dios Padre. (2:9-11)

Cuando Henry Martyn, misionero del siglo XIX, hablaba con un musulmán que menospreciaba a Cristo, declaró que no soportaría vivir más si Jesús tenía que ser siempre deshonrado (Constance E. Padwick, *Henry Martyn* [Chicago: Moody 1980], pp. 225-226). Su actitud evoca la de David, cuando declaró que "los denuestos de los que te vituperaban cayeron sobre mí" (Sal. 69:9). Cuando el Señor es injuriado y vilipendiado, quienes lo aman sienten el dolor de esa deshonra e injuria.

Ningún otro hecho histórico podría equipararse al desprecio y la difamación que el hombre caído, pecador y rebelde le infligió al Hijo de Dios durante su encarnación (2:6-8). Sin embargo, en los siguientes tres versículos, que comprenden la segunda mitad de este himno de celebración, el apóstol narra con brevedad la inigualable y magnífica exaltación que luego le confirió el Padre al Hijo. Ningún pasaje de las Escrituras describe más bellamente la dimensión de la aprobación y el alcance de la exaltación que experimentó Jesucristo, como Filipenses 2:5-11. El mensaje del evangelio está incompleto sin estas dos majestuosas realidades.

Fue por "el gozo puesto delante de él" que Cristo "sufrió la cruz, menospreciando el oprobio, y se sentó a la diestra del trono de Dios" (He. 12:2). Como explica Pedro, el tema predominante de los profetas del Antiguo Testamento era el sufrimiento del Mesías y su gloria postrera. Ellos buscaron conocer "qué persona y qué tiempo indicaba el Espíritu de Cristo [el Mesías] que estaba en ellos, el cual anunciaba de antemano los sufrimientos de Cristo, y las glorias que vendrían tras ellos" (1 P. 1:11).

En 2:1-4, Pablo establece que, para los creyentes, el resultado práctico de seguir el ejemplo de humildad del Señor es la unidad de la iglesia.

> *Por tanto, si hay alguna consolación en Cristo, si algún consuelo de amor, si alguna comunión del Espíritu, si algún afecto entrañable, si alguna misericordia, completad mi gozo, sintiendo lo mismo, teniendo el mismo amor, unánimes, sintiendo una misma cosa. Nada hagáis por contienda o por vanagloria; antes bien con humildad, estimando cada uno a los demás como superiores a él mismo; no mirando cada uno por lo suyo propio, sino cada cual también por lo de los otros.*

La humildad es la llave para lograr la unidad de la iglesia, a la cual llama el apóstol con tanta vehemencia. Es la clave para que los creyentes sean realmente uno en Jesucristo, así como Él es uno con el Padre (Jn. 17:21).

En estos tiempos en los que abunda la soberbia, el amor propio y la búsqueda del éxito personal, aun entre muchos cristianos profesantes, es importante comprender que "el que se enaltece será humillado" (Mt. 23:12). El fariseo que se creía justo oró: "Dios, te doy gracias porque no soy como los otros hombres, ladrones, injustos, adúlteros, ni aun como este publicano; ayuno dos veces a la semana, doy diezmos de todo lo que gano", pero solo "oraba consigo mismo", no a Dios (Lc. 18:11-12). Por exaltarse a sí mismo, Dios habría de humillarlo (v. 14). Tan cierto como Dios "da gracia a los humildes", también "resiste a los soberbios" (1 P. 5:5).

En cambio, para quienes siguen el ejemplo de humildad del Señor, que tienen "este sentir que hubo también en Cristo Jesús" (Fil. 2:5), hay promesa de una gran recompensa. Al igual que su Maestro, serán exaltados por su Padre celestial. Como Jesús prometió: "El que se enaltece será humillado, y el que se humilla será enaltecido" (Mt. 23:12; cp. Lc. 14:11; 18:14). Por su parte, Santiago dijo: "Humillaos delante del Señor, y él os exaltará" (Stg. 4:10); y Pedro escribió: "Humillaos, pues, bajo la poderosa mano de Dios, para que él os exalte cuando fuere tiempo" (1 P. 5:6). Filipenses 2:5-11 no es solo una descripción de la humillación y exaltación del Hijo de Dios. Es también una viva ilustración de un principio divino que trae inmensa bendición a los siervos de Dios humildes y obedientes. Por la inigualable gracia de Dios, tal como son humillados con Cristo, serán también glorificados con Él. Jesús dijo: "La gloria que me diste, yo les he dado, para que sean uno, así como nosotros somos uno" (Jn. 17:22).

La verdad central de este himno, como la de esta epístola y todo el Nuevo Testamento, es la exaltación del señorío soberano de Cristo. Pablo comienza Filipenses declarándose a sí mismo y a Timoteo como "siervos… del Señor Jesucristo" (1:1-2), y termina el pasaje afirmando que un día "toda lengua confiese que Jesucristo es el Señor" (2:11). Esa verdad fundamental del evangelio se desarrollará más adelante en este capítulo.

En el primer capítulo de Hebreos se describe con suprema belleza la exaltación de Jesucristo:

> *en estos postreros días [Dios] nos ha hablado por el Hijo, a quien constituyó heredero de todo, y por quien asimismo hizo el universo; el cual, siendo el resplandor de su gloria, y la imagen misma de su sustancia, y quien sustenta todas las cosas con la palabra de su poder, habiendo efectuado la purificación de nuestros pecados por medio de sí mismo, se sentó a la diestra de la Majestad en las alturas... Y otra vez, cuando introduce al Primogénito en el mundo, dice: Adórenle todos los ángeles de Dios... Mas del Hijo dice: Tu trono, oh Dios, por el siglo del siglo; cetro de equidad es el cetro de tu reino (He. 1:2-3, 6, 8; cp. v. 13).*

En los últimos días solo el Hijo de Dios exaltado, Jesucristo, será digno de tomar el rollo de la diestra de su Padre y abrirlo (Ap. 5:1-7). Este rollo, que podría llamarse el título de propiedad del universo, describe lo que le corresponde a Cristo como heredero legítimo de toda la creación, la que hizo y sobre la cual reinará por toda la eternidad (cp. Ap. 11:15). Con razón Pablo exclamó jubiloso: "Porque de él, y por él, y para él, son todas las cosas. A él sea la gloria por los siglos. Amén" (Ro. 11:36).

El Salvador humilde, encarnado, fue exaltado como Señor supremo y todopoderoso. Por esa razón los creyentes tienen la certeza de su redención y de su lugar eterno en el cielo. Él también debe ser obedecido como Señor, y honrado y adorado siempre y por la eternidad.

En la segunda mitad de este himno, Pablo presenta cuatro aspectos de la exaltación que le confirió el Padre al Hijo: la fuente (2:9*a*), el título (2:9*b*), la respuesta (2:10-11*a*) y el propósito (2:11*b*).

LA FUENTE DE LA EXALTACIÓN DE CRISTO

Por lo cual Dios también le exaltó hasta lo sumo, (2:9*a*)

Por lo cual alude a la humillación de Jesús que se acaba de presentar en los versículos 6-8. Su exaltación era "el gozo puesto delante de él" por el cual estuvo dispuesto a sufrir la cruz, menospreciar el oprobio, soportar la hostilidad de los pecadores, "y se sentó a la diestra del trono de Dios" (He. 12:2-3). El camino a la exaltación es siempre a través de la humillación. Si ese principio se cumplió en el Hijo de Dios, ¿cuánto más deberá cumplirse en sus seguidores?

Exaltó hasta lo sumo traduce el verbo compuesto *huperupsoō*, formado por *huper* (sobre) y *hupsoō* (levantar, exaltar). Dios exaltó a su amado Hijo al mayor grado posible. Esto incluye cuatro etapas de ascenso: su resurrección, su ascensión, su coronación y su intercesión.

Primero, Jesús fue resucitado de los muertos. Cuando las mujeres fueron al sepulcro donde habían puesto a Jesús, el ángel les dijo: "No os asustéis; buscáis a Jesús nazareno, el que fue crucificado; ha resucitado, no está aquí; mirad el lugar en donde le pusieron" (Mr. 16:6). Pedro le explicó a sus oyentes en Pentecostés: "A este Jesús resucitó Dios, de lo cual todos nosotros somos testigos" (Hch. 2:32; cp. Ro. 1:4). Luego, tras haber sido liberado de la prisión en Jerusalén, Pedro y los otros apóstoles testificaron juntos ante el Sanedrín: "El Dios de nuestros padres levantó a Jesús, a quien vosotros matasteis colgándole en un madero" (Hch. 5:30; cp. 13:33-39). Muchos años después, Pablo escribió que Dios Padre "[resucitó a Jesús] y [lo sentó] a su diestra en los lugares celestiales" (Ef. 1:20).

El segundo aspecto de la exaltación del Hijo por parte del Padre fue su ascensión. Cuando el Señor se apareció a María Magdalena después de su resurrección, "le dijo: No me toques, porque aún no he subido a mi Padre; mas ve a mis hermanos, y diles: Subo a mi Padre y a vuestro Padre, a mi Dios y a vuestro Dios" (Jn. 20:17). Más adelante, después de haberles dado las últimas instrucciones a los once en el Monte de los Olivos, "fue alzado, y le recibió una nube que le ocultó de sus ojos" (Hch. 1:9; cp. Jn. 14:2; 16:7; He. 4:14). Pablo le explicó a Timoteo que Jesús fue "recibido arriba en gloria" (1 Ti. 3:16).

El tercer aspecto de la exaltación de Jesús fue su coronación. En el momento de pronunciar la Gran Comisión, Jesús proclamó: "Toda potestad me es dada en el cielo y en la tierra" (Mt. 28:18). "Habiendo subido al cielo [Jesús] está a la diestra de Dios" (1 P. 3:22). Pedro y los demás testificaron ante el Sanedrín que a Jesús "Dios ha exaltado con su diestra por Príncipe y Salvador, para dar a Israel arrepentimiento y perdón de pecados" (Hch. 5:31). Justo antes de morir, Esteban "lleno del Espíritu Santo, puestos los ojos en el cielo, vio la gloria de Dios, y a Jesús que estaba a la diestra de Dios, y dijo: He aquí, veo los cielos abiertos, y al Hijo del Hombre que está a la diestra de Dios" (Hch. 7:55-56; cp. He. 2:9; 10:12).

Desde el cielo, el Señor Jesucristo reina por siempre "sobre todo principado y autoridad y poder y señorío, y sobre todo nombre que se nombra, no sólo en este siglo, sino también en el venidero", porque el Padre "sometió todas las cosas bajo sus pies" (Ef. 1:21-22; cp. 4:10; Sal. 2:8; 89:27; 1 P. 3:22; Jud. 25). En virtud de su autoridad y poder, Jesús será por siempre "Señor así de los muertos como de los que viven", porque "para esto murió y resucitó, y volvió a vivir" (Ro. 14:9). Así proclamarán un día los "millones de millones" de adoradores alrededor del trono celestial: "El Cordero que fue inmolado es digno de tomar el poder, las riquezas, la sabiduría, la fortaleza, la honra, la gloria y la alabanza... Los reinos del mundo han venido a ser de nuestro Señor y de su Cristo; y él reinará por los siglos de los siglos" (Ap. 5:11-12; 11:15). El fin vendrá "cuando entregue el reino al Dios y Padre, cuando haya suprimido todo dominio, toda autoridad y potencia" (1 Co. 15:24).

El cuarto y último aspecto de la exaltación de Jesús es su posición de honor como Sumo Sacerdote, por lo cual intercede sin cesar por los creyentes. Cristo, que murió y resucitó por nosotros, y "que además está a la diestra de Dios… también intercede por nosotros" (Ro. 8:34; cp. v. 26). Como el Sumo Sacerdote de los creyentes, "puede también salvar perpetuamente a los que por él se acercan a Dios, viviendo siempre para interceder por ellos", dice el autor de Hebreos, "porque tal sumo sacerdote nos convenía: Santo, inocente, sin mancha, apartado de los pecadores, y hecho más sublime que los cielos" (He. 7:25-26; cp. 4:14; 5:1-6; 6:20; 7:21; 8:1-6; 9:24).

En gran parte, la exaltación de Jesús comprendía la restauración de lo que poseía desde la eternidad antes de su encarnación. En su oración como Sumo Sacerdote, Él rogó: "Ahora pues, Padre, glorifícame tú al lado tuyo, con aquella gloria que tuve contigo antes que el mundo fuese" (Jn. 17:5). Sin embargo, en los pasajes citados, así como en muchos otros, parece claro que en ciertos aspectos Jesús recibió más en su exaltación de lo que se había despojado en su encarnación. Por supuesto que no se trata de ser más divino o perfecto. Era imposible para Él ser exaltado aún más en lo que respecta a su naturaleza y la esencia de su ser. Sin embargo, en virtud de su obra redentora perfecta, el Padre le confirió al Hijo mayores derechos, privilegios, honores y responsabilidades de los que antes tenía. La exaltación fue por tanto algo más que revocar la encarnación. Fue así que el Padre le dio al Hijo el honor y el enaltecimiento que solo podía recibir después de su sacrificio redentor, que cumplió en obediencia a la voluntad de su Padre.

La autoridad y el poder delegados a Jesús incluyen el de ser el Juez final. Jesús explicó: "Porque el Padre a nadie juzga, sino que todo el juicio dio al Hijo, para que todos honren al Hijo como honran al Padre. El que no honra al Hijo, no honra al Padre que le envió" (Jn. 5:22-23). Pedro le dijo al recién convertido Cornelio y a su familia, que Dios "nos mandó que predicásemos al pueblo, y testificásemos que él es el que Dios ha puesto por Juez de vivos y muertos" (Hch. 10:42; cp. Ro. 2:16; 2 Ti. 4:1). Cada ser humano que ha existido tendrá que presentarse ante Jesucristo el Juez:

> *Porque el Padre a nadie juzga, sino que todo el juicio dio al Hijo… De cierto, de cierto os digo: Viene la hora, y ahora es, cuando los muertos oirán la voz del Hijo de Dios; y los que la oyeren vivirán. Porque como el Padre tiene vida en sí mismo, así también ha dado al Hijo el tener vida en sí mismo; y también le dio autoridad de hacer juicio, por cuanto es el Hijo del Hombre. No os maravilléis de esto; porque vendrá hora cuando todos los que están en los sepulcros oirán su voz; y los que hicieron lo bueno, saldrán a resurrección de vida; mas los que hicieron lo malo, a resurrección de condenación (Jn. 5:22, 25-29).*

Cada creyente "[comparecerá] ante el tribunal de Cristo, para que cada uno reciba según lo que haya hecho mientras estaba en el cuerpo, sea bueno o sea malo" (2 Co. 5:10).

De un modo que resulta incomprensible para la mente humana, Jesucristo no solo se hizo Dios-hombre en la encarnación, sino que siempre lo será. Como Sumo Sacerdote, Él intercede continuamente por todos los que salva. Ya que un sacerdote debe representar tanto a Dios como a los hombres, no podría ser el Sumo Sacerdote de los creyentes, a menos que hubiera decidido hacerse hombre. Si Él nunca hubiera sentido los males de ellos, o incluso si no hubiera sido tentado en todo como ellos, no habría podido identificarse plenamente con ellos ni animarlos, fortalecerlos y acompañarlos en sus tentaciones (He. 2:18; 4:15; 9:28; 1 P. 2:24).

De manera convincente, William Hendriksen describe la coronación de Jesús en este comentario:

> Él, que estuvo bajo condenación según la ley divina (por causa del pecado del mundo que llevó sobre sí) ha cambiado esta pena por una relación justa con la ley. El que fue pobre llegó a ser rico. El que fue rechazado ha sido aceptado (Ap. 12:5, 10). El que aprendió la obediencia ha entrado en la administración real del poder y la autoridad que se le confió.
>
> Como *rey*, habiendo triunfado sobre sus enemigos por su muerte, resurrección, y ascensión, ahora tiene en sus manos las riendas del universo, y gobierna sobre todo por el bien de su iglesia (Ef. 1:22, 23). Como *profeta* guía a toda verdad a los suyos por medio de su Espíritu. Y como *sacerdote* (Sumo Sacerdote según el orden de Melquisedec) Él, sobre la base de la expiación que llevó a cabo, *no solo intercede, sino que en realidad vive para siempre para interceder* por quienes se acercan a Dios por medio de Él (He. 7:25) (*New Testament Commentary: Exposition of Philippians* [Comentario del Nuevo Testamento: Estudio de Filipenses] [Grand Rapids: Baker, 1962], p. 114. Cursivas del original).

EL TÍTULO DE LA EXALTACIÓN DE CRISTO

y le dio un nombre que es sobre todo nombre, (2:9*b*)

Dio viene de *charizomai*, que comunica la idea de dar con libertad y generosidad. El Padre le dio al Hijo **un nombre que es sobre todo nombre** según el más perfecto amor divino. Jesús satisfizo de manera tan perfecta la demanda del Padre al cumplir la obra de su encarnación y la redención de los elegidos, que le concedió este título enaltecido. El autor de Hebreos dice que fue "hecho tanto superior a los ángeles", y que "heredó más excelente nombre que ellos" (He. 1:4).

Este **nombre** le fue dado para destacar su posición por encima de todo ser. Refleja no solo su esencia divina y su naturaleza, sino también los privilegios nuevos y exclusivos que el Padre le otorgó en respuesta a su obra redentora. Este **nombre** es incomparable, supremo.

Pablo no revela el nombre supremo, el **nombre que es sobre todo nombre**, hasta el versículo 11, donde declara que "toda lengua confiese que Jesucristo es *el Señor*" (cursivas añadidas). Señor es el título de majestad, autoridad, honor y soberanía. Un día ese nombre exaltado llegará a ser el de "REY DE REYES Y SEÑOR DE SEÑORES" (Ap. 19:16). Es evidente que *Señor*, usado en el sentido de la autoridad y dominio soberano finales, supera a los otros nombres. Quien es Señor está por encima de cualquier otro, y ese es el fin exacto en llamar así al Salvador, pues tiene absoluta supremacía y debe ser obedecido como Jefe divino.

En la maravillosa gracia de Dios, los creyentes no solo serán herederos juntamente con Cristo, sino que también participarán de sus nombres. A través del apóstol Juan, Dios promete: "el que vence", es decir, todo creyente verdadero (1 Jn. 5:4-5), "yo lo haré columna en el templo de mi Dios, y nunca más saldrá de allí; y escribiré sobre él el nombre de mi Dios, y el nombre de la ciudad de mi Dios, la nueva Jerusalén, la cual desciende del cielo, de mi Dios, y mi nombre nuevo" (Ap. 3:12; cp. 2:17). Cuando sean glorificados, sobre todos los creyentes se escribirá el nombre de Dios Padre ("mi Dios"), el nombre del cielo ("la ciudad de mi Dios, la nueva Jerusalén"), y el título supremo de Señor ("mi nombre nuevo"). Esos nombres serán para ellos como una marca, como un sello, como quienes son propiedad de Dios y se identifican con Él plena e íntimamente.

LA RESPUESTA A LA EXALTACIÓN DE CRISTO

para que en el nombre de Jesús se doble toda rodilla de los que están en los cielos, y en la tierra, y debajo de la tierra; y toda lengua confiese que Jesucristo es el Señor, (2:10-11*a*)

Cada vez que la palabra griega *hina* (**para que**) se emplea con un verbo subjuntivo (como *kampsē*, **se doble**; y *exomologēsētai*, **confiese**), introduce una cláusula de propósito. Pablo quiere decir entonces: "A Jesús se le ha dado el nombre que es sobre todo nombre a fin de que, o con el propósito de que **se doble toda rodilla de los que están en los cielos, y en la tierra, y debajo de la tierra; y toda lengua confiese que Jesucristo es el Señor**". Es crucial entender que esta respuesta no se producirá ante el nombre de **Jesús**. Siendo una forma del nombre Josué (que significa "Jehová, o Yahvé salva"), Jesús era un nombre común en la época neotestamentaria. Es evidente que no podía ser el nombre exclusivo, y mucho menos supremo que Dios pensó como título de exaltación. Es más bien **en el nombre de Jesús**, es decir, en otro nombre (**Señor**) dado a **Jesucristo** en la exaltación que le dio su Padre, que **toda rodilla se doble** y **toda lengua confiese**.

Había varios indicios de lo que sería su nombre supremo. *Kurios* ("Señor") era un término conocido de respeto en la época neotestamentaria, parecida a la palabra que se usa en la actualidad, pero con mucha mayor veneración (cp. Mt. 10:24-25; 18:27-34; Lc. 12:42-47). Durante su ministerio terrenal, a Jesús le llamaron en algunas ocasiones por ese nombre. Parece que algunos de los que le llamaron "Señor" no lo consideraban más que un gran maestro, al menos en el primer encuentro que tuvieron con Él (cp. Jn. 8:11; 9:35-38). Incluso los doce solo comprendieron su deidad de manera paulatina y muchas veces vacilante. Y, como Jesús mismo lo señaló, incluso el hecho de llamarle Señor como reconocimiento de su deidad no evidenciaba siempre la existencia de una relación salvífica con Él.

> *No todo el que me dice: Señor, Señor, entrará en el reino de los cielos, sino el que hace la voluntad de mi Padre que está en los cielos. Muchos me dirán en aquel día: Señor, Señor, ¿no profetizamos en tu nombre, y en tu nombre echamos fuera demonios, y en tu nombre hicimos muchos milagros? Y entonces les declararé: Nunca os conocí; apartaos de mí, hacedores de maldad (Mt. 7:21-23).*

Debido a que los judíos consideraban que el nombre de Dios era demasiado sagrado como para pronunciarlo, usaban el título Señor en lugar de su nombre personal que aludía al pacto, Yahvé (o *Jehová*), siempre que debían pronunciarlo. (La mayoría de traducciones modernas del Antiguo Testamento traducen por tanto la forma hebrea *YHWH* [*Yahvé*] como Señor. La RVR-1960 la traduce como "Jehová"). En consecuencia, a Dios se le llamaba *Adonai* ("Señor"), un título de autoridad divina, y *YHWH* ("Señor"), para referirse a su nombre de pacto, cuyo significado fundamental es "YO SOY" (cp. Éx. 3:13-15). Cuando se leían las Escrituras, solo la familiaridad con el texto hebreo facultaba al oyente para comprender cuál de los términos se mencionaba. En la predicación, la enseñanza, o la conversación casual, un oyente podía discernir el significado solo por el contexto.

En el pasaje que nos ocupa, es evidente que **Señor** se refiere a la deidad y soberanía de Jesús, y a su autoridad exaltada hasta lo sumo. Representa el nombre y título divino, así como todos los honores, derechos divinos, y prerrogativas. En algún momento, sea por elección o por la fuerza, toda criatura, humana y angélica, se someterá a **Jesucristo** como Señor exaltado.

Como primer acto de reverencia, **toda rodilla** se doblará, tal como profetizó Isaías unos setecientos años antes. El Señor declaró por medio de él: "Mirad a mí, y sed salvos, todos los términos de la tierra, porque yo soy Dios, y no hay más. Por mí mismo hice juramento, de mi boca salió palabra en justicia, y no será revocada: Que a mí se doblará toda rodilla" (Is. 45:22-23). **Jesucristo** es Dios, Salvador, y Señor, ante quien **toda rodilla** se doblará.

Aquellos que se someten a la suprema autoridad de **Jesucristo** conformarán tres grupos. El primero incluirá a **los que están en los cielos**, que son los ángeles de Dios y los santos que han sido redimidos a lo largo de la historia. Ese grupo celestial, por supuesto, ha adorado por mucho tiempo a **Jesucristo** como **Señor** (cp. He. 1:6; 12:23; Ap. 4:8-11; 5:8-14).

El segundo grupo lo conformarán los habitantes **en la tierra**, tanto los redimidos como los que no lo son. Los redimidos seguirán su adoración al Señor, la que empezaron en el momento de ser salvos. Él será "admirado en todos los que creyeron", "cuando venga en aquel día para ser glorificado en sus santos" (2 Ts. 1:10). Sin embargo, al mismo tiempo, aunque de mala gana y movidos por el terror, los incrédulos también tendrán que doblar sus rodillas ante Él. Él dará "retribución a los que no conocieron a Dios, ni obedecen al evangelio de nuestro Señor Jesucristo; los cuales sufrirán pena de eterna perdición, excluidos de la presencia del Señor y de la gloria de su poder" (vv. 8-9).

El tercer grupo que adorará al Señor exaltado serán los que están **debajo de la tierra**, los ángeles caídos y los muertos que no fueron redimidos y esperan el juicio final y el castigo eterno. Apocalipsis 20:11-13, quizá el pasaje más temible de las Escrituras, describe el destino final de quienes no fueron salvos:

> *Y vi un gran trono blanco y al que estaba sentado en él, de delante del cual huyeron la tierra y el cielo, y ningún lugar se encontró para ellos. Y vi a los muertos, grandes y pequeños, de pie ante Dios; y los libros fueron abiertos, y otro libro fue abierto, el cual es el libro de la vida; y fueron juzgados los muertos por las cosas que estaban escritas en los libros, según sus obras. Y el mar entregó los muertos que había en él; y la muerte y el Hades entregaron los muertos que había en ellos; y fueron juzgados cada uno según sus obras.*

El tercer grupo también incluye a "los espíritus encarcelados", los demonios que ya están atados en el abismo y a quienes Jesús "fue y predicó" en el período comprendido entre su muerte y resurrección, y mediante las cuales los venció (1 P. 3:19; cp. Col. 2:14-15).

Como predijo Isaías (Is. 45:23), en la segunda etapa de esta adoración universal del Hijo de Dios exaltado, **toda lengua** confesará **que Jesucristo es el Señor**. *Glōssa* (**lengua**) se usa con frecuencia, como aquí, para referirse al idioma. Sin importar el idioma que hable, todo ser humano y angelical confesará el señorío de Jesús. Los santos ángeles, los santos redimidos en el cielo y en la tierra, y todos los enemigos de Dios sobre la tierra y en el infierno, confinados para siempre por el poder invencible que los mantiene en castigo eterno, doblarán sus rodillas ante su autoridad soberana. Aun los demonios condenados, y Satanás, no tendrán opción aparte de someterse y confesar la realidad **que Jesucristo es el Señor**.

Exomologeō (**confiese**) es una forma acentuada de *homologeō* (confesar, estar de acuerdo con) y se refiere a una declaración abierta y pública. No obstante, en el momento al que alude Pablo, dicha confesión no llevará a la salvación, puesto que esa suprema bendición ya habrá sido para siempre recibida o perdida. Antes de la muerte o del regreso del Señor, esta es la promesa: "que si confesares con tu boca que Jesús es el Señor, y creyeres en tu corazón que Dios le levantó de los muertos, serás salvo" (Ro. 10:9). Sin embargo, el apóstol deja claro más adelante en la misma carta, que en el día del juicio esa confesión no modificará la condición espiritual de quienes la hacen. Citando a Isaías, dice: "Porque escrito está: Vivo yo, dice el Señor, que ante mí se doblará toda rodilla, y toda lengua confesará a Dios" (Ro. 14:11; cp. Is. 45:23). En labios de quienes le pertenecen a Dios, esta será una declaración anhelante, continua, y amorosa de fidelidad y adoración. Quienes lo han rechazado confesarán de mala gana, pero no podrán resistirlo, y será un reconocimiento obligado de Jesucristo como **el Señor** soberano del universo para quienes están bajo su juicio inmutable.

Jesús ya posee su título divino y plena autoridad, pero aún no es el tiempo señalado por el Padre para que esa autoridad se manifieste totalmente. Jesús ya está sentado a la diestra del Padre en su trono celestial, pero no todas las cosas se han sometido a Él todavía (cp. 1 Co. 15:27-28). Mientras haya tiempo, el Salvador áun llama a hombres y a mujeres a acercarse a Él por la fe salvadora, a confesarlo y recibirlo voluntariamente como Señor. Pablo se regocijaba en que fue "recibido a misericordia, para que Jesucristo mostrase en [él] el primero [de los pecadores] toda su clemencia, para ejemplo de los que habrían de creer en él para vida eterna" (1 Ti. 1:16).

El anuncio que dieron los ángeles del nacimiento de Jesús fue: "os ha nacido hoy, en la ciudad de David, un Salvador, que es CRISTO el Señor" (Lc. 2:11). Jesús les dijo a sus discípulos: "Vosotros me llamáis Maestro, y Señor; y decís bien, porque lo soy" (Jn. 13:13), y después de la resurrección Tomás exclamó "¡Señor mío, y Dios mío!" (20:28). En Pentecostés Pedro proclamó: "Sepa, pues, ciertísimamente toda la casa de Israel, que a este Jesús a quien vosotros crucificasteis, Dios le ha hecho Señor y Cristo" (Hch. 2:36; cp. 10:36). Pablo les dijo a los romanos: "si confesares con tu boca que Jesús es el Señor, y creyeres en tu corazón que Dios le levantó de los muertos, serás salvo" (Ro. 10:9; cp. v. 12). Luego, en la misma epístola dijo: "Porque Cristo para esto murió y resucitó, y volvió a vivir, para ser Señor así de los muertos como de los que viven" (14:9; cp. v. 11). A los corintios les recordó que "sólo hay un Dios, el Padre, del cual proceden todas las cosas, y nosotros somos para él; y un Señor, Jesucristo, por medio del cual son todas las cosas, y nosotros por medio de él" (1 Co. 8:6; cp. 12:3; 15:57).

Contrario a muchas enseñanzas y predicaciones de gran acogida, las Escrituras nunca dicen que alguien haga a Jesús Señor. Si bien muchos que afirman tal cosa solo aluden a la sumisión y obediencia de los creyentes a la autoridad soberana de Jesús, esto resulta confuso y en gran manera engañoso. El problema es más serio porque algunos evangélicos insisten en afirmar que confesar a Jesús como Señor no es una parte importante de la fe salvadora. De manera equivocada lo consideran un paso opcional, aunque conveniente, que los creyentes deben dar tiempo después de su salvación. Creen que es posible ser salvo al confesar a Jesús como Salvador, pero no como el Señor que gobierna y domina. Sin embargo, como acabamos de ver, fue Dios Padre quien "le ha hecho Señor y Cristo" (Hch. 2:36), y para ser salva una persona debe confesar "que Jesús es el Señor, y [creer en su] corazón que Dios le levantó de los muertos" (Ro. 10:9), una verdad que se repite versículos después: "porque todo aquel que invocare el nombre del Señor, será salvo" (v. 13). Reconocer a Jesús como Señor debe incluir sumisión y obediencia, porque, por definición, el título de Señor lo exige.

La evidencia bíblica de la relevancia del señorío de Jesucristo en el evangelio es abundante y clara. En el Nuevo Testamento, a Él se le llama Señor cerca de 747 veces. En Hechos se habla de Él como Salvador en solo dos ocasiones, y Señor 92 veces. El primer credo conocido de la iglesia primitiva era: "¡Jesús es Señor!". El señorío de Jesucristo es la esencia misma del cristianismo, y su confesión es indispensable para todo el que desea ser salvo. Jesús insistió muchas veces en la necesidad de la obediencia como parte de la fe salvadora (Mt. 7:22-27; 19:21-22; Lc. 14:25-33; Jn. 8:31; 14:23-24; 15:14).

Jesús es el Salvador para que pueda ser el Señor, y Él no salvará a quienes no lo aceptan como Señor. Como se mencionó anteriormente, incluso confesarlo verbalmente como Señor sin permitirle que lo sea en realidad resulta inútil. A comienzos de su ministerio Él declaró:

> *No todo el que me dice: Señor, Señor, entrará en el reino de los cielos, sino el que hace la voluntad de mi Padre que está en los cielos. Muchos me dirán en aquel día: Señor, Señor, ¿no profetizamos en tu nombre, y en tu nombre echamos fuera demonios, y en tu nombre hicimos muchos milagros? Y entonces les declararé: Nunca os conocí; apartaos de mí, hacedores de maldad (Mt. 7:21-23; cp. Lc. 6:46-49).*

Claro que Jesús no se refería a la justicia por las obras, es decir, que la salvación viene por medio de la obediencia, sino a que una profesión de fe que no produce una verdadera obediencia a su señorío resulta vana.

La idea de que el título *Señor* solo se refiere a la deidad de Jesús es en extremo falsa, y despoja al término de su significado esencial. Por definición, *Señor* alude a un amo, a una autoridad suprema, a un gobernante soberano. No solo eso, sino que la realidad de la deidad encierra el mismo significado. La idea de algunos críticos de la "salvación por señorío" que consideran que la confesión de Jesús como Salvador es un acto de fe, mientras que la confesión de Jesús como Señor es un acto de justicia por obras, es absurda. Ambas confesiones para salvación solo son posibles por medio de la gracia y el poder que Dios da (Ef. 2:8; 1 Co. 12:3).

Acerca de este requisito tan esencial y tergiversado del señorío de Jesús he comentado en mi libro *El evangelio según Jesucristo*:

Cuando venimos a Jesús para recibir salvación, venimos a Aquel que es Señor sobre todo. Cualquier mensaje que omite esta verdad no puede llamarse evangelio. Es un mensaje defectuoso que presenta a un salvador que no es Señor, un redentor que no prueba tener autoridad sobre el pecado, un mesías débil, endeble, que no puede regir sobre aquellos a quienes rescata.

El evangelio según Jesucristo en nada se parece a esto. Muestra a Jesucristo como Señor y Salvador y exige de quienes lo reciben aceptar lo que Él es. Como lo dijo el puritano John Flavel: "El ofrecimiento del evangelio de Cristo abarca todas sus funciones, y la fe del evangelio así lo recibe; para someterse a Él de igual forma que es redimido por Él; para imitar la santidad de su vida, al igual que gozar de los logros y del fruto de su muerte. Debe ser un recibimiento completo del Señor Jesucristo".

A.W. Tozer a su vez escribió: "Alentar a los hombres y mujeres a creer en un Cristo dividido es una mala enseñanza, pues nadie puede recibir la mitad de Cristo, o un tercio de Él, ¡ni la cuarta parte de la persona de Cristo! No somos salvos por creer en un título ni en una obra".

Él es Señor, y quienes lo rechazan como Señor no pueden beneficiarse de su obra como Salvador. Todo el que lo recibe debe rendirse a su autoridad, porque afirmar que recibimos a Cristo cuando en realidad rechazamos su derecho a reinar sobre nosotros es un completo despropósito. Es un esfuerzo inútil por aferrarse al pecado con una mano y tomar a Jesús con la otra. ¿Qué clase de salvación es esta si seguimos atados al pecado? (Ed. rev. [Casa Bautista de Publicaciones, 1997], pp. 235-236 del original en inglés).

R. A. Torrey, segundo presidente del Instituto Bíblico Moody, decano del Instituo Bíblico de Los Ángeles, y un destacado evangelista, les aconsejó a quienes predicaban a Cristo: "Guíen [al inconverso] de la manera más directa posible a aceptar a Jesucristo como Salvador personal, y a rendirse a Él como Amo y Señor" (*How to Work for Christ* [Cómo trabajar para Cristo] [Old Tappan, N.J.: Revell, s.f.], p. 32). W. H. Griffith Thomas, uno de los fundadores del Seminario Teológico de Dallas, escribió:

Nuestra relación con Cristo se basa en su muerte y resurrección, y esto significa su señorío. De hecho, el señorío de Cristo sobre la vida de su pueblo era el objetivo mismo que lo llevó a morir y resucitar. Debemos reconocer a Cristo como nuestro Señor. El pecado es rebelión, y solo cuando nos sometemos a Él como Señor recibimos su perdón como nuestro Salvador. Tenemos que permitirle reinar en el trono del corazón, y solo cuando Él es glorificado en nuestro corazón como Rey, el Espíritu

Santo entra y mora en nosotros (*St. Paul's Epistle to the Romans* [La Epístola de san Pablo a los Romanos] [Grand Rapids: Eerdmans, s.f.], p. 371).

EL PROPÓSITO DE LA EXALTACIÓN DE CRISTO

para gloria de Dios Padre. (2:11*b*)

Por último, como todo en el plan de redención, el propósito de la exaltación de Jesús es la **gloria de Dios Padre**. Proclamar el señorío soberano de su Hijo es la mayor **gloria** que puede recibir **Dios Padre**. El reconocimiento universal de Cristo como Señor no provoca celos en el Padre. Más bien constituye el objetivo supremo y el cumplimiento de la divina voluntad del Padre al demostrar su amor perfecto hacia su Hijo.

Esto, por supuesto, encierra un gran misterio, uno que confunde a cualquiera que se jacte de entender plenamente la Trinidad. Las tres Personas son un solo **Dios**, completamente unido e indivisible. Nunca rivalizan, ni están en desacuerdo, ni disienten en lo más mínimo. Por tanto, los hombres no están llamados a adorar a **Dios** por medio de Jesús, sino a adorar a Jesús *como* **Dios**. Jesús explicó: "Ahora es glorificado el Hijo del Hombre, y Dios es glorificado en él. Si Dios es glorificado en él, Dios también le glorificará en sí mismo" (Jn. 13:31-32; cp. 14:13; Ro. 9:5; 11:36; 16:27). La mayor dicha del Padre y del Hijo es glorificarse mutuamente. En su oración sumo sacerdotal, Jesús dijo: "Padre, la hora ha llegado; glorifica a tu Hijo, para que también tu Hijo te glorifique a ti… Yo te he glorificado en la tierra; he acabado la obra que me diste que hiciese. Ahora pues, Padre, glorifícame tú al lado tuyo, con aquella gloria que tuve contigo antes que el mundo fuese" (Jn. 17:1, 4-5). Cualquiera que honra al Hijo honra al Padre, y todo el que deshonra al Hijo deshonra al Padre (Jn. 5:23). Por toda la eternidad, el Padre dirá del Señor Jesucristo exaltado: "Este es mi Hijo amado, en quien tengo complacencia" (Mt. 3:17; cp. 17:5).

10

La obra de Dios en el creyente— Primera parte: El papel del creyente en la santificación

Por tanto, amados míos, como siempre habéis obedecido, no como en mi presencia solamente, sino mucho más ahora en mi ausencia, ocupaos en vuestra salvación con temor y temblor, (2:12)

Desde los inicios de la iglesia, la relación entre el poder de Dios y la responsabilidad del creyente de llevar la vida cristiana ha sido motivo de discusión. ¿Es la vida cristiana un asunto de confianza pasiva o de obediencia activa? ¿Se trata solo de lo que Dios hace, o de lo que hace el creyente, o una combinación de ambos? Esta no es una pregunta inusual en relación con la verdad espiritual; de hecho, la misma cuestión surge acerca de la salvación misma. ¿Se trata solo de la obra de Dios, o existe alguna exigencia de parte del hombre como respuesta al mandato de creer en el evangelio? Las Escrituras dejan claro que esto involucra tanto la soberanía de Dios como la respuesta humana. Pablo les recordó a los Efesios: "Porque por gracia sois salvos por medio de la fe; y esto no de vosotros, pues es don de Dios; no por obras, para que nadie se gloríe" (Ef. 2:8-9). En Juan 6:44 Jesús declaró: "Ninguno puede venir a mí, si el Padre que me envió no le trajere"; y sin embargo, Hechos 16:31 ordena: "Cree en el Señor Jesucristo, y serás salvo". La salvación no se recibe por obras humanas, sino por la fe personal. Otras doctrinas también encierran aparentes paradojas. Por ejemplo, Jesucristo es plenamente Dios y plenamente hombre, y aunque las Escrituras fueron copiadas por autores humanos, cada palabra de ella fue inspirada por Dios. A todo el mundo se le ofrece el evangelio, y sin embargo solo se cumple en los elegidos. Dios les ofrece a los creyentes la seguridad eterna de su salvación, y sin embargo les manda perseverar.

Los cristianos que procuran conciliar cada doctrina en un plano racional y humano caen de manera inevitable en extremos. Con el fin de lograr su propósito de entenderlo todo sin misterios ni paradojas, resaltan una verdad o un aspecto de la Palabra de Dios a expensas de otros, que la mente finita considera contradictorios. Con respecto a la santificación, la idea que subraya el papel de Dios y elimina casi cualquier participación de parte del creyente suele denominarse quietismo. El extremo opuesto se llama pietismo.

En la santificación el quietista considera al creyente en una actitud pasiva. Un axioma conocido es: "Deja que Dios lo haga". Otro es: "Yo no puedo. Dios sí". El quietismo tiende a ser místico y subjetivo, pues se centra en sentimientos y experiencias personales. Según este, una persona que se somete a Dios y depende de Él por completo, recibirá la protección divina contra el pecado y llevará una vida fiel. Tratar de luchar contra el pecado o llevar una vida disciplinada para producir buenas obras es considerado no solo inútil sino poco espiritual y contraproducente.

Una destacada representante de este concepto de la santificación era la devota cuáquera Hannah Whithall Smith, en cuyo libro *El secreto de la vida cristiana feliz*, que ha sido leído por millones, escribe:

> ¿Qué *podemos* decir de la participación del hombre en esta gran obra, sino que debe continuamente rendirse y confiar? Sin embargo, al ver el lado divino de esta cuestión, ¿qué hay aparte de las múltiples formas en las que Él lleva a cabo la obra que se le confió? Es en ese punto que ocurre la transformación. El bloque de arcilla nunca podría transformarse en una hermosa vasija si permaneciera en el hoyo por miles de años; pero cuando es puesto en las manos de un alfarero experto, se transforma con rapidez, bajo su mano que moldea, hasta convertirse en la vasija que él desea. Y de igual forma el alma, entregada a la obra del Divino Alfarero, se convierte en una vasija de honra, santificada y lista para el uso del Maestro. (Terrassa: Clie, 1987, p. 32 en el original en inglés. Cursivas del original).

En respuesta a la cuestión de cómo un cristiano puede caer en pecado, los quietistas sostienen que sin duda tal persona no entiende lo que significa la completa rendición y se sale de las manos del Divino Artesano. Sin embargo, cabe preguntarse cómo, si Dios controla todo, un creyente podría salirse de las manos del Divino Alfarero. ¿Cómo podríamos no culpar a Dios por fallar en cuanto a la rendición completa?

Por su lado, los pietistas son por lo general muy celosos en su búsqueda de la pureza doctrinal y moral. Este movimiento surgió en Alemania en el siglo XVII como reacción a la estéril ortodoxia de muchas iglesias protestantes. En su favor está que la mayoría de los pietistas les dan gran importancia al estudio bíblico, la vida santa y disciplinada, y al cristianismo práctico. Ellos recalcan pasajes como: "limpiémonos de toda contaminación de carne y de espíritu, perfeccionando la santidad en el temor de Dios" (2 Co. 7:1) y "Así también la fe, si no tiene obras, es muerta en sí misma" (Stg. 2:17). A pesar de eso, con frecuencia insisten en el esfuerzo personal y excluyen casi por completo la dependencia del poder divino. Como es de esperar, el pietismo conduce muchas veces al legalismo, al moralismo, al fariseísmo, al espíritu crítico, al orgullo y a la hipocresía.

En Filipenses 2:12-13, Pablo presenta la solución a este aparente conflicto entre la parte que les corresponde a ambos, el creyente y Dios, en la santificación. Sin embargo, de ninguna manera se esfuerza por armonizarlas racionalmente. Se contenta con el carácter incomprensible de ambas verdades, y se limita a comunicarlas diciendo en efecto que el creyente debe ocuparse de su santificación por un lado (v. 12), y que Dios también lo hace por el suyo (v. 13).

El mismo enfoque dual se encuentra a lo largo del Nuevo Testamento, y revisar estos pasajes pertinentes resulta útil. Pedro, en su segunda epístola, les dice a los creyentes:

Como todas las cosas que pertenecen a la vida y a la piedad nos han sido dadas por su divino poder, mediante el conocimiento de aquel que nos llamó por su gloria y excelencia, por medio de las cuales nos ha dado preciosas y grandísimas promesas, para que por ellas llegaseis a ser participantes de la naturaleza divina, habiendo huido de la corrupción que hay en el mundo a causa de la concupiscencia (2 P. 1:3-4).

Basándose en esa provisión divina, Pedro les encomienda a los creyentes:

vosotros también, poniendo toda diligencia por esto mismo, añadid a vuestra fe virtud; a la virtud, conocimiento; al conocimiento, dominio propio; al dominio propio, paciencia; a la paciencia, piedad; a la piedad, afecto fraternal; y al afecto fraternal, amor. Porque si estas cosas están en vosotros, y abundan, no os dejarán estar ociosos ni sin fruto en cuanto al conocimiento de nuestro Señor Jesucristo. Pero el que no tiene estas cosas tiene la vista muy corta; es ciego, habiendo olvidado la purificación de sus antiguos pecados. Por lo cual, hermanos, tanto más procurad hacer firme vuestra vocación y elección; porque haciendo estas cosas, no caeréis jamás (vv. 5-10).

Pablo escribió a los corintios: "Pero por la gracia de Dios soy lo que soy; y su gracia no ha sido en vano para conmigo, antes he trabajado más que todos ellos; pero no yo, sino la gracia de Dios conmigo" (1 Co. 15:10). En esa declaración inspirada, el apóstol deja claro que la gracia y el poder de Dios sostienen el esfuerzo fiel y obediente de los creyentes. Su declaración "con Cristo estoy juntamente crucificado, y ya no vivo yo, mas vive Cristo en mí; y lo que ahora vivo en la carne, lo vivo en la fe del Hijo de Dios, el cual me amó y se entregó a sí mismo por mí" (Gá. 2:20) se complementa con otra paralela: "a quien anunciamos, amonestando a todo hombre, y enseñando a todo hombre en toda sabiduría, a fin de presentar perfecto en Cristo Jesús a todo hombre; para lo cual también trabajo, luchando según la potencia de él, la cual actúa poderosamente en mí" (Col. 1:28-29). Santiago exhortó primero "someteos, pues, a Dios", y luego "resistid al diablo, y huirá de vosotros" (Stg. 4:7). La santificación de los creyentes requiere su esfuerzo diligente. Sin embargo, Dios los faculta, conforme a su poder soberano, para llevar a cabo su voluntad para y en sus hijos.

Esa sinergia entre lo humano y lo divino que obra en y a través del creyente siempre ha existido, y el Antiguo Testamento presenta ejemplos. Cuando el ejército del faraón amenazó al pueblo de Israel, Moisés confiaba tanto en el Señor que les dijo: "No temáis; estad firmes, y ved la salvación que Jehová hará hoy con vosotros; porque los egipcios que hoy habéis visto, nunca más para siempre los veréis. Jehová peleará por vosotros, y vosotros estaréis tranquilos" (Éx. 14:13-14). Sin embargo, los israelitas debían hacer su parte: "Entonces Jehová dijo a Moisés: ¿Por qué clamas a mí? Di a los hijos de Israel que marchen. Y tú alza tu vara, y extiende tu mano sobre el mar, y divídelo, y entren los hijos de Israel por en medio del mar, en seco'" (vv. 15-16). La voluntad del Señor no era que su pueblo se quedara callado y pasivo, sino que participara de manera activa en el cumplimiento de su propósito divino. Su plan *para* ellos se cumplió *por medio* de ellos.

Ese principio también aparece en la dedicación que hizo Salomón del templo. Como rey se levantó ante la asamblea de Israel, y oró:

> *Bendito sea Jehová, que ha dado paz a su pueblo Israel, conforme a todo lo que él había dicho; ninguna palabra de todas sus promesas que expresó por Moisés su siervo, ha faltado. Esté con nosotros Jehová nuestro Dios, como estuvo con nuestros padres, y no nos desampare ni nos deje. Incline nuestro corazón hacia él, para que andemos en todos sus caminos, y guardemos sus mandamientos y sus estatutos y sus decretos, los cuales mandó a nuestros padres. Y estas mis palabras con que he orado delante de Jehová, estén cerca de Jehová nuestro Dios de día y de noche, para que él proteja la causa de su siervo y de su pueblo Israel, cada cosa en su tiempo; a fin de que todos los pueblos de la tierra sepan que Jehová es Dios, y que no hay otro. Sea, pues, perfecto vuestro corazón para con Jehová nuestro Dios, andando en sus estatutos y guardando sus mandamientos, como en el día de hoy (1 R. 8:56-61).*

Salomón descubrió que Dios mismo brinda dirección y fortaleza para que su pueblo pueda obedecer fielmente sus mandatos, servirle y adorarle. En consecuencia, ningún creyente tiene excusa para desobedecer o fracasar en su servicio al Señor. Confiar *es* obedecer.

Así lo explicó Santiago muchos siglos después: "Así también la fe, si no tiene obras, es muerta en sí misma" (Stg. 2:17). No se trata, por supuesto, de que el Señor no lleve a cabo muchos planes para su pueblo a menos que ellos actúen. No obstante, se les ordena obedecer su voluntad. No hacer lo que sabemos que debemos hacer es pecado: "al que sabe hacer lo bueno, y no lo hace, le es pecado" (Stg. 4:17).

El punto central de toda esta declaración de las Escrituras no es presentar una idea completa de la "patología espiritual" de la santificación y ponerle fin al misterio, sino dejar claro que la aparente paradoja es exactamente lo que las Escrituras enseñan una y otra vez. Así que al tratar el tema de la santificación, Pablo se centra primero en el papel del creyente en su santificación. Algunos intérpretes mal encaminados comprenden mal esta exhortación, como si dijera "trabajen *por* su salvación", "trabajen *en* su salvación", o "preparen su salvación". No obstante, según el contexto inmediato de la carta y también el de todo el Nuevo Testamento, ninguna de esas interpretaciones es correcta. Pablo no habla de alcanzar la salvación por medio de esfuerzos o bondad humana, sino de manifestar la transformación interna que Dios ha otorgado por gracia.

En Romanos Pablo dice con toda claridad:

> *Pero ahora, aparte de la ley, se ha manifestado la justicia de Dios, testificada por la ley y por los profetas; la justicia de Dios por medio de la fe en Jesucristo, para todos los que creen en él. Porque no hay diferencia, por cuanto todos pecaron, y están destituidos de la gloria de Dios, siendo justificados gratuitamente por su gracia, mediante la redención que es en Cristo Jesús (Ro. 3:21-24).*

A los efesios escribió: "Porque por gracia sois salvos por medio de la fe; y esto no de vosotros, pues es don de Dios; no por obras, para que nadie se gloríe" (Ef. 2:8-9).

Solo la fe ha sido siempre el camino a la salvación. "Por la fe Abel ofreció a Dios más excelente sacrificio que Caín, por lo cual alcanzó testimonio de que era justo, dando Dios testimonio de sus ofrendas; y muerto, aún habla por ella" (He. 11:4), y "por la fe Enoc fue traspuesto para no ver muerte, y no fue hallado, porque lo traspuso Dios; y antes que fuese traspuesto, tuvo testimonio de haber agradado a Dios" (v. 5). Noé fue un hombre justo (Gn. 6:9) por la fe (He. 11:7). Abraham se salvó por la gracia de Dios que obró por medio de su fe personal: "Creyó Abraham a Dios, y le fue contado por justicia. Pero al que obra, no se le cuenta el salario como gracia, sino como deuda; mas al que no obra, sino cree en aquel que justifica al impío, su fe le es contada por justicia" (Ro. 4:3-5; cp. He. 11:8-10). La ley dada por medio de Moisés no cambió el camino a la salvación. Moisés mismo, al igual que todos los santos del Antiguo Testamento, fueron salvos por la fe (He. 11:23-38). Todos esos hombres y mujeres creyentes "alcanzaron buen testimonio mediante la fe" (v. 39), por la cual Dios les concedió su justicia en virtud de la muerte de su Hijo.

Pablo subraya así en el versículo 13 de Filipenses 2 que la salvación viene de Dios. No obstante, en el versículo 12 él se centra en la responsabilidad de los creyentes de llevar una vida de acuerdo con el don divino de la salvación. Ya que "vivimos por el Espíritu", es decir, tenemos la vida de Cristo en nosotros, "andemos también por el Espíritu" (Gá. 5:25).

Todo en la vida necesita energía. Se requiere energía para caminar y trabajar, Se requiere energía para pensar y meditar, y también para obedecer y adorar a Dios. Lo que dice este versículo es que se requiere energía espiritual para crecer como cristiano, llevar una vida santa, fructífera, y agradable al Señor. El verbo central de este versículo, *katergazomai* (**ocuparse**), pide específicamente la energía y el esfuerzo constante que precisa la culminación de una tarea. En 2:12, las palabras de Pablo sugieren cinco verdades que los creyentes deben comprender a fin de mantener dicha energía: el ejemplo que deben seguir, la realidad de que son amados, su obediencia, sus responsabilidades y recursos personales y las consecuencias de su pecado.

COMPRENDER EL EJEMPLO QUE DEBEN SEGUIR

Por tanto, (2:12*a*)

La primera verdad para que los creyentes se ocupen en su santificación es comprender el ejemplo de Cristo. **Por tanto** es la traducción de la partícula griega *hōste*, que se empleaba para extraer una conclusión a partir de una declaración anterior. Aquí hace referencia al ejemplo de Jesucristo, cuyo modelo perfecto de humildad, sumisión y obediencia se describe en los versículos 5-8. En su encarnación, Jesús no se aferró a su igualdad con Dios Padre, sino que se despojó a sí mismo de sus derechos y prerrogativas divinas. Tomando forma de un siervo humilde, fue obediente a su Padre celestial, hasta el punto de morir en la cruz como sacrificio por el pecado. También al despojarse a sí mismo, el Hijo de Dios se puso como siervo de la voluntad del Padre y del poder del Espíritu Santo. Una de las mayores realidades de la encarnación fue el hecho de que Jesús lo hizo todo en el poder del Espíritu (Lc. 4:1, 14, 18; 5:17; Hch. 10:38; cp. Mt. 12:18, 28-32). La esencia de la vida cristiana es ser obediente como Él lo fue: "El que dice que permanece en él [Cristo], debe andar como él anduvo" (1 Jn. 2:6).

COMPRENDER LA REALIDAD DE QUE SON AMADOS

amados míos, (2:12*b*)

Las siguientes palabras de Pablo sugieren una segunda verdad por la cual deben ocuparse los creyentes en su santificación: comprender que son muy amados.

Amados míos era sin duda una expresión de aliento y consuelo. El apóstol sabía que los filipenses enfrentarían muchas decepciones y fracasos al buscar seguir el ejemplo del Señor y vivir para Él. El amor de Pablo por ellos era reflejo del amor de Cristo por su Iglesia (cp. 1:8).

Pablo conocía muy bien las debilidades y fallas de sus hermanos. Él era consciente de los peligros que enfrentaban por causa de los falsos maestros, tanto de judíos legalistas como de gentiles libertinos. De todos ellos dijo: "Porque por ahí andan muchos, de los cuales os dije muchas veces, y aun ahora lo digo llorando, que son enemigos de la cruz de Cristo; el fin de los cuales será perdición, cuyo dios es el vientre, y cuya gloria es su vergüenza; que sólo piensan en lo terrenal" (Fil. 3:18-19). Él estaba al tanto del conflicto entre Evodia y Síntique, hermanas en Cristo a quienes exhortó a ser "de un mismo sentir en el Señor" (4:2). Es probable que muchos creyentes en la iglesia propendieran al orgullo, de ahí el llamado imperioso a seguir el ejemplo de humildad de Cristo (2:1-8). Tal como el Señor lo trató a él y trata a todos sus hijos, el apóstol se mostró paciente con sus fallas. Ellos no servían a una deidad cruel e inmisericorde, como sus vecinos paganos. Ellos servían a un Señor lleno de gracia, misericordia y perdón que siempre estaba dispuesto a restaurarlos a la comunión con Él.

A pesar de sus imperfecciones, los creyentes filipenses eran los **amados** hermanos de Pablo y del Señor, a quienes amaba "con el entrañable amor de Jesucristo" (1:8). En 4:1 él se refiere dos veces a ellos como sus "amados", y como su "gozo y corona", a quienes anhelaba ver y animar a permanecer "firmes en el Señor". Él entendió que, como él mismo, ellos aún no eran "perfectos", y que también proseguían para lograr "asir aquello para lo cual [habían sido] también [asidos] por Cristo Jesús", sin pretender "haberlo ya alcanzado… olvidando ciertamente lo que queda atrás, y [extendiéndose] a lo que está delante", y fielmente "[proseguían] a la meta, al premio del supremo llamamiento de Dios en Cristo Jesús" (3:12-14).

El encargo de Pablo para ellos de ocuparse en su salvación no era una instrucción en tono indiferente. Era más bien un llamado afectuoso a seguir el ejemplo de Cristo confiados en su amor y practicando lo que aprendieron y recibieron y oyeron y vieron en Pablo (4:9).

COMPRENDER LA OBEDIENCIA

como siempre habéis obedecido, (2:12*c*)

El tercer elemento por el cual deben ocuparse los creyentes en su santificación es comprender la necesidad de la obediencia al Señor. Pablo anima a los filipenses a perseverar en la fiel sumisión a la voluntad de Dios. **Obedecido** es la traducción de una forma de *hupakouō*, un verbo compuesto por la preposición *hupo* y el verbo *akouō*, del cual se deriva la palabra acústica. El significado fundamental del verbo compuesto es ponerse bajo lo que se ha dicho, y por tanto someterse y obedecer. Es evidente que un creyente debe escuchar la Palabra de Dios antes de obedecerla, de modo que este es un llamado indirecto a los creyentes a seguir en su estudio y obediencia a las Escrituras (cp. Mt. 28:19-20).

Lidia obedeció la Palabra cuando escuchó la predicación de Pablo. Ella adoraba a Dios, y mientras "estaba oyendo… el Señor abrió el corazón de ella para que estuviese atenta a lo que Pablo decía" (Hch. 16:14). Lo mismo sucedió con el carcelero filipense, el cual estaba seguramente entre los destinatarios de la carta del apóstol. Después que Pablo y Silas "hablaron la palabra del Señor a él y a todos los que estaban en su casa… él, tomándolos en aquella misma hora de la noche, les lavó las heridas; y en seguida se bautizó él con todos los suyos" (Hch. 16:32-33). De igual forma, los judíos en Berea "recibieron la palabra con toda solicitud", porque "[escudriñaban] cada día las Escrituras para ver si estas cosas eran así" (Hch. 17:11).

El mandato de Dios para Pedro, Jacobo, y Juan en el monte de la transfiguración es para todos: "Este es mi Hijo amado, en quien tengo complacencia; a él oíd" (Mt. 17:5). Predicar el evangelio es más que la simple comunicación de la fe de alguien y una invitación. Es llamar a los pecadores a obedecer a Dios, "para la obediencia a la fe… por amor de su nombre" (Ro. 1:5). Ser salvo es "[obedecer] al evangelio de nuestro Señor Jesucristo" (2 Ts. 1:8; cp. Ro. 6:17; 1 P. 1:2). Los creyentes deben mirar "con diligencia cómo [andan], no como necios sino como sabios" (Ef. 5:15). Pablo le escribió a Tito: "Palabra fiel es esta, y en estas cosas quiero que insistas con firmeza, para que los que creen en Dios procuren ocuparse en buenas obras. Estas cosas son buenas y útiles a los hombres" (Tit. 3:8). El autor de Hebreos les encomienda a los creyentes: "Procuremos, pues, entrar en aquel reposo, para que ninguno caiga en semejante ejemplo de desobediencia" (He. 4:11). La Gran Comisión de Jesús incluye el mandato de enseñarles a quienes se convierten de "todas las naciones… que guarden todas las cosas que os he mandado" (Mt. 28:19-20). La obediencia es vital para la santificación, pues no puede existir sin ella.

COMPRENDER LAS RESPONSABILIDADES Y RECURSOS PERSONALES

no como en mi presencia solamente, sino mucho más ahora en mi ausencia, (2:12*d*)

El cuarto aspecto por el cual deben ocuparse los creyentes en su santificación es comprender sus responsabilidades y recursos personales. Puesto que los creyentes son pecadores, tienden a justificarse, a culpar las circunstancias o a otros por sus problemas y fallas. Pablo felicita a los filipenses por su ejemplo de obediencia fiel a Cristo en la **presencia** de Pablo. Ahora continúa diciéndoles que debían obedecer igualmente en su **ausencia**.

El lazo afectivo entre Pablo y la iglesia de Filipos era particularmente profundo y fuerte. Esos creyentes habían gozado del increíble privilegio de ser enseñados por Pablo, quizá el mayor maestro de la Palabra de Dios que el mundo haya conocido nunca, a excepción del Señor Jesucristo. Gran parte de lo que él enseñó, predicó, y escribió llegó a incluirse en las Escrituras, como son trece libros del Nuevo Testamento. Habría resultado en extremo difícil que muchos creyentes filipenses desarrollaran una dependencia tan particular de tan noble siervo de Dios de no haber sido así.

Pero, en el momento de escribir, Pablo estaba a cientos de kilómetros de distancia, encarcelado en Roma. El único medio de contacto eran las cartas, como esta, y noticias esporádicas de amigos. Con todo, por difícil y desalentadora que fuera la situación, Pablo les recuerda que su responsabilidad espiritual no era con él, sino con el Señor. Debían obedecer al Señor a pesar de la **ausencia** de Pablo.

El apóstol reitera una exhortación anterior: "Solamente que os comportéis como es digno del evangelio de Cristo, para que o sea que vaya a veros, o que esté ausente, oiga de vosotros que estáis firmes en un mismo espíritu, combatiendo unánimes por la fe del evangelio" (1:27). Aquí señala que un creyente verdadero es responsable en todo tiempo de obedecer al Señor. Los creyentes nunca deben depender en primer lugar de un pastor, un maestro, de la comunión cristiana, ni de cualquier otra cosa para su crecimiento y fortaleza espiritual. El ejemplo supremo que tienen es el Señor Jesucristo, y el verdadero poder que reciben viene del Espíritu Santo. Como creyentes, es una dicha poder siempre contar con el ejemplo de Cristo y con el poder del Espíritu.

COMPRENDER LAS CONSECUENCIAS DEL PECADO

ocupaos en vuestra salvación con temor y temblor, (2:12*e*)

El quinto motivo para que los creyentes se ocupen en su santificación es comprender las consecuencias del pecado. Aunque Dios ama, y es misericordioso y perdonador, nunca exime a los creyentes de su responsabilidad frente a la desobediencia. Al igual que Juan, Pablo comprendía bien que "si decimos que no tenemos pecado, nos engañamos a nosotros mismos, y la verdad no está en nosotros. Si confesamos nuestros pecados, él es fiel y justo para perdonar nuestros pecados, y limpiarnos de toda maldad" (1 Jn. 1:8-9). Sabiendo que sirve a un Dios justo y santo, el creyente fiel vivirá siempre **con temor y temblor. Temor** es la traducción de *phobos*, que describe terror o espanto (cp. Mt. 14:26; Lc. 21:26; 1 Co. 2:3) así como temor reverencial (cp. Hch. 2:43; 9:31; 2 Co. 5:11; 7:1). **Temblor** viene de *tromos*, que se refiere a sacudir, y da origen a la palabra *tremor*. Ambas son reacciones apropiadas cuando alguien se percata de su propia debilidad espiritual y del poder de la tentación. El Señor busca esa actitud en sus hijos, como lo indica su Palabra en Isaías 66:2: "miraré a aquel que es pobre y humilde de espíritu, y que tiembla a mi palabra".

Una importante verdad del Antiguo Testamento es: "El principio de la sabiduría es el temor de Jehová" (Sal. 111:10; cp. Pr. 1:7; 9:10). No se trata del temor de estar condenado al tormento eterno, ni un pavor irremediable al juicio que lleva a la desesperación. Es más bien un temor reverencial, una preocupación santa por darle a Dios el honor que merece y evitar el castigo que viene por desagradarle. Ese temor constituye una protección contra la tentación y el pecado, y una motivación para llevar una vida obediente y piadosa.

Siendo consciente de su propia debilidad personal, Pablo habló de su "temor y temblor" al ejercer su ministerio en la iglesia de Corinto (1 Co. 2:3), y más adelante se refirió a los creyentes que recibieron a Tito con el mismo "temor y temblor" (2 Co. 7:15). Esa clase de "temor y temblor" se relaciona íntimamente con la obediencia al Señor y con el amor y afecto por Él y por los hermanos creyentes. Por ese motivo Salomón pudo decir: "Bienaventurado [feliz] el hombre que siempre teme a Dios" (Pr. 28:14).

Dicho **temor** significa, entre otras cosas, dudar de uno mismo, tener una conciencia sensible, y velar para no caer en tentación. Esto precisa resistir el orgullo, y estar siempre consciente del engaño del corazón, así como de la sutileza y fuerza de la corrupción que hay en el interior de cada uno. Es un pavor que busca evitar ofender y deshonrar a Dios de cualquier forma.

Los creyentes deberían tener un serio temor del pecado y anhelar lo que es justo delante de Dios (cp. Ro. 7:14ss). Al ser conscientes de su debilidad y del poder de la tentación, deberían temer caer en pecado y entristecer así al Señor. El **temor** santo los preserva de influir negativamente en otros creyentes, de hacer concesiones en su testimonio y ministerio ante el mundo incrédulo, de enfrentar el castigo del Señor, y de perder el gozo.

Esa clase de **temor y temblor** piadoso es mucho más que tan solo reconocer la pecaminosidad personal y la debilidad espiritual. Es un **temor** reverente y solemne, que fluye de la adoración y el amor profundos. Es un temor que ve en todo pecado una ofensa contra un Dios santo, y que produce un deseo sincero de no ofenderle ni entristecerle, sino de obedecerle, honrarle, agradarle, y glorificarle en todo. Quienes temen al Señor reciben de buena gana su castigo, pues saben que Dios nos disciplina "para lo que nos es provechoso, para que participemos de su santidad" (He. 12:10). Este **temor y temblor** moverá a los creyentes a orar con fervor para pedirle a Dios su ayuda para huir del pecado, como el Señor les enseñó: "Y no nos metas en tentación, mas líbranos [sálvanos] del mal" (Mt. 6:13). Esa oración evidencia también la tensión espiritual que existe entre la responsabilidad del creyente y el poder de Dios.

Ocupaos es la traducción de una forma moderada del imperativo presente de *katergazomai*, y señala un mandamiento de importancia constante. La idea es: "Sigan ocupándose hasta el cumplimiento total, final". *Heautōn*, traducido aquí **vuestra**, en realidad tiene un sentido más acentuado, como "vuestra propia". El mandato para los creyentes es realizar un esfuerzo permanente para ocuparse de la consumación de su salvación, la que recibieron por gracia de Dios por medio de su fe en Jesucristo.

El principio de ocuparse en la **salvación** tiene dos aspectos. El primero tiene que ver con la conducta personal, el diario vivir en fidelidad y obediencia. Dicha obediencia comprende sin duda un compromiso activo y un esfuerzo personal, y para esto las Escrituras abundan en preceptos tanto negativos como positivos. Cualquier forma de pecado debe abandonarse, sacarse y en su lugar debe reinar la justicia en el modo de pensar. Los creyentes deben limpiarse "de toda contaminación de carne y de espíritu, perfeccionando la santidad en el temor de Dios" (2 Co. 7:1), poner la mira "en las cosas de arriba, no en las de la tierra", porque han muerto al pecado y sus vidas están ahora "[escondidas] con Cristo en Dios" (Col. 3:2-3). Así como ya "[presentaron sus] miembros para servir a la inmundicia y a la iniquidad", deben "ahora para santificación [presentar sus] miembros para servir a la justicia" (Ro. 6:19), andando "como es digno de la vocación con que fuisteis llamados" (Ef. 4:1).

El apóstol exhortó a los Corintios a esforzarse al máximo para vivir como cristianos:

> *¿No sabéis que los que corren en el estadio, todos a la verdad corren, pero uno solo se lleva el premio? Corred de tal manera que lo obtengáis. Todo aquel que lucha, de todo se abstiene; ellos, a la verdad, para recibir una corona corruptible, pero nosotros, una incorruptible. Así que, yo de esta manera corro, no como a la ventura; de esta manera peleo, no como quien golpea el aire, sino que golpeo mi cuerpo, y lo pongo en servidumbre, no sea que habiendo sido heraldo para otros, yo mismo venga a ser eliminado (1 Co. 9:24-27).*

Más adelante, sus palabras en esta carta instan a una vida cristiana radical:

> *No que lo haya alcanzado ya, ni que ya sea perfecto; sino que prosigo, por ver si logro asir aquello para lo cual fui también asido por Cristo Jesús. Hermanos, yo mismo no pretendo haberlo ya alcanzado; pero una cosa hago: olvidando ciertamente lo que queda atrás, y extendiéndome a lo que está delante, prosigo a la meta, al premio del supremo llamamiento de Dios en Cristo Jesús. Así que, todos los que somos perfectos, esto mismo sintamos; y si otra cosa sentís, esto también os lo revelará Dios. Pero en aquello a que hemos llegado, sigamos una misma regla, sintamos una misma cosa (Fil. 3:12-16)*

Él exhortó a Timoteo: "huye de estas cosas [malas], y sigue la justicia, la piedad, la fe, el amor, la paciencia, la mansedumbre. Pelea la buena batalla de la fe, echa mano de la vida eterna, a la cual asimismo fuiste llamado, habiendo hecho la buena profesión delante de muchos testigos" (1 Ti. 6:11-12; cp. 4:15-16; He. 12:1-3). Pablo escribió a los colosenses:

Vestíos, pues, como escogidos de Dios, santos y amados, de entrañable misericordia, de benignidad, de humildad, de mansedumbre, de paciencia; soportándoos unos a otros, y perdonándoos unos a otros si alguno tuviere queja contra otro. De la manera que Cristo os perdonó, así también hacedlo vosotros. Y sobre todas estas cosas vestíos de amor, que es el vínculo perfecto. Y la paz de Dios gobierne en vuestros corazones, a la que asimismo fuisteis llamados en un solo cuerpo; y sed agradecidos. La palabra de Cristo more en abundancia en vosotros, enseñándoos y exhortándoos unos a otros en toda sabiduría, cantando con gracia en vuestros corazones al Señor con salmos e himnos y cánticos espirituales. Y todo lo que hacéis, sea de palabra o de hecho, hacedlo todo en el nombre del Señor Jesús, dando gracias a Dios Padre por medio de él (Col. 3:12-17; cp. vv. 5-11).

Si vivir la vida cristiana fuera un simple asunto de rendición y entrega pasiva, de "soltar y dejar que Dios haga", entonces estas exhortaciones no solo serían superfluas sino impertinentes. Antes bien, estas exhortaciones y muchas similares que hay en la Palabra de Dios, dan por sentado que los creyentes son responsables de su obediencia. Ellos deben tomar la determinación de vivir de manera justa, de ocuparse en su **salvación** en su vida diaria, mientras reconocen que toda la capacidad para obedecer viene del Espíritu de Dios.

El segundo aspecto para ocuparse de la **salvación** es la perseverancia, la obeciendia fiel hasta el final. La salvación tiene tres dimensiones: pasado, presente y futuro. La dimensión pasada es la justificación, el momento en que los creyentes pusieron su fe en Jesucristo como Salvador y Señor, y fueron redimidos. La dimensión presente es la santificación, el período comprendido entre la justificación del creyente y su muerte o arrebatamiento. La dimensión futura es la glorificación, cuando la salvación se completa y los creyentes reciben sus cuerpos glorificados. Por consiguiente, los creyentes han sido, están siendo, y serán salvos. Deben procurar la santificación en esta vida para el tiempo de la glorificación. En aquel día glorioso los creyentes verán al Señor "cara a cara" y conocerán todo como fueron conocidos (1 Co. 13:12). Ellos serán "semejantes a él, porque le [verán] tal como él es" (1 Jn. 3:2). Era ese día glorioso lo que Pablo tanto anhelaba. Con la expectación de ese momento exclamó:

Y ciertamente, aun estimo todas las cosas como pérdida por la excelencia del conocimiento de Cristo Jesús, mi Señor, por amor del cual lo he perdido todo, y lo

> *tengo por basura, para ganar a Cristo, y ser hallado en él, no teniendo mi propia*
> *justicia, que es por la ley, sino la que es por la fe de Cristo, la justicia que es de*
> *Dios por la fe; a fin de conocerle, y el poder de su resurrección, y la participación*
> *de sus padecimientos, llegando a ser semejante a él en su muerte, si en alguna*
> *manera llegase a la resurrección de entre los muertos. No que lo haya alcanzado*
> *ya, ni que ya sea perfecto; sino que prosigo, por ver si logro asir aquello para lo*
> *cual fui también asido por Cristo Jesús. Hermanos, yo mismo no pretendo haberlo*
> *ya alcanzado; pero una cosa hago: olvidando ciertamente lo que queda atrás, y*
> *extendiéndome a lo que está delante, prosigo a la meta, al premio del supremo*
> *llamamiento de Dios en Cristo Jesús (Fil. 3:8-14).*

Debido a que el cumplimiento de esa esperanza era una certeza que Dios estableció, Pablo podía afirmar con absoluta confianza que "ahora está más cerca de nosotros nuestra salvación que cuando creímos" (Ro. 13:11). Aunque aún no se ha consumado, el testimonio de las Escrituras es que la salvación de todo creyente está totalmente asegurada.

En su discurso en el Monte de los Olivos, Jesús declaró: "el que persevere hasta el fin, éste será salvo" (Mt. 24:13). Pablo y Bernabé persuadieron a los nuevos creyentes en Antioquía de Pisidia "a que perseverasen en la gracia de Dios" (Hch. 13:43) y los exhortaron "a que permaneciesen en la fe" (14:22). En su carta a la iglesia en Roma, Pablo declaró que Dios dará vida eterna "a los que, perseverando en bien hacer, buscan gloria y honra e inmortalidad" (Ro. 2:7; cp. 11:22). A los colosenses prometió que Cristo los presentaría delante de Dios Padre "santos y sin mancha e irreprensibles… si en verdad [permanecen fundados y firmes en la fe, y sin [moverse] de la esperanza del evangelio que [han] oído" (Col. 1:22-23). Asimismo, exhortó a Timoteo: "Ten cuidado de ti mismo y de la doctrina; persiste en ello, pues haciendo esto, te salvarás a ti mismo y a los que te oyeren" (1 Ti. 4:16). El autor de Hebreos escribe: "somos hechos participantes de Cristo, con tal que retengamos firme hasta el fin nuestra confianza del principio" (He. 3:14; cp. 8:9; 10:38-39; cp. Stg. 1:22-25). En cada una de sus cartas a las siete iglesias en Asia, el Señor describe a los creyentes como vencedores (Ap. 2:7, 11, 17, 26; 3:5, 12, 21).

Perseverar en la fe es el deber de todo verdadero creyente, aunque no el poder de su seguridad. Es, sin embargo, la evidencia inequívoca e ineludible del poder divino que actúa en el alma (Col. 1:29).

Los creyentes perseverarán porque el poder de Dios guarda su salvación. Jesús recalcó esa verdad en numerosas ocasiones. A las multitudes en Capernaúm dijo claramente: "Todo lo que el Padre me da, vendrá a mí; y al que a mí viene, no le echo fuera. Y esta es la voluntad del Padre, el que me envió: Que de todo lo que me diere, no pierda yo nada, sino que lo resucite en el día postrero" (Jn. 6:37, 39). Luego, en Jerusalén, declaró: "y yo les doy vida eterna; y no perecerán jamás, ni nadie las arrebatará de mi mano. Mi Padre que me las dio, es mayor que todos, y nadie las puede arrebatar de la mano de mi Padre" (Jn. 10:28-29; cp. 17:2, 12, 24; 18:9). Antes, en Filipenses, Pablo escribió que estaba "persuadido de esto, que el que comenzó en vosotros la buena obra, la perfeccionará hasta el día de Jesucristo" (1:6). Pedro les comunicó a los creyentes una certeza similar, al decir que están "guardados por el poder de Dios mediante la fe, para alcanzar la salvación que está preparada para ser manifestada en el tiempo postrero" (1 P. 1:5).

De principio a fin, toda la obra de la salvación está bajo el control divino. En un pasaje muy estimado Pablo escribió:

Y sabemos que a los que aman a Dios, todas las cosas les ayudan a bien, esto es, a los que conforme a su propósito son llamados. Porque a los que antes conoció, también los predestinó para que fuesen hechos conformes a la imagen de su Hijo, para que él sea el primogénito entre muchos hermanos. Y a los que predestinó, a éstos también llamó; y a los que llamó, a éstos también justificó; y a los que justificó, a éstos también glorificó (Ro. 8:28-30).

A los Efesios escribió: "Porque por gracia sois salvos por medio de la fe; y esto no de vosotros, pues es don de Dios; no por obras, para que nadie se gloríe. Porque somos hechura suya, creados en Cristo Jesús para buenas obras, las cuales Dios preparó de antemano para que anduviésemos en ellas" (Ef. 2:8-10).

De modo que el llamado a los creyentes de ocuparse en su salvación se encuentra a lo largo del Nuevo Testamento. Es un llamado pertinente y justo, ya que establece el compromiso del creyente como prerrequisito para las bendiciones, el gozo y el provecho de la santificación.

11

La obra de Dios en el creyente— Segunda parte: El papel de Dios en la santificación

porque Dios es el que en vosotros produce así el querer como el hacer, por su buena voluntad. (2:13)

Como se vio en el capítulo anterior, existen dos errores opuestos en los que pueden caer los cristianos en lo que respecta a la doctrina de la santificación. Por un lado, los quietistas ponen de relieve la obra de Dios en la santificación, e ignoran casi por completo cualquier esfuerzo humano. Por el contrario, los pietistas subrayan el esfuerzo personal y desatienden la confianza en el poder de Dios. En Filipenses 2:12-13, el apóstol Pablo evita caer en ambos extremos no bíblicos, y presenta una visión realmente equilibrada de la santificación.

Después de haber hablado de la parte que le corresponde al creyente en su santificación en 2:12, en el versículo 13 Pablo se centró en la de Dios. Mientras el creyente se ocupa de su salvación, Dios obra desde su interior. De hecho, sin la verdad expuesta en el versículo 13, sería imposible llevar a cabo lo que dice el versículo 12.

Jesús puso de relieve esa verdad en el Aposento Alto, en su discurso a los discípulos la noche antes de su muerte: "Permaneced en mí, y yo en vosotros. Como el pámpano no puede llevar fruto por sí mismo, si no permanece en la vid, así tampoco vosotros, si no permanecéis en mí. Yo soy la vid, vosotros los pámpanos; el que permanece en mí, y yo en él, éste lleva mucho fruto; porque separados de mí nada podéis hacer" (Jn. 15:4-5).

En este versículo, Pablo muestra la obra divina en la santificación al subrayar cinco aspectos esenciales acerca de **Dios**: su persona, su poder, su presencia, su propósito y su buena voluntad.

SU PERSONA

porque Dios es (2:13*a*)

La primera verdad acerca de la obra de Dios en la santificación de los creyentes atañe a su ser, expuestos en los pronombres personales **el que** y **su**, y los verbos **es** y **produce**.

La mayoría de deidades paganas son descritas como indiferentes, impersonales y distantes. Eso es de esperar, pues los dioses falsos son fabricados por los hombres movidos por el temor y la superstición. Incluso los que poseen rasgos personales no manifiestan interés en tener comunión con sus adoradores. Naturalmente, sus adoradores no desean tener comunión con ellos. Ya que esos dioses falsos son fachadas para los demonios, lo que hacen los demonios al hacerse pasar por deidades solo puede ser maligno y dañino. Eso garantiza que son adorados únicamente con el fin de apaciguarlos; por el lado negativo, para aplacar la ira de la deidad y así evitar problemas, y por el lado positivo, para adquirir salud, prosperidad, poder y otros beneficios.

En cambio, el Dios viviente y verdadero de las Escrituras es real y personal. La Biblia no intenta probar que **Dios** es una persona porque da por sentado que lo es. En ambos testamentos se habla de Él en términos antropomórficos (con rasgos humanos), como tener ojos y ver, tener oídos y oír, tener pies y caminar, además de amar y odiar, llorar y reír, condenar y perdonar. Él piensa, siente, actúa y habla, y eso revela una personalidad. Como persona, tiene un interés personal por la humanidad, y especialmente por sus hijos. Esa preocupación personal se hace patente en su obra en los creyentes.

El Dios de las Escrituras tiene un amor incomprensible por la humanidad caída y pecadora que se ha rebelado contra Él, que ha blasfemado y lo ha difamado. La ha amado tanto "que ha dado a su Hijo unigénito, para que todo aquel que en él cree, no se pierda, mas tenga vida eterna. Porque no envió Dios a su Hijo al mundo para condenar al mundo, sino para que el mundo sea salvo por él" (Jn. 3:16-17). El Señor no quiere "que ninguno perezca, sino que todos procedan al arrepentimiento" (2 P. 3:9).

Para quienes le pertenecen, el Dios de las Escrituras prodiga un amor incluso mayor y reserva la relación personal más cercana. En el Antiguo Testamento (Is. 63:16; 64:8), y especialmente en el Nuevo (cp. Mt. 5:16, 45, 48; 6:1, 9; 23:9), se habla de Él como el Padre de su pueblo. Adán y Eva, Moisés, y muchos otros santos del Antiguo Testamento hablaron directamente con Dios. "Y hablaba Jehová a Moisés cara a cara, como habla cualquiera a su compañero" (Éx. 33:11). El profeta Malaquías escribió:

> *Entonces los que temían a Jehová hablaron cada uno a su compañero; y Jehová escuchó y oyó, y fue escrito libro de memoria delante de él para los que temen a*

Jehová, y para los que piensan en su nombre. Y serán para mí especial tesoro, ha dicho Jehová de los ejércitos, en el día en que yo actúe; y los perdonaré, como el hombre que perdona a su hijo que le sirve (Mal. 3:16-17).

El omnipotente, omnisciente, y omnipresente Creador y Sustentador del universo ama a sus hijos con amor y ternura eternos. **Dios** los protege conforme a su pacto eterno y promete, perdona y limpia con gracia eterna por medio de su Hijo. También los llama, les concede dones y los equipa con su Espíritu para el servicio espiritual con frutos que perduran. Él santifica y glorificará a quienes ha justificado, y los traerá a su reino celestial para vivir con Él por la eternidad.

Es natural que Pablo haya exclamado con júbilo:

¡Oh profundidad de las riquezas de la sabiduría y de la ciencia de Dios! ¡Cuán insondables son sus juicios, e inescrutables sus caminos! Porque ¿quién entendió la mente del Señor? ¿O quién fue su consejero? ¿O quién le dio a él primero, para que le fuese recompensado? Porque de él, y por él, y para él, son todas las cosas. A él sea la gloria por los siglos. Amén (Ro. 11:33-36).

SU PODER

el que... produce (2:13*b, d*)

La segunda verdad esencial que este pasaje subraya acerca de la participación de Dios en la santificación de los creyentes es su divino poder. Por encima de todo, es Dios quien **produce** en la vida de sus hijos. Él los llama a obedecer, y luego, mediante su poder soberano, les da la capacidad de hacerlo. Él los llama a servirle, y asimismo los faculta para llevar a cabo su servicio. Él los llama a la santidad, y de igual forma les concede el poder para alcanzarla.

Produce viene del verbo *energeō*, la raíz de la palabra *energía*. Dios les da a sus hijos la energía necesaria para obedecerle y servirle; su poder hace posible su santificación. Como vimos en el capítulo anterior, nada santo ni justo pueden hacer los creyentes en sus propias fuerzas o capacidad. Así como nadie puede justificarse por las obras de la carne (Ro. 3:20), nadie puede ser perfeccionado "por la carne" (Gá. 3:3). Pablo confesó: "En mí, esto es, en mi carne, no mora el bien; porque el querer el bien está en mí, pero no el hacerlo" (Ro. 7:18). Además, que "por la gracia de Dios soy lo que soy; y su gracia no ha sido en vano para conmigo, antes he trabajado más que todos ellos; pero no yo, sino la gracia de Dios conmigo" (1 Co. 15:10). Él exhortó a los corintios: "estad firmes y constantes, creciendo en la obra del Señor siempre", ya que él podía asegurarles que su "trabajo en el Señor no es en vano" (v. 58). Pablo no le restó importancia a la obediencia fiel. Sin embargo, sabía que detrás de cualquier servicio aceptable se encuentra el poder y la gracia de Dios. Él escribió: "no que seamos competentes por nosotros mismos para pensar algo como de nosotros mismos, sino que nuestra competencia proviene de Dios" (2 Co. 3:5). A los efesios les recordó: "yo fui hecho ministro por el don de la gracia de Dios que me ha sido dado según la operación de su poder", y se gozó al afirmar: "Y a Aquel que es poderoso para hacer todas las cosas mucho más abundantemente de lo que pedimos o entendemos, según el poder que actúa en nosotros, a él sea gloria en la iglesia en Cristo Jesús por todas las edades, por los siglos de los siglos. Amén" (Ef. 3:7, 20-21).

Antes de que Jesús pronunciara la Gran Comisión "id, y haced discípulos a todas las naciones, bautizándolos en el nombre del Padre, y del Hijo, y del Espíritu Santo; enseñándoles que guarden todas las cosas que os he mandado; y he aquí yo estoy con vosotros todos los días, hasta el fin del mundo", les recordó a los discípulos que "toda potestad [le] es dada en el cielo y en la tierra" (Mt. 28:18-20). Y antes de comunicarles el último llamado "me seréis testigos en Jerusalén, en toda Judea, en Samaria, y hasta lo último de la tierra", les prometió: "recibiréis poder, cuando haya venido sobre vosotros el Espíritu Santo" (Hch. 1:8).

Es importante que los creyentes se sirvan mutuamente, porque es la voluntad de Dios (Gá. 5:13). También es la voluntad de Dios que los predicadores y maestros ministren a la iglesia (Ef. 4:11-13). Es importante que los santos ángeles ministren a los creyentes, porque Dios envía esos "espíritus ministradores, enviados para servicio a favor de los que serán herederos de la salvación" (He. 1:14). Pero por encima de todo, Dios mismo es la fuente y el poder supremo y vital de los creyentes. El gran prodigio es que Dios **es el que produce** en ellos. Pablo lo resumió en Colosenses 1:29 con estas palabras: "trabajo, luchando según la potencia de él, la cual actúa poderosamente en mí".

Por ese motivo la santificación continúa a lo largo de la vida del creyente (1:6). A quienes Dios justifica, siempre santifica. Él hará su voluntad salvando y preservando a quienes vienen a Él (Jn. 6:40, 44). David entendió esa gran verdad cuando escribió: "El Señor es mi pastor" (Sal. 23:1). Él sabía que nada le faltaría (v. 1), que Dios lo protegería (v. 4) y guiaría (v. 3). Ante todo, David tenía la certeza divina de que viviría para siempre en la presencia de Dios (v. 6).

Tal vez el pasaje que mejor expresa la preservación divina de los creyentes es aquel donde Pablo escribió:

¿Qué, pues, diremos a esto? Si Dios es por nosotros, ¿quién contra nosotros? El que no escatimó ni a su propio Hijo, sino que lo entregó por todos nosotros, ¿cómo no nos dará también con él todas las cosas? ¿Quién acusará a los escogidos de Dios? Dios es el que justifica. ¿Quién es el que condenará? Cristo es el que murió; más aun, el que también resucitó, el que además está a la diestra de Dios, el que también intercede por nosotros. ¿Quién nos separará del amor de Cristo? ¿Tribulación, o angustia, o persecución, o hambre, o desnudez, o peligro, o espada? Como está

escrito: Por causa de ti somos muertos todo el tiempo; Somos contados como ovejas de matadero. Antes, en todas estas cosas somos más que vencedores por medio de aquel que nos amó. Por lo cual estoy seguro de que ni la muerte, ni la vida, ni ángeles, ni principados, ni potestades, ni lo presente, ni lo por venir, ni lo alto, ni lo profundo, ni ninguna otra cosa creada nos podrá separar del amor de Dios, que es en Cristo Jesús Señor nuestro (Ro. 8:31-39).

El avivamiento que experimentó Israel bajo el mandato del rey Ezequías ilustra la obra de Dios en la vida de su pueblo. Esa poderosa obra espiritual empezó con la restauración del templo. Ezequías ordenó a los levitas: "Santificaos ahora, y santificad la casa de Jehová el Dios de vuestros padres, y sacad del santuario la inmundicia… Hijos míos, no os engañéis ahora, porque Jehová os ha escogido a vosotros para que estéis delante de él y le sirváis, y seáis sus ministros, y le queméis incienso" (2 Cr. 29:5, 11). Al día siguiente "el rey Ezequías reunió los principales de la ciudad, y subió a la casa de Jehová" (v. 20). Luego convocó a toda la ciudad, y "se alegró Ezequías con todo el pueblo" (v. 36). Para seguir su búsqueda del avivamiento espiritual, "envió después Ezequías por todo Israel y Judá, y escribió cartas a Efraín y a Manasés, para que viniesen a Jerusalén a la casa de Jehová para celebrar la pascua a Jehová Dios de Israel" (30:1). Por todo el país circuló un decreto llamando al pueblo para celebrar la fiesta de la Pascua que por tanto tiempo habían abandonado. El edicto incluía tanto una advertencia como una promesa:

No endurezcáis, pues, ahora vuestra cerviz como vuestros padres; someteos a Jehová, y venid a su santuario, el cual él ha santificado para siempre; y servid a Jehová vuestro Dios, y el ardor de su ira se apartará de vosotros. Porque si os volviereis a Jehová, vuestros hermanos y vuestros hijos hallarán misericordia delante de los que los tienen cautivos, y volverán a esta tierra; porque Jehová vuestro Dios es clemente y misericordioso, y no apartará de vosotros su rostro, si vosotros os volviereis a él (vv. 8-9).

El pueblo respondió favorablemente porque "estuvo la mano de Dios para darles un solo corazón para cumplir el mensaje del rey y de los príncipes, conforme a la palabra de Jehová" (v. 12). Dios le ordenó a su pueblo que se volviera a Él y luego le dio un corazón para hacerlo, produciendo en ellos por la gracia el cumplimiento de su mandato.

SU PRESENCIA

en vosotros (2:13*c*)

La tercera verdad esencial acerca de la participación de Dios en la santificación de los creyentes es su divina presencia. Pablo usa con frecuencia la preposición en cuando escribe acerca de la preciosa verdad de que Jesucristo mora en los creyentes (cp. Ro. 8:9-10; Gá. 2:20; Col. 1:27). El Señor mismo habló de esa presencia en ellos en Juan 17:22-23: "La gloria que me diste, yo les he dado, para que sean uno, así como nosotros somos uno. Yo en ellos, y tú en mí, para que sean perfectos en unidad, para que el mundo conozca que tú me enviaste, y que los has amado a ellos como también a mí me has amado".

David comprendió y se regocijó en la realidad de la presencia permanente del Señor en su vida: "Has escudriñado mi andar y mi reposo, y todos mis caminos te son conocidos" (Sal. 139:3). Como ya se mencionó, el Señor era su Pastor, que nunca lo abandonó, dejó de cuidarlo ni protegerlo, y que suplió en abundancia sus necesidades (Sal. 23). En formas que exceden la comprensión humana, Dios mora en su pueblo, tanto de manera individual como colectiva en la iglesia. Jesús les prometió a los discípulos y a todos los futuros creyentes: "Y yo rogaré al Padre, y os dará otro Consolador, para que esté con vosotros para siempre: el Espíritu de verdad, al cual el mundo no puede recibir, porque no le ve, ni le conoce; pero vosotros le conocéis, porque mora con vosotros, y estará en vosotros" (Jn. 14:16-17; cp. Hch. 1:8). Quizá por la inmadurez y mundanalidad de los corintios, Pablo les reiteró esa verdad al menos en tres ocasiones. "¿No sabéis que sois templo de Dios, y que el Espíritu de Dios mora en vosotros?" (1 Co. 3:16), inquirió. Más adelante agregó: "¿O ignoráis que vuestro cuerpo es templo del Espíritu Santo, el cual está en vosotros, el cual tenéis de Dios, y que no sois vuestros?" (6:19). En su segunda epístola les escribió: "Porque vosotros sois el templo del Dios viviente, como Dios dijo: Habitaré y andaré entre ellos, y seré su Dios, y ellos serán mi pueblo" (2 Co. 6:16; cp. Éx. 29:45; He. 13:5).

Dios obra sin cesar en favor de su pueblo (Ro. 8:28). Su santidad, sabiduría, poder, amor, presencia, y misericordia son infinitos. Después de haber comenzado una nueva vida en Cristo por medio del poder de su Espíritu, los creyentes son perfeccionados por ese mismo poder divino. En el caso de algunos creyentes en las iglesias de Galacia que pretendían vivir según su propia sabiduría y capacidad, Pablo les pregunta consternado: "¿Tan necios sois? ¿Habiendo comenzado por el Espíritu, ahora vais a acabar por la carne?" (Gá. 3:3).

SU PROPÓSITO

así el querer como el hacer, (2:13*e*)

La cuarta verdad esencial que el versículo pone de relieve, y que ocupa un lugar central en la obra de Dios para la santificación de los creyentes, es su propósito divino. Dicho propósito se revela mediante aquello para lo cual Dios faculta a los creyentes, **así el querer como el hacer.**

Una mejor interpretación de ambas frases se refiere al **querer y el hacer** de los creyentes, no de Dios. El **querer** lo que es justo delante de Dios debe preceder toda obra eficaz que se hace con ese fin. Un deseo genuino de hacer la voluntad de Dios, al igual que el poder para obedecerla, vienen de Él.

El **querer** viene de *thelō*, que se refiere a una elección cuidadosa que tiene un fin determinado, no un simple deseo emocional o caprichoso. Es lo que tenía en mente el salmista cuando oró: "Inclina mi corazón a tus testimonios" (Sal. 119:36; cp. 110:3) y de lo que Esdras habló al relatar que "se levantaron los jefes de las casas paternas de Judá y de Benjamín, y los sacerdotes y levitas, todos aquellos cuyo espíritu despertó Dios para subir a edificar la casa de Jehová, la cual está en Jerusalén" (Esd. 1:5; cp. 7:27). Más adelante, Esdras le dio gracias a Dios porque también inclinó el corazón del rey Artajerjes de Persia al permitir que los judíos fueran a "honrar la casa de Jehová que está en Jerusalén" (7:27). Proverbios declara: "Como los repartimientos de las aguas, así está el corazón del rey en la mano de Jehová; a todo lo que quiere lo inclina" (Pr. 21:1).

Dios usa dos medios para impulsar la voluntad de los creyentes. El primero, lo que podría llamarse una insatisfacción santa, es la humilde confesión de que nunca logramos alcanzar en esta vida la norma divina de santidad. Cuando Isaías vio "al Señor sentado sobre un trono alto y sublime, y sus faldas llenaban el templo", solo pudo exclamar con temor reverencial: "¡Ay de mí! que soy muerto; porque siendo hombre inmundo de labios, y habitando en medio de pueblo que tiene labios inmundos" (Is. 6:1, 5). Como le sucede a todos los justos, él se sentía insatisfecho con su condición espiritual, lo cual se agravaba por tan formidable experiencia. Aunque Pablo podía decir "de nada tengo mala conciencia", de inmediato agregó: "no por eso soy justificado" (1 Co. 4:4). Gracias al examen cuidadoso y sincero de su vida, sabía que su percepción finita era incapaz de detectar todo pecado o defecto espiritual. Su insatisfacción santa lo llevaba a deplorar en su carta a la iglesia de Roma: "¡Miserable de mí! ¿quién me librará de este cuerpo de muerte?" (Ro. 7:24).

El segundo medio que Dios usa para impulsar la voluntad de los creyentes es el anhelo por la santidad, que es el lado positivo de la insatisfacción santa. Después de infundir un desprecio genuino por el pecado, Dios cultiva un genuino deseo por la justicia. Después de llevar a los creyentes a la insatisfacción con lo que son, les concede el anhelo de una mayor santidad. Ante todo es el deseo de ser como Cristo, de ser "hechos conformes a la imagen de su Hijo" (Ro. 8:29). En Filipenses, Pablo integra la insatisfacción santa y el anhelo por la santidad con esta confesión:

> *No que lo haya alcanzado ya, ni que ya sea perfecto; sino que prosigo, por ver si logro asir aquello para lo cual fui también asido por Cristo Jesús. Hermanos, yo mismo no pretendo haberlo ya alcanzado; pero una cosa hago: olvidando ciertamente lo que queda atrás, y extendiéndome a lo que está delante, prosigo a la meta, al premio del supremo llamamiento de Dios en Cristo Jesús (3:12-14).*

Una determinación santa conduce a una vida santa. Un **querer** piadoso produce un hacer piadoso.

No puede recalcarse demasiado el hecho de que solo Dios puede producir en los creyentes el **querer** y **el hacer** que Él demanda. **El hacer** viene de *energeō*, que se refiere a tener energía y actuar en un esfuerzo en particular. Santiago dijo que "toda buena dádiva y todo don perfecto desciende de lo alto, del Padre de las luces" (Stg. 1:17). A la luz de esa verdad, el autor de Hebreos escribió: "Y el Dios de paz que resucitó de los muertos a nuestro Señor Jesucristo, el gran pastor de las ovejas, por la sangre del pacto eterno, os haga aptos en toda obra buena para que hagáis su voluntad, haciendo él en vosotros lo que es agradable delante de él por Jesucristo" (He. 13:20-21).

Así como los creyentes no se salvan por las buenas obras, sino únicamente por la gracia de Dios que obra a través de su fe (Ef. 2:8-9), ellos son santificados por su gracia que actúa por medio de su obediencia. Ellos son "hechura suya, creados en Cristo Jesús para buenas obras, las cuales Dios preparó de antemano para que [anduviesen] en ellas" (v. 10). Al igual que los creyentes son predestinados de manera soberana para la salvación, también lo son para la santificación. Aquí también cabe citar Romanos 8:

> *Porque a los que antes conoció, también los predestinó para que fuesen hechos conformes a la imagen de su Hijo, para que él sea el primogénito entre muchos hermanos. Y a los que predestinó, a éstos también llamó; y a los que llamó, a éstos también justificó; y a los que justificó, a éstos también glorificó (Ro. 8:29-30).*

SU BUENA VOLUNTAD

por su buena voluntad. (2:13*f*)

La quinta y última realidad esencial acerca de la participación de Dios en la santificación de los creyentes es la admirable verdad de que Dios obra en ella **por su buena voluntad**. Su voluntad para los creyentes es que ellos piensen y hagan lo que a Él le agrada. Aunque en esencia esto es posible gracias a su poder, siempre que sus hijos buscan su voluntad y hacen su obra, Él se complace en gran manera. **Buena voluntad** es la traducción de *eudokias*, que expresa gran deleite y satisfacción. Puesto que Dios es infinitamente autosuficiente, apenas si podemos imaginar cómo algo o alguien, en especial un ser humano pecador, podría aumentar su complacencia. Sin embargo, eso es lo que dice Pablo. Incluso cuando fueron débiles, inconstantes y temerosos, Jesús dijo a sus discípulos: "No temáis, manada pequeña, porque a vuestro Padre le ha placido daros el reino" (Lc. 12:32). Darles a sus hijos un lugar en su reino es para Él motivo de gran complacencia.

Ya que la santificación de los creyentes es motivo de dicha para Él, Dios les concede todo lo necesario para que ellos puedan alcanzarla. Pablo escribió a los efesios que "el Dios y Padre de nuestro Señor Jesucristo… nos bendijo con toda bendición espiritual en los lugares celestiales en Cristo… dándonos a conocer el misterio de su voluntad, según su beneplácito, el cual se había propuesto en sí mismo" (Ef. 1:3, 9). Por su parte, les dijo a los tesalonicenses que Dios cumplirá "todo propósito de bondad y toda obra de fe con su poder" (2 Ts. 1:11).

Incluso cuando se rebela contra Él, Dios anhela bendecir a su pueblo si se vuelve a Él y le obedece. Isaías pronunció estas alentadoras palabras a Israel en medio de su obstinación: "Buscad a Jehová mientras puede ser hallado, llamadle en tanto que está cercano. Deje el impío su camino, y el hombre inicuo sus pensamientos, y vuélvase a Jehová, el cual tendrá de él misericordia, y al Dios nuestro, el cual será amplio en perdonar" (Is. 55:6-7). Por medio de Oseas, el Señor le dijo a su amado pueblo: "¿Cómo podré abandonarte, oh Efraín? ¿Te entregaré yo, Israel? ¿Cómo podré yo hacerte como Adma, o ponerte como a Zeboim? Mi corazón se conmueve dentro de mí, se inflama toda mi compasión. No ejecutaré el ardor de mi ira, ni volveré para destruir a Efraín; porque Dios soy, y no hombre, el Santo en medio de ti; y no entraré en la ciudad" (Os. 11:8-9).

El objetivo supremo de los creyentes es obedecer, adorar y glorificar a Dios, y el cumplimiento de ese propósito complace **su buena voluntad**. Esa magnífica verdad es una de las realidades únicas del cristianismo. El soberano Dios del universo se regocija en lo que Él mismo inspira y en lo que les permite a sus hijos redimidos ser y hacer.

Todo cristiano debe comprender que la santificación requiere el máximo esfuerzo de su parte, y que sin embargo depende por completo del poder de Dios. Al igual que otras verdades bíblicas que pueden parecer contradictorias, estas realidades son difíciles de entender. Una vez que hacen todo lo que pueden, los creyentes deben darle a Dios todo el mérito. Después de haber "hecho todo lo que [les] ha sido ordenado", el Señor les enseñó que debían reconocer: "Siervos inútiles somos, pues lo que debíamos hacer, hicimos" (Lc. 17:10).

12

Dejar de quejarse

Haced todo sin murmuraciones y contiendas, para que seáis irreprensibles y sencillos, hijos de Dios sin mancha en medio de una generación maligna y perversa, en medio de la cual resplandecéis como luminares en el mundo; asidos de la palabra de vida, para que en el día de Cristo yo pueda gloriarme de que no he corrido en vano, ni en vano he trabajado. (2:14-16)

La sociedad moderna occidental se ha destacado por ser la cultura más próspera de la historia de la humanidad. Salvo por los más pobres, las personas tienen todo lo que necesitan y gran parte de lo que desean. Con todo, muchas se sienten rara vez satisfechas. En consecuencia, esta es también quizá la sociedad más insatisfecha que ha existido. A medida que la economía crece, las personas parecen más descontentas y se quejan más con cada generación que pasa. El descontento va en aumento gracias al mundo fantasioso de las películas, la televisión y la publicidad. Con el fin de generar insatisfacción, los medios atacan sin cesar los sentidos con imágenes atrayentes y muchas veces irreales denominadas "perfección plástica". Algo que alienta esa fascinación es la firme convicción de que la felicidad personal, aunque resulte esquiva e inalcanzable, constituye el objetivo supremo de la existencia.

En una ocasión escuché a un sociólogo afirmar que el joven típico de hoy vive en un estado de insatisfacción displicente, descontento siempre con las cosas como son. Sugería que parte del problema eran las familias pequeñas, en las cuales menos hijos podían exigir más la atención de sus padres y no tenían la obligación de compartir con hermanos y hermanas. Junto con la riqueza y el materialismo, esa situación tiende a producir niños egoístas y autocomplacientes que nunca están contentos con lo que tienen. En lugar de acomodarse a las necesidades de la familia, como precisa una familia numerosa, la familia se somete a ellos. Los padres ausentes, que salen a trabajar, hacer compras, y a divertirse, aplican soluciones rápidas a las exigencias de sus hijos, por lo general dándoles lo que desean para poner fin al conflicto. Los niños en esas circunstancias tienen pocos deseos de crecer, al percatarse de que la sociedad adulta no complacerá hasta sus mínimos caprichos. Ellos quieren posponer las responsabilidades de un empleo, un matrimonio y una familia, y compromisos similares tanto como puedan, ya que todo eso demanda un grado considerable de renuncia. Cuando estos niños se convierten en adultos y no obtienen lo que desean cuando quieren, aumenta su insatisfacción, así como la frustración, la ira, la ansiedad, y la queja.

La insatisfacción también produce impaciencia, otra peculiaridad de nuestros tiempos. En la que parece una lista interminable de motivos que provocan impaciencia, y a veces hostilidad, están las filas largas, las interrupciones, las personas habladoras o toscas, los precios elevados, los embotellamientos, los conductores desconsiderados y los bebés que lloran. Estos dos últimos han llegado a convertirse en la causa de crímenes graves. Los conductores desconsiderados suscitan muchas veces la ira en las carreteras, que cada vez más termina en disparos e incluso asesinatos. El llanto de los bebés ha desencadenado maltrato infantil, que en ocasiones resulta en el asesinato de un bebé indefenso.

La insatisfacción creciente a lo largo de los años produce el trauma de la llamada "crisis de media vida". Dicho fenómeno es la realidad de que la vida empieza a acortarse, y que los sueños de felicidad empiezan a morir.

Los mandatos bíblicos para los creyentes de no quejarse (cp. Stg. 5:9; 1 P. 4:9) evidencian que la iglesia no es inmune a este mal. La iglesia hoy tiene demasiadas personas quejumbrosas y descontentas. Muchas veces los miembros abandonan una iglesia porque a sus hijos les desagrada, o porque les disgusta algún aspecto insignificante del liderazgo, la organización o las políticas de la iglesia. Las iglesias que fomentan el autoestima y la satisfacción de los deseos personales alimentan el fuego de la queja y el descontento. Las iglesias que se dedican al entretenimiento y a suplir las necesidades aparentes también generan la expectativa de satisfacer estos requerimientos superficiales.

Adán fue el primer hombre que se quejó. Apenas desobedeció a Dios, culpó a Eva por su pecado, y se quejó al Señor diciendo: "La mujer que me diste por compañera me dio del árbol, y yo comí" (Gn. 3:12). En vez de aceptar su culpa, culpó a Dios. Años después, su primogénito, Caín, se quejó en amargura contra Dios porque consideraba demasiado severo el castigo que recibió tras haber asesinado a su hermano Abel (4:13-14). Moisés se quejó ante el Señor porque no liberó a Israel del faraón tan rápido como quería (Éx. 5:22-23). Después que Dios los liberó milagrosamente ahogando en el mar Rojo a los egipcios que los perseguían, Moisés y los israelitas prorrumpieron en un cántico glorioso de alabanza al Señor (Éx. 15:1-18). Sin embargo, al cabo de solo tres días en el desierto, se quejaron otra vez porque el agua de Mara era amarga. El Señor por su gracia respondió endulzando el agua y conduciéndolos a un oasis en Elim, "donde había doce fuentes de aguas, y setenta palmeras; y acamparon allí junto a las aguas" (vv. 23-27; cp. 17:1-7). No obstante, poco después el pueblo volvió a quejarse, esta vez por una supuesta escasez de alimento (16:2-8).

Más adelante Caleb, Josué, y los otros hombres regresaron de inspeccionar la tierra de Canaán, y Caleb "hizo callar al pueblo delante de Moisés, y dijo: Subamos luego, y tomemos posesión de ella; porque más podremos nosotros que ellos" (Nm. 13:30). A excepción de Caleb y Josué, los otros espías se mostraron temerosos e incrédulos, y les dijeron a sus hermanos israelitas:

No podremos subir contra aquel pueblo, porque es más fuerte que nosotros. Y hablaron mal entre los hijos de Israel, de la tierra que habían reconocido, diciendo: La tierra por donde pasamos para reconocerla, es tierra que traga a sus moradores; y todo el pueblo que vimos en medio de ella son hombres de grande estatura. También vimos allí gigantes, hijos de Anac, raza de los gigantes, y éramos nosotros, a nuestro parecer, como langostas; y así les parecíamos a ellos (vv. 31-33).

Por causa de la queja y la falta de fe de esos hombres, "se quejaron contra Moisés y contra Aarón todos los hijos de Israel; y les dijo toda la multitud: ¡Ojalá muriéramos en la tierra de Egipto; o en este desierto ojalá muriéramos!" (14:2). Luego ellos se quejaron contra Dios, diciendo: "¿Y por qué nos trae Jehová a esta tierra para caer a espada, y que nuestras mujeres y nuestros niños sean por presa? ¿No nos sería mejor volvernos a Egipto? Y decían el uno al otro: Designemos un capitán, y volvámonos a Egipto" (vv. 3-4). Sus quejas se convirtieron en franca rebelión al tomar la decisión de apedrear a Caleb y Josué, y tal vez a Moisés y Aarón también (v. 10). Ellos rechazaron el plan de Dios, a los líderes que Dios había elegido, y a Dios mismo. Entonces:

Jehová dijo a Moisés: ¿Hasta cuándo me ha de irritar este pueblo? ¿Hasta cuándo no me creerán, con todas las señales que he hecho en medio de ellos?... todos los que vieron mi gloria y mis señales que he hecho en Egipto y en el desierto, y me han tentado ya diez veces, y no han oído mi voz, no verán la tierra de la cual juré a sus padres; no, ninguno de los que me han irritado la verá... Diles: Vivo yo, dice Jehová, que según habéis hablado a mis oídos, así haré yo con vosotros. En este desierto caerán vuestros cuerpos; todo el número de los que fueron contados de entre vosotros, de veinte años arriba, los cuales han murmurado contra mí... Conforme al número de los días, de los cuarenta días en que reconocisteis la tierra, llevaréis vuestras iniquidades cuarenta años, un año por cada día; y conoceréis mi castigo. Yo Jehová he hablado; así haré a toda esta multitud perversa que se ha juntado contra mí; en este desierto serán consumidos, y ahí morirán. Y los varones que Moisés envió a reconocer la tierra, y que al volver habían hecho murmurar contra él a toda la congregación, desacreditando aquel país, aquellos varones que habían hablado mal de la tierra, murieron de plaga delante de Jehová (vv. 11, 22-23, 28-29, 34-37).

Rememorando ese trágico momento, Asaf se lamentó: "¡Cuántas veces se rebelaron contra él en el desierto, lo enojaron en el yermo! Y volvían, y tentaban a Dios, y provocaban al Santo de Israel" (Sal. 78:40-41). Otro salmista escribió: "Pero aborrecieron la tierra deseable; no creyeron a su palabra, antes murmuraron en sus tiendas, y no oyeron la voz de Jehová" (Sal. 106:24-25).

Refiriéndose a ese mismo episodio, Pablo les advirtió a los corintios: "Ni tentemos al Señor, como también algunos de ellos le tentaron, y perecieron por las serpientes. Ni murmuréis, como algunos de ellos murmuraron, y perecieron por el destructor" (1 Co. 10:9-10). Como respuesta a los que se quejaban porque en su soberanía Dios "de quien quiere, tiene misericordia, y al que quiere endurecer, endurece" y preguntaban con insolencia "¿Por qué, pues, inculpa? porque ¿quién ha resistido a su voluntad?", Pablo les dijo: "Mas antes, oh hombre, ¿quién eres tú, para que alterques con Dios? ¿Dirá el vaso de barro al que lo formó: ¿Por qué me has hecho así? ¿O no tiene potestad el alfarero sobre el barro, para hacer de la misma masa un vaso para honra y otro para deshonra?" (Ro. 9:18-21; cp. Is. 29:16; 45:9; Jer. 18:6). Judas señaló que los apóstatas eran "murmuradores, querellosos, que andan según sus propios deseos, cuya boca habla cosas infladas, adulando a las personas para sacar provecho" (Jud. 16).

En realidad, cada queja del creyente es contra el Señor y es uno de los pecados más horribles. Asimismo, quejarse contra otros creyentes es especialmente grave, una afrenta a Dios, porque esos creyentes son sus hijos. Santiago advirtió al respecto: "Hermanos, no os quejéis unos contra otros, para que no seáis condenados; he aquí, el juez está delante de la puerta" (Stg. 5:9). De igual manera, Pedro exhortó: "Hospedaos los unos a los otros sin murmuraciones. [Más bien] cada uno según el don que ha recibido, minístrelo a los otros, como buenos administradores de la multiforme gracia de Dios" (1 P. 4:9-10).

La falta de sumisión voluntaria y gozosa de los creyentes a la voluntad de Dios es un pecado grave y profundamente arraigado. La insatisfacción y la queja son actitudes a las cuales se puede acostumbrar tanto una persona que difícilmente se percata de ello. No obstante, esos dos pecados relacionados revelan desconfianza en la buena voluntad de Dios, en su gracia ilimitada, y en su sabiduría y amor infinitos. En consecuencia, esos pecados son especialmente detestables a sus ojos y merecen su reprensión. Pablo explicó a los corintios que las numerosas narraciones del Antiguo Testamento que muestran el severo castigo de Dios por las quejas en el desierto fueron dadas "como ejemplo, y están escritas para amonestarnos a nosotros" (1 Co. 10:11). Jeremías preguntó: "¿Por qué se lamenta el hombre viviente? Laméntese el hombre en su pecado" (Lm. 3:39). Si eso es cierto para todos, ¿cuánto más lo será para los creyentes, cuyos pecados han sido perdonados por la gracia del Señor?

Para tratar con los quejumbrosos de la congregación filipense y en otros lugares, Pablo primero les ordena dejar de quejarse, y luego les presenta razones para obedecer a ese mandato.

EL MANDATO DE NO QUEJARSE MÁS

Haced todo sin murmuraciones y contiendas, (2:14)

La palabra todo se refiere a los dos anteriores versículos (2:12-13) y destaca la actitud con la cual los creyentes deben ocuparse en su salvación. Todo lo que requiere ese proceso debe hacerse **sin murmuraciones y contiendas**. Por un lado, la actitud fundamental para ocuparse en la salvación es no murmurar ni contender. Por el otro, el apóstol recalca en toda su carta la actitud resuelta de "[regocijarse] en el Señor siempre" (Fil. 4:4; ver también, p. ej., 1:4, 18, 25; 2:18; 4:1).

Murmuraciones viene de *gongusmos,* una palabra onomatopéyica que suena como los ruidos guturales y rezongos que suelen hacer las personas cuando se irritan. Es una respuesta negativa frente a algo desagradable, molesto, frustrante y que surge de la idea egoísta de que es algo inmerecido. El verbo relacionado se emplea para referirse a los empleados resentidos que "murmuraban contra el padre de familia" por haber recibido la misma paga de quienes solo habían trabajado una hora (Mt. 20:11). También describe a los fariseos y escribas que "murmuraban contra los discípulos [de Jesús], diciendo: ¿Por qué coméis y bebéis con publicanos y pecadores?'" (Lc. 5:30). Aparece en Juan 6:61, donde se alude a ciertos hombres que profesaban ser discípulos y se ofendieron por las palabras de Jesús: "De cierto, de cierto os digo: Si no coméis la carne del Hijo del Hombre, y bebéis su sangre, no tenéis vida en vosotros" (v. 53). Pablo usa el término para referirse a los israelitas en el desierto, quienes murmuraron "y perecieron por el destructor" (1 Co. 10:10).

Contiendas viene de *dialogismos,* cuyo significado fundamental es razonamiento interno, y es el término que dio origen a la palabra *diálogo.* Con el tiempo, la expresión abarcó los conceptos más específicos de cuestionar, poner en duda, o discutir la verdad de un asunto. En Romanos 14:1 se emplea el término respecto a no contender sobre las opiniones de otro creyente, y en 1 Timoteo 2:8 se traduce "contienda". Mientras las **murmuraciones** tienen que ver en esencia con las emociones, las **contiendas** son de tipo intelectual. Una persona que persiste en murmurar y contender contra Dios terminará en discusiones y pleitos con Él.

Detrás de este pecado está la realidad de que a pesar de ser ciudadanos del cielo (Fil. 3:20), los creyentes viven en un mundo caído y en cuerpos irredentos (Ro. 7:18; 8:23). Con frecuencia, el Señor lleva a los creyentes a través de pruebas y dificultades (Stg. 1:2-3) y los pone sobre aviso acerca de las persecuciones que enfrentarán por causa de su fe (Mt. 5:10-12; Jn. 15:20). Por consiguiente, es inevitable que las circunstancias no siempre sean favorables o gratas.

Pablo había dejado los numerosos privilegios y comodidades del mundo que tuvo en su vida pasada, y las estimaba como pérdida (Fil. 3:4-7). En cambio, consideraba un inmenso privilegio ser encarcelado por causa de Cristo, lo cual "[había] redundado más bien para el progreso del evangelio", porque "la mayoría de los hermanos, cobrando ánimo en el Señor con [sus] prisiones, se atreven mucho más a hablar la palabra sin temor" (1:12, 14). El apóstol anhelaba conocer a Cristo de manera más profunda, a fin de conocer "el poder de su resurrección, y la participación de sus padecimientos", hasta el punto de llegar "a ser semejante a él en su muerte" (3:10). A todos los creyentes se les ha "concedido a causa de Cristo, no sólo que [crean] en él, sino también que [padezcan] por él" (1:29).

Cada circunstancia en la vida debe aceptarse con gozo y de buena gana, sin murmuraciones, contiendas, desilusiones, y mucho menos resentimiento. No hay excepción. Nunca debe haber murmuración emocional ni **contienda** intelectual. Para los creyentes siempre es pecado quejarse acerca de cualquier asunto que el Señor les mande hacer o acerca de cualquier situación que Él permite de manera soberana. Sin importar que la tarea sea fácil o difícil, que la situación sea de bendición o prueba, las actitudes negativas están prohibidas. Como él mismo testifica en su carta, el mismo crecimiento de Pablo lo había llevado a gozarse en esta actitud: "No lo digo porque tenga escasez, pues he aprendido a contentarme, cualquiera que sea mi situación. Sé vivir humildemente, y sé tener abundancia; en todo y por todo estoy enseñado, así para estar saciado como para tener hambre, así para tener abundancia como para padecer necesidad" (Fil. 4:11-12). Su ejemplo demuestra que tal comportamiento justo es posible.

LAS RAZONES PARA DEJAR DE QUEJARSE

para que seáis irreprensibles y sencillos, hijos de Dios sin mancha en medio de una generación maligna y perversa, en medio de la cual resplandecéis como luminares en el mundo; asidos de la palabra de vida, para que en el día de Cristo yo pueda gloriarme de que no he corrido en vano, ni en vano he trabajado. (2:15-16)

Pablo presenta tres razones por las cuales deben dejar de quejarse los creyentes: por su propio bien, por causa de los incrédulos, y por los pastores.

POR EL PROPIO BIEN DE LOS CREYENTES

para que seáis irreprensibles y sencillos, hijos de Dios sin mancha (2:15*a*)

Para que es la traducción de la conjunción griega *hina*, que, al usarse con un verbo subjuntivo como aquí, señala una cláusula de propósito. Los creyentes deben dejar de quejarse para que puedan llegar a ser la clase de **hijos de Dios** que Él desea, o sea, **irreprensibles y sencillos**. Los cristianos son hijos de Dios por la fe (Jn. 1:12; Gá. 3:26), por adopción (Ro. 8:15, 23; Gá. 4:5), y por el nacimiento espiritual (Jn. 1:13; 3:3-6; 1 P. 1:23). Debido a que son sus hijos, deben ser "imitadores de

Dios" (Ef. 5:1); todo cristiano está en el proceso de ser más como Cristo (2 Co. 3:18). Dicho proceso incluye ser más **irreprensibles y sencillos**. Abandonar la murmuración y la contienda es una parte esencial para avanzar en ese proceso.

Irreprensibles viene de *amemptos*, que en sus orígenes significaba no tener defecto o tacha. El creyente debe procurar estar libre de imperfecciones morales o espirituales. Zacarías y Elisabet, los padres de Juan el Bautista, "eran justos delante de Dios, y andaban irreprensibles en todos los mandamientos y ordenanzas del Señor" (Lc. 1:6). A los tesalonicenses Pablo comunicó su profundo deseo de que "sean afirmados [sus] corazones, irreprensibles en santidad delante de Dios nuestro Padre, en la venida de nuestro Señor Jesucristo con todos sus santos" (1 Ts. 3:13). Luego, en Filipenses él habló de sí mismo como quien fue hallado "irreprensible" "en cuanto a la justicia que es en la ley" (Fil. 3:6). El autor de Hebreos comenta: "si aquel primero hubiera sido sin defecto [*amemptos*], ciertamente no se hubiera procurado lugar para el segundo" (He. 8:7).

Sencillos viene de *akeraios*, cuyo significado fundamental es ser puro o no adulterado. El término se empleaba para describir al vino puro que no se mezclaba con agua, y al metal puro sin aleación. En sentido metafórico, *akeraios* se empleaba en ocasiones para referirse a lo que era inocente o sencillo. Jesús mandó a sus discípulos ser "prudentes como serpientes, y sencillos como palomas" (Mt. 10:16). De igual forma, Pablo exhortó a los romanos a ser "sabios para el bien, e ingenuos para el mal" (Ro. 16:19). La vida del creyente debe ser absolutamente pura, no mezclada con pecado ni maldad. Preocupado por el bienestar espiritual de los inmaduros corintios, Pablo escribió: "Porque os celo con celo de Dios; pues os he desposado con un solo esposo, para presentaros como una virgen pura a Cristo" (2 Co. 11:2).

Como **hijos de Dios**, los cristianos también deben ser sin tacha. *Amōmos* (**sin mancha**) tiene un significado muy cercano al de *amemptos* (**irreprensibles**), pues ambas palabras describen algo que no tiene mancha o imperfección. *Amōmos* aparece muchas veces en la Septuaginta cuando habla de los animales para el sacrificio. Moisés decretó que un Nazareo "ofrecerá su ofrenda a Jehová, un cordero de un año sin tacha en holocausto, y una cordera de un año sin defecto en expiación, y un carnero sin defecto por ofrenda de paz", y que todos "los hijos de Israel [deberían traer] una vaca alazana, perfecta, en la cual no haya falta, sobre la cual no se haya puesto yugo" (Nm. 6:14; 19:2).

En sentido metafórico, *amōmos* se refería a estar libre de culpa o pecado. El carácter de los **hijos de Dios** debería estar libre de cualquier culpa, crítica o reprobación. Pablo usa dos veces la palabra en Efesios, en una exhortación a los creyentes a ser "santos y sin mancha delante de él [Cristo]… a fin de presentársela a sí mismo, una iglesia gloriosa, que no tuviese mancha ni arruga ni cosa semejante, sino que fuese santa y sin mancha" (Ef. 1:4; 5:27; cp. Col. 1:22). El autor de Hebreos emplea *amōmos* para referirse al Señor Jesucristo con estas palabras:

"¿cuánto más la sangre de Cristo, el cual mediante el Espíritu eterno se ofreció a sí mismo sin mancha a Dios, limpiará vuestras conciencias de obras muertas para que sirváis al Dios vivo?" (He. 9:14), al igual que Pedro, quien habla de Él como "un cordero sin mancha y sin contaminación" (1 P. 1:19). Como sucede con cualquier virtud espiritual, ser **sin mancha** resulta imposible en las fuerzas del creyente; solo Cristo mismo, sin mancha y sin contaminación "es poderoso para [guardar a los creyentes] sin caída, y [presentarlos] sin mancha delante de su gloria con gran alegría" (Jud. 24). Los creyentes son sin mancha en virtud de la justicia perfecta de Cristo, y deben procurar en la práctica vivir según esa norma de santidad.

En su carta a Tito, Pablo presenta el motivo principal para una vida pura y sin mancha:

> *para que en todo adornen la doctrina de Dios nuestro Salvador. Porque la gracia de Dios se ha manifestado para salvación a todos los hombres, enseñándonos que, renunciando a la impiedad y a los deseos mundanos, vivamos en este siglo sobria, justa y piadosamente, aguardando la esperanza bienaventurada y la manifestación gloriosa de nuestro gran Dios y Salvador Jesucristo, quien se dio a sí mismo por nosotros para redimirnos de toda iniquidad y purificar para sí un pueblo propio, celoso de buenas obras (Tit. 2:10-14).*

Tras describir brevemente "el día del Señor [que] vendrá como ladrón en la noche; en el cual los cielos pasarán con grande estruendo, y los elementos ardiendo serán deshechos, y la tierra y las obras que en ella hay serán quemadas", Pedro afirma: "Puesto que todas estas cosas han de ser deshechas, ¡cómo no debéis vosotros andar en santa y piadosa manera de vivir", y luego reitera su afirmación en tono de amonestación: "Por lo cual, oh amados, estando en espera de estas cosas, procurad con diligencia ser hallados por él sin mancha e irreprensibles, en paz" (2 P. 3:10-11, 14).

POR CAUSA DE LOS INCRÉDULOS

en medio de una generación maligna y perversa, en medio de la cual resplandecéis como luminares en el mundo; asidos de la palabra de vida, (2:15*b*-16*a*)

La segunda razón para no quejarse es el efecto negativo que esto produce en los incrédulos que pertenecen a una **generación maligna y perversa**, una descripción de todo el mundo incrédulo. Generación se refiere a las masas en términos amplios, y **mundo** al sistema malvado y satánico que rige sus vidas. Toda la frase **generación maligna y perversa** viene de Deuteronomio 32:5, donde Moisés describe al infiel y rebelde Israel como un pueblo que se convirtió en una "generación torcida y perversa". Pablo aplica esa descripción del pueblo de Israel a la humanidad incrédula y corrompida. **Maligna** viene de *skolios*, que alude a lo que está torcido, encorvado, o deformado. La enfermedad llamada escoliosis es una inclinación anormal y una desviación de la columna. El término se empleaba en sentido metafórico para referirse a cualquier cosa que se desvía de una norma o patrón, y en las Escrituras suele aludir a lo que es moral o espiritualmente corrompido. Aparece en la Septuaginta (la traducción griega del Antiguo Testamento), donde Salomón habla de los "que dejan los caminos derechos, para andar por sendas tenebrosas; que se alegran haciendo el mal, que se huelgan en las perversidades del vicio; cuyas veredas son torcidas [*skolios*], y torcidos sus caminos" (Pr. 2:13-15; cp. 21:8; 28:18).

Perversa traduce una forma de participio del verbo *diastrephō*, que comunica la misma idea esencial de *skolios*, pero en un sentido más activo y dinámico. Jesús habló de una "generación incrédula y perversa [*diestrammenē*]" (Mt. 17:17). La multitud que se presentó ante Pilato y que pidió la crucifixión de Jesús lo acusó porque "pervierte [*diastrephonta*] a la nación, y... prohíbe dar tributo a César, diciendo que él mismo es el Cristo, un rey" (Lc. 23:2). En la isla de Pafos, Pablo reprendió así al mago y falso profeta Barjesús (o Elimas): "¡Oh, lleno de todo engaño y de toda maldad, hijo del diablo, enemigo de toda justicia! ¿No cesarás de trastornar [*diastrephōn*] los caminos rectos del Señor?" (Hch. 13:10). Varios años después advirtió a los ancianos de Éfeso que "de [ellos] mismos se levantarán hombres que hablen cosas perversas para arrastrar tras sí a los discípulos" (Hch. 20:30).

La malignidad y perversidad del mundo moderno son tan evidentes y escandalosas que los ejemplos sobran. Gran parte de la cultura moderna se ha pervertido y desviado radicalmente de las normas divinas de verdad y justicia. Al igual que la iglesia de la época de Pablo, la iglesia de hoy no vive junto a la sociedad **maligna y perversa**, sino que de manera inevitable está **en medio de** ella. Debido al desarrollo expansivo de la tecnología de las comunicaciones, los cristianos de hoy son atacados de forma continua y penetrante con lenguaje, ideas y prácticas abominables como nunca antes en la historia del cristianismo.

Las personas necesitan salvarse precisamente de esta **generación maligna y perversa**. En su sermón en Pentecostés, Pedro amonestó a sus oyentes "con otras muchas palabras [mientras] testificaba y les exhortaba, diciendo: Sed salvos de esta perversa generación" (Hch. 2:40). Jesús señaló que los escribas y fariseos que pedían señales para probar que Él era el Mesías, eran parte de una "generación mala y adúltera" (Mt. 12:23, 39; cp. v. 45).

En su oración sumo sacerdotal, Jesús dijo que el mundo odiaría a quienes no pertenecen a él, es decir, a los que creen en Él (Jn. 17:14, 16). Aún así, le rogó a su Padre: "No ruego que los quites del mundo, sino que los guardes del mal" (17:15). Él oró: "Santifícalos en tu verdad; tu palabra es verdad. Como tú me enviaste al mundo, así yo los he enviado al mundo... para que sean perfectos en unidad, para que el mundo conozca que tú me enviaste, y que los has amado a ellos como también a mí me has amado" (Jn. 17:17-18, 23). Vivir en pureza y fidelidad es un prerrequisito indispensable para llevar a cabo el mandato del Señor de comunicar su divino mensaje de salvación a un mundo perdido en el pecado.

En la primera parte del versículo 15, Pablo habla del carácter cristiano, de aquello que los creyentes deben ser ("irreprensibles y sencillos, hijos de Dios sin mancha"). Aquí habla acerca de lo que los creyentes deben decir, del contenido de su mensaje y enseñanza **como luminares en el mundo**. La manera de vivir de los creyentes como hijos de Dios afecta de forma considerable la influencia que pueden ejercer sobre el mundo impío que los rodea. No obstante, así como la sana doctrina sin un carácter piadoso es hipócrita e inoperante, también la vida justa resulta ineficaz si los creyentes no proclaman la verdad del evangelio. A fin de cumplir con eficacia la Gran Comisión de Mateo 28:19-20, los cristianos deben resplandecer **como luminares en el mundo**. En otras palabras, "brillar como luminares". En su sentido literal, *phōstēr* (**luminares**) se usaba por lo general para referirse a las estrellas. Al emplear el término en sentido metafórico, Pablo declara que los cristianos deben ser luminares morales y espirituales que irradian la verdad de Dios y **la palabra de vida** a un universo que de otro modo quedaría sumido en la oscuridad del pecado.

El llamado de Dios a su pueblo de ser **luminares** en un **mundo** incrédulo no comenzó en la iglesia neotestamentaria. Daniel declaró que "los entendidos resplandecerán como el resplandor del firmamento; y los que enseñan la justicia a la multitud, como las estrellas a perpetua eternidad" (Dn. 12:3). Isaías escribió que el Mesías sería "luz de las naciones, para que [sea la] salvación [de Dios] hasta lo postrero de la tierra" (Is. 49:6; cp. 42:6). En Romanos, Pablo les dijo a los judíos incrédulos:

He aquí, tú tienes el sobrenombre de judío, y te apoyas en la ley, y te glorías en Dios, y conoces su voluntad, e instruido por la ley apruebas lo mejor, y confías en que eres guía de los ciegos, luz de los que están en tinieblas, instructor de los indoctos, maestro de niños, que tienes en la ley la forma de la ciencia y de la verdad (Ro. 2:17-20).

En seguida les advierte con firmeza: "Tú, pues, que enseñas a otro, ¿no te enseñas a ti mismo?... Tú que te jactas de la ley, ¿con infracción de la ley deshonras a Dios? Porque como está escrito, el nombre de Dios es blasfemado entre los gentiles por causa de vosotros" (Ro. 2:21, 23-24; cp. Is. 52:5).

En su profecía inspirada por el Espíritu, Zacarías habló de Jesús como "la aurora", que daría "luz a los que habitan en tinieblas y en sombra de muerte; para encaminar nuestros pies por camino de paz" (Lc. 1:78-79). "En él estaba la vida, y la vida era la luz de los hombres. La luz en las tinieblas resplandece, y las tinieblas no prevalecieron contra ella" (Jn. 1:4-5). En el sermón del monte, el Señor Jesucristo llamó a los creyentes "la luz del mundo" y les encomendó: "Así alumbre vuestra luz delante de los hombres, para que vean vuestras buenas obras, y glorifiquen a vuestro Padre que está en los cielos" (Mt. 5:14, 16). Todos los cristianos "en otro tiempo [eran] tinieblas" pero a hora son "luz en el Señor" y por tanto deben "[andar] como hijos de luz" (Ef. 5:8), como "hijos de luz e hijos del día" (1 Ts. 5:5).

Los cristianos obedientes impactarán de manera extraordinaria al mundo que los rodea. Sin embargo, no todos que entran en contacto con ellos recibirán la luz del evangelio. Jesús dijo: "Y esta es la condenación: que la luz vino al mundo, y los hombres amaron más las tinieblas que la luz, porque sus obras eran malas" (Jn. 3:19). La luz de la Palabra de Dios no solo revela la verdad, sino que saca a la luz la maldad. Aún así, como el Señor prometió, el Espíritu Santo convencerá a algunos, que verán en el creyente las "buenas obras, y [glorificarán a su] Padre que está en los cielos" (Mt. 5:16), es decir, serán salvos.

F. B. Meyer escribió:

> Es casi aterrador vivir con estos pensamientos que oprimen el corazón: que no es posible hablar una sola palabra o tramitar un solo negocio, que nunca vean nuestro rostro brillar con el resplandor de Dios, o que nos hallen tristes y abatidos, sin que esto facilite o impida que otros lleven una buena vida. Todos nosotros, cada día, somos como Jeroboam, hijo de Nabat, que hizo pecar a otros; o somos quienes conducen a otros hombres a la luz, la paz, y el gozo de Dios. Ningún hombre ha vivido para sí, y ninguno ha muerto para sí, sino que la vida de cada uno afecta en proporción creciente a la humanidad. ¡Qué seria responsabilidad es vivir!" (*The Epistle to the Philippians* [La Epístola a los Filipenses] [Grand Rapids: Baker, 1952], p. 116).

La calidad de vida de un creyente, sea fiel y obediente o infiel y desobediente, es la base de su testimonio. Un cristiano quejumbroso y murmurador no afectará de manera positiva a los demás. Por obvias razones, a los incrédulos no les atrae esa clase de vida.

Asidos viene de *epechō*, que quizá se traduce mejor "retener". Los términos que Pablo suele emplear para la idea de retener, o asirse, son *echō* o *katechō* (cp. 1 Co. 11:2; 15:2; 1 Ts. 5:21; 1 Ti. 1:19; 3:9; 2 Ti. 1:13). El contexto de este versículo deja claro que no se refiere a la necesidad de que los creyentes permanezcan fieles (es decir, asirse a) la verdad de Dios, sino más bien a que comuniquen a otros (mantenerse firmes a) la Palabra redentora que trae vida eterna.

La palabra de vida se refiere a las Escrituras y, más específicamente, al evangelio. Jesús dijo: "El espíritu es el que da vida; la carne para nada aprovecha;

las palabras que yo os he hablado son espíritu y son vida" (Jn. 6:63). Después que muchos que se decían seguidores abandonaron a Jesús, Él preguntó "a los doce: ¿Queréis acaso iros también vosotros?". Pedro respondió: "Señor, ¿a quién iremos? Tú tienes palabras de vida eterna" (Jn. 6:66-68). Muchos años después, el apóstol Juan empezó su primera epístola con estas palabras: "Lo que era desde el principio, lo que hemos oído, lo que hemos visto con nuestros ojos, lo que hemos contemplado, y palparon nuestras manos tocante al Verbo de vida (porque la vida fue manifestada, y la hemos visto, y testificamos, y os anunciamos la vida eterna, la cual estaba con el Padre, y se nos manifestó)" (1 Jn. 1:1-2). Después que el ángel del Señor liberó a Pedro y a los otros apóstoles de la prisión en Jerusalén, les mandó: "Id, y puestos en pie en el templo, anunciad al pueblo todas las palabras de esta vida" (Hch. 5:20; cp. 13:26), el mensaje que Pedro llamó después "la palabra de Dios que vive y permanece para siempre" (1 P. 1:23).

POR CAUSA DE LOS PASTORES

para que en el día de Cristo yo pueda gloriarme de que no he corrido en vano, ni en vano he trabajado. (2:16*b*)

La tercera razón para no quejarse es el bien de los líderes de la iglesia, quienes han entregado sus vidas al ministerio. El corazón de pastor de Pablo salta a la vista en su profundo deseo de que los filipenses dejen de murmurar y quejarse, **para que en el día de Cristo** él **pueda** gloriarse. Él previó **el día de Cristo**, cuando podría mirar atrás y gozarse en la fidelidad de sus amados hermanos. Las personas a quienes servía serían una fuente de dicha eterna.

Es importante notar que **el día de Cristo** no es sinónimo del término similar "el día del Señor", cuyo propósito central es el castigo de los malos que no se arrepintieron. Pablo trae a la memoria de los tesalonicenses: "Porque vosotros sabéis perfectamente que el día del Señor vendrá así como ladrón en la noche; que cuando digan: Paz y seguridad, entonces vendrá sobre ellos destrucción repentina, como los dolores a la mujer encinta, y no escaparán" (1 Ts. 5:2-3; cp. 2 Ts. 2:1-8). En cambio, **el día de Cristo** será solo para los creyentes (cp. Fil. 1:6, 10). Aunque también será un tiempo de juicio, pues es necesario que todos los creyentes "comparezcamos ante el tribunal de Cristo", su propósito será recompensar, no castigar, "para que cada uno reciba según lo que haya hecho mientras estaba en el cuerpo, sea bueno o sea malo" (2 Co. 5:10; cp. 1 Co. 3:8; cp. 3:13-14; 4:5).

Al decir que tendría de qué gloriarse, el apóstol no expresaba un orgullo pecaminoso en su ministerio o una obsesión con su propia importancia en el reino o en el cielo. El verbo *kauchaomai* (**gloriarme**) puede tener la connotación de una soberbia pecaminosa, como aparece claramente en Santiago 4:16. No obstante, también puede describir regocijo, como ocurre en este pasaje. En Romanos 5:11, el término se traduce "gloriamos". Pablo aguardaba recibir el gozo que el Señor promete a todo creyente fiel. Jesús dijo: "Estas cosas os he hablado, para que mi gozo esté en vosotros, y vuestro gozo sea cumplido" (Jn. 15:11). El gozo es fruto del Espíritu, que debe procurarse y estimarse tanto como el amor, la paz, la paciencia, la benignidad, la bondad y demás frutos (Gá. 5:22-23). En parte, Juan escribió sus cartas para que su "gozo sea cumplido" (1 Jn. 1:4; cp. 3 Jn. 4) y anhelaba estar "cara a cara" con aquellos a quienes escribía "para que nuestro gozo sea cumplido" (2 Jn. 12). David oró: "Vuélveme el gozo de tu salvación" (Sal. 51:12), y otro salmista exclamó: "Los que sembraron con lágrimas, con regocijo segarán" (Sal. 126:5).

Como ya se indicó, en este pasaje Pablo habla específicamente de la gloria, o del gozo, que experimentará **en el día de Cristo** (cp. 1:6, 10). El apóstol estaba ahora encarcelado y, según lo que sabía en ese momento, podría morir allí (véase 1:13-14, 20-21). Como dijo luego en su carta, incluso entonces sus amados hermanos en Filipos eran su "gozo y corona" en el Señor, y anhelaba verlos otra vez (Fil. 4:1). Sea que su esperanza se cumpliera o no, él sabía que su anhelo era recibir la recompensa del gozo final en el cielo por su fiel ministerio para con ellos.

En su discurso en el Aposento Alto, Jesús dijo a los discípulos: "aunque vosotros estéis tristes, vuestra tristeza se convertirá en gozo… pero os volveré a ver, y se gozará vuestro corazón, y nadie os quitará vuestro gozo" (Jn. 16:20, 22). Desear y aguardar el gozo no solamente reconoce la promesa de Jesús ,sino que sigue su ejemplo, "el cual por el gozo puesto delante de él sufrió la cruz, menospreciando el oprobio, y se sentó a la diestra del trono de Dios" (He. 12:2). Pablo escribió a los tesalonicenses: "Porque ¿cuál es nuestra esperanza, o gozo, o corona de que me gloríe? ¿No lo sois vosotros, delante de nuestro Señor Jesucristo, en su venida?" (1 Ts. 2:19). En la bendición final de su corta epístola, Judas escribió: "Y a aquel que es poderoso para guardaros sin caída, y presentaros sin mancha delante de su gloria con gran alegría, al único y sabio Dios, nuestro Salvador, sea gloria y majestad, imperio y potencia, ahora y por todos los siglos. Amén" (Jud. 24-25).

Lo mejor que pueden hacer los creyentes por su pastor es practicar fielmente las verdades de la Palabra de Dios que él ha predicado y enseñado, a fin de que pueda decir como Pablo: **no he corrido en vano, ni en vano he trabajado**. Todo pastor desea que la recompensa de su esfuerzo sea plena, que las personas bajo su cuidado amen y obedezcan al Señor sin murmuraciones ni contiendas, y que con su vida y palabras demuestren con eficacia que el evangelio es verdadero y creíble. Es responsabilidad y el privilegio de la iglesia "[reconocer] a los que trabajan entre [ellos], y [los] presiden en el Señor, y… amonestan" (1 Ts. 5:12). El autor de Hebreos exhorta: "Obedeced a vuestros pastores, y sujetaos a ellos; porque ellos velan por vuestras almas, como quienes han de dar cuenta; para

que lo hagan con alegría, y no quejándose, porque esto no os es provechoso"
(He. 13:17). El mayor gozo de cualquier siervo de Dios es que su rebaño viva de
manera piadosa. "No tengo yo mayor gozo que este, el oír que mis hijos andan
en la verdad" (3 Jn. 4).

13

Siervos espirituales ejemplares

Y aunque sea derramado en libación sobre el sacrificio y servicio de vuestra fe, me gozo y regocijo con todos vosotros. Y asimismo gozaos y regocijaos también vosotros conmigo. Espero en el Señor Jesús enviaros pronto a Timoteo, para que yo también esté de buen ánimo al saber de vuestro estado; pues a ninguno tengo del mismo ánimo, y que tan sinceramente se interese por vosotros. Porque todos buscan lo suyo propio, no lo que es de Cristo Jesús. Pero ya conocéis los méritos de él, que como hijo a padre ha servido conmigo en el evangelio. Así que a éste espero enviaros, luego que yo vea cómo van mis asuntos; y confío en el Señor que yo también iré pronto a vosotros. Mas tuve por necesario enviaros a Epafrodito, mi hermano y colaborador y compañero de milicia, vuestro mensajero, y ministrador de mis necesidades; porque él tenía gran deseo de veros a todos vosotros, y gravemente se angustió porque habíais oído que había enfermado. Pues en verdad estuvo enfermo, a punto de morir; pero Dios tuvo misericordia de él, y no solamente de él, sino también de mí, para que yo no tuviese tristeza sobre tristeza. Así que le envío con mayor solicitud, para que al verle de nuevo, os gocéis, y yo esté con menos tristeza. Recibidle, pues, en el Señor, con todo gozo, y tened en estima a los que son como él; porque por la obra de Cristo estuvo próximo a la muerte, exponiendo su vida para suplir lo que faltaba en vuestro servicio por mí. (2:17-30)

Cualquiera que haya leído bastante los escritos de los grandes siervos de Dios alcanza a vislumbrar en parte lo que hay en sus corazones y mentes. Por lo general, su cualidad más admirable y fascinante es la disposición para hacer grandes sacrificios.

Thomas Brooks, puritano del siglo XVII, comentó sabiamente que "el ejemplo es el discurso más poderoso" (citado en I. D. E. Thomas, *A Puritan Golden Treasury* [Tesoro de escritos puritanos] [Edimburgo: Banner of Truth, 1977], p. 96). Quizá el aspecto más importante del liderazgo espiritual es poder tener una vida piadosa digna de ser imitada. El ejemplo personal ilustra los principios bíblicos en acción, y demuestra cómo deben practicarse. Cuando los creyentes examinan a fondo las normas divinas a la luz de sus pecados, faltas, debilidades y fracasos, dichos parámetros parecen imposibles de alcanzar. Jesús es el ejemplo supremo para el creyente (1 Jn. 2:6). Sin embargo, Él no cometió pecado, era el perfecto Hijo de Dios, y lo que fue posible para Él puede parecer imposible a sus seguidores. No obstante, cuando los creyentes ven que otro cristiano logra vivir según las normas divinas, se sienten animados.

Filipenses 2:17-30 presenta tres hombres cuyas vidas constituyen modelos excepcionales de vida piadosa. Los tres, Pablo, Timoteo y Epafrodito, estaban juntos en Roma en ese momento. Pablo era prisionero en su propia habitación alquilada. Aunque se encontraba encadenado a un soldado, gozaba de libertad para continuar su ministerio sin impedimentos (Hch. 28:16, 30-31). Timoteo, el hijo en la fe del apóstol (1 Ti. 1:2), había estado con él durante un tiempo. Epafrodito había sido enviado por la iglesia filipense para apoyar a Pablo económicamente y para atender sus necesidades. Los tres estaban ligados geográfica, espiritual y ministerialmente en una causa común. Todos estaban consagrados por completo al Señor Jesucristo, habiendo renunciado a sus propios intereses. Por causa del Señor habían arriesgado su salud, su libertad e incluso su vida.

Aunque todos eran ejemplares en cuanto a las cualidades que Pablo ya había resaltado, cada uno poseía también características distintivas en lo personal y en lo espiritual. Pablo podría entonces catalogarse como el siervo gozoso y abnegado, Timoteo como el benévolo y fiel, y Epafrodito como el intrépido amoroso.

PABLO: EL GOZOSO Y ABNEGADO

Y aunque sea derramado en libación sobre el sacrificio y servicio de vuestra fe, me gozo y regocijo con todos vosotros. Y asimismo gozaos y regocijaos también vosotros conmigo. (2:17-18)

Nada caracterizaba tanto la vida y el ministerio de Pablo como el amor: por el Señor, por su obra y por su pueblo. Él también amaba a los que no eran salvos, especialmente a sus hermanos judíos, acerca de los cuales testificó: "Porque deseara yo mismo ser anatema, separado de Cristo, por amor a mis hermanos, los que son mis parientes según la carne" (Ro. 9:3). Sin embargo, el sentía un amor especial por los creyentes, como lo demuestra su testimonio a los de Corinto: "Porque por la mucha tribulación y angustia del corazón os escribí con muchas lágrimas, no para que fueseis contristados, sino para que supieseis cuán grande es el amor que os tengo" (2 Co. 2:4).

Ese amor impulsaba a Pablo a servir sin reservas y con abnegación. Él temía que de no esforzarse al máximo, podía ser eliminado y perder su recompensa (1 Co.

9:24-27). Él era profundamente consciente de que tenía un llamado especial, así como dones y capacidades por las cuales el Señor le pediría cuentas. Él escribió acerca de esa obligación a los corintios: "Así, pues, téngannos los hombres por servidores de Cristo, y administradores de los misterios de Dios. Ahora bien, se requiere de los administradores, que cada uno sea hallado fiel" (1 Co. 4:1-2). Por este motivo Pablo ejercitaba la autodisciplina: "golpeo mi cuerpo, y lo pongo en servidumbre, no sea que habiendo sido heraldo para otros, yo mismo venga a ser eliminado" (1 Co. 9:27). Él confiaba en que "en el día de Cristo [podía gloriarse] de que no [ha] corrido en vano, ni en vano [ha] trabajado" (Fil. 2:16).

Es inevitable preguntarse por qué Pablo tenía tal confianza en su propio ejemplo. La mayoría de los creyentes se mostrarían reacios a presentarse a sí mismos como un modelo, por considerarlo presuntuoso y jactancioso. Sin embargo, el Espíritu Santo revistió a Pablo de esa confianza. Puesto que Pablo era guiado por el Espíritu y obediente, no sufría de ese temor a ser incompetente que tienen la mayoría de los creyentes. Aunque era humilde y estaba muy al tanto de su debilidad (1 Ti. 1:15), podía ponerse como ejemplo porque sus motivaciones eran puras y su vida santa. Con sinceridad y humildad verdaderas podía exhortar así a los corintios: "Sed imitadores de mí, así como yo de Cristo" (1 Co. 11:1; cp. 4:16). Pablo era un ejemplo humano porque siguió el ejemplo divino, el Señor Jesucristo. Como señala el autor de Hebreos, Pablo puso "los ojos en Jesús, el autor y consumador de la fe" (He. 12:2).

Y aunque sea es la traducción de una cláusula condicional de primera clase, que se refiere a algo que se conoce como cierto. Una traducción más exacta sería: "Puesto que soy **derramado en libación sobre el sacrificio**". La frase entera traduce una sola palabra griega, *spendō*, que significa "ser derramado en libación" (cp. 2 Ti. 4:6). El ejemplo de Pablo era evidente en el precio que pagaba al derramar su vida a Dios como sucedía en la ofrenda libatoria del Antiguo Testamento.

Contrario a lo que algunos intérpretes sugieren, Pablo no aludía aquí a su posible martirio. El tiempo presente indica claramente que se refería a su situación actual como prisionero en Roma. Él vio su vida, no su muerte, como el mayor sacrificio al Señor. Él era un sacrificio vivo, no muerto (Ro. 12:1). Sus comentarios en otras partes de su carta señalan que él no esperaba una ejecución inminente, si bien comprendía claramente que era una posibilidad. Él había dicho antes: "Pero quedar en la carne es más necesario por causa de vosotros. Y confiado en esto, sé que quedaré, que aún permaneceré con todos vosotros, para vuestro provecho y gozo de la fe" (1:24-25). Más adelante en este capítulo escribió: "Confío en el Señor que yo también iré pronto a vosotros" (2:24).

Tanto judíos como gentiles habrían comprendido la imagen sugerida de una **libación**, u ofrenda líquida, pues era un ritual conocido en muchos pueblos antiguos (cp. Lv. 23:18, 37; 2 R. 16:10-16; Jer. 7:18; Os. 9:4). Después de poner el animal del sacrificio sobre el altar, los sacerdotes tomaban vino (o en ocasiones agua o miel) y lo derramaban sobre el sacrificio ardiente o en tierra frente al altar. Ese acto simbolizaba la elevación del sacrificio hasta la nariz de la deidad a quien se ofrecía.

La **libación** de Pablo se hacía también a favor de sus amados hermanos en Filipos, una ofrenda hecha **sobre el sacrificio y servicio de** su **fe**. Él habló como si la fidelidad de ellos fuera superior a la suya, al sugerir que era derramado sobre un mayor **sacrificio y servicio**, el de ellos. Aquí el apóstol demuestra la sincera humildad característica del creyente que es noble en lo espiritual, y cuyo ejemplo supremo es el Señor mismo en su encarnación (2:1-8).

Thusia (**sacrificio**) se empleaba en relación con sacrificios físicos (Mt. 9:13; Hch. 7:41; 1 Co. 10:18; He. 5:1). También se usaba en sentido figurado, como en este pasaje (cp. 4:18; Ro. 12:1; He. 13:15; 1 P. 2:5). **Servicio** es la traducción de *leitourgia*, que por lo general se empleaba acerca del servicio religioso y es el término que dio origen a la palabra *liturgia*. En 2 Corintios, Pablo la usó para describir las ofrendas de dinero entregadas para suplir "lo que a los santos falta" (2 Co. 9:12). Al igual que Pedro, Pablo consideraba a todos los creyentes como sacerdotes de Jesucristo, "como piedras vivas, [que son] edificados como casa espiritual y sacerdocio santo, para ofrecer sacrificios espirituales aceptables a Dios por medio de Jesucristo" (1 P. 2:5).

Los filipenses eran compañeros de Pablo en el servicio sacrificial a Dios (1:25-30; 4:10-19), en especial a través del ministerio de Epafrodito (2:25-30). Ellos sufrían en gran manera por su fe en medio de un ambiente pagano extremadamente hostil. Cuanto más crecía la iglesia, más era odiada y perseguida. Por eso el apóstol les dijo: "En nada [se sientan] intimidados por los que se oponen, que para ellos ciertamente es indicio de perdición, mas para vosotros de salvación; y esto de Dios" (Fil. 1:28). Y prosiguió con su explicación: "Porque a vosotros os es concedido a causa de Cristo, no sólo que creáis en él, sino también que padezcáis por él" (v. 29). La persecución de ellos también reflejaba la que él mismo padecía. Ellos tenían "el mismo conflicto que [habían] visto en [él], y ahora [oían] que hay en [él]" (v. 30). Y presentaban la misma ofrenda, ya que Pablo derramaba su libación sobre el sacrificio ardiente de la iglesia filipense.

Por lo tanto, escribe, **me gozo y regocijo con todos vosotros**. El apóstol ya ha mencionado varias razones para estar gozoso. Él se regocijaba por el amor mutuo entre él y los filipenses (4:1, 10). El simple hecho de recordar a sus amados hermanos de Filipos era motivo de gozo (1:3-4). Incluso las aparentes circunstancias desafortunadas que padecía en Roma "han redundado más bien para el progreso del evangelio, de tal manera que [sus] prisiones se han hecho patentes en Cristo en todo el pretorio, y a todos los demás" (vv. 12-13). Su aceptación benigna de ese cautiverio animaba a los creyentes en Roma, Filipos, y en todas partes a atreverse "mucho más a hablar la palabra sin temor" (v. 14). Aun cuando el evangelio era predicado por pretexto o por contención y envidia, Pablo se gozaba (vv. 17-18).

Incluso sin tales bendiciones, el servicio sacrificial al Señor es en sí mismo un privilegio y un motivo de gozo. Los creyentes deben gozarse no a pesar de su sufrimiento por Cristo, sino por causa de él (cp. Hch. 5:41), sabiendo que "todos los que quieren vivir piadosamente en Cristo Jesús padecerán persecución" (2 Ti. 3:12). El mayor gozo de los creyentes viene en el momento del mayor sacrificio, pues servir a Dios es el objetivo supremo de su existencia. El apóstol escribió antes en Filipenses: "[es] mi anhelo y esperanza de que en nada seré avergonzado; antes bien con toda confianza, como siempre, ahora también será magnificado Cristo en mi cuerpo, o por vida o por muerte. Porque para mí el vivir es Cristo, y el morir es ganancia" (1:20-21). Pocos años antes había escrito: "Porque ninguno de nosotros vive para sí, y ninguno muere para sí. Pues si vivimos, para el Señor vivimos; y si morimos, para el Señor morimos. Así pues, sea que vivamos, o que muramos, del Señor somos" (Ro. 14:7-8).

Por desdicha, muchos creyentes experimentan gozo casi de igual manera que el mundo. Si las circunstancias son favorables están felices; pero si no lo son, se entristecen y en ocasiones se resienten. Lo único que les trae gozo es aquello que favorece sus propios intereses y bienestar. En cambio, cuando los creyentes buscan hacer la voluntad del Padre y agradarle, reciben con gozo el sacrificio por Él. La razón por la que muchos creyentes conocen tan poco la clase de gozo que tenía Pablo es que desconocen la clase de sacrifició que él hizo.

A los creyentes egocéntricos y mundanos les resulta difícil entender cómo los misioneros pueden vivir durante años bajo condiciones primitivas, difíciles y muchas veces arriesgadas, y en medio de todo conservar el gozo. En todo eso se gozan porque, al igual que Pablo y los filipenses, presentan sus vidas como un continuo sacrificio a Dios. Han aprendido que cuanto más grande el sacrificio, mayor es el gozo. Tienen la misma actitud de Pedro y los otros apóstoles que, después de haber sido azotados y que se les ordenara "no [hablar] en el nombre de Jesús,… salieron de la presencia del concilio, gozosos de haber sido tenidos por dignos de padecer afrenta por causa del Nombre" (Hch. 5:40-41).

El servicio abnegado por Cristo es un sacrificio solo en el sentido de ser una ofrenda a Dios. De ninguna manera lo es en el sentido de una pérdida. Todo lo que un creyente sacrifica por el Señor será siempre sustituido por algo infinitamente más valioso y gratificante (cp. 2 Co. 4:17). Siempre es un intercambio de lo inferior por lo superior, respecto a lo cual Pablo escribió: "Y ciertamente, aun estimo todas las cosas como pérdida por la excelencia del conocimiento de Cristo Jesús, mi Señor, por amor del cual lo he perdido todo, y lo tengo por basura, para ganar a Cristo" (Fil. 3:8). Lo que él abandonó no era más que "basura"; lo que él ganó fue a Cristo y las inmensurables bendiciones de la salvación y la vida eterna (vv. 9-11). Esta realidad de la justificación se extiende a la santificación.

Pablo no solo es un modelo de servicio abnegado y desinteresado, sino también del gozo que ese servicio produce. Como escribió a los corintios: "lleno estoy de consolación; sobreabundo de gozo en todas nuestras tribulaciones" (2 Co. 7:4; cp. Ef. 3:13) y a los colosenses: "Ahora me gozo en lo que padezco por vosotros, y cumplo en mi carne lo que falta de las aflicciones de Cristo por su cuerpo, que es la iglesia" (Col. 1:24). A los tesalonicenses les dijo con certeza: "por ello, hermanos, en medio de toda nuestra necesidad y aflicción fuimos consolados de vosotros por medio de vuestra fe; porque ahora vivimos, si vosotros estáis firmes en el Señor. Por lo cual, ¿qué acción de gracias podremos dar a Dios por vosotros, por todo el gozo con que nos gozamos a causa de vosotros delante de nuestro Dios" (1 Ts. 3:7-9). De igual forma Santiago exhortó: "Hermanos míos, tened por sumo gozo cuando os halléis en diversas pruebas, sabiendo que la prueba de vuestra fe produce paciencia. Mas tenga la paciencia su obra completa, para que seáis perfectos y cabales, sin que os falte cosa alguna" (Stg. 1:2-4). Asimismo, Pedro aconsejó: "gozaos por cuanto sois participantes de los padecimientos de Cristo, para que también en la revelación de su gloria os gocéis con gran alegría" (1 P. 4:13).

Era pues con integridad y sinceridad que Pablo podía decir **me gozo y regocijo con todos vosotros**. *Sunchairō* (**me regocijo… con**) es una forma compuesta (y por tanto acentuada) del verbo precedente (*chairō*, **me gozo**) y describe una profunda reciprocidad en el propósito y el sentimiento. Lucas lo usó para describir a los vecinos y familiares de Elisabet que "se regocijaron con ella" por el nacimiento de Juan el Bautista (Lc. 1:58). Jesús lo utilizó para referirse al hombre que se regocijó al encontrar su oveja perdida (Lc. 15:6) y a la mujer que a su vez se gozó al encontrar la moneda que se le había perdido (15:9; cp. 1 Co. 12:26; 13:6). Ya que Pablo y los filipenses se habían sacrificado y servido juntos, podían regocijarse juntos. Usando la misma palabra (*sunchairō*) que acababa de escribir respecto a sí mismo, ahora los exhorta: **Y asimismo gozaos y regocijaos también vosotros conmigo.**

TIMOTEO: EL BENÉVOLO Y FIEL

Espero en el Señor Jesús enviaros pronto a Timoteo, para que yo también esté de buen ánimo al saber de vuestro estado; pues a ninguno tengo del mismo ánimo, y que tan sinceramente se interese por vosotros. Porque todos buscan lo suyo propio, no lo que es de Cristo Jesús. Pero ya conocéis los méritos de él, que como hijo a padre ha servido conmigo en el evangelio. Así que a éste espero enviaros, luego que yo vea cómo van mis asuntos; y confío en el Señor que yo también iré pronto a vosotros. (2:19-24)

El segundo ejemplo de siervo espiritual es Timoteo, el amado hijo de Pablo en la fe. Al igual que Pablo, su mentor y modelo, Timoteo es un ejemplo digno de imitar para otros creyentes.

Puesto que su cautiverio le impedía a Pablo ir a Filipos, esperaba **en el Señor**

Jesús (es decir, en la voluntad del Señor) enviarles **pronto a Timoteo**, para que él también estuviera **de buen ánimo al saber** del **estado** de los filipenses. La esperanza del apóstol no era un deseo vano, sino el anhelo profundo de su corazón. Como él nunca quería obrar aparte de la voluntad de su Maestro, su esperanza y deseo se conformaban al propósito del **Señor Jesús**. Sin duda alguna, Pablo oró con fervor para que el Señor lo guiara, y estaba decidido a ajustar o desechar sus propios planes si era necesario.

Timoteo era oriundo de Listra, una ciudad ubicada en la provincia de Galacia (parte de Turquía en la actualidad). Su madre, Eunice, era judía, y su padre era griego, quizás un pagano. Pablo lo guió a Cristo (1 Co. 4:17; 1 Ti. 1:2, 18; 2 Ti. 1:2), tal vez durante la visita del apóstol a Listra en su primer viaje misionero (Hch. 14:6-23). Su madre, y su abuela Loida, eran creyentes (2 Ti. 1:5) y habían instruido a Timoteo en el Antiguo Testamento (2 Ti. 3:15). El hecho de que no fue circuncidado en su infancia sugiere que su padre lo había educado en la cultura y saber griego. La combinación de su madurez espiritual y su herencia judeo-griega lo hacían especialmente apto para llevar el evangelio con Pablo al mundo gentil. A fin de que los judíos aceptaran más a Timoteo, en especial en Galacia donde lo conocían, Pablo lo circuncidó (Hch. 16:3). Ya en el momento de escribirse Filipenses, Timoteo había sido el compañero más fiel del apóstol por casi diez años.

Con gran afecto, Pablo se refirió a él como "verdadero hijo en la fe" (1 Ti. 1:2), "amado hijo" (2 Ti. 1:2), "mi hijo amado y fiel en el Señor" (1 Co. 4:17), "mi colaborador" (Ro. 16:21; 1 Ts. 3:2; cp. 1 Co. 16:10), "el hermano" (2 Co. 1:1; 1 Ts. 3:2; cp. He. 13:23), y, en esta carta, como un siervo de Jesucristo (Fil. 1:1). Timoteo estuvo con Pablo en Corinto (Hch. 18:5), fue enviado a Macedonia (19:22), y acompañó al apóstol en su viaje de regreso a Jerusalén (20:4). Se relaciona con Pablo en las cartas a los Romanos (Ro. 16:21), 2 Corintios (2 Co. 1:1), Filipenses (Fil. 1:1), Colosenses (Col. 1:1), 1 y 2 Tesalonicenses (1 Ts. 1:1; 2 Ts. 1:1), y Filemón (Flm. 1). Sirvió como mediador de Pablo en Corinto (1 Co. 4:17), Tesalónica (1 Ts. 3:2), Éfeso (1 Ti. 1:3-4) y Filipos (Fil. 2:19).

Timoteo era fiel y confiable en todo sentido y sin duda apto para ser un modelo que los filipenses pudieran imitar. Ellos lo conocían bien, ya que seguramente estuvo con Pablo en el momento de ser fundada la iglesia allí (cp. Hch. 16:3, 12-40). Por consiguiente, no es extraño que el apóstol insistiera en enviarles **pronto a Timoteo**. Luego, en este capítulo, Pablo explica sus intenciones en una corta frase: "Así que a éste espero enviaros, luego que yo vea cómo van mis asuntos" (v. 23). Algunos intérpretes creen que Pablo estaba expectante por saber si permanecería en prisión, si sería liberado, o ejecutado. Sin embargo, los pocos versículos que siguen señalan que él esperaba ser liberado y visitar en persona la iglesia de Filipos (2:24). Es posible que Timoteo ayudara en algún asunto crucial en la iglesia de Roma. Aunque el apóstol tenía la libertad de recibir visitantes y de predicar y enseñar sin impedimentos, no podía salir de su habitación, donde permanecía bajo constante vigilancia (Hch. 28:16, 23, 30-31). Pudo ser que Timoteo ayudara también a Pablo en la situación mencionada en 1:15-17.

La única razón específica por la cual Pablo dijo que enviaba a Timoteo era para estar **de buen ánimo al saber** del **estado** de los filipenses. A pesar de su expectiva de visitar pronto Filipos, Pablo esperaba que Timoteo alcanzara a verlos y que lo informara acerca de su situación antes de que liberaran al apóstol. Su confianza en que ese informe lo alentaría, revela que él esperaba las mejores noticias. Era característico de Pablo que se preocupara de esa manera. En el caso de la iglesia en Corinto, su preocupación era tan honda que no pudo concentrarse en el ministerio hasta no tener noticias de su situación (2 Co. 7:5-9).

Puesto que desaba que los filipenses aceptaran a Timoteo sin vacilar, Pablo les presentó una corta descripción de un siervo de Jesucristo consagrado (vv. 20-24). El apóstol subrayó siete características personales que los filipenses podrían imitar: Timoteo se parecía al apóstol, era benévolo, fiel, experimentado, sumiso, abnegado y servicial.

Primero, el carácter espiritual de Timoteo era similar al del apóstol. En muchos sentidos Timoteo era verdaderamente **del mismo ánimo**. Epafrodito (2:25-30) y otros predicadores y maestros en Roma eran fieles siervos del Señor, y Pablo los amaba y estimaba (cp. 1:14-17). De ninguna manera el apóstol los desestimaba con su comentario, pero **ninguno** era como Timoteo. Había sido instruido en las Escrituras desde la niñez por su madre y abuela (2 Ti. 1:5; 3:15) y gozaba de gran estima por parte de quienes lo conocían (Hch. 16:2). No obstante, el mayor crecimiento espiritual en la vida de Timoteo se produjo cuando empezó a viajar y a ministrar con Pablo. A excepción del Señor Jesucristo, no ha existido un mentor espiritual que se compare con Pablo. Timoteo tuvo el privilegio único y envidiable de ser el protegido del apóstol.

La palabra *isopsuchos*, que solo aparece aquí en el Nuevo Testamento, es un adjetivo compuesto por *isos* (igual) y *psuchē* (alma). Su significado literal es "de una misma alma" o "de un alma", y alude a personas que tienen espíritus afines o **del mismo ánimo**. La Septuaginta (la traducción griega del Antiguo Testamento) utiliza el término en el Salmo 55:13, donde David habla del "hombre, al parecer íntimo mío, mi guía, y mi familiar", que lamentablemente lo había traicionado.

La meta del verdadero discipulado es la imitación. Jesús dijo que si una persona ha sido discipulada plenamente, será como su maestro (Mt. 10:25). Con el paso del tiempo, Timoteo llegó a pensar como Pablo, a relacionarse con creyentes e incrédulos como Pablo, a examinar las ideas y las situaciones como Pablo, a confiar en el Señor como Pablo, y a orar como Pablo. Estos dos hombres de Dios eran similares en su alma, sus aspiraciones, sus objetivos y su celo. Pablo les dijo a los creyentes de Filipos lo que años antes había dicho a los de Corinto: "Por tanto, os ruego que me imitéis. Por esto mismo os he enviado a Timoteo, que es mi hijo amado y fiel en el Señor, el cual os recordará mi proceder en Cristo, de la manera que enseño en todas partes y en todas las iglesias" (1 Co. 4:16-17). De modo que en este caso, como en Corinto, hasta que Pablo pudiera volver a visitar Filipos, Timoteo era sin duda su mejor reemplazo. Él era el cumplimiento final del anhelo del apóstol de que otros creyentes fueran sus fieles imitadores, como lo era él de Jesucristo (1 Co. 11:1). No es extraño que Timoteo fuera tan amado y valioso para Pablo.

Timoteo también tenía la virtud de ser benévolo. Con plena confianza, Pablo podía asegurarles a los filipenses que Timoteo se interesaría **sinceramente por** ellos. El verbo *merimnaō* (**se interese por**) alude a un fuerte sentimiento por algo o alguien, con frecuencia hasta volverse preocupación. Jesús empleó el verbo para referirse a los afanes y ansiedades inútiles (cp. Mt. 6:25-28; 10:19; Lc. 10:41), y luego en esta carta se traduce "afanosos" (4:6). Sin embargo, Pablo lo usa aquí en un sentido positivo para referirse al gran interés de Timoteo por el bienestar de la iglesia filipense. Como su Señor, Pablo tenía "la [constante] preocupación por todas las iglesias" (2 Co. 11:28) y confiaba en que Timoteo sintiera lo mismo. Ellos eran verdaderos pastores, cuya mayor preocupación era el bienestar de sus ovejas.

Una tercera virtud que caracterizaba a Timoteo era su fidelidad, aquí enunciada de manera indirecta al compararlo con los líderes de la iglesia en Roma. Pablo lamenta la actitud egocéntrica y la falta de amor de esos líderes. **Buscan** es la traducción en tiempo presente del verbo *zēteō* y podría cambiarse a "buscar siempre". Debió resultar muy doloroso para Pablo tener que decir de ellos que solo **buscan lo suyo propio, no lo que es de Cristo Jesús**.

Aunque el evangelio era proclamado por varios hombres en Roma, a veces lo predicaban "por envidia y contienda… [y] por contención, no sinceramente" (1:15, 16). Con todo, Pablo se gozaba porque "de todas maneras, o por pretexto o por verdad, Cristo es anunciado" (v. 18). Parece que quienes predicaban de buena voluntad y por amor (vv. 15-16) ya se habían ido o permanecían en silencio. A pesar de la presencia de Pablo, muchos predicadores se habían vuelto carnales y egocéntricos. Ellos no eran apóstatas ni herejes, pero sin duda habían perdido su primer amor por Cristo y se habían vuelto egoístas (cp. Ap. 2:4). Ya no buscaban **lo de Cristo Jesús** sino **lo suyo propio**. A diferencia de Timoteo, ya no eran fieles, sino que se habían vuelto inconstantes y por ende inestables en su vida espiritual (Stg. 1:8). Un ejemplo era Demas, un colaborador confiable de Pablo en Roma (Col. 4:14; Flm. 24), quien acabó por abandonarlo (2 Ti. 4:10, 16). Seguro que los pocos hombres fieles que acompañaban a Pablo en Roma, como Lucas y Aristarco (Col. 4:10; Flm. 24), no estaban disponibles para viajar a Filipos. El apóstol dependía de su último colaborador confiable; el fiel Timoteo era el único en Roma que permanecía a su lado. Tal era la situación de Pablo en su último cautiverio en Roma. En su última carta a Timoteo, él dijo: "me abandonaron todos los que están en Asia" (2 Ti. 1:15) y llamó a Timoteo a permanecer fiel (2 Ti. 1:13). Al igual que Pablo, lo que más buscaba Timoteo cuando el apóstol escribió su carta era **lo que es de Cristo Jesús**.

Cuarto, Timoteo era experimentado. Pablo no tenía que convencer de esto a la iglesia de Filipos porque **ya** conocían sus **méritos**. **Ya conocéis los méritos** es la traducción de *dokimēn*, cuyo significado fundamental es examinar después de poner a prueba. Al emplearse en relación con una persona, describía un carácter probado o de valor comprobado. Pablo usó la forma verbal en numerosas ocasiones al exhortar a los creyentes a "[comprobar] cuál sea la buena voluntad de Dios, agradable y perfecta" (Ro. 12:2), y a probarse "a sí mismo" (1 Co. 11:28; cp. 2 Co. 13:5; Gá. 6:4). Los creyentes deben "[examinarlo] todo; [retener] lo bueno, [abstenerse] de toda especie de mal" (1 Ts. 5:21) y "[probar] los espíritus si son de Dios" (1 Jn. 4:1). Pablo también empleó el término en relación con la prueba del Señor sobre los creyentes: "Según fuimos aprobados por Dios para que se nos confiase el evangelio, así hablamos; no como para agradar a los hombres, sino a Dios, que prueba nuestros corazones" (1 Ts. 2:4; cp. 1 Co. 3:13; 1 P. 1:7). Pablo habló muy favorablemente de un hermano sin mencionar su nombre, "cuya diligencia hemos comprobado repetidas veces en muchas cosas" (2 Co. 8:22), y mandó que los diáconos "también sean sometidos a prueba primero, [para ver] si son irreprensibles" (1 Ti. 3:10).

Timoteo había sido probado muchas veces en su servicio al Señor. Cuando los alborotadores de Tesalónica expulsaron a Pablo de Berea, a Timoteo y a Silas se les encomendó permanecer y continuar la obra allí (Hch. 17:14). De igual manera, "después de recorrer Macedonia y Acaya... [él envió] a Macedonia a dos de los que le ayudaban, Timoteo y Erasto" (Hch. 19:21-22). Poco después, Timoteo acompañó al apóstol y a otros en su regreso a Macedonia (20:3-4), donde Filipos era una ciudad principal. Pablo pudo haber escrito 2 Corintios desde Filipos (cp. 2 Co. 11:9; Fil. 4:15) y en la introducción a esa carta envía saludos del "hermano Timoteo" (2 Co. 1:1). La iglesia en Filipos conocía bien a Timoteo y había gozado de su fiel servicio durante muchos años.

La quinta virtud de Timoteo mencionada aquí era su sujeción. Al igual que Pablo, con quien servía Timoteo, el joven era obediente al Señor. *Douleuō* (**ha servido**) se empleaba para muchos tipos de servicio, incluso el servicio al dinero (Mt. 6:24), a un amo (1 Ti. 6:2), a un padre (Lc. 15:29), a una nación conquistadora (Hch. 7:7; cp. Jn. 8:33), y el servicio recíproco de los creyentes (Gá. 5:13). También es uno de los verbos más usados en el Nuevo Testamento para hablar del servicio al Señor (cp. Hch. 20:19; Ro. 12:11; 14:18; Col. 3:24), con frecuencia en contraste con el servicio a otros y a las cosas, como sucede en la ley mosaica (Ro. 7:6), la ley del pecado (Ro. 7:25), y los deseos pecaminosos (Ro. 16:18; Tit. 3:3). Como dice claramente la siguiente frase ("en el evangelio"), **ha servido** se refiere aquí al servicio al Señor.

Es importante notar que Pablo no habla del servicio personal de Timoteo hacia él, si bien era notable. Timoteo era completamente obediente a Pablo, como un apóstol, un padre espiritual, y un modelo incomparable de piedad. Sin embargo, Pablo deja claro que este servicio en particular no era para él, sino con él. Ellos servían al Señor juntos en un compañerismo amoroso y no competitivo. Pablo era indudablemente el mayor y Timoteo el menor, sumiso. No obstante, ambos eran "siervos de Jesucristo" (Fil. 1:1), "[haciendo] la obra del Señor" juntos (1 Co. 16:10). Timoteo no solo era compañero de Pablo, sino también el "servidor de Dios y colaborador nuestro en el evangelio de Cristo" (1 Ts. 3:2).

La sexta virtud de Timoteo era su disposición a sacrificarse, lo cual está implícito en su ministerio con Pablo **que como hijo a padre ha servido [con él] en el evangelio**. Desde el momento en que el apóstol lo escogió para servir a su lado, Timoteo renunció a toda iniciativa personal que tuviera para su vida. Él empezó una aventura permanente que resultaría en mucho fruto y satisfacción espiritual, aunque también sufrimiento y sacrificio.

Al igual que Pablo, Timoteo consideraba que tenía la obligación de predicar a Cristo a todos, consciente de que el evangelio "es poder de Dios para salvación a todo aquel que cree; al judío primeramente, y también al griego" (Ro. 1:14-16). Él también "[se propuso] no saber… cosa alguna sino a Jesucristo, y a éste crucificado" (1 Co. 2:2), estaba dispuesto "a ser espectáculo al mundo, a los ángeles y a los hombres", a ser considerado "[insensato] por amor de Cristo", y a padecer hambre y sed, a tener vestiduras humildes, a ser maltratado, a no tener vivienda, a ser vilipendiado, perseguido y calumniado, a "ser hasta ahora como la escoria del mundo, el desecho de todos" (1 Co. 4:9-13). Él podía decir francamente con Pablo: "No nos predicamos a nosotros mismos, sino a Jesucristo como Señor, y a nosotros como vuestros siervos por amor de Jesús", y junto con Pablo estaban "atribulados en todo, mas no angustiados; en apuros, mas no desesperados; perseguidos, mas no desamparados; derribados, pero no destruidos; llevando en el cuerpo siempre por todas partes la muerte de Jesús, para que también la vida de Jesús se manifieste en nuestros cuerpos" (2 Co. 4:5, 8-10). El Señor también le había confiado "el ministerio de la reconciliación" como un embajador para Cristo (2 Co. 5:18, 20). Y al igual que Pablo, terminó encarcelado por su fe (He. 13:23). Por causa de su Señor, él dejó su casa y su madre y abuela piadosas. No existe evidencia en las Escrituras de que se haya casado, tenido hijos, y experimentado las dichas de la vida familiar. Él podía realmente unirse a la declaración de Pablo a los ancianos en Éfeso: "Pero de ninguna cosa hago caso, ni estimo preciosa mi vida para mí mismo, con tal que acabe mi carrera con gozo, y el ministerio que recibí del Señor Jesús, para dar testimonio del evangelio de la gracia de Dios" (Hch. 20:24).

La séptima virtud de Timoteo era su disponibilidad para el servicio, una característica implícita en las demás. Debido a que estaba tan preparado para el servicio, Pablo podía afirmar sin vacilar: **Así que a éste espero enviaros, luego**.

Al decir **luego**, el apóstol explicó que primero quería **[ver] cómo van [sus] asuntos**. Como se vio en el estudio del versículo 21, él todavía requería la ayuda de Timoteo por más tiempo.

El contexto deja claro que Timoteo estaba dispuesto a hacer lo que Pablo le pidiera. Él no tenía sus propios planes. Para él, estar al servicio de Dios significaba esencialmente serle útil al apóstol del Señor. Quedarse o irse era decisión exclusiva de Pablo, no suya. Debió haber sido una lucha para este joven inteligente, vigoroso, talentoso y dotado romper continuamente relaciones con familiares, amigos y compañeros. Para la mayoría de las personas, especialmente tan capaces, sería impensable estar a la entera disposición de alguien y servirlo. Sin embargo, Timoteo era precisamente esa clase de siervo dispuesto, confiable y gozoso para Pablo en su servicio conjunto a Jesucristo. Él estaba dispuesto a darlo todo según el parecer de su amado amigo y apóstol.

Luego Pablo agregó: **Y confío en el Señor que yo también iré pronto a vosotros**. Él no desestimó el valor de su ministración en persona a la iglesia de Filipos. Sin embargo, pudiera hacerlo o no, es evidente que confiaba absolutamente en Timoteo.

Timoteo tenía flaquezas personales. A pesar de su llamado divino y de sus dones espirituales (1 Ti. 4:14), al parecer carecía de confianza en sí mismo debido a su juventud (1 Ti. 4:12). Era tentado por pasiones juveniles. En su segunda carta a él, el apóstol advierte: "Así que, si alguno se limpia de estas cosas, será instrumento para honra, santificado, útil al Señor, y dispuesto para toda buena obra. Huye también de las pasiones juveniles, y sigue la justicia, la fe, el amor y la paz, con los que de corazón limpio invocan al Señor" (2 Ti. 2:21-22). Parece que Timoteo se encontraba en ese momento en un decaimiento en su vida personal y ministerio. Había experimentado victorias y derrotas, satisfacción y desilusión, felicidad y tristeza. Sin embargo, él atendió el consejo de Pablo: "Pero persiste tú en lo que has aprendido y te persuadiste, sabiendo de quién has aprendido… que prediques la palabra; que instes a tiempo y fuera de tiempo; redarguye, reprende, exhorta con toda paciencia y doctrina… Pero tú sé sobrio en todo, soporta las aflicciones, haz obra de evangelista, cumple tu ministerio" (2 Ti. 3:14; 4:2, 5).

EPAFRODITO: EL INTRÉPIDO AMOROSO

Mas tuve por necesario enviaros a Epafrodito, mi hermano y colaborador y compañero de milicia, vuestro mensajero, y ministrador de mis necesidades; porque él tenía gran deseo de veros a todos vosotros, y gravemente se angustió porque habíais oído que había enfermado. Pues en verdad estuvo enfermo, a punto de morir; pero Dios tuvo misericordia de él, y no solamente de él, sino también de mí, para que yo no tuviese tristeza sobre tristeza. Así que le envío con mayor solicitud, para que al verle de nuevo, os gocéis, y yo esté con menos

tristeza. Recibidle, pues, en el Señor, con todo gozo, y tened en estima a los que son como él; porque por la obra de Cristo estuvo próximo a la muerte, exponiendo su vida para suplir lo que faltaba en vuestro servicio por mí. (2:25-30)

El tercer modelo de siervo espiritual mencionado en 2:17-30 es **Epafrodito**, otro protegido y colaborador de Pablo. Él no era un apóstol ni líder espiritual como Pablo, ni siquiera un diácono como Timoteo, según se sabe. No se mencionan obras sobresalientes realizadas por él. Nada se sabe de su familia, su historia personal, su conversión, el tiempo que llevaba como creyente, o sus funciones específicas en las iglesias de Filipos, Roma, o las demás.

El nombre **Epafrodito** significa "el que pertenece a", o "el favorecido de Afrodita", la diosa griega del amor (a quien los romanos llamaban Venus), lo cual indica que, al igual que Timoteo, tal vez había nacido y sido educado en la cultura griega. El nombre era común, y con el tiempo significó "amoroso", o "hermoso". Aunque se acostumbraba abreviar el nombre **Epafrodito** con Epafras, no hay evidencia de que se tratara del hombre mencionado en Colosenses 1:7 y 4:12. Su nivel de servicio sacrificado al Señor es especialmente instructivo y alentador para el creyente a quien los ejemplos de grandes predicadores y pastores como Pablo y Timoteo podrían parecerle inalcanzables. Él constituye un ejemplo del espíritu de sacrificio por causa de Cristo donde no hay aplauso público, ni distinción, ni cargos de importancia, ni grandes talentos o dones. Él no era un predicador, maestro o líder destacado, y aún así su ejemplo parece ser más relevante y alcanzable.

El hecho de que los filipenses eligieran a **Epafrodito** para llevar su ofrenda a Pablo y servirle (Fil. 2:25; 4:18), demuestra que lo tenían en gran estima y confiaban en él. A pesar de que no tenía un cargo oficial en la iglesia de ellos, sabían que cumplía con las elevadas normas morales y espirituales del apóstol. Tenía alma de siervo, e iba dispuesto a Roma para ayudar a Pablo de cualquier forma y durante el tiempo que él lo necesitara.

El hecho de que estuviera dispuesto a ir a Roma mientras Pablo seguía encarcelado, también demuestra gran valor (cp. 2 Ti. 1:16-17). Aunque al apóstol le permitían vivir en su propia habitación y gozaba de libertad ilimitada para recibir visitantes (Hch. 28:30-31), **Epafrodito** entendió que esta situación podía cambiar en cualquier momento. Si el César decidía que Pablo era una verdadera amenaza para él como lo indicaban los cargos en su contra, no dudaría en ordenar su inmediata ejecución. Eso pondría a los colaboradores de Pablo en peligro de arresto, cautiverio, y quizá de ejecución. **Epafrodito** sabía que el riesgo que estaba tomando era real.

Después de comentar su intención de enviar a **Epafrodito** de regreso a Filipos, Pablo presenta primero cinco títulos que revelan el carácter de este hombre (v. 25) y luego menciona varias razones para enviarlo de regreso (vv. 26-30).

SUS TÍTULOS

Mas tuve por necesario enviaros a Epafrodito, mi hermano y colaborador y compañero de milicia, vuestro mensajero, y ministrador de mis necesidades; (2:25)

Los tres primeros títulos (que empiezan por la palabra **mi**) corresponden a la relación de Epafrodito con el apóstol mismo: **hermano y colaborador y compañero de milicia**. Los dos últimos (que empiezan con la palabra vuestro) apuntan a su relación con la iglesia en Filipos: mensajero, y ministrador.

Al emplear el pronombre posesivo **mi**, Pablo manifestó una relación profunda y afectuosa con este hombre extraordinario. El apóstol era el líder más amado y respetado en la iglesia primitiva. Con todo, se dignó llamar a un creyente común y prácticamente desconocido no solo su **hermano**, sino también su **colaborador y compañero de milicia** al servicio del Señor.

Ante todo, **Epafrodito**, al igual que todos los demás creyentes, era **hermano** espiritual de Pablo, un hijo de Dios. Sin embargo, los dos hombres también se habían convertido en hermanos en el sentido de tener un profundo afecto personal hacia el otro. Ellos habían desarrollado una amistad y compañerismo constantes al servir juntos al Señor.

Segundo, **Epafrodito** era **colaborador** de Pablo, y eso resalta su esfuerzo espiritual conjunto además de la vida espiritual que compartían. *Sunergos* (**colaborador**) es un término característico de Pablo. De sus trece apariciones en el Nuevo Testamento solo una (3 Jn. 8) no es de Pablo. En cada caso encierra la idea de un compañerismo afectuoso, no una simple relación impersonal y oficial (cp. Ro. 16:9, 21; Col. 4:11; 1 Ts. 3:2; Flm. 24). En dos ocasiones Pablo incluye específicamente a mujeres piadosas entres sus colaboradores: Prisca (o Priscila, Ro. 16:3) y Evodia y Síntique, dos miembros piadosos pero conflictivos de la iglesia en Filipos que habían "[combatido] juntamente [con Pablo] en el evangelio" (Fil. 4:2-3). En 1 Corintios, él llama a todos los creyentes "colaboradores de Dios" (1 Co. 3:9).

Tercero, **Epafrodito** era el **compañero de milicia** de Pablo, lo cual alude a sus luchas juntos combatiendo los enemigos espirituales comunes. **Compañero de milicia** es la traducción del sustantivo griego compuesto *sustratiōtēs* (que solo aparece en dos ocasiones en el Nuevo Testamento; cp. Flm. 2), y que está formado por *sun* ("con") y *stratiōtēs*, la palabra que por lo general describe a un soldado (cp. Mt. 8:9; 28:12; Jn. 19:2, 23; Hch. 10:7; 12:6). Pablo estaba encadenado a un *stratiōtēs* en Roma cuando escribió Filipenses (Hch. 28:16). Al usar la palabra en sentido metafórico, Pablo exhortó a Timoteo a sufrir penalidades "como buen soldado de Jesucristo" (2 Ti. 2:3). El apóstol no consideraba a **Epafrodito** un subordinado sino, en humildad, un guerrero espiritual al servicio del Señor Jesucristo.

En la segunda serie de títulos, **Epafrodito** es llamado **mensajero y ministrador de mis necesidades**. Como ya se mencionó, la palabra **vuestro** señala su relación con la iglesia de Filipos y la obra de él desde la perspectiva de ellos. Ahora Pablo tenía **por necesario** enviar de regreso a Filipos al amado hermano, colaborador y compañero de milicia que con tanto amor ellos le habían enviado.

Apostolos puede referirse a un **mensajero** común, como en este caso. El término se usa para el cargo de apóstol, que tenían los doce (entre ellos Matías; Hch. 1:21-26) y Pablo (cp. Ro. 1:1; Gá. 1:1, 19; Ef. 1:1). Eran hombres que habían visto al Señor resucitado y a quienes Él escogió directamente. De una manera completamente excepcional, Jesús es "el apóstol [*apostolon*] y sumo sacerdote de nuestra profesión" (He. 3:1). *Apostolos* también describe mensajeros especiales que eran escogidos y enviados por las iglesias (cp. Hch. 14:14; 2 Co. 8:23). Sin duda alguna **Epafrodito** era uno de ellos, enviado a Roma por la iglesia filipense.

Epafrodito era también un **ministrador** enviado desde Filipos para atender las necesidades de Pablo. *Leitourgos* es una de las palabras griegas que en ocasiones se traduce *ministrador* en el Nuevo Testamento. De nuevo, es el término que da origen a *liturgia*. Sin embargo, tiene un amplio margen de significados y aplicaciones. Los antiguos griegos lo usaban para referirse a un oficial público tan dedicado a sus deberes que los desempeñaba por cuenta propia. Con frecuencia el término describía la realización de un servicio que revestía especial importancia, y un *leitourgos* gozaba por ende del respeto y la estima de sus conciudadanos. Pablo describe a los gobernadores humanos en general como "servidores [*leitourgoi*] de Dios" (Ro. 13:6), a quienes se les debe respeto y obediencia (vv. 1-5, 7).

En el Nuevo Testamento, *leitourgos* alude principalmente al servicio al Señor. Pablo habló de sí mismo como "ministro de Jesucristo a los gentiles, ministrando el evangelio de Dios" (Ro. 15:16). El autor de Hebreos llama a los santos ángeles de Dios "sus ministros" (He. 1:7) e incluso se refiere a Jesucristo como "ministro del santuario, y de aquel verdadero tabernáculo" (8:2). El hecho de que Pablo llamara a **Epafrodito** un **ministrador** era por cierto un gran elogio. **Epafrodito** era en sí el más valioso don que recibió Pablo de Filipos; un humilde siervo abnegado, incansable, y excelente.

Por ese motivo debió resultar muy difícil para Pablo enviar de regreso a este amado **hermano, colaborador, compañero de milicia, mensajero** y **ministrador**. Y en vista de que la iglesia había enviado a **Epafrodito** para que permaneciera con el apóstol y lo sirviera por tiempo indefinido, Pablo sentía la obligación de explicarles el motivo de su regreso. Él expone estas razones en los versículos 26-30.

LOS MOTIVOS DE PABLO PARA ENVIAR DE REGRESO A EPAFRODITO

porque él tenía gran deseo de veros a todos vosotros, y gravemente se angustió porque habíais oído que había enfermado. Pues en verdad estuvo enfermo, a punto de morir; pero Dios tuvo misericordia de él, y no solamente de él, sino también de mí, para que yo no tuviese tristeza sobre tristeza. Así que le envío

con mayor solicitud, para que al verle de nuevo, os gocéis, y yo esté con menos tristeza. Recibidle, pues, en el Señor, con todo gozo, y tened en estima a los que son como él; porque por la obra de Cristo estuvo próximo a la muerte, exponiendo su vida para suplir lo que faltaba en vuestro servicio por mí. (2:26-30)

No era que Epafrodito estuviera cansado de servirle a Pablo. Tampoco que sintiera nostalgia o inquietud por el cambio de labor o de ambiente. Tampoco temía el daño que pudiera sufrir al permanecer más tiempo con el apóstol. Los títulos que Pablo le otorgó demuestran que era un trabajador fiel que nunca dejaría una obra incompleta, y un soldado leal que nunca dejaría su puesto por causa del peligro.

Sin embargo, Epafrodito **tenía gran deseo de** ver **a todos** sus hermanos en Filipos, **y gravemente se angustió porque** habían **oído que había enfermado**. A él no le preocupaba su propia situación o bienestar, sino la de los filipenses. **Se angustió** traduce una forma del participio del verbo *adēmoneō*, el cual alude a una angustia y ansiedad profundas, o perturbación emocional. Tanto Mateo como Marcos lo usaron para describir la angustia de Jesús en el momento de orar en el huerto de Getsemaní. Él "comenzó a entristecerse y a angustiarse [*adēmonein*] en gran manera", hasta el punto de decirles a Pedro, Jacobo y Juan: "Mi alma está muy triste, hasta la muerte" (Mt. 26:37-38; cp. Mr. 14:33-34). Él oró con tal agonía que "era su sudor como grandes gotas de sangre que caían hasta la tierra" (Lc. 22:44).

La angustia de Epafrodito no era tan extrema, si bien era muy real y profunda. Sin quererlo, pudo llegar a distraerse hasta tal punto de serle menos útil a Pablo. Su corazón se angustió al saber que los creyentes en Filipos habían **oído que había enfermado** y estaban preocupados por él. Él no se mostró aprensivo con respecto a su enfermedad que había puesto en riesgo su vida, ¡sino más bien estaba angustiado por la angustia de ellos! *Astheneō* (**estuvo enfermo**) traduce un verbo compuesto de la partícula negativa *a* y *sthenos* ("fuerza") y su significado literal es "sin fuerza". Se empleaba para describir diversas clases y grados de debilidad. Algunos sustantivos afines se empleaban para referirse a debilidad física general (2 Co. 12:10) y también a debilidad espiritual (Mt. 26:41). Pablo incluso empleó *astheneō* para describir la incapacidad de la ley mosaica para producir justicia por causa de la pecaminosidad de la carne (Ro. 8:3).

Sin embargo, *astheneō* se usaba por lo general para referirse a la enfermedad física. Y en el Nuevo Testamento, para señalar las enfermedades que sanó milagrosamente Jesús (cp. Mr. 6:56; Lc. 4:40; Jn. 5:3; 11:2-3), los discípulos (Mt. 10:8) y los apóstoles después de Pentecostés (cp. Hch. 9:37; 19:12).

Los filipenses tenían motivos suficientes para preocuparse por la salud de Epafrodito, **pues en verdad estuvo enfermo y a punto de morir.** Si **Dios** no hubiera tenido **misericorida de él**, habría muerto. Es interesante que, a pesar de haber ejercido antes el don de sanidad (cp. Hch. 28:8), es evidente que Pablo no se sirvió de él para sanar a Epafrodito, quizá porque el período de señales apostólicas milagrosas casi había llegado a su fin (cp. 2 Ti. 4:20).

El hecho de que Dios permita que una persona siga viva es siempre una demostración de su **misericordia**, porque "la paga del pecado es muerte" (Ro. 6:23) y todo ser humano es pecador (Ro. 3:23). Los dos ciegos que le rogaron a Jesús que los sanara reconocieron que su única esperanza era la misericordia divina. Su primer clamor, de hecho, fue por misericordia, no por sanidad (Mt. 9:27). De igual forma, los diez leprosos clamaron primero al Señor: "¡Jesús, Maestro, ten misericordia de nosotros!" (Lc. 17:12-13). También la mujer cananea (Mt. 15:22), el hombre con el hijo atormentado (Mt. 17:15), y el mendigo ciego Bartimeo (Mr. 10:47; Lc. 18:39) le pidieron primero a Jesús misericordia.

La sanidad que obró Dios en Epafrodito no solo era un bien evidente para él sino también para Pablo, quien escribió que **Dios tuvo misericordia de él, y no solamente de él, sino también de mí**. Junto con los filipenses, Pablo hubiera tenido **tristeza sobre tristeza** en caso de que Epafrodito muriera. Pablo no se hubiera entristecido como los incrédulos "que no tienen esperanza" (1 Ts. 4:13), pero la muerte de Epafrodito le habría causado una pena real, profunda y duradera.

A pesar de la pérdida que significaba para él enviar de regreso a Epafrodito, Pablo escribió con gozo: **Así que le envío con mayor solicitud, para que al verle de nuevo, os gocéis, y yo esté con menos tristeza**. Los filipenses no le habían pedido que les enviara de nuevo a Epafrodito. Su regreso fue idea de Pablo y se realizó únicamente por iniciativa suya. Él sabía que su pérdida sería ganancia para ellos. No obstante, su felicidad al tener a Epafrodito de regreso entre ellos consolaría al apóstol. Tal es el admirable poder y recompensa del amor desinteresado. De hecho, Pablo, Epafrodito y los creyentes en Filipos sentían "lo mismo, [tenían] el mismo amor, unánimes, [sentían] una misma cosa", nada hacían "por contienda o por vanagloria; antes bien con humildad", y estimaban "cada uno a los demás como superiores" a ellos mismos, y "no [miraban] cada uno por lo suyo propio, sino cada cual también por lo de los otros" (Fil. 2:2-4). Con total desprendimiento Pablo exhortó a los filipenses: **Recibidle, pues, en el Señor, con todo gozo**.

Prosdechomai (**recibidle**) se refiere a la aceptación gozosa y favorable. Los fariseos y escribas lo usaron en tono despectivo al murmurar de Jesús porque recibía y comía con quienes ellos consideraban viles pecadores (Lc. 15:2). La raíz (*dechomai*) tiene la misma connotación. Jesús la usó para describir la manera de recibir a los creyentes fieles que son como niños (Mt. 18:5), a los predicadores fieles del evangelio (Mt. 10:14) y el evangelio mismo (Lc. 8:13; cp. Hch. 8:14; 17:11). *Prosdechomai* describe cómo Febe, hermana de Pablo en el Señor y que ayudó "a muchos", debía ser recibida por la iglesia en Roma (Ro. 16:1-2) y cómo la iglesia en Filipos debía acoger ahora al honorable Epafrodito: **en el Señor, con todo gozo**. Más aún, los filipenses debían tener **en estima a los que son como él;**

porque por la obra de Cristo estuvo próximo a la muerte, exponiendo su vida para suplir lo que faltaba a la iglesia filipense en su **servicio por** Pablo.

Exponiendo es la traducción de una forma del participio de *paraboleuomai*, que significa literalmente "desechar". Habla de exponer el bienestar personal de manera voluntaria y ponerse a sí mismo en riesgo. Se usaba a veces para hablar de juegos de azar, y por eso el título de esta sección se refiere a Epafrodito como el "intrépido amoroso". Pasando completamente por alto su propio bienestar, él arriesga de continuo su vida **por la obra de Cristo**.

Poco después de la época neotestamentaria, un grupo de cristianos se unió para formar una asociación a la que llamaron *Parabolani*, que significa "Los intrépidos". Basándose en el ejemplo de Epafrodito, visitaban prisioneros y ministraban a los enfermos, especialmente a quienes padecían enfermedades peligrosas y contagiosas y que no recibían ayuda. Ellos proclamaban con valentía el evangelio de Jesucristo dondequiera que iban (William Barclay, *The Letters to the Philippians, Colossians, and Thessalonians* [Las cartas a los filipenses, colosenses y tesalonicenses] [ed. rev., Louisville, Ky.: Westminster, 1975], p. 50).

Cuando la ciudad de Cartago, en la costa mediterránea del norte de África, sufrió una terrible plaga en el 252 d.C., los habitantes paganos estaban tan asustados de contagiarse que incluso rehusaban tocar los cadáveres para enterrarlos. Cipriano, obispo de la iglesia allí, guió a los cristianos en el peligroso y arduo ministerio de ayudar a los enfermos y moribundos, y de enterrar miles de cuerpos. La influencia espiritual de ese testimonio silencioso pero poderoso en sus vecinos incrédulos y hostiles fue sin duda inconmensurable (Barclay, p. 50).

Tal vez Pablo jugaba aquí con el nombre Epafrodito, el cual, como se indicó, significa "favorecido de Afrodita". Ya que era la diosa del juego y también del amor, los hombres solían gritar "Epafrodito" para lanzar el dado, con la esperanza de recibir su favor. En evidente contraste con esos hombres, el amado hermano, colaborador y compañero de milicia de Pablo estuvo **exponiendo su vida** por algo infinitamente más valioso que el dinero. Su vida enfrentaba muchos riesgos, pero no era un juego de azar. Sin reservas él podía testificar sinceramente con Pablo: "Cuantas cosas eran para mí ganancia, las he estimado como pérdida por amor de Cristo. Y ciertamente, aun estimo todas las cosas como pérdida por la excelencia del conocimiento de Cristo Jesús, mi Señor, por amor del cual lo he perdido todo, y lo tengo por basura, para ganar a Cristo" (Fil. 3:7-8).

Pablo, Timoteo y Epafrodito eran tres personas diferentes: Pablo el líder osado y valiente; Timoteo, su colaborador ecuánime y consagrado; Epafrodito, un trabajador diligente y anónimo. Sin embargo, los tres manifestaron el rasgo más importante de un líder piadoso: una vida digna de ser imitada.

14

Los rasgos distintivos de los verdaderos creyentes

Por lo demás, hermanos, gozaos en el Señor. A mí no me es molesto el escribiros las mismas cosas, y para vosotros es seguro. Guardaos de los perros, guardaos de los malos obreros, guardaos de los mutiladores del cuerpo. Porque nosotros somos la circuncisión, los que en espíritu servimos a Dios y nos gloriamos en Cristo Jesús, no teniendo confianza en la carne. (3:1-3)

Las buenas nuevas del perdón y la vida eterna constituyen el centro del Nuevo Testamento. Mateo, Marcos, Lucas y Juan relatan el ministerio de Cristo, que vino "a buscar y a salvar lo que se había perdido" (Lc. 19:10). Hechos narra la expansión del evangelio a lo largo y ancho del mundo romano. Las Epístolas revelan el abundante contenido teológico del evangelio. También exhortan a los creyentes a practicar la santidad que el evangelio exige. Apocalipsis relata el triunfo final del evangelio en la consumación de la historia humana.

Sin embargo, la presentación del evangelio incluye un tema muy relacionado e inquietante. Después de haber proclamado la verdad del evangelio, los escritores del Nuevo Testamento se preocupan porque las personas no sean engañadas en cuanto a la autenticidad de su salvación. Así pues, el Nuevo Testamento no cesa de instar a los creyentes a examinarse a sí mismos y asegurarse de la autenticidad de su fe.

El primero que planteó la preocupación por la autenticidad de la salvación en el Nuevo Testamento fue el precursor del Mesías, Juan el Bautista. En un estilo que parece ofensivo en nuestra época donde abundan las formas "cómodas" de presentar el evangelio, Juan confrontó con valentía los falsos creyentes de su tiempo: "Al ver él que muchos de los fariseos y de los saduceos venían a su bautismo, les decía: ¡Generación de víboras! ¿Quién os enseñó a huir de la ira venidera? Haced, pues, frutos dignos de arrepentimiento" (Mt. 3:7-8).

En uno de los pasajes más solemnes de la Biblia, Jesús advirtió:

No todo el que me dice: Señor, Señor, entrará en el reino de los cielos, sino el que hace la voluntad de mi Padre que está en los cielos. Muchos me dirán en aquel día: Señor, Señor, ¿no profetizamos en tu nombre, y en tu nombre echamos fuera demonios, y en tu nombre hicimos muchos milagros? Y entonces les declararé: Nunca os conocí; apartaos de mí, hacedores de maldad (Mt. 7:21-23).

Luego, Jesús reiteró su advertencia en una parábola:

Y les habló muchas cosas por parábolas, diciendo: He aquí, el sembrador salió a sembrar. Y mientras sembraba, parte de la semilla cayó junto al camino; y vinieron las aves y la comieron. Parte cayó en pedregales, donde no había mucha tierra; y brotó pronto, porque no tenía profundidad de tierra; pero salido el sol, se quemó; y porque no tenía raíz, se secó. Y parte cayó entre espinos; y los espinos crecieron, y la ahogaron. Pero parte cayó en buena tierra, y dio fruto, cuál a ciento, cuál a sesenta, y cuál a treinta por uno. El que tiene oídos para oír, oiga (Mt. 13:3-9).

En su explicación privada de la parábola ante sus discípulos, su mensaje quedó completamente claro. No todos los que reciben el evangelio son en realidad salvos:

Oíd, pues, vosotros la parábola del sembrador: Cuando alguno oye la palabra del reino y no la entiende, viene el malo, y arrebata lo que fue sembrado en su corazón. Este es el que fue sembrado junto al camino. Y el que fue sembrado en pedregales, éste es el que oye la palabra, y al momento la recibe con gozo; pero no tiene raíz en sí, sino que es de corta duración, pues al venir la aflicción o la persecución por causa de la palabra, luego tropieza. El que fue sembrado entre espinos, éste es el que oye la palabra, pero el afán de este siglo y el engaño de las riquezas ahogan la palabra, y se hace infructuosa. Mas el que fue sembrado en buena tierra, éste es el que oye y entiende la palabra, y da fruto; y produce a ciento, a sesenta, y a treinta por uno (Mt. 13:18-23).

Simón el mago es un ejemplo clásico de un falso creyente. Él escuchó la proclamación del evangelio que hizo Felipe, y fingió creer:

Pero había un hombre llamado Simón, que antes ejercía la magia en aquella ciudad, y había engañado a la gente de Samaria, haciéndose pasar por algún grande. A éste oían atentamente todos, desde el más pequeño hasta el más grande, diciendo: Este es el gran poder de Dios. Y le estaban atentos, porque con sus artes mágicas les había engañado mucho tiempo. Pero cuando creyeron a Felipe, que anunciaba el evangelio del reino de Dios y el nombre de Jesucristo, se bautizaban hombres y mujeres. También creyó Simón mismo, y habiéndose bautizado, estaba siempre con Felipe; y viendo las señales y grandes milagros que se hacían, estaba atónito (Hch. 8:9-13).

Según las apariencias, la conversión de Simón fue real. Él hizo una profesión de fe, se identificó públicamente con Jesucristo en el bautismo, e incluso "estaba siempre con Felipe" (Hch. 8:13). Sin embargo, todo no era como parecía, como lo evidencia su encuentro con Pedro y Juan:

Cuando los apóstoles que estaban en Jerusalén oyeron que Samaria había recibido la palabra de Dios, enviaron allá a Pedro y a Juan; los cuales, habiendo venido, oraron por ellos para que recibiesen el Espíritu Santo; porque aún no había descendido sobre ninguno de ellos, sino que solamente habían sido bautizados en el nombre de Jesús. Entonces les imponían las manos, y recibían el Espíritu Santo. Cuando vio Simón que por la imposición de las manos de los apóstoles se daba el Espíritu Santo, les ofreció dinero, diciendo: Dadme también a mí este poder, para que cualquiera a quien yo impusiere las manos reciba el Espíritu Santo. Entonces Pedro le dijo: Tu dinero perezca contigo, porque has pensado que el don de Dios se obtiene con dinero. No tienes tú parte ni suerte en este asunto, porque tu corazón no es recto delante de Dios. Arrepiéntete, pues, de esta tu maldad, y ruega a Dios, si quizá te sea perdonado el pensamiento de tu corazón; porque en hiel de amargura y en prisión de maldad veo que estás. Respondiendo entonces Simón, dijo: Rogad vosotros por mí al Señor, para que nada de esto que habéis dicho venga sobre mí (Hch. 8:14-24).

Es trágico ver que hasta la petición de Simón de que Pedro orara por él no revela un corazón arrepentido. Él no buscaba perdón (o hubiera orado él mismo), sino el simple alivio de las consecuencias temporales de su pecado. La tradición de la iglesia primitiva nombra a Simón como el fundador de lo que llegó a ser más adelante el gnosticismo, y relata sus pretensiones blasfemas de deidad (Harold O. J. Brown, *Heresies* [Herejías] [Garden City, N.Y.: Doubleday, 1984], p. 50).

Los escritores de las Epístolas advirtieron también a las personas acerca de no ser engañados en cuanto a la realidad de su salvación. Pablo exhortó a los corintios: "Examinaos a vosotros mismos si estáis en la fe; probaos a vosotros mismos. ¿O no os conocéis a vosotros mismos, que Jesucristo está en vosotros, a menos que estéis reprobados?" (2 Co. 13:5; cp. 1 Co. 11:28). Él previno a su amado hijo en la fe, Timoteo, acerca de quienes "tendrán apariencia de piedad, pero negarán la eficacia de ella" (2 Ti. 3:5). En su misiva a otro joven pastor, Tito, Pablo alertó acerca de personas que "profesan conocer a Dios, pero con los hechos lo niegan, siendo abominables y rebeldes, reprobados en cuanto a toda buena obra" (Tit. 1:16). Judas escribió de "hombres impíos [en la iglesia], que convierten en libertinaje la gracia de nuestro Dios, y niegan a Dios el único soberano, y a nuestro Señor Jesucristo" (Jud. 4). El Señor Jesucristo le advirtió a la iglesia apóstata de Laodicea: "Pero por cuanto eres tibio, y no frío ni caliente, te vomitaré de mi boca" (Ap. 3:16). Tanto en Santiago (cp. 1:2-12, 13-18, 19-27; 2:1-13, 14-26; 3:1-12, 13-18; 4:1-12, 13-17; 5:1-11, 13-18) como en 1 Juan (cp. 1:6; 2:3-4, 9-11, 15-17; 3:3-10, 13-15, 18-19, 23-24; 4:7-8; 5:2) se enumeran las marcas de la verdadera fe salvadora.

Desdichadamente, a pesar de las claras advertencias de las Escrituras, muchos están engañados en cuanto a su verdadera condición espiritual. Aunque piensan estar en el camino estrecho que conduce al cielo, en realidad están en el camino ancho que lleva al infierno. Basan su falsa seguridad de salvación en una serie de pruebas que en realidad nada demuestran. (Para un estudio más amplio sobre las pruebas falsas de la salvación, véase Matthew Mead, *The Almost Christian Discovered* [El cuasi-cristiano al descubierto] [Reimpreso; Beaver Falls, Pa.: Soli Deo Gloria, s.f.]; Gardiner Spring, *The Distinguishing Traits of Christian Character* [Los rasgos distintivos del carácter cristiano] [Reimpreso; Phillipsburg, N.J.: Presbyterian and Reformed, s.f.]; John MacArthur, *El evangelio según Jesucristo* [Casa Bautista de Publicaciones, 1997]; John MacArthur, *Faith Works: The Gospel According to the Apostles* [La fe obra: El evangelio según los apóstoles] [Dallas: Word, 1993]).

Muchas personas depositan su esperanza de salvación en un suceso pasado. Tal vez oraron para recibir a Cristo siendo niños, o pasaron al frente tras un llamado desde el altar, o firmaron una tarjeta, o hicieron un compromiso en un retiro de fin de semana. En ocasiones, personas bien intencionadas alientan esa clase de esperanzas ofreciendo lo que podría llamarse "seguridad silogística". A quienes oran para recibir a Cristo les presentan el siguiente silogismo que parece creíble: "Juan 1:12 dice que 'a todos los que le recibieron, a los que creen en su nombre, les dio potestad de ser hechos hijos de Dios; y puesto que usted acaba de recibir a Cristo, ahora es un hijo de Dios". Por desgracia, ese silogismo es solo verdadero si la premisa menor ("acaba de recibir a Cristo") es cierta. Y ese es el punto en cuestión. Como se vio antes, Jesús enseñó en la parábola de los terrenos que una profesión de fe sin fruto nada prueba. La fe auténtica produce siempre una transformación en la vida de la persona, mientras que la falsa o la fe muerta no (cp. Stg. 2:14-26). En ningún lugar las Escrituras señalan alguna experiencia pasada de conversión que valide la salvación; el asunto es una vida transformada. Simón el mago no solo hizo una profesión de fe, sino que fue bautizado y siguió a Felipe por un tiempo. No obstante, según lo indica su conducta posterior, él nunca fue salvo (Hch. 8:21-23).

Una segunda prueba falsa de la fe salvadora es una vida moral superficial. Es indudable que la nueva naturaleza rompe el círculo de pecado constante (cp. 1 Jn. 3:9), y que todos los cristianos deben llevar vidas de una creciente pureza moral (cp. Mt. 5:48; 1 P. 1:14-16). Sin embargo, lo contrario no es cierto, pues no todos los que llevan una vida exterior moral son redimidos. Muchos incrédulos son sinceros, amables, generosos y procuran vivir según normas éticas elevadas. Dicho comportamiento es loable, pero nada revela del estado espiritual de esas personas. Eso puede impresionar al "hombre" que "mira lo que está delante de sus ojos", pero no engañará al Señor, que "mira el corazón" (1 S. 16:7; cp. Pr. 21:2). Jesús denunció con severidad a los líderes religiosos de su época que más aparentaban una vida moral: "¡Ay de vosotros, escribas y fariseos, hipócritas! porque sois semejantes a sepulcros blanqueados, que por fuera, a la verdad, se muestran hermosos, mas por dentro están llenos de huesos de muertos y de toda inmundicia. Así también vosotros por fuera, a la verdad, os mostráis justos a los hombres, pero por dentro estáis llenos de hipocresía e iniquidad" (Mt. 23:27-28).

Las personas que no son salvas pueden comportarse según las normas morales por muchas razones. Algunas lo hacen porque temen a Dios. Otras, por la presión social de vivir conforme a las normas y expectativas de su grupo. Por regla general, los niños llevan una vida moral para agradar a sus padres y evitar el castigo. Lo más trágico es que muchas personas creen que llevar una vida moral los conducirá al cielo. Sea cual sea la motivación, la moralidad externa a nadie salva, pues a los ojos de Dios "todos nosotros somos como suciedad, y todas nuestras justicias como trapo de inmundicia; y caímos todos nosotros como la hoja, y nuestras maldades nos llevaron como viento" (Is. 64:6); y "por las obras de la ley ningún ser humano será justificado delante de él" (Ro. 3:20; cp. Gá. 2:16).

El ejemplo del joven rico demuestra que llevar una vida moral no salva. Él afirmó haber guardado (al menos exteriormente) los Diez Mandamientos (Mt. 19:20). Aún así, su pregunta a Jesús: "Maestro bueno, ¿qué bien haré para tener la vida eterna?" (Mt. 19:16), revela que no tenía la certeza de la vida eterna. Stephen Charnock comenta:

> La idea de obtener la vida eterna mediante la observación externa de la ley resultará inaceptable para una conciencia inquisitiva. Este joven afirmaba, y sin duda estaba convencido, que había cumplido la ley (v. 20): "Todo esto lo he guardado desde mi juventud", y aún así se sentía completamente insatisfecho; su corazón dudaba, y ciertos sentimientos en su interior le decían que algo faltaba, que sus esfuerzos podrían ser demasiado ineficaces, demasiado escasos para abrirle la puerta del cielo. Y para eso vino a Cristo, para recibir instrucciones y enmendar lo que estuviera defectuoso (*The Existence and Attributes of God* [La existencia y los atributos de Dios] [Reimpreso; Grand Rapids: Baker, 1979], 2:212).

El hecho se confirmó con su negativa de seguir a Jesús (Mt. 19:21-26).

Otra idea falsa muy común es que el simple conocimiento de los hechos del evangelio constituye la evidencia de salvación. Sin embargo, "también los demonios creen [la verdad], y tiemblan" (Stg. 2:19). Muchas personas conocen la verdad del evangelio, pero no han sido perdonadas y están bajo la condenación eterna. Por regla general, los teólogos liberales poseen un conocimiento detallado de las verdades de las Escrituras, pero las critican y rehusan creerlas. El autor de Hebreos dice de tales personas: "No les aprovechó el oír la palabra, por no ir acompañada de fe en los que la oyeron" (He. 4:2). Por supuesto que nadie puede ser salvo sin conocer las verdades del evangelio, a saber, que Dios es santo, que somos pecadores por quienes Cristo murió en nuestro lugar en la cruz, y que la salvación es solo por gracia por medio de la fe. No obstante, la mera aceptación intelectual de esas verdadades no equivale a fe salvadora, que implica confianza y compromiso. Conocer la verdad pero negarse a ser guiado por ella solo resulta en mayor condenación (Lc. 12:47-48), no en salvación.

Después de observar la vida de Cristo, escuchar sus palabras y ver sus milagros, los escribas y fariseos, que eran religiosos y morales, concluyeron que Él "no echa fuera los demonios sino por Beelzebú, príncipe de los demonios" (Mt. 12:24). Puesto que se habían negado a creer la verdad, Jesús declaró sobre ellos: "Por tanto os digo: Todo pecado y blasfemia será perdonado a los hombres; mas la blasfemia contra el Espíritu no les será perdonada. A cualquiera que dijere alguna palabra contra el Hijo del Hombre, le será perdonado; pero al que hable contra el Espíritu Santo, no le será perdonado, ni en este siglo ni en el venidero" (Mt. 12:31-32). Los escribas y fariseos oyeron la verdad, y aún así la rechazaron y fueron condenados eternamente. Al igual que los escribas y fariseos, Judas vio los milagros de Jesús y escuchó su predicación. Sin embargo, a pesar de haber pasado tres años en su presencia, también rechazó la verdad, traicionó a Jesús y se perdió para siempre.

El autor de Hebreos también advirtió acerca de falsos creyentes apóstatas:

> *Porque es imposible que los que una vez fueron iluminados y gustaron del don celestial, y fueron hechos partícipes del Espíritu Santo, y asimismo gustaron de la buena palabra de Dios y los poderes del siglo venidero, y recayeron, sean otra vez renovados para arrepentimiento, crucificando de nuevo para sí mismos al Hijo de Dios y exponiéndole a vituperio (He. 6:4-6).*

La actividad religiosa tampoco es prueba de salvación. Muchos de los que andan por el camino ancho que conduce al infierno asisten fielmente a la iglesia, son bautizados, participan de la comunión y demás rituales de sus iglesias. "Tendrán apariencia de piedad, pero negarán la eficacia de ella" (2 Ti. 3:5), y están engañados trágicamente al pensar que su actividad religiosa prueba que son salvos. Son como los apóstatas en Israel, de quienes dijo Dios: "Este pueblo se acerca a mí con su boca, y con sus labios me honra, pero su corazón está lejos de mí, y su temor de mí no es más que un mandamiento de hombres que les ha sido enseñado" (Is. 29:13; cp. 58:1-4).

Las vírgenes insensatas de la parábola de Jesús representan esa clase de personas. Aunque en apariencia no se diferenciaban de las vírgenes sabias (que representan a los redimidos), en realidad caracterizan a las personas no regeneradas, que no están listas para el regreso de Cristo (Mt. 25:1-13). Ananías y Safira parecían iguales a los otros miembros de la iglesia en Jerusalén, hasta que su avaricia e hipocrecía quedaron al descubierto (Hch. 5:1-11). El Señor Jesucristo le dijo a la iglesia de Sardis: "Yo conozco tus obras, que tienes nombre de que vives, y estás muerto" (Ap. 3:1). Una forma externa de religión sin la realidad interna de la salvación dará como resultado una condenación eterna.

Una última prueba falsa de salvación es el servicio en el nombre de Cristo. Es preocupante que tantos que predican el evangelio no sean salvos. Entre ellos Judas, el hijo de perdición (Jn. 6:70-71; 17:12), que predicó el evangelio (Mt. 10:4-7). "Muchos me dirán [a Jesús] en aquel día: Señor, Señor, ¿no profetizamos en tu nombre, y en tu nombre echamos fuera demonios, y en tu nombre hicimos muchos milagros? Y entonces les declararé: Nunca os conocí; apartaos de mí, hacedores de maldad" (Mt. 7:22-23).

En Filipenses 3:1-3 Pablo complementa la enseñanza bíblica sobre el tema de distinguir entre la fe genuina y la falsa. Tanto por implicación como de manera explícita, presenta cinco cualidades de los verdaderos creyentes. Ellos se gozan en el Señor, ejercen el discernimiento, adoran en Espíritu, se glorían en Jesucristo, y no confían en la carne.

LOS VERDADEROS CREYENTES SE GOZAN EN EL SEÑOR

Por lo demás, hermanos, gozaos en el Señor. (3:1*a*)

Por lo demás (*to loipon*) se traduce mejor "además", "así pues", o "ahora pues". Es una palabra de transición, no conclusiva, ya que aún falta la mitad de la epístola. El gozo es un tema central, tanto en Filipenses (cp. 1:4, 18, 25; 2:2, 17-18, 28-29; 4:1, 4, 10) como en el resto del Nuevo Testamento, donde aparece como sustantivo y como verbo alrededor de 150 veces. Aquí, como en 4:4, 10 (cp. Lc. 1:47), Pablo vincula el gozo con una relación, y manda a los creyentes **gozaos en el Señor**. La esfera en la cual existe su gozo es su relación con el Señor Jesucristo.

El gozo al que alude Pablo no es sinónimo de felicidad (una palabra relacionada con el término "circunstancia fortuita"), el sentimiento de alegría asociada con sucesos favorables. De hecho, el gozo persiste en medio de la debilidad, el dolor, el sufrimiento, e incluso la muerte (cp. Stg. 1:2). El gozo bíblico genera una profunda confianza en el futuro basada en la confianza en el poder y los propósitos de Dios. Se produce en ausencia de cualquier temor, ya que la relación sobre la cual se fundamenta es eterna e inconmovible (cp. Sal. 16:11; Jn. 16:22). Tampoco es una emoción de origen humano. El hecho de que Pablo lo ordena demuestra que el gozo es un acto de la voluntad cuando se decide obedecer a Dios. El resultado es una emoción producida de manera sobrenatural, el fruto de andar en el Espíritu (Ro. 14:17; Gá. 5:22). De modo que el gozo caracteriza a los verdaderos creyentes (cp. Sal. 9:14; 13:5; 32:11; 33:1, 21; 35:9; 40:16; 51:12; 70:4; Lc. 10:20; Jn. 15:11; 17:13; Ro. 15:13; 1 Ts. 5:16).

LOS VERDADEROS CREYENTES EJERCEN EL DISCERNIMIENTO

A mí no me es molesto el escribiros las mismas cosas, y para vosotros es seguro. Guardaos de los perros, guardaos de los malos obreros, guardaos de los mutiladores del cuerpo. (3:1*b*-2)

Después de ordenarles a los filipenses gozarse, Pablo prosigue con el otro tema principal de la epístola. Su advertencia firme y directa encierra otra característica distintiva de los verdaderos creyentes: su capacidad de discernir. Nadie puede llegar a ser salvo sin entender las verdades fundamentales del evangelio (Ro. 6:17; 10:14, 17). Pero como el discernimiento, al igual que la fe, necesita crecer y madurar, los pastores y ancianos deben alertar a la iglesia en cuanto a los falsos maestros (Ef. 4:11-14). Por eso, a Pablo **no** le **es molesto** escribirles **las mismas cosas, y para** los filipenses **es seguro**. Los falsos maestros, que predican la salvación por medio de rituales, ceremonias y legalismo, representaban una seria amenaza para ellos. Seguro (*asphalēs*) significa literalmente no tropezar, vacilar, o ser derribado. Pablo les advierte firmemente a los filipenses a fin de que no tropiecen (cp. Hch. 20:31).

La frase **escribiros las mismas cosas** señala que Pablo se dispone a profundizar en algo que ya ha mencionado. Sin duda el apóstol tenía en mente su exhortación en 1:27-28:

> *Solamente que os comportéis como es digno del evangelio de Cristo, para que o sea que vaya a veros, o que esté ausente, oiga de vosotros que estáis firmes en un mismo espíritu, combatiendo unánimes por la fe del evangelio, y en nada intimidados por los que se oponen, que para ellos ciertamente es indicio de perdición, mas para vosotros de salvación; y esto de Dios.*

En ese pasaje, Pablo les dijo a los filipenses que no se inquietaran por sus opositores, y en el presente pasaje les dice cómo reconocerlos. Él describe a estos falsos maestros que se oponían al evangelio con tres términos, cada uno introducido por una forma imperativa del verbo *blepō* (**guardaos**).

Pablo describe primero a los falsos maestros como **perros**. A diferencia de los perros domésticos (*kunarion*) mencionados en Mateo 15:26-27, *kuōn* (**perros**) se refiere a los perros salvajes carroñeros que infestaban las ciudades antiguas. Esos perros vagaban en manadas, se alimentaban de basura (Éx. 22:31; 1 R. 14:11; 16:4; 21:23-24) y a veces atacaban a los humanos. Eran despreciados, y el término "perro" solía usarse en tono despectivo (cp. Dt. 23:18; 1 S. 17:43; 24:14; 2 S. 9:8; 16:9; 2 R. 8:13; Sal. 22:16; Ap. 22:15). De hecho, los judíos de los tiempos bíblicos acostumbraban referirse desdeñosamente a los gentiles como **perros**.

Es asombroso que Pablo, un judío, llamara **perros** a estos falsos maestros judíos (véase el comentario siguiente). Él advirtió a los filipenses que se cuidaran de quienes llaman a otros **perros**, pero que en realidad son **perros** ellos mismos. La descripción del apóstol es justa. ¿Son los **perros** sucios e impuros? Los falsos maestros también. ¿Son peligrosos, perversos, y temibles? También lo son los falsos maestros, al igual que todos los que enseñan la salvación por obras.

Las palabras de Pablo parecen duras y carentes de amor en el actual clima de tolerancia y diversidad. Incluso muchos en la iglesia considerarían el señalamiento de errores doctrinales como algo hostil que puede ser motivo de divisiones. Aún así, la verdad y el amor no se excluyen, y los creyentes están llamados a vivir según las dos (Ef. 4:15), así como a tener discernimiento (cp. John MacArthur, *Reckless Faith: When the Church Loses Its Will to Discern* [Fe temeraria: Cuando la iglesia pierde su deseo de discernir] [Wheaton, Ill.: Crossway, 1994). Las Escrituras enseñan que la salvación es solo por gracia por medio de la fe (Ef. 2:8-9). Quienes enseñan otra cosa son lobos salvajes y rapaces (Mt. 7:15; Hch. 20:29), portadores de doctrinas de demonios (1 Ti. 4:1), que conducen a las almas al ancho camino que lleva a la perdición (Mt. 7:13). Los pastores y ancianos deben alertar a sus rebaños en cuanto a ellos. Debe evitarse cualquier extravío de la verdadera doctrina de Cristo (2 Jn. 9-11).

Aunque los falsos maestros se jactaban de una supuesta justicia, en realidad eran **malos obreros**. Por regla general, quienes participaban en religiones inclinadas a lo externo, a los rituales y ceremonias, se consideraban como buenas y agradables a Dios. Pablo mismo se sintió orgulloso porque alguna vez "en el judaísmo aventajaba a muchos de [sus] contemporáneos en [su] nación, siendo mucho más celoso de las tradiciones de [sus] padres" (Gá. 1:14). Después de su conversión, el apóstol se dio cuenta de que todas sus buenas obras eran inútiles: "Pero cuantas cosas eran para mí ganancia, las he estimado como pérdida por amor de Cristo. Y ciertamente, aun estimo todas las cosas como pérdida por la excelencia del conocimiento de Cristo Jesús, mi Señor, por amor del cual lo he perdido todo, y lo tengo por basura, para ganar a Cristo" (Fil. 3:7-8). En lugar de considerarse como alguien que hacía lo bueno a los ojos de Dios, al final de su ministerio Pablo sintió que en realidad era el primero de los pecadores (1 Ti. 1:15-16).

Únicamente los creyentes guiados por el Espíritu Santo pueden realizar buenas obras que son auténticas (Ef. 2:10; Col. 1:10; 2 Ti. 2:21; 3:17; Tit. 2:14). Los incrédulos pueden hacer lo malo por malos motivos. También pueden hacer cosas buenas, pero solo por presunción egoísta, no para la gloria de Dios. Los redimidos, y nadie más, pueden hacer buenas obras movidos por el deseo de glorificar a Dios. Los falsos maestros que acechaban a los filipenses se consideraban agradables a Dios y merecedores de su favor (y de su salvación) gracias a su celo por la ley. Sin embargo, Pablo puso al descubierto que son **malos obreros** y que están llenos de orgullo.

Al describirlos como **los mutiladores del cuerpo**, Pablo identifica con claridad a estos falsos maestros con sus eternos enemigos, los judaizantes. Esos legalistas judíos negaban el evangelio de la gracia, enseñaban que la circuncisión y la obediencia a la ley de Moisés eran necesarias para la salvación (Hch. 15:1). El Concilio de Jerusalén condenó sus enseñanzas heréticas (Hch. 15:1-29), como lo hizo Pablo (p. ej., Gá. 1:6-9; 2:16-21; 3:2-14, 22-25; 5:1-4, 11-14). La salvación es solo por gracia y por medio de la fe.

La circuncisión ha sido siempre esencial para el pueblo judío, porque es la señal del pacto de Dios con su antepasado Abraham (Gn. 17:11; Hch. 7:8). Tanto se identifican los judíos con la circuncisión, que se llaman entre sí "fieles de la circuncisión" o "los de la circuncisión" (Hch. 10:45; 11:2; Ro. 15:8; Gá. 2:7; Ef. 2:11; Col. 3:11; 4:11; Tit. 1:10), y a los gentiles como la incircuncisión o los incircuncisos (Jue. 14:3; 15:18; 1 S. 14:6; 17:26; 31:4; 2 S. 1:20; Hch. 11:3; Gá. 2:7-9; Ef. 2:11; Col. 3:11). En obediencia al mandato de Dios, todo niño judío era (y es) circuncidado al octavo día de nacido (Gn. 17:12; Lv. 12:3). La circuncisión era tan importante que los hombres judíos incircuncisos debía ser cortados de la comunidad del pacto (Gn. 17:14). Aunque la circuncisión ha brindado protección durante siglos contra algunas enfermedades, ese no era el objetivo primordial de Dios al ordenarla. La circuncisión ilustraba la depravación del hombre, que se manifiesta con mayor fuerza en la procreación, momento en el que la naturaleza pecaminosa se transmite a una nueva generación (Sal. 51:5; 58:3). La circuncisión era un símbolo que representa la necesidad del hombre de limpiarse del pecado desde lo más profundo de su ser. El derramamiento de sangre que acompañaba el procedimiento de la circuncisión podría simbolizar la necesidad de un sacrificio para llevar a cabo dicha limpieza.

Al igual que el bautismo en el nuevo pacto, la circuncisión debía reflejar una realidad interna. Dios les mandó a los israelitas: "Circuncidaos a Jehová, y quitad el prepucio de vuestro corazón" (Jer. 4:4; cp. 9:26; Lv. 26:41; Dt. 10:16; 30:6; Ez. 44:7, 9). Tristemente, en la época de Pablo la circuncisión se había convertido en un simple ritual externo, desprovisto de su significado espiritual:

> *Pues en verdad la circuncisión aprovecha, si guardas la ley; pero si eres transgresor de la ley, tu circuncisión viene a ser incircuncisión. Si, pues, el incircunciso guardare las ordenanzas de la ley, ¿no será tenida su incircuncisión como circuncisión? Y el que físicamente es incircunciso, pero guarda perfectamente la ley, te condenará a ti, que con la letra de la ley y con la circuncisión eres transgresor*

de la ley. Pues no es judío el que lo es exteriormente, ni es la circuncisión la que se hace exteriormente en la carne; sino que es judío el que lo es en lo interior, y la circuncisión es la del corazón, en espíritu, no en letra; la alabanza del cual no viene de los hombres, sino de Dios (Ro. 2:25-29).

El pueblo judío observaba con celo las ceremonias religiosas, pero sus corazones se habían alejado tanto de Dios que su "circuncisión viene a ser incircuncisión". En otras palabras, el símbolo aislado de la realidad carece de significado. Luego Pablo añadió: "El que físicamente es incircunciso, pero guarda perfectamente la ley, te condenará a ti, que con la letra de la ley y con la circuncisión eres transgresor de la ley". El apóstol declara que Dios prefiere gentiles incircuncisos pero obedientes en vez de judíos circuncisos pero desobedientes. "La [verdadera] circuncisión es la del corazón, en espíritu". Ningún ritual, sea la circuncisión, el bautismo, la comunión, o cualquier otro, puede transformar el corazón. Y solo quienes tienen un corazón transformado pueden agradar a Dios.

Los judaizantes se consideraban apartados para Dios, y la circuncisión como su símbolo. Sin embargo, la suya era una circuncisión falsa. El significado literal de *katatomē* (**mutiladores del cuerpo**) es "mutilación"; la Septuaginta (la traducción griega del Antiguo Testamento) usaba el verbo relacionado *katatemnō* para describir la mutilación religiosa que practicaban los paganos en Levítico 21:5 y 1 Reyes 18:28. La acusación del apóstol de los judaizantes es estremecedora. Debido a que no reflejaba un corazón purificado, su circuncisión era tan inútil como el ritual de mutilación de las religiones paganas.

En Gálatas 5:12 Pablo expresó la misma verdad con mayor vehemencia: "¡Ojalá se mutilasen los que os perturban!". *Apokoptō* ("mutilasen") es un término aún más fuerte que *katatomē*. En otros pasajes del Nuevo Testamento se traduce "cortar" (Mr. 9:43, 45; Jn. 18:10, 26; Hch. 27:32). Sin embargo, en la literatura griega no bíblica, *apokoptō* se usaba también para referirse a la castración (Walter Bauer, William F. Arndt, y F. Wilbur Gingrich, *A Greek-English Lexicon of the New Testament and Other Early Christian Literature* [Léxico griego-inglés del Nuevo Testamento y literatura adicional de la iglesia primitiva] [Chicago: Univ. de Chicago, 1979], p. 93), y ese es el sentido en el cual Pablo lo emplea en Gálatas. Lo que el apóstol quiere decir es que si los judaizantes creían que el simple ritual externo de la circuncisión agradaba a Dios, ¿por qué no llevaban su devoción hasta sus últimas consecuencias y se castraban?

La circuncisión (o cualquier ritual o ceremonia externa) carece de valor si no refleja un corazón transformado. Quienes enseñan otra cosa no son personas religiosas dignas de aplauso que hacen su mejor esfuerzo por agradar a Dios. Son promotores de doctrinas de demonios (1 Ti. 4:1), "que tendrán apariencia de piedad, pero negarán la eficacia de ella" (2 Ti. 3:5). "A éstos [deben evitar]" los creyentes (2 Ti. 3:5).

A diferencia de los judaizantes, los *katatomē* o **los mutiladores del cuerpo**, los creyentes son la *peritomē* o, la verdadera circuncisión. Ellos tienen limpieza espiritual interna, no una vana señal externa. El versículo 3 presenta tres cualidades de los creyentes que son la verdadera circuncisión.

LOS VERDADEROS CREYENTES ADORAN EN ESPÍRITU

que adoramos en el Espíritu de Dios (3:3*a*, LBLA)

La primera cualidad de un creyente genuino es un corazón que desborda en adoración. El origen de esa adoración es sobrenatural, ya que el Espíritu de Dios lo inspira. Es adoración y alabanza a Dios que trasciende los rituales o ceremonias externas. Los seres humanos son adoradores por naturaleza. Sin embargo, la adoración impulsada por la cultura, la tradición, la culpa, el temor, la búsqueda de aceptación y renombre, o la obtención de bendiciones es inaceptable para Dios. El Espíritu Santo que mora en el creyente alienta la adoración verdadera y aceptable que nace del amor al Señor. Puesto que Él solo mora en los cristianos (Ro. 8:9), solo ellos pueden adorar verdaderamente a su Salvador.

En su conversación con una mujer samaritana (Jn. 4:1-26), Jesús estableció claramente la adoración verdadera y aceptable. Al sentirse molesta porque Él conocía perfectamente su vida disoluta (vv. 16-18), trató de cambiar de tema: "Señor, me parece que tú eres profeta. Nuestros padres adoraron en este monte, y vosotros decís que en Jerusalén es el lugar donde se debe adorar" (vv. 19-20). En respuesta, Jesús declaró: "Mujer, créeme, que la hora viene cuando ni en este monte ni en Jerusalén adoraréis al Padre" (v. 21). La verdadera adoración tiene lugar en el corazón, no en un lugar sagrado.

En seguida el Señor reveló una segunda verdad acerca de la verdadera adoración: "Vosotros adoráis lo que no sabéis; nosotros adoramos lo que sabemos; porque la salvación viene de los judíos" (v. 22). La adoración que es aceptable se basa en las verdades de la salvación reveladas en las Escrituras y dadas al pueblo judío (Ro. 3:2). No debe realizarse de acuerdo con los caprichos de los adoradores. Luego Jesús le dio la más clara definición de adoración que hay en las Escrituras: "Mas la hora viene, y ahora es, cuando los verdaderos adoradores adorarán al Padre en espíritu y en verdad; porque también el Padre tales adoradores busca que le adoren. Dios es Espíritu; y los que le adoran, en espíritu y en verdad es necesario que adoren" (vv. 23-24). La frase que se repite, "en espíritu y en verdad", define la esencia de la verdadera adoración.

Dios salvó a los creyentes para que lo adoren. Tales "verdaderos adoradores [que] adorarán al Padre en espíritu y en verdad" busca "el Padre... que le adoren". Los verdaderos cristianos son aquellos que de corazón adoran a Dios en obediencia a su Palabra. En el Salmo 29:2 David exhorta: "Dad a Jehová la gloria debida a su nombre; adorad a Jehová en la hermosura de la santidad". El Salmo 95:6 añade: "Venid, adoremos y postrémonos; arrodillémonos delante de Jehová nuestro Hacedor". La adoración es el deber supremo de la humanidad; en palabras del Catecismo abreviado de Westminster: "El fin supremo del hombre es glorificar a Dios y gozarse en Él por siempre".

Latreuō (**adoramos**) podría traducirse mejor "rendir servicio espiritual reverente". La verdadera adoración es mucho más que alabar a Dios, cantar himnos, o participar en un servicio de adoración. La esencia de la adoración es llevar una vida de servicio obediente a Dios. "Y de hacer bien y de la ayuda mutua no os olvidéis", exhorta el autor de Hebreos, "porque de tales sacrificios se agrada Dios" (He. 13:16). La verdadera adoración involucra cada aspecto de la vida.

Existen varias características propias de los verdaderos adoradores. En primer lugar, aman a Dios. Eso establece un claro contraste con los incrédulos, que le odian. Jesús declaró en Juan 7:7: "No puede el mundo aborreceros a vosotros; mas a mí me aborrece, porque yo testifico de él, que sus obras son malas". En Romanos 1:30 Pablo describe a los incrédulos como "los que… aborrecen [a Dios]" (cp. Nm. 10:35; Dt. 7:10; 2 Cr. 19:2; Sal. 81:15; Jn. 15:23-24), mientras que en Romanos 8:7 el apóstol señala que "los designios de la carne son enemistad contra Dios". El amor de los cristianos hacia Dios nunca será perfecto en este mundo, pero siempre existirá.

Puesto que los verdaderos adoradores aman a Dios, encuentran en Él su fuente de gozo y deleite. Ellos reconocen que "el gozo de Jehová es [su] fuerza" (Neh. 8:10). Ellos se alegran "en Jehová" (Sal. 33:1; cp. Sal. 84:2; 92:4; 95:1; 98:4), porque están llenos del "gozo del Espíritu Santo" (1 Ts. 1:6; cp. Ro. 14:17). Como el salmista, encuentran en "Dios… [su] alegría y [su] gozo" (Sal. 43:4). Los verdaderos adoradores "desean reverenciar [su] nombre" (Neh. 1:11), y atienden a la exhortación de David: "Deléitate asimismo en Jehová" (Sal. 37:4). La contemplación de la gloria y la majestad de Dios, y lo que Él ha hecho en sus vidas, constituye su mayor gozo y deleite.

Los verdaderos adoradores también tienen una confianza en Dios que produce gozo. Esa paz no se basa en sus circunstancias, sino en su relación con Dios. Ellos pueden exclamar con los salmistas: "Como el ciervo brama por las corrientes de las aguas, así clama por ti, oh Dios, el alma mía" (Sal. 42:1); y "¿A quién tengo yo en los cielos sino a ti? Y fuera de ti nada deseo en la tierra" (Sal. 73:25). Esta "paz de Dios, que sobrepasa todo entendimiento" (Fil. 4:7) solo viene a quienes "[buscan] primeramente el reino de Dios y su justicia" (Mt. 6:33).

La verdadera adoración es posible **en el** poder del **Espíritu de Dios**, porque solo Él puede producir el amor, el gozo y la paz características de los verdaderos adoradores (cp. Gá. 5:22). Quien adora en la carne "se acerca a [Dios] con su boca, y con sus labios [lo] honra, pero su corazón está lejos de [Él], y su temor de [Él] no es más que un mandamiento de hombres que les ha sido enseñado" (Is. 29:13).

Los verdaderos adoradores son consagrados a Dios; su amor no está dividido. Solo "al Señor [su] Dios [adoran], y a él sólo [sirven]" (Mt. 4:10), conscientes de que "a otro no [darán su] gloria" (Is. 42:8; 48:11). Ellos reafirman las palabras de Jesús: "El que ama a padre o madre más que a mí, no es digno de mí; el que ama a hijo o hija más que a mí, no es digno de mí" (Mt. 10:37). Sin reservas, ellos "[presentan sus] cuerpos en sacrificio vivo, santo, agradable a Dios, que es [su] culto racional" (Ro. 12:1).

Los verdaderos cristianos no solo se distinguen por asistir a la iglesia o cumplir deberes religiosos, sino por un corazón que adora.

LOS VERDADEROS CREYENTES SE GLORÍAN EN JESUCRISTO

y nos gloriamos en Cristo Jesús, (3:3*b*)

Kauchaomai (**gloriamos**) es jactancia jubilosa motivada por lo que más enorgullece a una persona. Es uno de los términos predilectos de Pablo; de las treinta y siete veces que aparece en el Nuevo Testamento, treinta y cinco están en sus epístolas. Puede usarse en sentido negativo para describir el orgullo y la jactancia indebidos (p. ej., Ro. 2:17, 23; Gá. 6:13). Sin embargo, *kauchaomai* también se emplea para describir el júbilo de los creyentes en Cristo (p. ej., Ro. 5:2, 11; 1 Co. 1:31; Gá. 6:14), como en este caso. Los verdaderos cristianos le dan al Señor Jesucristo todo el mérito por todo lo que son y tienen. Con Pablo declaran: "por la gracia de Dios soy lo que soy" (1 Co. 15:10; cp. Fil. 3:8-9) y "tengo, pues, de qué gloriarme en Cristo Jesús en lo que a Dios se refiere" (Ro. 15:17). Ellos obedecen el mandato bíblico: "El que se gloría, gloríese en el Señor" (1 Co. 1:31; 2 Co. 10:17; cp. Sal. 20:7; 34:2; Jer. 9:23-24; Gá. 6:14).

En cambio, los falsos creyentes "se glorían según la carne" (2 Co. 11:18), al creer que sus buenas obras y sus actividades religiosas los hacen merecedores del favor de Dios. Sin embargo, la salvación es "por gracia… por medio de la fe… pues es don de Dios; no por obras, para que nadie se gloríe" (Ef. 2:8-9; cp. Ro. 3:27). Fue la verdad bíblica de que los hombres pecadores son incapaces de merecer la salvación lo que impulsó a los Reformadores a enseñar que la salvación es *sola fide* (solo por fe) y *sola gratia* (solo por gracia). Quienes piensan que pueden ganarse la gracia de Dios por sus obras demuestran que les falta fe salvadora.

LOS VERDADEROS CREYENTES NO CONFÍAN EN LA CARNE

no teniendo confianza en la carne. (3:3*c*)

La carne representa la humanidad caída e irredenta, simboliza la capacidad humana aparte de Dios. A diferencia de "muchos [que] se glorían según la carne" (2 Co. 11:18), los verdaderos cristianos no ponen **su confianza** en esto. Ellos entienden que "el espíritu es el que da vida; la carne para nada aprovecha" (Jn. 6:63), y se unen a la declaración de Pablo: "Y yo sé que en mí, esto es, en mi carne, no mora el bien" (Ro. 7:18). Puesto que la carne es irredenta y caída, nada que haga será agradable a Dios; solo sirve a la ley del pecado (v. 25). Por consiguiente, es una característica distintiva de los redimidos, que "no [andan] conforme a la carne, sino conforme al Espíritu" (8:4), porque "el ocuparse de la carne es muerte" (v. 6; cp. v. 13) y "los que viven según la carne no pueden agradar a Dios" (v. 8).

Debido al avasallador efecto de la carne pecaminosa (lo que los teólogos llaman depravación total), nadie puede de manera alguna merecer la salvación. Solo quienes abandonan sus esfuerzos pecaminosos y abrazan la verdad de la salvación solo por gracia y por fe, son salvos. Eso caracteriza al genuino arrepentimiento que es un elemento indispensable de la fe salvadora (cp. Mr. 1:15; Lc. 5:32; 13:3, 5; 15:7, 10; 24:47; Hch. 3:19; 5:31; 11:18; 17:30; 20:21; 26:20; Ro. 2:4; 2 Co. 7:10; 2 Ti. 2:25; 2 P. 3:9). El verdadero arrepentimiento incluye el dolor por el mal o los hechos pecaminosos, mientras que el falso únicamente lamenta las consecuencias nefastas que éstos traen. El falso arrepentimiento se interesa por la conducta, mientras que el verdadero se ocupa de la condición interior del hombre. El falso arrepentimiento trata con los síntomas, y el verdadero con la enfermedad. Solo el verdadero arrepentimiento, que no confía **en la carne**, conduce a la salvación.

15

Renunciar para ganar

Aunque yo tengo también de qué confiar en la carne. Si alguno piensa que tiene de qué confiar en la carne, yo más: circuncidado al octavo día, del linaje de Israel, de la tribu de Benjamín, hebreo de hebreos; en cuanto a la ley, fariseo; en cuanto a celo, perseguidor de la iglesia; en cuanto a la justicia que es en la ley, irreprensible. Pero cuantas cosas eran para mí ganancia, las he estimado como pérdida por amor de Cristo. Y ciertamente, aun estimo todas las cosas como pérdida por la excelencia del conocimiento de Cristo Jesús, mi Señor, por amor del cual lo he perdido todo, y lo tengo por basura, para ganar a Cristo, y ser hallado en él, no teniendo mi propia justicia, que es por la ley, sino la que es por la fe de Cristo, la justicia que es de Dios por la fe; a fin de conocerle, y el poder de su resurrección, y la participación de sus padecimientos, llegando a ser semejante a él en su muerte, si en alguna manera llegase a la resurrección de entre los muertos. (3:4-11)

Este pasaje autobiográfico presenta el testimonio de salvación más impresionante y asombroso del Nuevo Testamento, el del apóstol Pablo. También es una de las declaraciones más valiosas de la doctrina de la salvación en las Escrituras, al poner en evidencia la obra interna de Dios en un pecador que verdaderamente se arrepiente y cree. El apóstol narra lo que estaba pensando cuando tuvo el encuentro con el Cristo resucitado de camino a Damasco. Hechos 9:1-9 presenta el relato histórico de la asombrosa conversión de Pablo:

Saulo, respirando aún amenazas y muerte contra los discípulos del Señor, vino al sumo sacerdote, y le pidió cartas para las sinagogas de Damasco, a fin de que si hallase algunos hombres o mujeres de este Camino, los trajese presos a Jerusalén. Mas yendo por el camino, aconteció que al llegar cerca de Damasco, repentinamente le rodeó un resplandor de luz del cielo; y cayendo en tierra, oyó una voz que le decía: Saulo, Saulo, ¿por qué me persigues? El dijo: ¿Quién eres, Señor? Y le dijo: Yo soy Jesús, a quien tú persigues; dura cosa te es dar coces contra el aguijón. Él, temblando y temeroso, dijo: Señor, ¿qué quieres que yo haga? Y el Señor le dijo:

Levántate y entra en la ciudad, y se te dirá lo que debes hacer. Y los hombres que iban con Saulo se pararon atónitos, oyendo a la verdad la voz, mas sin ver a nadie. Entonces Saulo se levantó de tierra, y abriendo los ojos, no veía a nadie; así que, llevándole por la mano, le metieron en Damasco, donde estuvo tres días sin ver, y no comió ni bebió.

Sin embargo, puesto que el relato de Lucas de este grandioso acontecimietno no describe la transformación que tuvo lugar en la mente de Pablo, en Filipenses 3:4-11 el apóstol mismo presenta esos detalles de la obra del Espíritu en su corazón. La salvación es un acto soberano de Dios en el cual penetra con la gloriosa luz de su verdad la oscuridad del pecador, y lo redime. Pablo describe el milagro que lo transformó para dejar de ser un archienemigo de los cristianos y convertirse en su líder más amado. Aquel día en el camino a Damasco el Cristo vivo irrumpió en la ceguera espiritual de Saulo de Tarso, el fariseo soberbio que se creía justo. Como resultado, su confianza en sus logros religiosos se hizo pedazos, y la fuente de su confianza en sí mismo se secó para siempre ante la gran convicción y verdad que inundaron su alma entenebrecida.

En este pasaje Pablo habla de la salvación como una transacción o un intercambio. Hasta usa un lenguaje contable y financiero en los versículos 7 y 8, que son el centro del pasaje. *Kerdos* ("ganancia") describe todo lo que se anota en la columna de ganancias; *zēmia* ("pérdida") lo que se ubica en la columna de pérdidas; *hēgeomai* significa "contar", o "estimar". Pablo dedicó su vida a acumular lo que era en su opinión justicia ganada por méritos personales con la cual obtendría la salvación. Pero cuando se encontró con Cristo, el apóstol se dio cuenta de que todo eso pertenecía en realidad a la columna de pérdidas. Él cambió todo eso por la justicia que viene de Dios sobre la base de la fe. Dicho intercambio es el tema de este pasaje.

Jesús describió la salvación como un intercambio o transacción, es decir, un intercambio de todo lo que es el pecador por todo lo que es Cristo. En Mateo 16:25-26 Él dijo: "Porque todo el que quiera salvar su vida, la perderá; y todo el que pierda su vida por causa de mí, la hallará. Porque ¿qué aprovechará al hombre, si ganare todo el mundo, y perdiere su alma? ¿O qué recompensa dará el hombre por su alma?". En Mateo 13, Jesús contó dos parábolas que ilustran el intercambio que tiene lugar en la salvación:

el reino de los cielos es semejante a un tesoro escondido en un campo, el cual un hombre halla, y lo esconde de nuevo; y gozoso por ello va y vende todo lo que tiene, y compra aquel campo (v. 44).

También el reino de los cielos es semejante a un mercader que busca buenas perlas, que habiendo hallado una perla preciosa, fue y vendió todo lo que tenía, y la compró (vv. 45-46).

Ambas parábolas describen personas que han acumulado riquezas terrenales. Sin embargo, encuentran en el reino celestial (la esfera de salvación donde Dios gobierna) un tesoro mucho más valioso. Entonces venden gustosos todo cuanto poseen para adquirirlo. De igual forma los pecadores deben dejarlo todo por Cristo.

Pablo presenta su testimonio aquí para reforzar la enseñanza del versículo 3, que los creyentes son "la circuncisión, los que en espíritu servimos a Dios y nos gloriamos en Cristo Jesús, no teniendo confianza en la carne". Ellos no confiaban en su propia justicia para ganar la salvación. En cambio, como se indicó en el capítulo anterior de este libro, los filipenses enfrentaban el ataque del grupo herético conocido como los judaizantes. Se trataba de falsos maestros judíos y legalistas que enseñaban que la circuncisión y la obediencia a la ley de Moisés eran necesarias para la salvación. Pablo previno a los filipenses contra los judaizantes en términos muy claros, denunciándolos de manera terminante como "perros", "malos obreros", y "mutiladores del cuerpo" (3:2).

Tras desenmascarar a los judaizantes en el versículo 2 y referirse a los cristianos como "la circuncisión" en el versículo 3, Pablo prevé la respuesta de aquellos. Sin duda ellos argüirían que los filipenses, por ser gentiles, no comprenderían la preciosa herencia del judaísmo. Sin embargo, no podía decirse lo mismo en el caso del apóstol Pablo. Sus credenciales judías eran impecables, y sin dificultad igualaban o aventajaban las de los judaizantes. Él sabía por su propia experiencia todo lo que el judaísmo podía ofrecer. Al describir su vida antes de su conversión, Pablo escribió: "Y en el judaísmo aventajaba a muchos de mis contemporáneos en mi nación, siendo mucho más celoso de las tradiciones de mis padres" (Gá. 1:14). En términos actuales, él "ya había hecho esto… y aquello".

Si alguien hubiera podido alcanzar la salvación por el esfuerzo personal, habría sido Pablo. Sus notables credenciales le permitían decir con razón: **Aunque yo tengo también de qué confiar en la carne. Si alguno piensa que tiene de qué confiar en la carne, yo más.** Pablo no pronunció esa declaración con apariencia de presunción para exaltar su ego, ni para exigir superioridad espiritual alguna sobre otros. Él comprendía la insensatez de la jactancia, y solo lo hizo para darle fuerza al argumento. Como en el caso de Corinto (cp. 2 Co. 11:16—12:1), Pablo presenta sus credenciales para contradecir los absurdos argumentos de sus adversarios.

El testimonio de Pablo puede dividirse en dos partes, según la terminología contable presentada en los versículos 7 y 8. El apóstol enumera primero todo lo que para él clasificaba en la columna de ganancias, lo que compraba su vida eterna, pero que en realidad correspondía a la columna de pérdidas, pues lo llevaba a la condenación. Esa columna podría denominarse "credenciales religiosas que no impresionan a Dios". El título de la verdadera columna de ganancias espirituales podría ser "las incomparables riquezas de conocer a Cristo".

CREDENCIALES RELIGIOSAS QUE NO IMPRESIONAN A DIOS

circuncidado al octavo día, del linaje de Israel, de la tribu de Benjamín, hebreo de hebreos; en cuanto a la ley, fariseo; en cuanto a celo, perseguidor de la iglesia; en cuanto a la justicia que es en la ley, irreprensible. (3:5-6)

Pablo enumera siete realidades que alguna vez puso en su columna de ganancias espirituales, pero que ahora traslada a la de pérdidas. Después de entender el evangelio de Cristo, el apóstol se dio cuenta de que todas esas credenciales, logros, privilegios y derechos eran inútiles. Pablo no sugiere que tengan algún valor social, cultural, educacional o histórico. Más bien sostiene que carecen de valor en cuanto a la salvación, pues son incapaces de salvarlo a él o a cualquier otro.

LA SALVACIÓN NO ES POR UN RITUAL

circuncidado al octavo día, (3:5*a*)

Pablo empieza con la circuncisión porque era el asunto más importante para los judaizantes (cp. Hch. 15:1; Gá. 6:12-13). El apóstol pasó por el rito principal del judaísmo (Gn. 17:10-12; Lv. 12:3) al ser **circuncidado al octavo día** de nacer. El texto griego dice literalmente: "Con respecto a la circuncisión, uno del octavo día". A diferencia de algunos judaizantes, Pablo no era un gentil prosélito del judaísmo. Él era judío de nacimiento y siguió los ritos judíos desde el principio. En el momento señalado, celebró la ceremonia que lo integró al pueblo del pacto. Él, como la mayoría de judíos, había olvidado hace mucho que la circuncisión debía ser un poderoso símbolo de la grave condición de pecado y la necesidad de las personas de ser purificadas, y había convertido esa cirugía en una insignia de justicia.

Aún así, Pablo incluye la circuncisión, el rito más esencial del judaísmo, en su columna espiritual de pérdidas. La salvación no viene por una ceremonia o rito, ya sea la circuncisión judía, la misa católico-romana, el bautismo de niños o adultos, o la observancia de la cena del Señor en el culto protestante.

LA SALVACIÓN NO ES POR RAZA

del linaje de Israel, (3:5*b*)

La declaración de pertenencia de Pablo al **linaje de Israel** apoya la idea de que algunos judaizantes eran gentiles convertidos al judaísmo. En cambio, Pablo era por nacimiento un miembro del pueblo escogido por Dios, de quien Él declaró: "A vosotros solamente he conocido [escogido] de todas las familias de la tierra" (Am. 3:2; cp. Éx. 19:5-6; Sal. 147:19-20). Él heredó todas las bendiciones de pertencer a la nación del pacto. Al escribirles a los romanos, el apóstol mencionó algunas de ellas:

¿Qué ventaja tiene, pues, el judío? ¿o de qué aprovecha la circuncisión? Mucho, en todas maneras. Primero, ciertamente, que les ha sido confiada la palabra de Dios (Ro. 3:1-2).

Porque deseara yo mismo ser anatema, separado de Cristo, por amor a mis hermanos, los que son mis parientes según la carne; que son israelitas, de los cuales son la adopción, la gloria, el pacto, la promulgación de la ley, el culto y las promesas; de quienes son los patriarcas, y de los cuales, según la carne, vino Cristo, el cual es Dios sobre todas las cosas, bendito por los siglos. Amén (Ro. 9:3-5).

Pablo era descendiente de Abraham, de Isaac y de Jacob, una herencia en la que confiaba el pueblo judío, así como en la circuncisión, para salvación. No obstante, la herencia de raza, al igual que la circuncisión, es incapaz de salvar a nadie. Ningún privilegio ante Dios se gana por nacimiento.

LA SALVACIÓN NO ES POR CASTA

de la tribu de Benjamín, (3:5c)

Otra de las que parecían credenciales notables de Pablo era que pertenecía a **la tribu de Benjamín**, una de las tribus más distinguidas en Israel. Benjamín era el menor de los dos hijos que tuvo Jacob con su esposa predilecta, Raquel. También fue el último hijo que le nació a Jacob y el único que nació en la tierra prometida. Saúl, el primer rey de Israel, era miembro de la tribu de Benjamín (1 S. 9:21; 10:21; Hch. 13:21). Cuando se repartió la tierra prometida entre las doce tribus, la ciudad santa de Jerusalén fe incluida en el territorio de Benjamín (Jue. 1:21). Cuando el reino se dividió tras la muerte de Salomón, solo Benjamín y Judá permanecieron fieles a la dinastía davídica. El gran líder Mardoqueo, que fue instrumento de Dios junto con Ester para salvar a los judíos del genocidio, también pertenecía a la tribu de Benjamín (Est. 2:5). Así que la tribu de Benjamín era una de las más ilustres en Israel.

En la época de Pablo, muchos judíos ya no sabían a qué tribu pertenecían. Los matrimonios mixtos durante los años de exilio habían borrado las líneas tribales. Sin embargo, la familia de Pablo había conservado su pureza como benjamitas. Eso también lo ubicaba en un nivel superior al de los judaizantes, quienes tal vez no conocían su ascendencia tribal. Con todo, la condición privilegiada de Pablo como benjamita no impresionaba a Dios. El nivel social de una familia nada tiene que ver con la salvación.

LA SALVACIÓN NO ES POR TRADICIÓN

hebreo de hebreos; (3:5*d*)

Pablo no hizo esfuerzo alguno para obtener los primeros tres privilegios de su lista, sino que los heredó de sus padres. Los cuatro últimos son logros que él alcanzó. La aseveración del apóstol de que es un **hebreo de hebreos** se entiende mejor como su declaración de haber llegado a la edad adulta conservando de manera estricta la herencia y tradición judías de su familia. Él nació en Tarso, una ciudad en Asia Menor, no en Israel. Pero a diferencia de muchos judíos de la diáspora (dispersión), Pablo se mantuvo aferrado al idioma (Hch. 21:40), las tradiciones ortodoxas y las costumbres de sus ancestros. Él no se convirtió en un judío helénico (cp. Hch. 6:1; 9:29), uno que se había incorporado a la cultura greco-romana. Antes bien, dejó Tarso para ir a Jerusalén a estudiar bajo la tutoría del famoso rabino Gamaliel (Hch. 22:3; 26:4). Pablo se aferró tanto a su herencia judía que podía afirmar confiado: "Mi vida, pues, desde mi juventud, la cual desde el principio pasé en mi nación, en Jerusalén, la conocen todos los judíos" (Hch. 26:4). La celosa devoción de Pablo por su patrimonio judío era bien conocido. Aún así, después de ver la gloria de Cristo, esto solo pasó a ser un elemento más de la lista de pérdidas.

LA SALVACIÓN NO ES POR UNA RELIGIÓN

en cuanto a la ley, fariseo; (3:5*e*)

Pablo se consagró al extremo a su herencia judía. Era tan celoso **en cuanto a la ley** que se volvió **fariseo**. Ante el sanedrín Pablo declaró: "Varones hermanos, yo soy fariseo, hijo de fariseo" (Hch. 23:6). Pablo testificó en su audiencia ante Agripa: "Conforme a la más rigurosa secta de nuestra religión, viví fariseo" (Hch. 26:5). Volverse **fariseo** significaba alcanzar el nivel más alto de judaísmo devoto y legalista. Los fariseos eran extremadamente leales a **la ley**, al Antiguo Testamento y a todas las tradiciones que habían sido añadidas. De hecho, es probable que la palabra **fariseo** provenga de un verbo hebreo que significa "separar", lo cual indica que eran apartados para **la ley**. El término **ley** no se limitaba al Pentateuco o al Antiguo Testamento, sino que incluía todo el sistema de reglas rabínicas. Jesús dijo que en realidad habían cambiado **la ley** de Dios por esas tradiciones (Mt. 15:1-9).

El origen de los fariseos no se conoce con certeza, pero es probable que la secta haya surgido de manera formal durante el período intertestamentario. Se había desarrollado desde la época de Esdras cuando se despertó el interés por la ley de Dios (Neh. 8:1-8). Aunque eran más bien pocos (Josefo, escritor judío del siglo I, calculó que eran unos 6.000), ejercían la mayor influencia religiosa sobre el pueblo. Ser **fariseo** significaba pertenecer a un grupo de hombres influyentes, selectos y muy respetados que vivían con fanatismo para conocer, interpretar, vigilar y obedecer **la ley**.

El valioso estatus de Pablo como fariseo no era más que otro en su lista de pérdidas espirituales. Ningún sacerdote, monje, erudito en teología o miembro devoto de una secta puede alcanzar la salvación por pertenecer a una religión.

LA SALVACIÓN NO ES POR SINCERIDAD

en cuanto a celo, perseguidor de la iglesia; (3:6*a*)

Como una demostración adicional de su **celo** por su herencia judía, Pablo confesó que había sido **perseguidor de la iglesia**. Los judíos valoraban el **celo** como la virtud religiosa por excelencia. Es una moneda de dos caras, la una es el amor y la otra, el odio. Ser celoso significa amar a Dios y odiar lo que le ofende. El amor celoso pero mal enfocado de Pablo por Dios lo llevó a odiar y perseguir el cristianismo.

La intensidad de su celo puede verse en la magnitud de su persecución a la iglesia. Después del martirio de Esteban, Pablo "asolaba la iglesia, y entrando casa por casa, arrastraba a hombres y a mujeres, y los entregaba en la cárcel" (Hch. 8:3). Tan devastadora y eficaz era su persecución que la iglesia de Jerusalén fue esparcida: "Pero los que fueron esparcidos iban por todas partes anunciando el evangelio" (Hch. 8:4). Luego, "Saulo [Pablo], respirando aún amenazas y muerte contra los discípulos del Señor, vino al sumo sacerdote, y le pidió cartas para las sinagogas de Damasco, a fin de que si hallase algunos hombres o mujeres de este Camino, los trajese presos a Jerusalén" (Hch. 9:1-2). Su persecución fue tan violenta que después de la conversión de Pablo "todos los que le oían estaban atónitos, y decían: ¿No es éste el que asolaba en Jerusalén a los que invocaban este nombre, y a eso vino acá, para llevarlos presos ante los principales sacerdotes?" (Hch. 9:21). A la turba furiosa en Jerusalén le recordó: "Perseguía yo este Camino hasta la muerte, prendiendo y entregando en cárceles a hombres y mujeres; como el sumo sacerdote también me es testigo, y todos los ancianos, de quienes también recibí cartas para los hermanos, y fui a Damasco para traer presos a Jerusalén también a los que estuviesen allí, para que fuesen castigados" (Hch. 22:4-5). Al describir su persecución de cristianos en su defensa ante Agripa, Pablo declaró:

> *Yo ciertamente había creído mi deber hacer muchas cosas contra el nombre de Jesús de Nazaret; lo cual también hice en Jerusalén. Yo encerré en cárceles a muchos de los santos, habiendo recibido poderes de los principales sacerdotes; y cuando los mataron, yo di mi voto. Y muchas veces, castigándolos en todas las sinagogas, los forcé a blasfemar; y enfurecido sobremanera contra ellos, los perseguí hasta en las ciudades extranjeras (Hch. 26:9-11).*

La vergüenza de sus actos pasados acompañó a Pablo por el resto de su vida. En 1 Corintios 15:9 él dijo: "Porque yo soy el más pequeño de los apóstoles, que no soy digno de ser llamado apóstol, porque perseguí a la iglesia de Dios". A los gálatas escribió: "Porque ya habéis oído acerca de mi conducta en otro tiempo en el judaísmo, que perseguía sobremanera a la iglesia de Dios, y la asolaba" (Gá. 1:13). Años después le confesó a Timoteo: "Habiendo yo sido antes blasfemo, perseguidor e injuriador; mas fui recibido a misericordia porque lo hice por ignorancia, en incredulidad" (1 Ti. 1:13).

En términos de celo, Pablo superó a los judaizantes. Ellos solo hacían proselitismo en la iglesia, mientras que él la había perseguido. Su celo por Dios lo llevó a tratar de erradicar el cristianismo de manera implacable, despiadada, y cruel. Pablo era sincero, pero estaba equivocado. El mundo está repleto de personas que, como él, son sinceras en sus creencias religiosas. Harían cualquier esfuerzo, pagarían cualquier precio, y sacrificarían lo que fuera en su intento por agradar a Dios. Pueden ser judíos ortodoxos devotos, fieles católicos romanos que asisten con regularidad a misa, o incluso protestantes que participan en actividades y ceremonias eclesiales. Pueden orar, ayunar, vivir en pobreza, y procurar el bien de todos. Sin embargo, el celo religioso nada garantiza. Esas personas pueden estar completamente equivocadas. Cuando Pablo enfrentó la realidad de Jesucristo, el celoso perseguidor de la iglesia se dio cuenta de que su celo mal enfocado era un asesino espiritual, y que pertenecía a la lista de pérdidas.

LA SALVACIÓN NO ES POR LA JUSTICIA LEGALISTA

en cuanto a la justicia que es en la ley, irreprensible. (3:6*b*)

Antes de su conversión, Pablo llevaba una vida conforme **a la justicia que es en la ley**. Aquí también Pablo usa el término **ley** en el sentido amplio de la tradición judía, no solo del Antiguo Testamento. Quienes observaban su vida podían considerar su conducta **irreprensible**. Claro que él no negaba que era pecador. Eso contradeciría tanto la teología judía como su testimonio en Romanos 7:7-11:

> *¿Qué diremos, pues? ¿La ley es pecado? En ninguna manera. Pero yo no conocí el pecado sino por la ley; porque tampoco conociera la codicia, si la ley no dijera: No codiciarás. Mas el pecado, tomando ocasión por el mandamiento, produjo en mí toda codicia; porque sin la ley el pecado está muerto. Y yo sin la ley vivía en un tiempo; pero venido el mandamiento, el pecado revivió y yo morí. Y hallé que el mismo mandamiento que era para vida, a mí me resultó para muerte; porque el pecado, tomando ocasión por el mandamiento, me engañó, y por él me mató.*

A juzgar por las apariencias, Pablo era para quienes lo conocían un judío ejemplar que regía su vida por la ley judía. Con todo, no era como Zacarías y Elisabet, quienes "eran justos delante de Dios, y andaban irreprensibles en todos los mandamientos y ordenanzas del Señor" (Lc. 1:6).

Pablo parecía tenerlo todo. Había cumplido con los ritos requeridos, era miembro del pueblo escogido por Dios, era de una favorecida tribu de Israel, había guardado de manera escrupulosa su herencia ortodoxa, era uno de los más devotos legalistas del judaísmo, era celoso hasta el punto de perseguir a los cristianos, y seguía en todo las exigencias del judaísmo. Con todo, él consideró todo eso como inútil para la salvación, y le fue revelada la realidad de la salvación por gracia que es por medio de la fe en Jesucristo. El apóstol no llegó a pensar que esas cosas fueran buenas y Cristo mejor, sino que las consideró todas como malas. Eran muerte, ya que lo engañaron al hacerle pensar que estaba bien con Dios. La falsa religión engaña la mente y, por ende, condena el alma.

LAS INSUPERABLES RIQUEZAS DE CONOCER A CRISTO

Pero cuantas cosas eran para mí ganancia, las he estimado como pérdida por amor de Cristo. Y ciertamente, aun estimo todas las cosas como pérdida por la excelencia del conocimiento de Cristo Jesús, mi Señor, por amor del cual lo he perdido todo, y lo tengo por basura, para ganar a Cristo, y ser hallado en él, no teniendo mi propia justicia, que es por la ley, sino la que es por la fe de Cristo, la justicia que es de Dios por la fe; a fin de conocerle, y el poder de su resurrección, y la participación de sus padecimientos, llegando a ser semejante a él en su muerte, si en alguna manera llegase a la resurrección de entre los muertos. (3:7-11)

La declaración **pero cuantas cosas eran para mí ganancia, las he estimado como pérdida por amor de Cristo** resume el asombroso cambio que tuvo lugar en la mente de Pablo al conocer a Cristo. Todos los valiosos tesoros que aparecían en la lista de ganancias de repente se convirtieron en pérdidas. Sin embargo, por la maravillosa gracia de Dios, todo lo que pensaba en su error que le daría vida eterna, fue sustituido por cinco beneficios que poseía en Cristo.

CONOCIMIENTO

Y ciertamente, aun estimo todas las cosas como pérdida por la excelencia del conocimiento de Cristo Jesús, mi Señor, por amor del cual lo he perdido todo, y lo tengo por basura, para ganar a Cristo, y ser hallado en él, (3:8-9*a*)

La enérgica frase **y ciertamente** es una serie intraducible de cinco partículas griegas (lit. "pero de hecho por consiguiente al menos aun"). Esta pone un gran acento en el contraste entre las credenciales religiosas que no impresionan a Dios y los incalculables beneficios de conocer a Cristo. En el versículo 7, Pablo estimó los méritos en los versículos 5 y 6 como pérdidas, y aquí amplía esa convicción al considerar **todas las cosas como pérdida por la excelencia del conocimiento de Cristo Jesús**. El verbo traducido "las he estimado" del versículo 7 está en tiempo perfecto, como también el mismo verbo traducido aquí **estimo**. Eso indica que todas las obras meritorias en las que Pablo confiaba para ganar el favor de Dios, y cualquiera que pudiera realizar en el presente o en el futuro, eran pérdidas.

Pablo desechó sus logros religiosos pasados **por la excelencia del conocimiento de Cristo Jesús**. El participio *huperchon* (**la excelencia**) se refiere a algo de valor incomparable. La palabra **conocimiento** en el texto griego es una forma del sustantivo *gnōsis*, del verbo *ginōskō*, que significa conocer de manera experimental o experiencial a través de la participación directa. **La excelencia del conocimiento de Cristo** que Pablo describe aquí es mucho más que el simple conocimiento intelectual de los hechos relacionados con Él.

El Nuevo Testamento describe muchas veces a los cristianos como quienes conocen a Cristo. En Juan 10:14 Jesús dijo: "Yo soy el buen pastor; y conozco mis ovejas, y las mías me conocen". En Juan 17:3 Él definió la vida eterna como conocerlo a Él: "Y esta es la vida eterna: que te conozcan a ti, el único Dios verdadero, y a Jesucristo, a quien has enviado". A los corintios Pablo escribió: "Porque Dios, que mandó que de las tinieblas resplandeciese la luz, es el que resplandeció en nuestros corazones, para iluminación del conocimiento de la gloria de Dios en la faz de Jesucristo" (2 Co. 4:6), mientras que en Efesios 1:17 oró: "Para que el Dios de nuestro Señor Jesucristo, el Padre de gloria, os dé espíritu de sabiduría y de revelación en el conocimiento de él". En su primera epístola Juan declaró: "Pero sabemos que el Hijo de Dios ha venido, y nos ha dado entendimiento para conocer al que es verdadero; y estamos en el verdadero, en su Hijo Jesucristo. Este es el verdadero Dios, y la vida eterna" (1 Jn. 5:20). La salvación comprende un conocimiento personal y relacional del Señor Jesucristo.

Para los griegos, *gnōsis* podía describir una comunión secreta, reverencial y mística con una deidad. Quienes eran iniciados en el misterio alegaban haber trascendido el conocimiento mundano que poseían las masas. Imaginaban que solo ellos gozaban de alguna experiencia personal con su deidad. Los griegos solían buscar dicho estado de elevación mediante juergas en las que se embriagaban. En el siglo II, la peligrosa herejía del gnosticismo intentaba hacer un sincretismo del concepto griego de *gnōsis* y la verdad cristiana. Al igual que sus homólogos paganos, los gnósticos se jactaban de tener un conocimiento más elevado y verdadero de Dios que el cristiano promedio. Sin embargo, Pablo emplea *gnōsis* aquí para describir una comunión trascendente con Cristo que todos los verdaderos creyentes experimentan.

También hay un contexto para *gnōsis* en el Antiguo Testamento. La forma verbal se usaba en la Septuaginta (la traducción griega del Antiguo Testamento) para traducir la palabra hebrea *yada*. *Yada* denotaba por lo general un conocimiento íntimo, incluso una unión o vínculo de amor. En ocasiones se usaba en las Escrituras como un eufemismo de la relación sexual (p. ej., Gn. 4:1, 17, 25; 19:8; 24:16; Nm. 31:17-18, 35; Jue. 21:11-12; 1 S. 1:19). También describía el vínculo íntimo de amor de Dios con Israel: "A vosotros solamente he conocido de todas las familias de la tierra" (Am. 3:2). De este modo, la palabra puede tener ambas connotaciones, de un conocimiento trascendente y de un lazo de amor íntimo.

Pablo añade un toque personal y cálido al profundo concepto teológico de conocer **a Cristo Jesús**, llamándolo **mi Señor**. Esa descripción abarca los tres oficios de Cristo como profeta, sacerdote y rey. La palabra **Cristo** lo describe como el Mesías, el mensajero o profeta de Dios; **Jesús**, como Salvador, y pone de relieve su papel como Sumo Sacerdote de los creyentes; y **Señor**, como Rey soberano sobre toda la creación.

La salvación solo viene por medio del conocimiento profundo y el vínculo íntimo de amor con Jesucristo que Dios da por gracia mediante la fe. Acerca del conocimiento de Cristo que tiene el creyente, F. B. Meyer comentó:

> Podemos conocerlo de manera personal, íntima, cara a cara. Cristo no quedó en la historia ni vive en las nubes del cielo: Él está cerca de nosotros, con nosotros, nos acompaña en nuestro andar y reposar, y conoce todas nuestras andanzas. Sin embargo, no podemos conocerlo en esta vida mortal, sino mediante la iluminación y enseñanza del Espíritu Santo... y debemos conocer a Cristo con certeza, no como un extraño que viene de visita a pasar la noche, o como el rey de los hombres exaltado. Debe existir un conocimiento íntimo, como de quienes Él considera sus amigos, a quienes confía sus secretos, con quienes comparte su propio pan.
>
> Conocer a Cristo en la tormenta de la batalla, en el valle de la sombra, cuando la luz del sol irradia nuestro rostro, o cuando se oscurece por la pesadumbre y la desilusión; conocer la dulzura de su trato con las cañas cascadas y el pábilo que humea; conocer la ternura de su simpatía y la fortaleza de su diestra. Todo esto abarca muchas experiencias diversas de nuestra parte, pero cada una como las caras de un diamante reflejarán la belleza prismática de su gloria desde un nuevo ángulo. (*The Epistle to the Philippians* [La Epístola a los Filipenses] [Grand Rapids: Baker, 1952], pp. 162-163).

Por la excelencia del conocimiento de Cristo Jesús, Pablo sufrió gustoso la pérdida de todas las cosas por medio de las cuales había buscado obtener la salvación sin Él. El apóstol incluso llegó a tenerlas **por basura, para ganar** (hacer suyo de manera personal) **a Cristo**. Todos los esfuerzos por alcanzar la salvación mediante logros humanos no son más que **basura**, como lo más despreciable. *Skubalon* (**basura**) es una palabra muy fuerte que podría también traducirse "despojo", "desecho", "estiércol", e incluso "excremento". Pablo expresa en los términos más fuertes posibles su absoluto desprecio por todos los méritos religiosos con los cuales procuró impresionar a los hombres y a Dios. Comparadas con la excelencia del conocimiento de Cristo, carecen por completo de valor. Pablo se habría unido gustoso a las palabras de Isaías: "todos nosotros somos como suciedad, y todas nuestras justicias como trapo de inmundicia; y caímos todos nosotros como la hoja, y nuestras maldades nos llevaron como viento" (Is. 64:6).

La frase **en él** expresa la conocida verdad paulina de que los creyentes están en Cristo, un concepto que aparece más de setenta y cinco veces en sus epístolas. Los creyentes están unidos estrechamente a Cristo en una vida inseparable y en un vínculo de amor. "Con Cristo estoy juntamente crucificado", escribió Pablo a los gálatas, "y ya no vivo yo, mas vive Cristo en mí; y lo que ahora vivo en la carne, lo vivo en la fe del Hijo de Dios, el cual me amó y se entregó a sí mismo por mí" (Gá. 2:20).

JUSTICIA

y ser hallado en él, no teniendo mi propia justicia, que es por la ley, sino la que es por la fe de Cristo, la justicia que es de Dios por la fe; (3:9*b*)

Pablo había pasado su vida adulta tratando en vano de alcanzar su **propia justicia** a partir del cumplimiento de **la ley**. Esa **justicia**, la del esfuerzo personal, la moral externa, el rito religioso y las obras, todas producidas por la carne, habían sido una carga insoportable y aplastante (cp. Mt. 23:4; Lc. 11:46; Hch. 15:10). A pesar de que Pablo hizo su mejor esfuerzo, no alcanzó en lo más mínimo la norma divina (cp. Ro. 3:23), la cual nadie puede cumplir: "Pero sabemos que todo lo que la ley dice, lo dice a los que están bajo la ley, para que toda boca se cierre y todo el mundo quede bajo el juicio de Dios; ya que por las obras de la ley ningún ser humano será justificado delante de él; porque por medio de la ley es el conocimiento del pecado" (Ro. 3:19-20; cp. Hch. 13:39; Gá. 2:16; 3:10-13; 5:4; Ef. 2:8-9). Él era como sus demás compatriotas que, "ignorando la justicia de Dios, y procurando establecer la suya propia, no se han sujetado a la justicia de Dios" (Ro. 10:3).

En Romanos 7:9-13, Pablo explica el despertar en su corazón:

Y yo sin la ley vivía en un tiempo; pero venido el mandamiento, el pecado revivió y yo morí. Y hallé que el mismo mandamiento que era para vida, a mí me resultó para muerte; porque el pecado, tomando ocasión por el mandamiento, me engañó, y por él me mató. De manera que la ley una verdad es santa, y el mandamiento santo, justo y bueno. ¿Luego lo que es bueno, vino a ser muerte para mí? En ninguna manera; sino que el pecado, para mostrarse pecado, produjo en mí la muerte por medio de lo que es bueno, a fin de que por el mandamiento el pecado llegase a ser sobremanera pecaminoso.

Antes, a pesar de su devoción a la ley judaica, él vivía y pensaba separado de la ley de Dios. Al verse frente una verdadera ley divina, se vio como un pecador muerto en su pecado y digno de muerte eterna. Él pensaba que la ley del judaísmo le daba vida. La ley de Dios lo mató. Al verse en su absoluta pecaminosidad, renunció a las obras de la justicia de sus propios actos y aceptó el don gratuito de la justicia de Dios por gracia.

Pablo intercambió gustoso el fardo de la **propia justicia** legalista por **la que es por la fe de Cristo, la justicia que es de Dios por la fe**. **La fe** es la confesión permanente y segura de total dependencia y confianza en Jesucristo para cumplir con todas las exigencias para entrar en el reino de Dios. Supone más que una simple aceptación intelectual de la verdad del evangelio; la fe salvadora incluye la confianza en el Señor Jesucristo y la rendición a su señorío. Solo sobre la base de la fe… **la justicia que es de Dios** viene al pecador que se arrepiente.

La justicia significa estar bien con Dios y ser aceptado por Él. El centro del evangelio es la realidad de que a Cristo se le imputa el pecado del pecador arrepentido y a éste se le imparte la justicia de Cristo. En 2 Corintios 5:21, Pablo declaró que Dios: "Al que no conoció pecado [Cristo], por nosotros lo hizo pecado, para que nosotros fuésemos hechos justicia de Dios en él". Pablo se despojó gustoso de los harapos de su propia justicia y estiró sus manos vacías para recibir el glorioso manto real de la justicia de Dios en Cristo. Esta doctrina está en el corazón del evangelio. En la cruz, Dios juzgó a Jesús como si Él mismo hubiera cometido todos los pecados de los que creen. Cada vez que un pecador recibe a Jesús como su Señor y confía solo en su sacrificio por el pecado, Dios trata a ese pecador como si hubiera llevado la misma vida de Cristo, sin pecado (cp. Is. 53; 2 Co. 5:21; 1 P. 2:24).

PODER

a fin de conocerle, y el poder de su resurrección, (3:10*a*)

Pablo ya había mencionado el conocimiento directo y profundo de Jesucristo que trae la salvación (v. 8). Sin embargo, ahora el clamor de su corazón era **conocerle**. Ese conocimiento salvador inicial de Cristo llegó a ser el fundamento de la búsqueda permanente de Pablo de un conocimiento cada vez más profundo de su Salvador. Específicamente, Pablo anhelaba experimentar **el poder de su resurrección**. Él sabía que la ley carecía de poder. También sabía que no había poder en su carne para vencer el pecado o servir a Dios (cp. Ro. 7:18). En cambio, por conocer a Cristo y haber sido hecho justo, Pablo había recibido al Espíritu Santo y el mismo poder espiritual que levantó a Jesús de los muertos.

Su resurrección fue la mayor manifestación del poder de Cristo. El hecho de levantarse de los muertos (cp. Jn. 2:19-21; 10:17-18) reveló su absoluto poder sobre el reino físico y también el espiritual (cp. Col. 2:14-15; 1 P. 3:18-20). Pablo experimentó el poder de la resurrección de Cristo de dos formas. Primero, fue ese poder lo que le salvó, una verdad que afirmó en Romanos 6:4-5: "Porque somos sepultados juntamente con él para muerte por el bautismo, a fin de que como Cristo resucitó de los muertos por la gloria del Padre, así también nosotros andemos en vida nueva. Porque si fuimos plantados juntamente con él en la semejanza de su muerte, así también lo seremos en la de su resurrección". En la salvación, los creyentes se identifican con Cristo en su muerte y resurrección. Pero más que eso, el poder de la resurrección de Cristo los santificó para vencer la tentación y las pruebas, llevar una vida santa, y proclamar con valentía y eficacia el evangelio. Pablo intercambió gustoso su incapacidad por el poder de la resurrección de Cristo, y anhelaba experimentar su plenitud.

PARTICIPACIÓN

y la participación de sus padecimientos, llegando a ser semejante a él en su muerte, (3:10*b*)

Una cuarta bendición que recibió Pablo mediante la salvación fue participar de Jesucristo. El apóstol habla aquí específicanente de **la participación de sus padecimientos**. Como acaba de comentar, Pablo llegó **a ser semejante a Él en su muerte** en la salvación (cp. Ro. 6:4-5). Sin embargo, aquí tenía algo más en mente, una comunión y una participación íntimas con Cristo en el sufrimiento. Tras encontrarse con Cristo, Pablo logró participar de sus padecimientos, de Aquel que soportó como nadie la más atroz persecución y agonía, siendo completamente inocente.

Los momentos más profundos de comunión espiritual con el Cristo viviente son los de intenso sufrimiento; el padecimiento acerca a los creyentes a Él. Ellos encuentran en Él un Sumo Sacerdote misericordioso, un amigo fiel que siente su dolor, y un compañero compasivo que soportó sus mismas pruebas y tentaciones (He. 4:15). Por eso es el único que con tal idoneidad puede ayudarlos en sus debilidades y dolencias (He. 2:17). Esa bendita y consoladora verdad alentó a Pablo a exclamar: "Por lo cual, por amor a Cristo me gozo en las debilidades, en afrentas, en necesidades, en persecuciones, en angustias; porque cuando soy débil, entonces soy fuerte" (2 Co. 12:10).

GLORIA

si en alguna manera llegase a la resurrección de entre los muertos. (3:11)

Un último y perfecto beneficio que obtuvo Pablo al conocer a Cristo fue la garantía de su futura **resurrección**, cuando participaría de la gloria de Cristo. La frase **si**

en alguna manera no demuestra duda en Pablo, sino más bien humildad. Pablo nunca perdió su sentido de indignidad. En 1 Corintios 15:9 escribió: "Porque yo soy el más pequeño de los apóstoles, que no soy digno de ser llamado apóstol, porque perseguí a la iglesia de Dios". En Efesios 3:8 se describió a sí mismo como "el más pequeño de todos los santos". Pablo estaba seguro de que alcanzaría **la resurrección de entre los muertos** y participaría de la gloria de Cristo.

La frase **la resurrección de entre los muertos** es única en las Escrituras. Literalmente diría "la gran resurrección de entre los muertos". Los creyentes experimentarán esa **resurrección** en el arrebatamiento, pues "no todos dormiremos; pero todos seremos transformados, en un momento, en un abrir y cerrar de ojos, a la final trompeta; porque se tocará la trompeta, y los muertos serán resucitados incorruptibles, y nosotros seremos transformados. Porque es necesario que esto corruptible se vista de incorrupción, y esto mortal se vista de inmortalidad" (1 Co. 15:51-53). Los creyentes serán sacados del resto de **muertos** que solo se levantarán hasta el final del reino del milenio, y serán transformados a imagen de Cristo.

Pablo detestaba la debilidad de su carne y anhleaba librarse de ella. Ya que se consideraba miserable (Ro. 7:24), les escribió a los romanos: "Nosotros mismos, que tenemos las primicias del Espíritu, nosotros también gemimos dentro de nosotros mismos, esperando la adopción, la redención de nuestro cuerpo" (Ro. 8:23). La redención del cuerpo en la resurrección es otro de los excelentes beneficios de conocer a Cristo.

¿Qué obtienen los creyentes en virtud de su unión con Cristo? El conocimiento de Cristo en su identificación con Él, la justicia de Cristo que les fue conferida en la justificación, el poder de Cristo por su santificación, la participación en los padecimientos de Cristo, y en la gloria de Cristo mediante la glorificación de ellos. No es extraño que Pablo pasara dichoso los méritos religiosos a su columna de pérdidas por los incomparables beneficios de conocer a Cristo.

Mateo 19 relata la historia de otro hombre que llegó a la misma encrucijada de Pablo. En respuesta a su pregunta de cómo obtener la vida eterna, Jesús le dijo que obedeciera la ley. A su vez, "el joven le dijo: Todo esto lo he guardado desde mi juventud. ¿Qué más me falta?" (Mt. 19:20). Él también tenía su columna de ganancias espirituales repleta de esfuerzos, rituales religiosos y obras de justicia. Pero a diferencia de Pablo, él los consideraba ganancia, y rechazó a Cristo. Pablo las estimó como pérdida y ganó a Cristo.

Todos estamos frente a la misma encrucijada. Las personas pueden aferrarse a sus méritos religiosos y seguir el ejemplo del joven rico por el camino que conduce a la destrucción eterna. O pueden despojarse de ellos en aras de los excelentes beneficios de conocer a Cristo y seguir a Pablo en el camino estrecho que conduce a la vida eterna.

16

Alcanzar el premio—Primera parte: Los prerrequisitos

No que lo haya alcanzado ya, ni que ya sea perfecto; sino que prosigo, por ver si logro asir aquello para lo cual fui también asido por Cristo Jesús. Hermanos, yo mismo no pretendo haberlo ya alcanzado; pero una cosa hago: olvidando ciertamente lo que queda atrás, y extendiéndome a lo que está delante, prosigo a la meta, al premio del supremo llamamiento de Dios en Cristo Jesús. Así que, todos los que somos perfectos, esto mismo sintamos; y si otra cosa sentís, esto también os lo revelará Dios. Pero en aquello a que hemos llegado, sigamos una misma regla, sintamos una misma cosa. (3:12-16)

A juzgar por el frecuente empleo de metáforas atléticas que encontramos en los escritos de Pablo, podríamos decir que el apóstol era un aficionado al deporte. Refiriéndose a su deseo de llevar una vida cristiana eficaz, Pablo escribió: "De esta manera peleo, no como quien golpea el aire" (1 Co. 9:26*b*). En Efesios describió la vida cristiana como una "lucha [*palē*, un juego de lucha libre o una pelea]… [no] contra sangre y carne, sino contra principados, contra potestades, contra los gobernadores de las tinieblas de este siglo, contra huestes espirituales de maldad en las regiones celestes" (Ef. 6:12). En lo que podríamos considerar su epitafio, Pablo declaró triunfante: "He peleado la buena batalla" (2 Ti. 4:7; cp. 1 Ti. 6:12). En una alusión a los juegos ístmicos de la Grecia antigua (realizados en Corinto y segundos en importancia solo después de los juegos olímpicos), les recordó a los Corintios: "Todo aquel que lucha, de todo se abstiene; ellos, a la verdad, para recibir una corona corruptible, pero nosotros, una incorruptible" (1 Co. 9:25).

Sin embargo, la metáfora deportiva predilecta de Pablo era la carrera atlética. A los ancianos en Éfeso dijo: "Pero de ninguna cosa hago caso, ni estimo preciosa mi vida para mí mismo, con tal que acabe mi carrera con gozo, y el ministerio que recibí del Señor Jesús, para dar testimonio del evangelio de la gracia de Dios"

(Hch. 20:24). A los romanos escribió: "Así que no depende del que quiere, ni del que corre, sino de Dios que tiene misericordia" (Ro. 9:16). Trayendo a la memoria de los corintios los consagrados atletas que competían en los juegos de la Grecia antigua el apóstol escribió: "¿No sabéis que los que corren en el estadio, todos a la verdad corren, pero uno solo se lleva el premio? Corred de tal manera que lo obtengáis… Así que, yo de esta manera corro, no como a la ventura" (1 Co. 9:24, 26). En Gálatas 2:2 Pablo manifestó su temor de "no correr o haber corrido en vano", mientras que en Gálatas 5:7 se dolió por los gálatas: "Vosotros corríais bien; ¿quién os estorbó para no obedecer a la verdad?". Al final de su vida, Pablo pudo declarar: "He acabado la carrera, he guardado la fe" (2 Ti. 4:7). Esa metáfora de la vida cristiana como una carrera descrita en el conocido versículo 14 ("prosigo a la meta, al premio del supremo llamamiento de Dios en Cristo Jesús"), constituye el tema de Filipenses 3:12-21. El pasaje evidencia la intensa preocupación de Pablo por el crecimiento espiritual.

El pasaje anterior (3:4-11) presentó la transformación de Pablo cuando encontró al Cristo resucitado en el camino a Damasco y entendió el evangelio. En ese pasaje tan conmovedor, el apóstol citó sus impresionantes méritos religiosos. Luego, de manera asombrosa, declara que comparados con la excelencia del conocimiento de Cristo Jesús, todos esos logros no son más que basura. Pablo canjeó sus inútiles logros humanos por el conocimiento, la justicia, el poder, la participación y la gloria del Señor Jesucristo.

Algunos filipenses podrían haberse equivocado al pensar que Pablo, tras haber logrado tan asombrosos méritos, hubiera alcanzado la perfección espiritual. Los judaizantes quizá también les enseñaron a los filipenses que la perfección espiritual podía alcanzarse por medio de la circuncisión y la observancia de la ley. También había herejes (los precursores de los gnósticos del siglo II) quienes enseñaban que a quienes alcanzan cierto nivel de conocimiento les aguarda la perfección espiritual. A fin de impugnar esas ideas falsas, Pablo no tardó en añadir este pasaje, que es una impresionante negación de la perfección espiritual. Aunque él era una nueva criatura (2 Co. 5:17), con un corazón nuevo (Ez. 36:26), una nueva disposición que anhelaba con fuerza la santidad (Ro. 7:22; 2 Co. 4:16; Ef. 3:16), estaba unido con Cristo (Gá. 2:20), poseía una nueva mente (Ro. 12:2; Ef. 4:23), tenía la mente de Cristo (1 Co. 2:16), estaba bien con Dios (Ro. 8:1), había sido justificado (Ro. 5:1), perdonado (Ef. 1:7), se le había conferido la justicia de Cristo (2 Co. 5:21), y en él moraba el Espíritu Santo (Ro. 8:9, 11; 1 Co. 3:16; 2 Ti. 1:14), Pablo no era perfecto. Estaba expuesto a la tentación, aún vivía en una carne irredenta, y todavía era un pecador (cp. Ro. 7:14-25; 1 Ti. 1:15). Lejos de haber alcanzado la perfección, la buscaba con todas sus fuerzas. Al igual que Pedro, Pablo comprendió que la vida cristiana es un proceso de toda la vida de "[crecer] en la gracia y el conocimiento de nuestro Señor y Salvador Jesucristo" (2 P. 3:18; cp. 1 P. 2:1-2).

Este pasaje asesta un duro golpe a la falsa doctrina del perfeccionismo que aún subsiste en algunas denominaciones e iglesias. El perfeccionismo es la enseñanza de que los creyentes pueden alcanzar un nivel de perfección espiritual y moral en esta vida. Los perfeccionistas enseñan que mediante una segunda obra de la gracia los creyentes pueden gozar de una vida sin pecado de forma instantánea. Algunos incluso llegan a enseñar la erradicación de la naturaleza pecaminosa. Sin embargo, el apóstol Pablo, que es sin duda alguna el cristiano más consagrado, dedicado y maduro espiritualmente que ha vivido, confesó jubiloso que había fracasado en alcanzar la perfección espiritual treinta años después de su conversión. Y dicha confesión era una evidencia clara de la madurez y autenticidad de su espiritualidad. Así pues, ¿quién podría sostener de manera legítima haberlo logrado? Al insistir en la fábula de haber alcanzado la perfección sin pecado, los perfeccionistas se ven obligados a establecer una distinción no bíblica entre el pecado voluntario y los "errores". En cambio, las Escrituras enseñan que cualquier violación de la ley de Dios, sin importar la intención, es pecado. Ningún cristiano llegará a ser perfecto en esta vida, hasta que tenga lugar la redención del cuerpo (Ro. 8:23). La perfección en esta vida será siempre una meta, nunca un logro. Si decimos que no pecamos, hacemos a Dios mentiroso, pues Él dice lo contrario (1 Jn. 1:7-9).

Algunos podrían preguntarse de qué vale buscar el crecimiento espiritual. Después de todo, los creyentes han recibido la promesa de "una herencia incorruptible, incontaminada e inmarcesible, reservada en los cielos para [ellos]" (1 P. 1:4). No obstante, esa pregunta es un punto discutible. Los hijos espirituales, al igual que los hijos en la carne, no pueden evitar crecer (cp. 1 P. 2:1-2), y tienen un deseo e impulso inherente por crecer.

Además, existen varias razones de peso por las cuales los cristianos deben crecer espiritualmente. Primero, porque eso glorifica a Dios. Segundo, porque eso demuestra que su salvación es genuina. Tercero, porque eso adorna y hace visible la verdad de Dios a otros (cp. Tit. 2:10). Cuarto, porque brinda seguridad de salvación. Quinto, porque guarda a los creyentes del dolor y el sufrimiento propios de la inmadurez espiritual. Sexto, porque protege la causa de Cristo del descrédito. Séptimo, porque produce gozo en la vida del creyente. Octavo, porque los capacita para el ministerio al prójimo en el Cuerpo de Cristo. Por último, porque mejora su testimonio hacia el mundo perdido.

En el siguiente pasaje (3:17-21), Pablo ofrece instrucciones específicas sobre cómo alcanzar el premio de la perfección espiritual, que es la semejanza de Cristo. Más adelante, en esta epístola, Pablo les recordó a los filipenses que "nuestra ciudadanía está en los cielos, de donde también esperamos al Salvador, al Señor Jesucristo; el cual transformará el cuerpo de la humillación nuestra, para que sea semejante al cuerpo de la gloria suya, por el poder con el cual puede también sujetar a sí mismo todas las cosas" (Fil. 3:20-21). El apóstol Juan reiteró ese pensamiento: "Amados, ahora somos hijos de Dios, y aún no se ha manifestado lo que hemos de ser; pero sabemos que cuando él se manifieste, seremos semejantes a él, porque le veremos tal como él es" (1 Jn. 3:2). La semejanza de Cristo es el premio que se debe perseguir, aunque no sea posible alcanzarlo en esta vida. Aún así, antes de que Pablo escribiera acerca de esta búsqueda, él establece primero seis prerrequisitos para alcanzar realmente el premio de la semejanza de Cristo. El esfuerzo exige de parte del creyente una conciencia sincera, un esfuerzo máximo, una concentración absoluta, una motivación apropiada, un reconocimiento justo y la debida conformidad.

ALCANZAR EL PREMIO REQUIERE UNA CONCIENCIA SINCERA

No que lo haya alcanzado ya, ni que ya sea perfecto; (3:12*a*)

Todo lo que los creyentes son ahora en Cristo y que gozarán para siempre en el cielo ha sido fijado por Dios desde la eternidad mediante su benigno propósito (cp. 1 P. 1:4). Esa realidad y promesa espiritual no puede perfeccionarse, pero la virtud de los creyentes en esta vida puede y debe hacerlo. Saber que no somos ahora lo que deberíamos, y que algún día lo seremos en la gloria, no debe producir apatía e indolencia, sino un celo por moverse en dirección del premio. Esa es la obra del Espíritu en nosotros (2 Co. 3:18) y el anhelo del alma regenerada. La conciencia de la necesidad de mejorar nuestra condición espiritual es un prerrequisito para alcanzar el premio de la perfección espiritual.

Pablo era consciente de esto, y lo expresó en las dos palabras con que empieza el versículo 12, **no que**. Él aún no había **alcanzado** (de *lambanō*; "recibir", "adquirir", o "conseguir") el premio que perseguía, aún no era **perfecto** (de *teleioō*; "alcanzar la perfección", "lograr una meta", o "consumar"). El hecho de repetir la palabra **ya** revela que Pablo aún era imperfecto en el momento de escribir esta epístola.

A pesar de las abundantes bendiciones que le pertenecían en Cristo, el apóstol sabía que no era perfecto. Su conocimiento de Cristo aún era incompleto (1 Co. 13:12). Auque la justicia de Cristo le había sido conferida (2 Co. 5:21), aún necesitaba "[limpiarse] de toda contaminación de carne y de espíritu, perfeccionando la santidad en el temor de Dios" (2 Co. 7:1). En Pablo obraba el poder de Cristo (1 Co. 15:10; Col. 1:29), pero ese poder todavía actuaba por medio de su debilidad (2 Co. 12:9). La profunda comunión con Cristo que había experimentado también era imperfecta, pues aún no sabía orar como convenía, y dependía de que el Espíritu Santo intercediera por él (Ro. 8:26-27). Aunque su cuerpo era un templo del glorioso Espíritu Santo que moraba en él (1 Co. 6:19), Pablo aguardaba el día en que Cristo "transformará el cuerpo de [su] humillación... para que sea semejante al cuerpo de la gloria suya" (Fil. 3:21).

Por supuesto que alcanzar el premio de la perfección espiritual empieza con la inconformidad con nuestra situación espiritual presente. Quienes piensan haber alcanzado la perfección espiritual no verán la necesidad de procurar una condición mejor. ¿Para qué esforzarse por alcanzar algo que ya consideran tener? Esas personas satisfechas y contentas consigo mismas están en grave peligro de volverse insensibles a su pecado y ciegos a sus debilidades. Solo quienes son conscientes de su extrema necesidad espiritual vienen a Cristo en busca de salvación (Mt. 5:6). Y solo quienes reconocen continuamente la necesidad de combatir el pecado y cultivar la santidad progresarán en la vida cristiana. Esta búsqueda en el poder del Espíritu santificador de Dios debilita el pecado y aumenta el amor por la santidad, lo que a su vez hace a la persona más sensible al pecado. Quienes son realmente maduros y rectos poseen la mayor sensibilidad y conciencia de sus pecados, y son los más humildes ante Dios por causa de ello.

ALCANZAR EL PREMIO REQUIERE UN ESFUERZO MÁXIMO

sino que prosigo, por ver si logro asir aquello para lo cual fui también asido por Cristo Jesús. (3:12*b*)

Los verdaderos creyentes no alcanzarán el premio de la perfección espiritual hasta que reconozcan la necesidad de mejorar su condición, pero esa conciencia no basta. También deben ser diligentes en su búsqueda. **Prosigo** significa "correr" o "seguir". Habla de un empeño vigoroso y dinámico. Pablo perseguía el premio espiritual con todas sus fuerzas, ejercitando al máximo cada músculo espiritual en su carrera por ganarlo (1 Co. 9:24).

La mentalidad de "soltar y dejar que Dios haga" es ajena a Pablo. Él dependía por completo del poder de Dios que actuaba en su vida (2 Co. 12:9; Col. 1:29). Aún así, describió también la vida cristiana como trabajo y lucha (Col. 1:29), y como "la buena batalla de la fe" (1 Ti. 6:12; cp. 2 Ti. 4:7). Él enseñó: "Es necesario que a través de muchas tribulaciones entremos en el reino de Dios" (Hch. 14:22), e insistió de manera reiterada en que el sufrimiento es inevitable en la vida cristiana (p. ej., Ro. 8:17; 1 Ts. 3:4; 2 Ti. 1:8; 3:12).

La frase que resulta de algún modo enigmática **por ver si logro asir aquello para lo cual fui también asido por Cristo Jesús** fija la meta del gran esfuerzo de Pablo. El verbo traducido **logro asir, y fui... asido** podría también traducirse "alcanzar", "tomar", o "atrapar". Pablo corría espiritualmente para alcanzar lo mismo por lo cual **Cristo** lo había alcanzado. En otras palabras, la meta de Pablo en la vida estaba acorde con la meta por la cual Cristo lo salvó.

¿Cuál era la meta de Cristo al salvar a Pablo? El apóstol lo declaró en Romanos 8:29: "Porque a los que antes conoció, también los predestinó para que fuesen hechos conformes a la imagen de su Hijo, para que él sea el primogénito entre muchos hermanos". Dios escogió a Pablo, como a todos los creyentes, para que fueran hechos conformes a Jesucristo. Ese propósito por el cual Dios nos salvó es también el propósito por el cual vivimos. Pablo escribió a los tesalonicenses, "a lo cual os llamó mediante nuestro evangelio, para alcanzar la gloria de nuestro Señor Jesucristo" (2 Ts. 2:14). La vida cristiana es una búsqueda permanente de la semejanza de Cristo. Ese era el objetivo del Señor al salvar a Pablo, y era la meta del apóstol en respuesta a ello.

ALCANZAR EL PREMIO REQUIERE UNA CONCENTRACIÓN ABSOLUTA

Hermanos, yo mismo no pretendo haberlo ya alcanzado; pero una cosa hago: olvidando ciertamente lo que queda atrás, y extendiéndome a lo que está delante, (3:13)

El mayor esfuerzo sin una concentración absoluta es inútil. Todo atleta sabe que quienes corren en una competición deben poner sus ojos en lo que está delante. Quienes miran a la multitud o se fijan en sus propios pies son más propensos a tropezar y caer. El esfuerzo máximo en cualquier empeño atlético exige que los participantes se concentren en una meta fija.

Pablo se dirige a los filipenses con el apelativo afectuoso, íntimo y bondadoso **hermanos** con el fin de alejar sus corazones de los judaizantes y acercarlos a él. Por tercera vez en este pasaje, Pablo añade su afirmación **yo mismo no pretendo haberlo ya alcanzado**. La intención del apóstol es polémica. Él dirige su argumento a quienes enseñaban el error, y quiere que la verdad quede completamente clara. A pesar de que los falsos maestros afirmaran lo contrario, no es posible alcanzar la perfección espiritual en esta vida.

Aunque Pablo no había alcanzado la perfección espiritual, tenía esa bendita insatisfacción que lo motivaba a procurarla. De hecho, se había convertido en la búsqueda de su vida, expresada en la frase **pero una cosa hago**. **Hago** no se encuentra en el texto griego, sino que fue añadido por los traductores porque estaba implícito. En el texto griego, Pablo expresa su tenacidad de manera breve, apasionada, casi abrupta. La atención del apóstol en su meta era absoluta, su nivel de concentración agudo.

Las personas que son capaces de concentrarse de esa forma son quienes triunfan en el atletismo y en otras metas de la vida. Muchas personas saltan de una actividad a otra, pero en nada triunfan. A pesar de toda la energía que gastan, logran muy poco. Sus vidas están llenas de acción y emoción, pero carecen de significado. A esa clase de persona Santiago la llamó "de doble ánimo... inconstante en todos sus caminos" (Stg. 1:8). Para evitar esa inconstancia el salmista oró: "Afirma mi corazón para que tema tu nombre" (Sal. 86:11), y Salomón aconsejó: "Tus ojos miren lo recto, y diríjanse tus párpados hacia lo que tienes delante. Examina la senda de tus pies, y todos tus caminos sean rectos. No te desvíes a la derecha ni a la izquierda; aparta tu pie del mal" (Pr. 4:25-27). Cuando los creyentes tienen esa necesidad apremiante de ser como Cristo, se acercarán a la perfección espiritual.

Dicha concentración tiene dos facetas. Por un lado, Pablo mantuvo su atención **olvidando lo que queda atrás**. Un atleta que mira hacia atrás corre el riesgo de ser aventajado. El desempeño de un atleta en carreras anteriores tampoco le garantiza el éxito en carreras presentes o futuras. El pasado es irrelevante; lo que importa es hacer el máximo esfuerzo en el presente que permita sostener el impulso en el futuro. Los perfeccionistas y legalistas miran sus logros pasados para validar un supuesto nivel espiritual. Los judaizantes buscaron seducir a los gálatas con su pasado, por lo que Pablo escribió: "Mas ahora, conociendo a Dios, o más bien, siendo conocidos por Dios, ¿cómo es que os volvéis de nuevo a los débiles y pobres rudimentos, a los cuales os queréis volver a esclavizar?" (Gá. 4:9).

Pablo rompió con todo su pasado, tanto lo bueno como lo malo. Logros religiosos, obras loables, grandes triunfos ministeriales, al igual que pecados, oportunidades perdidas y calamidades, todo debe olvidarse. Nada de eso controla el presente ni el futuro. Los creyentes no pueden vivir de victorias pasadas, ni desalentarse por la culpa que suscitan los pecados pasados.

Las iglesias están llenas de inválidos espirituales, paralizados por la amargura, el pecado, el rencor o las tragedias del pasado. Otros intentan sobrevivir en el presente confiados en victorias pasadas. Es preciso que rompan con el pasado si han de perseguir el premio espiritual. Dios se interesa por lo que los creyentes hacen ahora y en el futuro. Jesús declaró: "Ninguno que poniendo su mano en el arado mira hacia atrás, es apto para el reino de Dios" (Lc. 9:62). Los que han olvidado el pasado son quienes gozan de la visión más clara.

Por otro lado, Pablo mantuvo su enfoque [extendiéndose] **a lo que está delante**. **Extendiéndome** es la traducción de una forma del participio del verbo *epekteinō*, compuesto por dos preposiciones añadidas al verbo *teinō* ("estirar"). Se refiere a estirar un músculo al máximo de su capacidad, y describe a un atleta que fuerza cada músculo para alcanzar la línea de llegada.

Como ya se indicó, la meta en la cual deben concentrarse los creyentes es ser como Jesucristo. También fue la meta del ministerio de Pablo "presentar perfecto en Cristo Jesús a todo hombre" (Col. 1:28). Asimismo, les manifestó ese objetivo a los efesios:

Y él mismo constituyó a unos, apóstoles; a otros, profetas; a otros, evangelistas; a otros, pastores y maestros, a fin de perfeccionar a los santos para la obra del ministerio, para la edificación del cuerpo de Cristo, hasta que todos lleguemos a la unidad de la fe y del conocimiento del Hijo de Dios, a un varón perfecto, a la medida de la estatura de la plenitud de Cristo; para que ya no seamos niños fluctuantes,

*llevados por doquiera de todo viento de doctrina, por estratagema de hombres que
para engañar emplean con astucia las artimañas del error (Ef. 4:11-14).*

Pablo les dijo a los gálatas que sufría "dolores de parto, hasta que Cristo sea
formado en vosotros" (Gá. 4:19). Exhortó a los corintios a "[perfeccionarse]"
(2 Co. 13:11), y su colaborador Epafras rogó que los colosenses fueran "firmes,
perfectos y completos en todo lo que Dios quiere" (Col. 4:12). Buscar la semejanza
de Cristo aquí y ahora, hasta que seamos hechos como Él en la gloria, determina
el progreso de la vida cristiana y fija la meta del ministerio.

ALCANZAR EL PREMIO REQUIERE UNA MOTIVACIÓN APROPIADA

prosigo a la meta, al premio del supremo llamamiento de Dios en Cristo Jesús.
(3:14)

Como ya se vio, este versículo es el eje del pasaje. El tiempo presente del verbo
aquí traducido **prosigo** denota el esfuerzo permanente de Pablo por alcanzar el
"sueño imposible" y vencer "al enemigo invencible". El significado original de la
preposición *kata* (**a**) es "abajo". Pablo expresó de nuevo su meta fija, diciendo:
"Prosigo continuamente **a la meta** (*skopos*; 'una marca sobre la cual fijar los ojos')".

Ese **premio** era su motivación para correr (1 Co. 9:24). Los creyentes no recibirán el **premio** (la semejanza de Cristo con todos sus beneficios eternos) hasta
que el **supremo** (lit. "alto", que señala tanto la fuente del llamamiento como su
destino) **llamamiento de Dios en Cristo Jesús** los introduzca en la gloriosa presencia divina en el cielo. Como ya se indicó, la perfección no puede alcanzarse
en esta vida. La línea de llegada es la entrada celestial, donde se entregarán
los premios (cp. Mt. 5:12; Lc. 6:23; 1 Co. 3:12-15). Solo "cuando él [Cristo] se
manifieste, seremos semejantes a él, porque le veremos tal como él es" (1 Jn. 3:2).

Al igual que un atleta levanta triunfante sus brazos al acercarse a la línea de
llegada, Pablo declaró al final de su vida: "He peleado la buena batalla, he acabado
la carrera, he guardado la fe. Por lo demás, me está guardada la corona de justicia,
la cual me dará el Señor, juez justo, en aquel día; y no sólo a mí, sino también a
todos los que aman su venida" (2 Ti. 4:7-8). Solo "en aquel día" en el cielo Pablo
recibiría "la corona de justicia" (la justicia de Cristo que ha sido perfeccionada
en él), y solo entonces recibirá el **premio** que procuró con tanta diligencia.

ALCANZAR EL PREMIO REQUIERE UN RECONOCIMIENTO JUSTO

**Así que, todos los que somos perfectos, esto mismo sintamos; y si otra cosa
sentís, esto también os lo revelará Dios.** (3:15)

Pablo no estaba solo en la carrera espiritual. En ella participan todos los cristianos, mencionados aquí en la frase **así que, todos los que somos perfectos** (cp. He. 10:14). El apóstol no se refiere a la perfección práctica, pues eso podría contradecir lo que acaba de exponer en el pasaje. La perfección práctica solo viene cuando los creyentes son glorificados. Antes bien, en un juego de palabras, él describe a los creyentes como quienes gozan de perfección en Cristo. Puesto que este es un pasaje polémico dirigido contra quienes enseñaban que la perfección se lograba en esta vida, el hecho de que Pablo emplee el término **perfectos** podría ser con doble intención y un toque de sarcasmo. Esos falsos maestros no eran **perfectos** en la práctica, y tampoco en su posición ante Dios.

Todo cristiano verdadero debe tener esta misma actitud de Pablo. *Phroneō* (**esto mismo sintamos**) significa literalmente "pensar de esta manera", "estar resuelto a", o "estar de acuerdo con esto". Podría traducirse "pensar continuamente así". Como Pablo, los creyentes deben centrarse totalmente en realizar su máximo esfuerzo por alcanzar el premio de la semejanza de Cristo. Sabemos cómo piensa Cristo porque las Escrituras revelan su mente (1 Co. 2:16). Si pensamos de manera bíblica, santa, viendo todo desde la perspectiva divina, esos pensamientos impulsarán nuestra conducta para que sea como la de Él (cp. Col. 3:16).

Sin embargo, Pablo era un pastor experimentado y sabía que no todos los creyentes estarían de acuerdo con su fuerte e inexorable interés en la búsqueda del premio. A ellos, Pablo dice: **y si otra cosa sentís, esto también os lo revelará Dios**. Quienes rehúsan atender al mensaje de Pablo, escucharán el mismo mensaje de parte de Dios. Él los corregirá mediante su Palabra, su Espíritu, o mediante el castigo. Dios hará todo lo que sea necesario para que los creyentes reconozcan su necesidad de perseguir el premio de la semejanza de Cristo. Él también les dará todo lo necesario para lograrlo (2 P. 1:3).

ALCANZAR EL PREMIO REQUIERE LA DEBIDA CONFORMIDAD

Pero en aquello a que hemos llegado, sigamos una misma regla, sintamos una misma cosa. (3:16)

Plēn (**pero**) también podría traducirse "una cosa más". Suele emplearse para expresar una idea final. Este último prerrequisito para alcanzar el premio también podría describirse como coherencia. Después de desarrollar una conciencia sincera, un esfuerzo máximo, una concentración, una motivación y un reconocimiento, los creyentes deben persistir en vivir según una misma regla a la cual han llegado. *Stoicheō* (**sigamos una misma regla**) significa "alinearse", o "seguir de acuerdo". Los creyentes deben seguir por el camino espiritual que han emprendido. En términos de la metáfora de la carrera, deber seguir corriendo por su carril.

Existen cuatro recursos que Dios ofrece para ayudar a los creyentes en su búsqueda del premio de la semejanza de Cristo. El primero es la Palabra de Dios. Pedro escribió: "Desead, como niños recién nacidos, la leche espiritual no adulterada, para que por ella crezcáis para salvación" (1 P. 2:2). El segundo es la oración. Pablo oró "por [la] perfección" de los corintios (2 Co. 13:9). El tercero es seguir el buen ejemplo de otros. Pablo les rogó a los corintios: "que me imitéis" (1 Co. 4:16; cp. 11:1; Fil. 3:17; 1 Ts. 1:6; 2 Ts. 3:7, 9; 1 Ti. 4:12; He. 13:7; 1 P. 5:3). Por último, Dios usa las pruebas para transformar a los creyentes a la imagen de Jesucristo: "Mas el Dios de toda gracia, que nos llamó a su gloria eterna en Jesucristo, después que hayáis padecido un poco de tiempo, él mismo os perfeccione, afirme, fortalezca y establezca" (1 P. 5:10; cp. Stg. 1:2-4).

En la ladera de uno de los alpes suizos hay una señal que rememora a un hombre que murió en su intento por llegar a la cima. Allí está escrito su nombre y este breve epitafio: "Murió escalando". El epitafio de todo cristiano debería ser el de morir mientras asciende por el camino que conduce al premio de la semejanza de Cristo.

17

Alcanzar el premio—Segunda parte: El procedimiento

Hermanos, sed imitadores de mí, y mirad a los que así se conducen según el ejemplo que tenéis en nosotros. Porque por ahí andan muchos, de los cuales os dije muchas veces, y aun ahora lo digo llorando, que son enemigos de la cruz de Cristo; el fin de los cuales será perdición, cuyo dios es el vientre, y cuya gloria es su vergüenza; que sólo piensan en lo terrenal. Mas nuestra ciudadanía está en los cielos, de donde también esperamos al Salvador, al Señor Jesucristo; el cual transformará el cuerpo de la humillación nuestra, para que sea semejante al cuerpo de la gloria suya, por el poder con el cual puede también sujetar a sí mismo todas las cosas. (3:17-21)

Las personas que logran transformar el mundo siempre tienen un compromiso constante para el logro de sus metas. Ya sea que la meta consista en conquistar el mundo, triunfar en los negocios o ganar un campeonato, están dispuestos a sacrificar lo que sea necesario para alcanzarla. Por otro lado, quienes se dedican a satisfacer sus propias necesidades y a vivir en comodidad rara vez logran algo.

Lo mismo se cumple en la vida cristiana. No hay secretos ocultos, ni trucos, ni atajos para una vida que influye en el mundo con la verdad de Jesucristo. Esa clase de vida es el resultado directo del esfuerzo máximo por alcanzar el objetivo espiritual de la semejanza de Cristo en la vida y en el ministerio. Muchos siervos ilustres de Dios han sufrido mucho para alcanzar ese objetivo. Inclusive muchos lo pagaron con su vida. Todos tenían algo en común: su comodidad personal era menos importante para ellos que ser como el Señor Jesucristo en este mundo. Ellos dejaron su huella en la iglesia gracias a su permanente devoción a Él y a sus infatigables esfuerzos por causa de su evangelio.

Desdichadamente, pocos en la iglesia actual tienen ese nivel de compromiso con la causa de Cristo. Entre las muchas razones que lo explican, está el efecto devastador de la psicología humanista sobre la iglesia. Uno de los supuestos básicos de la psicología moderna es que la razón de la existenica es la gratificación personal. La meta primordial en la vida es, pues, que las personas satisfagan lo que consideran sus deseos y necesidades. Solo entonces estarán felices, satisfechas y complacidas.

La forma contemporánea de presentar el evangelio refleja con frecuencia esa filosofía humanista. Dios se ha convertido en una especie de genio utilitario, que existe para concedernos cualquier deseo para nuestra gratificación y contentamiento. Las Escrituras presentan a Jesucristo como Señor y Salvador, ante quien toda rodilla debe inclinarse en total sumisión y obediencia (Fil. 2:10). Sin embargo, las presentaciones contemporáneas del evangelio lo muestran como la solución instantánea para todos los problemas de la vida, a pesar de que Él mismo advirtió: "En el mundo tendréis aflicción" (Jn. 16:33; cp. Hch. 14:22; 1 Ts. 3:4; 2 Ti. 3:12). El ejemplo más evidente de esta visión actual centrada en el hombre es el evangelio de la prosperidad, con su descarada búsqueda de las cosas de este mundo. Esas actitudes de gratificación egoísta se contraponen a la actitud de verdadera espiritualidad, que es la conciencia humilde y modesta del pecado, y la profunda gratitud por la más pequeña demostración de la gracia de Dios.

El narcisismo que abunda en el cristianismo contemporáneo también ha pervertido la doctrina de la santificación. Jesús enseñó: "Si alguno quiere venir en pos de mí, niéguese a sí mismo, tome su cruz cada día, y sígame" (Lc. 9:23). En claro contraste, hoy se pone el acento sobre la gratificación de las personas y la satisfacción de sus deseos. Se afirma que solo así pueden ser cristianos eficaces. Este es el enfoque de gran parte de las predicaciones, enseñanzas y escritos.

Acerca de este nuevo paradigma de la vida cristiana, Tony Walter escribe:

> Está en boga seguir la concepción de algunos psicólogos de que el yo es un manojo de necesidades y que el crecimiento personal consiste en la tarea de suplirlas de manera progresiva. Muchos cristianos están de acuerdo con tales creencias...
>
> Una evidencia de la casi total acogida de esta nueva moralidad es que la iglesia cristiana, por tradición inclinada a mortificar los deseos de la carne y a crucificar las necesidades del yo en aras de la [semejanza de Cristo], ha adoptado con ansias el lenguaje de las necesidades para sí misma... Ahora oímos decir que "Jesús suplirá todas sus necesidades", como si Él fuera un psiquiatra o detergente divino, como si Dios solo existiera para servirnos (*Need: The New Religion* [Necesidad: La nueva religión] [Downers Grove, Ill.: InterVarsity, 1985], Prefacio, p. 5).

El hecho de que la iglesia adopte esta mentalidad enfocada en las necesidades que propone la psicología humanista conduce a una nueva teología, una casi salvación y un reemplazo para la santificación, todos centrados en el hombre. Para muchos, la meta de la vida cristiana es lograr la satisfacción de sus necesidades personales, ser felices, tener una buena imagen de sí mismo, y eliminar todos los problemas de la vida. El centro no es Cristo, sino el hombre.

No obstante, la "teología de la necesidad" seudocristiana se opone diametralmente a lo que enseña la Biblia. La satisfacción de las necesidades humanas no es el objetivo de la salvación ni de la santificación. La meta de la salvación es que los creyentes sean hechos conformes a la imagen del Hijo de Dios (Ro. 8:29). En consecuencia, la santificación cristiana se proyecta hacia fuera a Cristo, no hacia adentro a las necesidades percibidas de los creyentes. El objetivo de la vida cristiana no es complacer a los creyentes, sino a Dios. De hecho, los creyentes florecen cuando la debilidad los abruma (2 Co. 12:9-10).

El hecho de que los cristianos están llamados a ser como Jesucristo es la sencilla verdad que tienden a ocultar el sinnúmero de teologías, seminarios, libros, fórmulas y mensajes que pretenden descifrar el secreto del crecimiento espiritual. Algunos de esos ofrecimientos pueden ser útiles, pero solo en la medida en que facultan al creyente para ser más como Jesucristo.

El mandato reiterado del Señor Jesucristo: "Venid en pos de mí" (cp. Mt. 4:19; 8:22; 9:9; 16:24; 19:21), no ha sido reemplazado ni mejorado. Es la obligación más fundamental de un creyente. Pablo expresó la misma verdad a los gálatas: "Hijitos míos, por quienes vuelvo a sufrir dolores de parto, hasta que Cristo sea formado en vosotros" (Gá. 4:19) y a los corintios: "Sed imitadores de mí, así como yo de Cristo" (1 Co. 11:1). El apóstol Juan enseñó: "El que dice que permanece en él, debe andar como él anduvo" (1 Jn. 2:6).

Cuando Pablo les dijo a los filipenses "una cosa hago" (3:13), resumió la vida cristiana en ese único objetivo. Por ejemplo, los cristianos deben glorificar a Dios, pero solo pueden hacerlo en la medida en que son como Jesucristo. Cuando evangelizan al perdido, imitan al Señor, quien vino "a buscar y a salvar lo que se había perdido" (Lc. 19:10). A medida que los creyentes maduran espiritualmente, "[crecen] en la gracia y el conocimiento de nuestro Señor y Salvador Jesucristo" (2 P. 3:18). Al "[estar] muertos a los pecados, [y vivir] la justicia" (1 P. 2:24) se vuelven más y más como Jesús, "que no conoció pecado" (2 Co. 5:21; cp. He. 7:26; 1 P. 2:22; 1 Jn. 3:5).

Hay un recurso objetivo y uno subjetivo para alcanzar el premio de la semejanza de Cristo. El recurso objetivo es la Palabra de Dios. La Biblia es la revelación de Cristo, "en quien están escondidos todos los tesoros de la sabiduría y del conocimiento" (Col. 2:3). Cuando Pablo escribió que los creyentes tienen "la mente de Cristo" (1 Co. 2:16), se refería a la revelación de las Escrituras dadas por el apóstol y demás autores del Nuevo Testamento.

El poder subjetivo para llegar a ser más como Jesucristo es la obra del Espíritu Santo. Él usa el conocimiento de Cristo extraído de las Escrituras para transformar de manera progresiva a los creyentes a la imagen de Cristo (2 Co. 3:18). El Nuevo

Testamento deja claro que el crecimiento cristiano es el resultado del estudio de las Escrituras y del sometimiento al Espíritu Santo.

En este pasaje, Pablo presenta tres elementos prácticos de la búsqueda de la semejanza de Cristo: seguir vidas ejemplares, huir de los enemigos y poner la mira en lo que está delante.

SEGUIR VIDAS EJEMPLARES

Hermanos, sed imitadores de mí, y mirad a los que así se conducen según el ejemplo que tenéis en nosotros. (3:17)

Por tercera vez en este capítulo, Pablo se dirige afectuosamente a los filipenses como **hermanos** (cp. vv. 1, 13). En el texto griego la frase **sed imitadores de mí** significa literalmente "sean imitadores conmigo". Pablo instó a los filipenses a imitar su manera de vivir. Él no pretendía ponerse en un pedestal de perfección espiritual (cp. el comentario de vv. 12-16 en el capítulo anterior de este tomo). Antes bien, animaba a los filipenses a seguirlo, como un pecador imperfecto, en su esfuerzo por alcanzar la meta de la semejanza de Cristo.

El Nuevo Testamento registra tanto los triunfos como los desaciertos de Pablo. En un arranque de ira por el maltrato que sufrió a manos del sumo sacerdote, exclamó "¡Dios te golpeará a ti, pared blanqueada! ¿Estás tú sentado para juzgarme conforme a la ley, y quebrantando la ley me mandas golpear?" (Hch. 23:3), si bien no tardó en disculparse (Hch. 23:5). Debido a su lucha con el orgullo, el Señor le dio a Pablo un aguijón en la carne (2 Co. 12:7). Tres décadas después de su conversión, él aún se considera como el primero de los pecadores (1 Ti. 1:15).

Si Pablo hubiera sido perfecto, no habría sido un ejemplo que los creyentes pudieran seguir. Necesitamos seguir a alguien que no es perfecto, a fin de aprender a vencer nuestras imperfecciones, alguien que pueda mostrarnos cómo manejar los problemas de la vida, sus desilusiones y adversidades, cómo tratar con el orgullo, resistir la tentación, y morir al pecado. Cristo es el modelo perfecto que los creyentes deben imitar. Sin embargo, Cristo nunca buscó la perfección, pues siempre ha sido perfecto. Pablo era un compañero de viaje en el camino hacia la inalcanzable perfección espiritual, y por ende un ejemplo que los creyentes podían seguir. Él fue ejemplo de virtud, de moral, de victoria sobre la carne y sobre la tentación, de adoración, de servicio a Dios, de perseverancia y paciencia frente al sufrimiento, del manejo de las posesiones y de las relaciones.

Aparte de él mismo, Pablo les mandó a los filipenses: **Y mirad a los que así se conducen según el ejemplo que tenéis en nosotros**. *Skopeō* (**mirad**) es la forma verbal del sustantivo que se traduce "meta" en el versículo 14, y podría también traducirse "fijar su mirada en". En realidad Pablo dice: "Miren a quienes andan (se comportan a diario) según el **ejemplo** correcto, el que tienen en nosotros". Eso incluiría a Timoteo y a Epafrodito, a quienes conocían los filipenses, al igual que los obispos y diáconos de Filipos (cp. 1:1). No obstante, la palabra **nosotros** parece más bien un plural literario, una manera modesta de referirse Pablo a sí mismo.

Los filipenses, al igual que los creyentes en la actualidad, podían conocer el ejemplo de Pablo en forma impresa. Sin embargo, ellos también habían sido testigos directos de su vida durante su estancia en Filipos. Los creyentes siempre han necesitado ejemplos de vida piadosa que les sirvan de modelo. Dichos ejemplos son los pastores y ancianos de la iglesia, quienes deben ser "ejemplo de los creyentes" (1 Ti. 4:12) demostrando humildad, servicio desinteresado, disposición a sufrir, devoción a Cristo, valor y dedicación al crecimiento espiritual.

Quienes enseñan y predican la Palabra deben manejarla con precisión. Eso reviste una importancia particular hoy, cuando la correcta interpretación de las Escrituras ha sido terriblemente empañada, y cualquier idea parece aceptable. Pablo exhortó a Timoteo: "Procura con diligencia presentarte a Dios aprobado, como obrero que no tiene de qué avergonzarse, que usa bien la palabra de verdad" (2 Ti. 2:15). Sin embargo, la correcta enseñanza de la verdad debe estar respaldada por una vida recta.

HUIR DE LOS ENEMIGOS

Porque por ahí andan muchos, de los cuales os dije muchas veces, y aun ahora lo digo llorando, que son enemigos de la cruz de Cristo; el fin de los cuales será perdición, cuyo dios es el vientre, y cuya gloria es su vergüenza; que sólo piensan en lo terrenal. (3:18-19)

El apóstol advirtió que en la búsqueda del premio espiritual de la semejanza de Cristo, es necesario admitir que existen **muchos** ejemplos que deben evitarse. Los **enemigos** acerca de los cuales Pablo les advirtió no parecían demostrar una hostilidad declarada hacia la fe cristiana. Al igual que su perverso amo, Satanás, eran engañosos, se disfrazaban como mensajeros de Cristo, ángeles de luz y ministros de justicia (2 Co. 11:13-15). Llegaron a formar parte de la iglesia, y tal vez incluso en funciones de liderazgo. Su astucia significaba una singular peligrosidad.

El Nuevo Testamento no cesa de advertir acerca del peligro que representan los falsos maestros. En el sermón del monte, Jesús previno: "Guardaos de los falsos profetas, que vienen a vosotros con vestidos de ovejas, pero por dentro son lobos rapaces" (Mt. 7:15). En el discurso en el Monte de los Olivos dijo: "Mirad que nadie os engañe. Porque vendrán muchos en mi nombre, diciendo: Yo soy el Cristo; y a muchos engañarán" (Mt. 24:4-5). Hechos menciona entre los falsos maestros a Simón el mago (Hch. 8:9-24) y a Elimas (Hch. 13:8-11), en tanto que Pablo enfrentó a Himeneo y a Alejandro en Éfeso (1 Ti. 1:20). El apóstol instó a Timoteo (1 Ti. 1:4) y a Tito (Tit. 3:9) a evitar a los falsos maestros que se enredaban en mitos y genealogías. Tanto Pedro (2 P.) como Judas escribieron acerca del peligro de los falsos maestros. Juan también previno a sus lectores para que estuvieran en guardia contra los falsos maestros:

> *Amados, no creáis a todo espíritu, sino probad los espíritus si son de Dios; porque muchos falsos profetas han salido por el mundo. En esto conoced el Espíritu de Dios: Todo espíritu que confiesa que Jesucristo ha venido en carne, es de Dios; y todo espíritu que no confiesa que Jesucristo ha venido en carne, no es de Dios; y este es el espíritu del anticristo, el cual vosotros habéis oído que viene, y que ahora ya está en el mundo (1 Jn. 4:1-3).*

En su segunda epístola agregó: "Muchos engañadores han salido por el mundo, que no confiesan que Jesucristo ha venido en carne. Quien esto hace es el engañador y el anticristo" (2 Jn. 7).

Por desdicha, debido a la apatía hacia la verdad y al escaso conocimiento bíblico, la iglesia actual carece de discernimiento. Es sorprendente e inquietante ver lo que creen los cristianos y las personas a quienes siguen. La falta de mensajes bíblicos coherentes, precisos y permanentes desde el púlpito ha producido deficiencias en el pensamiento bíblico exacto y en el discernimiento. El resultado trágico es el engaño generalizado de la iglesia por parte de enemigos de la cruz de Cristo. (Para un estudio más amplio de la falta de discernimiento en la iglesia, véase John MacArthur, *Reckless Faith: When the Church Loses Its Will to Discern* [Fe temeraria: Cuando la iglesia pierde su deseo de discernir] [Wheaton, Ill.: Crossway, 1994]).

A diferencia de los ejemplos piadosos del versículo 17, la conducta de los falsos maestros no debe ser imitada. Algunos consideran la frase **de los cuales os dije muchas veces** como una alusión a 1:28. Sin embargo, es más probable que se refiera a las advertencias que le comunicó Pablo a la iglesia filipense cuando estuvo con ellos en persona. Él les dio una advertencia similar a los ancianos de la iglesia en Éfeso:

> *Por tanto, mirad por vosotros, y por todo el rebaño en que el Espíritu Santo os ha puesto por obispos, para apacentar la iglesia del Señor, la cual él ganó por su propia sangre. Porque yo sé que después de mi partida entrarán en medio de vosotros lobos rapaces, que no perdonarán al rebaño. Y de vosotros mismos se levantarán hombres que hablen cosas perversas para arrastrar tras sí a los discípulos. Por tanto, velad, acordándoos que por tres años, de noche y de día, no he cesado de amonestar con lágrimas a cada uno (Hch. 20:28-31).*

Pablo les advirtió a los filipenses que los falsos maestros **son enemigos de la cruz de Cristo**. Con todo, lo hizo **llorando**, no con alegría. Este es el único lugar en el Nuevo Testamento donde Pablo habla de sí mismo en tiempo presente como quien llora. Él era un hombre sensible y emotivo, y la carga de los pecadores perdidos o la amenaza contra sus amadas congregaciones le llevaba en muchas ocasiones a derramar lágrimas (cp. Hch. 20:19, 31; Ro. 9:2; 2 Co. 2:4). A Pablo le acongojaba reconocer los estragos que podrían causar los falsos maestros en la iglesia filipense. Sin duda alguna también lloró por el destino que les esperaba a esos falsos maestros (cp. Ro. 9:2). La condenación de los enemigos de la cruz, su efecto destructivo en la iglesia y el descrédito que traían a la causa de Cristo afligían a Pablo.

Pablo describió a los falsos maestros como **enemigos de la cruz de Cristo**. El término **cruz** no se limita al objeto en sí empleado para asesinar (1 Co. 1:17-18, 23; 2:2; Gá. 3:1; 6:14; Ef. 2:16; Col. 1:20; 2:14; 1 P. 2:24), sino que significa la muerte expiatoria de Cristo a todo nivel. ¡Los falsos maestros estaban en contra de la salvación!

Pablo no nombró específicamente a los **enemigos de la cruz de Cristo** que perturbaban a los filipenses. Sin embargo, hay solo dos opciones: eran judíos o gentiles, o ambos. Los falsos maestros judíos que se infiltraban en la iglesia se conocían como los judaizantes (cp. Hch. 15). Ellos alegaban que el evangelio solo era insuficiente para salvar, y que también se necesitaba la circuncisión y la observacia de la ley. Pablo los denunció enérgicamente en 3:2 Como "perros... malos obreros", y "mutiladores del cuerpo". Aunque se consideraban como ovejas del redil de Dios, los judaizantes eran en realidad perros salvajes, sarnosos y despreciables. Sus descendientes espirituales, aquellos que añaden a la salvación las obras, plagan la iglesia hasta hoy.

Puesto que Pablo no identificó de manera específica a estos **enemigos de la cruz** como judaizantes, es posible que fueran gentiles. Algunos falsos maestros gentiles sostenían la conocida filosofía dualista del pensamiento griego contemporáneo. Esos herejes, precursores de la peligrosa herejía del siglo II conocida como gnosticismo, enseñaban que el espíritu era bueno y la materia mala. Ya que el cuerpo estaba hecho de materia, era por naturaleza malo. En última instancia, la salvación no comprendía la redención del cuerpo, sino la liberación del mismo. Así que, siendo el cuerpo irremediablemente malo, no importaba lo que se hiciera con él. Sus deseos podían saciarse, una persona podía ser glotona, ebria, homosexual o adúltera. Los herejes enseñaban que todo eso era irrelevante porque solo afectaba al cuerpo, no al espíritu. Los judaizantes añadían al evangelio, mientras que los falsos maestros gentiles restaban del evangelio.

Ese mismo espíritu de libertinaje antinomianista sigue latente hoy. En la iglesia contemporánea hay quienes enseñan que la fe salvadora no exige como respuesta una vida de santidad. Afirman que al pagar Jesús con su muerte por el pecado de los creyentes, no tiene importancia cómo vivan ellos. Algunos incluso enseñan que todos los que profesan fe en Cristo son salvos, incluso si más adelante se vuelven ateos.

Pablo presentó cuatro señales de los **enemigos de la cruz** en el versículo 19.

EL FIN QUE LES ESPERA

el fin de los cuales será perdición, (3:19*a*)

Después de haber rechazado la única verdad de salvación, la cruz de Cristo, todos los falsos maestros enfrentan el mismo destino. Su **fin** (la palabra griega *telos* se refiere aquí a su destino final) será la **perdición** eterna (tormento, castigo) en el infierno (Mt. 25:46; 2 Ts. 1:9). Los judaizantes merecían ese fin porque añadían las obras del hombre a la cruz de Cristo. Creer la verdad acerca de Él, pero creer también que las obras humanas son necesarias para la salvación es estar condenado para siempre. Los herejes gentiles merecían su destino porque privaban a la cruz de Cristo de su poder para transformar vidas. El resultado es una fe muerta, incapaz de salvar (Stg. 2:14-26).

LA DEIDAD A LA QUE SIRVEN

cuyo dios es el vientre, (3:19*b*)

El vientre es la traducción de *koilia*, que se refiere al abdomen, y en sentido particular al estómago. Aquí se emplea en sentido metafórico para referirse a todos los apetitos desenfrenados, sensuales, carnales y corporales (cp. 1 Co. 6:13). Los falsos maestros estaban condenados porque no adoraban a Dios, sino que se inclinaban ante sus impulsos carnales. Podría ser una referencia a la importancia que le concedían los judaizantes a la observancia de las leyes judaicas de la dieta. En caso de que se refiriera a los falsos maestros gentiles, podría aludir a su búsqueda desenfrenada de placeres sensuales. Judas describió a esta clase de personas como "hombres impíos, que convierten en libertinaje la gracia de nuestro Dios, y niegan a Dios el único soberano, y a nuestro Señor Jesucristo" (Jud. 4).

LA VERGÜENZA QUE LLEVAN

y cuya gloria es su vergüenza; (3:19*c*)

Resulta chocante que los falsos maestros se jactaran de las mismas cosas que eran **su vergüenza**. La máxima expresión de maldad es que la mayor perversidad de un pecador ante Dios sea su mayor motivo de gloria. Los judaizantes se gloriaban en su "basura" (3:8), al igual que hizo Pablo antes de aprender a considerarlo todo "como pérdida por amor de Cristo" (3:7). Los libertinos gentiles también se gloriaban en su supuesta libertad para seguir los deseos carnales. Sus conductas más perversas eran motivo del mayor orgullo (cp. 1 Co. 5:1-2).

SU MANERA DE PENSAR

que sólo piensan en lo terrenal. (3:19*d*)

Esta mentalidad **terrenal** demuestra que los falsos maestros no eran salvos. Santiago cuestionó: "¡Oh almas adúlteras! ¿No sabéis que la amistad del mundo es enemistad contra Dios? Cualquiera, pues, que quiera ser amigo del mundo, se constituye enemigo de Dios" (Stg. 4:4). "Si alguno ama al mundo, el amor del Padre no está en él" (1 Jn. 2:15). Los judaizantes solo pensaban en sus ceremonias, festivales, fiestas, sacrificios, lunas nuevas, "todo lo cual es sombra de lo que ha de venir; pero el cuerpo es de Cristo" (Col. 2:17). Los libertinos se ocupaban en disfrutar de los placeres carnales del mundo.

Los enemigos de la cruz, tanto si le añaden como si le quitan al evangelio, deben evitarse, nunca imitarse.

PONER LA MIRA EN LO QUE ESTÁ DELANTE

Mas nuestra ciudadanía está en los cielos, de donde también esperamos al Salvador, al Señor Jesucristo; el cual transformará el cuerpo de la humillación nuestra, para que sea semejante al cuerpo de la gloria suya, por el poder con el cual puede también sujetar a sí mismo todas las cosas. (3:20-21)

La motivación fundamental para alcanzar la semejanza de Cristo es la esperanza del regreso de Jesucristo. Ya que Cristo está en el cielo, quienes le aman deben ocuparse de las cosas del cielo, anhelando que Él regrese y los lleve a estar con Él (1 Ts. 4:17).

A Pablo no le interesaban las comodidades ni placeres de este mundo, como lo demuestran los siguientes pasajes:

que estamos atribulados en todo, mas no angustiados; en apuros, mas no desesperados; perseguidos, mas no desamparados; derribados, pero no destruidos; llevando en el cuerpo siempre por todas partes la muerte de Jesús, para que también la vida de Jesús se manifieste en nuestros cuerpos (2 Co. 4:8-10).

antes bien, nos recomendamos en todo como ministros de Dios, en mucha paciencia, en tribulaciones, en necesidades, en angustias; en azotes, en cárceles, en tumultos, en trabajos, en desvelos, en ayunos; en pureza, en ciencia, en longanimidad, en bondad, en el Espíritu Santo, en amor sincero, en palabra de verdad, en poder de Dios, con armas de justicia a diestra y a siniestra; por honra y por deshonra, por mala fama y por buena fama; como engañadores, pero veraces; como desconocidos, pero bien conocidos; como moribundos, mas he aquí vivimos; como castigados, mas no muertos; como entristecidos, mas siempre gozosos; como pobres, mas enriqueciendo a muchos; como no teniendo nada, mas poseyéndolo todo (2 Co. 6:4-10).

¿Son ministros de Cristo? (Como si estuviera loco hablo.) Yo más; en trabajos más abundante; en azotes sin número; en cárceles más; en peligros de muerte muchas veces. De los judíos cinco veces he recibido cuarenta azotes menos uno. Tres veces he sido azotado con varas; una vez apedreado; tres veces he padecido naufragio; una noche y un día he estado como náufrago en alta mar; en caminos muchas veces; en peligros de ríos, peligros de ladrones, peligros de los de mi nación, peligros de los gentiles, peligros en la ciudad, peligros en el desierto, peligros en el mar, peligros entre falsos hermanos; en trabajo y fatiga, en muchos desvelos, en hambre y sed, en muchos ayunos, en frío y en desnudez; y además de otras cosas, lo que sobre mí se agolpa cada día, la preocupación por todas las iglesias. ¿Quién enferma, y yo no enfermo? ¿A quién se le hace tropezar, y yo no me indigno? (2 Co. 11:23-29).

Esta manera de pensar le llevó a la convicción que le motivó a escribir: "Porque de ambas cosas estoy puesto en estrecho, teniendo deseo de partir y estar con Cristo, lo cual es muchísimo mejor" (1:23).

Para los creyentes es lógico poner la mira en el cielo, ya que **nuestra cuidadanía está en los cielos**. *Politeuma* (**ciudadanía**) solo aparece aquí en el Nuevo Testamento, si bien Pablo usó el verbo afín en 1:27. Se refiere al lugar donde una persona tiene su estado civil oficial, a la nación en la cual su nombre está registrado en la lista de ciudadanos. Aunque los creyentes viven en este mundo, son ciudadanos del cielo. Son miembros del reino de Cristo, que no es de este mundo (Jn. 18:36). Sus nombres están escritos en el cielo (Lc. 10:20; cp. Fil. 4:3; He. 12:23; Ap. 13:8; 21:27); donde está su Salvador (Hch. 1:11; 1 Ts. 4:16), los santos que los precedieron (He. 12:23), su herencia (1 P. 1:4), su recompensa (Mt. 5:12) y su tesoro (Mt. 6:20).

Aunque los creyentes todavía no viven en el cielo, sí viven en el reino celestial (Ef. 2:6), y experimentan en cierto grado la vida celestial aquí en la tierra. Tienen la vida de Dios en ellos, están bajo el gobierno del Rey del cielo, y viven por él.

La alusión de Pablo a la **ciudadanía** pudo haber tenido especial significado para los filipenses, ya que Filipos era una colonia romana. Los filipenses eran ciudadanos romanos, aunque era evidente que vivían fuera de Roma, así como los creyentes son ciudadanos del cielo al tiempo que viven en la tierra.

Es del cielo **de donde también esperamos al Salvador, al Señor Jesucristo**. Los ángeles les dijeron a los discípulos que observaron la ascensión de Cristo al cielo: "Varones galileos, ¿por qué estáis mirando al cielo? Este mismo Jesús, que ha sido tomado de vosotros al cielo, así vendrá como le habéis visto ir al cielo" (Hch. 1:11). En Juan 14:2-3 Jesús mismo prometió: "En la casa de mi Padre muchas moradas hay; si así no fuera, yo os lo hubiera dicho; voy, pues, a preparar lugar para vosotros. Y si me fuere y os preparare lugar, vendré otra vez, y os tomaré a mí mismo, para que donde yo estoy, vosotros también estéis". Por esas promesas los creyentes deben "[esperar] la manifestación de nuestro Señor Jesucristo" (1 Co. 1:7), y "esperar de los cielos a su Hijo, al cual resucitó de los muertos, a Jesús, quien nos libra de la ira venidera" (1 Ts. 1:10). Hasta su regreso, los creyentes "gemimos dentro de nosotros mismos, esperando la adopción, la redención de nuestro cuerpo" (Ro. 8:23).

La esperanza del regreso de Cristo llena a los creyentes de motivación, responsabilidad, y seguridad. Esta promesa encierra una motivación positiva a ser hallado fiel cuando Él regrese a premiar a los creyentes; a rendir cuentas ante Dios por una vida que produzca oro, plata y piedras preciosas en vez de madera, heno y hojarasca (1 Co. 3:12). Existe una realidad opuesta, como escribió Juan: "Mirad por vosotros mismos, para que no perdáis el fruto de vuestro trabajo, sino que recibáis galardón completo" (2 Jn. 8). Por último, la promesa del regreso de Cristo provee seguridad, ya que Jesús prometió: "Y esta es la voluntad del Padre, el que me envió: Que de todo lo que me diere, no pierda yo nada, sino que lo resucite en el día postrero. Y esta es la voluntad del que me ha enviado: Que todo aquél que ve al Hijo, y cree en él, tenga vida eterna; y yo le resucitaré en el día postrero" (Jn. 6:39-40).

Los creyentes no deben esperar el regreso de Cristo con una actitud pasiva de resignación o de apatía. Antes bien, deben esperar con ansias **al Salvador, al Señor Jesucristo**. Los creyentes no esperan un acontecimiento, sino una persona. *Apekdechomai* (**esperamos**) se emplea con frecuencia para hablar acerca de la segunda venida de Cristo (p. ej., Ro. 8:19, 23, 25; 1 Co. 1:7; Gá. 5:5; He. 9:28). No solo significa anhelo, sino también paciencia.

Como ya se vio, el regreso de Cristo marca el fin de la búsqueda esforzada del elusivo premio de la perfección santa, porque solo entonces Él **transformará el cuerpo de la humillación nuestra, para que sea semejante al cuerpo de la gloria suya**. Entonces la tan anhelada redención del cuerpo tendrá lugar (Ro. 8:23). "Cuando él se manifieste, seremos semejantes a él, porque le veremos tal como él es" (1 Jn. 3:2). Hasta entonces, la nueva criatura (2 Co. 5:17) está aprisionada en la humanidad irredenta ("este cuerpo de muerte"; Ro. 7:24) de la cual anhela ser liberada.

Para los creyentes que mueren antes del regreso de Cristo, la muerte significa la separación temporal del espíritu y el cuerpo. El cuerpo va a la tumba, mientras que el espíritu va directo a la presencia de Dios (1:21, 23; 2 Co. 5:6, 8). En este momento el cielo está habitado por "los espíritus de los justos hechos perfectos" (He. 12:23). Esos creyentes que vivieron desde Pentecostés hasta el arrebatamiento experimentarán la unión de sus espíritus con el cuerpo resucitado en el momento del arrebatamiento (1 Ts. 4:15-17). Los creyentes del Antiguo Testamento y aquellos que fueron salvos durante la tribulación recibirán sus cuerpos resucitados en la segunda venida de Cristo (Dn. 12:2; Ap. 20:4).

Cristo **transformará** completamente el cuerpo de todos los creyentes, cada grupo en el momento señalado (cp. 1 Co. 15:22-23), a fin de prepararlos para entrar al cielo. El cuerpo de los creyentes tendrá una nueva apariencia, será hecho de nuevo y rediseñado. Cristo **transformará el cuerpo de la humillación nuestra, para que sea semejante al cuerpo de la gloria suya**. Al igual que el cuerpo resucitado de Cristo, el de los creyentes podrá reconocerse. Podrán comer, hablar y caminar, pero no tendrán las limitaciones físicas del cuerpo que tenemos ahora. Después de su resurrección Cristo apareció y desapareció a su arbitrio, incluso entró en una habitación con las puertas cerradas (Jn. 20:19). Pablo presenta una descripción más detallada de los cuerpos resucitados de los creyentes en 1 Corintios 15:35-49:

Pero dirá alguno: ¿Cómo resucitarán los muertos? ¿Con qué cuerpo vendrán? Necio, lo que tú siembras no se vivifica, si no muere antes. Y lo que siembras no es el cuerpo que ha de salir, sino el grano desnudo, ya sea de trigo o de otro grano; pero Dios le da el cuerpo como él quiso, y a cada semilla su propio cuerpo. No toda carne es la misma carne, sino que una carne es la de los hombres, otra carne la de las bestias, otra la de los peces, y otra la de las aves. Y hay cuerpos celestiales, y cuerpos terrenales; pero una es la gloria de los celestiales, y otra la de los terrenales. Una es la gloria del sol, otra la gloria de la luna, y otra la gloria de las estrellas, pues una estrella es diferente de otra en gloria. Así también es la resurrección de los muertos. Se siembra en corrupción, resucitará en incorrupción. Se siembra en deshonra, resucitará en gloria; se siembra en debilidad, resucitará en poder. Se siembra cuerpo animal, resucitará cuerpo espiritual. Hay cuerpo animal, y hay cuerpo espiritual. Así también está escrito: Fue hecho el primer hombre Adán alma viviente; el postrer Adán, espíritu vivificante. Mas lo espiritual no es primero, sino lo animal; luego lo espiritual. El primer hombre es de la tierra, terrenal; el segundo hombre, que es el Señor, es del cielo. Cual el terrenal, tales también los terrenales; y cual el celestial, tales también los celestiales. Y así como hemos traído la imagen del terrenal, traeremos también la imagen del celestial.

Tener a la vez un espíritu redimido y un cuerpo glorificado les permitirá a todos los creyentes manifestar perfectamente la gloria de Dios. El pecado, la debilidad, el pesar, la desilusión, el dolor, el sufrimiento, la duda, el temor, el odio y el fracaso se acabarán y darán lugar al gozo (Mt. 25:21), la dicha (Sal. 16:11), el conocimiento (1 Co. 13:12), el consuelo (Lc. 16:25) y el amor perfectos (1 Co. 13:13).

La salvación abarca mucho más que tan solo librarse del infierno. El objetivo final de Dios al redimir a los creyentes es transformar su cuerpo en semejanza **al cuerpo de la gloria suya**. Ellos serán "hechos conformes [*summorphos*; la misma palabra traducida **semejante** en el v. 21] a la imagen de su Hijo" (Ro. 8:29; cp.

1 Jn. 3:2). "Y así como hemos traído la imagen del terrenal, traeremos también la imagen del celestial" (1 Co. 15:49).

Con cuerpos tranformados los creyentes podrán convertirse al fin en la creación perfecta que Dios había planeado para ellos a fin de gozar de la perfecta y eterna comunión con Él. Juan describió así el cielo: "Y oí una gran voz del cielo que decía: He aquí el tabernáculo de Dios con los hombres, y él morará con ellos; y ellos serán su pueblo, y Dios mismo estará con ellos como su Dios" (Ap. 21:3; cp. Jn. 14:1-3; 1 Ts. 4:17). Ese cuerpo también les permitirá a los creyentes ver a Dios. En las Bienaventuranzas Jesús dijo: "Bienaventurados los de limpio corazón, porque ellos verán a Dios" (Mt. 5:8), y Juan escribió que en el cielo "no habrá más maldición; y el trono de Dios y del Cordero estará en ella, y sus siervos le servirán, y verán su rostro, y su nombre estará en sus frentes" (Ap. 22:3-4). Los cuerpos resucitados de los creyentes también serán perfectos para el servicio eterno que prestarán a Dios (cp. Ap. 7:15).

Con el fin de disipar cualquier duda acerca del poder de Cristo para transformar el cuerpo de los creyentes, Pablo escribe que lo llevará a cabo **por el poder con el cual puede también sujetar a sí mismo todas las cosas**. *Hupotassō* (**sujetar**) significa "organizar en orden de jerarquía" o "administrar". Cristo tendrá el poder de gobernar el reino milenario (Ap. 12:5, 19:15; cp. Is. 9:6; 32:1; Zac. 14:9). Por su poder, Cristo también transformará la topografía de la tierra (Zac. 14:4-8) y el reino natural (Is. 11:6-9). Lo que Pablo quiere señalar es que si Cristo puede sujetar el universo entero a su control soberano (cp. 1 Co. 15:24-27), tiene el poder para transformar el cuerpo de los creyentes a su semejanza.

Mientras corren la carrera espiritual (He. 12:1), los creyentes deben mirar los ejemplos piadosos para obtener inspiración e instrucción. También deben cuidarse de los enemigos de la verdad que intentarán desviarles del buen camino. Por último, deben centrarse en la esperanza gloriosa que es suya en el regreso de Cristo: la transformación del cuerpo en semejanza al de Él. Luego, completamente regenerados en cuerpo y alma, estarán listos para el gozo y la gloria eternas en santidad.

18

Estabilidad espiritual— Primera parte: Armonía, gozo, contentamiento, fe

Así que, hermanos míos amados y deseados, gozo y corona mía, estad así firmes en el Señor, amados. Ruego a Evodia y a Síntique, que sean de un mismo sentir en el Señor. Asimismo te ruego también a ti, compañero fiel, que ayudes a éstas que combatieron juntamente conmigo en el evangelio, con Clemente también y los demás colaboradores míos, cuyos nombres están en el libro de la vida. Regocijaos en el Señor siempre. Otra vez digo: ¡Regocijaos! Vuestra gentileza sea conocida de todos los hombres. El Señor está cerca. Por nada estéis afanosos, (4:1-6*a*)

La iglesia de Jesucristo sufre ataques, tal como Jesús lo anunció. En Juan 16:33, Él advirtió: "En el mundo tendréis aflicción; pero confiad, yo he vencido al mundo". Pablo reiteró la advertencia del Señor al decir que "es necesario que a través de muchas tribulaciones entremos en el reino de Dios" (Hch. 14:22), y le escribió a Timoteo: "Y también todos los que quieren vivir piadosamente en Cristo Jesús padecerán persecución" (2 Ti. 3:12). No es de extrañar que la iglesia haya enfrentado persecución desde sus comienzos (cp. Hch. 4:1-31; 5:17-41).

Los ataques contra la iglesia vienen de tres fuentes. La primera es el mundo con todas sus tácticas de seducción para tentar a los creyentes. Asimismo, persigue a la iglesia, de manera declarada y también imperceptible. La iglesia no se atreve a transigir con el mundo, porque "cualquiera, pues, que quiera ser amigo del mundo, se constituye enemigo de Dios" (Stg. 4:4), y "si alguno ama al mundo, el amor del Padre no está en él" (1 Jn. 2:15). La carne (la naturaleza caída e irredenta de los creyentes) es otra fuente de ataques. Jesús exhortó: "Velad y orad, para que no entréis en tentación; el espíritu a la verdad está dispuesto, pero la carne es débil"

(Mt. 26:41). Aun después de su salvación Pablo exclamó: "¡Miserable de mí! ¿quién me librará de este cuerpo de muerte?" (Ro. 7:24). El diablo incita al mundo y a la carne, y "como león rugiente, anda alrededor buscando a quien devorar" (1 P. 5:8).

El mundo es tentador, la carne es débil, y el diablo ataca como un león. Como resultado, la vida eclesial puede experimentar mucha inestabilidad. Por eso el tema de la estabilidad espiritual predomina en el sentir de Pablo en 4:1-9. Es cierto que la iglesia filipense tenía un lazo afectivo especial con Pablo. Solo ellos lo apoyaron cuando él partió hacia Macedonia (4:15). Pablo no tuvo que reprenderlos por fluctuar en la doctrina (como los gálatas), o por tolerar el pecado (como los corintios). Con todo, eso no significaba que la iglesia en Filipos hubiera alcanzado la plenitud, o que no hubiera inestabilidad. A lo largo de la epístola hay indicios de las amenazas desestabilizadoras que enfrentaba la congregación filipense. Ellos experimentaban persecución (1:28-30). Había falta de unidad, por lo que Pablo los exhortó diciendo: "Completad mi gozo, sintiendo lo mismo, teniendo el mismo amor, unánimes, sintiendo una misma cosa" (2:2), y "haced todo pecado murmuraciones y contiendas" (2:14). Los falsos maestros también eran una amenaza (3:18-19). Pero quizá la amenaza más seria que enfrentaban los filipenses era el conflicto entre dos mujeres notables de la congregación (4:2-3). Ese conflicto amenazaba con dividir la iglesia en varios bandos. La situación se agravaba debido a que los ancianos y los diáconos no lograban manejarla (cp. el comentario de 4:3 a continuación). Esos factores desestabilizadores habían llevado a algunos filipenses a dejar de confiar en Dios y a dar lugar a la ansiedad (4:6).

La preocupación por la estabilidad espiritual de los creyentes está presente en el Nuevo Testamento. Después de la fundación de la iglesia gentil en Antioquía, la iglesia de Jerusalén envió a Bernabé, y "cuando llegó, y vio la gracia de Dios, se regocijó, y exhortó a todos a que con propósito de corazón permaneciesen fieles al Señor" (Hch. 11:23). Así pues, el primer mensaje apostólico a la iglesia gentil incipiente era a permanecer estables en su vida espiritual. Como parte de su ministerio, Pablo y Bernabé iban "confirmando los ánimos de los discípulos, exhortándoles a que permaneciesen en la fe, y diciéndoles: Es necesario que a través de muchas tribulaciones entremos en el reino de Dios" (Hch. 14:22). A los corintios, Pablo escribió: "Así que, hermanos míos amados, estad firmes y constantes, creciendo en la obra del Señor siempre, sabiendo que vuestro trabajo en el Señor no es en vano" (1 Co. 15:58), y "velad, estad firmes en la fe; portaos varonilmente, y esforzaos" (1 Co. 16:13). Él exhortó a los gálatas: "Estad, pues, firmes en la libertad con que Cristo nos hizo libres, y no estéis otra vez sujetos al yugo de esclavitud" (Gá. 5:1). En un pasaje sobre la guerra espiritual, Pablo les manda tres veces a los creyentes a permanecer firmes (Ef. 6:11, 13, 14). Antes, en esta epístola, Pablo manifestó su deseo a los filipenses de que permanecieran firmes: "Solamente que os comportéis como es digno del evangelio de Cristo, para que o sea que vaya a veros, o que esté ausente, oiga de vosotros que estáis firmes en un mismo espíritu, combatiendo unánimes por la fe del evangelio" (1:27). A los colosenses escribió: "Porque aunque estoy ausente en cuerpo, no obstante en espíritu estoy con vosotros, gozándome y mirando vuestro buen orden y la firmeza de vuestra fe en Cristo" (Col. 2:5).

Pablo se preocupaba tanto por la estabilidad espiritual de las iglesias que estaban bajo su cuidado, que escribió a los tesalonicenses: "Porque ahora vivimos, si vosotros estáis firmes en el Señor" (1 Ts. 3:8), y "así que, hermanos, estad firmes, y retened la doctrina que habéis aprendido, sea por palabra, o por carta nuestra" (2 Ts. 2:15). Santiago describió la persona que carece de estabilidad espiritual como "el hombre de doble ánimo… inconstante en todos sus caminos" (Stg. 1:8). Al concluir su primera epístola, Pedro suplicó: "Os he escrito brevemente, amonestándoos, y testificando que ésta es la verdadera gracia de Dios, en la cual estáis" (1 P. 5:12). En su segunda epístola advirtió acerca de los falsos maestros que "seducen a las almas inconstantes" (2 P. 2:14). También amonestó a los creyentes a cuidarse de los falsos maestros "indoctos e inconstantes", que "tuercen [las epístolas inspiradas de Pablo], como también las otras Escrituras, para su propia perdición. Así que vosotros, oh amados, sabiéndolo de antemano, guardaos, no sea que arrastrados por el error de los inicuos, caigáis de vuestra firmeza" (2 P. 3:16-17). Judas les recordó a los creyentes que Dios quiere "[presentarlos] sin mancha delante de su gloria con gran alegría" (Jud. 24).

La inestabilidad espiritual conduce a la duda, la desilusión, el desánimo y el testimonio ineficaz. Las personas inestables son más propensas a sufrir la derrota en la adversidad. También caen más fácilmente en la tentación. Un ejemplo del Antiguo Testamento de una persona inestable que cayó en pecado es Rubén, el primogénito de Jacob. En la bendición para sus hijos que pronunció como patriarca, Jacob dijo de Rubén: "Impetuoso como las aguas, no serás el principal, por cuanto subiste al lecho de tu padre; entonces te envileciste, subiendo a mi estrado" (Gn. 49:4). La inestabilidad de Rubén lo llevó a fornicar con una de las concubinas de Jacob (Gn. 35:22). Como resultado, perdió el derecho de primogenitura que le correspondía por ser el hijo mayor de Jacob (1 Cr. 5:1).

En este pasaje, Pablo trata la cuestión decisiva de cómo los creyentes pueden ser estables en su vida espiritual. *Stēkō* (**estad así firmes**) es el verbo central de los versículos 1-9. Es un imperativo, un mandato casi de connotación militar. Al igual que los soldados en el frente de batalla, los creyentes deben mantener su posición mientras enfrentan ataques (cp. Ef. 6:11, 13, 14). No deben flaquear en medio de la persecución, ni transigir en su fe, ni fracasar en la prueba y quejarse, o ceder ante la tentación y el pecado.

El pasaje empieza con la expresión de transición **así que**, como prueba de que Pablo se dispone a escribir algo con base en lo que acaba de exponer. El pasaje anterior (3:12-21) presentó la búsqueda de la semejanza de Cristo en el creyente, que es tanto la meta en esta vida como el premio en la venidera.

El Señor Jesucristo es el ejemplo perfecto de firmeza para quienes esperamos nuestra perfección. Él enfrentó persecución, pero nunca cedió; Él "sufrió tal contradicción de pecadores contra sí mismo" sin desmayar (He. 12:3). Él, "que fue tentado en todo según nuestra semejanza, pero sin pecado" (4:15). Frente a una prueba mucho más difícil de la que haya soportado jamás un creyente, "Jesús... por el gozo puesto delante de él sufrió la cruz, menospreciando el oprobio, y se sentó a la diestra del trono de Dios" (He. 12:2). Jesucristo es el modelo perfecto de estabilidad que los creyentes deben seguir.

La frase **hermanos míos amados y deseados, gozo y corona mía... amados**, revela el corazón de pastor amoroso y benigno de Pablo. Él estaba a punto de dirigirles a los filipenses una fuerte exhortación, así que la introdujo afirmando su amor e interés por ellos. La declaración de Pablo no era adulación artificial, manipuladora o hipócrita, sino la expresión de su corazón. **Amados** es la forma adjetiva del término más profundo, fuerte y magnífico que tiene el griego para referirse al amor.

Pablo tenía un amor especial y único por los filipenses. En 1:3-9 declaró:

> *Doy gracias a mi Dios siempre que me acuerdo de vosotros, siempre en todas mis oraciones rogando con gozo por todos vosotros, por vuestra comunión en el evangelio, desde el primer día hasta ahora; estando persuadido de esto, que el que comenzó en vosotros la buena obra, la perfeccionará hasta el día de Jesucristo; como me es justo sentir esto de todos vosotros, por cuanto os tengo en el corazón; y en mis prisiones, y en la defensa y confirmación del evangelio, todos vosotros sois participantes conmigo de la gracia. Porque Dios me es testigo de cómo os amo a todos vosotros con el entrañable amor de Jesucristo. Y esto pido en oración, que vuestro amor abunde aun más y más en ciencia y en todo conocimiento.*

El amoroso interés de Pablo por la estabilidad de los filipenses lo alentó a enviar a Filipos a sus amados colaboradores Timoteo y Epafrodito (2:19-30). El lazo de amor entre Pablo y los filipenses se fortaleció por la fidelidad de ellos en apoyar al apóstol (4:15).

Además de expresar su amor por ellos, Pablo añadió la palabra **deseados**, que es la traducción de otro adjetivo. De este modo, la frase entera podría traducirse "mis amados y anhelados hermanos".

Pablo no solo amaba a los filipenses, sino que ellos eran su **gozo** (cp. 1:4; 2:2, 17; 4:10). El gozo de Pablo no se originaba en las circunstancias. En el momento de escribir Filipenses él se encontraba en arresto domiciliario en Roma, encadenado a un soldado romano (1:12-13; Hch. 28:16, 20, 30). Además, algunos predicadores motivados por la envidia hacia Pablo, "[anunciaban] a Cristo por contención, no sinceramente, pensando añadir aflicción a [sus] prisiones" (Fil. 1:16). Pablo encuentra más bien su gozo en las personas a quienes ama. A los tesalonicenses,

Pablo escribió: "Porque ¿cuál es nuestra esperanza, o gozo, o corona de que me gloríe? ¿No lo sois vosotros, delante de nuestro Señor Jesucristo, en su venida? Vosotros sois nuestra gloria y gozo" (1 Ts. 2:19-20). Más adelante, en esa misma epístola agregó: "Por lo cual, ¿qué acción de gracias podremos dar a Dios por vosotros, por todo el gozo con que nos gozamos a causa de vosotros delante de nuestro Dios" (1 Ts. 3:9). El gozo de ver a sus amados filipenses crecía ya que Jesucristo motivaba la exhortación de Pablo a permanecer firmes.

Los filipenses eran también la **corona** de Pablo. *Stephanos* (**corona**) no se refiere a una corona de rey, sino a la guirnalda de laurel que recibían los ganadores de los eventos atléticos (1 Co. 9:25), o de parte de otros como distinción, algo similar a los trofeos y las placas que se usan en la actualidad. Para condecorar a la persona se celebraba una fiesta en la cual se le entregaba su guirnalda. Los filipenses eran el trofeo de Pablo o su guirnalda de honor, eran la evidencia de su servicio eficaz (cp. 1 Co. 9:2; 1 Ts. 2:19).

Es lógico preguntarse cómo el mandato de Pablo a permanecer firmes debe ponerse en práctica. La respuesta de Pablo, iniciada por la palabra **así**, se desarrolla en los versículos 2-9. Él enumera siete principios básicos y prácticos que conducen a la estabilidad espiritual: cultivar la armonía en la comunión en la iglesia, mantener un espíritu de gozo, aprender a contentarse, descansar por la fe en el Señor, reaccionar a los problemas con oración de gratitud, pensar en las virtudes dignas de Dios y obedecer las normas divinas.

CULTIVAR LA ARMONÍA EN LA COMUNIÓN DE LA IGLESIA

Ruego a Evodia y a Síntique, que sean de un mismo sentir en el Señor. Asimismo te ruego también a ti, compañero fiel, que ayudes a éstas que combatieron juntamente conmigo en el evangelio, con Clemente también y los demás colaboradores míos, cuyos nombres están en el libro de la vida. (4:2-3)

La comunión y el apoyo del Cuerpo de Cristo es un elemento importante para desarrollar y mantener la estabilidad espiritual. La fuerza del conjunto que surge de la comunión se convierte en la fuerza de cada individuo en particular. Cuanto más aislado esté un creyente de otros cristianos, más probable es que sea inestable en su vida espiritual. La iglesia debe ser un lugar donde las personas se apoyan, cuidan y rinden cuentas mutuamente. Debe favorecer una vida de comunión en la cual los creyentes restauran a quienes han caído en pecado (Gá. 6:1) y ayudan a sobrellevar las cargas (v. 2). La iglesia debe "[amonestar] a los ociosos... [alentar] a los de poco ánimo... [sostener] a los débiles... [ser paciente] para con todos" (1 Ts. 5:14).

No obstante, Pablo sabía que un ministerio de edificación semejante solo podía prosperar en un ambiente armonioso. Por tanto, cualquier amenaza contra la unidad de la iglesia debía confrontarse. Pablo encaró una seria amenaza contra la unidad de la iglesia filipense en los versículos 2 y 3. Él identificó de manera específica el problema, nombrando a las dos mujeres que estaban involucradas y exhortando a un tercero a ayudarles a solucionar la crisis.

Puesto que el conflicto entre personas destacadas en la iglesia genera inestabilidad en toda la congregación, las dos mujeres que contendían en Filipos representaban un peligro para la estabilidad de toda la iglesia. Existía una posibilidad real de que los filipenses cayeran en la crítica, la amargura, la venganza, la hostilidad, el rencor y el orgullo. Pablo sabía que a menos que se tomaran prontas medidas al respecto, la iglesia filipense podía desintegrarse en sectores hostiles generadores de división. Era imperativo que los filipenses fueran "solícitos en guardar la unidad del Espíritu en el vínculo de la paz" (Ef. 4:3; cp. Col. 3:14).

El hecho de que Pablo reitera su **ruego** evidencia que habla en un tono de súplica, a la vez que los anima a resolver el conflicto entre las dos mujeres. Puede resultar desconcertante que el apóstol mencione un asunto que parece tan insustancial después del tema doctrinal tan excelso que acaba de presentar en el capítulo 2 y de las advertencias contra los falsos maestros del capítulo 3. Sin embargo, Pablo comprendió que la discordia y la división constituyen una amenaza igualmente paralizante. Incluso si la doctrina de una iglesia es sana, la falta de unidad mina su poder y destruye su testimonio. La iglesia que enfrenta enemigos externos no puede permitirse tener en su seno miembros que pelean entre sí. Esa clase de conflictos internos abren con frecuencia la brecha para los ataques de los enemigos de la cruz. La discordia, la falta de unidad y el conflicto resultantes habrían podido acabar con la integridad del testimonio de la iglesia filipense.

Ya antes la epístola presenta indicios de la preocupación de Pablo por la unidad de la iglesia filipense. En 1:27 les instó: "Solamente que os comportéis como es digno del evangelio de Cristo, para que o sea que vaya a veros, o que esté ausente, oiga de vosotros que estáis firmes en un mismo espíritu, combatiendo unánimes por la fe del evangelio". Y en 2:2 les suplicó: "Completad mi gozo, sintiendo lo mismo, teniendo el mismo amor, unánimes, sintiendo una misma cosa". El hecho de que el gozo de Pablo no era completo señala que había algún desacuerdo en la congregación filipense. Otro indicio de discordia entre los filipenses es la exhortación del apóstol: "Haced todo sin murmuraciones y contiendas" (2:14).

Lo que antes Pablo había sugerido, aquí lo trata de manera directa. Poco se sabe acerca de **Evodia** y **Síntique**, pero hay varios hechos evidentes en cuanto a la situación. Primero, que eran miembros de la iglesia, no alborotadoras ajenas a la congregación. Segundo, era obvio que su conflicto no era de índole doctrinal. De serlo, Pablo lo habría resuelto defendiendo la posición correcta y reprendiendo la que estaba en el error. Tercero, eran mujeres notables, muy respetadas por la congregación filipense. Incluso es probable que hayan escuchado a Pablo predicar en la ribera del río Gangites en su primera visita a Filipos (Hch. 16:13). El conflicto entre estas mujeres ya producía bastante desavenencia en la comunión de la iglesia filipense.

La solución de Pablo al conflicto fue simple y directa: Mandó que las dos mujeres involucradas fueran **de un mismo sentir en el Señor**. Hay un momento en que el conflicto es aceptable, o sea, cuando la verdad está en juego. Pablo llegó a confrontar a Pedro cuando este último estaba en un error: "Cuando Pedro vino a Antioquía, le resistí cara a cara, porque era de condenar" (Gá. 2:11). El apóstol Juan tampoco eludió el conflicto por causa de la verdad:

> *Yo he escrito a la iglesia; pero Diótrefes, al cual le gusta tener el primer lugar entre ellos, no nos recibe. Por esta causa, si yo fuere, recordaré las obras que hace parloteando con palabras malignas contra nosotros; y no contento con estas cosas, no recibe a los hermanos, y a los que quieren recibirlos se lo prohíbe, y los expulsa de la iglesia (3 Jn. 9-10).*

Por el contrario, los conflictos personales intrascendentes deben resolverse para recuperar la armonía, así que Pablo les mandó a Evodia y Síntique a ser **de un mismo sentir**. El texto griego dice literalmente "ser de un mismo pensar", un prerrequisito esencial si los cristianos han de vivir en armonía. A la iglesia corintia conflictiva y partidista Pablo escribió: "Os ruego, pues, hermanos, por el nombre de nuestro Señor Jesucristo, que habléis todos una misma cosa, y que no haya entre vosotros divisiones, sino que estéis perfectamente unidos en una misma mente y en un mismo parecer" (1 Co. 1:10). Pedro también exhortó a sus lectores diciendo: "Sed todos de un mismo sentir, compasivos, amándoos fraternalmente, misericordiosos, amigables" (1 P. 3:8). El acuerdo entre Evodia y Síntique era esencial, y esa armonía debían buscarla en el Señor. Pablo sabía que si ambas buscaban estar bien con el Señor, la relación entre ellas también lo estaría.

Debido a la gravedad del desacuerdo, Pablo percibió que Evodia y Síntique necesitaban la ayuda de la iglesia para resolver su desavenencia. La partícula griega traducida **asimismo** señala una firme declaración y podría traducirse "sí", o "ciertamente". Luego Pablo se dirige a alguien a quien llama **compañero fiel**. *Suzugos* (**compañero fiel**) significa "amigo íntimo", y se refiere a alguien que comparte con otro una carga. La imagen es de dos bueyes que arrastran la misma carga.

Han existido diversas explicaciones posibles para la identidad de esta persona. Algunos creen que era un conocido de Pablo, pero que prefirió no mencionar su nombre. Sin embargo, dado el contexto inmediato en el que Pablo nombró a Evodia, a Síntique y a Clemente, ¿por qué no habría de nombrar a este hermano? Es indudable que los filipenses sabían de quién se trataba, sin importar que Pablo dijera o no su nombre. Otros sugieren que Pablo empleó el término singular *suzugos* en un sentido colectivo para referirse a toda la iglesia filipense.

La mejor explicación es no traducir *suzugos* y tomarlo como un nombre propio. El hecho de que Pablo lo llama fiel o verdadero Suzugos es un juego de palabras, lo cual señala que Suzugos era un verdadero compañero y por tanto hacía honor a su nombre. Pablo hizo un juego de palabras semejante en Filemón 10-11: "Te ruego por mi hijo Onésimo, a quien engendré en mis prisiones, el cual en otro tiempo te fue inútil, pero ahora a ti y a mí nos es útil [Onésimo significa 'útil']". De igual forma, Bernabé hizo honor a su nombre, que significa "hijo de consolación" (Hch. 4:36). Suzugos era un compañero fiel, así como Onésimo era realmente útil, y Bernabé un verdadero hijo de consolación.

Suzugos era quizá uno de los obispos (ancianos) mencionados en 1:1. Era evidente que los ancianos no habían resuelto el desacuerdo entre Evodia y Síntique, pues seguía latente. Así que Pablo le recordó su deber a Suzugos diciendo **que ayudes a éstas**.

Pablo también tenía un motivo personal para procurar que Evodia y Síntique se reconciliaran: ellas **combatieron juntamente [con él] en el evangelio**. *Sunathleō* (**combatieron juntamente**) significa "combatir junto a" o "trabajar junto con". Como ya se indicó, Evodia y Síntique pudieron haber estado entre las mujeres que escucharon predicar a Pablo en su primer viaje a Filipos (Hch. 16:13). Si es así, ellas fueron testigos de los agitados acontecimientos que marcaron la fundación de la iglesia filipense. Después de la conversión de Lidia (16:14), el apóstol y su equipo ministerial se hospedaron en su casa (16:15). Después de ser importunado durante varios días por una joven con espíritu de adivinación (16:16-17), Pablo al fin echó fuera el demonio (16:18). Los amos de la muchacha, enfurecidos tras haber perdido la fuente de sus ingresos, arrastraron a Pablo y a Silas ante las autoridades (16:19-21). Como resultado, los dos predicadores fueron azotados y arrojados en prisión (16:22-24). Sin embargo, Dios envió un terremoto y los liberó de la cárcel, y a raíz de esto el carcelero se convirtió (16:25-34). Tras descubrir asustados que habían golpeado y encarcelado injustamente a un ciudadano romano, las autoridades llenas de temor les rogaron a Pablo y Silas que abandonaran Filipos (16:35-39). Así lo hicieron después de visitar por última vez a los creyentes reunidos en la casa de Lidia (16:40).

El funesto desacuerdo entre Evodia y Síntique deja ver que hasta las personas más maduras, fieles y consagradas pueden volverse egoístas hasta el punto de enredarse en controversias si no son diligentes en guardar la unidad.

Había otros en la congregación filipense a quienes el apóstol deseaba reconocer. Nada se sabe de **Clemente**, de modo que resulta imposible identificarlo con el Clemente que era obispo de Roma a finales del siglo I, como algunos han propuesto. Era un nombre común. Con el fin de asegurarse de no excluir a alguien, Pablo mencionó a **los demás colaboradores [suyos]**. Aunque sus nombres no estén en el libro de Filipenses, lo que importa es que **están en el libro de la vida**. **El libro de la vida** es el registro donde Dios anota el nombre de los redimidos (Éx. 32:32;

Sal. 69:28; Dn. 12:1; Mal. 3:16-17; Lc. 10:20; Ap. 3:5; 13:8; 20:12, 15; 21:27). Sus nombres estaban escritos allí desde la eternidad (Mt. 25:34; Ef. 1:4; 2 Ti. 1:9).

La unidad basada en el amor que existe en el compañerismo fraternal crea un ambiente de estabilidad. En cambio, la discordia quebranta la protección y la estabilidad de la iglesia entera y de sus miembros en particular. La estabilidad espiritual requiere paz y armonía en la iglesia. Los pacificadores son realmente bienaventurados (Mt. 5:9).

MANTENER UN ESPÍRITU DE GOZO

Regocijaos en el Señor siempre. Otra vez digo: ¡Regocijaos! (4:4)

Este versículo enuncia el tema de Filipenses, que los creyentes deben regocijarse **en el Señor siempre** (cp. 3:1). El gozo es un elemento tan esencial en la estabilidad espiritual de los creyentes que Pablo insiste aún más en el mandato: **Otra vez digo: ¡Regocijaos!** Esta repetición da por sentado la realidad de que no era fácil regocijarse. Los filipenses debían sobreponerse a sus circunstancias.

Para algunos, que erraban al considerar el gozo como una emoción humana y nada más, el mandato reiterado de Pablo podría parecer incomprensible. Se preguntarían cómo es posible mandarle a alguien que produzca una emoción. Pero el gozo no es un sentimiento, sino la profunda confianza de que Dios controla todo para el bien del creyente y la gloria de Él, y que bajo esa condición todo es bueno sin importar las circunstancias. *Chairete* (**regocijaos**) es un imperativo presente, un llamado a los creyentes a la práctica continua de regocijarse. Ni el cautiverio de Pablo ni las pruebas de los filipenses podían empañar su gozo.

Es cierto que muchas veces los creyentes no pueden hallar motivos para regocijarse en su situación personal. Es indiscutible que la maldad generalizada, la miseria, el dolor y la muerte en el mundo no inspiran gozo. Tampoco las personas constituyen una fuente confiable de gozo, ya que pueden cambiar, herir y decepcionar. La única fuente segura, confiable, inalterable y constante de gozo es Dios. Por eso Pablo les manda a los creyentes a regocijarse **en el Señor**. La frase **en el Señor** presenta un principio notable: la estabilidad espiritual se relaciona directamente con la manera en que una persona piensa acerca de Dios. Nadie ha señalado esa verdad con mayor claridad que A.W. Tozer. En su obra clásica sobre los atributos de Dios, *El conocimiento del Dios Santo*, Tozer escribió:

> Lo que viene a nuestra mente cuando pensamos en Dios es lo más importante acerca de nosotros mismos.
>
> Tal vez la historia de la humanidad demuestre que ningún pueblo está por encima de su religión, y la historia espiritual del hombre demostrará con certeza que ninguna religión ha sido mayor que su idea de Dios.

La adoración es pura o vil según el adorador abrigue pensamientos sublimes o bajos acerca de Dios.

Por eso, el tema más crucial para la iglesia es siempre Dios mismo, y lo más admirable acerca de cualquier hombre no es lo que pueda decir o hacer en determinado momento, sino lo que en el fondo de su corazón piensa acerca de Dios. Por una misteriosa ley del alma tendemos a movernos hacia nuestra imagen mental de Dios. Esto no solo es cierto para el cristiano como individuo, sino para el conjunto de cristianos que conforma la iglesia. Lo más revelador acerca de la iglesia es siempre su idea de Dios, así como su mensaje más significativo es lo que dice o calla acerca de Él, pues su silencio es con frecuencia más elocuente que sus palabras. La iglesia nunca puede evitar revelar su propio testimonio acerca de Dios.

Si pudiéramos obtener de cualquier hombre una respuesta completa a la pregunta: "¿Qué viene a su mente cuando piensa en Dios?" podríamos predecir con seguridad su futuro espiritual (Miami: Editorial Vida, 1996, p. 9 del original en inglés).

El conocimiento de Dios es la clave del gozo. A quienes conocen las grandes verdades acerca de Dios les resulta fácil regocijarse, mientras que quienes lo conocen poco descubren que es difícil gozarse. Dios le dio los salmos a Israel en forma poética para que pudieran memorizarlos con facilidad y convertirlos en música. Los primeros tres versículos de los Salmos prometen bendiciones a quienes meditan en las Escrituras:

> *Bienaventurado el varón que no anduvo en consejo de malos, ni estuvo en camino de pecadores, ni en silla de escarnecedores se ha sentado; sino que en la ley de Jehová está su delicia, y en su ley medita de día y de noche. Será como árbol plantado junto a corrientes de aguas, que da su fruto en su tiempo, y su hoja no cae; y todo lo que hace, prosperará (Sal. 1:1-3).*

El gozo del creyente fluye del conocimiento de Dios, de recitar una y otra vez y cantar acerca de su naturaleza y atributos. El conocimiento que tenía el apóstol del carácter y los propósitos de Dios era tan profundo que aun el sufrimiento por causa de Jesucristo era motivo de gozo: "Y ellos salieron de la presencia del concilio, gozosos de haber sido tenidos por dignos de padecer afrenta por causa del Nombre" (Hch. 5:41).

Jetro, el suegro de Moisés, "se alegró... de todo el bien que Jehová había hecho a Israel, al haberlo librado de mano de los egipcios" (Éx. 18:9; cp. Dt. 26:11). Después de la dedicación del templo, Salomón "envió al pueblo a sus hogares, alegres y gozosos de corazón por los beneficios que Jehová había hecho a David y a Salomón, y a su pueblo Israel" (2 Cr. 7:10).

Los creyentes se regocijan al contemplar la redención de Dios. En 1 Samuel 2:1: "Ana oró y dijo: Mi corazón se regocija en Jehová, mi poder se exalta en Jehová; mi boca se ensanchó sobre mis enemigos, por cuanto me alegré en tu salvación". En el Salmo 13:5 David afirmó confiado: "El rey se alegra en tu poder, oh Jehová; y en tu salvación, ¡cómo se goza!" (cp. Sal. 21:1; 35:9; 40:16; Is. 61:10; Hab. 3:18). En el Salmo 71:23 el salmista exclamó gozoso: "Mis labios se alegrarán cuando cante a ti, y mi alma, la cual redimiste".

Otro motivo de gozo para los creyentes es la promesa de Dios de suplir todas sus necesidades. Pablo les recordó a los filipenses: "Mi Dios, pues, suplirá todo lo que os falta conforme a sus riquezas en gloria en Cristo Jesús" (Fil. 4:19). En la promesa equivalente en el Antiguo Testamento, el salmista escribió: "Porque sol y escudo es Jehová Dios; gracia y gloria dará Jehová. No quitará el bien a los que andan en integridad" (Sal. 84:11). En el sermón del monte, el Señor Jesucristo pronunció claramente la promesa de que Dios suplirá las necesidades de los creyentes:

> *Y por el vestido, ¿por qué os afanáis? Considerad los lirios del campo, cómo crecen: no trabajan ni hilan; pero os digo, que ni aun Salomón con toda su gloria se vistió así como uno de ellos. Y si la hierba del campo que hoy es, y mañana se echa en el horno, Dios la viste así, ¿no hará mucho más a vosotros, hombres de poca fe? No os afanéis, pues, diciendo: ¿Qué comeremos, o qué beberemos, o qué vestiremos? Porque los gentiles buscan todas estas cosas; pero vuestro Padre celestial sabe que tenéis necesidad de todas estas cosas. Mas buscad primeramente el reino de Dios y su justicia, y todas estas cosas os serán añadidas (Mt. 6:28-33).*

Pablo se gozaba por el privilegio de servir a Dios. A Timoteo escribió: "Doy gracias al que me fortaleció, a Cristo Jesús nuestro Señor, porque me tuvo por fiel, poniéndome en el ministerio" (1 Ti. 1:12). También se regocijaba ante la proclamación de la verdad divina (Fil. 1:18). La declaración anterior de Pablo a los filipenses en esta epístola: "Porque para mí el vivir es Cristo, y el morir es ganancia" (1:21), revela que incluso la posibilidad de morir no podía apagar su gozo. La confianza "de que ni la muerte, ni la vida, ni ángeles, ni principados, ni potestades, ni lo presente, ni lo por venir, ni lo alto, ni lo profundo, ni ninguna otra cosa creada nos podrá separar del amor de Dios, que es en Cristo Jesús Señor nuestro" (Ro. 8:38-39) produce gozo insondable y estabilidad espiritual.

APRENDER A CONTENTARSE

Vuestra gentileza sea conocida de todos los hombres. (4:5*a*)

Epieikēs (**gentileza**) encierra un significado más completo de lo que cualquier palabra en castellano pudiera transmitir. De ahí que los comentaristas y las versiones bíblicas varíen tanto en los términos que emplean. Generosidad, sensatez, benevolencia, amabilidad, magnanimidad, suavidad, bondad, modestia, paciencia, mansedumbre, tolerar los defectos de los demás, tratar con misericordia sus fracasos, y perdonar sus faltas, son algunas expresiones que intentan captar el complejo significado de *epieikēs*. Quizá la palabra más cercana en castellano sea gentileza: la gentileza de la humildad, la humilde gentileza que produce la paciencia para soportar la injusticia, el oprobio y el maltrato sin reaccionar con venganza o amargura. Eso es contentamiento.

La humildad se opone al culto del amor propio que predominaba en la sociedad antigua, y que también impera en la sociedad actual. Sin embargo, centrarse en el amor propio, la autoestima y la gratificación personal solo conduce a una mayor inestabilidad y ansiedad. Por otro lado, quienes no se enfocan en sí mismos se libran de perder el equilibrio a causa de la desigualdad, la injusticia, el trato injusto, las mentiras o la humillación. Pueden decir con Pablo: "He aprendido a contentarme, cualquiera que sea mi situación" (4:11). La estabilidad espiritual les pertenece a los humildes.

DESCANSAR POR LA FE EN EL SEÑOR

El Señor está cerca. Por nada estéis afanosos, (4:5*b*-6*a*)

No hay mayor fuente de estabilidad espiritual que la confianza de que **el Señor está cerca**. *Engus* (**cerca**) puede usarse en la dimensión del espacio o del tiempo. Algunos toman *engus* en sentido cronológico, ya sea como referencia al regreso de Cristo (3:20-21; Stg. 5:8), o a la muerte de los creyentes que les conduce a la presencia del Señor (1:23; 2 Co. 5:8). Si bien esas son verdades consoladoras, parece que aquí Pablo se centra en la cercanía del Señor en el sentido de su presencia. Él está cerca para escuchar el clamor del corazón del creyente, y para ayudarlo y fortalecerlo. En el Salmo 73:28 el salmista declaró: "Pero en cuanto a mí, el acercarme a Dios es el bien" (cp. Sal. 34:18; 75:1; 119:151; 145:18). Ya que Dios está cerca, los creyentes no deben estar ansiosos, temerosos ni vacilantes. No deben desmayar, sino permanecer fuertes y firmes (Jos. 1:6-9; Sal. 27:14; 125:1).

Por desdicha, muchas veces los creyentes parecen olvidar lo que conocen acerca de Dios cuando enfrentan pruebas. Pierden su confianza en Él, el dominio propio y la estabilidad espiritual, y son vencidos. Hasta los creyentes fuertes pueden tener un desliz de vez en cuando, como lo demuestra lo sucedido en la vida de David. Con el fin de protegerse de Saúl que lo perseguía sin descanso, David buscó asilo en la ciudad filistea de Gat. Algunos filisteos lo reconocieron y le informaron a Aquis, rey de Gat: "¿No es éste David, el rey de la tierra? ¿no es éste de quien cantaban en las danzas, diciendo: Hirió Saúl a sus miles, y David a sus diez miles?" (1 S. 21:11). Tras percatarse de que se conocía su verdadera identidad, "David… tuvo gran temor de Aquis rey de Gat" (v. 12). En lugar de confiar en que Dios lo libraría, David entró en pánico y "se fingió loco entre ellos [los filisteos], y escribía en las portadas de las puertas, y dejaba correr la saliva por su barba" (v. 13). Su reacción produjo el efecto esperado, pues "dijo Aquis a sus siervos: He aquí, veis que este hombre es demente; ¿por qué lo habéis traído a mí? ¿Acaso me faltan locos, para que hayáis traído a éste que hiciese de loco delante de mí? ¿Había de entrar éste en mi casa?" (vv. 14-15). Como resultado, "yéndose luego David de allí, huyó a la cueva de Adulam" (1 S. 22:1). Allí, después de superada la crisis, David tuvo tiempo para meditar en cómo hubiera podido enfrentar la situación en Gat. En el Salmo 57, escrito en ese contexto, él reafirmó las verdades acerca de Dios que había olvidado por un momento:

Ten misericordia de mí, oh Dios, ten misericordia de mí; porque en ti ha confiado mi alma, y en la sombra de tus alas me ampararé hasta que pasen los quebrantos. Clamaré al Dios Altísimo, al Dios que me favorece. El enviará desde los cielos, y me salvará de la infamia del que me acosa; Dios enviará su misericordia y su verdad (Sal. 57:1-3).

Tener presente el carácter de Dios le permitió a David recobrar la estabilidad espiritual y su gozo, por lo que pudo declarar: "Pronto está mi corazón, oh Dios, mi corazón está dispuesto; cantaré, y trovaré salmos" (Sal. 57:7).

El profeta Habacuc también enfrentó una crisis. Pero a diferencia de David, él mantuvo la estabilidad espiritual. En Habacuc 1:2-4 el profeta clamó a Dios por su aparente indiferencia frente a la apostasía de Judá:

¿Hasta cuándo, oh Jehová, clamaré, y no oirás; y daré voces a ti a causa de la violencia, y no salvarás? ¿Por qué me haces ver iniquidad, y haces que vea molestia? Destrucción y violencia están delante de mí, y pleito y contienda se levantan. Por lo cual la ley es debilitada, y el juicio no sale según la verdad; por cuanto el impío asedia al justo, por eso sale torcida la justicia.

Contrario a las esperanzas de Habacuc, Dios contestó diciéndole que la situación empeoraría:

Mirad entre las naciones, y ved, y asombraos; porque haré una obra en vuestros días, que aun cuando se os contare, no la creeréis. Porque he aquí, yo levanto a los caldeos, nación cruel y presurosa, que camina por la anchura de la tierra para poseer las moradas ajenas. Formidable es y terrible; de ella misma procede su justicia y su dignidad. Sus caballos serán más ligeros que leopardos, y más feroces que lobos nocturnos, y sus jinetes se multiplicarán; vendrán de lejos sus jinetes, y volarán como águilas que se apresuran a devorar. Toda ella vendrá a

> *la presa; el terror va delante de ella, y recogerá cautivos como arena. Escarnecerá*
> *a los reyes, y de los príncipes hará burla; se reirá de toda fortaleza, y levantará*
> *terraplén y la tomará. Luego pasará como el huracán, y ofenderá atribuyendo su*
> *fuerza a su dios (Hab. 1:5-11).*

En lugar de responder la pregunta inicial de Habacuc, la respuesta de Dios despertó otra todavía más inquietante: ¿Cómo era posible que Dios usara a una nación pagana e impía para castigar a su pueblo?

Frente a la apostasía de Judá, la inminente invasión caldea y sus propios interrogantes sin resolver, Habacuc trajo a su propia memoria las verdades que conocía acerca de Dios: "¿No eres tú desde el principio, oh Jehová, Dios mío, Santo mío? No moriremos. Oh Jehová, para juicio lo pusiste; y tú, oh Roca, lo fundaste para castigar. Muy limpio eres de ojos para ver el mal, ni puedes ver el agravio" (Hab. 1:12-13). Habacuc recordó la eternidad, la fidelidad, la justicia, la soberanía y la santidad de Dios.

Pese a las pruebas, las dudas y las preguntas que enfrentaba, la fe y la confianza de Habacuc en Dios permanecieron. Él declaró la importancia de llevar una vida de fe en Habacuc 2:4: "El justo por su fe vivirá". Tanto en la justificación que ocurre al principio como en el proceso continuo de santificación, la vida cristiana es una vida de fe en Dios. La fe de Habacuc se fortaleció gracias a que recordó para sí la grandeza de su Dios. Al concluir su profecía pudo cantar victorioso acerca de la naturaleza gloriosa y del poder de Dios:

> *Aunque la higuera no florezca, ni en las vides haya frutos, aunque falte el producto*
> *del olivo, y los labrados no den mantenimiento, y las ovejas sean quitadas de la*
> *majada, y no haya vacas en los corrales; con todo, yo me alegraré en Jehová, y me*
> *gozaré en el Dios de mi salvación. Jehová el Señor es mi fortaleza, el cual hace mis*
> *pies como de ciervas, y en mis alturas me hace andar (Hab. 3:17-19).*

La fe de Habacuc en Dios le hizo un hombre espiritualmente estable, tanto que incluso frente a la ausencia súbita de las cosas más elementales y necesarias de la vida, él se regocijó en Dios.

El **Señor** que **está cerca** es el Dios vivo, todopoderoso, verdadero y revelado en las Escrituras. Quienes se deleitan en su santidad, poder, amor y sabiduría, y cultivan un profundo conocimiento de Él por medio del estudio y la meditación de su Palabra vivirán basándose en esa verdad y gozarán de una vida espiritual estable. Gracias a la presencia de Dios, **por nada** deben estar **afanosos**. Nada escapa al control soberano de Dios ni excede su capacidad para manejarlo. Una opinión errada de Dios conduce a una infinidad de problemas en la iglesia:

La iglesia ha abandonado su antiguo concepto elevado de Dios y lo ha reemplazado por uno tan bajo, tan innoble, hasta el punto de ser impropio de hombres pensantes que adoran. A esto ha llegado no de forma deliberada, sino poco a poco y sin percatarse de ello, y la misma inadvertencia solo hace su situación más trágica.

El bajo concepto de Dios que abriga casi la totalidad de los cristianos es la causa de cientos de males menores que nos plagan. Toda una nueva filosofía de la vida cristiana se ha originado en este solo error fundamental de nuestro pensamiento religioso (Tozer, *El conocimiento del Dios Santo*, p. 6 del original en inglés).

Cristianos débiles, inestables, que a duras penas logran subsistir, necesitan fortalecerse en el fundamento de las verdades bíblicas acerca de Dios. El resultado de la incapacidad de la iglesia para instruir a los creyentes en el conocimiento del carácter y la obra de Dios es una falta de entendimiento acerca de su naturaleza y sus propósitos, de la que se desprende la falta de confianza en Él. Las arenas movedizas de la teología superflua y defectuosa no ofrecen una base firme para el creyente.

Los creyentes ansiosos, temerosos, afanosos y preocupados son por naturaleza inestables y susceptibles frente a las pruebas y tentaciones. El afán constituye una desobediencia a las Escrituras y es algo totalmente innecesario. En el sublime pasaje del sermón del monte, Jesús señaló la insensatez de la ansiedad, que es pecado:

> *Por tanto os digo: No os afanéis por vuestra vida, qué habéis de comer o qué habéis de beber; ni por vuestro cuerpo, qué habéis de vestir. ¿No es la vida más que el alimento, y el cuerpo más que el vestido? Mirad las aves del cielo, que no siembran, ni siegan, ni recogen en graneros; y vuestro Padre celestial las alimenta. ¿No valéis vosotros mucho más que ellas? ¿Y quién de vosotros podrá, por mucho que se afane, añadir a su estatura un codo? Y por el vestido, ¿por qué os afanáis? Considerad los lirios del campo, cómo crecen: no trabajan ni hilan; pero os digo, que ni aun Salomón con toda su gloria se vistió así como uno de ellos. Y si la hierba del campo que hoy es, y mañana se echa en el horno, Dios la viste así, ¿no hará mucho más a vosotros, hombres de poca fe? No os afanéis, pues, diciendo: ¿Qué comeremos, o qué beberemos, o qué vestiremos? Porque los gentiles buscan todas estas cosas; pero vuestro Padre celestial sabe que tenéis necesidad de todas estas cosas. Mas buscad primeramente el reino de Dios y su justicia, y todas estas cosas os serán añadidas. Así que, no os afanéis por el día de mañana, porque el día de mañana traerá su afán. Basta a cada día su propio mal (Mt. 6:25-34).*

La armonía en la comunión, el gozo en el Señor, el contentamiento en cualquier circunstancia y la confianza en Dios son los primeros pasos en el camino hacia la estabilidad espiritual.

19

Estabilidad espiritual— Segunda parte: Gratitud, pensamientos piadosos, obediencia

sino sean conocidas vuestras peticiones delante de Dios en toda oración y ruego, con acción de gracias. Y la paz de Dios, que sobrepasa todo entendimiento, guardará vuestros corazones y vuestros pensamientos en Cristo Jesús. Por lo demás, hermanos, todo lo que es verdadero, todo lo honesto, todo lo justo, todo lo puro, todo lo amable, todo lo que es de buen nombre; si hay virtud alguna, si algo digno de alabanza, en esto pensad. Lo que aprendisteis y recibisteis y oísteis y visteis en mí, esto haced; y el Dios de paz estará con vosotros. (4:6_b_-9)

Nuestra sociedad admira a las personas que permanecen firmes, que defienden sus convicciones, que son valientes y osadas, y no pueden ser compradas, intimidadas o derrotadas. Rudyard Kipling describió esa clase de personas en su famoso poema "Si", un tributo al más noble humanismo:

> Si puedes conservar la calma cuando a tu alrededor
> todos la pierden y te culpan por ello;
> si puedes confiar en ti mismo cuando todos dudan de ti,
> y aún así permitir que lo hagan;
> si puedes esperar y no cansarte en la espera;
> o, cuando mientan sobre ti, no transigir con mentiras,
> o, cuando te odien, no dar lugar al odio,
> y a pesar de todo no parecer demasiado bueno,
> ni hablar con demasiada sabiduría.

Si puedes soñar, y no dejar que los sueños te dominen;
    si puedes pensar, y no hacer de ello tu fin;
si puedes conciliar el triunfo y la calamidad
    y tratar por igual a esos dos impostores;
si puedes soportar que los bribones tuerzan
    tus palabras de verdad para engañar a los simples,
o ver cómo se derrumba el esfuerzo de toda una vida,
    e inclinarte a reconstruirlo con herramientas gastadas.

Si puedes amontonar todos tus logros
    y apostarlos en una ronda de juego,
y perder, y volver a empezar de cero
    y jamás hablar sobre tu pérdida;
si puedes forzar tu corazón, tus músculos y nervios
    a servirte mucho después de haberse agotado,
y así continuar cuando ya nada te queda
    salvo la voluntad que les dice: "¡Sigan!".

Si puedes hablar con multitudes y conservar tu virtud,
    o andar con reyes y no perder contacto con la realidad;
si los adversarios ni los grandes amigos pueden herirte;
    si todos los hombres cuentan contigo, pero no demasiado;
si puedes llenar el minuto inexorable
    con sesenta segundos que valgan la pena,
tuya es la tierra y lo que ella contiene,
    y, más que eso, ¡serás un hombre, hijo mío!

Si la valentía que trae la convicción, al igual que la integridad, la credibilidad y la devoción absoluta a la virtud son cualidades admirables para el mundo, ¿cuánto más esenciales son para los cristianos? El nombre mismo "cristiano" identifica a los creyentes con Jesucristo, el modelo más perfecto de integridad, valentía y entrega que jamás haya vivido. El Nuevo Testamento reitera muchas veces su llamado a los creyentes a seguir el ejemplo de Él permaneciendo firmes en sujeción a Dios (cp. 1:27; 1 Co. 16:13; 2 Co. 1:24; Gá. 5:1; Ef. 6:11, 13-14; 1 Ts. 3:8; 2 Ts. 2:15; He. 3:6, 14; 1 P. 5:9, 12).

A Pablo le preocupaba que su amada congregación filipense estuviera firme en la fe. A partir de 4:2-9 se pueden extraer siete principios básicos para desarrollar y mantener la estabilidad espiritual. El capítulo anterior de este tomo consideró los cuatro primeros: cultivar la armonía en la comunión en la iglesia, mantener un espíritu de gozo, aprender a estar contento, y descansar por la fe en el Señor.

Este capítulo tratará las tres últimas: reaccionar a los problemas con oración de gratitud, pensar en las virtudes dignas de Dios, y obedecer las normas divinas.

REACCIONAR A LOS PROBLEMAS CON ORACIÓN DE GRATITUD

sino sean conocidas vuestras peticiones delante de Dios en toda oración y ruego, con acción de gracias. Y la paz de Dios, que sobrepasa todo entendimiento, guardará vuestros corazones y vuestros pensamientos en Cristo Jesús. (4:6*b*-7)

Las personas espiritualmente estables reaccionan ante las pruebas con oración de gratitud. Dicha oración es el antídoto contra la preocupación y el remedio para el afán. Aquí el tema no es la teología de la oración, sino más bien la actitud del creyente y la prioriad que le otorga. Los tres sinónimos empleados aquí (**peticiones, oración y ruego**) se refieren a peticiones directas a Dios. El texto da por sentado que los creyentes clamarán a Dios frente a una necesidad o problema, no dudando, cuestionando ni culpando a Dios, sino **con acción de gracias** (cp. Col. 4:2). En lugar de abrigar un espíritu de rebelión contra lo que Dios permite, los creyentes deben confiadamente echar "toda [su] ansiedad sobre él, porque él tiene cuidado de [ellos]" (1 P. 5:7).

Las promesas de Dios respaldan la sabiduría de la gratitud. Él ha prometido que ninguna prueba que enfrenten los creyentes será demasiado difícil para ellos (1 Co. 10:13). También ha prometido usar todo lo que ocurre en la vida de los creyentes para su bien (Ro. 8:28). Hasta el sufrimiento permite que ellos sean perfeccionados, afirmados, fortalecidos y establecidos (1 P. 5:10). Los creyentes también deberían estar agradecidos por el poder de Dios (Sal. 62:11; 1 P. 1:5; Ap. 4:11), por sus promesas (Dt. 1:11; 2 Co. 1:20), por la esperanza de ser librados de la tribulación (2 Co. 4:17; 1 P. 5:10), por la esperanza de gloria (Ro. 5:2; Col. 1:27), por su misericordia (Ro. 15:9) y por su obra de perfeccionamiento en ellos (Fil. 1:6).

Las personas se preocupan, se vuelven ansiosas y temerosas porque no confían en la sabiduría, el poder o la bondad de Dios. Temen que Dios no sea lo suficientemente sabio, fuerte o bueno para evitar el desastre. Es probable que esta duda pecaminosa se deba a su falta de conocimiento de Él, o al pecado en su vida que debilita su fe. La oración de gratitud libera del temor y el afán, porque afirma el control soberano de Dios sobre cada circunstancia, y la verdad de que su propósito es el bien del creyente (Ro. 8:28).

Tan pronto el pecador hace la "paz con Dios" (Ro. 5:1), es decir, en el momento de la salvación cuando deja de ser enemigo de Dios y se convierte en su hijo, puede gozar de **la paz de Dios**, la tranquilidad interna del alma que Dios concede. Es una confianza en su sabiduría infalible e infinito poder que trae paz en medio de las tormentas de la vida. Isaías escribió acerca de esta paz sobrenatural: "Tú guardarás en completa paz a aquel cuyo pensamiento en ti persevera; porque en ti ha confiado" (Is. 26:3). Pablo oró por los romanos para que "el Dios de esperanza [los] llene de todo gozo y paz en el creer" (Ro. 15:13). En su oración por Israel como sumo sacerdote, Aarón dijo: "Jehová alce sobre ti su rostro, y ponga en ti paz" (Nm. 6:26). En el Salmo 29:11 David escribió: "Jehová bendecirá a su pueblo con paz". Poco antes de su muerte Jesús prometió: "La paz os dejo, mi paz os doy; yo no os la doy como el mundo la da. No se turbe vuestro corazón, ni tenga miedo" (Jn. 14:27). Sin embargo, la paz de Dios no es para todos: "'No hay paz para los malos, dijo Jehová'" (Is. 48:22), ni *con* Dios, ni *de parte* de Él.

Pablo dice además que esa paz sobrenatural **sobrepasa todo entendimiento**. Trasciende la capacidad intelectual, el análisis, el pensamiento, y el **entendimiento** humanos. Es superior a los planes, estratagemas y soluciones humanas, pues su fuente es el Dios cuyos juicios son insondables e inescrutables sus caminos (Ro. 11:33). Se experimenta como una calma trascendente que eleva al creyente por encima de la prueba más debilitante. Puesto que es una obra sobrenatural, repele toda comprensión humana. El verdadero reto de la vida cristiana no es eliminar cada circunstancia desagradable, sino confiar en medio de cada dificultad en el buen propósito de nuestro Dios que es infinito, santo, soberano y poderoso. Quienes le honran confiando en Él experimentan las bendiciones de su perfecta paz.

Cuando los creyentes gozan de la paz de Dios, esta los guarda de ansiedad, duda y preocupación. *Phroureō* (**guardará**) es un término militar usado por los soldados mientras montan guardia. La imagen sería conocida por los filipenses, ya que los romanos ubicaban sus tropas en Filipos para proteger sus intereses en esa región del mundo. Así como los soldados guardan y protegen una ciudad, la paz de Dios guarda y protege a los creyentes que confían plenamente en Él. El hecho de que Pablo dice **corazones** y **pensamientos** no sugiere una distinción entre ambos. Él simplemente hacía una referencia amplia a la vida interior del creyente. Una vez más, Pablo les recuerda a sus lectores que la verdadera paz no proviene de una fuente humana. Solo está **en Cristo Jesús**.

PENSAR EN LAS VIRTUDES DIGNAS DE DIOS

Por lo demás, hermanos, todo lo que es verdadero, todo lo honesto, todo lo justo, todo lo puro, todo lo amable, todo lo que es de buen nombre; si hay virtud alguna, si algo digno de alabanza, en esto pensad. (4:8)

La frase **por lo demás** indica que Pablo ha llegado al punto culminante de su enseñanza acerca de la estabilidad espiritual. El principio que se dispone a presentar es la recapitulación de todos los anteriores y la clave para ponerlos en práctica. La frase **en esto pensad** introduce una verdad importante: la estabilidad espiritual es el resultado de la manera de pensar de una persona. La forma imperativa de *logizomai* (**pensad**) lo convierte en mandato. Pensar como es debido no es una opción en la vida cristiana. *Logizomai* significa más que solo abrigar pensamientos. Significa "ponderar", "considerar" o "calcular". Los creyentes deben considerar las cualidades que Pablo enumera en este versículo y meditar en sus implicaciones. La forma verbal precisa una disciplina mental que fija los pensamientos en esas virtudes espirituales.

La Biblia deja muy claro que la vida de las personas es el resultado de sus pensamientos. Proverbios 23:7 declara: "Porque cual es su pensamiento en su corazón, tal es él". El equivalente moderno de ese proverbio en el mundo de la informática es "basura que entra, basura que sale". Así como la información que sale de una computadora depende de la información que ingresa en ella, las acciones de una persona son el resultado de sus pensamientos. Jesús expresó esa verdad en Marcos 7:20-23: "Pero decía, que lo que del hombre sale, eso contamina al hombre. Porque de dentro, del corazón de los hombres, salen los malos pensamientos, los adulterios, las fornicaciones, los homicidios, los hurtos, las avaricias, las maldades, el engaño, la lascivia, la envidia, la maledicencia, la soberbia, la insensatez. Todas estas maldades de dentro salen, y contaminan al hombre".

El llamado de Pablo a pensar de manera bíblica es especialmente apropiado en nuestra cultura. Hoy el interés se centra en la emoción y el pragmatismo, y se subestima la importancia de pensar seriamente en la verdad bíblica. Las personas ya no se preguntan "¿esto es verdad?", sino "¿esto funciona?" y "¿cómo me hace sentir?". Estas dos últimas preguntas funcionan como definición suficiente de verdad en nuestra sociedad que rechaza el concepto de verdad divina absoluta. La verdad es cualquier cosa que funciona y produce emociones positivas. Por desdicha, ese pragmatismo y emocionalismo se ha infiltrado incluso en la teología. Muchas veces a la iglesia le preocupa más si algo es ofensivo o causa de división que si es bíblicamente cierto.

Tal perspectiva dista de la de los nobles bereanos, los cuales escudriñaban las Escrituras para ver si lo que Pablo decía era verdad, no si era práctico o motivo de división (Hch. 17:11). Hay demasiadas personas que asisten a la iglesia no para pensar o meditar en las verdades de las Escrituras, sino para recibir su dosis semanal de ánimo y sentir que Dios está todavía con ellos. Esas personas son inestables espiritualmente porque basan su vida en los sentimientos en vez de en el pensamiento. Bill Hull escribe:

> Lo que me aterra es la filosofía opuesta al pensamiento crítico e intelectual, la cual abunda en la iglesia. Esta filosofía tiende a fantasear en cuanto a la fe, y convierte la iglesia local en un centro de experiencias... Concibe "la iglesia" como un grupo de consumidores espirituales, y la labor de la iglesia como la satisfacción de sus necesidades percibidas (*Right Thinking* [Pensamiento correcto] [Colorado Springs, Colo: NavPress, 1985], p. 66).

John Stott también advirtió acerca del peligro de que los cristianos vivan por sus sentimientos: "De hecho, el pecado tiene efectos más nefastos en nuestros sentimientos que en nuestros pensamientos, porque nuestras opiniones son reguladas y evaluadas más fácilmente por la verdad revelada que lo son nuestras experiencias" (*Your Mind Matters* [Tu mente importa] [Downers Grove, Ill: Inter-Varsity, 1972], p. 16).

Dios nos ordena pensar. A Israel en actitud de rebelión, le dijo: "Venid luego, dice Jehová, y estemos a cuenta" (Is. 1:18). Jesús reprendió a los fariseos y saduceos incrédulos por demandar una señal milagrosa. Más bien los retó a pensar y a sacar conclusiones a partir de la evidencia que tenían, tal como ellos predecían el clima (Mt. 16:1-3). En Lucas 12:57 les dijo a las multitudes: "¿Y por qué no juzgáis por vosotros mismos lo que es justo?". El Señor dio su revelación en un libro, la Biblia, y espera que todos usemos nuestra mente para entender sus verdades.

La mente prudente es la marca distintiva de la fe cristiana. James Orr expresó con claridad esta realidad:

> Si hay una religión en el mundo que exalta la enseñanza, es justo afirmar que es la religión de Jesucristo. Con frecuencia se ha señalado que en las religiones paganas el elemento doctrinal es mínimo, y que prima la ejecución de un ritual. Sin embargo, es aquí donde el cristianismo se diferencia de otras religiones, pues contiene doctrina. Llega a los hombres con enseñanza positiva y definitiva, afirma ser la verdad, basa la religión en el conocimiento, si bien uno que solo se alcanza bajo condiciones morales. No veo cómo alguien pueda abordar de manera objetiva los hechos tal como los presentan los Evangelios y las Epístolas, sin llegar a la conclusión de que el Nuevo Testamento está lleno de doctrina... Una religión separada del pensamiento serio y elevado siempre ha tendido, a lo largo de la historia de la iglesia, a volverse débil, estéril y malsano, mientras que el intelecto, privado de sus derechos en la religión, ha buscado saciarse sin ella, y se ha convertido en racionalismo sin Dios (*Concepción cristiana de Dios y el mundo* [Terrassa: Clie, 192], pp. 20-21 del original en inglés).

Las Escrituras dicen que la mente no salva es reprobada (Ro. 1:28; 1 Ti. 6:5; 2 Ti. 3:8), carnal (Ro. 8:5) y esto conduce a la muerte espiritual (Ro. 8:6), enemiga de Dios (Ro. 8:7; Col. 1:21), locura (1 Co. 2:14), ciega a la verdad espiritual (2 Co. 3:14), cegada por Satanás (2 Co. 4:4), vana (Ef. 4:17), ignorante (Ef. 4:18) y corrompida (Tit. 1:15).

Debido a eso, lo primero que ocurre en la salvación es un entendimiento adecuado de la verdad del evangelio. Jesús dijo en Mateo 13:19: "Cuando alguno oye la palabra del reino y no la entiende, viene el malo, y arrebata lo que fue sembrado en su corazón". Romanos 10:17 podría traducirse: "La fe viene por escuchar una predicación acerca de Cristo", para subrayar de nuevo que la fe involucra el pensamiento (cp. Is. 1:18). Por ese motivo Pedro les manda a los creyentes a estar "siempre preparados para presentar defensa con mansedumbre y reverencia ante todo el que os demande razón de la esperanza que hay en vosotros" (1 P. 3:15). J. Gresham Machen comentó: "Lo que el Espíritu Santo obra en el nuevo nacimiento no convierte a un hombre en cristiano en ausencia de la evidencia, sino que por el contrario disipa la bruma de sus ojos y lo faculta para prestarle atención" (*The Christian Faith in the Modern World* [La fe cristiana en el mundo moderno] [Grand Rapids: Eerdmans, 1965], 63).

Dios nos salva para que seamos adoradores, y "los que le adoran, en espíritu y en verdad es necesario que adoren" (Jn. 4:24). Por consiguiente, resulta imposible adorar a Dios aparte de la verdad. En su visita a Atenas, la capital cultural del mundo antiguo, el "espíritu [de Pablo] se enardecía viendo la ciudad entregada a la idolatría" (Hch. 17:16). Tanto como la idolatría flagrante, no obstante, le perturbó haber encontrado "un altar en el cual estaba esta inscripción: AL DIOS NO CONOCIDO" (Hch. 17:23). La mente natural puede ver el mundo y concluir que hay un Dios. Sin embargo, el razonamiento humano solo puede saber que Él existe, mas no quién es Él. Para la mente natural Él es el "no conocido" y el Dios a quien es imposible conocer. Él sólo puede conocerse verdaderamente por medio de la teología sobrenatural, la revelación de las Escrituras. Dios no aceptará adoración basada en la ignorancia. Pablo prosiguió entonces a explicarles a los filósofos atenienses quién es el Dios que se ha revelado (Hch. 17:24-31).

En total contraste con la definición contemporánea de la fe, la fe bíblica no es un "salto al vacío" irracional. No es un encuentro místico con el "otro" o "la razón del ser". Tampoco es optimismo, autohipnosis psicológica o pensamiento positivo. La verdadera fe es una respuesta racional a la verdad revelada en la Biblia, y la salvación es el resultado de una respuesta inteligente, alentada por el Espíritu Santo, a esa verdad.

En Mateo 6:25-34, Jesús reprendió a los discípulos por el pecado de la preocupación. En un pasaje sobresaliente de su obra clásica *Studies in the Sermon on the Mount* [Estudios sobre el sermón del monte], D. Martyn Lloyd-Jones señala que el problema de los discípulos era que no pensaban. Ellos permitían en cambio que sus circunstancias los controlaran.

> La fe, según la enseñanza de nuestro Señor en este pasaje, es ante todo pensamiento; y el gran problema de un hombre de poca fe es el hecho de que no piensa. Él permite que las circunstancias lo intimiden. Esa es la verdadera dificultad en la vida. La vida nos llega con un garrote en la mano y nos golpea en la cabeza, y nos volvemos incapaces de pensar, derrotados e indefensos. Según nuestro Señor, la manera de evitarlo es pensar. Debemos pasar más tiempo estudiando las lecciones de nuestro

Señor en observación y deducción. La Biblia está llena de lógica, y nunca debemos considerar la fe como algo puramente místico. No nos sentamos en un sillón a la espera de que algo nos ocurra. Esa no es la fe cristiana. La fe cristiana es en esencia pensamiento. Mire las aves, piense acerca de ellas, y saque sus conclusiones. Mire la hierba, mire los lirios del campo, piense en ellos.

No obstante, el problema con la mayoría de las personas, es que no quieren pensar. En vez de hacerlo, se sientan y preguntan: ¿Qué me va a suceder? ¿qué puedo hacer? Esa es la ausencia de pensamiento, es renuncia, es derrota. Nuestro Señor, aquí, nos insta a pensar, y a pensar de manera cristiana. Esa es la esencia misma de la fe. Se puede definir la fe de la siguiente manera: Es un hombre que insiste en pensar cuando todo parece decidido a apabullarlo y derribarlo en un sentido intelectual. El problema con la persona de poca fe es que, en lugar de controlar su propio pensamiento, su pensamiento es controlado por algo más, y según lo expuesto, anda en círculos. Esa es la esencia del afán... No es pensamiento, sino la ausencia de él, una incapacidad para pensar (Grand Rapids: Eerdmans, 1971, 2:129-130).

Pensar es vital para la fe salvadora, al igual que para la fe santificadora.

La salvación comprende la transformación de la mente. En Romanos 8:5 Pablo escribe: "Los que son de la carne piensan en las cosas de la carne". Las personas carnales que no son salvas tienen una mente carnal y perdida. Piensan como personas caídas e irredentas. Por otro lado, "los que son del Espíritu, [piensan] en las cosas del Espíritu". Sus mentes renovadas se enfocan en la verdad espiritual. Por consiguiente, "el ocuparse de la carne es muerte, pero el ocuparse del Espíritu es vida y paz" (Ro. 8:6). Ahora el Espíritu Santo controla la mente que antes de la salvación era depravada, ignorante y cegada por Satanás (2 Co. 4:4). La mente redimida ya no piensa al nivel de lo carnal, sino de lo espiritual.

En 1 Corintios 1:30 Pablo describió una de las realidades más asombrosas de la salvación: "Cristo Jesús… nos ha sido hecho por Dios sabiduría". La mente renovada del creyente puede sumergirse en los profundos pensamientos del Dios eterno (cp. Sal. 92:5) y nunca tocar fondo. En 1 Corintios 2:11-16 Pablo amplió esa idea:

Porque ¿quién de los hombres sabe las cosas del hombre, sino el espíritu del hombre que está en él? Así tampoco nadie conoció las cosas de Dios, sino el Espíritu de Dios. Y nosotros no hemos recibido el espíritu del mundo, sino el Espíritu que proviene de Dios, para que sepamos lo que Dios nos ha concedido, lo cual también hablamos, no con palabras enseñadas por sabiduría humana, sino con las que enseña el Espíritu, acomodando lo espiritual a lo espiritual. Pero el hombre natural no percibe las cosas que son del Espíritu de Dios, porque para él son locura, y no las puede entender, porque se han de discernir espiritualmente. En cambio el espiritual juzga todas las cosas; pero él no es juzgado de nadie. Porque ¿quién conoció la mente del Señor? ¿Quién le instruirá? Mas nosotros tenemos la mente de Cristo.

A diferencia del "hombre natural [que] no percibe las cosas que son del Espíritu de Dios", el Espíritu Santo les da a los creyentes la capacidad de saber "lo que Dios nos ha concedido". De hecho, "tenemos la mente de Cristo". Por medio del Espíritu los creyentes tienen el conocimiento de Dios que de otra manera jamás hubieran tenido.

Así como el acto inicial de fe salvadora en el creyente conduce a una vida de fe, también la transformación de la mente que comienza en el momento de la salvación es un proceso de renovación de la mente que dura toda la vida. En Romanos 12:2 Pablo escribió: "No os conforméis a este siglo, sino transformaos por medio de la renovación de vuestro entendimiento". A los efesios escribió: "renovaos en el espíritu de vuestra mente" (Ef. 4:23). Jesús, al responder la pregunta acerca del mandamiento más importante de la ley, dijo: "Amarás al Señor tu Dios con todo tu corazón, y con toda tu alma, y con toda tu mente" (Mt. 22:37). Pedro también habló acerca de renovar la mente al ordenar: "Ceñid los lomos de vuestro entendimiento" (1 P. 1:13). Pablo urgió a los creyentes a "[poner] la mira en las cosas de arriba, no en las de la tierra" (Col. 3:2). En más de doce ocasiones Pablo les pregunta a sus lectores en sus epístolas: "¿Acaso no saben?". El apóstol esperaba que los creyentes pensaran y examinaran. Tampoco es una idea exclusiva del Nuevo Testamento. En Proverbios 2:1-6 Salomón aconsejó:

Hijo mío, si recibieres mis palabras, y mis mandamientos guardares dentro de ti, haciendo estar atento tu oído a la sabiduría; si inclinares tu corazón a la prudencia, si clamares a la inteligencia, y a la prudencia dieres tu voz; si como a la plata la buscares, y la escudriñares como a tesoros, entonces entenderás el temor de Jehová, y hallarás el conocimiento de Dios. Porque Jehová da la sabiduría, y de su boca viene el conocimiento y la inteligencia.

El salmista exclamó: "Dame entendimiento, y guardaré tu ley, y la cumpliré de todo corazón" (Sal. 119:34).

Los creyentes deben disciplinar sus mentes que son sensibles espiritualmente a pensar sobre las realidades espirituales correctas. En esta breve lista, Pablo enumera ocho virtudes en las cuales deben centrarse.

La Palabra de Dios es la mina de **lo que es verdadero**. En su oración sumo sacerdotal, Jesús le dijo al Padre: "Tu palabra es verdad" (Jn. 17:17). En el Salmo 19:9, David escribió: "Los juicios de Jehová son verdad, todos justos", en tanto que en el Salmo 119:151 añade: "Todos tus mandamientos son verdad". La Biblia es verdad porque el "Dios de verdad" (Sal. 31:5; Is. 65:16; cp. Ef. 4:21) la inspiró. Pensar en **todo lo verdadero** significa leer, analizar y meditar en la Palabra de Dios. Las otras siete categorías de pensamientos rectos se basan en la verdad de la Palabra de Dios. Todos son maneras de ver la verdad de las Escrituras.

Segundo, los creyentes deben pensar en **todo lo honesto**, todo lo noble, solemne y digno de respeto. *Semnos* (**honesto**) viene de una palabra que significa "reverenciar" o "adorar". En otros lugares del Nuevo Testamento, describe el estilo de vida honorable que se les exige a los diáconos (1 Ti. 3:8), diaconisas (1 Ti. 3:11) y ancianos (Tit. 2:2). Los creyentes no deben pensar en lo trivial, lo temporal, lo mundano, lo vulgar y terrenal, sino más bien en lo celestial, y lo que es digno de admiración, adoración y alabanza. Todo lo que es verdad según la Palabra de Dios es **honesto.**

Tercero, los creyentes deben pensar en **todo lo justo**. *Dikaios* (**justo**) es un adjetivo, y describe todo lo que está en perfecta armonía con las normas de Dios que son eternas e inmutables, y que están reveladas en las Escrituras. Los creyentes deben pensar en asuntos que estén en armonía con la ley de Dios.

Cuarto, los creyentes deben pensar en **todo lo puro**. *Hagnos* (**puro**) describe lo que Dios en las Escrituras define como santo, moralmente puro y sin mancha. En 1 Timoteo 5:22 se traduce "libre de pecado" (LBLA). Los creyentes deben purificarse a sí mismos porque Jesucristo es puro (1 Jn. 3:3).

Quinto, los creyentes deben pensar en **todo lo amable**. *Prosphilēs* (**amable**) solo aparece aquí en el Nuevo Testamento. Podría traducirse "dulce", "benigno", "generoso" o "paciente". Los creyentes deben centrar sus pensamientos en lo que la Biblia dice que es agradable, afable y grato ante Dios.

Sexto, los creyentes deben pensar en **todo lo que es de buen nombre**. *Euphēmos* también aparece solo aquí en el Nuevo Testamento. Se refiere a lo que es de gran estima o que goza de buena reputación. Las Escrituras elevan los pensamientos de los creyentes al nivel de los asuntos más eminentes.

En resumen, Pablo exhorta: **Si hay virtud alguna, si algo digno de alabanza, en esto pensad**. La clave para una vida recta es tener pensamientos piadosos, como el sabio Salomón dijo: "Sobre toda cosa guardada, guarda tu corazón; porque de él mana la vida" (Pr. 4:23).

OBEDECER LAS NORMAS DIVINAS

Lo que aprendisteis y recibisteis y oísteis y visteis en mí, esto haced; y el Dios de paz estará con vosotros. (4:9)

Este versículo presenta un último elemento que es vital para la estabilidad espiritual. Las seis actitudes anteriores no deben ser vistas como principios abstractos, pues los pensamientos piadosos no pueden desligarse de la conducta. Cuando todo se ha dicho y hecho, la estabilidad espiritual se evidencia en una vida disciplinada de obediencia a las normas de Dios. Las personas en quienes mora en abundancia la Palabra de Dios (Col. 3:16), y que por ende viven en obediencia a las normas de Dios, permanecen firmes cuando son azotadas por las dificultades y la tentación, como la de transigir con sus convicciones.

Prassō (**haced**) alude a una acción repetida y continua. La palabra aquí traducida puede tener la misma connotación. Respecto a un abogado o médico se dice que practica una profesión, ya que gracias a ella mantiene una rutina permanente. Los cristianos deben llevar una vida de continua obediencia y rectitud.

Una vida santa solo puede ocurrir cuando las actitudes y los pensamientos correctos controlan la carne. Por eso Pablo abordó la prioridad de los pensamientos (4:2-8) antes de exhortar a la iglesia a vivir en rectitud (4:9). Entender y abrazar la ley de Dios va primero, y luego la conducta controlada por esa devoción a la verdad. Al hacerlo, "[vencemos] con el bien el mal (Ro. 12:21).

Antes de completarse los escritos del Nuevo Testamento, los apóstoles mismos eran la fuente de la verdad divina. Después del nacimiento de la iglesia en el día de Pentecostés, los creyentes "perseveraban en la doctrina de los apóstoles" (Hch. 2:42). En Efesios 4:11-13 Pablo escribió acerca del carácter fundamental del ministerio apostólico':

> *Y él mismo constituyó a unos, apóstoles; a otros, profetas; a otros, evangelistas; a otros, pastores y maestros, a fin de perfeccionar a los santos para la obra del ministerio, para la edificación del cuerpo de Cristo, hasta que todos lleguemos a la unidad de la fe y del conocimiento del Hijo de Dios, a un varón perfecto, a la medida de la estatura de la plenitud de Cristo.*

Los apóstoles eran más que una fuente de conocimiento doctrinal. Ellos también eran ejemplo de las normas de conducta cristiana. Por eso Pablo exhortó antes a los filipenses en su carta: "Hermanos, sed imitadores de mí, y mirad a los que así se conducen según el ejemplo que tenéis en nosotros" (3:17; cp. 1 Co. 4:16; 11:1; 1 Ts. 1:6; 1 P. 5:3). Pablo reitera aquí esa exhortación, instando a los filipenses a hacer lo que aprendieron y recibieron y oyeron de él. Su vida demostraba los deberes espirituales a los cuales llamaba a sus hermanos. Cada término (aprender, recibir y ver) se centra en un aspecto importante del ministerio de Pablo a los filipenses.

Aprendisteis es la traducción de una forma del verbo *manthanō*, que se relaciona con el sustantivo *mathētēs* (discípulo). *Manthanō* se refiere a enseñanza, aprendizaje, instrucción y disciplina. Pablo alude aquí a su instrucción y discipulado personal hacia los filipenses. Siempre que ministraba, acostumbraba no solo enseñar "públicamente", sino también "por las casas" (Hch. 20:20). Pablo le escribió a su hijo en la fe, Timoteo: "Pero tú has seguido mi doctrina, conducta, propósito, fe, longanimidad, amor, paciencia" (2 Ti. 3:10). Antes de completarse el Nuevo Testamento, esa enseñanza era vital.

Paralambanō (**recibisteis**) se emplea a veces en el Nuevo Testamento como un término técnico para la revelación de Dios (p. ej., 1 Co. 11:23; 15:1, 3; Gá. 1:9, 12; 1 Ts. 4:1-2; 1 Ti. 6:20). Pablo escribió a los tesalonicenses: "Por lo cual también nosotros sin cesar damos gracias a Dios, de que cuando recibisteis la palabra de Dios que oísteis de nosotros, la recibisteis no como palabra de hombres, sino según es en verdad, la palabra de Dios, la cual actúa en vosotros los creyentes" (1 Ts. 2:13). Pablo exhortó a los filipenses a poner en práctica en su vida las verdades de la Palabra de Dios que él les había comunicado. Ellos no solo debían recibir esas verdades, sino también transmitirlas. Como le escribió a Timoteo: "Lo que has oído de mí ante muchos testigos, esto encarga a hombres fieles que sean idóneos para enseñar también a otros" (2 Ti. 2:2).

La palabra **oísteis** presenta otra faceta del tema de Pablo. Él ya habló acerca de lo que les enseñó a los filipenses como Dios se lo reveló a él. Aquí Pablo alude a lo que los filipenses habían oído de otras personas acerca de él. Su reputación era intachable, y ellos sin duda habían oído acerca del carácter, el estilo de vida y la predicación de Pablo. También debían imitar las virtudes por las que el apóstol había alcanzado reconocimiento.

Al recordarles a los filipenses lo que vieron en él, Pablo recurrió a la experiencia directa que tenían con él. Ellos habían observado su carácter durante la estadía del apóstol en Filipos, y sabían que no había contradicción entre el mensaje que predicaba y la vida que llevaba. Debido a que Pablo era ejemplo de las normas que predicaba, podía exhortar a los filipenses a imitar su conducta.

La promesa ligada a una obediencia semejante es que **el Dios de paz estará con vosotros**. El Dios cuyo carácter es paz, es el dador de paz. El título **Dios de paz** es uno de los predilectos de Pablo (cp. Ro. 15:33; 16:20; 2 Co. 13:11; 1 Ts. 5:23). Es un recordatorio de que quienes demuestran actitudes, pensamientos y actos piadosos serán guardados por la paz de Dios y por **el Dios de paz**. Su presencia es esencial para obtener la fortaleza, la tranquilidad y el contentamiento necesarios para la estabilidad espiritual.

Sin embargo, eso no ocurrirá sin autodisciplina. D. Martyn Lloyd-Jones escribió:

> Los reto a leer la vida de cualquier santo que haya engalanado la vida de la iglesia sin notar al instante que la mayor cualidad en la vida de ese santo era la disciplina y el orden. Sin excepción esa es la característica universal de todos los hombres y mujeres sobresalientes de Dios. Lea acerca de Henry Martyn, David Brainerd, Jonathan Edwards, los hermanos Wesley y los hermanos Whitfield. Lea sus diarios. Sin importar a cuál rama de la iglesia pertenecieron, todos tuvieron vidas disciplinadas y subrayaron la necesidad de esta. Sin duda alguna esto es algo completamente bíblico y

absolutamente esencial. (*La depresión espiritual: Sus causas y su cura* [Libros Desafío, 1998]).

Los creyentes deben ser disciplinados para añadir a su fe las actitudes, los pensamientos y las acciones apropiadas descritas en este pasaje. Solo entonces desarrollarán la estabilidad espiritual en su vida.

20

El secreto del contentamiento

En gran manera me gocé en el Señor de que ya al fin habéis revivido vuestro cuidado de mí; de lo cual también estabais solícitos, pero os faltaba la oportunidad. No lo digo porque tenga escasez, pues he aprendido a contentarme, cualquiera que sea mi situación. Sé vivir humildemente, y sé tener abundancia; en todo y por todo estoy enseñado, así para estar saciado como para tener hambre, así para tener abundancia como para padecer necesidad. Todo lo puedo en Cristo que me fortalece. sin embargo, bien hicisteis en participar conmigo en mi tribulación. Y sabéis también vosotros, oh filipenses, que al principio de la predicación del evangelio, cuando partí de Macedonia, ninguna iglesia participó conmigo en razón de dar y recibir, sino vosotros solos; pues aun a Tesalónica me enviasteis una y otra vez para mis necesidades. No es que busque dádivas, sino que busco fruto que abunde en vuestra cuenta. Pero todo lo he recibido, y tengo abundancia; estoy lleno, habiendo recibido de Epafrodito lo que enviasteis; olor fragante, sacrificio acepto, agradable a Dios. Mi Dios, pues, suplirá todo lo que os falta conforme a sus riquezas en gloria en Cristo Jesús. (4:10-19)

El contentamiento es una virtud muy apreciada pero esquiva. Pese a que solo surge de una relación correcta con Dios y de confiar en su providencia soberana, amorosa y determinada, las personas insisten en buscarla donde es imposible hallarla: en el dinero, en las posesiones, en la fama, en las relaciones, en el trabajo, o en la ausencia de dificultad. Sin embargo, definido así, el contentamiento es inalcanzable, pues en este mundo caído resulta imposible estar exento de problemas. A diferencia del concepto mundano de contentamiento, esta es la sencilla definición escrita por el puritano Jeremiah Burroughs: "El contentamiento cristiano es una dulce, tranquila e interna disposición de espíritu que se sujeta voluntariamente y se deleita en las disposiciones sabias del Dios y Padre en cada circunstancia" (*The Rare Jewel of Christian Contentment* [La extraña joya del contentamiento cristiano] [Reimpreso; Edinburgh: Banner of Truth, 1964], p. 19).

La Biblia dice mucho acerca del contentamiento. Por ejemplo, a algunos soldados que le habían preguntado cómo demostrar un verdadero arrepentimiento, Juan el Bautista dijo: "Contentaos con vuestro salario" (Lc. 3:14). Pablo escribió a Timoteo: "Así que, teniendo sustento y abrigo, estemos contentos con esto" (1 Ti. 6:8), una idea que repite el autor de Hebreos: "Sean vuestras costumbres sin avaricia, contentos con lo que tenéis ahora" (He. 13:5). Incluso Pablo dice "por amor a Cristo me gozo en las debilidades, en afrentas, en necesidades, en persecuciones, en angustias" (2 Co. 12:10), porque sabía que en medio de las pruebas "gran ganancia es la piedad acompañada de contentamiento" (1 Ti. 6:6). La Biblia no solo considera el contentamiento una virtud, sino que también lo establece como mandato.

Antes de terminar su carta a su amada congregación filipense, Pablo quería expresar la profunda gratitud que sentía. Él tenía una relación especial con ellos desde la fundación de la iglesia en Filipos. En una ocasión pasada del ministerio de Pablo, ellos fueron la única iglesia que le apoyó económicamente (4:15-16). Ahora ellos le habían enviado una dádiva, y 4:10-19 es la nota de agradecimiento de Pablo hacia ellos.

La generosidad de los filipenses tenía especial significado para Pablo porque llegó en un momento muy angustioso de su vida. Él era prisionero en Roma, estaba confinado a un pequeño apartamento (Hch. 28:30) y custodiado de manera permanente por un soldado romano (Hch. 28:16). Ya no podía ejercer su ministerio con la libertad de la que antes gozó. Al no poder trabajar para su sostenimiento, se encontraba en una condición de dependencia, y tal vez apenas subsistía gracias a la ayuda de amigos generosos. El único contacto que tenía con las iglesias, que eran su mayor preocupación (2 Co. 11:28), eran las cartas o las visitas esporádicas. La zozobra permanente era la espera de su juicio ante el emperador, el infame Nerón (cp. Hch. 25:11-12, 21; 26:32; 27:24; 28:19). En su comentario acerca de este período de la vida de Pablo, F. B. Meyer escribió que él estaba "privado de toda comodidad, abandonado y solitario en las afueras de la gran metrópoli extraña, con unas cadenas que resonaban al menor movimiento de su mano, y nada por delante aparte de la boca del león o la espada" (*The Epistle to the Philippians* [La Epístola a los Filipenses] [Grand Rapids: Baker, 1952], p. 242).

Detrás de la expresión de agradeciminto de Pablo a los filipenses está la imagen de un hombre absolutamente contento a pesar de tan adversas circunstancias. En la afirmación directa de 4:9, Pablo se ofreció a sí mismo como ejemplo de estabilidad espiritual. En los versículos 10-19, al agradecerles a los filipenses su dádiva, se presentó de manera indirecta como un ejemplo de contentamiento. Pablo sabía cómo gozarse en cada circunstancia y estar libre de afán y preocupación, porque su corazón estaba guardado por la paz de Dios y el Dios de paz. Su ejemplo es especialmente apropiado para nuestra cultura tan descontenta.

De esta aparente conclusión superflua de la epístola paulina se desprenden cinco principios del contentamiento. Una persona contenta confía en la providencia divina, se complace con poco, no depende de las circunstancias, se fortalece en el poder divino, y se preocupa por el bienestar de los demás.

UNA PERSONA CONTENTA CONFÍA EN LA PROVIDENCIA DIVINA

En gran manera me gocé en el Señor de que ya al fin habéis revivido vuestro cuidado de mí; de lo cual también estabais solícitos, pero os faltaba la oportunidad. (4:10)

Habían transcurrido diez años desde que el ministerio de Pablo en Filipos diera como fruto la fundación de la iglesia en esa ciudad. Los filipenses le habían ofrecido su apoyo generoso cuando salió de Filipos para ministrar en las ciudades macedonias de Tesalónica y Berea (Hch. 17:1-13). Cuando Pablo se desplazó al sur hasta Acaya, los filipenses siguieron apoyándolo durante su ministerio en Atenas y Corinto (Hch. 17:14—18:18). Con el paso de los años ellos habían demostrado su **cuidado** de Pablo, pero les **faltaba la oportunidad** de manifestarlo. La razón de esto se desconoce. Quizá se debía a la inquietud de ellos por la pobreza tan grande que sufrían (cp. 2 Co. 8:1-2). O tal vez desconocían las necesidades del apóstol, o no podían localizarlo.

Sin embargo, surgió una oportunidad cuando Epafrodito llegó a Roma y trajo consigo una abundante ofrenda de parte de los filipenses (4:18), por lo que Pablo se gozó **en gran manera en el Señor**. Se regocijó no tanto porque la ofrenda supliera sus necesidades, sino porque demostraba el amor de ellos hacia él. Su gozo rebosaba porque **al fin**, diez años después, ellos habían **revivido su cuidado de** él. El verbo griego traducido **revivido** es un término hortícola que describe una planta que vuelve a florecer. El afecto pródigo de los filipenses por Pablo, después de permanecer dormido cerca de diez años, había vuelto a florecer. La frase del apóstol **de lo cual también estabais solícitos, pero os faltaba la oportunidad** procuraba disipar cualquier inquietud en los filipenses. Pablo sabía que ellos tenían **cuidado** de él, pero comprendió que les había faltado la **oportunidad** para apoyarlo (cp. 2 Co. 8:12).

La actitud benigna de Pablo refleja su confianza paciente en la providencia soberana de Dios. Él estaba seguro de que Dios, en el momento propicio, dispondría las circunstancias para suplir sus necesidades. En él no había temor, ni intención de manipular a las personas, ni afán de tomar la situación en sus manos. Pablo estaba contento porque sabía que los tiempos, las sazones, y las oportunidades en la vida están bajo el control soberano del Dios "que hace todas las cosas según el designio de su voluntad" (Ef. 1:11), por lo cual "sabemos que a los que aman a Dios, todas las cosas les ayudan a bien, esto es, a los que conforme a su propósito son llamados" (Ro. 8:28). Quienes buscan controlar sus propias vidas terminarán siempre frustrados. Confiar en la providencia de Dios es fundamental para el contentamiento.

La providencia y los milagros son las dos formas principales mediante las cuales Dios actúa en el mundo. Un milagro es la intervención divina soberana y directa en el mundo natural. Es un acontecimiento tan contrario al curso normal de las cosas que no existe explicación científica o natural para este, aparte del poder de Dios. No hay explicación natural para la división del mar Rojo, la sanidad de un ciego de nacimiento o la resurrección de un muerto.

Por otro lado, la providencia de Dios no es milagrosa en el sentido de interrumpir el orden natural. Más bien tiene en cuenta todos los sucesos, eventualidades, palabras, hechos, decisiones y elementos de la vida normal. Dios, de manera sobrenatural, los acomoda con precisión de acuerdo con su propósito exacto. Eso es tan sobrenatural como un milagro. Salomón reconoció el control providencial de Dios sobre los acontecimientos al escribir: "El corazón del hombre piensa su camino; mas Jehová endereza sus pasos" (Pr. 16:9; cp. 19:21; Jer. 10:23; Hch. 4:27-28; Fil. 2:13). Dios organizó todo de manera providencial para que José fuera elevado a un cargo de eminencia en Egipto a fin de preservar a su pueblo. Así lo explicó él a sus hermanos: "Vosotros pensasteis mal contra mí, mas Dios lo encaminó a bien, para hacer lo que vemos hoy, para mantener en vida a mucho pueblo" (Gn. 50:20). Dios también planeó todo de manera providencial para que Ester ocupara una posición que le permitiera salvar a Israel, como se lo recordó Mardoqueo: "Porque si callas absolutamente en este tiempo, respiro y liberación vendrá de alguna otra parte para los judíos; mas tú y la casa de tu padre pereceréis. ¿Y quién sabe si para esta hora has llegado al reino?" (Est. 4:14).

Una comprensión del control soberano y providencial de Dios sobre los acontecimientos es indispensable para vivir en contentamiento.

UNA PERSONA CONTENTA SE COMPLACE CON POCO

No lo digo porque tenga escasez, pues he aprendido a contentarme, cualquiera que sea mi situación. (4:11)

Para que los filipenses no malinterpretaran su declaración del versículo 10, Pablo se apresuró a añadir una salvedad. Él **no** quería sugerir que hablaba por su necesidad al agradecer la dádiva. De hecho, dijo que había **aprendido** a contentarse, **cualquiera que sea** su **situación**. Aunque su situación era extremadamente difícil, Pablo no estaba descontento. No importaba que fuera prisionero, que viviera en un recinto pequeño, que estuviera encadenado a un soldado romano, ni que subsistiera con una escasa alimentación. Nada de eso afectó a su contentamiento, porque estaba satisfecho con lo poco que tenía. Su contentamiento no menguaba por causa de sus privaciones materiales.

La palabra griega traducida **contentarme** en el versículo 11 sólo aparece aquí en el Nuevo Testamento. En el griego no bíblico se empleaba para hablar de ser autosuficiente, de tener lo necesario, de no depender de otros. Un escritor antiguo usó la palabra como referencia a un país que se autoabastecía y no necesitaba importar. El verdadero contentamiento solo viene de Dios, y faculta a los creyentes para estar safisfechos y tranquilos en medio de cualquier dificultad.

La actitud de contentamiento de alguien como Pablo o la mujer sunamita, quien al preguntarle qué necesitaba se limitó a responder "yo habito en medio de mi pueblo" (2 R. 4:13), es incomprensible en la sociedad actual. Las personas no están contentas ni con mucho ni con poco. De hecho, parece como si los más adinerados fueran casi siempre los más infelices e insatisfechos. Las personas están más bien obsesionadas con hablar de sus necesidades y exigir a viva voz la satisfacción de las mismas. La exigencia se ha convertido en el valor número uno de nuestra cultura. Con base en la premisa humanista de que Dios no existe y de la supremacía del hombre, el objetivo de la existencia se ha vuelto suplir las necesidades.

Además del descontento, ya casi ha desaparecido la distinción entre necesidades y deseos. En la práctica, casi todo se ha convertido en una "necesidad". Por consiguiente, los hombres "necesitan" mejores empleos, autos más lujosos y casa más amplias, y las mujeres "necesitan" una carrera fuera del hogar, y, paradójicamente, "necesitan" niños. Los jóvenes "necesitan" ilimitados encuentros sexuales para liberar sus egos reprimidos. Los niños "necesitan" la libertad de expresarse fuera del "yugo" del control parental. Como un hámster que gira sin parar en una rueda sin llegar a ninguna parte, las personas persiguen con desesperación el contentamiento que siempre parece estar fuera de su alcance. Incluso la iglesia ha empezado a edificar el ministerio en función de las "necesidades percibidas" de las personas.

Sin embargo, Pablo sabía que el fin último del hombre no consiste en satisfacer sus necesidades, sino en glorificar a Dios y gozarse en Él para siempre. Por eso, él estaba contento con todo lo que Dios en su gracia le concediera. Esto escribió a Timoteo: "Así que, teniendo sustento y abrigo, estemos contentos con esto" (1 Ti. 6:8). Si bien les dijo a los corintios: "ordenó el Señor a los que anuncian el evangelio, que vivan del evangelio" (1 Co. 9:14), muchas veces Pablo prefirió no ejercer ese derecho (cp. Hch. 20:34; 1 Co. 9:12, 15; 1 Ts. 2:9; 2 Ts. 3:8). Él trabajó duro, y se contentaba con dejar que Dios controlara los resultados. En momentos de dificultad, Pablo permaneció contento porque a él le bastaba tener poco.

UNA PERSONA CONTENTA NO DEPENDE DE LAS CIRCUNSTANCIAS

Sé vivir humildemente, y sé tener abundancia; en todo y por todo estoy enseñado,

así para estar saciado como para tener hambre, así para tener abundancia como para padecer necesidad. (4:12)

Pablo amplía su anterior exposición. La palabra repetida **sé... y sé** revela que había sido **enseñado**, por experiencia y madurez espiritual, a vivir por encima de sus circunstancias y a no permitir que afectaran a su contentamiento. Esa es una lección importante que deben aprender los creyentes, pues son las circunstancias difíciles de la vida las que más nos roban el contentamiento.

La declaración de Pablo **sé vivir humildemente... tener hambre... padecer necesidad** señala que había sufrido pobreza. Él sabía lo que era arreglárselas con poco. También sabía **tener abundancia, estar saciado** y **tener abundancia** cuando Dios dispuso darle más de lo que necesitaba. Esas seis expresiones describen necesidades materiales y terrenales, no necesidades espirituales.

Pablo no era un teólogo en una torre de marfil. Él había vivido y ministrado desde la trinchera. Su vida no era precisamente una demostración del evangelio de la prosperidad. Las pruebas del apóstol empezaron en Damasco poco después de su conversión. Enfurecidos porque Pablo...

> *mucho más se esforzaba, y confundía a los judíos que moraban en Damasco, demostrando que Jesús era el Cristo... los judíos resolvieron en consejo matarle; pero sus asechanzas llegaron a conocimiento de [Pablo]. Y ellos guardaban las puertas de día y de noche para matarle. Entonces los discípulos, tomándole de noche, le bajaron por el muro, descolgándole en una canasta (Hch. 9:22-25).*

En Listra, durante su primer viaje misionero, judíos opositores "vinieron... de Antioquía y de Iconio, que persuadieron a la multitud, y habiendo apedreado a Pablo, le arrastraron fuera de la ciudad, pensando que estaba muerto" (Hch. 14:19). Sin duda, muchos creyentes filipenses recordaban lo que Pablo y su compañero Silas habían sufrido en Filipos:

> *Y se agolpó el pueblo contra ellos; y los magistrados, rasgándoles las ropas, ordenaron azotarles con varas. Después de haberles azotado mucho, los echaron en la cárcel, mandando al carcelero que los guardase con seguridad. El cual, recibido este mandato, los metió en el calabozo de más adentro, y les aseguró los pies en el cepo (Hch. 16:22-24).*

La situación no mejoró para el apóstol en Tesalónica, donde...

> *los judíos que no creían, teniendo celos, tomaron consigo a algunos ociosos, hombres malos, y juntando una turba, alborotaron la ciudad; y asaltando la casa de Jasón, procuraban sacarlos al pueblo. Pero no hallándolos, trajeron a Jasón y a algunos*

hermanos ante las autoridades de la ciudad, gritando: Estos que trastornan el mundo entero también han venido acá; a los cuales Jasón ha recibido; y todos éstos contravienen los decretos de César, diciendo que hay otro rey, Jesús. Y alborotaron al pueblo y a las autoridades de la ciudad, oyendo estas cosas. Pero obtenida fianza de Jasón y de los demás, los soltaron. Inmediatamente, los hermanos enviaron de noche a Pablo y a Silas hasta Berea (Hch. 17:5-10).

Alborotos causados por judíos incrédulos y adversarios siguieron a Pablo desde Tesalónica hasta Berea: "Cuando los judíos de Tesalónica supieron que también en Berea era anunciada la palabra de Dios por Pablo, fueron allá, y también alborotaron a las multitudes" (Hch. 17:13). Al verse obligado a huir a Berea, Pablo fue a Atenas, donde los filósofos griegos escépticos reunidos en el Areópago se burlaron de él (Hch. 17:18-34). De Atenas el apóstol fue a Corinto, donde "siendo Galión procónsul de Acaya, los judíos se levantaron de común acuerdo contra Pablo, y le llevaron al tribunal" (Hch. 18:12). Después de ministrar por tres meses en Grecia, los judíos urdieron "asechanzas [para asesinarlo]... para cuando se embarcase para Siria" (Hch. 20:3). Al llegar a Jerusalén, Pablo fue atacado y golpeado sin piedad después que los judíos de Asia Menor lo reconocieron en el templo (Hch. 21:26-30). Después de ser rescatado de una muerte segura por la pronta acción de un oficial romano (Hch. 21:31-35), Pablo enfrentó la prolongada estadía bajo la custodia romana. Dos años más tarde, tras varias audiencias infructuosas ante el Sanedrín y el gobernador romano, Pablo ejerció su derecho como ciudadano romano de apelar al César. Después de un penoso viaje por el mar, que incluyó una aterradora tormenta que se prolongó dos semanas y terminó en naufragio (Hch. 27), Pablo llegó por fin a Roma (Hch. 28). En el momento de escribir su carta a los filipenses, Pablo estaba de nuevo preso en Roma.

Para resumir su ardua, difícil y penosa vida, Pablo escribió:

¿Son ministros de Cristo? (Como si estuviera loco hablo.) Yo más; en trabajos más abundante; en azotes sin número; en cárceles más; en peligros de muerte muchas veces. De los judíos cinco veces he recibido cuarenta azotes menos uno. Tres veces he sido azotado con varas; una vez apedreado; tres veces he padecido naufragio; una noche y un día he estado como náufrago en alta mar; en caminos muchas veces; en peligros de ríos, peligros de ladrones, peligros de los de mi nación, peligros de los gentiles, peligros en la ciudad, peligros en el desierto, peligros en el mar, peligros entre falsos hermanos; en trabajo y fatiga, en muchos desvelos, en hambre y sed, en muchos ayunos, en frío y en desnudez; y además de otras cosas, lo que sobre mí se agolpa cada día, la preocupación por todas las iglesias. ¿Quién enferma, y yo no enfermo? ¿A quién se le hace tropezar, y yo no me indigno? Si es necesario gloriarse, me gloriaré en lo que es de mi debilidad. El Dios y Padre de nuestro Señor Jesucristo, quien es bendito por los siglos, sabe que no miento. En

Damasco, el gobernador de la provincia del rey Aretas guardaba la ciudad de los damascenos para prenderme; y fui descolgado del muro en un canasto por una ventana, y escapé de sus manos (2 Co. 11:23-33).

Todos esos sufrimientos constantes y tan singulares de la vida de Pablo, le enseñaron el secreto de levantarse por encima de ellos. En medio de todas sus pruebas, mantuvo sus ojos en las realidades celestiales (cp. Col. 3:1-2). En 2 Corintios 4:17, el apóstol escribió: "Porque esta leve tribulación momentánea produce en nosotros un cada vez más excelente y eterno peso de gloria". Bajo esa perspectiva, ¿acaso resulta admirable que ninguna pena, sufrimiento o desilusión afectara a su contentamiento?

UNA PERSONA CONTENTA SE FORTALECE EN EL PODER DIVINO

Todo lo puedo en Cristo que me fortalece. (4:13)

Sin importar cuán difíciles hayan sido sus luchas, Pablo tenía un sostén espiritual, un medio invisible de apoyo. Su capacidad y suficiencia provenían de su unión con Cristo, que es infinitamente capaz y suficiente: "Con Cristo estoy juntamente crucificado, y ya no vivo yo, mas vive Cristo en mí; y lo que ahora vivo en la carne, lo vivo en la fe del Hijo de Dios, el cual me amó y se entregó a sí mismo por mí" (Gá. 2:20).

Cuando Pablo escribió **todo lo puedo** tenía en mente lo físico, no lo espiritual. *Ischuō* (**puedo**) significa "ser fuerte", "tener la fuerza", o "tener los recursos". Se ha traducido "poder más" (Hch. 19:16), "prevalecer" (Hch. 19:20), y "eficaz" (Stg. 5:16). El texto griego subraya la palabra traducida **todo** (una alusión a las necesidades físicas; cp. vv. 11-12) al ubicarla al inicio de la frase. Pablo era lo bastante fuerte para soportarlo **todo en Cristo que [le fortalecía]** (cp. 1 Ti. 1:12; 2 Ti. 4:17). Por supuesto que el apóstol no sugería que era capaz de sobrevivir indefinidamente sin alimento, agua, sueño o abrigo. Lo que dijo es que al llegar al límite de sus recursos y de su capacidad, incluso al borde de la muerte, fue lleno de la fuerza de Cristo. Él pudo vencer las más extremas dificultades físicas gracias a la fortaleza interior y espiritual que Dios le dio. En palabras de Isaías:

El da esfuerzo al cansado, y multiplica las fuerzas al que no tiene ningunas. Los muchachos se fatigan y se cansan, los jóvenes flaquean y caen; pero los que esperan a Jehová tendrán nuevas fuerzas; levantarán alas como las águilas; correrán, y no se cansarán; caminarán, y no se fatigarán (Is. 40:29-31).

Quizá la ilustración más clara de esta verdad en la vida de Pablo se encuentra en 2 Corintios 12:7-10:

Y para que la grandeza de las revelaciones no me exaltase desmedidamente, me fue dado un aguijón en mi carne, un mensajero de Satanás que me abofetee, para que no me enaltezca sobremanera; respecto a lo cual tres veces he rogado al Señor, que lo quite de mí. Y me ha dicho: Bástate mi gracia; porque mi poder se perfecciona en la debilidad. Por tanto, de buena gana me gloriaré más bien en mis debilidades, para que repose sobre mí el poder de Cristo. Por lo cual, por amor a Cristo me gozo en las debilidades, en afrentas, en necesidades, en persecuciones, en angustias; porque cuando soy débil, entonces soy fuerte.

Pablo estaba atormentado por un "aguijón en la carne", muy probablemente un demonio que se ocultaba tras los falsos maestros que dañaban a su amada iglesia en Corinto. Esa era la peor prueba para él, debido a su "preocupación por todas las iglesias" (2 Co. 11:28). Él le rogó al Señor una y otra vez que lo librara del tormento de ese ataque demoniaco en la iglesia. Sin embargo, en lugar de liberarlo, el Señor le mostró a Pablo que su gracia era suficiente. El contentamiento viene a los creyentes que descansan en la gracia sustentadora de Cristo, la cual reciben cuando carecen de fuerzas en sí mismos. En ese sentido, el contentamiento es una consecuencia de la necesidad.

Para no dejar dudas en cuanto a la suficiencia del poder de Cristo que fortalece, es el mismo poder que Pablo mencionó en su oración en Efesios 3:

Por esta causa doblo mis rodillas ante el Padre de nuestro Señor Jesucristo, de quien toma nombre toda familia en los cielos y en la tierra, para que os dé, conforme a las riquezas de su gloria, el ser fortalecidos con poder en el hombre interior por su Espíritu… Y a Aquel que es poderoso para hacer todas las cosas mucho más abundantemente de lo que pedimos o entendemos, según el poder que actúa en nosotros (Ef. 3:14-16, 20).

El poder de Dios que mora en los creyentes es mucho más que suficiente para fortalecerlos y sustentarlos en cualquier prueba. El contentamiento es de quienes confían por completo en ese poder y no en sus propias fuerzas. Jeremiah Burroughs comentó:

Un cristiano se goza en toda circunstancia cuando busca fortaleza en otro, se rinde a Jesucristo, actúa por su fe en Él, y recibe la fortaleza de Jesucristo en su propia alma. Gracias a la fortaleza que encuentra en Jesucristo puede soportar todas las disposiciones divinas… Hay fortaleza en Cristo no solo para santificarnos y salvarnos, sino para sustentarnos en medio de cualquier aflicción o carga que llevemos, y Cristo espera que bajo todo peso, actuemos por nuestra fe en Él para tomar de Él virtud y fortaleza (*The Rare Jewel of Christian Contentment* [La extraña joya del contentamiento cristiano], p. 63).

Es importante notar que solo quienes viven en obediencia a la voluntad de Dios pueden contar con su poder que los fortalece. Quienes han sido conducidos al foso de la desesperación por causa de su pecado constante, no pueden esperar que Dios les conceda contentamiento en medio de sus circunstancias. De hecho, Él puede incluso añadir a sus dificultades el castigo y traerlos al arrepentimiento.

D. Martyn Lloyd-Jones compara el fluir del poder de Dios en la vida del creyente con la salud física:

> Sugiero que existe una analogía del poder en la vida del cristiano. La salud es el resultado de un estilo de vida saludable. La salud no puede lograrse de manera directa o inmediata por sí misma. En un sentido me he dispuesto a afirmar que un hombre no debería pensar en su salud como tal. La salud es el resultado de una vida sana, y digo lo mismo acerca de esta cuestión del poder en la vida del creyente.
>
> O permítanme usar otra ilustración. Tomemos el asunto de la predicación. Ningún tema es más polémico que el poder en la predicación. "Oh, si mi predicación lo tuviera", dice el predicador, se arrodilla y pide poder. Creo que eso puede ser bastante incorrecto. Lo es, claro, si es lo único que hace el predicador. La forma de tener poder es preparar su mensaje con sumo cuidado. Estudie la Palabra de Dios, medite en ella, analícela, organícela, haga su mejor esfuerzo. Es más probable que Dios bendiga ese mensaje, el enfoque indirecto más que el directo. Ocurre exactamente lo mismo en este asunto del poder y en la capacidad para llevar una vida cristiana. Además de nuestra oración para tener poder y capacidad, debemos obedecer ciertas normas y leyes fundamentales.
>
> Puedo entonces resumir la enseñanza de la siguiente forma: El secreto del poder se encuentra en descubrir y aprender del Nuevo Testamento lo que podemos hacer en Cristo. Debo ir a Cristo. Debo pasar mi tiempo con Él. Debo meditar en Él, debo conocerlo. Ese era el anhelo de Pablo, "a fin de conocerle". Debo mantener mi contacto y mi comunión con Cristo y enfocarme en conocerlo.
>
> ¿Qué más? Debo hacer exactamente lo que Él me dice. Debo evitar lo que estorba. Si en medio de la persecución queremos sentir lo que Pablo sintió, debemos vivir como él vivió. Debo obedecer sus palabras y abstenerme de lo que me prohíbe. Debo leer la Biblia, ejercitarme, practicar la vida cristiana. Debo vivir la vida cristiana en toda su plenitud (*La depresión espiritual: Sus causas y su cura* [Libros Desafío, 1998], pp. 298-299 del original en inglés).

El poder de Dios traerá contentamiento a quienes carecen de fuerza, pero solo si han vivido de manera justa. No hay solución rápida, ni atajos para el contentamiento. Lo reciben solo quienes son fortalecidos por el poder divino, y ese poder divino no viene de consejeros, terapias o fórmulas de autoayuda, sino solo de una vida que persevera en la piedad.

UNA PERSONA CONTENTA SE PREOCUPA POR EL BIENESTAR DE LOS DEMÁS

Sin embargo, bien hicisteis en participar conmigo en mi tribulación. Y sabéis también vosotros, oh filipenses, que al principio de la predicación del evangelio, cuando partí de Macedonia, ninguna iglesia participó conmigo en razón de dar y recibir, sino vosotros solos; pues aun a Tesalónica me enviasteis una y otra vez para mis necesidades. No es que busque dádivas, sino que busco fruto que abunde en vuestra cuenta. Pero todo lo he recibido, y tengo abundancia; estoy lleno, habiendo recibido de Epafrodito lo que enviasteis; olor fragante, sacrificio acepto, agradable a Dios. Mi Dios, pues, suplirá todo lo que os falta conforme a sus riquezas en gloria en Cristo Jesús. (4:14-19)

Un último hilo en el tapiz del contentamiento tejido por Pablo es la preocupación por el prójimo. Quienes viven solo para sí nunca estarán contentos, porque para ellos el contentamiento solo puede venir cuando sus circunstancias sean tal como las desean. Y eso nunca ocurrirá. Solo quienes son generosos y anteponen el bienestar de los demás a su propio deseo hallan el contentamiento. Pablo oró así por los filipenses: "Que vuestro amor abunde aun más y más" (1:9). Una de las características del verdadero amor bíblico es el altruismo (1 Co. 13:5). Él también los exhortó: "Nada hagáis por contienda o por vanagloria; antes bien con humildad, estimando cada uno a los demás como superiores a él mismo; no mirando cada uno por lo suyo propio, sino cada cual también por lo de los otros" (2:3-4). Fue "este sentir que hubo también en Cristo Jesús" (2:5). Si Él solo se hubiera preocupado por sus intereses personales, nunca habría dejado el cielo para sacrificarse por hombres pecadores y caídos.

Sin embargo introduce una importante transición en el pensamiento de Pablo. Lo que él escribió en los versículos 10-13 podría haber sido malinterpretado fácilmente por los filipenses. A pesar de ser pobres (cp. 2 Co. 8:1-2), se habían sacrificado por enviarle a Pablo una dádiva por medio de Epafrodito (4:18). Después de permanecer por un tiempo en Roma y de ministrar al apóstol, Epafrodito había regresado a Filipos, trayendo consigo la carta de Pablo. En ella, la iglesia leería: "No lo digo porque tenga escasez, pues he aprendido a contentarme, cualquiera que sea mi situación", "por todo estoy enseñado, así para estar saciado como para tener hambre, así para tener abundancia como para padecer necesidad", y "todo lo puedo en Cristo que me fortalece" (4:11-13). Si la carta hubiera finalizado en ese punto, los filipenses habrían podido concluir que Pablo no necesitaba ni apreciaba la ofrenda sacrificial que le enviaron.

Con el fin de asegurarse de que los filipenses no le malentendieran, Pablo se apresuró a asegurarles que habían hecho **bien** (*kalōs*; algo noble o hermoso) **en participar** con él **en su tribulación**. No obstante, luego tuvo que explicarles cómo su dádiva podía ser un gesto de nobleza si él no lo necesitara.

Pablo empezó recordándoles el momento de su primera **predicación del evangelio** en Filipos, hacía una década. Durante ese tiempo, e incluso después de haber partido **de Macedonia** hacia las ciudades de Atenas y Corinto ubicadas en Acaya, **ninguna iglesia** le apoyó **en razón de dar y recibir**. Esa frase emplea terminología financiera. La frase traducida **en razón de** se traduce a veces "cuentas" (Mt. 18:23; 25:19) o dar "cuenta" (Lc. 16:2) y los términos **dar y recibir** pueden significar "crédito" y "débito". Es evidente que Pablo era un mayordomo fiel de sus recursos y llevaba cuentas de sus ingresos y gastos. Incluso antes de partir **de Macedonia** los filipenses le apoyaron, y durante su ministerio en **Tesalónica, una y otra vez** enviaron ofrendas para sus **necesidades**. Su generosidad, aunada con el arduo trabajo de Pablo, le permitió a él servir libre de cargas en Tesalónica (1 Ts. 2:9; 2 Ts. 3:8) y Corinto (Hch. 18:5; 2 Co. 11:8).

Como Pablo era abnegado, podía regocijarse por esa dádiva y aún así estar contento con la provisión soberana de Dios para él. Esa abnegación le animó a escribir: **No es que busque dádivas, sino que busco fruto que abunde en vuestra cuenta** (cp. Mt. 6:19-20; 1 Ti. 6:17-19). Su dádiva regocijó a Pablo no por el beneficio material que esta significaba para él, sino por el beneficio espiritual de ellos. Las Escrituras enseñan repetidas veces el principio de que quienes dan generosamente serán bendecidos. Salomón escribió: "Hay quienes reparten, y les es añadido más; y hay quienes retienen más de lo que es justo, pero vienen a pobreza. El alma generosa será prosperada; y el que saciare, él también será saciado" (Pr. 11:24-25). Más adelante en Proverbios agregó: "A Jehová presta el que da al pobre, y el bien que ha hecho, se lo volverá a pagar" (Pr. 19:17), "el ojo misericordioso será bendito" (Pr. 22:9), y "el que da al pobre no tendrá pobreza" (Pr. 28:27). En Lucas 6:38 Jesús dijo: "Dad, y se os dará; medida buena, apretada, remecida y rebosando darán en vuestro regazo; porque con la misma medida con que medís, os volverán a medir". A los corintios Pablo escribió: "Pero esto digo: El que siembra escasamente, también segará escasamente; y el que siembra generosamente, generosamente también segará" (2 Co. 9:6). Pablo mismo era un ejemplo de alguien que dio con generosidad al pobre, como exhortó a los ancianos de Éfeso: "En todo os he enseñado que, trabajando así, se debe ayudar a los necesitados, y recordar las palabras del Señor Jesús, que dijo: Más bienaventurado es dar que recibir'" (Hch. 20:35).

Tres declaraciones resumen el gozo y la gratitud de Pablo. El verbo griego empleado en la frase **todo lo he recibido, y tengo abundancia** tenía por lo general un sentido comercial en el griego no bíblico para referirse a un pago completo. Esta declaración es de hecho el recibo de Pablo a los filipenses por su don. **Tengo en abundancia** es la traducción de un verbo griego que significa "rebosar", "tener en exceso", o "tener más que suficiente". El verbo griego en la última declaración de Pablo **estoy lleno** habla de estar pleno. Las tres frases juntas revelan que Pablo, después de haber **recibido de Epafrodito lo que** le enviaron, se sentía anonadado por la generosidad de los filipenses.

Con un lenguaje alusivo a los sacrificios del Antiguo Testamento, Pablo describió la dádiva de los filipenses como **olor fragante** (cp. Gn. 8:20-21; Éx. 29:18; Lv. 1:9, 13, 17; Nm. 15:3), **sacrificio acepto** (cp. Lv. 19:5; 22:29; Is. 56:7), **agradable a Dios** (cp. Sal. 51:19). Pablo estimó la ofrenda de los filipenses como un acto sacrificial de adoración a Dios. De los creyentes del nuevo pacto se espera esa clase de sacrificio espiritual, en lugar de los sacrificios de animales del antiguo pacto. En Romanos 12:1 Pablo les ordena a los creyentes: "Que presentéis vuestros cuerpos en sacrificio vivo, santo, agradable a Dios, que es vuestro culto racional". El autor de Hebreos exhorta: "Así que, ofrezcamos siempre a Dios, por medio de él, sacrificio de alabanza, es decir, fruto de labios que confiesan su nombre. Y de hacer bien y de la ayuda mutua no os olvidéis; porque de tales sacrificios se agrada Dios" (He. 13:15-16). Pedro trae a la memoria de los creyentes que ellos son "sacerdocio santo, para ofrecer sacrificios espirituales aceptables a Dios por medio de Jesucristo" (1 P. 2:5). El gozo de Pablo porque los filipenses habían hecho tal sacrificio agradable a Dios sobrepasaba el gozo por haberlo recibido.

Pablo sabía que los filipenses no solo recibirían bendiciones espirituales en el cielo por su generosidad, sino que **Dios** también supliría **todo lo que [les] falta** en esta vida. Los filipenses habían sacrificado al dar (cp. 2 Co. 8:1-3) parte de sus posesiones terrenales para apoyar a Pablo, el siervo de Dios. A cambio, Dios supliría en abundancia todo lo que les falta, no quedaría en deuda con ellos. Por haber sembrado abundantemente, segarían abundantemente (2 Co. 9:6); por haber "[honrado] a Jehová con [sus] bienes, y con las primicias de todos [sus] frutos… serán llenos [sus] graneros con abundancia y [sus] lagares rebosarán de mosto" (Pr. 3:9-10). Ellos descubrirían que es imposible dar demasiado para Dios.

La frase **conforme a sus riquezas en gloria en Cristo Jesús** evidencia el alcance de la provisión de Dios para las necesidades de los filipenses. Él lo haría **conforme a sus riquezas**, no a las de ellos. Su provisión para ellos sería en proporción a la inmensidad de sus riquezas eternas, es decir, con tanta generosidad como corresponde **a sus riquezas en gloria en Cristo Jesús**. El Nuevo Testamento presenta una y otra vez a Jesucristo como la fuente de todas las riquezas de Dios. En Él "están escondidos todos los tesoros de la sabiduría y del conocimiento" (Col. 2:3). Pablo escribió a los colosenses: "Por cuanto agradó al Padre que en él habitase toda plenitud… porque en él habita corporalmente toda la plenitud de la Deidad" (Col. 1:19; 2:9). "El Dios y Padre de nuestro Señor Jesucristo… nos bendijo con toda bendición espiritual en los lugares celestiales en Cristo" (Ef. 1:3). En Efesios 1:23, el apóstol describió a Jesús como "Aquel que todo lo llena en todo", y trajo a la memoria de los corintios "la gracia de Dios que [les] fue dada en Cristo Jesús; porque en todas las cosas fuisteis enriquecidos en él" (1 Co. 1:4-5). Pedro a su vez escribió: "Como todas las cosas que pertenecen a la vida y a la piedad nos han sido dadas por su divino poder, mediante el conocimiento de aquel que nos llamó por su gloria y excelencia" (2 P. 1:3).

Las lecciones decisivas acerca del contentamiento ilustradas aquí en la vida de Pablo pueden resumirse en cinco palabras: fe, humildad, sumisión, dependencia y abnegación. Esas virtudes caracterizan a todos aquellos que han aprendido a estar contentos.

Los santos de Dios

21

Al Dios y Padre nuestro sea gloria por los siglos de los siglos. Amén. Saludad a todos los santos en Cristo Jesús. Los hermanos que están conmigo os saludan. Todos los santos os saludan, y especialmente los de la casa de César. La gracia de nuestro Señor Jesucristo sea con todos vosotros. Amén. (4:20-23)

El tema del pasaje final de Filipenses se encuentra en la conocida pero tantas veces malinterpretada palabra **santo**. El término se ha alejado de su significado neotestamentario, y ha adquirido toda clase de connotaciones culturales y religiosas. Para algunos ha tomado un sentido ofensivo y farisaico de "ser más santo que otros". Esas personas no osarían llamarse santos por temor a parecer ególatras, orgullosos o jactanciosos. Otros piensan que los santos son quienes realizan obras sobresalientes por el bien de la humanidad. Para otros, el término *santo* evoca la imagen de una figura misteriosa y celestial grabada en los vitrales de una catedral.

Gran parte de la confusión acerca de los santos se origina en las enseñanzas de la iglesia católico-romana. En la teología católico-romana un santo es alguien que, gracias a su virtud ejemplar, sus méritos, su devoción y sus logros religiosos, ya ha sido exaltado en el cielo (contrario a la mayoría de fieles católicos, quienes solo pueden esperar entrar en él después de una prolongada estadía en el purgatorio). Dicha persona es elevada al rango de santidad mediante un decreto oficial del papa conocido como canonización, y es considerado un ejemplo cuya vida debe ser imitada.

Sin embargo, la canonización de la iglesia católica significa mucho más que simplemente destacar al santo como un ejemplo que debe seguirse. Los santos canonizados también son venerados públicamente. Se acostumbra consagrar las iglesias en memoria de ellos, observar un día de fiesta en su honor, y celebrar misas por ellos. La iglesia católica también alienta a sus miembros a apelar a los santos para que intercedan ante Dios a favor de ellos. Por consiguiente, las oraciones son ofrecidas a ellos, y sus estatuas y despojos mortales venerados. Según la teología católico-romana, los santos no solo pueden interceder por los vivos, sino por los que están en el purgatorio (en la teología católica, es un lugar de castigo posterior a la muerte que sirve para llegar a merecer el cielo). Los católicos que viven pueden entonces apelar a los santos para que intercedan ante Dios por sus seres queridos que sufren en el purgatorio.

No obstante, según el Nuevo Testamento, un santo no es una reliquia eclesiástica representada en un vitral de iglesia, o inmortalizada en una estatua, o canonizada por Roma. Un santo es alguien que ha experimentado la fe salvadora en el Señor Jesucristo. De hecho, "santo" es el término predilecto del apóstol Pablo para referirse a los cristianos, y aparece cuarenta veces en sus epístolas. Él se dirige a todos los creyentes en Filipos como santos en el primer versículo de esta epístola (cp. Ro. 1:7; 1 Co. 14:33; 2 Co. 1:1; Ef. 1:1; Col. 1:2; He. 13:24). Pablo se dirigió incluso a los miembros de la iglesia en Corinto, la más conflictiva y pecadora del Nuevo Testamento, como "los santificados en Cristo Jesús, llamados a ser santos" (1 Co. 1:2). Un santo no es un superhéroe de la fe, sino alguien que tiene vida eterna en Cristo (Ro. 6:23) y en quien brilla la luz de Cristo (Fil. 2:15).

En este pasaje final de su carta a los filipenses, escrito también de su puño y letra (cp. 1 Co. 16:21; Gá. 6:11; Col. 4:18; 2 Ts. 3:17), Pablo les recuerda su identidad como santos. Describe el carácter de los santos, la adoración de los santos, la comunión de los santos, el gozo de los santos y la riqueza de los santos.

EL CARÁCTER DE LOS SANTOS

santos… santos (4:21, 22)

En la definición de *hagios* (**santo**) o *hagioi* (**santos**) está implícito el carácter o la naturaleza de los santos. El término puede traducirse "los apartados", "los separados", "los santificados", o, quizá mejor, "los santos". También se emplea en el Nuevo Testamento para hablar de los ángeles escogidos (Mr. 8:38; Lc. 9:26; Hch. 10:22; Ap. 14:10) y, ante todo, de Dios (Mr. 1:24; Lc. 1:49; 4:34; Jn. 6:69; 17:11; Hch. 2:27; 3:14; 4:27, 30; 13:35; 1 P. 1:15, 16; 1 Jn. 2:20; Ap. 3:7; 4:8; 6:10; 15:4; 16:5). La santidad de Dios es la completa y absoluta separación del pecado. Por consiguiente, un **santo** es alguien que ha sido separado del pecado para Dios con un propósito santo.

"En Cristo Jesús" (v. 21) corresponde a la esfera espiritual donde la santidad es una realidad. Los santos son los que están en Jesucristo. Esa realidad es exclusiva del cristianismo. Los seguidores de otras religiones del mundo no consideran que están unidos al fundador de su religión, sino que se limitan a seguir sus enseñanzas. En cambio, los cristianos no solo creen que Cristo vivió, murió, resucitó y vendrá otra vez, sino que también están unidos a Él en una unión vital (cp. 1:21; 4:1; Ro. 8:1; 16:11-13; 1 Co. 1:30; 3:1; 7:22; 2 Co. 1:21; 5:17; Ef. 5:8; 6:10; Col. 1:2, 28; 4:7). Por eso pueden decir con Pablo: "Con Cristo estoy juntamente crucificado, y ya no vivo yo, mas vive Cristo en mí; y lo que ahora vivo en la carne, lo vivo en la fe del Hijo de Dios, el cual me amó y se entregó a sí mismo por mí" (Gá. 2:20).

Por medio de su muerte sacrificial en la cruz, Jesucristo aparta a los creyentes para Dios y los hace santos. El autor de Hebreos afirma: "Somos santificados [apartados para Dios] mediante la ofrenda del cuerpo de Jesucristo hecha una vez para siempre" (He. 10:10). Pablo escribió a los corintios: "De modo que si alguno está en Cristo, nueva criatura es; las cosas viejas pasaron; he aquí todas son hechas nuevas… Al que no conoció pecado, por nosotros lo hizo pecado, para que nosotros fuésemos hechos justicia de Dios en él" (2 Co. 5:17, 21). El bautismo simboliza la unión del creyente con Cristo en su muerte, sepultura y resurrección (Ro. 6:3-4). Así que todo creyente es un santo, porque todo creyente está separado del pecado para consagrarse a Dios por medio de la fe en Jesucristo. Al llamar a los filipenses santos, Pablo les recordó que deben vivir como quienes han sido separados del pecado para vivir en justicia.

LA ADORACIÓN DE LOS SANTOS

Al Dios y Padre nuestro sea gloria por los siglos de los siglos. Amén. (4:20)

Este himno triunfal de alabanza es una muestra de la adoración de los santos. Los santos no son personas que deban ser adoradas, sino personas que adoran. La adoración caracteriza a los redimidos, y Pablo empieza el último pasaje de Filipenses con una doxología. La palabra "doxología" viene de dos palabras griegas, *doxa* ("gloria") y *logos* ("palabra"). Así que una doxología es una palabra acerca de la **gloria**, una explosión de alabanza y adoración que da honra y **gloria** a Dios.

En las Escrituras, las doxologías son la respuesta apropiada ante la verdad doctrinal. Esta surgió del superabundante gozo de Pablo por las excelentes verdades que Dios le había inspirado a escribir en su carta. La verdadera adoración fluye de la verdad divina.

En la doxología de Romanos 11:33-36, Pablo se regocijó y alabó a Dios por las grandiosas verdades reveladas en Romanos capítulos 1 al 11, el mayor tratado doctrinal de las Escrituras. Él escribió:

¡Oh profundidad de las riquezas de la sabiduría y de la ciencia de Dios! ¡Cuán insondables son sus juicios, e inescrutables sus caminos! Porque ¿quién entendió la mente del Señor? ¿O quién fue su consejero? ¿O quién le dio a él primero, para que le fuese recompensado? Porque de él, y por él, y para él, son todas las cosas. A él sea la gloria por los siglos. Amén.

Al cierre de la epístola cinco capítulos después, el corazón de Pablo aún rebosaba en alabanza por las maravillosas verdades que contenía:

Y al que puede confirmaros según mi evangelio y la predicación de Jesucristo, según la revelación del misterio que se ha mantenido oculto desde tiempos eternos, pero que ha sido manifestado ahora, y que por las Escrituras de los profetas, según el mandamiento del Dios eterno, se ha dado a conocer a todas las gentes para que obedezcan a la fe, al único y sabio Dios, sea gloria mediante Jesucristo para siempre. Amén (Ro. 16:25-27).

En Efesios, después de tres capítulos de abundante verdad doctrinal, Pablo prorrumpe en una doxología de alabanza y adoración: "Y a Aquel que es poderoso para hacer todas las cosas mucho más abundantemente de lo que pedimos o entendemos, según el poder que actúa en nosotros, a él sea gloria en la iglesia en Cristo Jesús por todas las edades, por los siglos de los siglos. Amén" (Ef. 3:20-21). En Gálatas 1:5 Pablo escribió esta corta doxología como preámbulo de las verdades que estaba por presentar a los gálatas: "A [Dios] sea la gloria por los siglos de los siglos. Amén".

Una doxología es también una respuesta apropiada a todo lo que Dios ha hecho por los creyentes. En gratitud por el precioso don de su salvación, Pablo escribió: "Por tanto, al Rey de los siglos, inmortal, invisible, al único y sabio Dios, sea honor y gloria por los siglos de los siglos. Amén" (1 Ti. 1:17). Con todo, exclamaría confiado frente al martirio: "Y el Señor me librará de toda obra mala, y me preservará para su reino celestial. A él sea gloria por los siglos de los siglos. Amén" (2 Ti. 4:18). Judas escribió una doxología de alabanza por la seguridad eterna de los creyentes: "Y a aquel que es poderoso para guardaros sin caída, y presentaros sin mancha delante de su gloria con gran alegría, al único y sabio Dios, nuestro Salvador, sea gloria y majestad, imperio y potencia, ahora y por todos los siglos. Amén" (Jud. 24-25).

Pablo identificó primero el protagonista de su doxología como **Dios nuestro**, el Dios a quien adoran los cristianos, el único Dios viviente. Juan 5:44 lo describe como "Dios único"; Juan 17:3 como "el único Dios verdadero"; Romanos 16:27 como "al único y sabio Dios"; al igual que 1 Timoteo 1:17 y Judas 25. El pronombre **nuestro** subraya la relación personal de los creyentes con Él. Ellos deben adorar al Dios verdadero en una comunión personal e íntima. Como ya se indicó, la actitud permanente de adoración a Dios caracteriza a los creyentes: "la verdadera circuncisión, que adoramos en el Espíritu de Dios y nos gloriamos en Cristo Jesús, no poniendo la confianza en la carne" (Fil. 3:3, BLA). El objetivo de la redención es convertir a los hombres en adoradores. Jesús le dijo a la mujer samaritana en el pozo de Sicar: "Mas la hora viene, y ahora es, cuando los verdaderos adoradores adorarán al Padre en espíritu y en verdad; porque también el Padre tales adoradores busca que le adoren" (Jn. 4:23; cp. Ap. 5:9; 7:9-10).

No se puede adorar al Dios verdadero en ignorancia. Es imposible adorarlo si no se sabe quién es. Dios tampoco quiere adoración basada en la ignorancia. En

Oseas 6:6 Dios declaró: "Porque misericordia quiero, y no sacrificio, y conocimiento de Dios más que holocaustos". Jesús, a su vez, declaró en Juan 4:24: "Dios es Espíritu; y los que le adoran, en espíritu y en verdad es necesario que adoren". La adoración ignorante es inaceptable porque constituye una forma de idolatría. La idolatría no es solo adorar dioses falsos, sino abrigar pensamientos acerca del Dios verdadero que son falsos e indignos de Él. A.W. Tozer escribe:

> Entre los pecados a los cuales se inclina el corazón humano, es difícil encontrar uno más detestable para Dios que la idolatría, ya que es esta en el fondo una detracción de su carácter. El corazón idólatra supone que Dios no es quien es, un pecado en sí monstruoso, y sustituye al verdadero Dios por uno hecho a su propia semejanza. Este Dios siempre se conformará a la imagen de quien lo creó y será vil o puro según el estado moral de la mente de quien lo crea.
>
> Un dios que surge en las sombras de un corazón caído no tendrá semejanza alguna con el Dios verdadero. "Pensaste", le dijo el Señor al hombre malvado en el salmo, "que yo era igual a ti". Sin duda esta debe ser una grave afrenta contra el Dios Altísimo ante quien los querubines y los serafines exclamaban sin cesar: "Santo, santo, santo, el Señor Dios de Sabaoth".
>
> Cuidémonos de que nuestro orgullo acepte la noción equivocada de que la idolatría solo consiste en arrodillarse ante objetos visibles de adoración, y que las personas civilizadas no caen por tanto en eso. La esencia de la idolatría es abrigar pensamientos acerca de Dios que son indignos de Él (*El conocimiento del Dios Santo* [Miami: Editorial Vida, 1996], p. 11 del original en inglés).

El único remedio contra esa clase de idolatría en la iglesia y en los individuos es considerar el conocimiento de Dios su objetivo primordial. Los que creen en una teología centrada en el hombre no pueden ser adoradores obedientes.

Una segunda verdad acerca de Dios que se desprende de la doxología de Pablo es que Él es el **Padre** de los creyentes. En el Nuevo Testamento, Dios es ante todo el **Padre** del Señor Jesucristo (cp. Ro. 15:6; 2 Co. 1:3; 11:31; Ef. 1:3; 1 P. 1:3; Ap. 1:6), un hecho del cual Jesús dio testimonio al llamarlo y comunicarse con Él como "mi Padre" cerca de cuarenta veces en los Evangelios. Ese hecho es una prueba de la deidad de Cristo; Él y el Padre comparten la misma vida, la misma deidad, la misma esencia. Los judíos incrédulos no olvidaron lo que Jesús quiso decir al llamar a Dios su Padre, como lo registra Juan 5:18: "Por esto los judíos aun más procuraban matarle, porque no sólo quebrantaba el día de reposo, sino que también decía que Dios era su propio Padre, haciéndose igual a Dios".

Sin embargo, Pablo tiene aquí en mente la verdad de que Dios también es el

Padre de los creyentes (1:2; cp. Mt. 5:16, 45, 48; 6:1; 10:29; Ro. 8:15; 1 Co. 1:3; 2 Co. 1:2; Gá. 1:3; Ef. 1:2; Col. 1:2; 2 Ts. 1:1; 2:16; Flm. 3), a quienes ha adoptado como sus hijos (Ro. 8:15, 23; Gá. 4:5; Ef. 1:5). A diferencia de los paganos, que se acercaban con temor a deidades amenazantes e indiferentes (cp. 1 R. 18:25-29), los creyentes adoran al Dios que los ama como hijos. Eso los lleva a "[clamar:] ¡Abba! Padre!" (Ro. 8:15; Gá. 4:6). Los creyentes podrían temer acercarse al Dios infinitamente majestuoso, admirable e imponente. Pero el entrañable término **Padre** reconcilia a los creyentes pecadores y finitos con su Dios santo e infinito.

La frase **por los siglos de los siglos** indica el alcance temporal de la adoración de los creyentes a Dios. El texto griego describe "un período muy largo o indefinido, la imagen tomada de los ciclos o calendarios para representar la eternidad inmensurable" (John Eadie, *A Commentary on the Greek Text the Epistle of Paul to the Philippians* [Comentario del texto griego de la Epístola de Pablo a los Filipenses] [Reimpreso; Grand Rapids: Baker, 1979], p. 286). La adoración de los santos no se limita a esta vida, sino que se extiende por toda la eternidad en el cielo. A esa gloriosa verdad Pablo solo puede añadir la afirmación confesional **Amén**, "así sea".

LA COMUNIÓN DE LOS SANTOS

Saludad a todos los santos en Cristo Jesús. Los hermanos que están conmigo os saludan. Todos los santos os saludan, (4:21-22*a*)

La triple mención de Pablo de la palabra **saludar** evidencia un fuerte lazo de comunión. Al finalizar su carta para ellos, Pablo expresó su amor por los miembros de la congregación filipense y su preocupación por su bienestar espiritual. Su amonestación era específicamente para los líderes de la congregación filipense (1:1), que recibirían su carta de Epafrodito. El apóstol les encomendó saludar de su parte a los miembros de la congregación, y reafirmarles su amor y preocupación por ellos y por su bienestar espiritual.

El hecho de que el apóstol envió su saludo a **todos** deja entrever que cada uno de los santos era merecedor de su afecto y cuidado. Pablo reforzó ese punto que trató en 2:2, donde instó a los filipenses a "[completar su] gozo, sintiendo lo mismo, teniendo el mismo amor, unánimes, sintiendo una misma cosa". No deben existir favoritismos en la iglesia, "porque no hay acepción de personas para con Dios" (Ro. 2:11; cp. Dt. 10:17; 2 Cr. 19:7; Job 34:19; Hch. 10:34; Gá. 2:6; Ef. 6:9). Todos los creyentes son santos, y cualquier jerarquización en el Cuerpo de Cristo es contraria a la voluntad del Espíritu de Dios. Todos los aceptos en el amado Hijo de Dios (Ef. 1:6) deben ser aceptados por los amados hijos de Dios en la iglesia. Todos los creyentes son lo que son a los ojos de Dios únicamente por su gracia (1 Co. 15:10).

El interés de Pablo por los individuos refleja el del Señor Jesucristo. Aun cuando estaba rodeado por grandes multitudes, era consciente de los individuos y sus necesidades, como lo demuestra la siguiente historia:

Pero una mujer que desde hacía doce años padecía de flujo de sangre, y había sufrido mucho de muchos médicos, y gastado todo lo que tenía, y nada había aprovechado, antes le iba peor, cuando oyó hablar de Jesús, vino por detrás entre la multitud, y tocó su manto. Porque decía: Si tocare tan solamente su manto, seré salva. Y en seguida la fuente de su sangre se secó; y sintió en el cuerpo que estaba sana de aquel azote. Luego Jesús, conociendo en sí mismo el poder que había salido de él, volviéndose a la multitud, dijo: ¿Quién ha tocado mis vestidos? Sus discípulos le dijeron: Ves que la multitud te aprieta, y dices: ¿Quién me ha tocado? Pero él miraba alrededor para ver quién había hecho esto (Mr. 5:25-32).

Pablo ilustró además el tema del afecto igualitario para todos los creyentes al mencionar que **los hermanos que están conmigo os saludan**. Entre esos **hermanos**, los colaboradores cercanos de Pablo a quienes distinguía del resto de creyentes en Roma (v. 22), se citan algunos de los nombres más ilustres de la iglesia primitiva. Timoteo, el amado hijo en la fe y protegido de Pablo, era uno de ellos (1:1; 2:19). Epafrodito (2:25; 4:18) también estaba con el apóstol en el momento de escribir su carta. Tíquico, quien llevó las cartas a los efesios (Ef. 6:21), a los colosenses (Col. 4:7), y a Filemón (vv. 4-9) pudo haber acompañado también a Pablo en ese momento. Aristarco, otro compañero del apóstol por mucho tiempo (Hch. 19:29; 20:4; 27:2), pudo haber conformado el grupo de los **hermanos** que Pablo mencionó (Col. 4:10; Flm. 24). Asimismo, Onésimo, el esclavo fugitivo de quien habla la carta a Filemón (Col. 4:9; Flm. 10), y dos autores de los Evangelios, Marcos y Lucas (Flm. 24). A pesar de ser tan notables, solo se alude a todos esos luminares como **los hermanos**.

La comunión de los santos es un vínculo de amor sin jerarquías. Ninguno de los más destacados colaboradores de Pablo exhibía sus méritos ni tomaba para sí títulos eclesiásticos. El hecho de poseer dones excepcionales y de ser usados por Dios no los hacía superiores espiritualmente; Pablo se consideraba "el más pequeño de los apóstoles" (1 Co. 15:9), y como el primero de los pecadores (1 Ti. 1:15-16). Ellos comprendieron bien la enseñanza de Jesús acerca de la igualdad de los creyentes:

Pero vosotros no queráis que os llamen Rabí; porque uno es vuestro Maestro, el Cristo, y todos vosotros sois hermanos. Y no llaméis padre vuestro a nadie en la tierra; porque uno es vuestro Padre, el que está en los cielos. Ni seáis llamados maestros; porque uno es vuestro Maestro, el Cristo. El que es el mayor de vosotros, sea vuestro siervo. Porque el que se enaltece será humillado, y el que se humilla será enaltecido (Mt. 23:8-12).

El conjunto de creyentes de la iglesia de Roma también envió su saludo, como lo indica la frase **todos los santos os saludan**. Si bien poseían diferentes dones, y demostraban diferentes niveles de fidelidad y madurez espiritual, eran iguales a sus hermanos más destacados. Sirviéndose de la metáfora del cuerpo humano, Pablo puso de relieve este punto en su primera carta a los corintios:

> *Pero ahora son muchos los miembros, pero el cuerpo es uno solo. Ni el ojo puede decir a la mano: No te necesito, ni tampoco la cabeza a los pies: No tengo necesidad de vosotros. Antes bien los miembros del cuerpo que parecen más débiles, son los más necesarios; y a aquellos del cuerpo que nos parecen menos dignos, a éstos vestimos más dignamente; y los que en nosotros son menos decorosos, se tratan con más decoro. Porque los que en nosotros son más decorosos, no tienen necesidad; pero Dios ordenó el cuerpo, dando más abundante honor al que le faltaba, para que no haya desavenencia en el cuerpo, sino que los miembros todos se preocupen los unos por los otros. De manera que si un miembro padece, todos los miembros se duelen con él, y si un miembro recibe honra, todos los miembros con él se gozan. Vosotros, pues, sois el cuerpo de Cristo, y miembros cada uno en particular (1 Co. 12:20-27).*

Una característica esencial de los santos es participar del mismo vínculo de amor y el deseo mutuo por el bienestar de los demás.

EL GOZO DE LOS SANTOS

y especialmente los de la casa de César. (4:22*b*)

El mayor gozo de los santos es ver que los pecadores ponen su fe en Cristo. En Lucas 15, Jesús contó dos parábolas que ilustran la salvación. La primera relata la historia de un hombre que se goza al encontrar su oveja perdida (Lc. 15:5-6); y la segunda, de una mujer que se goza al encontrar su moneda perdida (Lc. 15:9). Ambas muestran el gozo que experimentan los creyentes al ver que los pecadores reciben la salvación. Asimismo, Pablo y Bernabé "contando la conversión de los gentiles… causaban gran gozo a todos los hermanos" (Hch. 15:3).

La alusión de Pablo **a los de la casa de César** era especialmente significativa para los filipenses. Filipos era una colonia romana (Hch. 16:12) y sus habitantes eran ciudadanos romanos (Hch. 16:21). Debido a su estrecha relación con Roma, es posible que los filipenses conocieran a algunos miembros de **la casa de César**. No solamente los miembros de la familia estaban incluidos en **la casa de César**, sino todos los que trabajaban directamente para él, tanto esclavos de bajo rango como hombres libres de alto rango. En la terminología actual, eran trabajadores del gobierno. Durante su cautiverio en Roma, Pablo pudo haber conocido a muchos de ellos.

Algunos miembros de la casa imperial, como la guardia pretoriana que menciona el apóstol en 1:13, fueron guiados por Pablo a la fe en Cristo. Sin embargo, otros ya eran cristianos antes de su llegada a Roma. El erudito del Nuevo Testamento del siglo XIX, J. B. Lightfoot, descubrió algunos paralelos sorprendentes entre los nombres que menciona Pablo en Romanos 16:8-15 y los miembros de la casa de César en listas que datan de la época paulina (cp. *St. Paul's Epistle to the Philippians* [Epístola de san Pablo a los Filipenses] [Reimpreso; Grand Rapids: Zondervan, 1953], pp. 171-178). Él concluyó: "Como resultado de esta investigación, parece que hemos establecido una conjetura razonable, según la cual en las salutaciones de la Epístola a los Romanos se incluyen al menos algunos miembros de la casa imperial" (*Philippians* [Filipenses], p. 177).

Pablo incluye ambos grupos, los que fueron salvos gracias a su ministerio y los que ya eran creyentes, en su salutación desde **la casa de César**. Es indudable que tanto él como los filipenses se gozaban de ver que en **la casa** del emperador pagano muchas almas se habían entregado al reino de Cristo. El gozo de los santos consiste en ver que otros son rescatados del oscuro abismo del pecado y traídos a la salvación en Cristo.

LA RIQUEZA DE LOS SANTOS

La gracia de nuestro Señor Jesucristo sea con todos vosotros. Amén. (4:23)

Ahora Pablo completa el círculo. Él empezó su carta deseándoles gracia a los filipenses (1:2), y la concluye de igual forma. El apóstol finalizó todas sus cartas invocando la gracia de Dios sobre sus lectores (cp. Ro. 16:24; 1 Co. 16:23; 2 Co. 13:14; Gá. 6:18; Ef. 6:24; Col. 4:18; 1 Ts. 5:28; 2 Ts. 3:18; 1 Ti. 6:21; 2 Ti. 4:22; Tit. 3:15; Flm. 25).

Lo que más necesitan los creyentes es **la gracia** que viene **del Señor Jesucristo**. Gracia es el favor inmerecido, o el amor desinteresado de Dios en Cristo que atrajo a los creyentes a la redención (Ef. 2:5, 8; Ro. 3:24; 2 Ti. 1:9). La obra de gracia de Dios en la vida de los creyentes continuará hasta su glorificación. Pablo expresó esa verdad en Romanos 5:2: "Por quien [Cristo] también tenemos entrada por la fe a esta gracia en la cual estamos firmes, y nos gloriamos en la esperanza de la gloria de Dios". Los creyentes no solo son salvos por gracia, sino también sustentados por gracia. Son dirigidos por gracia, guiados por gracia, guardados por gracia, fortalecidos por gracia, santificados por gracia, y preparados por gracia. Ellos dependen constantemente del perdón, el consuelo, la paz, el gozo, la valentía y la instrucción que viene por medio de la gracia divina.

Los creyentes reciben la gracia sustentadora de Dios por medio del **Señor Jesucristo**. Él es el tema de esta epístola, y se menciona casi cuarenta veces en estos cuatro capítulos. Pablo se describió a sí mismo como siervo de Jesucristo (1:1), se dirigió a los filipenses como a los santos en Cristo Jesús (1:1), su cautiverio era por la causa de Cristo (1:13), para él su vida era Cristo (1:21) y la muerte la entrada a la presencia de Cristo (1:23). Exhortó a los filipenses a comportarse como es digno del evangelio de Cristo (1:27), teniendo el mismo sentir de Cristo (2:5), los llamó a gloriarse en Cristo (3:3), consideraba todo su pasado como basura comparado con la excelencia de encontrar a Cristo (3:8), fue justificado por la fe en Cristo (3:9), esperaba con ansias el regreso de Cristo (3:20), y tenía todo lo necesario en Cristo (4:19).

El carácter, la adoración, la comunión, el gozo y la riqueza de los santos están en Jesucristo. Pablo resumió con elocuencia la vida cristiana al declarar: "Porque para mí el vivir es Cristo, y el morir es ganancia" (1:21).

Bibliografía

Carson, D. A., Douglas J. Moo y Leon Morris. *Una introducción al Nuevo Testamento*. Barcelona: Clie, 2008.

Eadie, John. *A Commentary on the Greek Text of the Epistle of Paul to the Philippians* [Un comentario sobre el texto griego de la epístola de Pablo a los Filipenses]. Reimpreso. Grand Rapids: Baker, 1979.

Gromacki, Robert G. *Stand United in Joy: An Exposition of Philippians* [Permanecer unidos en gozo: Un estudio de Filipenses]. Grand Rapids: Baker, 1980.

Guthrie, Donald. *New Testament Introduction* [Introducción al Nuevo Testamento]. Ed. rev. Downers Grove, Ill: InterVarsity, 1990.

Harrison, Everett F. *Introduction to the New Testament* [Introducción al Nuevo Testamento]. Grand Rapids: Eerdmans, 1964.

Hendriksen, William. *Comentario al Nuevo Testamento: Filipenses*. Grand Rapids: Libros Desafío, 2006.

Hiebert, D. Edmond. *An Introduction to the New Testament: The Pauline Epistles* [Introducción al Nuevo Testamento: Las Epístolas paulinas]. Ed. Ap. Chicago: Moody, 1977.

Lenski, R. C. H. *The Interpretation of St. Paul's Epistles to the Galatians, to the Ephesians, and to the Philippians* [Interpretación de las Epístolas de san Pablo a los gálatas, a los efesios y a los filipenses]. Minneapolis: Augsburg, 1961.

Lightfoot, J. B. *St. Paul's Epistle to the Philippians* [La Epístola de san Pablo a los Filipenses]. Reimpreso. Grand Rapids: Zondervan, 1953.

Martin, Ralph P. *The Epistle of Paul to the Philippians* [La Epístola de Pablo a los Filipenses]. The Tyndale New Testament Commentaries. Grand Rapids: Eerdmans, 1975.

Meyer, F. B. *The Epistle to the Philippians* [La Epístola a los Filipenses]. Reimpreso. Grand Rapids: Baker, 1952.

Muller, Jac. J. *The Epistles of Paul to the Philippians and to Philemon* [Las Epístolas de Pablo a los filipenses y a Filemón]. The New International Commentary on the New Testament. Grand Rapids: Eerdmans, 1955.

O'Brien, Peter T. *The Epistle to the Philippians* [La Epístola a los Filipenses]. The New International Greek Testament Commentary. Grand Rapids: Eerdmans, 1991.

Silva, Moisés. *Philippians* [Filipenses]. The Wycliffe Exegetical Commentary. Chicago: Moody, 1988.

Vincent, Marvin R. *The Epistles to the Philippians and to Philemon* [Las Epístolas a los filipenses y a Filemón]. The International Critical Commentary. Edinburgh: T & T Clark, 1979.

Índice de palabras griegas y hebreas

Palabras griegas

Índice de temas

COLOSENSES

Contenido

Prólogo

La predicación expositiva del Nuevo Testamento sigue significando para mí una gratificante comunión con Dios. Mi meta es tener siempre una comunión profunda con el Señor en la comprensión de su Palabra, y basado en esa experiencia, explicarle a su pueblo el significado de un pasaje. En palabras de Nehemías 8:8, mi intención es "ponerle el sentido" a fin de que puedan escuchar a Dios hablar, y de esta manera, corresponderle.

Es evidente que el pueblo de Dios necesita entenderlo a Él, y esto exige conocer su Palabra de verdad (2 Ti. 2:15) y permitir que more en abundancia en nosotros (Col. 3:16). La principal razón de ser de mi ministerio es contribuir a que la Palabra viviente de Dios cobre vida para su pueblo. Esta es una aventura siempre refrescante.

Esta serie de comentarios del Nuevo Testamento refleja la búsqueda de este objetivo que consiste en explicar y aplicar las Escrituras. Algunos comentarios son en esencia lingüísticos, otros de enfoque teológico, y otros homiléticos. El presente comentario es básicamente explicativo, o expositivo. Aunque no se especializa en la lingüística recurre a ella en los casos que requieren una adecuada interpretación. Tampoco se extiende en lo teológico, aunque se centra en las principales doctrinas presentes en cada texto y en su relación con las Escrituras en su conjunto. Y aunque no es en esencia homilético, cada unidad de pensamiento abarca por lo general un capítulo con un bosquejo claro y un orden de ideas lógico. La mayoría de los conceptos están ilustrados y aplicados con base en otros pasajes de las Escrituras. Tras haber establecido el contexto de un pasaje, me he esforzado en seguir de cerca la evolución argumentativa y el razonamiento del escritor.

Mi oración es que cada lector pueda entender a plenitud lo que el Espíritu Santo dice a través de este pasaje de la Palabra, de manera que su revelación pueda fijarse en la mente de los creyentes y producir en ellos una mayor obediencia y fidelidad, para la gloria de nuestro gran Dios.

Introducción a Colosenses

Desde cualquier punto de vista que escojamos para observar nuestra era, descubriremos que Colosenses es de gran actualidad. Aunque fue escrita cerca de 2.000 años atrás, su eterno mensaje aborda los conflictos que enfrentamos hoy día. Presenta a Jesucristo como la respuesta a todos los problemas y crisis de nuestra era.

La nuestra es una era científica. El noventa y cinco por ciento de los científicos que han existido viven en la actualidad. El siglo pasado experimentó un extraordinario aumento del conocimiento en todas las áreas de la ciencia y la tecnología, desde la microbiología hasta la astrofísica. Millones de páginas de literatura científica y tecnológica son publicadas cada año. Incluso los especialistas consideran difícil mantenerse al frente ante la afluencia de descubrimientos en sus propias áreas.

La velocidad con la que avanzan los descubrimientos científicos nos lleva a cuestionarnos acerca de la manera como Dios se relaciona con el universo. ¿Es parte del universo creado o es su Creador? ¿El universo evolucionó o fue creado? Colosenses responde a estas preguntas. Colosenses 1:16 dice: "Porque en él fueron creadas todas las cosas, las que hay en los cielos y las que hay en la tierra, visibles e invisibles; sean tronos, sean dominios, sean principados, sean potestades; todo fue creado por medio de él y para él".

Nuestra era se caracteriza también por el ecumenismo. Muchas personas se esfuerzan por unificar las religiones del mundo. Algunas buscan la unidad mediante la acción política y social, otras la buscan basadas en experiencias comunes. Se esfuerzan no solo por unir a protestantes y católicos, sino a religiones tan diversas como el islamismo, el hinduismo y el budismo. Semejante fusión religiosa resultaría en un cuerpo sin cabeza. No puede haber unidad aparte de la verdad.

Colosenses nos muestra la perspectiva de Dios en cuanto a la necesidad de una iglesia mundial. Nos dice que solo hay una iglesia verdadera cuya cabeza es Cristo: "y él es la cabeza del cuerpo que es la iglesia" (1:18). La verdadera unidad solo puede existir entre los miembros del Cuerpo de Cristo.

Otra característica de nuestra era es la rebelión contra todas las formas de autoridad. Se niegan los absolutos. La verdad, y en especial la verdad religiosa, se concibe como relativa. Se piensa que todas las tradiciones religiosas tienen el mismo valor, y llegar a afirmar que una religión es la única verdad se considera el colmo de la intolerancia y del fanatismo. En semejante ambiente religioso, Jesús es tan solo otro hombre sabio. No es más que un gran maestro moral, al igual que Moisés, Mahoma, Confucio o Buda.

Colosenses muestra la verdadera identidad de Jesús. Lejos de ser un líder religioso más, Él es "la imagen del Dios invisible, el primogénito de toda creación" (1:15), y aquel en quien "habita corporalmente toda la plenitud de la Deidad" (2:9). Siendo Dios hecho carne, su Palabra tiene completa autoridad, es absoluta y es la única verdad.

Nuestra era es también una era de pragmatismo. La pregunta que las personas hacen acerca de la religión o la filosofía no se dirige a saber si éstas son verdaderas o no, sino si éstas funcionan. Quieren saber si harán algún cambio en la vida de cada una de ellas. Las personas hacen preguntas pragmáticas respecto al cristianismo. ¿En verdad Cristo puede cambiar vidas? ¿Puede dar paz, gozo y felicidad? ¿Conocer a Cristo da significado, esperanza y propósito a la vida? Colosenses responde a esas preguntas:

- "en su cuerpo de carne, por medio de la muerte, para presentaros santos y sin mancha e irreprensibles delante de él" (1:22). Cristo hace que los pecadores sean santos y sin mancha a los ojos de Dios. Él cambia vidas.
- "Por tanto, de la manera que habéis recibido al Señor Jesucristo, andad en él; arraigados y sobreedificados en él, y confirmados en la fe, así como habéis sido enseñados, abundando en acciones de gracias" (2:6-7). Conocer a Cristo trae estabilidad a nuestra vida, haciendo que seamos agradecidos.
- "y vosotros estáis completos en él" (2:10). Cristo satisface todas nuestras necesidades para que nada nos falte.
- "Porque habéis muerto, y vuestra vida está escondida con Cristo en Dios" (3:3). Conocer a Cristo nos transforma de manera tan radical que nuestra vida pasada está muerta.

Nuestra era también está marcada por la frustración en las relaciones. A pesar de que las personas anhelan establecer relaciones significativas, la gran mayoría no logra tenerlas. Muchas personas no saben cómo relacionarse con su pareja, con sus hijos, o con sus colegas de trabajo.

Colosenses habla con claridad al respecto. Los capítulos 3 y 4 nos dicen cómo los esposos y esposas, los padres y los hijos, los jefes y los empleados pueden mantener buenas relaciones. Colosenses ofrece un mensaje de esperanza para las personas solitarias y enajenadas de nuestra época.

Para terminar, nuestra era es una era escatológica. Las amenazas de guerra y de desastre ambiental son un peligro inminente sobre nuestra generación, como espadas de Damocles. Las personas temen que el fin del mundo pueda estar cerca. Libros con títulos tan siniestros como *La bomba biológica de tiempo*, *El conflicto futuro*, *El libro del día del juicio final* y *La bomba humana* presagian fatalidad inminente.

Colosenses tiene algo que decir acerca de nuestro destino: "Cuando Cristo, vuestra vida, se manifieste, entonces vosotros también seréis manifestados con él en gloria" (3:4). La era actual no culminará con el desastre nuclear o ambiental, sino con el regreso de Cristo en toda su gloria.

AUTOR

Desde los tiempos apostólicos hasta el surgimiento de la alta crítica liberal en el siglo XIX, la iglesia aceptó a Pablo como el autor de Colosenses. Los argumentos contrarios a la autenticidad de Colosenses carecen de base convincente. No pueden mantenerse ante la evidencia interna y externa de la autoría de Pablo.

La evidencia externa de la autenticidad de Colosenses es aplastante.

Líderes de la iglesia primitiva como Eusebio, Orígenes, Clemente de Alejandría, Tertuliano e Ireneo, dan fe de la autoría de Pablo.

No existe evidencia alguna de que alguien haya puesto en duda la autenticidad de Colosenses antes del siglo XIX.

Encontramos evidencia adicional de la autoría de Pablo en su cercanía con la Epístola a Filemón. Ambas epístolas mencionan a Timoteo en el saludo. Aristarco, Marcos, Epafras, Lucas y Demas, otros compañeros de Pablo, también se mencionan en ambas epístolas. Ambas cartas contienen un mensaje para Arquipo. Onésimo, el esclavo del que habla Filemón, se menciona en Colosenses. Tanto Colosenses como Filemón hablan de Pablo en prisión.

La evidencia muestra que Colosenses y Filemón fueron escritas por el mismo autor y alrededor de la misma época. En vista de que se acepta casi por todo el mundo que Pablo escribió Filemón, podemos afirmar que existe suficiente evidencia de que también escribió Colosenses.

FECHA Y LUGAR

La fecha y el lugar en los cuales se escribió la carta tienen mucho que ver el uno con el otro. La fecha asignada para el escrito depende del lugar en el cual se encontraba Pablo encarcelado en el momento de escribir Colosenses. (Colosenses, Filipenses, Efesios y Filemón se conocen como las epístolas de prisión). Se han sugerido tres lugares de prisión: Cesarea, Éfeso y Roma.

La primera propuesta del encarcelamiento de Pablo en Cesarea tuvo lugar a principios del siglo XIX. Sin embargo, esta posición no alude a los sucesos del encarcelamiento de Pablo tal como se registran en las epístolas de prisión. En Colosenses 4:2-4, él menciona la oportunidad de predicar el evangelio (cp. Ef. 6:18-20; Fil. 1:14-18). En Cesarea, sin embargo, Pablo fue guardado bajo estricta vigilancia (cp. Hch. 23:35), y tales oportunidades serían restringidas con severidad. En Roma, Pablo permaneció al menos la mitad del tiempo en su propia casa alquilada (Hch. 28:30) y gozaba de libertad para recibir visitantes (Hch. 28:23-31). También guardaba la esperanza de un veredicto a su favor (Fil. 1:25; 2:24) que le concediera la libertad para visitar Colosas (Flm. 22). Pero en Cesarea la única esperanza de liberación de Pablo yacía en un soborno a Félix (Hch. 24:26) o en la aceptación de la solicitud de Festo de ser juzgado en Jerusalén (Hch. 25:9). Pablo, por supuesto, rechazó ambas alternativas. Confiaba además que la decisión en su caso, sin importar cuál fuera, sería definitiva (Fil. 1:20-23; 2:17, 23). En su calidad de ciudadano romano Pablo tenía la opción de apelar al César, así que ninguna decisión final podría tomarse en Cesarea (o Éfeso). Y en efecto, Pablo apeló al César desde Cesarea (Hch. 25:11). Estas consideraciones parecen descartar a Cesarea como el lugar en el cual fueron escritas las epístolas de prisión.

Una alternativa de mayor acogida es que Pablo fue encarcelado en Éfeso durante su tercer viaje misionero, cuando escribió las epístolas de prisión. Esta opción, no obstante, también suscita serias dificultades. La que resulta más evidente, es que Hechos no menciona un encarcelamiento en Éfeso. Lucas consagra un capítulo entero (19) al relato del ministerio de Pablo en Éfeso. Es inconcebible que haya omitido una mención de Pablo encarcelado. En tanto que Lucas estaba con Pablo cuando se escribió Colosenses (Col. 4:14), parece que no estuvo con él en Éfeso. Hechos 19 no es un texto que hable de "nosotros", como en las ocasiones en las cuales Lucas viajaba con Pablo. Por otro lado, Onésimo, el esclavo fugitivo que conoció a Cristo gracias a Pablo durante su encarcelamiento, hubiera huido a Roma y no a Éfeso. Roma estaba a más de 1.600 kilómetros de distancia de su amo en Colosas, mientras que Éfeso lo estaba apenas unos 160 kilómetros. A esto se agrega el hecho de que Roma era mucho más grande que Éfeso, lo cual hubiera facilitado que Onésimo se ocultara entre la multitud. Roma era conocida como un refugio para esclavos fugitivos.

En vista de lo anterior, no existe razón convincente para rechazar la afirmación tradicional de que Pablo escribió las epístolas de prisión desde Roma.

LA CIUDAD DE COLOSAS

Colosas estaba ubicada en la región de Frigia, en la provincia romana de Asia, que hoy día forma parte de Turquía. Estaba próxima a Laodicea y a Hierápolis y era parte de una tríada de ciudades en el valle del río Lico, a unos 160 kilómetros al este de Éfeso. Colosas estaba situada cerca del río Lico, muy próxima al lugar donde confluye con el río Meandro. En Colosas, el valle Lico se estrechaba hasta unos 3.600 metros, y el monte Cadmio, de unos 2.400 metros de altura, se elevaba sobre la ciudad.

Colosas ya era una gran ciudad cuando el rey persa Jerjes (el Asuero del libro de Ester) pasó por ahí en el 481 (a.C.). Estaba situada en el cruce de las principales vías de comercio desde el este hacia Éfeso y desde el norte hasta Pérgamo. En tiempos del Imperio Romano, sin embargo, el camino hacia Pérgamo fue desviado hacia Laodicea, pasando por Colosas. Estos hechos, junto con el surgimiento de Laodicea y Hierápolis, llevaron a Colosas a decaer en importancia. En los días de Pablo era una ciudad pequeña, opacada en todo por sus ciudades vecinas más prósperas. Tras ser abandonada en gran manera hacia el siglo VIII, Colosas fue destruida en el siglo XII. Los arqueólogos han encontrado los restos de la acrópolis, del teatro y de la iglesia. El lugar se encuentra deshabitado en la actualidad.

El área era propensa a los terremotos. Colosas, Laodicea y Hierápolis fueron devastadas cerca del 60 d.C., aunque no tardaron en reconstruirlas. En su mejor época, Colosas fue un importante centro de la industria de la lana. Las ovejas pacían en los campos fértiles de las afueras de la ciudad y se hacían tinturas a partir de la extracción de los depósitos de cal cercanos.

La población de Colosas era en su gran mayoría gentil (cp. 2:13), pero existía una comunidad judía considerable. Antíoco el Grande (223-187 a.C.) desterró a algunos pobladores judíos a la región. Otros judíos llegaron como resultado del comercio de lana y diversos negocios, y otros en busca de los baños minerales cercanos a Hierápolis. Ya que Colosas tenía una población mezclada de gentiles y judíos, no resulta sorprendente que la herejía que amenazaba a la iglesia colosense incluía elementos tanto judíos como paganos.

LA IGLESIA DE COLOSAS

Según Lucas, cuando Pablo estuvo en Éfeso por un período de tres años en su tercer viaje misionero, "todos los que habitaban en Asia, judíos y griegos, oyeron la palabra del Señor Jesús". Fue durante este tiempo que se fundaron las iglesias de Laodicea, Hierápolis y Colosas. Pablo no fue su fundador, puesto que incluyó a los laodicenses y a los colosenses entre quienes nunca lo habían visto en persona (2:1). El libro de Hechos tampoco menciona a Pablo como el fundador de la iglesia de Colosas y tampoco sugiere que la haya visitado. El hombre que Dios usó para fundar la iglesia de Colosas fue Epafras. En Colosenses 1:5-7 vemos que es él quien les predicó el evangelio. Epafras era nacido en Colosas (4:12) y es posible que se haya convertido a Cristo en su visita a Éfeso cuando Pablo estuvo allí. Luego regresó a su ciudad y fundó la iglesia.

LA HEREJÍA COLOSENSE

A pesar del trabajo diligente de Epafras, la iglesia de Colosas estaba en riesgo. Había surgido una peligrosa herejía y Epafras estaba tan preocupado, que emprendió un viaje de casi 2.000 kilómetros hacia Roma para visitar a Pablo en prisión. La iglesia colosense aún no había sido infectada por la herejía, y Pablo les escribe para advertirlos acerca del peligro. De manera que Colosenses es una carta preventiva.

Como se acaba de mencionar, la ciudad de Colosas tenía una mezcla de habitantes judíos y gentiles. Así que no resulta extraño saber que la herejía que los amenazaba contenía elementos del paganismo y del judaísmo.

La cultura pagana que rodeaba a la iglesia colosense adoraba a muchos dioses. Algunos de los dioses durante la época del Imperio Romano fueron Isis, Serapis, Helios, Demetrio y Artemisa. Es indudable que los creyentes de Colosas se sentían bastante presionados por su antiguo estilo de vida. El primer peligro que enfrentaba la iglesia era recaer en el paganismo.

Pablo les advirtió acerca de este peligro y los exhortó a perseverar en la fe: "si en verdad permanecéis fundados y firmes en la fe, y sin moveros de la esperanza del evangelio que habéis oído" (1:23). "Por tanto, de la manera que habéis recibido al Señor Jesucristo, andad en él" (2:6). "Poned la mira en las cosas de arriba, no en las de la tierra" (3:2).

El mundo y la carne ejercían una presión muy fuerte sobre los colosenses. No obstante, una amenaza mayor provenía de Satanás, el autor de todas las falsas enseñanzas. Así que el principal objetivo de la carta de Pablo es contrarrestar el influjo de las falsas doctrinas.

Algunos han visto en la herejía colosense elementos de lo que en el siglo I se convirtió en el gnosticismo. Otros han observado similitudes con las enseñanzas de la secta judía de los esenios. La herejía colosense, sin embargo, no se puede ligar a ningún sistema histórico en particular. Contenía dos elementos básicos: la falsa filosofía griega, y el legalismo y ceremonial judaico.

FALSA FILOSOFÍA

Los griegos amaban el conocimiento y se enorgullecían de sus sistemas filosóficos sofisticados. Menospreciaban el mensaje del evangelio al considerarlo demasiado simple (cp. 1 Co. 1:22-23). En su opinión, Jesucristo solo era insuficiente; la salvación debía incluir a Cristo y también al conocimiento. Aseguraban haber recibido visiones en las cuales basaban la superioridad de su conocimiento (cp. 2:18), y creían que estas supuestas visiones los dotaba de un discernimiento más profundo para los misterios divinos que el de otras personas. Lo que Pablo afirma acerca de este misticismo es que "sus mentes carnales estaban vanamente hinchadas" (2:18). Esta declaración de conocimiento superior alcanzó su máximo apogeo en el siglo I con la peligrosa herejía conocida como *gnosticismo*. El nombre procede de la palabra griega para conocimiento, *gnōsis*. Aunque la herejía colosense no era gnosticismo, sí incluía algunos conceptos similares.

Según la herejía colosense, Dios era bueno pero la materia era mala. Puesto que el buen Dios era incapaz de haber creado la maligna materia, afirmaba la existencia de una serie descendente de emanaciones procedentes del ser divino. Una de las más bajas emanaciones, bastante alejada de Dios, fue la que creó la materia.

Según este concepto, Jesús era solo una de las emanaciones más elevadas. Él era una de las buenas emanaciones, o ángeles, a diferencia de las malas emanaciones o demonios. Estos demonios formaban una barrera entre el hombre y Dios. Solo a través del conocimiento superior y de la ayuda de las buenas emanaciones, era posible salir adelante. De ahí que los ángeles fueran objeto de adoración (2:18), pues su ayuda resulta indispensable para la salvación.

Los herejes de Colosas negaban la humanidad de Cristo. Puesto que la materia era considerada mala, era inconcebible que una emanación buena pudiera ocupar un cuerpo humano. Para rebatir esta enseñanza, Pablo declara que Jesús se hizo hombre: "en su cuerpo de carne, por medio de la muerte, para presentaros santos y sin mancha e irreprensibles delante de él" (1:22).

La enseñanza colosense también negaba la divinidad de Cristo. Dado que Dios, siendo bueno, era la antítesis de la maligna materia, era imposible que se hiciera hombre. Por su parte, Pablo, hablando de Cristo, dice: "Porque en él habita corporalmente toda la plenitud de la Deidad" (2:9).

La herejía colosense también niega que Cristo sea suficiente para la salvación. Pablo ataca esa falsa enseñanza repetidas veces. Manifestó su deseo de "presentar perfecto en Cristo Jesús a todo hombre" (1:28). Es en Cristo "en quien están escondidos todos los tesoros de la sabiduría y del conocimiento" (2:3). "Porque en él habita corporalmente toda la plenitud de la Deidad" (2:9). Pablo resume la suficiencia de Cristo declarando que "vosotros estáis completos en él" (2:10).

EL LEGALISMO JUDAICO

Los herejes de Colosas también adoptaron elementos del ceremonial judaico. Enseñaban que la circuncisión era necesaria para la salvación. Al igual que la doctrina del conocimiento superior como requisito para la salvación, ésta enseñanza negaba la suficiencia de Cristo. Añadía las obras para obtener la salvación, a lo cual Pablo se opuso declarando: "en él [Cristo] también fuisteis circuncidados con circuncisión no hecha a mano, al echar de vosotros el cuerpo pecaminoso carnal, en la circuncisión de Cristo" (2:11; cp. 3:11).

Los que cayeron en este error también defendían el ascetismo cuya práctica contempla la estricta negación del yo y el duro trato al cuerpo. Pablo cuestiona: "Pues si habéis muerto con Cristo en cuanto a los rudimentos del mundo, ¿por qué, como si vivieseis en el mundo, os sometéis a preceptos tales como: No manejes, ni gustes, ni aun toques (en conformidad a mandamientos y doctrinas de hombres), cosas que todas se destruyen con el uso?" (2:20-22). Se burló de tales enseñanzas diciendo que: "Tales cosas tienen a la verdad cierta reputación de sabiduría en culto voluntario, en humildad y en duro trato del cuerpo; pero no tienen valor alguno contra los apetitos de la carne" (2:23). El ascetismo no tiene cabida en la salvación.

Otro aspecto de la herejía colosense era la insistencia en observar las leyes judías de la dieta, los días santos tales como el día de descanso, las fiestas y la luna nueva. Pablo dice a los colosenses que no sientan temor. Dichas costumbres ceremoniales no eran necesarias para la salvación. "Por tanto, nadie os juzgue en comida o en bebida, o en cuanto a días de fiesta, luna nueva o días de reposo" (2:16). Estas cosas, sostiene Pablo, no eran más que una sombra de lo que ha de venir. La realidad se encuentra en Cristo (2:17).

La herejía que amenazaba a la iglesia colosense era pues una extraña mezcla de filosofía griega y legalismo judío. Aunque esta mezcla parezca bastante inusual, existía un precedente. Una de las más grandes sectas del judaísmo del primer siglo fue la de los esenios. Al igual que los herejes de Colosas, eran ascetas rigurosos y compartían su creencia de que la materia era mala y el espíritu bueno, tal como los gnósticos. Eran legalistas estrictos, sobrepasando incluso a los fariseos. El historiador judío Josefo, que fuera en una época miembro de los esenios, menciona que practicaban la adoración a los ángeles, así como el vegetarianismo riguroso.

Aunque no existe evidencia suficiente para considerar a los herejes de Colosas idénticos a los esenios, es innegable que existen paralelos entre los dos. Por lo menos la existencia de los esenios demuestra la posibilidad de mezclar la filosofía griega y el legalismo judío. Y en vista de que ambos grupos negaban la suficiencia de Cristo, la respuesta para éstos es la misma: Cristo *es* suficiente.

LA TEMÁTICA DE COLOSENSES

Aunque la herejía colosense contenía muchos elementos diversos, en su esencia era la negación de la suficiencia de Cristo para la salvación. Es de esperarse que el tema central de Colosenses sea la suficiencia de Cristo. Los herejes buscaban a Dios, pero en Cristo "habita corporalmente toda la plenitud de la Deidad" (2:9). Buscaban el conocimiento superior para alcanzar la salvación, pero en Cristo están escondidos "todos los tesoros de la sabiduría y del conocimiento" (2:3). Adoraban a los ángeles, pensando que podrían ayudarlos a alcanzar la salvación, pero Pablo declaró que los creyentes están completos en Cristo (2:10). Practicaban el ascetismo y observaban los días santos del judaísmo, pero estas cosas son solo una sombra, en tanto que Cristo es la sustancia (2:17).

El tema del libro puede resumirse en las palabras de Colosenses 3:11: "Cristo es el todo, y en todos". Él es Dios (2:9), el Creador (1:16), el Salvador (1:20; 2:13-14) y la cabeza de la iglesia (1:18). El anhelo de Pablo al escribir Colosenses era que reconozcamos que Cristo "en todo tenga la preeminencia" (1:18).

BOSQUEJO

I. Personal (1:1-14)
   A. Salutación (1:1-2)
   B. Agradecimiento (1:3-8)
   C. Oración por la iglesia (1:9-14)
II. Doctrinal (1:15–2:23)
   A. La persona y la obra de Cristo (1:15-23)
   B. El ministerio de Pablo (1:24–2:7)
   C. La suficiencia de Cristo frente a las filosofías paganas (2:8-23)
III. Práctico (caps. 3–4)
   A. Vivir la vida resucitada (3:1-9)
   B. Vestir el nuevo hombre (3:9-17)
   C. Administración del hogar cristiano (3:18–4:1)
   D. El proceder en la conversación (4:2-6)
   E. Saludos y despedida (4:7-17)

La verdad del evangelio

1

Pablo, apóstol de Jesucristo por la voluntad de Dios, y el hermano Timoteo, a los santos y fieles hermanos en Cristo que están en Colosas: Gracia y paz sean a vosotros, de Dios nuestro Padre y del Señor Jesucristo. Siempre orando por vosotros, damos gracias a Dios, Padre de nuestro Señor Jesucristo, habiendo oído de vuestra fe en Cristo Jesús, y del amor que tenéis a todos los santos, a causa de la esperanza que os está guardada en los cielos, de la cual ya habéis oído por la palabra verdadera del evangelio, que ha llegado hasta vosotros, así como a todo el mundo, y lleva fruto y crece también en vosotros, desde el día que oísteis y conocisteis la gracia de Dios en verdad, como lo habéis aprendido de Epafras, nuestro consiervo amado, que es un fiel ministro de Cristo para vosotros, quien también nos ha declarado vuestro amor en el Espíritu. (1:1-8)

Las Escrituras se refieren al evangelio de diversas maneras: el "evangelio de la gracia de Dios" (Hch. 20:24), "el evangelio de su Hijo" (Ro. 1:9), el "evangelio de Cristo" (1 Co. 9:12), "el evangelio de Dios" (Ro. 15:16), el "evangelio de la gloria de Cristo" (2 Co. 4:4), el "evangelio de la paz" (Ef. 6:15), "el evangelio eterno" (Ap. 14:6).

También se la llama "la palabra verdadera" (Col. 1:5) o "la palabra de verdad" (Ef. 1:13). Estas expresiones dieron origen al conocido enunciado "la verdad del evangelio". Las personas lo utilizan para resaltar su credibilidad.

Y aunque algunas personas lo utilizan a menudo con ligereza, la verdad del evangelio es una realidad. **Evangelio** (v. 5) es la palabra griega *euangelion*, de la cual se deriva la palabra *evangelizar*. Su significado exacto es "buenas nuevas". En el griego clásico se usó con frecuencia al hablar de las victorias logradas en batalla. El evangelio consiste en las buenas nuevas de la victoria de Jesús sobre Satanás, el pecado y la muerte. Asimismo, las buenas nuevas de nuestra propia victoria sobre estos enemigos para siempre gracias a Él.

Primera Corintios 15:1-4 ofrece un breve resumen del contenido histórico del evangelio: "Además os declaro, hermanos, el evangelio que os he predicado, el cual también recibisteis, en el cual también perseveráis; por el cual asimismo, si retenéis la palabra que os he predicado, sois salvos, si no creísteis en vano. Porque primeramente os he enseñado lo que asimismo recibí: Que Cristo murió por nuestros pecados, conforme a las Escrituras; y que fue sepultado, y que resucitó al tercer día, conforme a las Escrituras". El evangelio consiste en las buenas nuevas de la muerte de Jesucristo para el perdón de todos nuestros pecados, y de su resurrección de los muertos para que los que crean en Él tengan vida eterna.

Esta gloriosa y sublime verdad exige por parte de los cristianos una respuesta acorde con cada descripción del *evangelio*. En primer lugar, debemos proclamar las buenas nuevas siguiendo el ejemplo de Jesús (Mt. 4:23), de los apóstoles, los profetas, los evangelistas, los maestros y los creyentes de todas las épocas.

En segundo lugar, debemos defender la veracidad del evangelio. Pablo se describe a sí mismo como alguien que está "puesto para la defensa del evangelio" (Fil. 1:16). Pedro les dijo a sus lectores: "estad siempre preparados para presentar defensa con mansedumbre y reverencia ante todo el que os demande razón de la esperanza que hay en vosotros" (1 P. 3:15).

En tercer lugar, debemos trabajar con diligencia en la difusión del evangelio. Pablo exhorta a los filipenses a permanecer firmes "combatiendo unánimes por la fe del evangelio" (Fil. 1:27). El evangelio exige de nuestra parte disciplina y arduo esfuerzo.

En cuarto lugar, debemos buscar la comunión con otros que comparten nuestra fe en el evangelio. El fervor por la comunión fraternal caracterizó a la iglesia primitiva (Hch. 2:42). Pablo expresó con frecuencia su gratitud por quienes habían recibido el evangelio (cp. Fil. 1:3-5).

En quinto lugar, debemos estar dispuestos a sufrir por causa del evangelio. Pablo exhortó a Timoteo diciendo: "no te avergüences de dar testimonio de nuestro Señor, ni de mí, preso suyo, sino participa de las aflicciones por el evangelio según el poder de Dios" (2 Ti. 1:8).

En sexto lugar, debemos tomar todas las medidas necesarias para que nuestra vida no sea tropiezo para el evangelio. Pablo les dijo a los corintios que prefería ceder su derecho a recibir el justo pago por su ministerio para no poner ningún obstáculo al evangelio de Cristo (1 Co. 9:12).

En séptimo lugar, nunca debemos avergonzarnos del evangelio. Pablo dijo: "Porque no me avergüenzo del evangelio, porque es poder de Dios para salvación a todo aquel que cree; al judío primeramente, y también al griego" (Ro. 1:16).

En último lugar, debemos saber que el evangelio nos brinda todo el poder que necesitamos de parte de Dios. Pablo escribió a los tesalonicenses: "nuestro evangelio no llegó a vosotros en palabras solamente, sino también en poder, en el Espíritu Santo" (1 Ts. 1:5). El poder del evangelio no proviene de nuestra inteligencia o capacidad de persuasión, sino del Espíritu Santo.

Este maravilloso evangelio es lo que motiva el agradecimiento expresado por Pablo en Colosenses 1:3-8. Regocijado por la fe de los colosenses tras haber recibido el informe de Epafras, el fundador de la iglesia de Colosas, expresa su gratitud al saber que escucharon el evangelio y que este produjo fruto en la vida de cada uno de ellos.

Después del saludo de los versículos 1 y 2, las palabras de Pablo en los versículos 3-8 sugieren siete aspectos acerca del evangelio: se recibe por la fe, produce amor, permanece en la esperanza, alcanza al mundo, lleva fruto, está arraigado en la gracia, y se anuncia por las personas. Antes de pasar a considerar estos aspectos, miremos algunos términos comunes a otras epístolas que utiliza Pablo en su saludo de apertura.

SALUTACIÓN

Pablo, apóstol de Jesucristo por la voluntad de Dios, y el hermano Timoteo, a los santos y fieles hermanos en Cristo que están en Colosas: Gracia y paz sean a vosotros, de Dios nuestro Padre y del Señor Jesucristo. (1:1-2)

Pablo comienza la carta con su nombre según las normas epistolares de la época. Pablo fue la persona de mayor importancia e influencia en la historia después de nuestro Señor Jesucristo. Su personalidad era una extraordinaria combinación de una mente brillante, una voluntad recia y un corazón tierno. De procedencia judía, un "hebreo de hebreos" (Fil. 3:5), era fariseo (Fil. 3:5). Pablo recibió su educación a los pies de Gamaliel (Hch. 22:3), que fue uno de los principales rabinos de ese tiempo. También era ciudadano romano de nacimiento (Hch. 22:28) y vivió bajo el influjo de la cultura griega en su hogar en Tarso. Este trasfondo hacía de él una persona dotada de privilegios para comunicar el evangelio al mundo grecorromano. Fue en gran medida su ministerio lo que permitió al cristianismo pasar de ser una pequeña secta palestina a convertirse en una religión que contaba con creyentes en todo el Imperio Romano. Como iglesia recibiríamos gran bendición al tener en nuestras manos tan solo una carta de este gran hombre, por no hablar de las trece cartas en el Nuevo Testamento.

Para despejar cualquier duda concerniente a su autoridad, Pablo se describe a sí mismo como **un apóstol de Jesucristo.** No es tan solo un mensajero, sino un representante oficial de aquel que lo envió. Lo que él escribe en su carta no es su opinión personal, sino la Palabra inmutable de Dios.

Pablo no se convirtió en apóstol mediante sus propios esfuerzos, ni fue nombrado en ese cargo por organización humana alguna. Pablo era un apóstol **por**

la voluntad de Dios. Dios lo escogió hacía mucho tiempo por una decisión soberana, la cual llevó a cabo en la impresionante conversión en el camino a Damasco (Hch. 9:1-9). Esta elección divina culminó al ser apartado para el servicio misionero por el Espíritu Santo (Hch. 13:2).

Como era su costumbre, Pablo menciona a un colaborador que lo acompañaba en el momento de escribir: **el hermano Timoteo**. (También menciona a Timoteo como compañero en la introducción a 2 de Corintios, Filipenses, 1 y 2 Tesalonicenses y Filemón.) Esto no significa que Timoteo sea coautor de las epístolas. Pedro afirma sin duda que las epístolas a nombre de Pablo fueron escritas por él (2 P. 3:15-16).

Pablo prodigaba un afecto y una confianza especial hacia Timoteo. Timoteo lo había servido durante muchos años desde que se conocieron por primera vez en su segundo viaje misionero (Hch. 19:22). Aunque Pablo estaba ahora encarcelado, el fiel Timoteo seguía a su lado. Tal vez ningún otro pasaje exprese los sentimientos de Pablo hacia su joven amigo con mayor claridad que Filipenses 2:19-22: "Espero en el Señor Jesús enviaros pronto a Timoteo, para que yo también esté de buen ánimo al saber de vuestro estado; pues a ninguno tengo del mismo ánimo, y que tan sinceramente se interese por vosotros. Porque todos buscan lo suyo propio, no lo que es de Cristo Jesús. Pero ya conocéis los méritos de él, que como hijo a padre ha servido conmigo en el evangelio".

A pesar de sus numerosas fortalezas, Timoteo poseía una constitución física delicada y se enfermaba con frecuencia (1 Ti. 5:23). También se presentó un suceso en Éfeso en el cual se mostró tímido, indeciso y tal vez avergonzado y desleal a su don y a su deber, necesitando ánimo y fortaleza (cp. 2 Ti. 1:5-14). Con todo, nadie sirvió a Pablo con tanta fidelidad en la difusión del evangelio (Fil. 2:22). Fue su verdadero hijo en la fe (1 Co. 4:17) y el destinatario de la última carta escrita por Pablo (2 Timoteo). Por último, es Timoteo a quien Pablo delega su manto de liderazgo (2 Ti. 4).

Pablo se refiere a sus lectores como **los santos y fieles hermanos en Cristo que están en Colosas. Santos y fieles hermanos** no son dos grupos diferentes, pues los términos significan lo mismo. Además, *kai* podría traducirse "igual". *Hagios*, el término que traduce **santos**, alude a separación, y en este caso, se refiere a ser separado del pecado y consagrado a Dios. **Fieles** indica el origen de esa separación: la fe para salvación. Los únicos verdaderos santos son los creyentes. **Gracia y paz sean a vosotros** es el saludo que Pablo utiliza para comenzar cada una de sus trece cartas. En vista de que Dios es la fuente de ambas bendiciones, Pablo declara que provienen de nuestro gran Dios y Padre.

LA VERDAD DEL EVANGELIO SE RECIBE POR LA FE

Siempre orando por vosotros, damos gracias a Dios, Padre de nuestro Señor Jesucristo, habiendo oído de vuestra fe en Cristo Jesús, (1:3-4*a*)

Aunque Pablo admiraba su fe verdadera y perseverante que los había separado del pecado y unido a Dios, no comienza su carta elogiando a los colosenses. Da **gracias a Dios, Padre de nuestro Señor Jesucristo**. Pablo reconoce que quien merece nuestra gratitud es Dios, pues la salvación es solo un don suyo (Ef. 2:8-9).

Siempre corresponde a la frase, **damos gracias a Dios**, y no a **orando por vosotros**. Pablo no estaba orando en todo tiempo por los colosenses. Antes bien, en cada ocasión que oraba por ellos, daba gracias a Dios.

Pablo está agradecido con Dios por su fe en Jesucristo. Los colosenses no eran como algunos que pervertían el evangelio (Gá. 1:7), o que lo desobedecían (1 P. 4:17). Los tales enfrentarán la horrenda experiencia de ver que "se manifieste el Señor Jesús desde el cielo con los ángeles de su poder, en llama de fuego, para dar retribución a los que no conocieron a Dios, ni obedecen al evangelio de nuestro Señor Jesucristo; los cuales sufrirán pena de eterna perdición, excluidos de la presencia del Señor y de la gloria de su poder" (2 Ts. 1:7-9). Los colosenses eran hermanos santos en Cristo que habían creído en el Señor del evangelio.

DEFINICIÓN DE FE

Pistis (**fe**) significa estar persuadido de que algo es verdad y creerlo. Es mucho más que una simple aceptación intelectual, pues implica obediencia. *Pistis* viene de la palabra *peithō* ("obedecer"). Los conceptos de obediencia y fe son usados de manera equiparable a lo largo del Nuevo Testamento (cp. Jn. 3:36; Hch. 6:7; Ro. 15:18; 2 Ts. 1:8; He. 5:9; 1 P. 4:17). La Biblia también habla de la obediencia de la fe (Hch. 6:7; Ro. 1:5; 16:26).

La fe bíblica no es un "salto al vacío". Está basada en hechos y fundamentada en la evidencia. Se define en Hebreos 11:1 como "la certeza de lo que se espera, la convicción de lo que no se ve". La fe confiere seguridad y certeza a las realidades aún no vistas.

A menudo tengo la oportunidad de conducir por vías desconocidas. No sé lo que voy a encontrar al final de cada curva, y la vía bien podría terminar en un despeñadero con una caída de 160 metros. Tampoco conozco en persona a quienes la construyeron. Sin embargo, sé que las autopistas fueron construidas para ser fiables. Algunas veces también voy a un restaurante que nunca he visitado antes, y creo que la comida es buena porque confío en los procedimientos de inspección y preparación.

Confiamos que las autopistas y restaurantes son seguros basándonos en la evidencia. Lo mismo sucede en el caso de nuestra fe en Dios. Está respaldada por evidencia convincente tanto de las Escrituras como del testimonio de cristianos que nos han precedido.

Las Escrituras definen con precisión la fe salvadora y así debemos entenderla, puesto que existe una fe muerta, que no salva y que proporciona una falsa seguridad (Stg. 2:14-26). La verdadera fe salvadora contiene el arrepentimiento y la obediencia como sus elementos.

El arrepentimiento es el componente inicial de la fe salvadora, pero no puede limitarse a un término más para referirse a la fe. La palabra griega que traduce "arrepentimiento" es *metanoia*, de *meta* "después", y *noeō* "entender". Significa en el original "nueva idea" o "cambio de mente", pero desde el punto de vista bíblico su significado no se queda ahí. Cuando el Nuevo Testamento usa el término *metanoia*, habla siempre de un cambio de dirección, en especial apartarse o volverse del pecado. De manera más precisa, el arrepentimiento requiere el repudio de la vida vieja y un volverse a Dios en búsqueda de salvación (1 Ts. 1:9). El arrepentimiento de la fe salvadora incluye tres componentes: volverse a Dios, apartarse del pecado y querer servir a Dios. Ningún cambio de mente puede considerarse verdadero arrepentimiento sin estos tres componentes. El arrepentimiento no solo consiste en sentirse avergonzado o triste a causa del pecado, aunque el genuino arrepentimiento siempre contiene un elemento de compunción. Se basa en tomar una nueva dirección en la voluntad, una decisión intencional de abandonar toda impiedad y de perseguir a cambio la justicia. Dios es el que concede la fe (Hch. 11:18; 2 Ti. 2:25). De hecho, Dios es el que concede la totalidad de la fe salvadora: "Porque por gracia sois salvos por medio de *la fe*; y esto no de vosotros, pues *es don de Dios*; no por obras, para que nadie se gloríe" (Ef. 2:8-9, cursivas añadidas; cp. Fil. 1:29).

Si bien es cierto que Jesús dijo: "El que cree en mí, tiene vida eterna" (Jn. 6:47), también dijo: "Ninguno puede venir a mí, si el Padre que me envió no le trajere" (Jn. 6:44). Dios atrae con poder a los pecadores hacia Cristo y les concede la capacidad de ejercitar la fe salvadora (cp. Mt. 16:17).

La fe que Dios otorga es permanente en todos aquellos que la reciben. Pasajes como Habacuc 2:4, Romanos 1:17, Gálatas 3:11, Filipenses 1:6 y Hebreos 10:38 enseñan que la fe salvadora genuina nunca desaparece.

La fe salvadora no solo incluye el arrepentimiento, sino también la obediencia. La fe que salva va mucho más allá de una aceptación intelectual o una convicción emocional. Abarca la decisión de la voluntad de obedecer a Dios y sus leyes.

La obediencia es el sello distintivo del verdadero creyente. "Cuando una persona obedece a Dios da con ello la única evidencia posible de que su corazón cree en Dios" (Vine, W. E. *Diccionario expositivo de palabras del Nuevo Testamento.*

Tarrasa: Editorial Clie, 1984, 3:73). Dicha obediencia no alcanzará aún su plenitud ya que la carne asomará siempre su horrible cabeza (cp. Ro. 7:14-25). Aunque el creyente no alcance la perfección en su vida, con toda seguridad irá en la dirección correcta.

La fe, por tanto, nunca debe separarse de las obras. Martín Lutero resumió la perspectiva bíblica de la conexión entre la fe salvadora y las buenas obras en estas palabras: "las buenas obras no hacen bueno a un hombre, pero un hombre bueno hace buenas obras" (citado en Dowley, Tim. *Handbook to the History of Christianity* [Manual de historia del cristianismo] [Grand Rapids: Eerdmans, 1987], p. 362).

EL OBJETIVO DE LA FE

Cualquier definición de fe queda incompleta si no se toma en consideración su objetivo. A diferencia de la fe vacía que prevalece en nuestra cultura, la fe salvadora tiene como objetivo a Jesucristo. La relación de fe con Jesucristo se enuncia en el Nuevo Testamento con varias preposiciones griegas. Hechos 16:31 utiliza la preposición *epi*, que sugiere el descanso sobre un fundamento. En Hechos 20:21 se utiliza *eis*, que significa "encontrar un lugar para morar", "entrar en", "habitar en" o "encontrar un hogar". En este caso **"en"** tiene la connotación de venir a un lugar de seguridad y soporte. Nuestra fe, al tener como objetivo a Cristo, es tan segura como una casa construida sobre un fundamento sólido, o como un barco anclado con firmeza.

Carlos Spurgeon ilustró la importancia del objetivo de la fe con la historia de dos hombres en un barco. Cuando se encontraban envueltos en violentas corrientes, fueron arrastrados hacia una catarata. Algunos hombres que estaban en la orilla trataron de salvarlos lanzándoles una soga. Uno de los hombres logró atraparla y fue empujado a salvo a la orilla. El otro, debido al pánico del momento, se asió con fuerza de un tronco que flotaba cerca y que aparentaba ser sólido. Este hombre fue arrastrado por la violenta corriente y desapareció para siempre. La fe, representada por la soga atada a la orilla, nos une a Jesucristo brindándonos seguridad. Las buenas obras aparte de la fe verdadera representan en la historia el tronco, que solo lleva a la ruina.

LA VERDAD DEL EVANGELIO PRODUCE AMOR

y del amor que tenéis a todos los santos, (1:4*b*)

La fe genuina no existe en el vacío, sino que resulta siempre en una vida transformada. Uno de los frutos visibles y firmes de la verdadera fe salvadora es el amor por los hermanos creyentes (cp. Jn. 13:34-35). El apóstol Juan recalca esta verdad repetidas veces en su primera epístola:

El que dice que está en la luz, y aborrece a su hermano, está todavía en tinieblas. El que ama a su hermano, permanece en la luz, y en él no hay tropiezo. Pero el que aborrece a su hermano está en tinieblas, y anda en tinieblas, y no sabe a dónde va, porque las tinieblas le han cegado los ojos. (2:9-11)

En esto se manifiestan los hijos de Dios, y los hijos de Satanás: todo aquel que no hace justicia, y que no ama a su hermano, no es de Dios. (3:10)

Nosotros sabemos que hemos pasado de muerte a vida, en que amamos a los hermanos. El que no ama a su hermano, permanece en muerte. Todo aquel que aborrece a su hermano es homicida; y sabéis que ningún homicida tiene vida eterna permanente en él. (3:14-15)

Si alguno dice: Yo amo a Dios, y aborrece a su hermano, es mentiroso. Pues el que no ama a su hermano a quien ha visto, ¿cómo puede amar a Dios a quien no ha visto? (4:20)

Un verdadero hijo de Dios amará a sus hermanos creyentes. La fe en Cristo nos limpia del egoísmo y de la fascinación que podamos sentir hacia los no creyentes, y nos permite experimentar una nueva afinidad con el pueblo de Dios. Nuestro amor por los hermanos cristianos es un reflejo de su amor por nosotros. También muestra nuestra obediencia a su mandamiento: "que os améis unos a otros; como yo os he amado, que también os améis unos a otros" (Jn. 13:34).

Pablo da gracias porque los colosenses aman a todos los santos. Su amor no hacía acepción de personas. Por lo visto, en Colosas no había grupos partidistas como los que quebrantaban la unidad de la iglesia de Corinto. El amor de Cristo no solamente unió a los colosenses con Él mismo, sino que trajo unidad entre ellos.

Esto no significa que debamos sentir el mismo afecto hacia todas las personas. El verdadero amor bíblico es mucho más que una emoción; significa servirlos de manera sacrificada según sus necesidades. Demostramos verdadero amor hacia alguien cuando nos sacrificamos para suplir sus necesidades.

El verdadero amor divino se ilustra en Juan 13. El versículo 1 dice que Jesús, "como había amado a los suyos que estaban en el mundo, los amó hasta el fin". Luego les demostró lo que ese amor significaba al lavarles los pies (vv. 4-5). Dios no espera que sintamos afecto hacia todas las personas y en todo tiempo. Espera que nos sirvamos unos a otros (Gá. 5:13).

La vida cristiana tiene dos facetas, ambas cruciales: la fe y el amor. El verdadero creyente se caracteriza por la fe pura en la verdad y la manifestación del amor hacia los hermanos. Somos salvos por la fe y somos salvos para amar. La fe salvadora auténtica es más que una convicción mental. Transforma el corazón para amar.

LA VERDAD DEL EVANGELIO PERMANECE EN LA ESPERANZA

a causa de la esperanza que os está guardada en los cielos, de la cual ya habéis oído por la palabra verdadera del evangelio, (1:5)

La esperanza es uno de los componentes de la gran tríada de virtudes cristianas, junto con la fe y el amor. "Y ahora permanecen la fe, la esperanza y el amor, estos tres; pero el mayor de ellos es el amor" (1 Co. 13:13; cp. 1 Ts. 1:3; 5:8).

Pablo muestra su gratitud no solo por la fe y el amor de los colosenses, sino también por su esperanza. La fe y la esperanza están unidos y son inseparables. Creemos, y por lo tanto esperamos.

Pablo describe la esperanza como una reserva para nosotros en el cielo. *Apokeimai* (**reserva**) significa "guardado" o "reservado". Pedro habla de "una herencia incorruptible, incontaminada e inmarcesible, reservada en los cielos para vosotros" (1 P. 1:4). El autor de Hebreos dice "que hemos acudido para asirnos de la esperanza puesta delante de nosotros. La cual tenemos como segura y firme ancla del alma, y que penetra hasta dentro del velo" (He. 6:18-19). La esperanza es el ancla del cristiano que lo une de manera inseparable al trono de Dios.

Dios estableció nuestra esperanza al hacernos sus hijos. Los colosenses se hicieron hijos de Dios por la fe en el mensaje de la palabra de verdad, el evangelio, que habían escuchado. Primera Juan 3:1 dice: "Mirad cuál amor nos ha dado el Padre, para que seamos llamados hijos de Dios". Él cumplirá nuestra esperanza al hacernos como su Hijo: "Amados, ahora somos hijos de Dios, y aún no se ha manifestado lo que hemos de ser; pero sabemos que cuando él se manifieste, seremos semejantes a él, porque le veremos tal como él es" (v. 2).

Uno de los resultados de nuestra esperanza es el deseo de sacrificar lo presente en el altar del futuro. Esto va en contra de la naturaleza humana. Los niños pequeños, por ejemplo, tienen dificultades para esperar recibir lo que desean. Cuando era niño, mi padre me advertía sin cesar que no sacrificara el futuro en el altar de lo inmediato. Lo que el mundo desea, desea tenerlo de inmediato.

El cristiano no piensa igual. Está dispuesto a despojarse de la gloria presente, de la comodidad y la satisfacción del mundo actual con miras a disfrutar la gloria futura que tiene en Cristo. A diferencia de la actitud de "disfrute ahora y pague después" que se impone en el mundo, el cristiano está dispuesto a pagar ahora y disfrutar después. ¿Por qué los cristianos estamos dispuestos a hacer tales sacrificios? Porque nuestra esperanza se basa en la fe de que el futuro traerá cosas mejores que las presentes. Pablo escribe en Romanos 8:18: "pues tengo por cierto que las aflicciones del tiempo presente no son comparables con la gloria venidera que en nosotros ha de manifestarse".

Moisés es un buen ejemplo de alguien que estuvo dispuesto a sacrificar el presente por la promesa de su esperanza futura. Hebreos 11:24-27 nos relata su historia: "Por la fe Moisés, hecho ya grande, rehusó llamarse hijo de la hija de Faraón, escogiendo antes ser maltratado con el pueblo de Dios, que gozar de los deleites temporales del pecado, teniendo por mayores riquezas el vituperio de Cristo que los tesoros de los egipcios; porque tenía puesta la mirada en el galardón. Por la fe dejó a Egipto, no temiendo la ira del rey; porque se sostuvo como viendo al Invisible".

En su calidad de hijo adoptivo de la hija del Faraón, Moisés tenía acceso a toda la riqueza y el poder de la corte. Sin embargo, él renunció a todo eso y se identificó con el pueblo de Dios que sufría y estaba en afrenta y necesidad. Moisés se negó a aprovechar el momento y disfrutar de los placeres del pecado. Sacrificó sus oportunidades presentes en aras de una esperanza futura. Tomó la decisión de ayudar a los israelitas oprimidos, lo cual lo llevó luego a asesinar a un guardia egipcio y por último huir de Egipto. Perdió todo poder y gloria terrenales y a cambio pastoreó un rebaño de ovejas en el desierto para su suegro, Jetro.

¿Por qué estuvo dispuesto Moisés a hacer tales sacrificios? "Porque tenía puesta la mirada en el galardón" (He. 11:26). ¿Por qué estuvo dispuesto a renunciar a las riquezas y al poder que le pertenecían en Egipto? "Porque se sostuvo como viendo al Invisible" (He. 11:27). Moisés sabía que aunque sufriría pérdidas en el presente, Dios lo recompensaría con riquezas en el futuro.

Al igual que Moisés, los creyentes aguardan una esperanza que está en los cielos. Vivimos con los ojos puestos en la eternidad, sabiendo que nuestra ciudadanía está en el cielo (Fil. 3:20). Servimos al Señor sacrificando cosas en el presente para reservar un tesoro en el cielo. Como Pablo, dejamos de lado nuestros privilegios para obedecer la voluntad de Dios y disciplinarnos a nosotros mismos a fin de ganar una corona incorruptible (cp. 2 Ti. 4:8).

De la misma manera que Jim Elliot, misionero y mártir entre los indígenas araucanos, debemos darnos cuenta de que "no está loco quien para ganar lo que no puede perder entrega lo que no puede conservar" (citado en Elliot, Elisabeth. *Shadow of the Almighty* [La sombra del Todopoderoso] [San Francisco: Harper & Row, 1979], p. 108).

LA VERDAD DEL EVANGELIO ALCANZA AL MUNDO

que ha llegado hasta vosotros, así como a todo el mundo, (1:6*a*)

El evangelio es universal; **ha llegado hasta vosotros, así como a todo el mundo**. El cristianismo no es una pequeña secta más en el Imperio Romano. No era un culto más como los otros en Colosas. Era y es en la actualidad las buenas nuevas para todo el mundo. El evangelio trasciende todas las fronteras étnicas, geográficas, culturales y políticas.

El carácter universal del evangelio es subrayado repetidamente a lo largo de las Escrituras:

Será predicado este evangelio del reino en todo el mundo, para testimonio a todas las naciones; y entonces vendrá el fin. (Mt. 24:14)

Otra vez Jesús les habló, diciendo: Yo soy la luz del mundo; el que me sigue, no andará en tinieblas, sino que tendrá la luz de la vida. (Jn. 8:12)

Primeramente doy gracias a mi Dios mediante Jesucristo con respecto a todos vosotros, de que vuestra fe se divulga por todo el mundo. Porque no me avergüenzo del evangelio, porque es poder de Dios para salvación a todo aquel que cree; al judío primeramente, y también al griego. (Ro. 1:8, 16)

Pero digo: ¿No han oído? Antes bien, por toda la tierra ha salido la voz de ellos, y hasta los fines de la tierra sus palabras. (Ro. 10:18)

Porque partiendo de vosotros ha sido divulgada la palabra del Señor, no solo en Macedonia y Acaya, sino que también en todo lugar vuestra fe en Dios se ha extendido, de modo que nosotros no tenemos necesidad de hablar nada. (1 Ts. 1:8)

Después de esto miré, y he aquí una gran multitud, la cual nadie podía contar, de todas naciones y tribus y pueblos y lenguas, que estaban delante del trono y en la presencia del Cordero, vestidos de ropas blancas, y con palmas en las manos; y clamaban a gran voz, diciendo: La salvación pertenece a nuestro Dios que está sentado en el trono, y al Cordero. (Ap. 7:9-10)

La difusión del evangelio a todo lo largo y ancho del Imperio Romano fue un presagio de su difusión en todo el mundo. Es un mensaje de esperanza para todos los pueblos de todas las culturas. La verdadera iglesia, el Cuerpo de Cristo, está conformada por personas de todo el mundo (cp. Ap. 4:9-11).

LA VERDAD DEL EVANGELIO LLEVA FRUTO

y lleva fruto y crece también en vosotros, desde el día que oísteis (1:6*b*)

El evangelio no es un sistema ético estático, sino una realidad viva, en continuo movimiento y crecimiento. Lleva fruto y se expande. Hebreos 4:12 dice: "Porque la palabra de Dios es viva y eficaz". Cuando el evangelio entra en un corazón preparado por Dios, lleva fruto (Mt. 13:3-8). Posee un poder divino que lo impulsa a crecer de la misma manera que una semilla de mostaza crece hasta convertirse en un árbol (Mt. 13:31-32). Pedro dice que el evangelio produce crecimiento espiritual (1 P. 2:2).

El evangelio comprende un aspecto individual y otro general. Ambos llevan fruto y crecen. Pablo les dice a los colosenses que está agradecido por todo lo que el evangelio ha producido en ellos **desde el día que oísteis**. Se muestra agradecido porque creyeron el mensaje del evangelio cuando Epafras lo compartió con ellos.

El evangelio produce fruto tanto en la transformación interna de los individuos como en el crecimiento externo de la iglesia. Ambas realidades interactúan. El crecimiento espiritual de los individuos traerá a otros a la conversión a Cristo. Esta era la norma en la iglesia primitiva. Hechos 9:31 nos dice que "las iglesias tenían paz por toda Judea, Galilea y Samaria; y eran edificadas, andando en el temor del Señor... fortalecidas por el Espíritu Santo", y como resultado, "se acrecentaban". Primera Tesalonicenses 1:6 habla del crecimiento espiritual de los tesalonicenses por imitar a Pablo y al Señor. A raíz de esto, "ha sido divulgada la palabra del Señor, no solo en Macedonia y Acaya, sino que también en todo lugar vuestra fe en Dios se ha extendido, de modo que nosotros no tenemos necesidad de hablar nada" (v. 8).

El evangelio viviente es el poder que transforma. Al hacerlo, el testimonio de las vidas transformadas lleva fruto trayendo nuevos creyentes. Así que a medida que el evangelio produce fruto en la vida de los individuos, su poder de influencia se acrecienta.

LA VERDAD DEL EVANGELIO ESTÁ ARRAIGADA EN LA GRACIA

y conocisteis la gracia de Dios en verdad, (1:6*c*)

La gracia es el corazón mismo del evangelio. Es el regalo gratuito de Dios que nos concede el perdón de pecados y la vida eterna, los cuales no merecemos ni podemos alcanzar. El cristianismo contrasta vivamente con otras religiones que predican la salvación del hombre por sus propios medios y obras. Nada se enseña con mayor claridad en las Escrituras que esta verdad: "por gracia sois salvos por medio de la fe; y esto no de vosotros, pues es don de Dios; no por obras, para que nadie se gloríe" (Ef. 2:8-9).

Después de escuchar el relato de Pedro acerca de la conversión de Cornelio, los demás apóstoles exclamaron: "¡De manera que también a los gentiles ha dado Dios arrepentimiento para vida!" (Hch. 11:18). Lidia recibió la salvación después de que "el Señor abrió el corazón de ella para que estuviese atenta a lo que Pablo decía" (Hch. 16:14). Pablo les dijo a los tesalonicenses que estaba agradecido "de que Dios os haya escogido desde el principio para salvación, mediante la santificación por el Espíritu y la fe en la verdad" (2 Ts. 2:13). Escribió a Tito: "Porque la gracia de Dios se ha manifestado para salvación a todos los hombres, enseñándonos que, renunciando a la impiedad y a los deseos mundanos, vivamos en este siglo sobria, justa y piadosamente" (Tit. 2:11-12). La salvación es un acto de gracia de parte de Dios (vea también Hch. 15:11; 18:27; Ro. 3:24; 4:1-8).

Pablo describe la gracia salvadora como **la gracia de Dios en verdad**. La frase **en verdad** alude al sentido de autenticidad. Es la verdadera **gracia de Dios**, a diferencia de cualquier otra pretensión del evangelio. Dios concede su gracia de manera gratuita, soberana y perdonadora. Nada podemos hacer para alcanzar nuestra propia salvación. Dios nos salva solo por su gracia. El himno "Jesús todo pagó" lo expresa en estas sencillas palabras:

> Porque nada bueno hay en mí
> para tu gracia pedir.
> Mis vestidos limpiaré
> en la sangre del Cordero inmolado.
> Jesús todo pagó,
> se lo debo todo a Él;
> El pecado que de carmesí manchó
> Blanco como la nieve Él dejó.

LA VERDAD DEL EVANGELIO SE ANUNCIA POR LAS PERSONAS

como lo habéis aprendido de Epafras, nuestro consiervo amado, que es un fiel ministro de Cristo para vosotros, quien también nos ha declarado vuestro amor en el Espíritu. (1:7-8)

Aunque la salvación solo se alcanza por la gracia de Dios, Él usa a las personas como instrumentos de su gracia. Jesús les dijo a sus discípulos en Hechos 1:8 que serían sus testigos mediante el poder del Espíritu Santo. Primera Corintios 1:21 habla a quienes creyeron tras haber escuchado la predicación del mensaje.

Pero tal vez el pasaje que resalta con más fuerza esta verdad es Romanos 10:14: "¿Cómo, pues, invocarán a aquel en el cual no han creído? ¿Y cómo creerán en aquel de quien no han oído? ¿Y cómo oirán sin haber quien les predique?"

Como vimos en la introducción, Epafras trajo las buenas nuevas de la gracia de Dios a la iglesia de Colosas. Fue él quien se las anunció. A menudo Pablo se refiere a sí mismo como un *doulos* (**esclavo**) de Cristo (Ro. 1:1; Fil. 1:1; Gá. 1:10; Tit. 1:1). Al referirse a Epafras como su **consiervo** (*sundoulos*) y **fiel ministro de Cristo** para nosotros, Pablo relaciona su ministerio con el de Epafras. Epafras era el representante de Pablo en Colosas, y contaba con el respaldo de la autoridad de este último y del Señor Jesús. En tanto que Pablo estaba encarcelado y no podía ir a los colosenses, Epafras le sirvió actuando en su nombre. También informó a Pablo acerca del **amor en el Espíritu** de los colosenses, una noticia que sin duda regocijó el corazón de Pablo. Pablo dio gracias por el evangelio y por los colosenses que lo recibieron.

Dios nos concede el maravilloso privilegio y la seria responsabilidad de ser sus representantes en la proclamación del evangelio de su gracia. Es mi anhelo que podamos ser fieles en anunciar a otros este evangelio de inestimable valor.

Pablo ora por los colosenses —Primera parte

2

Por lo cual también nosotros, desde el día que lo oímos, no cesamos de orar por vosotros, y de pedir que seáis llenos del conocimiento de su voluntad en toda sabiduría e inteligencia espiritual, para que andéis como es digno del Señor, agradándole en todo, llevando fruto en toda buena obra, y creciendo en el conocimiento de Dios; fortalecidos con todo poder, conforme a la potencia de su gloria, para toda paciencia y longanimidad; (1:9-11)

A pesar de no tener a su disposición todas las facilidades que ofrecen la tecnología y la ciencia, todo cristiano está capacitado para servir al bienestar de otros creyentes a quienes no puede ver o con quienes no puede hablar. Podemos contribuir a su crecimiento espiritual y garantizar las bendiciones de Dios para la vida de cada uno de ellos. La extraordinaria herramienta que permite hacerlo es la oración.

El ministerio de un apóstol se consagraba en principio a la enseñanza de la Palabra y a la oración (Hch. 6:4). Pablo da abundante instrucción a los colosenses y también comparte algunas de sus oraciones por ellos. Sus palabras llenas de emoción contienen dos elementos: petición (vv. 9-11) y alabanza (vv. 12-14).

Pablo era consciente de la importancia de las oraciones de otros en su propio ministerio: "cooperando también vosotros a favor nuestro con la oración, para que por muchas personas sean dadas gracias a favor nuestro por el don concedido a nosotros por medio de muchos" (2 Co. 1:11); "Porque sé que por vuestra oración y la suministración del Espíritu de Jesucristo, esto resultará en mi liberación" (Fil. 1:19); "Prepárame también alojamiento; porque espero que por vuestras oraciones os seré concedido" (Flm. 22).

Por lo anterior, no resulta sorprendente que el Nuevo Testamento nos exhorte a orar unos por otros. Leemos en Efesios 6:18: "orando en todo tiempo con toda oración y súplica en el Espíritu, y velando en ello con toda perseverancia y súplica por todos los santos". Pablo escribe en 1 Timoteo 2:1: "Exhorto ante todo, a que se hagan rogativas, oraciones, peticiones y acciones de gracias, por todos los hombres". El autor de Hebreos les pidió a sus lectores: "Orad por nosotros; pues confiamos en que tenemos buena conciencia, deseando conducirnos bien en todo" (13:18).

La Biblia está colmada de ejemplos de oración de unos por otros en el pueblo de Dios:

- Job oró por sus amigos (Job 42:10).
- Moisés oró por Aarón (Dt. 9:20) y por María (Nm. 12:13).
- Samuel oró por Israel (1 S. 7:5, 9).
- David oró por Israel (2 S. 24:17) y por Salomón (1 Cr. 28:18-19).
- Ezequías oró por Judá (2 R. 19:14-19).
- Isaías oró por el pueblo de Dios (Is. 63:15—64:12).
- Daniel oró por Israel (Dn. 9:3-19).
- Ezequiel oró por Israel (Ez. 9:8).
- Nehemías oró por Judá (Neh. 1:4-11).
- Jesús oró por sus discípulos (Jn. 17:9-24).
- La iglesia de Jerusalén oró para que Pedro fuera liberado de la cárcel (Hch. 12:5).
- Pablo oró por los cristianos (Ro. 1:9-10; Ef. 1:16-19).
- Epafras oró por los colosenses (Col. 4:12).

Puesto que la oración es tan importante, Pablo empieza su carta dando a conocer sus oraciones por los colosenses antes de presentar su enseñanza. Hay dos elementos que componen su oración: la petición (vv. 9-11) y la alabanza (vv. 12-14).

LA PETICIÓN

Por lo cual también nosotros, desde el día que lo oímos, no cesamos de orar por vosotros, y de pedir que seáis llenos del conocimiento de su voluntad en toda sabiduría e inteligencia espiritual, (1:9)

Por lo cual alude al informe favorable que Pablo había recibido de Epafras (v. 8). Desde el día en el que había escuchado este informe había estado orando por los colosenses. Podría parecer innecesario orar por quienes están bien. La mayoría de nuestras oraciones se concentran en quienes están sufriendo, enfrentando dificultades o padeciendo enfermedad. Pablo, sin embargo, sabía que no debemos dejar de orar por quienes están progresando en la fe. Por el contrario, su progreso debería animarnos a orar para que alcancen un mayor crecimiento. El enemigo puede alistar su mayor oposición contra quienes tienen una mayor capacidad para expandir la obra de Dios en el mundo.

Esta oración incesante y reiterativa (1 Ts. 5:17) requiere de nuestra parte, ante todo, una actitud consciente de la presencia de Dios. Esto no significa que debamos orar todo el tiempo, sino que veamos cada situación en la vida relacionada con Dios. Por ejemplo, si conocemos a alguien, podemos meditar en su condición delante de Dios. Si recibimos malas noticias, podemos reaccionar orando para que Dios intervenga sabiendo que lo hará. Si recibimos buenas noticias, podemos responder en alabanza a Dios porque sabemos que esto lo glorifica. Cuando Pablo miraba el mundo a su alrededor, todo lo que veía le impulsaba a orar de alguna manera. Cuando pensaba o recibía noticias acerca de una de sus amadas iglesias, esto lo llevaba a la comunión con Dios.

Nehemías es un ejemplo de alguien que oraba sin cesar. Después que el rey Artajerjes le preguntó el motivo de su tristeza, Nehemías le habló acerca de la destrucción de Jerusalén. Entonces el rey indagó su petición al respecto, y Nehemías hizo una breve oración antes de responder (Neh. 2:4). En medio de una situación tan tensa, Nehemías era consciente del carácter y del propósito de Dios.

Un segundo aspecto de la oración incesante es el conocimiento de las personas. No podemos orar de manera eficaz por las personas a menos que nos percatemos de sus necesidades. Pablo exhortó a los colosenses a perseverar en la oración (4:2), y a los efesios les escribió: "orando en todo tiempo con toda oración y súplica en el Espíritu, y velando en ello con toda perseverancia y súplica por todos los santos" (Ef. 6:18).

Los dos elementos de la oración incesante estuvieron presentes en la vida de oración de Pablo. Su amor por Dios lo llevó a buscar una comunión permanente con Él. Su amor por las personas lo llevó a orar sin cesar por ellas. Las oraciones de Pablo registradas en sus cartas son un legado de gran valor. Revelan su corazón y son un ejemplo que debemos seguir. Este texto registra la primera de estas oraciones.

Pablo pide que los colosenses sean **llenos del conocimiento de su voluntad**. *Plēroō* (**lleno**) significa estar completamente lleno, o controlado. El corazón de cada uno de los discípulos se llenó de dolor cuando Jesús les mencionó su partida (Jn. 16:6). Lucas 5:26 dice que la multitud estaba llena de temor después que Jesús sanó al paralítico. Los escribas y los fariseos estaban llenos de ira cuando Jesús sanó en el día sábado (Lc. 6:11). Los discípulos fueron llenos del Espíritu Santo (Hch. 4:31), y Esteban estaba lleno de fe (Hch. 6:5). En cada caso, estaban bajo el control absoluto de lo que los llenaba.

Pablo deseaba que los colosenses estuvieran totalmente controlados por el **conocimiento**. *Epignōsis* (**conocimiento**) está compuesto por la palabra griega traducida como *conocimiento* (*gnōsis*) y una preposición adicional (*epi*), que refuerza su significado. El conocimiento que Pablo anhelaba ver en los colosenses es un conocimiento profundo y pleno.

El conocimiento es un tema central en los escritos de Pablo. Él dijo a los corintios: "porque en todas las cosas fuisteis enriquecidos en él, en toda palabra y en toda ciencia" (1 Co. 1:5). Oró porque "el Dios de nuestro Señor Jesucristo, el Padre de gloria" diera a los efesios "espíritu de sabiduría y de revelación en el conocimiento de él" (Ef. 1:17). A los filipenses escribió: "Y esto pido en oración, que vuestro amor abunde aun más y más en ciencia y en todo conocimiento" (Fil. 1:9). En Colosenses 2:3 vemos que todos los tesoros de la sabiduría y del conocimiento están escondidos en Cristo. Nuestro nuevo hombre "se va renovando hasta el conocimiento pleno" (Col. 3:10). Como lo indican estos versículos, el conocimiento bíblico verdadero no es teórico sino que trae como resultado la obediencia.

La negación de los absolutos, y en especial de los absolutos morales, es una característica de la sociedad actual. Casi se acepta cualquier cosa, puesto que no existe una fuente de autoridad que dictamine normas absolutas. Lo que reviste de validez a los valores morales es a menudo arbitrario y basado tan solo en opiniones humanas. Pero para el cristiano, la Palabra de Dios revestida de toda autoridad es la que determina los absolutos. Estos absolutos son la base sobre la cual se establece toda la verdad acerca de Dios y todas las normas de fe y conducta. Dado que el conocimiento de estos absolutos es la base para corregir la conducta y determinar el juicio, es vital que los cristianos conozcamos la verdad revelada de Dios. La ignorancia no trae felicidad, y nadie puede agradar a Dios si desconoce sus principios establecidos.

De manera que la Biblia considera el conocimiento de los absolutos doctrinales como la base para una vida piadosa. La mayoría de las cartas de Pablo comienzan estableciendo un fundamento doctrinal antes de pasar a las exhortaciones prácticas. Por ejemplo, Pablo dedica once capítulos a la doctrina en Romanos, antes de hablar de la vida que agrada a Dios en el capítulo 12. Los capítulos 1 al 4 de Gálatas son doctrinales, mientras que los capítulos 5 y 6 son prácticos. Los tres primeros capítulos de Efesios subrayan nuestra posición en Cristo, mientras que los últimos tres capítulos nos exhortan a vivir conforme a ella. Filipenses y Colosenses también siguen el mismo esquema de doctrina que precede a la exhortación práctica. En las Escrituras, la vida que agrada a Dios siempre está relacionada con el conocimiento de la verdad doctrinal.

La Biblia nos advierte acerca del peligro de la falta de conocimiento. Proverbios 19:2 dice: "El alma sin ciencia no es buena". Fue la falta de conocimiento lo que llevó a Israel al exilio (Is. 5:13), y Dios dice en Oseas 4:6: "Mi pueblo fue destruido, porque le faltó conocimiento". Primera Corintios 14:20 nos amonesta así: "Hermanos, no seáis niños en el modo de pensar, sino sed niños en la malicia, pero maduros en el modo de pensar". Efesios 4:13-14 nos dice que la falta de conocimiento produce "niños fluctuantes, llevados por doquiera de todo viento de doctrina, por estratagema de hombres que para engañar emplean con astucia las artimañas del error". El versículo 18 dice acerca de los no creyentes: "teniendo el entendimiento entenebrecido, ajenos de la vida de Dios por la ignorancia que en ellos hay".

¿Cómo se obtiene conocimiento? En primer lugar, deseándolo. En Juan 7:17 Jesús dice: "El que quiera hacer la voluntad de Dios, conocerá si la doctrina es de Dios, o si yo hablo por mi propia cuenta". Este mismo pensamiento se refleja en Oseas 6:3: "conoceremos, y proseguiremos en conocer a Jehová". En segundo lugar, se requiere depender del Espíritu Santo, pues es Él quien nos da a conocer las cosas que Dios nos ha revelado (cp. 1 Co. 2:10-12). Por último, es necesario estudiar las Escrituras que hacen al creyente "perfecto, enteramente preparado para toda buena obra" (2 Ti. 3:16-17). Tal vez el pasaje que mejor ilustra la búsqueda de la verdad divina es Job 28.

Pablo ora para que alcancemos el conocimiento de la voluntad de Dios. Y su voluntad no es un secreto, sino que nos ha sido revelada en su Palabra. Por ejemplo, es la voluntad de Dios que una persona se salve (1 Ti. 2:4; 2 P. 3:9). Una vez que alguien se salva, es la voluntad de Dios que sea lleno del Espíritu. Efesios 5:17-18 dice: "no seáis insensatos, sino entendidos de cuál sea la voluntad del Señor. No os embriaguéis con vino, en lo cual hay disolución; antes bien sed llenos del Espíritu". Además, la voluntad de Dios es la santificación: "pues la voluntad de Dios es vuestra santificación" (1 Ts. 4:3). Dios también desea que el creyente se someta a las autoridades del gobierno. Pedro escribe: "someteos a toda institución humana… porque esta es la voluntad de Dios" (1 P. 2:13, 15). El sufrimiento puede también formar parte de la voluntad de Dios para el creyente: "que los que padecen según la voluntad de Dios, encomienden sus almas al fiel Creador, y hagan el bien" (1 P. 4:19). Por último, la voluntad de Dios es que demos gracias. Pablo escribe: "Dad gracias en todo, porque esta es la voluntad de Dios para con vosotros en Cristo Jesús" (1 Ts. 5:18).

Permitir que el conocimiento de la Palabra de Dios controle nuestra mente es la clave para alcanzar una vida justa. Lo que controla nuestros pensamientos controlará nuestro comportamiento. El control de sí mismo es el resultado del control de la mente, que a su vez depende del conocimiento. El conocimiento de la Palabra de Dios nos llevará a **toda sabiduría y entendimiento espiritual**. Aunque los términos **sabiduría** y **entendimiento** parezcan sinónimos, *sophia* (**sabiduría**) podría considerarse como el término más amplio. Se refiere a la habilidad para almacenar y recopilar los principios de las Escrituras. *Sunesis* (**entendimiento**) podría considerarse un término más especializado que se refiere a la aplicación de los principios a la vida cotidiana. Ambos términos, *sophia* y *sunesis*, son espirituales. Tienen que ver con el reino espiritual y su fuente es el Espíritu Santo.

El estudio de la Biblia basado en la fe y el sometimiento lleva al conocimiento de la voluntad de Dios. Una mente saturada de dicho conocimiento tendrá la capacidad de comprender los principios generales de una conducta recta y piadosa. La sabiduría proveerá el entendimiento para aplicar estos principios a las diferentes circunstancias de la vida. Esta progresión dará como resultado natural un carácter y una vida en rectitud.

LOS RESULTADOS

para que andéis como es digno del Señor, agradándole en todo, llevando fruto en toda buena obra, y creciendo en el conocimiento de Dios; fortalecidos con todo poder, conforme a la potencia de su gloria, para toda paciencia y longa-nimidad; (1:10-11)

En los versículos 10 al 11, Pablo enumera cinco propósitos que se cumplen mediante ese conocimiento espiritual.

UN ANDAR DIGNO

para que andéis como es digno del Señor, agradándole en todo, (1:10*a*)

En la Biblia, **andar** se refiere a la pauta de conducta cotidiana. Una mente controlada por el conocimiento, la sabiduría y el entendimiento produce una vida **digna del Señor**. Aunque parezca imposible que alguien pueda andar como es digno del Señor, eso es lo que la Biblia nos enseña. Pablo manifestó este deseo a los tesalonicenses: "que anduvieseis como es digno de Dios, que os llamó a su reino y gloria" (1 Ts. 2:12). También exhortó a los efesios: "que andéis como es digno de la vocación con que fuisteis llamados" (Ef. 4:1). Y les dijo a los filipenses: "que os comportéis como es digno del evangelio de Cristo" (Fil. 1:27).

Dios no nos ha dejado solos en la tarea de andar de una manera digna de Él. Pablo escribió a los gálatas: "Con Cristo estoy juntamente crucificado, y ya no vivo yo, mas vive Cristo en mí; y lo que ahora vivo en la carne, lo vivo en la fe del Hijo de Dios, el cual me amó y se entregó a sí mismo por mí" (Gá. 2:20). Cristo habita en nosotros en la persona del Espíritu Santo. Pablo oró así por los efesios: "para que os dé, conforme a las riquezas de su gloria, el ser fortalecidos con poder en el hombre interior por su Espíritu; para que habite Cristo por la fe en vuestros corazones" (Ef. 3:16-17). Tratar de andar de una manera digna de Dios en nuestras propias fuerzas es una tarea condenada al fracaso. Martín Lutero lo declaró con claridad en su himno "Castillo fuerte es nuestro Dios".

> Nuestro valor es nada aquí,
> Con él todo es perdido;
> Mas con nosotros luchará

> De Dios el Escogido.
> Es nuestro Rey Jesús,
> El que venció en la cruz,
> Señor y Salvador,
> Y siendo Él solo Dios,
> Él triunfa en la batalla.

(Traducción al castellano de J. B Cabrera. En: *Himnario Bautista*. El Paso, Texas: Casa Bautista de Publicaciones, 1989).

El Nuevo Testamento describe varias características del andar digno de Dios. Debemos andar en humildad (Ef. 4:1-3), en pureza (Ro. 13:13), en contentamiento (1 Co. 7:17), por la fe (2 Co. 5:7), en buenas obras (Ef. 2:10), de manera distinta al mundo (Ef. 4:17-32), en amor (Ef. 5:2), en luz (Ef. 5:8), en sabiduría (Ef. 5:15), y en verdad (3 Jn. 3-4). Este andar agradará a Dios en todo aspecto.

UNA VIDA FRUCTÍFERA

llevando fruto en toda buena obra, (1:10*b*)

Dar fruto también es un resultado del conocimiento. El fruto es producto de la justicia y el sello de cada persona redimida. Jesús dijo en Juan 15:8: "En esto es glorificado mi Padre, en que llevéis mucho fruto, y seáis así mis discípulos" (cp. vv. 2, 5-6). Pablo les dijo a los romanos: "Así también vosotros, hermanos míos, habéis muerto a la ley mediante el cuerpo de Cristo, para que seáis de otro, del que resucitó de los muertos, a fin de que llevemos fruto para Dios" (Ro. 7:4).

La Biblia define **fruto** de diversas maneras. Aquí Pablo habla de **llevar fruto en toda buena obra**. Las personas convertidas se consideran fruto. Pablo se refirió a la familia de Estéfanas como "las primicias de Acaya" (1 Co. 16. 15). También Pablo buscaba fruto en los romanos (Ro. 1:13). Hebreos 13:15 define la alabanza como fruto: "Así que, ofrezcamos siempre a Dios, por medio de él, sacrificio de alabanza, es decir, fruto de labios que confiesan su nombre". Dar dinero es también un fruto (Ro. 15:26-28). Una vida justa es fruto, tal como lo indica el autor de Hebreos al hablar del resultado de la disciplina divina: "fruto apacible de justicia" (He. 12:11). Por último, se mencionan las actitudes piadosas en Gálatas 5:22-23 como "el fruto del Espíritu".

¿Qué produce el fruto en la vida de los creyentes? En primer lugar, la unión con Cristo. Jesús dijo en Juan 15:4-5: "Permaneced en mí, y yo en vosotros. Como el pámpano no puede llevar fruto por sí mismo, si no permanece en la vid, así tampoco vosotros, si no permanecéis en mí. Yo soy la vid, vosotros los pámpanos; el que permanece en mí, y yo en él, éste lleva mucho fruto; porque separados de mí nada podéis hacer".

En segundo lugar, la sabiduría es un requisito previo para dar fruto. "Pero la sabiduría que es de lo alto es primeramente pura, después pacífica, amable, benigna, llena de misericordia y de buenos frutos, sin incertidumbre ni hipocresía" (Stg. 3:17). La falta de fruto está ligada a la falta de sabiduría espiritual. Por último, se requiere el esfuerzo diligente del cristiano, como lo anota Pedro:

> *"poniendo toda diligencia por esto mismo, añadid a vuestra fe virtud; a la virtud, conocimiento; al conocimiento, dominio propio; al dominio propio, paciencia; a la paciencia, piedad; a la piedad, afecto fraternal; y al afecto fraternal, amor. Porque si estas cosas están en vosotros, y abundan, no os dejarán estar ociosos ni sin fruto en cuanto al conocimiento de nuestro Señor Jesucristo". (2 P. 1:5-8)*

CRECIMIENTO

y creciendo en el conocimiento de Dios; (1:10*c*)

Un tercer resultado del conocimiento es el crecimiento espiritual. El crecimiento espiritual progresa **en el conocimiento de Dios**. *Tē epignōsei* (**en el conocimiento**) es un caso de dativo instrumental. Indica el medio por el cual ocurre el crecimiento. El conocimiento de Dios revelado en su Palabra es crucial para el crecimiento espiritual. Pedro escribió: "desead, como niños recién nacidos, la leche espiritual no adulterada, para que por ella crezcáis para salvación" (1 P. 2:2). Como siempre, el Espíritu Santo infunde la gracia de Dios a nuestros propios esfuerzos (2 P. 3:18), sin la cual nosotros no podríamos crecer.

La primera evidencia del crecimiento espiritual es un amor profundo por la Palabra de Dios. "¡Oh, cuánto amo yo tu ley! Todo el día es ella mi meditación" (Sal. 119:97).

Segundo, el crecimiento espiritual se refleja en una obediencia más perfecta.

> *Y en esto sabemos que nosotros le conocemos, si guardamos sus mandamientos. El que dice: Yo le conozco, y no guarda sus mandamientos, el tal es mentiroso, y la verdad no está en él; pero el que guarda su palabra, en éste verdaderamente el amor de Dios se ha perfeccionado. (1 Jn. 2:3-5)*

Tercero, el crecimiento espiritual produce una fe creciente. "Debemos siempre dar gracias a Dios por vosotros, hermanos, como es digno, por cuanto vuestra fe va creciendo, y el amor de todos y cada uno de vosotros abunda para con los demás" (2 Ts. 1:3; cp. 2 Co. 10:15).

Una cuarta evidencia del crecimiento espiritual es un amor mayor: "Y esto pido en oración, que vuestro amor abunde aun más y más en ciencia y en todo conocimiento" (Fil. 1:9).

FORTALEZA

fortalecidos con todo poder, conforme a la potencia de su gloria, (1:11*a*)

Un cuarto resultado del conocimiento es la fortaleza espiritual. *Dunamoumenoi* ("fortalecido") es un participio presente que indica una acción continua. Dios no actúa como un cohete que da a los creyentes un primer impulso de poder para luego dejarnos volar a nuestro propio riesgo. Los creyentes somos **fortalecidos con todo poder** a lo largo de toda nuestra vida cristiana.

La medida de ese poder se conforma a **la potencia de su gloria. Gloria** viene de *doxa*, y se refiere a la manifestación de los atributos de Dios. **Potencia** es la traducción de *kratos*, que denota fuerza en acción. Once de las doce veces que se usa este término en el Nuevo Testamento, hace referencia a Dios. El **poder** que está a nuestra disposición es el poder ilimitado de Dios mismo.

El poder de Dios se manifiesta en nosotros a través del ministerio del Espíritu Santo. Nuestro Señor les dijo a los discípulos que recibirían poder con la venida del Espíritu Santo sobre ellos (Hch. 1:8). Pablo oró por los efesios para "ser fortalecidos con poder en el hombre interior por su Espíritu" (Ef. 3:16). A los romanos escribió: "Y el Dios de esperanza os llene de todo gozo y paz en el creer, para que abundéis en esperanza por el poder del Espíritu Santo" (Ro. 15:13). Este poder está a disposición del creyente lleno del conocimiento de la Palabra de Dios.

PACIENCIA

para toda paciencia y longanimidad; (1:11*b*)

Pablo anota un último resultado del verdadero conocimiento espiritual: soportar con gozo y paciencia las pruebas. El conocimiento de las promesas y propósitos de Dios revelados en las Escrituras nos da fortaleza para soportar las pruebas y el sufrimiento. *Hupomonē* (**paciencia**) y *makrotumia* (**longanimidad**) están íntimamente relacionados. En cuanto a la diferencia entre los dos términos, *hupomonē* se refiere a ser paciente en medio de las circunstancias, mientras que *makrotumia* se refiere a ser paciente con las personas (Trench, R. C. *Synonyms of the New Testament* [Sinónimos del Nuevo Testamento] [Grand Rapids: Eerdmans, 1983], p. 198). Ambos aluden a la paciencia para soportar las pruebas.

Pablo no está hablando de una paciencia estoica que rechine los dientes. La fortaleza que proporciona el conocimiento de la Palabra de Dios faculta al creyente para soportar las pruebas con gozo (*meta charis*). Los comentaristas no están todos de acuerdo en su opinión acerca de si *meta charis* corresponde a **paciencia** y **longanimidad** en el versículo 11, o a **dando gracias** en el versículo 12. No obstante, parece más adecuado relacionarlo con la frase del versículo 11.

Dando gracias (v. 12) ya contiene el ingrediente de gozo. El conocimiento de la verdad de Dios nos confiere la capacidad para soportar las pruebas con gozo, como sucedió en la vida de Pablo (cp. Hch. 16:25).

La oración constante de Pablo por los colosenses es que fueran llenos del conocimiento de la voluntad de Dios. Él sabía que los creyentes solo podían andar de una manera digna del Señor y agradable a Él si eran dirigidos por este conocimiento. Pablo sabía además que dicho conocimiento era indispensable para una vida fructífera, para el crecimiento espiritual y para soportar con gozo las pruebas.

Pablo ora por los colosenses —Segunda parte

3

con gozo dando gracias al Padre que nos hizo aptos para participar de la herencia de los santos en luz; el cual nos ha librado de la potestad de las tinieblas, y trasladado al reino de su amado Hijo, en quien tenemos redención por su sangre, el perdón de pecados. (1:12-14)

La oración de Pablo constituye un modelo a seguir para todos los creyentes. Al igual que sus oraciones, las nuestras deben incluir tanto la alabanza como las peticiones. Pablo escribió a los filipenses: "Por nada estéis afanosos, sino sean conocidas vuestras peticiones delante de Dios en toda oración y ruego, con acción de gracias" (Fil. 4:6). En 1 Timoteo 2:1 exhortó a "que se hagan rogativas, oraciones, peticiones y acciones de gracias, por todos los hombres". Más adelante dijo a los colosenses: "Perseverad en la oración, velando en ella con acción de gracias" (Col. 4:2). Pablo daba gracias sin cesar en sus oraciones (cp. Hch. 27:35; Ro. 1:8; 1 Ti. 1:12).

[Dar] gracias es desechado a un segundo plano en las oraciones del pueblo cristiano con demasiada frecuencia. Nuestra actitud al acercarnos a Dios nos recuerda a menudo las hijas de la sanguijuela que dicen: "¡Dame! ¡dame!" (Pr. 30:15). Somos prontos para pedir y lentos para dar gracias a Dios. Esperamos que responda a nuestras oraciones porque eso es lo que suele hacer. Olvidamos que es solo por gracia que recibimos todo de Él.

La Biblia reitera la importancia de dar gracias. "Sacrifica a Dios alabanza" (Sal. 50:14). "Alaben la misericordia de Jehová, y sus maravillas para con los hijos de los hombres; ofrezcan sacrificios de alabanza, y publiquen sus obras con júbilo" (Sal. 107:21-22). "Bueno es alabarte, oh Jehová, y cantar salmos a tu nombre, oh Altísimo" (Sal. 92:1). "Dando siempre gracias por todo al Dios y Padre, en el nombre de nuestro Señor Jesucristo" (Ef. 5:20). "Y todo lo que hacéis, sea de palabra o de hecho, hacedlo todo en el nombre del Señor Jesús, dando gracias a Dios Padre por medio de él" (Col. 3:17). "Así que, ofrezcamos siempre a Dios, por medio de él, sacrificio de alabanza, es decir, fruto de labios que confiesan su nombre" (He. 13:15). La gratitud debe impregnar nuestra conversación, nuestros cantos y nuestras oraciones.

Nuestro Señor sabía la importancia de dar gracias. En Mateo 11:25 dijo: "Te alabo, Padre, Señor del cielo y de la tierra, porque escondiste estas cosas de los sabios y de los entendidos, y las revelaste a los niños". Antes de alimentar a los cinco mil, Jesús "habiendo dado gracias, los repartió entre los discípulos, y los discípulos entre los que estaban recostados" (Jn. 6:11). Antes de resucitar a Lázaro, "Jesús, alzando los ojos a lo alto, dijo: Padre, gracias te doy por haberme oído" (Jn. 11:41).

Apocalipsis 7:11 nos dice que los ángeles dan gracias: "Y todos los ángeles estaban en pie alrededor del trono, y de los ancianos y de los cuatro seres vivientes; y se postraron sobre sus rostros delante del trono, y adoraron a Dios, diciendo: Amén. La bendición y la gloria y la sabiduría y la acción de gracias y la honra y el poder y la fortaleza, sean a nuestro Dios por los siglos de los siglos. Amén".

David (2 S. 22:50; Sal. 28:7), los levitas (1 Cr. 16:4; Neh. 12:24), Asaf y sus familiares (1 Cr. 16:7), Daniel (Dn. 6:10), los sacerdotes, los levitas y los descendientes de Asaf (Esd. 3:10-11) también dieron gracias a Dios.

En contraste con estos buenos ejemplos, la Biblia enseña que la ingratitud caracteriza al impío. Una acusación contra los incrédulos es que "habiendo conocido a Dios, no le glorificaron como a Dios, ni le dieron gracias" (Ro. 1:21). Los malvados se caracterizan por no dar gracias (Lc. 6:35; 2 Ti. 3:2).

Las Escrituras nos enseñan a dar gracias a Dios por muchos motivos. Debemos darle gracias por ser quien es. El Salmo 30:4 dice: "Cantad a Jehová, vosotros sus santos, y celebrad la memoria de su santidad" (cp. Sal. 97:12). También debemos dar gracias a Dios por su cercanía: "Gracias te damos, oh Dios, gracias te damos, pues cercano está tu nombre; los hombres cuentan tus maravillas" (Sal. 75:1). Pablo da gracias a Dios por su salvación y por la oportunidad de servirle: "Doy gracias al que me fortaleció, a Cristo Jesús nuestro Señor, porque me tuvo por fiel, poniéndome en el ministerio, habiendo yo sido antes blasfemo, perseguidor e injuriador; mas fui recibido a misericordia porque lo hice por ignorancia, en incredulidad" (1 Ti. 1:12-13).

También el apóstol da gracias por el crecimiento espiritual de otros: "Debemos siempre dar gracias a Dios por vosotros, hermanos, como es digno, por cuanto vuestra fe va creciendo, y el amor de todos y cada uno de vosotros abunda para con los demás" (2 Ts. 1:3).

Hasta las cosas terrenales como el alimento deben ser motivo de acción de gracias (1 Ti. 4:3-4). Primera Tesalonicenses 5:18 lo resume así: "Dad gracias en todo, porque esta es la voluntad de Dios para con vosotros en Cristo Jesús".

El mayor motivo de gratitud para los cristianos es la obra de Cristo. En 2 Corintios 9:15, Pablo exclama: "¡Gracias a Dios por su don inefable!". Dio gracias por la salvación que es el resultado de la obra de Cristo (cp. 1 Co. 1:4). Ese también es el tema que trata en Colosenses 1:12-14. Pablo resume la doctrina de la salvación en tres grandes verdades: la herencia, la liberación y el traslado. Todos abarcan la salvación y son motivo de agradecimiento para nosotros. En estos versículos, Pablo expone los detalles de su gratitud.

LA HERENCIA

con gozo dando gracias al Padre que nos hizo aptos para participar de la herencia de los santos en luz; (1:12)

Padre resalta el aspecto personal y el tipo de relación que tenemos con Dios al estar unidos a Él. Antes de recibir la salvación, Dios era nuestro juez. Estábamos bajo condenación por haber violado sus leyes justas y santas. Pero en el momento en el que por la gracia de Dios pusimos nuestra fe en Cristo, Dios dejó de ser para nosotros un juez que condena y se convirtió en nuestro Padre lleno de gracia.

Dios no solo nos adoptó como hijos suyos, sino que también nos **hizo aptos para participar de la herencia de los santos en luz. Aptos** viene de *hikanoō*, una palabra usada solo en este caso y en 2 Corintios 3:6 en el Nuevo Testamento. Significa "adiestrar, facultar, autorizar, habilitar". No somos aptos en nuestras propias fuerzas. Dios nos ha hecho aptos mediante la obra consumada de Cristo.

Antes de que Dios nos salvara por su gracia éramos incapaces de recibir nuestra herencia. Varios pasajes en Efesios describen nuestra incapacidad:

Y él os dio vida a vosotros, cuando estabais muertos en vuestros delitos y pecados, en los cuales anduvisteis en otro tiempo, siguiendo la corriente de este mundo, conforme al príncipe de la potestad del aire, el espíritu que ahora opera en los hijos de desobediencia, entre los cuales también todos nosotros vivimos en otro tiempo en los deseos de nuestra carne, haciendo la voluntad de la carne y de los pensamientos, y éramos por naturaleza hijos de ira, lo mismo que los demás. (2:1-3)

En aquel tiempo estabais sin Cristo, alejados de la ciudadanía de Israel y ajenos a los pactos de la promesa, sin esperanza y sin Dios en el mundo. (2:12)

Esto, pues, digo y requiero en el Señor: que ya no andéis como los otros gentiles, que andan en la vanidad de su mente, teniendo el entendimiento entenebrecido, ajenos de la vida de Dios por la ignorancia que en ellos hay, por la dureza de su corazón; los cuales, después que perdieron toda sensibilidad, se entregaron a la lascivia para cometer con avidez toda clase de impureza. (4:17-19)

Antes de recibir la salvación estábamos bajo el dominio del sistema maligno del mundo, de Satanás, su malvado gobernante, y de nuestra naturaleza humana caída y pecaminosa. Estábamos sin Cristo, sin identidad, sin pacto, sin esperanza y sin Dios. Nuestra mente estaba envanecida y nuestro entendimiento entenebrecido. Estábamos apartados de la vida de Dios, ignorantes, endurecidos en nuestro corazón, insensibles, inmorales, impuros y llenos de codicia. Lo único que éramos capaces de recibir de Dios es su ira. Y es solo eso lo que habríamos recibido si Dios no hubiera tenido misericordia de nosotros.

Por su gracia, Dios ha hecho **aptos** a los incapaces, a fin de concederles su herencia. El texto original griego dice textualmente: "para la porción del terreno" (*eis tēn merida tou klērou*). El genitivo partitivo (*tou klērou*) da a entender que cada uno de nosotros recibe su propia parte o porción del total de la herencia. Aquí Pablo alude a la partición de la herencia de Israel en Canaán (cp. Nm. 26:52-56; 33:51-54; Jos. 14:1-2). De igual modo que los israelitas recibieron su herencia en la Tierra Prometida, nosotros recibimos nuestra porción de la herencia espiritual.

La Biblia dice mucho acerca de nuestra **herencia.** En primer lugar, nuestra herencia comprende la vida eterna. Jesús dijo en Mateo 19:29: "Y cualquiera que haya dejado casas, o hermanos, o hermanas, o padre, o madre, o mujer, o hijos, o tierras, por mi nombre, recibirá cien veces más, y heredará la vida eterna". La vida eterna es mucho más que una existencia sin límite en el tiempo. Es una calidad de vida que radica en la vida de Cristo mismo manifestada en la vida del creyente (Gá. 2:20; cp. 1 Jn. 5:20). En segundo lugar, nuestra herencia comprende la posesión de la tierra. En el Sermón del Monte, nuestro Señor afirmó que los creyentes heredarían la tierra (Mt. 5:5). Este aspecto se centra en el aspecto futuro de nuestra herencia, el día en el que reinaremos junto con Cristo en el milenio (Ap. 20:6). Saber que heredaremos una tierra restaurada debería liberarnos de cualquier afán presente por las posesiones materiales. Algún día recibiremos mucho más de lo que jamás hayamos obtenido en esta vida. En tercer lugar, heredamos todas las promesas de Dios. El autor de Hebreos nos exhorta a ser "imitadores de aquellos que por la fe y la paciencia heredan las promesas" (He. 6:12).

¿Cuándo recibiremos nuestra herencia? El participio presente *hikanōsanti* **(aptos)** señala que es nuestra en el presente (cp. Ef. 1:11). Ya hemos sido trasladados de la potestad de las tinieblas al reino de Cristo (Col. 1:13). Ya somos coherederos con Cristo (Ro. 8:16-17). No obstante, la posesión completa de esta herencia, tendrá lugar en el futuro. Pablo se refiere a ella como una "herencia incorruptible, incontaminada e inmarcesible, reservada en los cielos para vosotros" (1 P. 1:4). Será nuestra para siempre. Hebreos 9:15 la describe como una herencia eterna.

Asimismo, Pablo define nuestra herencia como **la herencia de los santos en luz**. *Hagiōn* (**santos**) se refiere a quienes han sido separados del mundo y apartados para Dios. La herencia solo les pertenece a ellos. Primera Corintios 6:9-10 declara: "¿No sabéis que los injustos no heredarán el reino de Dios? No erréis; ni los fornicarios, ni los idólatras, ni los adúlteros, ni los afeminados, ni los que se echan con varones, ni los ladrones, ni los avaros, ni los borrachos, ni los maldicientes, ni los estafadores, heredarán el reino de Dios".

Asimismo, Efesios 5:5 reitera: "Porque sabéis esto, que ningún fornicario, o inmundo, o avaro, que es idólatra, tiene herencia en el reino de Cristo y de Dios". Y Gálatas 5:21 añade: "que los que practican tales cosas no heredarán el reino de Dios".

La herencia de los santos es **en luz**. En la Biblia, la luz representa dos cosas. Desde el punto de vista intelectual representa la verdad (Sal. 119:130). Y desde el punto de vista moral representa la pureza (Ef. 5:8-14). Mientras que la herencia de Israel fue terrenal, la herencia de los santos es en luz: en el reino espiritual de verdad y pureza donde Dios mismo habita (1 Ti. 6:16). En su defensa ante el rey Agripa en Hechos 26, Pablo habló del mandato de Dios de predicar a los gentiles. El Señor le dijo a Pablo que lo enviaba "para que abras sus ojos, para que se conviertan de las tinieblas a la luz, y de la potestad de Satanás a Dios; para que reciban, por la fe que es en mí, perdón de pecados y herencia entre los santificados" (v. 18). Sin duda alguna, Pablo tenía en mente este suceso al escribir Colosenses 1:12-14. Los santos son quienes se han convertido de las tinieblas pecaminosas a la luz de justicia (cp. Ef. 5:8; 1 Jn. 1:7).

Dios, en su gracia, nos ha dado la garantía de nuestra herencia. La garantía es el Espíritu Santo que mora en nosotros. En Efesios 1:13-14, Pablo escribe: "en él, fuisteis sellados con el Espíritu Santo de la promesa, que es las arras de nuestra herencia". "Arras" es la traducción de *arrabōn*, un término similar al del griego moderno para referirse a un anillo de compromiso. *Arrabōn* también puede traducirse como "garantía" o "pago inicial". Dios nos ha dado el Espíritu Santo como un adelanto de nuestra herencia futura. Se trata de un hecho objetivo que no depende de nuestros sentimientos. El estudio de "la palabra de su gracia, que tiene poder para sobreedificaros y daros herencia con todos los santificados" (Hch. 20:32) nos lleva a entender mejor nuestra herencia gloriosa.

Dios nos ha dado el Espíritu y la Palabra de tal manera que tengamos confianza y entendimiento de nuestra herencia. No es de extrañarse que Pablo orara: "para que el Dios de nuestro Señor Jesucristo, el Padre de gloria, os dé espíritu de sabiduría y de revelación en el conocimiento de él, alumbrando los ojos de vuestro entendimiento, para que sepáis cuál es la esperanza a que él os ha llamado, y cuáles las riquezas de la gloria de su herencia en los santos" (Ef. 1:18).

LA LIBERACIÓN

el cual nos ha librado de la potestad de las tinieblas, (1:13*a*)

Un segundo motivo para dar gracias es nuestra liberación espiritual. **Librado** viene de *ruomai*, que significa "traer hacia sí mismo" o "rescatar". Dios nos sacó del reino de Satanás y nos trajo hacia Él. Este suceso es el nuevo nacimiento. No somos liberados del poder de Satanás de manera progresiva. Tan pronto como pusimos nuestra fe en Cristo, fuimos liberados. "De modo que si alguno está en Cristo, nueva criatura es; las cosas viejas pasaron; he aquí todas son hechas nuevas" (2 Co. 5:17). Los creyentes no necesitan ser liberados del poder del pecado y de Satanás sino conducirse como quienes ya han sido liberados (cp. Ro. 6:2, 7, 11).

Los que recibieron al Señor Jesucristo han sido rescatados **de la potestad de las tinieblas**. *Exousias* (**potestad**) podría traducirse como "poder", "jurisdicción" o "autoridad". Nuestro Señor usó la frase **potestad de las tinieblas** (*exousias tou skotous*) para referirse a los poderes sobrenaturales de Satanás organizados en su contra en el momento de su arresto (Lc. 22:53). No obstante, el triunfo del poder de las tinieblas fue breve. Pocas horas después, Jesús aniquiló el poder de Satanás mediante su muerte en la cruz. No hay que temer a este poder, puesto que "mayor es el que está en vosotros, que el que está en el mundo" (1 Jn. 4:4). Por medio de su muerte en la cruz, Jesús aplastó a Satanás y nos libró de su reino de tinieblas.

EL TRASLADO

y trasladado al reino de su amado Hijo, en quien tenemos redención por su sangre, el perdón de pecados. (1:13*b*, 14)

Pablo prosigue con la lista de bendiciones que despertaron su agradecimiento mencionando el nuevo reino al que pertenecemos. *Methistēmi* (**trasladado**) significa remover o cambiar. En Hechos 13:22 se usa al hablar de Saúl cuando fue quitado como rey. Se utilizaba en el mundo antiguo para referirse al desplazamiento de un pueblo conquistado a un nuevo territorio. El verbo habla aquí de nuestro total traslado del dominio de las tinieblas satánicas a la gloriosa luz del reino de Cristo.

La palabra **reino** abarca mucho más que el futuro reino del milenio, cuando Jesús reinará sobre la tierra por un período de mil años. Tampoco se refiere al simple gobierno de Dios sobre su creación. El reino es una realidad actual. Pablo lo define en Romanos 14:17: "porque el reino de Dios no es comida ni bebida, sino justicia, paz y gozo en el Espíritu Santo". El reino consiste en la relación única que tenemos las personas con Dios a través de Jesucristo. Un reino, en su acepción más simple, es un grupo de personas bajo el gobierno de un rey. Los cristianos hemos reconocido a Cristo como nuestro Rey, y somos ciudadanos de su reino. Hemos sido **trasladados al reino de su amado Hijo**. El texto griego dice de forma literal: "el Hijo de su amor" (*tou huiou tēs agapēs autou*). El Padre entrega el reino al Hijo a quien ama, y luego a todo aquel que ama al Hijo (Lc. 12:32).

Aunque Cristo aún no reina en la tierra, no significa que no sea Rey. A la pregunta de Pilato: "¿Eres tú el Rey de los judíos?", Jesús contestó: "Tú lo dices" (Mt. 27:11). Él reina en la eternidad, reina ahora mismo en su iglesia, y un día regresará para reinar sobre la tierra como Rey de reyes.

Una gran responsabilidad se deriva de nuestra pertenencia al reino de Cristo. Como ciudadanos de su reino, debemos representar al Rey de manera digna. Pablo amonestó así a los tesalonicenses: "que anduvieseis como es digno de Dios, que os llamó a su reino y gloria" (1 Ts. 2:12). Aun la persecución que padecían indicaba el justo juicio de Dios para ser considerados dignos de su reino, por el cual estaban sufriendo (2 Ts. 1:5). El autor de Hebreos nos recuerda: "Así que, recibiendo nosotros un reino inconmovible, tengamos gratitud, y mediante ella sirvamos a Dios agradándole con temor y reverencia; porque nuestro Dios es fuego consumidor" (He. 12:28).

Antes de ser aceptados como ciudadanos del reino de Cristo, necesitábamos **redención por su sangre, el perdón de pecados**. *Apolutrōsis* (**redención**) es una de las grandiosas palabras del Nuevo Testamento para describir un bendito aspecto de la obra de Cristo por nosotros. Al igual que otros términos como *sacrificio, ofrenda, propiciación, rescate, justificación, adopción* y *reconciliación*, describe las riquezas de nuestra salvación. Significa "liberar mediante el pago de un rescate", y era utilizado para referirse a la liberación de los esclavos del cautiverio. El término *apolutrōsis* se puede traducir *emancipación*. La versión Septuaginta usa una palabra similar para referirse a la liberación del pueblo de Israel del cautiverio en Egipto. *Apolutrōsis* se utiliza en varias ocasiones en el Nuevo Testamento para referirse a la libertad que nos dio Cristo, de la esclavitud del pecado. En Efesios 1:7, Pablo escribe: "en quien tenemos redención por su sangre, el perdón de pecados según las riquezas de su gracia". Asimismo, escribió a los corintios: "Mas por él estáis vosotros en Cristo Jesús, el cual nos ha sido hecho por Dios sabiduría, justificación, santificación y redención" (1 Co. 1:30). En uno de los pasajes tal vez más soteriológicos del Nuevo Testamento, Pablo escribe: "siendo justificados gratuitamente por su gracia, mediante la redención que es en Cristo Jesús" (Ro. 3:24).

La redención trae como resultado **el perdón de pecados**. *Aphesin* (**perdón**) significa absolver, remitir una pena. Es un término compuesto por dos palabras griegas: *apo*, "desde", y *hiēmi*, "enviar". Puesto que Cristo nos redimió, Dios ha enviado lejos nuestros pecados y nunca más se hallarán. "Cuanto está lejos el oriente del occidente, hizo alejar de nosotros nuestras rebeliones" (Sal. 103:12). "El volverá a tener misericordia de nosotros; sepultará nuestras iniquidades, y echará en lo profundo del mar todos nuestros pecados" (Mi. 7:19).

De manera que la muerte de Cristo por nosotros pagó el precio por nuestra redención. Sobre esa base, Dios perdonó nuestros pecados, nos concedió una herencia, nos libró del poder de las tinieblas, y nos hizo ciudadanos del reino de Cristo. Estas verdades maravillosas deben suscitar en nosotros un agradecimiento continuo a Dios, tal como Pablo lo manifestó en su oración. Y al meditar en todo lo que hizo por nosotros, ¿cómo podemos hacer menos que orar para ser llenos del conocimiento de su voluntad?.

La preeminencia de Jesucristo 4

El es la imagen del Dios invisible, el primogénito de toda creación. Porque en él fueron creadas todas las cosas, las que hay en los cielos y las que hay en la tierra, visibles e invisibles; sean tronos, sean dominios, sean principados, sean potestades; todo fue creado por medio de él y para él. Y él es antes de todas las cosas, y todas las cosas en él subsisten; y él es la cabeza del cuerpo que es la iglesia, él que es el principio, el primogénito de entre los muertos, para que en todo tenga la preeminencia; por cuanto agradó al Padre que en él habitase toda plenitud, (1:15-19)

El libro por excelencia que habla del Señor Jesucristo es la Biblia. El Antiguo Testamento registra la preparación para su venida. Los Evangelios lo presentan como Dios hecho carne que vino al mundo para salvar a los pecadores. En Hechos, el mensaje salvador de Cristo comienza a expandirse por todo el mundo. Las epístolas explican la teología de la obra de Cristo y su personificación en su cuerpo, la iglesia. Al final, Apocalipsis muestra a Cristo en el trono reinando como Rey de reyes y Señor de señores.

Cada pasaje de las Escrituras da testimonio de Jesucristo. Lucas 24:27 dice: "Y comenzando desde Moisés, y siguiendo por todos los profetas, les declaraba en todas las Escrituras lo que de él decían". En Juan 5:39, Jesús dijo de las Escrituras: "ellas son las que dan testimonio de mí". Felipe usó el libro de Isaías para hablar de Cristo al etíope (Hch. 8:35).

Pero de todas las enseñanzas acerca de Jesucristo, ninguna es tan reveladora como Colosenses 1:15-19. Este tremendo y poderoso pasaje destruye por completo cualquier duda o confusión sobre la verdadera identidad de Jesús. Es crucial para entender correctamente la fe cristiana.

Como se mencionó en la introducción, gran parte de la herejía que amenazaba a la iglesia de Colosas se centraba en la persona de Cristo. Los herejes negaban su humanidad argumentando que Cristo era uno entre muchos de los espíritus que emanaban de Dios. Enseñaban una forma de dualismo filosófico suponiendo que el espíritu era bueno y la materia mala. De ahí que una emanación buena como

Cristo nunca podría encarnarse en la materia que se consideraba mala. La idea de que Dios pudiera hacerse hombre les parecía absurda. De esta manera negaban también su deidad.

Según los herejes, Cristo tampoco era suficiente para alcanzar la salvación. Además del evangelio de Cristo, ésta requería un conocimiento superior, místico y oculto. Practicaban la adoración a las emanaciones buenas (ángeles) y observaban las leyes ceremoniales judías.

En los tres primeros capítulos de Colosenses, Pablo ataca de frente la herejía colosense. Refuta su negación de la humanidad de Cristo, señalando que en Él "habita corporalmente toda la plenitud de la Deidad" (2:9). Asimismo, desecha su adoración a los ángeles (2:18) y sus ritos (2:16-17). Niega por completo la necesidad de cualquier conocimiento oculto para la salvación, declarando que en Cristo "están escondidos todos los tesoros de la sabiduría y del conocimiento" (2:3; cp. 1:27; 3:1-4).

Sin duda, el aspecto más grave de la herejía colosense era su rechazo a la deidad de Cristo. Antes de tratar otros temas, Pablo defiende con fuerza esta crucial doctrina. Los cristianos debemos seguir el modelo que dejó Pablo para confrontar las herejías. El punto central de la discusión debe ser la deidad de Jesucristo.

En Colosenses 1:15-19, Pablo revela la verdadera identidad de nuestro Señor en su relación con Dios, el universo, el mundo invisible y la iglesia.

JESUCRISTO EN RELACIÓN CON DIOS

Él es la imagen del Dios invisible, el primogénito de toda creación. (1:15)

Como ya se ha visto, los herejes consideraban a Jesús como uno más dentro de la serie descendiente de espíritus emanados de Dios. Pablo desmiente esta afirmación con dos poderosas descripciones de la verdadera identidad de Jesús. En primer lugar, lo describe como **la imagen del Dios invisible**. *Eikōn* (**imagen**) significa "imagen" o "semejanza". De este se origina el término *icono*, que se refiere a una estatua. Está presente en Mateo 22:20 al referirse a la imagen de César en una moneda y en Apocalipsis 13:14 a la estatua del anticristo.

Aunque el hombre es también *eikōn* de Dios (1 Co. 11:7; cp. Gn. 1:26-27), no es su imagen total. Su personalidad racional evidencia que fue hecho a la imagen de Dios, y al igual que Dios, posee inteligencia, emociones y voluntad que le permiten pensar, sentir y decidir. Sin embargo, los seres humanos no somos la imagen de Dios en lo moral, puesto que Él es santo y nosotros pecadores. Tampoco en nuestra esencia somos creados a su imagen. No poseemos atributos exclusivos de Dios tales como su omnipotencia, inmutabilidad u omnipresencia. Somos humanos, no divinos.

La caída desfiguró la imagen original de Dios en el hombre. Antes de la caída,

Adán y Eva eran inocentes, libres de pecado e inmortales. Perdieron estas cualidades en el momento de pecar. No obstante, cuando una persona pone su fe en Cristo, recibe la promesa de que la imagen de Dios será restaurada en ella. "Porque a los que antes conoció, también los predestinó para que fuesen hechos conformes a la imagen de su Hijo" (Ro. 8:29; cp. 2 Co. 3:18; Col. 3:10). Cuando los creyentes hayamos finalmente alcanzado la vida eterna, Dios nos hará libres de pecado como Cristo.

A diferencia del hombre, Jesucristo es perfecto y la imagen exacta de Dios. No adoptó la imagen de Dios en el momento de la encarnación, sino que ha sido su imagen desde la eternidad. Hebreos 1:3 define a Jesús como "el resplandor de su gloria [de Dios]". Cristo refleja los atributos de Dios de la misma manera que los rayos solares reflejan al sol. Más aún, Cristo es "la imagen misma de su sustancia [de Dios]". *Charaktēr* ("la imagen misma") se refiere a un grabado o un sello. Jesús es la imagen exacta de Dios. En todo es como Dios (Fil. 2:6). Es por eso que podía afirmar: "El que me ha visto a mí, ha visto al Padre" (Jn. 14:9). En Cristo el Dios invisible se hizo visible, "y vimos su gloria, gloria como del unigénito del Padre" (Jn. 1:14).

Al usar el término *eikōn*, Pablo recalca que Jesús es tanto la imagen como la manifestación de Dios. Es la revelación completa, definitiva y plena de Dios. Es Dios en carne humana. Esto fue lo que Cristo mismo declaró (Jn. 8:58; 10:30-33) y es el testimonio unánime de las Escrituras (cp. Jn. 1:1; 20:28; Ro. 9:5; Fil. 2:6; Col. 2:9; Tit. 2:13; He. 1:8; 2 P. 1:1). Pensar menos de Cristo es blasfemia, y evidencia una mente cegada por Satanás (2 Co. 4:4).

Pablo describe también a Cristo como **el primogénito de toda creación**. Desde los arrianos hasta los Testigos de Jehová de nuestros días, aquellos que niegan la deidad del Señor han buscado justificarse con esta frase. Argumentan que Cristo es un ser creado y que, por lo tanto, no puede ser el Dios eterno. Esta interpretación desvirtúa por completo el sentido de *prōtotokos* (**primogénito**) y desconoce el contexto.

Si bien *prōtotokos* puede referirse al primogénito en orden cronológico (Lc. 2:7), su principal significado se relaciona con la posición o el rango. Tanto en la cultura griega como en la judía, el primogénito era el hijo con derecho a la herencia. No era siempre el que había nacido en primer lugar. Aunque Esaú nació primero en orden cronológico, fue Jacob el "primogénito" que recibió la herencia. Jesús es aquel que tiene el derecho a la herencia de toda la creación (cp. He. 1:2; Ap. 5:1-7, 13).

Israel es llamado el primogénito de Dios en Éxodo 4:22 y Jeremías 31:9. Aunque no fue el primer pueblo en nacer, ocupó el primer lugar a los ojos de Dios entre todas las demás naciones. En Salmo 89:27 Dios dice del Mesías: "Yo también le pondré por primogénito", y luego afirma lo que significa: "El más excelso de los reyes de la tierra". En Apocalipsis 1:5 Jesús es llamado "el primogénito de los muertos", aunque no haya sido la primera persona en resucitar en orden cronológico. Él es preeminente entre todos los resucitados. Romanos 8:29 habla de Él como el primogénito en relación con la iglesia. En todos los casos anteriores, primogénito señala sin duda la superioridad en rango, no el orden al ser creado.

Hay muchas más razones para refutar la idea de que **primogénito** señala a Jesús como un ser creado. Dicha interpretación contradice por completo la descripción de Jesús como *monogenēs* ("unigénito" o "único") en Juan 1:18. Junto con Teodoreto, padre de la iglesia primitiva, podríamos preguntarnos: "si Cristo fue unigénito, ¿podría ser primogénito? Y luego, si fuera primogénito, ¿cómo podría ser unigénito?". ¿Cómo es posible que sea el primero entre muchos de su clase y al mismo tiempo el único miembro de su clase? No obstante, resulta fácil confundirse si asumimos el significado de "creado primero" o "nacido primero". Además de eso, cuando el *prōtotokos* forma parte de la clase a la cual se refiere, ésta es plural (cp. Col. 1:18; Ro. 8:29). No obstante, creación es singular. Por último, si Pablo quisiera sugerir que Cristo era el primer ser creado, ¿por qué no utilizó la palabra griega *prōtoktistos*, que significa "creado primero"?

Esta interpretación de *prōtotokos* también desconoce el contexto: tanto el contexto general de la epístola como el contexto específico del pasaje. Si Pablo estuviera enseñando aquí que Cristo es un ser creado, estaría aceptando el punto central de la herejía colosense. Ésta enseñaba que Cristo era un ser creado, la más prominente de las emanaciones de Dios. Dicha enseñanza estaría en franca contradicción con el objetivo de su epístola, que era refutar las falsas enseñanzas en Colosas.

Interpretar *prōtotokos* para señalar que Cristo es un ser creado choca también con la armonía del contexto inmediato. Pablo acaba de describir a Cristo como la imagen perfecta y completa de Dios. En el versículo siguiente se refiere a Él como el Creador de todo lo que existe. ¿Cómo es posible que fuera Él mismo un ser creado? Más aún, el versículo 17 declara: "él es antes de todas las cosas". Cristo existía antes de que todo fuera creado (cp. Mi. 5:2). Y solo Dios existía antes de la creación.

Lejos de ser una entre muchas emanaciones procedentes de Dios, Jesús es su imagen perfecta. Es el heredero preeminente sobre toda la creación (el genitivo *ktiseōs* se traduce mejor "sobre" y no "de"). Jesús existía desde antes de la creación, y también es exaltado en rango sobre ella. Estas verdades determinan quién es en relación con Dios. También rebaten los planteamientos de los falsos maestros. Pero Pablo no ha terminado aún; el siguiente punto refuta otra falsa enseñanza de los herejes colosenses.

JESUCRISTO EN RELACIÓN CON EL UNIVERSO

Porque en él fueron creadas todas las cosas, las que hay en los cielos y las que

hay en la tierra, visibles e invisibles; sean tronos, sean dominios, sean principados, sean potestades; todo fue creado por medio de él y para él. Y él es antes de todas las cosas, y todas las cosas en él subsisten; (1:16-17)

Pablo cita tres razones que confirman la primacía de Jesús sobre la creación. En primer lugar, Él es el Creador. Los falsos maestros de Colosas consideraban a Jesús como la primera y más importante de todas las emanaciones de Dios, pero creían asimismo que solo un ser muy por debajo de su nivel pudo haber creado el universo material. Pablo refuta esta blasfemia insistiendo que por Él fueron creadas todas las cosas. Esta verdad es ratificada por el apóstol Juan (Jn. 1:3) y por el autor de Hebreos (He. 1:2). Puesto que los herejes de Colosas pensaban que la materia era mala, declaraban que era imposible que Dios, siendo bueno, o cualquier emanación buena, pudiera haberla creado. Pero Pablo sostiene que Jesús creó todas las cosas, en los cielos y en la tierra, visibles e invisibles. Niega la falsa filosofía del dualismo de la herejía colosense. Jesús es Dios, y creó el universo material.

Al estudiar la creación, podemos hacernos una idea del poder, del conocimiento y de la sabiduría del Creador. La sola dimensión del universo es asombrosa. El sol, por ejemplo, tiene un diámetro de casi 1.400.000 kilómetros (cien veces más que la Tierra) y podría contener 1,3 millones de planetas del tamaño de la Tierra. Por otro lado, la estrella Betelgeuse tiene un diámetro de 160 millones de kilómetros, una distancia mayor a la órbita de la Tierra alrededor del sol. La luz del sol se desplaza a 300.000 kilómetros por segundo y requiere 8,5 minutos para llegar a la Tierra. Ahora bien, esa misma luz tardaría más de cuatro años en llegar a la estrella más cercana, Alfa de Centauro, ubicada a unos 38 trillones de kilómetros de la Tierra. La galaxia a la cual pertenece nuestro sol, la Vía Láctea, abarca cientos de billones de estrellas. Los astrónomos estiman que hay millones y aun billones de galaxias. Lo que han observado les permite calcular el número de estrellas en el universo en 10^{25}. Eso es aproximadamente el número total de granos de arena de todas las playas del mundo.

El universo también da testimonio de la grandiosa sabiduría y conocimiento de su Creador. Los científicos ahora hablan del principio antrópico que declara: "Parece que el universo fue diseñado con gran esmero para preservar el bienestar de la humanidad" (Donald B. DeYoung, "Design in Nature: The Anthropic Principle" [Diseño en la naturaleza: el principio antrópico], *Impact*, no. 149, noviembre de 1985, p. ii). Un simple cambio en la velocidad de rotación de la Tierra alrededor del sol o en su eje resultaría catastrófico. La Tierra podría calentarse o enfriarse demasiado para hacer posible la vida. Si la luna estuviera mucho más cerca de la Tierra, enormes olas inundarían los continentes. Una variación en la composición de los gases de la atmósfera sería también mortífera para la vida. Un ligero cambio en la masa del protón resultaría en la desintegración de los átomos de hidrógeno, lo cual llevaría a la destrucción del universo pues el hidrógeno es su principal elemento.

La creación atestigua en silencio la inteligencia de su Creador. Max Planck, ganador del Premio Nobel y uno de los fundadores de la física moderna, escribió: "Según nuestra comprensión global de las cosas mediante las ciencias exactas, cierto orden prevalece en el inmenso reino de la naturaleza, independiente de la mente humana... este orden puede definirse en términos de una actividad con propósito determinado. Existe evidencia de un orden inteligente en el universo, al cual tanto el hombre como la naturaleza están subordinados" (citado en DeYoung, "Design in Nature" [Diseño en la naturaleza], p. ii). No resulta sorprendente que el salmista haya escrito: "Los cielos cuentan la gloria de Dios, y el firmamento anuncia la obra de sus manos. Un día emite palabra a otro día, y una noche a otra noche declara sabiduría. No hay lenguaje, ni palabras, ni es oída su voz. Por toda la tierra salió su voz, y hasta el extremo del mundo sus palabras" (Sal. 19:1-4).

El testimonio de la naturaleza acerca de su Creador es tan evidente que solo la incredulidad obstinada podría desecharlo. Pablo escribe en Romanos 1:20: "Porque las cosas invisibles de él, su eterno poder y deidad, se hacen claramente visibles desde la creación del mundo, siendo entendidas por medio de las cosas hechas, de modo que no tienen excusa". Al igual que quienes niegan la deidad de Cristo, los que lo rechazan como Creador exhiben una mente entenebrecida por el pecado y cegada por Satanás.

Jesús también tiene primacía sobre la creación porque Él es antes de todas las cosas. Antes de que el universo comenzara, Él ya existía (Jn. 1:1-2; 1 Jn. 1:1). Jesús les dijo a los judíos en Juan 8:58: "De cierto, de cierto os digo: Antes que Abraham fuese, yo soy" (no dijo: "yo era"). Así afirma que Él es Yahvé, el Dios eterno. El profeta Miqueas dijo de Él: "sus salidas son desde el principio, desde los días de la eternidad" (Mi. 5:2). Apocalipsis 22:13 lo describe como "el Alfa y la Omega, el principio y el fin, el primero y el último". Como se mencionó anteriormente, cualquiera que existiera antes de que el tiempo comenzara en la creación, es eterno. Y solo Dios es eterno.

Una tercera razón que evidencia la primacía de Jesús sobre la creación es que en Él subsisten todas las cosas. Jesús no solo creó el universo, sino que también lo sustenta. Podría decirse que Él mantiene unidas todas las cosas. Es el poder que subyace tras el universo. Es la fuerza de gravedad, centrífuga y centrípeta. Es quien mantiene a todos los cuerpos del espacio en movimiento. Es la energía del universo. En su libro *The Atom Speaks* [El átomo habla], D. Lee Chesnut describe el problema de por qué el núcleo del átomo se mantiene unido:

> Imagine la dificultad que enfrenta el físico nuclear cuando al fin contempla en absoluta estupefacción el patrón trazado del núcleo de oxígeno...

pues allí hay ocho protones de carga positiva unidos estrechamente en los límites de su diminuto núcleo. Junto con ellos hay ocho neutrones: un total de dieciséis partículas, ocho con carga positiva, y ocho sin carga.

Los primeros físicos descubrieron que las cargas de electricidad similares y los polos magnéticos similares se repelen, y que las cargas o polos opuestos se atraen. Toda la historia del fenómeno y del equipamiento eléctrico se ha construido sobre estos principios conocidos como la ley *Coulomb* de la fuerza electrostática, sobre la ley del magnetismo. ¿Qué sucedió? ¿Qué mantiene unido al núcleo? ¿Por qué no se desintegra? Y aun más, ¿por qué todos los átomos no se desintegran? ([San Diego: Creation-Science Research Center, 1973], pp. 31-33).

Chesnut prosigue describiendo los experimentos realizados en los años veinte y treinta del siglo XX que confirmaban la ley de Coulomb aplicada al núcleo del átomo. Se utilizaron poderosos desintegradores de átomos para lanzar protones al núcleo de los átomos. De esta manera los científicos entendieron mejor la increíble fuerza poderosa que mantiene unidos a los protones en el núcleo, a la que llamaron "la poderosa fuerza nuclear", pero no han logrado dar razón de su existencia. El físico George Gamow, uno de los fundadores de la teoría de la gran explosión sobre el origen del universo, escribió:

El hecho de vivir en un mundo donde casi todos los objetos pueden ser explosivos nucleares, sin volar en pedazos, se debe a la extrema dificultad de lograr dar inicio a una reacción nuclear (citado en Chesnut, *The Atom Speaks* [El átomo habla], p. 38).

Karl K. Darrow, físico de los laboratorios Bell (AT & T), añade:

"Usted entiende lo que esto significa. Significa que no existe razón alguna que justifique la existencia del núcleo. En efecto, no podría haber sido creado. Y si lo fue, hubiera explotado de inmediato. Con todo, ahí subsisten. Algún impedimento inexorable los mantiene unidos. La naturaleza de este impedimento es un misterio... uno que la naturaleza se ha reservado para sí" (citado en Chesnut, *The Atom Speaks* [El átomo habla], p. 38).

Un día, Dios desintegrará la poderosa fuerza nuclear. Pedro describe ese día como uno en el cual "los cielos pasarán con grande estruendo, y los elementos ardiendo serán deshechos, y la tierra y las obras que en ella hay serán quemadas" (2 P. 3:10). Una vez que la poderosa fuerza nuclear deje de operar, la ley de Coulomb entrará en acción, y el núcleo de los átomos será disparado. En sentido literal, el universo explotará. Mientras ese día llega, podemos dar gracias al saber que Cristo "sustenta todas las cosas con la palabra de su poder" (He. 1:3). Jesucristo debe ser Dios. Él creó el universo, existía aparte y antes de este, y lo preserva.

JESUCRISTO EN RELACIÓN CON EL MUNDO INVISIBLE

sean tronos, sean dominios, sean principados, sean potestades; (1:16*b*)

Tronos, dominios, principados y **potestades** son las diversas jerarquías de ángeles. Jesús no es un ángel, como pretendían enseñar los herejes, sino que Él mismo creó a los ángeles. El autor de Hebreos también hace esta importante distinción entre Cristo y los ángeles: "Ciertamente de los ángeles dice: El que hace a sus ángeles espíritus, y a sus ministros llama de fuego. Mas del Hijo dice: Tu trono, oh Dios, por el siglo del siglo; cetro de equidad es el cetro de tu reino" (He. 1:7-8). Jesús ha sido exaltado "sobre todo principado y autoridad y poder y señorío, y sobre todo nombre que se nombra, no solo en este siglo, sino también en el venidero" (Ef. 1:21). Esto, "para que en el nombre de Jesús se doble toda rodilla de los que están en los cielos, y en la tierra, y debajo de la tierra" (Fil. 2:10). Pedro se une a esta verdad diciendo: "quien [Cristo] habiendo subido al cielo está a la diestra de Dios; y a él están sujetos ángeles, autoridades y potestades" (1 P. 3:22).

Las Escrituras son claras al afirmar que Jesús no es un ángel, sino el Creador de los ángeles. Está por encima de los ángeles, que en realidad lo adoran y están bajo su autoridad. La relación de Jesús con el mundo invisible, al igual que su relación con el universo visible, prueba que Él es Dios.

JESUCRISTO EN RELACIÓN CON LA IGLESIA

y él es la cabeza del cuerpo que es la iglesia, él que es el principio, el primogénito de entre los muertos, para que en todo tenga la preeminencia; (1:18)

En este versículo, Pablo presenta cuatro grandes verdades acerca de la relación de Cristo con la iglesia.

CRISTO ES LA CABEZA DE LA IGLESIA

Hay muchas imágenes utilizadas en las Escrituras para describir a la iglesia. Se la compara con una familia, un reino, un viñedo, un rebaño, un edificio y una novia. Pero la imagen más profunda, sin paralelo en el Antiguo Testamento, es la del cuerpo. La iglesia es un cuerpo, y Cristo es su Cabeza. Este concepto no se usa en el sentido de la cabeza de una compañía, sino que señala a la iglesia como un organismo viviente, unido de manera inseparable por Cristo. Él controla cada parte del cuerpo y le da vida y dirección. Su vida expresada a través de cada miembro del cuerpo le confiere unidad (cp. 1 Co. 12:12-20). Él fortalece y coordina la diversidad de dones y ministerios al interior del cuerpo (1 Co. 12:4-13). De la misma manera dirige al cuerpo a la reciprocidad, pues cada miembro sostiene a los demás y les sirve (1 Co. 12: 15-27).

Cristo no es un ángel que sirve a la iglesia (cp. He. 1:14). Él es la cabeza de su iglesia.

CRISTO ES EL PRINCIPIO DE LA IGLESIA

Archē (**principio**) se usa aquí en el doble sentido de origen y de primacía. La iglesia se origina en Jesús. Dios "nos escogió en él antes de la fundación del mundo, para que fuésemos santos y sin mancha delante de él" (Ef. 1:4). Es Él quien da vida a su iglesia. Su muerte en sacrificio y su resurrección por nosotros nos dieron vida nueva. Jesús, como Cabeza del Cuerpo, tiene la posición suprema, la jerarquía más alta en la iglesia. Siendo su principio, es Él quien le dio origen.

CRISTO ES EL PRIMOGÉNITO DE ENTRE LOS MUERTOS

Una vez más, **primogénito** traduce *prōtotokos*. De entre todos los que han resucitado de la muerte o que lo harán, Cristo es supremo en jerarquía.

CRISTO ES PREEMINENTE

Como resultado de su muerte y resurrección, Jesús tiene el primer lugar en todo. Pablo lo recalca resumiéndolo en el versículo 18. Quiere insistir, tanto como le es posible, que Jesús no es una simple emanación de Dios, porque:

> *Se humilló a sí mismo, haciéndose obediente hasta la muerte, y muerte de cruz... Dios también le exaltó hasta lo sumo, y le dio un nombre que es sobre todo nombre, para que en el nombre de Jesús se doble toda rodilla de los que están en los cielos, y en la tierra, y debajo de la tierra; y toda lengua confiese que Jesucristo es el Señor, para gloria de Dios Padre. (Fil. 2:8-11)*

Jesús reina soberano en el mundo visible, en el mundo invisible y en la iglesia. Pablo recopila su argumento en el versículo 19: **por cuanto agradó al Padre que en él habitase toda plenitud**. *Plērōma* (**plenitud**) fue un término utilizado por los ulteriores gnósticos para referirse a los poderes y atributos divinos, que, según sus creencias, se subdividían en diversas emanaciones. Los herejes de Colosas también lo utilizaban en este sentido. Pablo se opone a esta falsa enseñanza declarando que toda la plenitud de la deidad no está fraccionada ni dividida en pequeñas partes para un grupo variado de espíritus, sino que habita en su totalidad en Cristo y solo en Él (cp. 2:9). El comentarista J. B. Lightfoot escribió acerca del uso que Pablo da al término *plērōma* en este pasaje:

> Por un lado, en relación con la deidad, Él es la imagen visible del Dios invisible. No es tan solo la manifestación suprema de la naturaleza divina: Él contiene toda la deidad. En Él residen todos los poderes y atributos divinos. Los maestros gnósticos tenían una locución técnica para referirse a esta totalidad, que es *plērōma* o *plenitud*... a diferencia de su doctrina, [Pablo] reitera que la *plērōma* habita total y plenamente en Cristo que es la Palabra de Dios. Toda la luz se concentra en Él. (*St. Paul's Epistles to the Colossians and to Philemon* [Las epístolas de San Pablo a los colosenses y a Filemón] [1879, Grand Rapids: Zondervan, 1959, reimpresión], p. 102).

Pablo les dice a los colosenses que no es necesario recurrir a los ángeles para alcanzar la salvación. En cambio, en Cristo, y solo en Él, ellos están completos (2:10). Los cristianos somos partícipes de su plenitud: "Porque de su plenitud tomamos todos, y gracia sobre gracia" (Jn. 1:16). Toda la plenitud de Cristo está disponible para los creyentes.

¿Cuál debe ser entonces nuestra respuesta ante las gloriosas verdades de Cristo en este pasaje? El puritano John Owen escribió con gran agudeza:

> La revelación de Cristo en el bendito evangelio supera sin medida en excelencia, gloria, sabiduría divina y bondad a toda la creación y a su correcta y posible comprensión. Sin este conocimiento la mente humana, aunque insista en ufanarse de sus descubrimientos e invenciones, permanece envuelta en tinieblas y confusión.
>
> Esta revelación exige, por lo tanto, la más grande exigencia de nuestro pensamiento, la más excelente de nuestras meditaciones y la suma diligencia de nuestra parte. Porque si nuestra felicidad y gloria radican en vivir donde Él vive, y contemplar su gloria, ¿qué mejor preparación para esto, sino la previa y constante contemplación de esa gloria tal como ha sido revelada en el evangelio, y ser luego transformados en su misma gloria? (John Owen, *The Glory of Christ* [La gloria de Cristo] [Chicago: Moody, 1949, reimpresión], pp. 25-26).

Reconciliados con Dios 5

y por medio de él reconciliar consigo todas las cosas, así las que están en la tierra como las que están en los cielos, haciendo la paz mediante la sangre de su cruz. Y a vosotros también, que erais en otro tiempo extraños y enemigos en vuestra mente, haciendo malas obras, ahora os ha reconciliado en su cuerpo de carne, por medio de la muerte, para presentaros santos y sin mancha e irreprensibles delante de él; si en verdad permanecéis fundados y firmes en la fe, y sin moveros de la esperanza del evangelio que habéis oído, el cual se predica en toda la creación que está debajo del cielo; del cual yo Pablo fui hecho ministro. (1:20-23)

La palabra *reconciliar* es uno de los términos de mayor significado y poder descriptivo en las Escrituras. Es una de las cinco palabras clave utilizadas en el Nuevo Testamento para describir las riquezas de la salvación de Cristo, junto con *justificación, redención, perdón* y *adopción*.

La justificación hace posible que un pecador, considerado culpable y condenado delante de Dios, sea declarado justo (Ro. 8:33). Mediante la redención, el pecador que a los ojos de Dios es un esclavo, recibe la libertad gratuita (Ro. 6:18-22). Gracias al perdón, el pecador que tiene una deuda con Dios, recibe el beneficio del pago y el olvido de ésta (Ef. 1:7). Por medio de la reconciliación, el pecador que era enemigo de Dios, se convierte en su amigo (2 Co. 5:18-20). Y en la adopción, el pecador que era un extraño y advenedizo es recibido como hijo (Ef. 1:5). La completa comprensión de la doctrina de la salvación requiere el estudio detallado de cada uno de éstos términos. En Colosenses 1:20-23 Pablo lanza una breve mirada a la reconciliación.

El verbo *katallassō* (**reconciliar**) significa "cambiar" o "intercambiar". Su uso en el Nuevo Testamento señala el cambio en una relación. En 1 Corintios 7:11 se aplica a la reconciliación de una esposa con su esposo. En Romanos 5:10 y 2 Corintios 5:18-20, los otros dos pasajes donde se usa este verbo, se refiere a la reconciliación entre Dios y el hombre. Cuando las personas dejan de vivir en enemistad y comienzan a relacionarse en paz, se dice que han sido reconciliadas. De la misma manera, cuando la Biblia habla de reconciliación, se refiere a la restauración de una relación correcta y justa entre Dios y el hombre.

Existe otra palabra para hablar de reconciliación que aparece en Colosenses 1:20, 22. Se trata de *apokatallassō*. Es una palabra compuesta a partir del término de base para reconciliación, *katallassō*, y de una preposición añadida para resaltar aún más su significado. Así, denota una reconciliación completa, total y cabal. No cabe duda que Pablo utilizó en Colosenses este término de mayor fuerza como estrategia para impugnar y combatir las falsas enseñanzas. Éstas, al sostener que Cristo era un espíritu más dentro de la serie de emanaciones procedentes de Dios, negaban también la posibilidad de reconciliación con Dios solo por medio de Cristo. Al refutar esta idea, Pablo insiste en que a través del Señor Jesús alcanzamos una completa, total y plena reconciliación con Dios. Por cuanto Él posee toda la plenitud de la deidad (1:19; 2:9), puede reconciliar plenamente al hombre pecador con Dios (1:20).

Pablo defiende la suficiencia de Cristo para reconciliar al hombre con Dios al tratar en su argumento cuatro aspectos de la reconciliación, a saber: el plan de reconciliación, los medios de la reconciliación, el propósito de la reconciliación y la evidencia de la reconciliación.

EL PLAN DE RECONCILIACIÓN

y por medio de él reconciliar consigo todas las cosas, así las que están en la tierra como las que están en los cielos, haciendo la paz mediante la sangre de su cruz. Y a vosotros también, que erais en otro tiempo extraños y enemigos en vuestra mente, haciendo malas obras, ahora os ha reconciliado (1:20-21)

La finalidad última del plan de Dios consiste en **reconciliar consigo todas las cosas** mediante Jesucristo. Cuando culminó su obra en la creación "vio Dios todo lo que había hecho, y he aquí que era bueno en gran manera" (Gn. 1:31). Sin embargo, esta creación que era buena a los ojos de Dios se echó a perder casi de inmediato a causa del pecado. La caída no solo desencadenó una tragedia nefasta y mortal para la humanidad, sino que trastornó la creación entera. El pecado destruyó la armonía perfecta que existía entre las criaturas, y entre toda la creación y su Creador. La creación fue "sujetada a vanidad" (Ro. 8:20) y "gime a una, y a una está con dolores de parto hasta ahora" (Ro. 8:22). Una evidencia de este estado lo constituye la segunda ley de termodinámica, según la cual el universo está perdiendo su energía disponible. Si Dios no interviene, el universo podría al fin sufrir una muerte por problemas de temperatura: en caso de que toda la energía fuera consumida, el universo terminaría completamente frío y oscuro.

Vivimos en una tierra y en un universo sujetos a maldición. Ambos se encuentran bajo la maligna influencia de Satanás, que es "el Dios de este siglo" (2 Co. 4:4), y el "príncipe de la potestad del aire" (Ef. 2:2). Los efectos devastadores de la maldición y de la influencia satánica llegarán a un aterrador clímax en el período de la tribulación. Algunos de los juicios que se ejecutarán y que están representados por las copas, la trompeta y los sellos del Apocalipsis son demoníacos, en tanto que otros representan catástrofes naturales que se producen al desatarse la ira de Dios. En el punto culminante de ese período de caos y destrucción, Cristo regresará y establecerá su reino. Durante el reinado de Cristo en el milenio, los efectos de la maldición comenzarán a anularse. La Biblia nos permite vislumbrar un poco lo que será la creación tras su restauración.

Se producirán cambios dramáticos en el mundo animal. En Isaías la Palabra nos dice:

Morará el lobo con el cordero, y el leopardo con el cabrito se acostará; el becerro y el león y la bestia doméstica andarán juntos, y un niño los pastoreará. La vaca y la osa pacerán, sus crías se echarán juntas; y el león como el buey comerá paja. Y el niño de pecho jugará sobre la cueva del áspid, y el recién destetado extenderá su mano sobre la caverna de la víbora. No harán mal ni dañarán en todo mi santo monte. (Is. 11:6-9)

El lobo y el cordero serán apacentados juntos, y el león comerá paja como el buey; y el polvo será el alimento de la serpiente. No afligirán, ni harán mal en todo mi santo monte, dijo Jehová. (Is. 65:25)

Los cambios en el mundo animal serán acompañados por cambios en la tierra y en el sistema solar:

La luna se avergonzará, y el sol se confundirá, cuando Jehová de los ejércitos reine en el monte de Sion y en Jerusalén, y delante de sus ancianos sea glorioso. (Is. 24:23)

Y la luz de la luna será como la luz del sol, y la luz del sol siete veces mayor, como la luz de siete días, el día que vendare Jehová la herida de su pueblo, y curare la llaga que él causó. (Is. 30:26)

El sol nunca más te servirá de luz para el día, ni el resplandor de la luna te alumbrará, sino que Jehová te será por luz perpetua, y el Dios tuyo por tu gloria. No se pondrá jamás tu sol, ni menguará tu luna; porque Jehová te será por luz perpetua. (Is. 60:19-20)

Habrá cambios impresionantes y dramáticos que marcarán la reconciliación entre el mundo y Dios. Pablo escribe: "porque también la creación misma será libertada de la esclavitud de corrupción" (Ro. 8:21). Dios y la creación serán reconciliados, y la maldición de Génesis 3 será revocada. Podría decirse que Dios y el universo serán amigos otra vez. El universo será restaurado a una relación correcta con su Creador. Finalmente, después del reinado en el milenio, habrá con toda seguridad un nuevo cielo y una nueva tierra, tal como Pedro y Juan lo declaran:

Pero nosotros esperamos, según sus promesas, cielos nuevos y tierra nueva, en los cuales mora la justicia. (2 P. 3:13)

Vi un cielo nuevo y una tierra nueva; porque el primer cielo y la primera tierra pasaron, y el mar ya no existía más. (Ap. 21:1)

El Señor hará nuevas todas las cosas.

Pablo apunta de nuevo y de manera directa al falso dualismo filosófico de los herejes de Colosas cuya enseñanza se basaba en el postulado de que toda la materia era mala y el espíritu bueno. Según su teoría, Dios no creó el universo material, y por supuesto no estaría interesado en lo más mínimo en reconciliarse con él. Pablo declara que Dios, sin duda alguna, reconciliará al mundo material consigo mismo, y además, que lo hará mediante su Hijo Jesucristo. Lejos de ser una emanación por completo indiferente con la maligna materia, Jesús es el instrumento mediante el cual Dios llevará a cabo la reconciliación del universo. El teólogo alemán Erich Sauer comenta:

La ofrenda que tuvo lugar en el Gólgota despliega su influjo en la historia universal. La salvación de la humanidad es tan solo *una parte* de los propósitos de envergadura universal de Dios… las "cosas celestiales" serán también purificadas a través del sacrificio de Cristo (He. 9:23). Es necesaria una "purificación" de los lugares celestiales pues han sido la morada de los espíritus caídos (Ef. 6:12; 2:2); debido a que Satanás, su jefe, ha tenido acceso durante siglos a las altas esferas del mundo celestial… la dimensión celestial entra en escena, y la eternidad viene a transformar el tiempo y esta tierra. La escena culminante de la redención es la instauración del reino universal de Dios. (*The Triumph of the Crucified* [El triunfo del crucificado, se encuentra publicado en castellano por Editorial Portavoz] [Grand Rapids: Eerdmans, 1960], pp. 179-180).

Algunos han planteado que **todas las cosas** incluye a los hombres y a los ángeles caídos, y sobre esa base, han defendido el universalismo, que argumenta la salvación final de todas las criaturas. Sin embargo, esta posición desconoce una regla fundamental de la interpretación, la *analogia Scriptura*. Este principio establece que ningún pasaje de las Escrituras, interpretado como debe ser, puede contradecir a otro. Cuando dejamos que las Escrituras se interpreten a sí mismas es evidente que desde todo punto de vista "todas las cosas" incluye para Pablo solo aquellas que han entrado en la reconciliación. Los ángeles caídos y los hombres no regenerados pasarán la eternidad en el infierno, tal como nos lo enseña con insistencia la Palabra. Nuestro Señor se dirigirá un día a los no creyentes para decirles: "Apartaos de mí, malditos, al fuego eterno preparado para el diablo y sus ángeles", y éstos "irán al castigo eterno" (Mt. 25:41, 46). En Apocalipsis 20:10-15, el apóstol Juan escribe:

> *Y el diablo que los engañaba fue lanzado en el lago de fuego y azufre, donde estaban la bestia y el falso profeta; y serán atormentados día y noche por los siglos de los siglos. Y vi un gran trono blanco y al que estaba sentado en él, de delante del cual huyeron la tierra y el cielo, y ningún lugar se encontró para ellos. Y vi a los muertos, grandes y pequeños, de pie ante Dios; y los libros fueron abiertos, y otro libro fue abierto, el cual es el libro de la vida; y fueron juzgados los muertos por las cosas que estaban escritas en los libros, según sus obras. Y el mar entregó los muertos que había en él; y la muerte y el Hades entregaron los muertos que había en ellos; y fueron juzgados cada uno según sus obras. Y la muerte y el Hades fueron lanzados al lago de fuego. Esta es la muerte segunda. Y el que no se halló inscrito en el libro de la vida fue lanzado al lago de fuego.*

Por otro lado, sí existe un sentido que admite la reconciliación entre los ángeles caídos y los hombres irredentos con Dios, pero solo en el ámbito del juicio: en el sentido de someterse a Él para recibir la sentencia final. Su relación con Dios pasará de enemistad a juicio. Serán sentenciados al infierno, y allí ya no podrán hacer más daño a la creación de Dios. Serán despojados de su poder y obligados a inclinarse en sumisión a Dios. Pablo escribe en Colosenses 2:15: "[Cristo], despojando a los principados y a las potestades [ángeles caídos], los exhibió públicamente, triunfando sobre ellos en la cruz". Es así como "el Dios de paz aplastará en breve a Satanás bajo vuestros pies" (Ro. 16:20). Además, "en el nombre de Jesús se doble toda rodilla de los que están en los cielos, y en la tierra, y debajo de la tierra" (Fil. 2:10). Dios exaltó a Cristo sobre todas las cosas, tanto en el cielo como en la tierra. Pablo escribe a los efesios: "[Dios] resucitándole de los muertos y sentándole a su diestra en los lugares celestiales, sobre todo principado y autoridad y poder y señorío, y sobre todo nombre que se nombra, no solo en este siglo, sino también en el venidero; y sometió todas las cosas bajo sus pies" (Ef. 1:21-22).

Aunque por medio del sacrificio de Cristo, Dios hizo posible la salvación para todo el mundo (cp. Jn. 3:16; 1 Jn. 2:2), no todas las personas alcanzarán la reconciliación con Él en el sentido de recibir la redención. Solo quienes han decidido creer en la expiación de Cristo para salvación gozarán de sus beneficios.

Después de abordar el plan general de Dios para alcanzar la reconciliación con todas las cosas, Pablo continúa con el tema de la reconciliación específica de los creyentes como los colosenses. Su reconciliación con Dios podía demostrar que Cristo era suficiente para reconciliar a todos los hombres con Él. Esta reconciliación prefiguraba la reconciliación final del universo.

Con el fin de impartir en ellos el poder de Cristo para reconciliar a los hombres con Dios, Pablo les recuerda a los colosenses su condición antes de ser reconciliados. Ellos eran **extraños y enemigos en [la] mente, haciendo malas obras.** *Apallotrioō* (**extraños**) significa "alienados", "separados" o "aislados". Antes de ser reconciliados con Dios, los colosenses eran por completo extraños para Él. En un pasaje similar, Pablo escribe: "En aquel tiempo estabais sin Cristo, alejados de la ciudadanía de Israel y ajenos a los pactos de la promesa, sin esperanza y sin Dios en el mundo. Pero ahora en Cristo Jesús, vosotros que en otro tiempo estabais lejos, habéis sido hechos cercanos por la sangre de Cristo" (Ef. 2:12-13). Los no creyentes están separados de Dios por causa del pecado; no existen de ninguna manera los "paganos inocentes", pues todos los no creyentes padecen esta separación de Dios, a menos que reciban la reconciliación provista por Él mediante Jesucristo.

Los colosenses también habían sido **enemigos en su mente.** *Echthros* (**enemigos**) también podría traducirse "aborrecible". Los no creyentes no solo están separados de Dios debido a su condición, sino que son aborrecibles por causa de su actitud. Odian a Dios y repudian sus normas de santidad y sus mandamientos debido a que están **haciendo malas obras.** Las Escrituras enseñan que los no creyentes "amaron más las tinieblas que la luz, porque sus obras eran malas. Porque todo aquel que hace lo malo, aborrece la luz y no viene a la luz, para que sus obras no sean reprendidas" (Jn. 3:19-20). El problema de ellos no es la ignorancia, sino el amor obstinado por el pecado.

> *Pues habiendo conocido a Dios, no le glorificaron como a Dios, ni le dieron gracias, sino que se envanecieron en sus razonamientos, y su necio corazón fue entenebrecido. Profesando ser sabios, se hicieron necios, y cambiaron la gloria del Dios incorruptible en semejanza de imagen de hombre corruptible, de aves, de cuadrúpedos y de reptiles. Por lo cual también Dios los entregó a la inmundicia, en las concupiscencias de sus corazones, de modo que deshonraron entre sí sus propios cuerpos. (Ro. 1:21-24)*

Aunque "lo que de Dios se conoce les es manifiesto, pues Dios se lo manifestó" (Ro. 1:19), ellos "detienen con injusticia la verdad" (Ro. 1:18). Isaías también escribió de Israel en su desobediencia y obstinación: "pero vuestras iniquidades han hecho división entre vosotros y vuestro Dios, y vuestros pecados han hecho ocultar de vosotros su rostro para no oír" (Is. 59:2). La raíz de la separación entre el hombre y Dios es el pecado. Y puesto que Dios no puede tener comunión con el pecado (cp. Hab. 1:13; 1 Jn. 1:6), es indispensable tratar con el pecado antes de que Dios y el hombre puedan ser reconciliados.

Podría surgir la pregunta de si es el hombre que se reconcilia con Dios o Dios con el hombre. En un sentido, ambas reconciliaciones operan. Dado que "los designios de la carne son enemistad contra Dios" (Ro. 8:7), y que "los que viven según la carne no pueden agradar a Dios" (Ro. 8:8), es imposible lograr la reconciliación sin que antes el hombre sea transformado. "De modo que si alguno está en Cristo, nueva criatura es; las cosas viejas pasaron; he aquí todas son hechas nuevas. Y todo esto proviene de Dios, quien nos reconcilió consigo mismo por Cristo, y nos dio el ministerio de la reconciliación" (2 Co. 5:17-18).

Veamos también la reconciliación desde la óptica de Dios. Desde su perspectiva de santidad, su justa ira provocada por el pecado requiere ser aplacada. Lejos de ser el abuelo tolerante e inofensivo que muchos imaginan hoy día, en realidad "Jehová es Dios celoso y vengador" (Nah. 1:2). "Mas Jehová es el Dios verdadero; él es Dios vivo y Rey eterno; a su ira tiembla la tierra, y las naciones no pueden sufrir su indignación" (Jer. 10:10). Quien rehúse obedecer al Hijo descubrirá que "la ira de Dios está sobre él" (Jn. 3:36). Por causa del pecado, "viene la ira de Dios sobre los hijos de desobediencia" (Ef. 5:6). La reconciliación entre Dios y el hombre sería imposible si primero no fuera aplacada su ira. La solución a este problema fue provista mediante el sacrificio de Cristo. "Pues mucho más, estando ya justificados en su sangre, por él seremos salvos de la ira" (Ro. 5:9). Es "Jesús, quien nos libra de la ira venidera" (1 Ts. 1:10). Jesús soportó todo el furor de la ira de Dios que fue suscitada por nuestros pecados (cp. 2 Co. 5:21; 1 P. 2:24). Después de todo "no nos ha puesto Dios para ira, sino para alcanzar salvación por medio de nuestro Señor Jesucristo" (1 Ts. 5:9).

La muerte de Cristo en la cruz nos reconcilió con Dios (Ef. 2:16), y esto es algo que jamás podríamos haber alcanzado por nuestros propios medios. En Romanos 5:6-10, Pablo nos explica el porqué. En primer lugar, porque carecemos del poder necesario: "éramos débiles" (v. 6). En segundo lugar, porque carecemos de cualquier mérito: éramos "impíos" (v. 6). En tercer lugar, porque carecemos de toda justicia: "éramos pecadores" (v. 8). Y por último, nos hacía falta estar en paz con Dios pues éramos "enemigos" (v. 10).

Solo mediante la obra expiatoria del Señor Jesucristo podemos recibir la reconciliación (v. 11).

LOS MEDIOS DE LA RECONCILIACIÓN

haciendo la paz mediante la sangre de su cruz... en su cuerpo de carne, por medio de la muerte, para presentaros santos y sin mancha e irreprensibles delante de él; (1:20*b*, 22*a*)

Estas dos frases encierran los dos medios por los cuales Cristo llevó a cabo nuestra reconciliación con Dios. Primero, Pablo dice que Cristo hizo la paz entre Dios y el hombre mediante la sangre de su cruz. La sangre alude a la expiación, y vincula la muerte de Cristo con el sistema de sacrificios del Antiguo Testamento (cp. 1 P. 1:18-19). Es también una expresión que denota una muerte violenta, tal como la padecían los animales sacrificados. Los innumerables animales que fueron sacrificados bajo el antiguo pacto anunciaban la muerte que sufriría el Cordero en sacrificio al derramar su sangre. El autor de Hebreos nos dice que "los cuerpos de aquellos animales cuya sangre a causa del pecado es introducida en el santuario por el sumo sacerdote, son quemados fuera del campamento. Por lo cual también Jesús, para santificar al pueblo mediante su propia sangre, padeció fuera de la puerta" (He. 13:11-12).

La mención de la sangre de Cristo permite establecer esta relación directa entre su muerte violenta y aquella que padecían los animales sacrificados en el antiguo pacto. Sin embargo, a diferencia de la mayoría de ellos, Jesús no vertió su sangre hasta morir (cp. Jn. 19:34). Ningún hombre acabó con su vida. Él no fue una víctima, sino que ofreció voluntariamente su vida a Dios.

> *Por eso me ama el Padre, porque yo pongo mi vida, para volverla a tomar. Nadie me la quita, sino que yo de mí mismo la pongo. Tengo poder para ponerla, y tengo poder para volverla a tomar. Este mandamiento recibí de mi Padre. (Jn. 10:17-18)*

Jesús eligió el momento de su muerte: "Cuando Jesús hubo tomado el vinagre, dijo: Consumado es. Y habiendo inclinado la cabeza, entregó el espíritu" (Jn. 19:30).

No obstante, la sangre de Cristo no es un elemento místico. Nos salva en el sentido que su muerte fue el sacrificio del Cordero definitivo. Su muerte fue lo que permitió nuestra reconciliación con Dios (Ro. 5:10).

Una correcta enseñanza bíblica señala simplemente que la sangre de Cristo, en su estado físico o material no tiene poder salvador mágico. No es alguna muestra milagrosa de sangre de Cristo la que nos limpia de nuestros pecados. La sangre de Cristo se aplica de manera simbólica al creyente, mediante la fe, de la misma manera que "vemos" a Cristo por la fe y estamos sentados con Él en los lugares celestiales, no en un sentido físico.

¿Cómo podrían aplicarse en sentido literal los glóbulos blancos y rojos a la vida del creyente para salvación? ¿O a su cuerpo físico? ¿Podría ser de otro modo con la sangre literal? ¿En qué lugar se conservó esta sangre tangible? ¿En qué medida es posible aplicarla sin que se agote? De cualquier forma, tenemos que reconocer que las Escrituras hablan de la sangre en un sentido simbólico. Si no es así, caeríamos en alguna doctrina no bíblica, como es el caso de la transubstanciación, al explicar la acción de la sangre en la vida del creyente en sentido literal. (¡Hace poco escuché que algunos mantenían la creencia de que la sangre de Jesús se preservaba en una botella en el cielo, de donde se usaba para aplicarla al alma!).

Una interpretación de las Escrituras ceñida al aspecto físico en lo relacionado con la sangre de Cristo sería incapaz de tratar adecuadamente un pasaje como Juan 6:53-54: "Jesús les dijo: De cierto, de cierto os digo: Si no coméis la carne del Hijo del Hombre, y bebéis su sangre, no tenéis vida en vosotros. El que come mi carne y bebe mi sangre, tiene vida eterna; y yo le resucitaré en el día postrero".

Asimismo, sería incapaz de dar cuenta de la aplicación literal de la sangre física en Mateo 23:30-35 ("no hubiéramos sido sus cómplices en la sangre de los profetas"); 27:24-25 ("Su sangre sea sobre nosotros, y sobre nuestros hijos"); Hechos 5:28 ("y queréis echar sobre nosotros la sangre de ese hombre"), 18:6 ("Vuestra sangre sea sobre vuestra propia cabeza"); 20:26, 28 ("estoy limpio de la sangre de todos") y 1 Corintios 10:16 ("la copa de bendición... ¿no es la comunión de la sangre de Cristo?").

La sangre física de Cristo fue vertida en el polvo y la tierra, y no hay evidencia alguna en las Escrituras que sugiera su existencia en cualquier forma tangible o visible. El vino que bebemos en la Santa Cena no se transforma en sangre. No es posible aplicar la sangre de Cristo a nuestra vida en sentido literal. Debemos entender que el rociamiento con sangre del cual habla el nuevo pacto es simbólico.

"Sin derramamiento de sangre no se hace remisión" (He. 9:22). Siempre he declarado esta verdad y nunca la he negado. Pero la expresión "derramamiento de sangre" en las Escrituras significa mucho más que el simple rociar la sangre. Se refiere a una muerte violenta en sacrificio. Si solo la acción de derramar sangre trajera la salvación, ¿por qué Jesús no solo derramó su sangre sin llegar a morir? Su muerte era indispensable para alcanzar un sacrificio completo, pues sin ella no se hubiera logrado nuestra redención por su sangre.

Lo que las Escrituras nos enseñan acerca de este tema no excede nuestra comprensión. Romanos 5:9-10 arroja luz sobre este punto. Estos dos versículos muestran que ser "justificados en su sangre" (v. 9) es lo mismo que haber sido "reconciliados con Dios por la muerte de su Hijo" (v. 10). El punto culminante de la salvación es la muerte en sacrificio de Cristo por nosotros. El derramamiento de sangre fue la manifestación visible de la entrega total de su vida en sacrificio, y de forma reiterada las Escrituras utilizan el término "derramamiento de sangre" como una metonimia de su muerte expiatoria. (La metonimia es una figura literaria que consiste en mencionar una parte para designar el todo).

El derramamiento de sangre fue instituido por Dios para todos los sacrificios del Antiguo Testamento. Estos animales vertían su sangre hasta morir, en vez de ser golpeados o quemados. Dios concibió esta muerte en sacrificio mediante la pérdida de la sangre como una manifestación vívida del derramamiento de la vida misma ("la vida de la carne en la sangre está"). No obstante, a quienes se encontraban en extrema pobreza y en la imposibilidad de ofrecer animales para el sacrificio, se les permitía ofrecer la décima parte de un efa (alrededor de dos litros) de flor de harina para expiación (Lv. 5:11). Sus pecados eran cubiertos al igual que en el caso de quienes tenían los medios para ofrecer un cordero, una cabra, un palomino o una tórtola (Lv. 5:6-7). La sangre de Cristo era invaluable, pero aun así, solo al ser ofrecida en la muerte podía pagar el rescate por nuestro pecado.

En vista de lo anterior, si Cristo hubiera derramado su sangre sin culminar en la muerte, la salvación no se habría alcanzado. En ese sentido, no es su sangre, sino su muerte la que nos da la salvación. Y cuando las Escrituras hablan del derramamiento de sangre, no se refieren simplemente a rociar la sangre, sino a la muerte violenta como sacrificio. Esto no es una herejía, y tampoco existe antecedente alguno en la iglesia protestante de que lo sea. La única religión importante que predica la aplicación literal de la sangre es la Iglesia Católica Romana.

Cristo murió no solo como un sacrificio, sino como nuestro sustituto. Nos concedió la reconciliación mediante la muerte sufrida en su propio cuerpo. En Romanos 8:3, Pablo nos dice: "Dios, enviando a su Hijo en semejanza de carne de pecado y a causa del pecado, condenó al pecado en la carne". Él tomó el lugar de los pecadores, padeciendo una muerte sustitutiva que canceló toda la pena por el pecado de cada creyente. Su sacrificio satisfizo las exigencias de la ira de Dios. Una vez más, Pablo da un duro golpe a la falsa enseñanza de los herejes colosenses en su creencia de que Cristo era solo un ser espiritual. Por el contrario, Pablo insiste en afirmar que Cristo murió como hombre por todos los hombres. Si esto no fuera cierto, no habría posibilidad de reconciliación para persona alguna.

EL PROPÓSITO DE LA RECONCILIACIÓN

para presentaros santos y sin mancha e irreprensibles delante de él; (1:22*b*)

El propósito final de Dios para la reconciliación es presentar a sus elegidos santos y puros delante de Él. Pablo expresó el mismo deseo para los corintios: "porque os celo con celo de Dios; pues os he desposado con un solo esposo, para presentaros como una virgen pura a Cristo" (2 Co. 11:2). Judas, por su parte, dice que un día seremos presentados "sin mancha delante de su gloria con gran alegría" (Jud. 24). Esta purificación es imperiosa si los hombres en su pecaminosidad han de permanecer en la presencia de un Dios santo.

Santo (*hagios*) significa estar separado del pecado y apartado para Dios. Corresponde a la relación del creyente con Dios. En virtud de su unión con Jesucristo por medio de la fe, Dios lo considera tan santo como su propio Hijo. Dios "nos escogió en él antes de la fundación del mundo, para que fuésemos santos y sin mancha delante de él" (Ef. 1:4). "Al que no conoció pecado, por nosotros lo hizo pecado, para que nosotros fuésemos hechos justicia de Dios en él" (2 Co. 5:21).

Sin mancha (*amōmos*) quiere decir intachable. Es un término utilizado en la versión Septuaginta para hablar de los animales ofrecidos en sacrificio (Nm. 6:14) y en el Nuevo Testamento al referirse a Cristo como el Cordero de Dios sin mancha (He. 9:14; 1 P. 1:19). Al referirse a nosotros, indica que la reconciliación nos reviste de un carácter intachable.

Irreprensible (*anegklētos*) se extiende aún más en el sentido de intachable o inmaculado. Significa no solo que estamos libres de mancha, sino que nadie puede presentar cargos en nuestra contra (cp. Ro. 8:33). Satanás, el acusador de los hermanos (Ap. 12:10), no puede siquiera presentar la más mínima imputación contra quienes han sido reconciliados en Cristo.

La reconciliación que se obtuvo gracias a la obra de Cristo convierte a los creyentes en seres santos, intachables e irreprensibles **delante de Él**. Dios nos ve en este momento como si estuviéramos en el cielo tras ser glorificados. Nos ve revestidos con la misma justicia de Jesucristo. El proceso de crecimiento espiritual consiste entonces en apropiarse en la práctica de todo lo que en verdad somos a los ojos de Dios. Cada creyente debe ser "revestido del nuevo [hombre], el cual conforme a la imagen del que lo creó se va renovando hasta el conocimiento pleno" (Col. 3:10). La vida cristiana encierra esta maravillosa realidad: "mirando a cara descubierta como en un espejo la gloria del Señor [que nos cubre delante de Dios], somos transformados de gloria en gloria en la misma imagen, como por el Espíritu del Señor" (2 Co. 3:18).

LA EVIDENCIA DE LA RECONCILIACIÓN

si en verdad permanecéis fundados y firmes en la fe, y sin moveros de la esperanza del evangelio que habéis oído, el cual se predica en toda la creación que está debajo del cielo; del cual yo Pablo fui hecho ministro. (1:23)

Una de las verdades más serias que presenta la Biblia es el hecho de que no todos los que profesan ser cristianos son en realidad salvos. Nuestro Señor nos advirtió: "Muchos me dirán en aquel día: Señor, Señor, ¿no profetizamos en tu nombre, y en tu nombre echamos fuera demonios, y en tu nombre hicimos muchos milagros? Y entonces les declararé: Nunca os conocí; apartaos de mí, hacedores de maldad" (Mt. 7:22-23).

De entre todas las señales que presenta la Palabra como evidencia de un genuino carácter cristiano, ninguno es más relevante que el mencionado por Pablo en este pasaje. Los hombres muestran en verdad que han sido reconciliados con Dios cuando **permanecen fundados y firmes en la fe y sin moverse de la esperanza del evangelio.** La Biblia asegura repetidamente que quienes han sido verdaderamente reconciliados con Dios permanecerán en la fe. En la parábola del sembrador, Jesús describió a quienes representaban el terreno pedregoso como "los que habiendo oído, reciben la palabra con gozo; pero éstos no tienen raíces; creen por algún tiempo, y en el tiempo de la prueba se apartan" (Lc. 8:13). Al apartarse, confirmaron que en realidad no habían sido salvos. En Juan 8:31: "Dijo entonces Jesús a los judíos que habían creído en él: Si vosotros permaneciereis en mi palabra, seréis verdaderamente mis discípulos". Señalando a los apóstatas, el apóstol Juan escribe en 1 Juan 2:19: "Salieron de nosotros, pero no eran de nosotros; porque si hubiesen sido de nosotros, habrían permanecido con nosotros; pero salieron para que se manifestase que no todos son de nosotros".

Tras haber escuchado la predicación seria y desafiante de Jesús, muchos que parecían ser sus discípulos "volvieron atrás, y ya no andaban con él" (Jn. 6:66). Al actuar de esa manera solo demostraron que nunca habían sido sus verdaderos discípulos. La perseverancia es el sello distintivo de un verdadero santo. (Un examen más profundo de este punto se encuentra en mis libros *The Gospel According to Jesus* [El evangelio según Jesús] [Grand Rapids: Zondervan, 1988] y *Saved Without a Doubt* [Salvo sin duda alguna] [Wheaton, Ill.: Victor, 1992]).

Para que no haya confusión sobre el fundamento de su perseverancia, Pablo presenta en detalle el contenido de su fe como el **evangelio que habéis oído, el cual se predica en toda la creación que está debajo del cielo; del cual yo Pablo fui hecho ministro**. Los colosenses están llamados a asirse del evangelio apostólico que oyeron; el evangelio que había sido proclamado por todo el mundo;

el evangelio del cual Pablo fue hecho ministro y mediante el cual fue enviado a predicar. Quienes prediquen cualquier otro evangelio, como lo hicieron los herejes de Colosas en su tiempo, caerán bajo la maldición de Dios (Gá. 1:8).

Quizás no exista otro pasaje que insista tanto sobre la importancia de la reconciliación como 2 Corintios 5:17-21:

De modo que si alguno está en Cristo, nueva criatura es; las cosas viejas pasaron; he aquí todas son hechas nuevas. Y todo esto proviene de Dios, quien nos reconcilió consigo mismo por Cristo, y nos dio el ministerio de la reconciliación; que Dios estaba en Cristo reconciliando consigo al mundo, no tomándoles en cuenta a los hombres sus pecados, y nos encargó a nosotros la palabra de la reconciliación. Así que, somos embajadores en nombre de Cristo, como si Dios rogase por medio de nosotros; os rogamos en nombre de Cristo: Reconciliaos con Dios. Al que no conoció pecado, por nosotros lo hizo pecado, para que nosotros fuésemos hechos justicia de Dios en él.

A partir de este poderoso pasaje podemos extraer cinco verdades acerca de la reconciliación. Primero, la reconciliación transforma a los hombres: "si alguno está en Cristo, nueva criatura es; las cosas viejas pasaron; he aquí todas son hechas nuevas" (v. 17). Segundo, la reconciliación aplaca la ira divina: "Al que no conoció pecado, por nosotros lo hizo pecado, para que nosotros fuésemos hechos justicia de Dios en él" (v. 21). Tercero, que la reconciliación viene por medio de Cristo: "Y todo esto proviene de Dios, quien nos reconcilió consigo mismo por Cristo" (v. 18). Cuarto, que está disponible para todos los que creen: "Dios estaba en Cristo reconciliando consigo al mundo" (v. 19). Y por último, que cada creyente ha recibido el ministerio de proclamar el mensaje de la reconciliación: Dios "nos dio el ministerio de la reconciliación" (v. 18) y "nos encargó a nosotros la palabra de la reconciliación" (v. 19).

Dios envía a su pueblo como su embajador ante un mundo caído y perdido, como portador de extraordinarias buenas nuevas. Las personas por doquier se encuentran sin esperanza, perdidas y condenadas, separadas de Dios por el pecado. Pero Dios ha provisto el medio para alcanzar la reconciliación, y es la muerte de su Hijo. Nuestra misión es suplicar para que las personas se reconcilien con Dios, antes de que sea demasiado tarde. La actitud de Pablo, expresada en el versículo 20, debería caracterizar a cada cristiano: "Así que, somos embajadores en nombre de Cristo, como si Dios rogase por medio de nosotros; os rogamos en nombre de Cristo: Reconciliaos con Dios".

La visión de Pablo acerca del ministerio

Ahora me gozo en lo que padezco por vosotros, y cumplo en mi carne lo que falta de las aflicciones de Cristo por su cuerpo, que es la iglesia; de la cual fui hecho ministro, según la administración de Dios que me fue dada para con vosotros, para que anuncie cumplidamente la palabra de Dios, el misterio que había estado oculto desde los siglos y edades, pero que ahora ha sido manifestado a sus santos, a quienes Dios quiso dar a conocer las riquezas de la gloria de este misterio entre los gentiles; que es Cristo en vosotros, la esperanza de gloria, a quien anunciamos, amonestando a todo hombre, y enseñando a todo hombre en toda sabiduría, a fin de presentar perfecto en Cristo Jesús a todo hombre; para lo cual también trabajo, luchando según la potencia de él, la cual actúa poderosamente en mí. (1:24-29)

El ministerio es un tema muy cercano al corazón del apóstol Pablo, y uno del cual habla con bastante frecuencia en sus cartas. Nunca dejó de maravillarse ante el hecho de haber sido llamado por Dios al ministerio y nunca se cansó de repetirlo. Cuando se acercaba al final de sus días, escribió a Timoteo, su querido compañero de ministerio: "Doy gracias al que me fortaleció, a Cristo Jesús nuestro Señor, porque me tuvo por fiel, poniéndome en el ministerio, habiendo yo sido antes blasfemo, perseguidor e injuriador" (1 Ti. 1:12-13).

Al igual que Jeremías, que se refirió a la Palabra de Dios como a un fuego que ardía en sus huesos (Jer. 20:9), Pablo se sentía constreñido a cumplir con su ministerio. Escribió a los corintios: "Pues si anuncio el evangelio, no tengo por qué gloriarme; porque me es impuesta necesidad; y ¡ay de mí si no anunciare el evangelio!" (1 Co. 9:16).

En muchas ocasiones Pablo habló de su ministerio, en especial cuando veía la necesidad de afirmar su autoridad y credibilidad. No cabe duda que en este pasaje esa fue su intención. El principal objetivo de Pablo al escribir Colosenses era impugnar las falsas enseñanzas, y para lograrlo era indispensable defender su autoridad al hablar en nombre de Dios. De lo contrario, los falsos maestros habrían considerado sus palabras solo como su opinión personal. Después de haber comenzado su carta declarando su autoridad apostólica (1:1), Pablo prosigue hablando en detalle acerca del carácter divino de su ministerio. Para hacerlo, menciona ocho aspectos del mismo: el origen de su ministerio, el espíritu del ministerio, el sufrimiento en el ministerio, el alcance del ministerio, el tema del ministerio, el estilo del ministerio, la meta del ministerio y la fuerza del ministerio.

EL ORIGEN DEL MINISTERIO

del cual yo Pablo fui hecho ministro… la iglesia; de la cual fui hecho ministro, según la administración de Dios que me fue dada para con vosotros, (1:23*c*, 25*a*)

Pablo finalizó la última sección describiendo el evangelio, que es el objeto de la fe de los colosenses y la verdad salvadora de la cual él fue **hecho ministro** (1:23). En 1:25 Pablo recalca esta idea reiterando que fue **hecho ministro** de la iglesia de Cristo. El origen de su ministerio fue Dios.

Convertirse en ministro de Jesucristo no es precisamente lo que Saulo de Tarso había planificado hacer en su vida. Por el contrario, mostraba una marcada inclinación a avanzar en su carrera en el judaísmo. Sus credenciales eran impresionantes. Pablo era "circuncidado al octavo día, del linaje de Israel, de la tribu de Benjamín, hebreo de hebreos; en cuanto a la ley, fariseo; en cuanto a celo, perseguidor de la iglesia; en cuanto a la justicia que es en la ley, irreprensible" (Fil. 3:5-6). Aunque había nacido en Tarso, fue criado en Jerusalén e "instruido a los pies de Gamaliel, estrictamente conforme a la ley de nuestros padres, celoso de Dios" (Hch. 22:3). También añadió: "y en el judaísmo aventajaba a muchos de mis contemporáneos en mi nación, siendo mucho más celoso de las tradiciones de mis padres" (Gá. 1:14). Fue su celo el que lo llevó a convertirse en perseguidor de los cristianos.

Los creyentes del Nuevo Testamento ya habían conocido a Pablo con su nombre judío, Saulo, en ocasión de la muerte de Esteban como mártir. "Y echándole fuera de la ciudad, le apedrearon; y los testigos pusieron sus ropas a los pies de un joven que se llamaba Saulo" (Hch. 7:58). Pablo no se sentía satisfecho cumpliendo una labor de apoyo en la persecución contra la iglesia, así que asumió su liderazgo: "Saulo, respirando aún amenazas y muerte contra los discípulos del Señor, vino al sumo sacerdote, y le pidió cartas para las sinagogas de Damasco, a fin de que si hallase algunos hombres o mujeres de este Camino, los trajese presos a Jerusalén" (Hch. 9:1-2). Él perseguía "este Camino hasta la muerte, prendiendo y entregando en cárceles a hombres y mujeres" (Hch. 22:4). De esto dio testimonio ante el rey Agripa:

> *Yo ciertamente había creído mi deber hacer muchas cosas contra el nombre de Jesús de Nazaret; lo cual también hice en Jerusalén. Yo encerré en cárceles a muchos de los santos, habiendo recibido poderes de los principales sacerdotes; y cuando los mataron, yo di mi voto. Y muchas veces, castigándolos en todas las sinagogas, los forcé a blasfemar; y enfurecido sobremanera contra ellos, los perseguí hasta en las ciudades extranjeras. (Hch. 26:9-11)*

En medio de esta furia encaminada a aniquilar la iglesia, Pablo vivió la experiencia que dio un giro total a su vida:

> *Ocupado en esto, iba yo a Damasco con poderes y en comisión de los principales sacerdotes, cuando a mediodía, oh rey, yendo por el camino, vi una luz del cielo que sobrepasaba el resplandor del sol, la cual me rodeó a mí y a los que iban conmigo. Y habiendo caído todos nosotros en tierra, oí una voz que me hablaba, y decía en lengua hebrea: Saulo, Saulo, ¿por qué me persigues? Dura cosa te es dar coces contra el aguijón. Yo entonces dije: ¿Quién eres, Señor? Y el Señor dijo: Yo soy Jesús, a quien tú persigues. Pero levántate, y ponte sobre tus pies; porque para esto he aparecido a ti, para ponerte por ministro y testigo de las cosas que has visto, y de aquellas en que me apareceré a ti, librándote de tu pueblo, y de los gentiles, a quienes ahora te envío, para que abras sus ojos, para que se conviertan de las tinieblas a la luz, y de la potestad de Satanás a Dios; para que reciban, por la fe que es en mí, perdón de pecados y herencia entre los santificados. (Hch. 26:12-18)*

Pablo no se ofreció como voluntario para ser ministro de Jesucristo, sino que fue designado por el Señor mismo. Cuando fue deslumbrado y aterrorizado por la majestad de la visión gloriosa de Cristo, lo único que pudo decir fue: "¿Qué haré, Señor?" (Hch. 22:10).

Pablo señalaba de forma reiterada la maravillosa realidad de haber sido escogido por Dios para el ministerio. Escribió a los romanos que era ministro a los gentiles por la elección de Dios por su gracia: "Mas os he escrito, hermanos, en parte con atrevimiento, como para haceros recordar, por la gracia que de Dios me es dada para ser ministro de Jesucristo a los gentiles, ministrando el evangelio de Dios, para que los gentiles le sean ofrenda agradable, santificada por el Espíritu Santo" (Ro. 15:15-16). Estaba siempre dispuesto a declarar que fue Dios quien le confió el ministerio de la reconciliación (2 Co. 5:18) y quien lo puso al servicio de Jesucristo (1 Ti. 1:12). También le dijo a Timoteo: "Porque hay un solo Dios, y un solo mediador entre Dios y los hombres, Jesucristo hombre, el cual se dio a sí mismo en rescate por todos, de lo cual se dio testimonio a su debido tiempo. Para esto yo fui constituido predicador y apóstol (digo verdad en Cristo, no miento), y maestro de los gentiles en fe y verdad" (1 Ti. 2:5-7; cp. 2 Ti. 1:11).

Todos los cristianos estamos llamados a servir a Dios de alguna manera. Así como en su soberanía Dios nos ha llamado a la salvación, también nos ha llamado a servirle. El Espíritu Santo imparte dones espirituales que nos habilitan para el servicio al cual hemos sido llamados, conforme a su soberana voluntad (1 Co. 12:11). Al igual que en el caso de Pablo, la responsabilidad del creyente estriba en obedecer a ese llamado (Hch. 26:19).

Ya que Pablo fue hecho ministro por un llamado soberano de Dios, consideraba el ministerio como una **administración de Dios**. **Administración** viene del término griego *oikonomia*, una palabra compuesta a partir de *oikos* ("casa") y *nemō* ("administrar"). Significa administrar una casa en calidad de mayordomo de las posesiones de otra persona. El mayordomo o administrador era el encargado de supervisar a los demás siervos y de manejar los negocios y asuntos financieros de la casa. Esto le permitía al dueño de la casa gozar de una mayor libertad para viajar y dedicarse a otras actividades. En el mundo antiguo, el cargo de mayordomo era una posición de gran responsabilidad que exigía un elevado grado de confianza.

A diferencia de muchos que han ostentado altas posiciones a lo largo de la historia de la iglesia, Pablo no buscaba la gloria para sí mismo. La manera como Pablo quería ser visto se indica en esta frase: "Así, pues, téngannos los hombres por servidores de Cristo, y administradores de los misterios de Dios. Ahora bien, se requiere de los administradores, que cada uno sea hallado fiel" (1 Co. 4:1-2). Había recibido de parte de Dios una tarea para cumplir, y se sentía compelido a hacerlo (cp. 1 Co. 9:16-17; Gá. 2:7; Ef. 3:2, 7-8). No hay otro pasaje que revele la firme determinación de Pablo en cuanto al llamado divino en su vida como 1 Corintios 9:16-17, donde escribe: "Pues si anuncio el evangelio, no tengo por qué gloriarme; porque me es impuesta necesidad; y ¡ay de mí si no anunciare el evangelio! Por lo cual, si lo hago de buena voluntad, recompensa tendré; pero si de mala voluntad, la comisión me ha sido encomendada". La frase "me es impuesta necesidad" denota un lenguaje muy fuerte, pero lo es más aún la expresión: "¡ay de mí!". Pablo obró de esa manera conociendo de antemano la comisión divina que en ningún momento surgió de su voluntad. Todos aquellos que están llamados a predicar deberían sentir, como Pablo, la misma imposición, el temor del juicio, y el sentido de administración delegada por Dios.

La iglesia es la casa de Dios (1 Ti. 3:15), y todos los creyentes tienen la responsabilidad de administrar el ministerio que el Señor les ha confiado. A diferencia de la creencia que se impone en la actualidad, nuestros dones espirituales no fueron asignados para nuestra propia edificación. Fueron dados con el fin de adiestrarnos para servir y ayudar a otros. Pablo les dijo a los colosenses: "según la **administración** de Dios que me fue dada **para con vosotros**". Pedro se une a esta verdad al escribir: "Cada uno según el don que ha recibido, minístrelo a los otros, como buenos administradores de la multiforme gracia de Dios" (1 P. 4:10). Los líderes, como administradores, son responsables del llamado especial que se les ha confiado: "Porque es necesario que el obispo sea irreprensible, como administrador de Dios" (Tit. 1:7). Un día, cada cristiano en persona dará cuenta de su administración ante Cristo. Que ninguno de nosotros sea hallado malo como administrador, como le sucedió al siervo perezoso en la parábola de los talentos (Mt. 25:24-25).

EL ESPÍRITU DEL MINISTERIO

Ahora me gozo (1:24*a*)

Aunque el ministerio resulte exigente y desafiante, nunca fue planificado para convertirse en una carga gravosa ni insoportable. La actitud gozosa de Pablo frente al ministerio debería estar presente en el espíritu de cada cristiano. La triste realidad es, sin embargo, que muchos cristianos (y aun pastores) han perdido el gozo de servir al Señor. Cumplen con sus responsabilidades de mala gana, haciendo mala cara y con un corazón compungido. Al igual que Jonás, se muestran indecisos, enojados, amargados y resentidos. A menudo nos recuerdan a Elías, quien "deseando morirse, dijo: Basta ya, oh Jehová, quítame la vida, pues no soy yo mejor que mis padres" (1 R. 19:4).

El autor de Hebreos reprende a cualquiera que se haga pasar por un mártir en términos muy precisos. Les recuerda que: "Jesús, el autor y consumador de la fe, el cual por el gozo puesto delante de él sufrió la cruz, menospreciando el oprobio, y se sentó a la diestra del trono de Dios. Considerad a aquel que sufrió tal contradicción de pecadores contra sí mismo, para que vuestro ánimo no se canse hasta desmayar" (He. 12:2-3). Jesús nunca perdió el gozo de su ministerio, aun cuando enfrentaba la horrenda realidad de la cruz. Y, a diferencia de Él, muchos cristianos aún no han "resistido hasta la sangre, combatiendo contra el pecado" (v. 4). Cuando un cristiano pierde el gozo de servir en el ministerio, demuestra que se encuentra mal en su comunión con Dios, no que sus circunstancias sean el problema. El gozo de servir a Cristo no se pierde, a menos que la comunión con Él esté fallando.

El gozo cristiano es eterno. En ocasiones Pablo se sentía desanimado debido a las circunstancias, pero siempre conservaba su gozo. Decía acerca de sí mismo: "que estamos atribulados en todo, mas no angustiados; en apuros, mas no desesperados; perseguidos, mas no desamparados; derribados, pero no destruidos" (2 Co. 4:8-9). También afirmó: "tengo gran tristeza y continuo dolor en mi corazón" (Ro. 9:2) al pensar en la incredulidad de Israel. Pero a pesar de cualquier circunstancia que tuvo que enfrentar, Pablo jamás perdió la profunda certeza de que Dios tenía el control de todas las cosas.

El gozo nace de la humildad. Las personas pierden el gozo cuando se centran en sí mismas y llegan a pensar que merecen mejores circunstancias o un mejor trato del que están recibiendo. Pablo nunca asumió esa actitud. Como todos los grandes siervos de Dios, era consciente de su indignidad. Mientras se encontraba encarcelado en Roma y otros predicadores obtenían gloria y fama, él escribió: "Cristo es anunciado; y en esto me gozo, y me gozaré aún" (Fil. 1:18). Al verse frente a la posibilidad de padecer el martirio, escribió: "Y aunque sea derramado en libación sobre el sacrificio y servicio de vuestra fe, me gozo y regocijo con todos vosotros" (Fil. 2:17). Cuando fue golpeado y encarcelado en Filipos cantó himnos de alabanza a Dios (Hch. 16:25). Pablo estaba convencido de que no merecía cosa alguna, y esto lo llevaba a vivir en una actitud permanente de confianza y de gozo al saber que Dios tenía el control de su vida (cp. Col. 2:5; 1 Ts. 2:19-20; Flm. 7).

El gozo de la iglesia primitiva fue un testimonio muy eficaz para el mundo. Arístides, el apologista del siglo I, envió al emperador romano Antonio Pío, una descripción de los cristianos afirmando que los tales se regocijaban y daban gracias a Dios cuando uno de ellos partía de este mundo. Cuando una familia cristiana recibía a un nuevo niño, alababan a Dios. Y si este moría siendo aún pequeño, según informaba Arístides, los padres alababan con más devoción a Dios porque entendían que el niño había partido de este mundo sin experimentar el pecado. (vea *The Apology of Aristides* [La apología de Arístides], trad. Rendel Harris [Londres: Cambridge, 1893]).

Lo que más tiende a robar el gozo del ministerio son las circunstancias, las personas y las preocupaciones. Por el contrario, la humildad, la devoción a Cristo y la confianza en Dios protegen el gozo que es el legado de Cristo para cada cristiano (cp. Jn. 15:11; 17:13).

EL SUFRIMIENTO EN EL MINISTERIO

en lo que padezco por vosotros, y cumplo en mi carne lo que falta de las aflicciones de Cristo por su cuerpo, que es la iglesia; (1:24*b*)

Para dejar claro que el gozo no depende de las circunstancias, Pablo les dice a los colosenses que se regocija en lo que padece por ellos. Este padecimiento se refiere a su encarcelamiento (Hch. 28:16, 30), condición en la cual se encontraba al escribir Colosenses. Pablo podía regocijarse a pesar de su encarcelamiento porque siempre se vio a sí mismo como un prisionero de Jesucristo, no del Imperio Romano (cp. Flm. 1, 9, 23).

La iglesia primitiva tenía en gran estima el sufrimiento por causa del nombre de Cristo. En Hechos 5:41 los apóstoles "salieron de la presencia del concilio, gozosos de haber sido tenidos por dignos de padecer afrenta por causa del Nombre". Pablo escribió a los filipenses: "Porque a vosotros os es concedido a causa de Cristo, no solo que creáis en él, sino también que padezcáis por él" (Fil. 1:29). ¿Por qué razón el sufrimiento era una fuente de gozo? El Nuevo Testamento señala al menos cinco razones.

Primero, el sufrimiento acerca a los creyentes a Cristo. Pablo escribió: "a fin de conocerle, y el poder de su resurrección, y la participación de sus padecimientos, llegando a ser semejante a él en su muerte" (Fil. 3:10). El fruto que produce el sufrimiento por causa de Cristo es una comprensión más profunda de lo que Cristo mismo experimentó al sufrir.

Segundo, el sufrimiento es garantía de que el creyente pertenece a Cristo. Jesús dijo: "Si el mundo os aborrece, sabed que a mí me ha aborrecido antes que a vosotros" (Jn. 15:18). Puesto que "el discípulo no es más que su maestro, ni el siervo más que su señor" (Mt. 10:24), nosotros también experimentaremos sufrimiento. Pablo previno a Timoteo acerca de esto: "Y también todos los que quieren vivir piadosamente en Cristo Jesús padecerán persecución" (2 Ti. 3:12). Pedro, hablando a los cristianos que sufren, dice: "Si sois vituperados por el nombre de Cristo, sois bienaventurados, porque el glorioso Espíritu de Dios reposa sobre vosotros" (1 P. 4:14). El sufrimiento hace que los cristianos sintamos la presencia del Espíritu Santo en nuestra vida, el cual es garantía de nuestra salvación.

Tercero, el sufrimiento trae una recompensa futura, "si es que padecemos juntamente con él [Cristo], para que juntamente con él seamos glorificados. Pues tengo por cierto que las aflicciones del tiempo presente no son comparables con la gloria venidera que en nosotros ha de manifestarse" (Ro. 8:17-18). "Por esto mismo os he enviado a Timoteo, que es mi hijo amado y fiel en el Señor, el cual os recordará mi proceder en Cristo, de la manera que enseño en todas partes y en todas las iglesias" (2 Co. 4:17).

Cuarto, el sufrimiento puede redundar en la salvación de otros. La historia de la iglesia contiene innumerables casos de personas que han venido al conocimiento de Cristo tras haber visto a otros cristianos soportar el sufrimiento.

Quinto, el sufrimiento produce frustración en Satanás. Él desea que el sufrimiento nos desplome, pero Dios hace que de este salga lo bueno.

La frase **y cumplo en mi carne lo que falta de las aflicciones de Cristo por su cuerpo, que es la iglesia,** ha sido objeto de múltiples controversias. Los católicos han llegado a pensar que se trata de una referencia a los sufrimientos de los cristianos en el purgatorio. Sostienen que el sufrimiento de Cristo no fue suficiente para limpiar nuestros pecados por completo. Corresponde entonces a los cristianos completar lo que hizo falta del sufrimiento de Cristo por ellos mediante su propio sufrimiento después de la muerte. Sin embargo, esta teoría no puede ajustarse al pensamiento de Pablo, que acaba de demostrar que Cristo, y solo Él, es suficiente para reconciliarnos con Dios (1:20-23). Dar marcha atrás en este punto para enseñar que los cristianos debemos pagar por nuestros propios pecados arruinaría por completo su argumento. El Nuevo Testamento declara con vehemencia que los sufrimientos de Cristo no requieren añadidura alguna. La obra de salvación fue completa mediante la muerte de Cristo en la cruz. Debemos recordar también que los herejes colosenses enseñaban que las obras del hombre eran necesarias para la salvación. De manera que enseñar a los creyentes la necesidad del sufrimiento para expiar los pecados, sería caer por completo en manos de los herejes. La idea de que Pablo se refiere al sufrimiento en el purgatorio queda por completo descartada al examinar el contenido general de la epístola, el contexto inmediato del pasaje y al notar la total ausencia de referencias al purgatorio en las Escrituras. Por último, *thlipsis* (**aflicciones**) no se utiliza en el Nuevo Testamento para referirse a los sufrimientos de Cristo.

En mi carne indica el sufrimiento físico de Pablo. Cuando dice **"y cumplo en mi carne lo que falta de las aflicciones de Cristo por su cuerpo, que es la iglesia",** señala que el sufrimiento físico que padece a manos de quienes por odio persiguen a Cristo, es el resultado de su actividad en aras del beneficio y crecimiento de la iglesia. No fue su personalidad lo que produjo las ofensas y la hostilidad en contra de él, sino su ministerio para con el Cuerpo de Cristo.

¿En qué sentido los sufrimientos de Pablo completaban **lo que falta de las aflicciones de Cristo**? En el sentido que Pablo estaba experimentando la persecución de la cual Cristo mismo sería objeto. Jesús, habiendo ascendido al cielo, estaba fuera del alcance de sus opositores. Pero no quedando satisfechos con el sufrimiento que le produjeron, sus enemigos prosiguieron con el mismo odio contra quienes predicaban su mensaje. Fue en este sentido que Pablo cumplió lo que faltaba de las aflicciones de Cristo. En 2 Corintios 1:5, Pablo escribió: "Porque de la manera que abundan en nosotros las aflicciones de Cristo, así abunda también por el mismo Cristo nuestra consolación". Pablo llevaba en su cuerpo las marcas de la persecución que iba dirigida a Cristo (Gá. 6:17; cp. 2 Co. 11:23-28). No solo Pablo sufrió por Cristo, sino también por causa de la iglesia (2 Ti. 2:10). Quienes desean representar a Cristo y servir a su iglesia deben estar dispuestos a sufrir por causa de su nombre.

EL ALCANCE DEL MINISTERIO

para que anuncie cumplidamente la palabra de Dios, (1:25*b*)

Pablo fue guiado al cumplimiento de su ministerio. Les dijo a los ancianos en Éfeso: "Pero de ninguna cosa hago caso, ni estimo preciosa mi vida para mí mismo, con tal que acabe mi carrera con gozo, y el ministerio que recibí del Señor Jesús, para dar testimonio del evangelio de la gracia de Dios" (Hch. 20:24). Este ministerio consistía primordialmente en anunciar **la palabra de Dios** y **todo el consejo de Dios** (Hch. 20:27). Y Pablo lo cumplió a plenitud. Cuando se acercaba al final de sus días exclamó en tono triunfante: "He peleado la buena batalla, he acabado la carrera, he guardado la fe" (2 Ti. 4:7). La manera sabia como administró sus fuerzas, su fiel devoción, y su consagración total a la tarea que Dios le había encomendado le permitieron cumplir plenamente su ministerio. Se propuso hacer solo la voluntad de Dios, y nada más que eso, permaneciendo aferrado y firme a su propósito. Quiso predicar todo el consejo de Dios a quienes fue llamado a hacerlo, sin eludir su deber ni alterar el mensaje divino.

Algunas personas al servicio de Dios piensan que han sido asignadas para ganar al mundo entero. Como resultado, tratan de hacer muchas cosas a la vez y logran muy poco. Pablo fue guiado por el Espíritu Santo para realizar solo tres viajes misioneros, todos dirigidos hacia la misma área global. Con todo, pocas personas en la historia han logrado afectar al mundo de la misma manera que Pablo lo hizo. Jesús nunca salió de los límites de Palestina, y aún así nadie se ha acercado siquiera al efecto que Él produjo en el mundo. El ministerio de Jesús fue eficaz porque limitó su ministerio para hacer solamente lo que Dios quería.

En primer lugar, Jesús limitó su ministerio a la voluntad de Dios. Dijo en Juan 5:30: "no busco mi voluntad, sino la voluntad del que me envió, la del Padre". Demasiados hombres y mujeres en el ministerio están ocupados construyendo su propio imperio, en vez de buscar el cumplimiento de la voluntad de Dios.

En segundo lugar, Jesús limitó su ministerio al tiempo establecido por Dios. El Evangelio de Juan menciona en varias ocasiones que aún no había llegado la hora de Jesús para actuar (cp. 2:4; 7:30; 8:20; 12:27; 13:1; 17:1). Jesús llevó a cabo su ministerio plenamente consciente del tiempo de Dios. Sólo hizo las cosas en el tiempo indicado.

En tercer lugar, Jesús limitó su ministerio al objetivo trazado por Dios. Él sabía que Dios no lo había enviado a alcanzar al mundo entero por sí solo. En Mateo 15:24 dice: "No soy enviado sino a las ovejas perdidas de la casa de Israel".

En cuarto lugar, Jesús limitó su ministerio al reino de Dios. Se negó a participar en controversias políticas de su época. En ocasiones en las cuales sus opositores intentaban enredarlo en tales controversias, Él les dijo: "Dad, pues, a César lo que es de César, y a Dios lo que es de Dios" (Mt. 22:21). Mantuvo siempre separados los asuntos del reino espiritual y del ámbito político. Esta es una lección que muchas personas en la iglesia contemporánea parecen haber pasado por alto.

En quinto lugar, Jesús se limitó a sí mismo centrándose en el pueblo de Dios. Supo muy bien que solo podía transmitir su vida a un grupo limitado de hombres. De entre todos sus seguidores escogió a doce, y a ellos consagró la mayor parte de su tiempo. Y aun de entre los doce, dedicó más tiempo a Pedro, a Jacobo y a Juan.

Quienes deseen tener ministerios verdaderamente eficaces deben aprender la importancia de los límites. Si se concentran en la profundidad de sus ministerios, Dios se encargará de su anchura, o del alcance del mismo.

EL TEMA DEL MINISTERIO

el misterio que había estado oculto desde los siglos y edades, pero que ahora ha sido manifestado a sus santos, a quienes Dios quiso dar a conocer las riquezas de la gloria de este misterio entre los gentiles; que es Cristo en vosotros, la esperanza de gloria, (1:26-27)

El mensaje que Pablo proclamaba en su ministerio era **el misterio que había estado oculto desde los siglos y edades, pero que ahora ha sido manifestado a sus santos.** Hay algunas cosas que Dios se reserva para sí y no revela. Deuteronomio 29:29 dice: "Las cosas secretas pertenecen a Jehová nuestro Dios". Y hay otras que solo revela a ciertas personas. "La comunión íntima de Jehová es con los que le temen, y a ellos hará conocer su pacto" (Sal. 25:14). En Proverbios 3:32 leemos: "Mas su comunión íntima es con los justos". También hay algunas cosas que fueron ocultas en el Antiguo Testamento y que ahora son reveladas en el Nuevo. El Nuevo Testamento las denomina misterios (*mustērion*). El uso que Pablo da a esta palabra no sugiere una enseñanza oculta o un rito o ceremonia revelados solo a una élite de iniciados (como suele hacerse en las religiones místicas), sino que se refiere a la verdad revelada a todos los creyentes en el Nuevo Testamento. Esta verdad o misterio, que **ahora ha sido manifestado a sus santos, había estado oculto desde los siglos y edades**, es decir, desde la era y los pueblos del Antiguo Testamento. **Ahora** denota el tiempo en el cual fue escrito el Nuevo Testamento. Esta nueva verdad revelada encierra el misterio de Dios encarnado (Col. 2:2-3, 9), de la incredulidad de Israel (Ro. 11:25), de la impiedad (2 Ts. 2:7; cp. Ap. 17:5, 7), de la unidad de judíos y gentiles en la iglesia (Ef. 3:3-6), y del rapto (1 Co. 15:51). Esta verdad misteriosa está solo a disposición de los santos: los verdaderos creyentes (cp. 1 Co. 2:7-16). La frase **a quienes Dios quiso dar a conocer** señala sin duda que los misterios no se descubren por el ingenio humano, sino que son revelados por la voluntad expresa y la acción de Dios. El propósito de Dios es que su pueblo conozca esta verdad.

De entre todos los misterios revelados por Dios en el Nuevo Testamento el más profundo es **Cristo en vosotros, la esperanza de gloria**. El Antiguo Testamento predijo la venida del Mesías. Pero la verdad de que viviría en su iglesia redimida, conformada en su gran mayoría por gentiles, aún no había sido revelada. El Nuevo Testamento dice con toda claridad que Cristo, por el Espíritu Santo, mora en permanencia en cada creyente (cp. Ro. 8:9; 1 Co. 6:19-20; Ef. 2:22). La revelación de las riquezas de la gloria de este misterio entre los gentiles estaba reservada para el Nuevo Testamento (Ef. 3:3-6). Los creyentes, tanto judíos como gentiles, poseen ahora las excelentes riquezas de Cristo morando en ellos (Jn. 14:23; Ro. 8:9-10; Gá. 2:20; Ef. 1:7, 17-18; 3:8-10, 16-19; Fil. 4:19). Se habla de la iglesia en términos de "el templo del Dios viviente, como Dios dijo: Habitaré y andaré entre ellos, Y seré su Dios, Y ellos serán mi pueblo" (2 Co. 6:16). El hecho de que Cristo more en todos los creyentes es la fuente de su **esperanza de gloria** y es el tema del ministerio del evangelio. Lo que atrae del mensaje del evangelio no es solo su promesa de gozo y bendición para el presente, sino la promesa de honra, bendición y gloria eternas. Cuando Cristo viene a morar en la vida del creyente, su presencia es como el ancla de la promesa del cielo: la garantía de la dicha eterna venidera (cp. 2 Co. 5:1-5; Ef. 1:13-14). La nueva vida y la esperanza de gloria eterna en la vida del cristiano reside en la maravillosa realidad de Cristo viviendo en él.

EL ESTILO DEL MINISTERIO

a quien anunciamos, amonestando a todo hombre, y enseñando a todo hombre en toda sabiduría, (1:28*a*)

Lo que llenaba de entusiasmo a Pablo era anunciar a Cristo, el cual había hecho tanto por él. *Katangellō* (**anunciamos**) significa declarar en público una verdad o un suceso en su totalidad. Se trata de un término general que no se limita a la predicación formal. El anuncio de Pablo comprendía dos aspectos, uno negativo y otro positivo.

Amonestando viene de *noutheteō* y denota un consejo de ánimo dirigido a tratar con el pecado y con el juicio que este acarrea. Ésta es una responsabilidad que corresponde a los líderes espirituales. En Hechos 20:31 Pablo describe así su ministerio en Éfeso: "por tres años, de noche y de día, no he cesado de amonestar con lágrimas a cada uno". Es también la responsabilidad de cada creyente. Pablo escribió a los tesalonicenses: "Si alguno no obedece a lo que decimos por medio de esta carta, a ése señaladlo, y no os juntéis con él, para que se avergüence. Mas no lo tengáis por enemigo, sino amonestadle como a hermano" (2 Ts. 3:14-15).

En Colosenses 3:16, Pablo hace un mandato: "La palabra de Cristo more en abundancia en vosotros, enseñándoos y exhortándoos unos a otros". Pablo expresó con convicción que los romanos estaban "llenos de bondad, llenos de todo conocimiento, de tal manera que podéis amonestaros los unos a los otros" (Ro. 15:14). Si un creyente está en pecado, los otros creyentes tienen la responsabilidad de amonestarlo en amor y mansedumbre, con el fin de que abandone su pecado.

Enseñando se refiere a impartir la verdad. Esta también es una responsabilidad de cada creyente (Col. 3:16), y es parte de la Gran Comisión (Mt. 28:20). Es, en especial, la responsabilidad de los líderes de la iglesia. "Pero es necesario que el obispo sea… apto para enseñar" (1 Ti. 3:2).

Amonestar y enseñar son responsabilidades que deben ejercerse **en toda sabiduría**. Este es el contexto más amplio del pasaje. Como vimos en el capítulo 2, la sabiduría es el discernimiento práctico: la comprensión de los principios bíblicos aplicados a una conducta santa. El modelo permanente de Pablo en su ministerio consistía en unir la enseñanza y la exhortación, presentándolas dentro del conjunto de las verdades doctrinales de la Palabra. Este debe ser también el modelo a seguir en todos los ministerios.

LA META DEL MINISTERIO

a fin de presentar perfecto en Cristo Jesús a todo hombre; (1:28*b*)

La meta del ministerio es lograr la madurez de los santos. Pablo lo expresó con claridad en Efesios 4:11-13: "Y él mismo [Cristo] constituyó a unos, apóstoles; a otros, profetas; a otros, evangelistas; a otros, pastores y maestros, a fin de perfeccionar a los santos para la obra del ministerio, para la edificación del Cuerpo de Cristo, hasta que todos lleguemos a la unidad de la fe y del conocimiento del Hijo de Dios, a un varón perfecto, a la medida de la estatura de la plenitud de Cristo".

Esta fue la misma meta que persiguió Epafras, el fundador de la iglesia en Colosas: "Epafras, el cual es uno de vosotros, siervo de Cristo, siempre rogando encarecidamente por vosotros en sus oraciones, para que estéis firmes, perfectos y completos en todo lo que Dios quiere" (Col. 4:12). Nuestra meta no es tan solo ganar a las personas para Cristo, sino llevarlas hasta la madurez espiritual. Así estarán en la capacidad de reproducir su fe en otros. En 2 Timoteo 2:2 Pablo le encarga a Timoteo: "Lo que has oído de mí ante muchos testigos, esto encarga a hombres fieles que sean idóneos para enseñar también a otros".

Ser **perfecto** o maduro es ser como Cristo. Aunque todos los cristianos se esfuerzan por alcanzar esta elevada meta, nadie en la tierra lo ha logrado aún (cp. Fil. 3:12). Cada creyente, sin embargo, lo alcanzará un día. "Amados, ahora somos hijos de Dios, y aún no se ha manifestado lo que hemos de ser; pero sabemos que cuando él se manifieste, seremos semejantes a él, porque le veremos tal como él es" (1 Jn. 3:2). Los cristianos progresamos en nuestra madurez al alimentarnos con la Palabra de Dios: "Toda la Escritura es inspirada por Dios, y útil para enseñar, para redargüir, para corregir, para instruir en justicia, a fin de que el hombre de Dios sea perfecto, enteramente preparado para toda buena obra" (2 Ti. 3:16-17).

Los herejes de Colosas creían que la perfección estaba reservada para una élite. Esta misma creencia ha tenido muchos adeptos a todo lo largo de la historia. El periodista norteamericano Walter Lippmann escribió:

> Hasta el presente no ha existido maestro alguno que sea tan sabio como para lograr transmitir su sabiduría a toda la humanidad. En efecto, los grandes maestros ni siquiera han aspirado alcanzar algo tan utópico. Eran bastante conscientes de lo difícil que resulta la sabiduría para la gran mayoría de los hombres, y llegaron a confesar que la vida perfecta estaba reservada a unos pocos elegidos.

En franca discrepancia con esta declaración, Cristo ofrece madurez espiritual a cada hombre y a cada mujer.

LA FUERZA DEL MINISTERIO

para lo cual también trabajo, luchando según la potencia de él, la cual actúa poderosamente en mí. (1:29)

Kopiaō (**trabajo**) denota un trabajo que lleva al agotamiento. Las personas opinan que a veces trabajo demasiado. Pero si me comparo con Pablo, en realidad debo reconocer que no trabajo lo suficiente. Me entristece mucho escuchar que pastores o estudiantes de seminario va a la búsqueda de un pastorado fácil. Cuando era un joven pastor, una dama (que desconocía mi condición de pastor) me aconsejó participar en el ministerio. Cuando le pregunté el motivo de su observación, me respondió que los ministros no tenían que hacer mucho y que además podían ganar mucho dinero.

Nadie podría llegar a pensar algo semejante al observar la vida de Pablo. Acerca de quienes desprestigiaban su ministerio, él escribió:

> *¿Son ministros de Cristo? (Como si estuviera loco hablo.) Yo más; en trabajos más abundante; en azotes sin número; en cárceles más; en peligros de muerte muchas veces. De los judíos cinco veces he recibido cuarenta azotes menos uno. Tres veces he sido azotado con varas; una vez apedreado; tres veces he padecido naufragio; una noche y un día he estado como náufrago en alta mar; en caminos muchas veces; en peligros de ríos, peligros de ladrones, peligros de los de mi nación, peligros de los gentiles, peligros en la ciudad, peligros en el desierto, peligros en el mar, peligros entre falsos hermanos; en trabajo y fatiga, en muchos desvelos, en hambre y sed, en muchos ayunos, en frío y en desnudez; y además de otras cosas, lo que sobre mí se agolpa cada día, la preocupación por todas las iglesias. ¿Quién enferma, y yo no enfermo? ¿A quién se le hace tropezar, y yo no me indigno? (2 Co. 11:23-29)*

Nadie puede servir a Jesucristo con eficacia sin trabajar duro. Los pastores, líderes cristianos o laicos perezosos nunca cumplirán con el ministerio al cual Dios les ha llamado. **Luchando** viene de *agōnizomai*, que se refiere a competir en una carrera atlética. La palabra *agonizar* viene de este término. El éxito en el servicio a Dios, al igual que el éxito en el deporte, se produce como resultado del máximo esfuerzo.

Para evitar cualquier tipo de mala interpretación, Pablo dice que su lucha es **"según la potencia de él, la cual actúa poderosamente en mí"**. Todo su trabajo arduo y esforzado sería inútil aparte del poder de Dios actuando en su vida. Escribió además a los corintios: "pero por la gracia de Dios soy lo que soy; y su gracia no ha sido en vano para conmigo, antes he trabajado más que todos ellos; pero no yo, sino la gracia de Dios conmigo" (1 Co. 15:10). Dios le dio a Pablo la fortaleza para trabajar con empeño en su ministerio. Gálatas 2:20 resume con gran acierto los dos componentes de esta interacción humana y divina: "Con Cristo estoy juntamente crucificado, y ya no vivo yo, mas vive Cristo en mí; y lo que ahora vivo en la carne, lo vivo en la fe del Hijo de Dios, el cual me amó y se entregó a sí mismo por mí".

Los anteriores ocho aspectos del ministerio de Pablo deberían estar presentes en cada creyente, pues cada uno sirve a Cristo de alguna manera. El mensaje de Pablo para todos en este pasaje es: "Lo que aprendisteis y recibisteis y oísteis y visteis en mí, esto haced" (Fil. 4:9).

El amor de Pablo por la iglesia **7**

Porque quiero que sepáis cuán gran lucha sostengo por vosotros, y por los que están en Laodicea, y por todos los que nunca han visto mi rostro; para que sean consolados sus corazones, unidos en amor, hasta alcanzar todas las riquezas de pleno entendimiento, a fin de conocer el misterio de Dios el Padre, y de Cristo, en quien están escondidos todos los tesoros de la sabiduría y del conocimiento. Y esto lo digo para que nadie os engañe con palabras persuasivas. Porque aunque estoy ausente en cuerpo, no obstante en espíritu estoy con vosotros, gozándome y mirando vuestro buen orden y la firmeza de vuestra fe en Cristo. Por tanto, de la manera que habéis recibido al Señor Jesucristo, andad en él; arraigados y sobreedificados en él, y confirmados en la fe, así como habéis sido enseñados, abundando en acciones de gracias. (2:1-7)

Si alguien le pidiera a usted mencionar la cualidad más importante que un ministro debe poseer, quizás sugeriría la inteligencia, la preparación, la capacidad de liderazgo, la valentía, la santidad, o la elocuencia. Aunque todos éstos son elementos importantes, tal vez el ingrediente más importante en la vida de cualquier ministro de Jesucristo es el amor por la iglesia. Nadie puede realmente servir a Dios en la iglesia sin esta motivación.

Jesús amó tanto a la iglesia que entregó su vida por ella. Pablo le encargó a los ancianos de Éfeso: "apacentar la iglesia del Señor, la cual él ganó por su propia sangre" (Hch. 20:28). En Efesios 5:25, dice que los esposos deben amar a sus esposas "así como Cristo amó a la iglesia, y se entregó a sí mismo por ella".

Pablo, a su vez, tenía un amor profundo por la iglesia y entregó su vida en su servicio a ella. A menudo manifestó su amor en sus cartas. A los corintios escribió: "nuestras cartas sois vosotros, escritas en nuestros corazones, conocidas y leídas por todos los hombres" (2 Co. 3:2), "nuestra boca se ha abierto a vosotros, oh corintios; nuestro corazón se ha ensanchado" (2 Co. 6:11), "y yo con el mayor placer gastaré lo mío, y aun yo mismo me gastaré del todo por amor de vuestras almas, aunque amándoos más, sea amado menos" (2 Co. 12:15). También dijo a los filipenses: "os tengo en el corazón" (Fil. 1:7).

El amor de Pablo por la iglesia surge de su amor por Cristo. Él conocía bien la verdad expresada en 1 Juan 4:21: "Y nosotros tenemos este mandamiento de él: El que ama a Dios, ame también a su hermano". Fue su amor por Cristo y por su iglesia lo que le permitió a Pablo soportar el sufrimiento físico que experimentó (cp. 2 Co. 11:23-27). Este amor también lo habilitó para llevar cada día la carga de su "preocupación por todas las iglesias" (2 Co. 11:28). Gracias a ese amor, Pablo pudo sobrellevar el abandono, los falsos maestros y el maltrato. En efecto, él decía: "todo lo soporto por amor de los escogidos, para que ellos también obtengan la salvación que es en Cristo Jesús con gloria eterna" (2 Ti. 2:10).

El amor de Pablo por la iglesia lo llevó a escribir esta carta a las iglesias del valle del Lico (cp. 4:15-16). Quería que conocieran las grandes pruebas que enfrentaba por ellos y por su iglesia hermana en Laodicea, a pesar de que nunca lo habían visto en persona. El amor de Pablo no era excluyente, pues amaba a toda la iglesia, no solo a quienes conocía de manera personal o a los más cercanos a él. Esta clase de amor desinteresado debería ser la característica distintiva de todo líder espiritual. **Lucha** viene de *agōn*, término del cual proviene la palabra *agonía*. Se trata de una acepción de la misma palabra utilizada en 1:29 al hablar de sus luchas en el ministerio. El profundo amor de Pablo, que se extendía incluso a quienes jamás había visto, refleja su amor por Cristo mismo, que es la Cabeza de la iglesia.

De la misma manera que los padres amorosos se proponen metas con sus hijos, Pablo se trazaba metas para la iglesia. En este pasaje nombra cinco de ellas, por las cuales él luchaba. Pablo anhelaba que los colosenses fueran consolados en su corazón, unidos en amor, plenos en su entendimiento, que anduvieran en Jesucristo y abundaran en acciones de gracias.

CONSOLADOS EN SU CORAZÓN

para que sean consolados sus corazones, (2:2*a*)

El significado básico de *parakaleō* (**consolados**) es "llamar al lado". Dado que una persona puede ser "llamada al lado" con fines muy diversos, la palabra tenía una amplia gama de significados, entre los cuales están: implorar, atraer, llamar, alentar, exhortar o animar. En este contexto, no obstante, podría traducirse "fortalecido", ya que los colosenses estaban rodeados de falsos maestros y necesitaban ser más bien fortalecidos que consolados.

El comentarista William Barclay cita un ejemplo de *parakaleō* que viene del griego clásico y que permite ver un uso semejante.

Se trataba de un regimiento griego que había caído en el desánimo y en el completo desaliento. El general envió a un líder para dirigirles unas palabras a estos hombres con el fin de devolverles el valor y prepararlos de nuevo para actuar como héroes. Eso es lo que [*parakaleō*] significa en este pasaje. En su oración, Pablo implora que la iglesia sea llena de la valentía que le permita afrontar cualquier situación. (*The Letters to the Philippians, Colossians, and Thessalonians* [Las cartas a los filipenses, colosenses y tesalonicenses] [Louisville, Ky.: Westminster, 1975], p. 129).

Cuando Pablo manifestó su deseo de ver el corazón de cada uno de los colosenses fortalecido no se refería solo a sus emociones. Los escritores bíblicos asociaban las emociones con lo que algunas versiones denominan en sentido figurado "las entrañas" (cp. Sal. 22:14; Cnt. 5:4; Lm. 2:11; 1 Jn. 3:17). Usaban esta imagen porque las emociones fuertes producen reacciones físicas en la parte baja del abdomen. Aun hoy día una persona en estado de ansiedad suele decir que siente mariposas en el estómago. Las emociones, que son un concepto abstracto, eran definidas en términos de sus efectos físicos.

Al ser utilizado en sentido figurado en la Biblia, el término *corazón* es por lo general más amplio y se refiere al ser interior, al centro de la vida. A menudo es utilizado como sinónimo de mente. En Apocalipsis 2:23 el Señor se describe a sí mismo diciendo: "yo soy el que escudriña la mente y el corazón; y os daré a cada uno según vuestras obras". Siguiendo este mismo sentido de *corazón* como el término general para la facultad del pensamiento, Jeremías 17:9 dice: "Engañoso es el corazón más que todas las cosas, y perverso; ¿quién lo conocerá?". Apocalipsis 18:7 dice de Babilonia: "porque dice en su corazón: yo estoy sentada como reina, y no soy viuda, y no veré llanto". El Salmo 53:1 añade: "Dice el necio en su corazón: no hay Dios". Tal como lo indican estos versículos, el corazón se refiere a la mente donde tiene lugar el pensamiento (cp. Is. 47:8; Sof. 2:15; Mt. 24:48).

Las emociones son la respuesta a lo que sucede en el corazón y a lo que la mente percibe. La manera de controlar las emociones es pues, a través de la mente. Cuando la mente está llena de la verdad bíblica, las emociones responden de forma adecuada. Es por eso que la Biblia nos aconseja: "Sobre toda cosa guardada, guarda tu corazón; porque de él mana la vida" (Pr. 4:23). Asimismo nos dice: "endereza tu corazón al camino" (Pr. 23:19). Los creyentes debemos guiar nuestro corazón de manera que sigamos el camino agradable a Dios, pero para lograrlo necesitamos su ayuda. "Escudríñame, oh Jehová, y pruébame; examina mis íntimos pensamientos y mi corazón" (Sal. 26:2). "Examíname, oh Dios, y conoce mi corazón; pruébame y conoce mis pensamientos; y ve si hay en mí camino de perversidad, y guíame en el camino eterno" (Sal. 139:23-24).

Lo que llena el corazón será sin duda lo que se verá reflejado en la conducta. "¡Generación de víboras! ¿Cómo podéis hablar lo bueno, siendo malos? Porque de la abundancia del corazón habla la boca" (Mt. 12:34-35).

¿Cómo es posible lograr una mente fortalecida? Efesios 3:16 dice: "para que os dé, conforme a las riquezas de su gloria, el ser fortalecidos con poder en el hombre interior por su Espíritu". El Espíritu fortalece el corazón de quienes someten su vida bajo su control. Uno de los nombres para el Espíritu Santo es *ayudador* (cp. Jn. 14:16, 26; 15:26; 16:7). El término *ayudador* corresponde en griego a la forma nominal de *parakaleō* y en estos pasajes podría traducirse "Fortalecedor". La verdadera fortaleza interior solo se produce por la llenura del Espíritu.

Después de su conversión, Pablo disfrutó la experiencia de ser fortalecido: "Pero Saulo mucho más se esforzaba, y confundía a los judíos que moraban en Damasco, demostrando que Jesús era el Cristo" (Hch. 9:22). Recibió fortaleza al vivir su vida en el poder del Espíritu Santo. Y con el tiempo pudo afirmar: "estamos atribulados en todo, mas no angustiados; en apuros, mas no desesperados; perseguidos, mas no desamparados; derribados, pero no destruidos" (2 Co. 4:8-9). Fue capaz de soportar todas estas pruebas porque su corazón estaba fortalecido.

Aunque el Espíritu es el que nos fortalece, también se vale de las personas como sus instrumentos. Jesús le dijo a Pedro: "pero yo he rogado por ti, que tu fe no falte; y tú, una vez vuelto, confirma a tus hermanos" (Lc. 22:32). "Y Judas y Silas, como ellos también eran profetas, consolaron y confirmaron a los hermanos con abundancia de palabras" (Hch. 15:32). Pablo envió a Timoteo a los tesalonicenses con el fin de fortalecerlos en su fe (1 Ts. 3:2). Una parte importante del ministerio de Pablo comprendía el fortalecimiento de los creyentes. Hechos 15:41 registra sus viajes por "Siria y Cilicia, confirmando a las iglesias" (cp. Hch. 14:21-22; 18:23). Dios se valió de hombres dotados para enseñar y fortalecer a la iglesia (cp. Ef. 4:11-14).

Un corazón fortalecido redunda en una vida cristiana llena de poder. Cuando los creyentes son fortalecidos por el Espíritu, Cristo viene a habitar en sus corazones. También son arraigados y cimentados en amor, son capaces de comprender el amor de Cristo y son llenos de toda la plenitud de Dios (Ef. 3:16-19). Luego Cristo, a través de ellos, "es poderoso para hacer todas las cosas mucho más abundantemente de lo que pedimos o entendemos, según el poder que actúa en nosotros" (Ef. 3:20).

UNIDOS EN AMOR

unidos en amor, (2:2*b*)

El amor ferviente es lo que permite lograr el equilibrio con una mente fortalecida. La vida cristiana no se basa en un entusiasmo irracional ni en una ortodoxia intelectual sin vida. Pablo declara la importancia del amor con gran elocuencia en 1 Corintios 13:1-3:

> *Si yo hablase lenguas humanas y angélicas, y no tengo amor, vengo a ser como metal que resuena, o címbalo que retiñe. Y si tuviese profecía, y entendiese todos los misterios y toda ciencia, y si tuviese toda la fe, de tal manera que trasladase los montes, y no tengo amor, nada soy. Y si repartiese todos mis bienes para dar de comer a los pobres, y si entregase mi cuerpo para ser quemado, y no tengo amor, de nada me sirve.*

Sumbibazō (**unidos**) significa vinculados o reunidos. El participio aoristo permite explicar el verbo de la expresión principal (**para que sean fortalecidos**) al definir el corazón fortalecido como un corazón lleno de amor. En Efesios 4:16 y Colosenses 2:19 se refiere a las diferentes partes que se unen para formar el cuerpo humano. Los creyentes comparten una vida común cuyo fundamento es el amor. Todos los creyentes poseen la misma vida eterna, todos llegan a Cristo por el mismo camino, y todos son puestos en el cuerpo de Cristo por el mismo Espíritu (cp. 1 Co. 12:11-13). La unidad de la iglesia no descansa en una estrategia organizativa, sino orgánica. Los creyentes son "uno en Cristo Jesús" (Gá. 3:28; cp. Ro. 10:12).

Con toda seguridad, esta oración de Jesús recibió respuesta con la unidad del cuerpo:

> *Mas no ruego solamente por éstos, sino también por los que han de creer en mí por la palabra de ellos, para que todos sean uno; como tú, oh Padre, en mí, y yo en ti, que también ellos sean uno en nosotros; para que el mundo crea que tú me enviaste. La gloria que me diste, yo les he dado, para que sean uno, así como nosotros somos uno. Yo en ellos, y tú en mí, para que sean perfectos en unidad, para que el mundo conozca que tú me enviaste, y que los has amado a ellos como también a mí me has amado.* (*Jn. 17:20-23*)

Francis Schaeffer denominó la unidad de la iglesia "la última defensa" ante el mundo como espectador (*The Mark of the Christian* [La marca del cristiano] [Downers Grove, Ill.: InterVarsity, 1970], p. 15). Luego añadió:

> Lo que entendemos en Juan 13 es que si un cristiano no manifiesta amor hacia otros verdaderos cristianos, el mundo tiene derecho a juzgarle y a dictaminar que no lo es en realidad. En este pasaje [Juan 17:21] Jesús afirma una realidad mucho más cortante y profunda: no podemos

esperar que el mundo crea que el Padre envió al Hijo, que las palabras de Jesús son verdad y que el cristianismo es verdadero, a menos que vea en nosotros una muestra real de la unidad como verdaderos cristianos. Esto es alarmante. ¿Acaso no debería hacernos sentir un poco conmocionados? (*The Mark of the Christian* [La marca del cristiano], p. 15).

La constante preocupación de Pablo consistía en hacer que los cristianos desplegaran su unidad en la vida práctica. Escribió a los corintios, a quienes les gustaba reñir: "Os ruego, pues, hermanos, por el nombre de nuestro Señor Jesucristo, que habléis todos una misma cosa, y que no haya entre vosotros divisiones, sino que estéis perfectamente unidos en una misma mente y en un mismo parecer" (1 Co. 1:10). Una vez más, al final de su segunda carta a los corintios, les mandó: "sed de un mismo sentir, y vivid en paz" (2 Co. 13:11). Amonestó del mismo modo a los filipenses al decirles: "Solamente que os comportéis como es digno del evangelio de Cristo, para que o sea que vaya a veros, o que esté ausente, oiga de vosotros que estáis firmes en un mismo espíritu, combatiendo unánimes por la fe del evangelio... completad mi gozo, sintiendo lo mismo, teniendo el mismo amor, unánimes, sintiendo una misma cosa" (Fil. 1:27; 2:2).

La clave para alcanzar la unidad en su manifestación práctica se encuentra en Efesios 4:3: "solícitos en guardar la unidad del Espíritu en el vínculo de la paz". La manera de preservar la unidad que el Espíritu nos ha concedido es convirtiéndonos en pacificadores. Los pacificadores se aman, y este amor se demuestra cuando los creyentes cumplen estas palabras: "Vestíos, pues, como escogidos de Dios, santos y amados, de entrañable misericordia, de benignidad, de humildad, de mansedumbre, de paciencia; soportándoos unos a otros, y perdonándoos unos a otros si alguno tuviere queja contra otro. De la manera que Cristo os perdonó, así también hacedlo vosotros" (Col. 3:12-13).

Esta clase de amor humilde y práctico es "el vínculo perfecto" (Col. 3:14). El amor siempre está ligado a la humildad, porque solo las personas humildes pueden llegar a amar. Tras haber exhortado a los filipenses a buscar la unidad en Filipenses 2:2, Pablo prosiguió explicando la manera de lograrlo en los versículos 3 al 8:

Nada hagáis por contienda o por vanagloria; antes bien con humildad, estimando cada uno a los demás como superiores a él mismo; no mirando cada uno por lo suyo propio, sino cada cual también por lo de los otros. Haya, pues, en vosotros este sentir que hubo también en Cristo Jesús, el cual, siendo en forma de Dios, no estimó el ser igual a Dios como cosa a que aferrarse, sino que se despojó a sí mismo, tomando forma de siervo, hecho semejante a los hombres; y estando en la condición de hombre, se humilló a sí mismo, haciéndose obediente hasta la muerte, y muerte de cruz.

La humildad es la llave que abre la puerta al amor y a la unidad. La ilustración perfecta de este principio es la manera como Cristo se despojó a sí mismo y obedeció hasta la muerte. Cuando los cristianos practican dicha humildad terminarán "sintiendo lo mismo, teniendo el mismo amor, unánimes, sintiendo una misma cosa" (Fil. 2:2).

El apóstol Juan también consideró el sacrificio de Cristo como el ejemplo supremo de amor: "En esto hemos conocido el amor, en que él puso su vida por nosotros; también nosotros debemos poner nuestras vidas por los hermanos" (1 Jn. 3:16). No obstante, teniendo en cuenta que la mayoría de cristianos no tendrán la ocasión de morir por otros, Juan ofrece una prueba de amor más práctica: "Pero el que tiene bienes de este mundo y ve a su hermano tener necesidad, y cierra contra él su corazón, ¿cómo mora el amor de Dios en él? Hijitos míos, no amemos de palabra ni de lengua, sino de hecho y en verdad" (1 Jn. 3:17-18).

Amar no significa sentir aprecio hacia las personas, sino más bien satisfacer sus necesidades de manera práctica. La última vez que usted hizo un sacrificio por otra persona fue la última vez que usted la amó. El amor es ante todo una acción, que es seguida de las emociones. De manera que un corazón fortalecido es un corazón que ha aprendido a amar.

PLENOS EN SU ENTENDIMIENTO

hasta alcanzar todas las riquezas de pleno entendimiento, a fin de conocer el misterio de Dios el Padre, y de Cristo, en quien están escondidos todos los tesoros de la sabiduría y del conocimiento. Y esto lo digo para que nadie os engañe con palabras persuasivas. Porque aunque estoy ausente en cuerpo, no obstante en espíritu estoy con vosotros, gozándome y mirando vuestro buen orden y la firmeza de vuestra fe en Cristo. (2:2c-5)

Pablo desea que los colosenses también experimenten **todas las riquezas** que provienen del **pleno entendimiento**. Sin este entendimiento los creyentes son incapaces de disfrutar todas las bendiciones que les pertenecen en Cristo. Por ejemplo, una persona que duda si va a ir al cielo no puede aguardar con esperanza las bendiciones que allí recibiría. Por esa razón Pedro dice: "Por lo cual, hermanos, tanto más procurad hacer firme vuestra vocación y elección; porque haciendo estas cosas, no caeréis jamás" (2 P. 1:10). ¿Cómo hacerlo?

Poniendo toda diligencia por esto mismo, añadid a vuestra fe virtud; a la virtud, conocimiento; al conocimiento, dominio propio; al dominio propio, paciencia; a la paciencia, piedad; a la piedad, afecto fraternal; y al afecto fraternal, amor. Porque si estas cosas están en vosotros, y abundan, no os dejarán estar ociosos ni sin fruto en cuanto al conocimiento de nuestro Señor Jesucristo. (2 P. 1:5-8)

Sunesis (**entendimiento**) se refiere a la aplicación cotidiana de los principios bíblicos. Se trata de una propiedad exclusiva de los cristianos, pues "el hombre natural no percibe las cosas que son del Espíritu de Dios, porque para él son locura, y no las puede entender, porque se han de discernir espiritualmente" (1 Co. 2:14). Puesto que "los que son de la carne piensan en las cosas de la carne; pero los que son del Espíritu, en las cosas del Espíritu" (Ro. 8:5), los incrédulos tienen "el entendimiento entenebrecido, ajenos de la vida de Dios por la ignorancia que en ellos hay, por la dureza de su corazón" (Ef. 4:18).

Cuando el creyente vive de manera práctica, la verdad llega a comprenderla en realidad y esto a su vez le confiere la seguridad de su salvación. El Nuevo Testamento concluye que el conocimiento de la verdad y la puesta en práctica de la misma resulta en un **pleno entendimiento**. A menudo, las personas comentan conmigo ciertas inquietudes acerca de su salvación aun cuando han leído libros que les dan seguridad. El mayor problema que evidencian no es la falta de conocimiento, sino la falta de aplicación práctica de las verdades que ya conocen. La verdad que está cimentada en un corazón fortalecido y se manifiesta en amor a los otros creyentes produce una profunda convicción. Esta es la base de la seguridad.

En vista de la herejía que los sitiaba, Pablo les señala con insistencia a los colosenses que el entendimiento implica **conocer el misterio de Dios el Padre, y de Cristo, en quien están escondidos todos los tesoros de la sabiduría y del conocimiento**. Para lograr ese entendimiento es necesario haber establecido la convicción de la deidad y de la suficiencia de Cristo. En Cristo mismo, el Dios que estaba oculto se hizo manifiesto a la humanidad. En ese sentido Él es el misterio de Dios. Primera Timoteo 3:16 registra lo que pudo ser un himno del primer siglo:

> E indiscutiblemente,
> grande es el misterio de la piedad:
> Dios fue manifestado en carne,
> Justificado en el Espíritu,
> Visto de los ángeles,
> Predicado a los gentiles,
> Creído en el mundo,
> Recibido arriba en gloria.

Todas estas frases apuntan a Cristo. En la iglesia primitiva, así como en nuestros días, era de vital importancia comprender la deidad de Cristo. Nadie podía ser cristiano sin el conocimiento verdadero de Cristo como Dios encarnado. A pesar de esto, muchos cristianos que declaran la deidad de Cristo viven como si Él no fuera suficiente.

Jesús es aquel en quien están escondidos todos los tesoros de la sabiduría y del conocimiento. Él es suficiente por sí solo. **Escondidos** viene de *apokruphos*, término del cual proviene la palabra apócrifo. Los herejes lo utilizaban para referirse a los escritos que contenían su conocimiento secreto. Pero ningún conocimiento espiritual oculto es necesario para alcanzar la salvación ni la santificación aparte de Cristo. No obstante, los tesoros de la sabiduría y del conocimiento en Cristo están escondidos para todo el mundo, excepto para los cristianos.

Ya que Cristo es suficiente, no se necesitan escritos de culto, filosofía o psicología alguna para complementar la Biblia. Cristo es la fuente de todo conocimiento espiritual verdadero. Este conocimiento es también crucial para lograr la seguridad, pues cualquier duda acerca de la suficiencia de Cristo pondría en tela de juicio su capacidad para cumplir sus promesas.

Pablo manifiesta la razón de su interés en profundizar en el conocimiento de Cristo en el versículo 4: **Y esto lo digo para que nadie os engañe con palabras persuasivas**. Lightfoot parafrasea la idea de Pablo de la siguiente manera: "quisiera alertarlos acerca de cualquiera que quiera desviarlos mediante argumentos engañosos y palabrería persuasiva" (*St. Paul's Epistles to the Colossians and to Philemon* [Las epístolas de San Pablo a los colosenses y a Filemón] [1879, Grand Rapids: Zondervan, 1959, reimpresión], p. 175). La principal arma de ataque de todos los sistemas de falsa doctrina a lo largo de la historia ha sido negar la deidad de Cristo, y en ocasiones también su suficiencia para salvar y santificar. Cualquier grupo o persona que pretenda hacerlo es culpable de enseñar "doctrinas de demonios" (1 Ti. 4:1). Como todos los que suministran otro evangelio, están bajo maldición (Gá. 1:8). Los creyentes deben tener una profunda convicción de la deidad y suficiencia de Cristo para poder permanecer ante los asaltos de dichas enseñanzas falsas.

Tras haber amonestado a los colosenses a permanecer firmes, Pablo se regocija al saber que lo están cumpliendo. Aunque está **ausente en cuerpo**, debido a su encarcelamiento, Pablo estaba con ellos **en espíritu**. El **buen orden y la firmeza de** la **fe en Cristo** de los colosenses era motivo de gozo para él. *Taxis* (**buen orden**) y *stereōma* (**firmeza**) son términos militares que sugieren quizás la cercanía de Pablo con los soldados romanos en prisión (cp. Hch. 28:16; Fil. 1:13). *Taxis* se refiere a una fila ordenada de soldados listos para salir a la guerra, en tanto que *stereōma* corresponde a la solidez de una formación de soldados. Al considerar ambos términos, vemos que Pablo expresa su gozo al saber que tanto en el ámbito individual como colectivo los colosenses permanecían firmes contra los ataques de las falsas enseñanzas. Pablo se había propuesto lograr que ellos permanecieran arraigados en su verdadero entendimiento y que no cedieran a la duda en vista de los ataques.

ANDAR EN JESUCRISTO

Por tanto, de la manera que habéis recibido al Señor Jesucristo, andad en él; arraigados y sobreedificados en él, y confirmados en la fe, así como habéis sido enseñados, (2:6-7*a*)

Por tanto sustenta la exhortación final de lo que dijo Pablo en los versículos 2 al 5. Los colosenses habían recibido a Jesucristo el Señor, habían afirmado sus convicciones acerca de su deidad y suficiencia, y permanecían firmes contra los ataques de los falsos maestros, de manera que debían andar **en él. Andar** es un término conocido que se refiere a la conducta cotidiana. En este contexto significa ante todo continuar creyendo la verdad acerca de Cristo sin titubear en su cristología.

No obstante, en términos más amplios, andar en Cristo significa vivir en unión con Él, vivir como Él vivió. "El que dice que permanece en él", dice el apóstol Juan, "debe andar como él anduvo" (1 Jn. 2:6). Cuando los cristianos enfrentan dilemas en la vida diaria, la pauta a seguir debería consistir en preguntarse: "¿Qué haría Jesús en esta situación?". El himno "Oh, ser como tú" (O to Be Like Thee) expresa lo que debería ser el anhelo de cada cristiano:

> ¡Oh, ser como tú!
> Bendito Redentor, este es mi constante anhelo y oración;
> Con gozo abandono todas las riquezas terrenales,
> Para vestir tu semejanza, Jesús.

> ¡Oh, ser como tú!
> ¡Oh, ser como tú, bendito Redentor, tan puro como tú!
> Ven con tu dulzura, ven en plenitud;
> Pon tu imagen como un sello indeleble en mi corazón.

Al igual que un árbol arraigado con fuerza en un terreno propicio, los creyentes debemos estar **arraigados** con firmeza en Cristo. El momento de ser plantados se llevó a cabo en la salvación, tal como lo sugiere el tiempo perfecto del participio *errizōmenoi* (**arraigados**). Luego Cristo se convirtió en la fuente de nuestro alimento espiritual, de nuestro crecimiento y de nuestro fruto. Al andar en Cristo, somos **sobreedificados en él**. Esto indica el proceso de llegar a ser cada vez más como Él. *Epoikodomoumenoi* **(sobreedificados)** es un participio presente que señala una acción continua. Al estudiar "la palabra de su gracia, que tiene poder para sobreedificaros" (Hch. 20:32), los creyentes crecerán "en la gracia y el conocimiento de nuestro Señor y Salvador Jesucristo" (2 P. 3:18). Y entonces llegarán "a la medida de la estatura de la plenitud de Cristo" (Ef. 4:13).

Estar arraigados con firmeza en Cristo y creciendo en Él trae como resultado en los creyentes el ser **confirmados en la fe**. La voz pasiva del participio *bebaioumenoi* **(confirmados)** indica que es Dios el que confirma a los creyentes. Tener un fundamento firme para la fe basado en el andar en Cristo es un requisito indispensable para lograr una vida cristiana saludable (cp. Ro. 16:25; 2 Ts. 2:16-17; 1 P. 5:10; Jud. 24).

ABUNDAR EN ACCIONES DE GRACIAS

abundando en acciones de gracias. (2:7*b*)

El último de los cuatro participios utilizados en el versículo 7, *perisseuontes* **(abundando),** es el único que se encuentra en voz activa. Se trata de una respuesta a los otros tres. Los creyentes, arraigados en Cristo, sobreedificados en Él y confirmados en la fe, abundarán en acciones de gracias a Dios. "Así que, ofrezcamos siempre a Dios, por medio de él, sacrificio de alabanza, es decir, fruto de labios que confiesan su nombre" (He. 13:15). Un corazón agradecido por todo lo que Dios nos ha dado en Cristo nos permitirá asirnos con más fuerza a la verdad.

La alabanza cierra el círculo mediante el cual las bendiciones que Dios nos concede regresan a Él en forma de alabanza y adoración. Al asimilar la verdad de la Palabra, los creyentes adquirimos una mente fortalecida. Luego, al vivir en lo cotidiano esa verdad, recibimos la completa seguridad de que Cristo es quien dijo ser. Seguros de esto, podemos entonces apropiarnos de las riquezas que son el legado de Dios para los creyentes y andar en Él. Entonces, en la medida en que anden en Él, crecerán en Él y serán confirmados en su fe. Y como resultado final, darán gracias a Dios

¿Filosofía o Cristo? **8**

Mirad que nadie os engañe por medio de filosofías y huecas sutilezas, según las tradiciones de los hombres, conforme a los rudimentos del mundo, y no según Cristo. Porque en él habita corporalmente toda la plenitud de la Deidad, y vosotros estáis completos en él, que es la cabeza de todo principado y potestad. (2:8-10)

Desde los albores de la historia conocida, el hombre se ha cuestionado acerca de su realidad última. Ha buscado la explicación para los sucesos del universo que lo rodea y el significado de su propia existencia. Preguntas tales como: ¿Quién soy? ¿Por qué estoy aquí? ¿Adónde voy? han sido una constante en toda la humanidad. Y las filosofías del mundo han tratado de responder con necedad a estas profundas interrogantes.

El término **filosofías** viene de dos palabras griegas, *phileō* (amar) y *sophia* (sabiduría). La filosofía es pues el amor y la búsqueda de la verdad. Puesto que cada individuo posee su propia visión del mundo, podría decirse que cada persona es un filósofo. A lo largo de la historia, también han existido quienes se especializan en la filosofía como una disciplina académica. Por lo general se considera que Tales, el pensador griego que vivió en la misma época del profeta Jeremías, fue el primer filósofo en términos modernos. Desde ese tiempo hasta nuestros días han existido cientos de filósofos, y cada uno ha expuesto su propia explicación del universo.

Recuerdo cuando tomé un curso de filosofía europea en la universidad. La mayoría de los filósofos que estudiamos negaban la existencia de Dios o sostenían una visión no bíblica de Él, como en el caso del deísmo y del panteísmo. El estudio del pensamiento de hombres que no han sido regenerados en su desesperada búsqueda de la verdad absoluta aparte de Dios, resultó ser una experiencia muy frustrante. Como Francis Schaeffer señaló en nuestra propia generación: "El hombre no puede empezar el camino en sí mismo y pretender llegar a la realidad última de las cosas" (cp. *The God Who Is There* [El Dios que está presente], *Escape from Reason* [Escape a la razón] y *He Is There and He Is Not Silent* [Él está presente y no calla]).

El apóstol Pablo estuvo de acuerdo con esta apreciación. Escribió en 1 Corintios 2:9 que la verdad última no se descubre mediante el empirismo ni el racionalismo: "cosas que ojo no vio, ni oído oyó [empirismo], ni han subido en corazón de hombre [racionalismo], son las que Dios ha preparado para los que le aman".

Os Guinness habló acerca de lo vana que resulta la búsqueda de la verdad aparte de Dios:

> El hombre contemporáneo, con su visión peculiar de la sociedad como una "habitación cerrada" y sin salida, termina atrapado en su metafísica y en su sociología. En medio de la oscuridad de la habitación, sin ventanas y quizás sin puertas, el hombre anda a tientas dando vueltas sinfín. ¿Acaso será posible visualizar alguna luz aparte de la impotente chispa que él mismo ha fabricado? ¿Persistirá en su obstinación al seguir andando el camino estéril de premisas vanas? (*The Dust of Death* [El polvo de la muerte] [Downers Grove, Ill.: InterVarsity, 1973], p. 148).

Es de esperar que muchos filósofos hayan llegado hasta el punto de reconocer esta vanidad. David Hume, filósofo británico del siglo XVII, lo expresó de esta manera: "Estoy aterrado y confundido con esta desdichada soledad en la cual he terminado en mi filosofía" (citado en Guinness, *The Dust of Death* [El polvo de la muerte], p. 22).

Friedrich Nietzsche, filósofo alemán del siglo XIX, hablaba con desdén del cristianismo refiriéndose a él como la religión para los débiles. Fue uno de los primeros en proclamar que Dios estaba muerto. Con todo, nunca pudo vivir de manera consecuente con su filosofía. Guinness escribe: "para que Nietzsche pudiera vivir de manera consistente con su filosofía le era necesario convertirse en su propio superhombre, pero sus ideas sobrepasaban su propia capacidad. Ya balanceándose al borde del abismo se estremeció frente al horror de llegar ser "responsable por todo lo viviente". Ante la imposibilidad de esta situación, la locura resultaría la única opción para salir libre de semejante responsabilidad. "¡Ay de mí! ayúdame, locura" (*The Dust of Death*, p. 24). De manera trágica, a Nietzsche se le concedió su deseo. Pasó los últimos once años de su vida como un demente.

Uno de los principales filósofos del siglo XX fue el existencialista francés Jean-Paul Sartre, que también era ateo. En su novela *Nausea* [Náusea], él mismo es su protagonista, Roquentin, que dice: "Todo lo que existe surgió sin razón, continúa viviendo en debilidad y muere por accidente" (citado en Robert Denoon

Cumming, ed., *The Philosophy of Jean-Paul Sartre* [La filosofía de Jean-Paul Sartre] [Nueva York: Random House, 1965], pp. 66-67). Roquentin expresa la creencia de Sartre de que, aparte de Dios, el hombre carece por completo de sentido:

> Éramos un montón de seres, molestos, incómodos consigo mismos, sin una razón mínima para estar ahí, ninguno de nosotros, todos confundidos, vagamente perturbados, sintiéndose insignificantes en relación con los otros. Yo mismo... *era también insignificante...* soñaba si acaso poner fin a mi vida para aniquilar al menos uno de estos seres insignificantes. Pero ni siquiera mi muerte hubiera resultado *insignificante* (en *The Philosophy of Jean-Paul Sartre* [La filosofía de Jean-Paul Sartre], pp. 61-62, cursivas en el original).

Haciendo un comentario a la visión de Sartre que plantea como absurda la existencia del hombre sin Dios, William Barrett escribe: "El ateísmo de Sartre declara con claridad... que el hombre es un extraño en el universo, injustificado e injustificable, absurdo en el sentido más simple pues no hay... razón suficiente para explicar por qué él mismo o su universo existen" (*Irrational Man* [Hombre irracional] [Garden City, N.Y.: Doubleday, 1962], p. 262).

Según Francis Schaeffer, la rebelión del hombre contra Dios le ha llevado al borde de la desesperación. En palabras del apóstol Pablo: "Pues habiendo conocido a Dios, no le glorificaron como a Dios, ni le dieron gracias, sino que se envanecieron en sus razonamientos, y su necio corazón fue entenebrecido. Profesando ser sabios, se hicieron necios" (Ro. 1:21-22). Al sacar a Dios y a su revelación del panorama, la filosofía moderna hundió al hombre en el abismo de la oscuridad ignorante y de la desesperación sin remedio.

La ciudad de Colosas también contaba con sus propios filósofos. Allí, la iglesia enfrentaba el peligro de abrigar falsos maestros infiltrados, al igual que sucede en nuestros días. A todo lo largo de su existencia la iglesia ha tenido que batallar para mantener su pureza doctrinal. La gran preocupación de Pablo era que los colosenses lo hicieran, y es así como el capítulo 2, versículos 8-23, se convierte en el corazón de la epístola. En este pasaje, que es la sección polémica de Colosenses, Pablo ataca de frente a los falsos maestros.

La herejía específica que amenazaba a los colosenses se desconoce, pues Pablo no la nombra como tal. Sin embargo, podemos reconstruir algunos de sus dogmas a partir del pasaje 2:8-23. Sabemos que contenía elementos de filosofía (2:8-15), de legalismo (2:16-17), de misticismo (2:18-19) y de ascetismo (2:20-23). Puesto que esas mismas creencias existían en la secta del siglo I conocida como los esenios, como vimos anteriormente, es probable que éstos (o un grupo portador de creencias similares) fueran quienes amenazaban la fe de los colosenses.

Esta herejía también contenía elementos de una forma primitiva de gnosticismo, la creencia de que existe un tipo de conocimiento superior que trasciende la doctrina cristiana y que está reservada solo a una elite de iniciados que han ascendido hasta ese nivel. Aun más letal que esta doctrina era su enseñanza de que Jesús no era Dios ni la fuente de toda verdad. Este era un ataque directo a su deidad y suficiencia.

En 2:1-7 Pablo exhorta a los colosenses a mantenerse fieles a ambas doctrinas: la deidad y la absoluta suficiencia de Jesucristo. Les recuerda que, a diferencia de las proclamas de los falsos maestros, en Cristo "están escondidos todos los tesoros de la sabiduría y del conocimiento" (2:3), una declaración que resume con profundidad la suficiencia del Señor Jesús. Esta enseñanza en el sentido positivo se equilibra con el mandato privativo de advertencia de Pablo en 2:8-23. Con esto, Pablo refuta en su totalidad las creencias de los herejes colosenses. Contrario a la creencia en un conocimiento superior y oculto, Pablo ya señaló que no existe conocimiento escondido aparte de Cristo (2:3). En refutación de la enseñanza acerca de seres inferiores emanados de Dios, Pablo insiste que en Cristo "habita corporalmente toda la plenitud de la Deidad" (2:9). Ellos adoraban esas emanaciones, que Pablo describe en 2:15 como seres demoníacos a quienes Cristo ya venció. Pablo se opone al falso ceremonial, al legalismo ritual y al misticismo en 2:16-19. Por último, en 2:20-23 Pablo desaprueba sus prácticas de ascetismo, pues "no tienen valor alguno contra los apetitos de la carne" (2:23).

Pablo establece en este pasaje un parámetro para enfrentar la herejía. No denuncia la herejía utilizando su nombre exacto ni en una actitud de disgusto. Ni siquiera le concede un nombre, cualquiera que este fuera. Tampoco expone en detalle las creencias heréticas. En cambio, enfrenta la herejía haciendo hincapié en las verdades a las cuales éstas y otras posibles herejías se oponen. El comentarista Charles R. Erdman escribió: "cuando llega al corazón mismo de su epístola, el apóstol se extiende con tanta elocuencia en la deidad de Cristo y en la dignidad y entereza de los creyentes, que el lector difícilmente se percataría de la falsa doctrina de la cual debían cuidarse los colosenses" (*The Epistles of Paul to the Colossians and to Philemon* [Las epístolas de Pablo a los colosenses y a Filemón] [Filadelfia: Westminster, 1956], p. 73). Cualquier sistema de falsa enseñanza se desploma al ser confrontado con la verdad.

En 2:8-10, Pablo comienza a rebatir el primer elemento de la herejía colosense: la falsa filosofía. A manera de advertencia, establece el contraste entre la deficiencia de la filosofía y la suficiencia de Cristo.

LA DEFICIENCIA DE LA FILOSOFÍA

Mirad que nadie os engañe por medio de filosofías y huecas sutilezas, según

las tradiciones de los hombres, conforme a los rudimentos del mundo, y no según Cristo. (2:8)

A Pablo le interesaba que quienes han pasado del dominio de Satanás al reino de Cristo, nunca vuelvan a someterse al yugo de la esclavitud. Expresa esta misma inquietud en Gálatas 5:1: "Estad, pues, firmes en la libertad con que Cristo nos hizo libres, y no estéis otra vez sujetos al yugo de esclavitud". Lo que indica el uso del imperativo presente *blepō* (**mirad**) es que Pablo les pide a los colosenses que velen sin cesar debido al peligro que les rodea. La iglesia enfrenta constantemente la amenaza de los falsos maestros. Jesús dice en Mateo 7:15: "Guardaos de los falsos profetas, que vienen a vosotros con vestidos de ovejas, pero por dentro son lobos rapaces". Luego en Mateo 16:6 nos advierte: "Mirad, guardaos de la levadura de los fariseos y de los saduceos".

Los apóstoles también advirtieron a la iglesia contra los falsos maestros. Pablo previno a los ancianos de la iglesia de Éfeso diciendo: "después de mi partida entrarán en medio de vosotros lobos rapaces, que no perdonarán al rebaño. Y de vosotros mismos se levantarán hombres que hablen cosas perversas para arrastrar tras sí a los discípulos. Por tanto, velad" (Hch. 20:29-31). A los filipenses escribió: "Guardaos de los perros, guardaos de los malos obreros, guardaos de los mutiladores del cuerpo" (Fil. 3:2). Pedro también advierte acerca del peligro de los falsos maestros. Escribe en 2 Pedro 3:1: "Amados, esta es la segunda carta que os escribo, y en ambas despierto con exhortación vuestro limpio entendimiento".

De manera específica Pablo amonesta a que nadie los **engañe**. Esta expresión viene de *sulagōgeō*, una palabra rara que aparece solo en el Nuevo Testamento y en ningún escrito griego profano hasta un tiempo muy posterior a la época de Pablo. *Sulagōgeō* es una palabra compuesta a partir de *sulē*, "presa" y *agō*, "llevarse". Su sentido textual es "secuestrar" o "capturar como presa o botín de guerra". El mismo concepto se encuentra en 2 Timoteo 3:6, donde Pablo advierte acerca de "los que se meten en las casas y llevan cautivas a las mujercillas cargadas de pecados, arrastradas por diversas concupiscencias". Para Pablo, era inaceptable que quienes habían sido rescatados y redimidos estuvieran en riesgo por la ignorancia, y en medio de la guerra espiritual terminaran siendo víctimas de algún depredador por una falsa doctrina.

Un motivo de gran dolor para el corazón de cualquier pastor es sin duda saber que los hijos espirituales terminen siendo víctimas de las peligrosas falsas doctrinas, cayendo en falsos cultos por causa de su inmadurez. Con todo, muchos han caído víctimas del engaño por falsas doctrinas que aparentaban ser verdaderas. Uno de los deberes primordiales de los líderes de la iglesia es proteger al rebaño de los lobos y los hombres perversos (Hch. 20:28-32) que atacan al rebaño para arrastrarlos y llevarlos cautivos.

Acerca de los medios que utilizan los falsos maestros para engañar a los colosenses, Pablo es claro en mencionar las **filosofías y huecas sutilezas**. El término *philosophia* (**filosofía**) aparece solo en este versículo en el Nuevo Testamento. Como hemos visto, significa "amor por la sabiduría". En este pasaje se utiliza en un sentido mucho más amplio que en el ámbito académico, ya que "la filosofía no se limita a las especulaciones judías y gnósticas acerca de las cuales Pablo advirtió a los cristianos de Colosas" (Mark M. Hanna, *Crucial Questions in Apologetics* [Preguntas cruciales de apologética] [Grand Rapids: Baker, 1981], p. 11). El historiador Adolf Schlatter anotó: "Todo lo relacionado con las teorías acerca de Dios, del mundo y del significado de la vida humana era denominado en ese tiempo 'filosofía', no solo en las escuelas seculares, sino en las escuelas judías ubicadas en las ciudades griegas" (*The Church in the New Testament Period* [La iglesia en el período del Nuevo Testamento] [Londres: SPCK, 1955, reimpresión], pp. 150-154).

Josefo, el historiador judío del siglo I escribió: "Existen tres sectas filosóficas entre los judíos. Los seguidores de la primera se denominan fariseos, los de la segunda saduceos y los de la tercera secta, cuya pretensión es ejercer una disciplina más severa, son los esenios" (*Guerras judías*, 2.8.2). Así que el término en griego era lo bastante amplio como para abarcar todas las sectas religiosas. El uso del artículo definido junto con la palabra **filosofías**, indica que Pablo se refería aquí a las creencias específicas de los herejes colosenses. Lo más probable es que se refiera al conocimiento superior y trascendental que ellos pretendían alcanzar mediante la experiencia mística.

Pablo prosigue describiendo esta filosofía como **huecas sutilezas**. Lightfoot escribió al respecto: "La ausencia tanto de la preposición como del artículo en la segunda cláusula señala que *kenēs apatēs* [**huecas sutilezas**] describe y califica a *philosophia*" (*St. Paul's Epistles to the Colossians and to Philemon* [Epístolas de San Pablo a los colosenses y a Filemón] [1879, Grand Rapids: Zondervan, 1959, reimpresión], p. 178). A su vez, tradujo la frase de la siguiente manera: "a través de su filosofía que es un fraude hueco" (p. 178). Aunque los falsos maestros de Colosas consideraban que sus ideas eran el compendio de la sabiduría, Pablo las desecha como **huecas sutilezas**.

Apatēs (**sutilezas**) significa "un engaño, un fraude, un artificio". La filosofía de los falsos maestros de Colosas no era lo que parecía ser. Sonaba bien y seducía la mente de aquellos a quienes engañaba, pero era una mera ilusión insulsa. Dicha filosofía humana y especulativa carece por completo de valor, sin importar cuán profunda y religiosa parezca.

El comentarista Herbert Carson expresa una advertencia muy apropiada:

No cabe la menor duda de que la filosofía sería aceptada por Pablo en el sentido simple de un amor por el conocimiento y un anhelo por la verdad.

No obstante, ante la filosofía en su sentido más avanzado que subraya la primacía de la razón humana, Pablo se opondría rotundamente... por ende, aunque el cristiano puede evaluar de cierta manera negativa la filosofía especulativa, permanecerá vigilante no sea que termine estudiando la revelación no como un creyente, sino como un humanista. Esto no significa que deba mantener una fe ciega e irracional. Pero sí que, en vez de estudiar las Escrituras a la luz de los supuestos filosóficos y así perjudicar su interpretación, acepte los límites de su intelecto y sea consciente del hecho de que su propia mente actúa bajo la influencia de su naturaleza pecaminosa. De este modo estará en disposición de ser enseñado por el Espíritu Santo y reconocerá que la Palabra de Dios, y no su propia razón, es quien dictamina la verdad (*The Epistles of Paul to the Colossians and Philemon* [Las epístolas de Pablo a los colosenses y a Filemón] [Grand Rapids: Eerdmans, 1976], p. 62).

Pablo menciona dos fuentes de las cuales brotan las huecas sutilezas. La primera se basa en **las tradiciones de los hombres**. **Tradición** viene de *paradosis*, y se refiere a aquello que se transmite de una persona a otra. El simple hecho de que las personas hayan creído en algo transmitiéndolo a través de los años, no significa que sea verdad. Muy a menudo la tradición solo sirve para perpetuar el error.

Un estudio de la historia de la filosofía sirve para ilustrar este punto. La mayoría de los filósofos han basado su trabajo en la obra de otros filósofos que les han precedido, ya sea para perfeccionar su sistema o para rebatirlo. Francis Schaeffer señaló: "Un hombre podría trazar un círculo y decir 'usted puede vivir en este círculo'. Otro hombre podría tacharlo y trazar un nuevo círculo. Luego vendría otro a hacer lo mismo dibujando su propio círculo y así sucesivamente hasta el infinito". (*The God Who Is There* [El Dios que está presente] [Downers Grove, Ill.: InterVarsity, 1973], p. 17).

El judaísmo del primer siglo es otro ejemplo de los efectos de la tradición. Los líderes y maestros judíos habían introducido tantas costumbres, rituales y enseñanzas a la Palabra de Dios, que ya no era posible distinguirla de las tradiciones de los hombres. Marcos 7 relata una conversación entre los escribas, los fariseos y Jesús acerca de este tema. En el versículo 5 le preguntaron a Jesús: "¿Por qué tus discípulos no andan conforme a la tradición de los ancianos?". Jesús les responde en los versículos 8 al 9: "porque dejando el mandamiento de Dios, os aferráis a la tradición de los hombres... bien invalidáis el mandamiento de Dios para guardar vuestra tradición".

Los gentiles también tenían sus tradiciones. Pedro utilizó la misma palabra griega en otro contexto al escribir a los gentiles en 1 Pedro 1:18: "sabiendo que fuisteis rescatados de vuestra vana manera de vivir, la cual recibisteis [mediante la tradición] de vuestros padres". Aun en nuestros días se suele utilizar como argumento a favor de la evolución la falsa declaración de que "es lo que los científicos han creído desde siempre". En todos los ejemplos anteriores, la tradición no era más que ignorancia y falsedad transmitidas de generación en generación. Se trata de tradiciones de hombres y no de Dios (2 Ts. 3:6), que es la única fuente de verdad.

Una segunda fuente de esta falsa filosofía se encuentra en **los rudimentos del mundo**. Resulta difícil reconstruir el sentido exacto de esta frase. *Stoicheia* (**rudimentos**) se refiere en su sentido más simple a las letras del alfabeto. Textualmente significa "cosas en serie". De ahí que Pablo pudiera describir el sistema de falsa doctrina de los herejes colosenses en términos de algo demasiado elemental y simple como para convenir a adultos espiritualmente maduros. Aceptar sus enseñanzas equivaldría a rebajarse y retroceder en la enseñanza madura de las Escrituras basada en una sabiduría y pensamiento avanzados hasta una enseñanza infantil que corresponde a una religión inmadura basada en pensamientos pueriles.

Abandonar la verdad bíblica por abrazar una filosofía hueca es como regresar a los cursos para preescolares después de haber alcanzado un doctorado. Pablo escribe:

> *Porque la palabra de la cruz es locura a los que se pierden; pero a los que se salvan, esto es, a nosotros, es poder de Dios. Pues está escrito: Destruiré la sabiduría de los sabios, Y desecharé el entendimiento de los entendidos. ¿Dónde está el sabio? ¿Dónde está el escriba? ¿Dónde está el disputador de este siglo? ¿No ha enloquecido Dios la sabiduría del mundo? Pues ya que en la sabiduría de Dios, el mundo no conoció a Dios mediante la sabiduría, agradó a Dios salvar a los creyentes por la locura de la predicación. (1 Co. 1:18-21)*

La misma frase se encuentra en Gálatas 4:3: "Así también nosotros, cuando éramos niños, estábamos en esclavitud bajo los rudimentos del mundo". Una vez más resulta evidente aquí el elemento de inmadurez. Sea que hablemos del judaísmo del primer siglo como es el caso en Gálatas, o de la falsa enseñanza que amenazaba a los colosenses, la religión humana es siempre retrógrada, trivial, superficial, inferior, primitiva y carente de trascendencia. No imparte una verdad nueva ni profunda. Y lo más nefasto de todo es que en su esencia misma pretende alcanzar la salvación por obras.

Existe un segundo sentido para *stoicheia*, aunque menos probable. Podría referirse a espíritus elementales; ya sea supuestas emanaciones de Dios o seres espirituales que las personas en la antigüedad relacionaban con las estrellas y los planetas. La astrología no es algo nuevo. Muchos de los grandes hombres del mundo antiguo, tales como Alejandro Magno y Julio César creían en ella de manera tácita. Las personas que creían en la astrología caían en las garras de un determinismo rígido. El movimiento de las estrellas y de los planetas controlaba su destino, a menos que tuvieran el conocimiento oculto necesario para escapar de su control. Este conocimiento secreto es el mismo que pretendían poseer los falsos maestros. Ya que muchos de los colosenses habían creído en la astrología antes de llegar a la salvación, Pablo estaba también previniéndolos acerca de esta falsa enseñanza. En cualquiera de los dos casos, lo que los herejes ofrecían no era un progreso en el conocimiento espiritual, sino un retroceso a un estado espiritual pueril y a una doctrina de demonios (cp. 1 Ti. 4:1).

LA SUFICIENCIA DE CRISTO

y no según Cristo. Porque en él habita corporalmente toda la plenitud de la Deidad, y vosotros estáis completos en él, que es la cabeza de todo principado y potestad. (2:8*b*-10)

Este es uno de los pasajes más benditos de todas las Escrituras. Presenta la majestad gloriosa de la persona de Cristo y su completa suficiencia. El versículo 9 constituye quizás la declaración más contundente de la deidad de Cristo que se encuentra en las epístolas. Es la roca sobre la cual todos los intentos de negar la deidad de Cristo quedan hechos pedazos. Resulta obvio que los herejes negaban que Cristo fuera Dios, y este era el elemento más funesto y perturbador de su "satanología", como lo es en cualquier sistema de falsa doctrina.

Esta falsa doctrina formaba parte del sistema religioso ideado por Satanás y difundido por las personas cuyo contenido estaba en franca contradicción a la revelación de las Escrituras acerca de Cristo. Como todos los sistemas religiosos falsos, es incapaz de salvar. Este es el punto culminante de su carácter letal. Solo en Cristo **habita corporalmente toda la plenitud de la Deidad.** Solo Él tiene el poder para salvar. *Plērōma* (**plenitud**) es la misma palabra utilizada en 1:19. Como vimos en el estudio de ese pasaje, era un término utilizado por los herejes colosenses. Estos creían que la *plērōma* divina estaba dividida en su manifestación a través de sus diversas emanaciones. Cada una tenía una parte según su posición dentro de la escalera descendente de lo bueno a lo malo. Pablo, sin embargo, insiste en afirmar que toda la plenitud **de la Deidad,** no una parte de ella, está en Cristo. *Katoikeō* (**habita**) significa "radicarse y estar en casa". El tiempo presente utilizado indica que la esencia de la deidad habita continuamente en Cristo. Deidad es una palabra que recalca la naturaleza divina. Esta naturaleza divina que habitó en permanencia en Jesucristo no fue alguna luz divina que lo alumbró durante un tiempo, sino que era suya. Él es Dios en toda su dimensión, y lo es para siempre. Y siendo quien posee toda la plenitud de la deidad, Cristo **es la cabeza de todo principado y potestad.** Él no es uno más entre otros seres de una serie de emanaciones que proceden de Dios, como suponían los falsos maestros. Antes bien, Él es Dios mismo y, como tal, la Cabeza sobre todo el reino angelical.

Como hemos visto, parece que los falsos maestros de Colosas también enseñaban una forma de dualismo filosófico mediante el cual postulaban que el espíritu era bueno y la materia mala. Por esto para ellos era impensable que Dios habitara un cuerpo humano. Pablo refuta esta falsa doctrina señalando que toda la plenitud de la deidad habita en Cristo **corporalmente**. Aquel que se revistió de naturaleza humana en Belén conservará esa humanidad por toda la eternidad. Será para siempre Dios-hombre.

Puesto que Cristo es quien es, nosotros estamos **completos en él**. Él nos imparte su plenitud. *Peplērōmenoi* (**estar completos**) es una forma del verbo *plēroō*, del cual procede el sustantivo *plērōma*. Cristo es la *plērōma* de Dios, y nosotros estamos llenos de su *plērōma*. Juan escribió: "Porque de su plenitud tomamos todos, y gracia sobre gracia" (Jn. 1:16). El tiempo perfecto del participio *peplērōmenoi* indica que la llenura que hemos recibido es eterna.

Después de la caída, el hombre quedó incompleto. Está espiritualmente incompleto porque se encuentra en total separación de Dios, sin posibilidades de comunión con Él. Está moralmente incompleto porque vive aparte de la voluntad de Dios. Está mentalmente incompleto porque desconoce la verdad suprema.

Al experimentar la salvación, los creyentes se convierten en "participantes de la naturaleza divina" (2 P. 1:4) y están completos. Los creyentes están espiritualmente completos porque tienen comunión con Dios. Están moralmente completos por reconocer la autoridad de la voluntad de Dios, y están mentalmente completos porque conocen la verdad acerca de la realidad última.

Sostener que quienes están completos en Cristo aún carecen de algo, como lo hicieron los herejes colosenses, resulta inadmisible. Quienes son "participantes de la naturaleza divina" han recibido "todas las cosas que pertenecen a la vida y a la piedad" mediante "su divino poder" (2 P. 1:3). Todos los creyentes verdaderos estamos completos en Cristo y no necesitamos enseñanza alguna de falsos maestros o de falsos cultos.

Cada persona tiene la libertad de escoger entre dos alternativas: seguir la sabiduría humana o venir a Cristo. Seguir la sabiduría humana significa ser arrastrado por los emisarios de Satanás y por su falso sistema que dejan a cualquier persona incompleta en su espíritu. Venir a Cristo significa venir al único que puede ofrecerle al hombre estar completo. Los que hemos encontrado a Cristo jamás dudemos de su suficiencia apartándonos en pos de la sabiduría humana. (Si desea profundizar en el tema de nuestra suficiencia en Cristo, puede ver mi libro *Our Sufficiency in Christ* [Nuestra suficiencia en Cristo] [Dallas: Word, 1991]).

Completos en Cristo

9

En él también fuisteis circuncidados con circuncisión no hecha a mano, al echar de vosotros el cuerpo pecaminoso carnal, en la circuncisión de Cristo; sepultados con él en el bautismo, en el cual fuisteis también resucitados con él, mediante la fe en el poder de Dios que le levantó de los muertos. Y a vosotros, estando muertos en pecados y en la incircuncisión de vuestra carne, os dio vida juntamente con él, perdonándoos todos los pecados, anulando el acta de los decretos que había contra nosotros, que nos era contraria, quitándola de en medio y clavándola en la cruz, y despojando a los principados y a las potestades, los exhibió públicamente, triunfando sobre ellos en la cruz. (2:11-15)

La sanidad física fue un aspecto esencial del ministerio del Señor en esta tierra. A través de ella afirmó sus credenciales mesiánicas, hizo manifiesta la tierna compasión de Dios y anunció el reino del milenio en el que todas las enfermedades dejarán de existir. Las sanidades que nuestro Señor obró, también ilustran un principio importante acerca de la salvación. Cuando Jesús sanaba a una persona, restablecía por completo su salud física. En Mateo 9:22 leemos: "Pero Jesús, volviéndose y mirándola, dijo: Ten ánimo, hija; tu fe te ha salvado. Y la mujer fue salva desde aquella hora". Mateo 15:28 relata la sanidad de la hija de una mujer cananea: "Entonces respondiendo Jesús, dijo: Oh mujer, grande es tu fe; hágase contigo como quieres. Y su hija fue sanada desde aquella hora". Cuando el siervo del centurión regresó a la casa "hallaron sano al siervo que había estado enfermo" (Lc. 7:10). Jesús dijo a la multitud en el templo: "si recibe el hombre la circuncisión en el día de reposo, para que la ley de Moisés no sea quebrantada, ¿os enojáis conmigo porque en el día de reposo sané completamente a un hombre?" (Jn. 7:23). El ministerio de sanidad de nuestro Señor podría resumirse en las palabras de Mateo 15:31: "de manera que la multitud se maravillaba, viendo a los mudos hablar, a los mancos sanados, a los cojos andar, y a los ciegos ver; y glorificaban al Dios de Israel".

De la misma manera que Jesús restableció por completo a las personas que sanó en su cuerpo, Él provee salvación completa cuando sana el espíritu. Esta salvación no requiere elementos adicionales de falsa filosofía humana o de psicología, de ritualismo, misticismo, negación del yo, o cualquier otra obra humana. En Cristo estamos "completos" (Col. 2:10; cp. 2 P. 1:3). Cuando una persona viene a Cristo mediante la fe salvadora en Él, se convierte en una "nueva criatura", y sucede que "las cosas viejas pasaron; he aquí todas son hechas nuevas" (2 Co. 5:17; cp. Gá. 6:15).

Tras haber establecido en 2:10 la verdad de que los cristianos están completos en Cristo, Pablo señala tres aspectos de ese estado en 2:11-15. En Cristo tenemos salvación completa, perdón completo y victoria completa.

SALVACIÓN COMPLETA

En él también fuisteis circuncidados con circuncisión no hecha a mano, al echar de vosotros el cuerpo pecaminoso carnal, en la circuncisión de Cristo; sepultados con él en el bautismo, en el cual fuisteis también resucitados con él, mediante la fe en el poder de Dios que le levantó de los muertos. (2:11-12)

Como ya hemos estudiado, la herejía colosense era una combinación de filosofía pagana y legalismo judío. Era de esperarse que los falsos maestros de Colosas, al igual que los judaizantes que Pablo había confrontado en Galacia, enseñaran la necesidad de la circuncisión para alcanzar la salvación.

Cada niño judío era circuncidado al octavo día de su nacimiento (Lv. 12:2-3). Esa era la señal de que pertenecía a la nación del pacto (Gn. 17:10-14). En la historia de Israel han existido dos escuelas de pensamiento en lo que a la circuncisión se refiere. La primera sostenía que la circuncisión era suficiente para la salvación, ya que garantizaba la afiliación a la nación del pacto. No obstante, esta posición estaba errada, puesto que "no todos los que descienden de Israel son israelitas" (Ro. 9:6). La afiliación a la comunidad del pacto no garantizaba la salvación individual. Pablo escribe en Romanos 2:25, 28: "Pues en verdad la circuncisión aprovecha, si guardas la ley; pero si eres transgresor de la ley, tu circuncisión viene a ser incircuncisión… Pues no es judío el que lo es exteriormente, ni es la circuncisión la que se hace exteriormente en la carne".

La segunda posición sostenía que la circuncisión era solo una demostración exterior de que el hombre había nacido en pecado y necesitaba ser limpio. El corte del prepucio del órgano sexual masculino era una manera gráfica de demostrar que el hombre necesitaba ser limpio hasta lo más profundo de su ser. Ninguna otra parte del cuerpo humano hace tan evidente la profundidad del pecado por cuanto representa la parte del hombre que genera vida, y todo lo que genera es pecaminoso. Esta es la posición bíblica. Desde el principio, la circuncisión fue utilizada como un símbolo para ilustrar la necesidad desesperada del hombre de ser limpio en su corazón. En Deuteronomio 10:16 Moisés mandó al pueblo de Israel, diciendo: "Circuncidad, pues, el prepucio de vuestro corazón, y no endurezcáis más vuestra cerviz". Deuteronomio 30:6 añade: "Y circuncidará Jehová tu Dios tu corazón, y el corazón de tu descendencia, para que ames a Jehová tu Dios con todo tu corazón y con toda tu alma, a fin de que vivas". El Señor ordenó a los israelitas de la época de Jeremías a circuncidarse para el Señor y quitar el prepucio de sus corazones (Jer. 4:4; cp. 9:26). Dios siempre se ha interesado por el corazón, no por el rito físico.

La experiencia de Abraham esclarece la verdad de que la circuncisión no salva. Pablo escribe en Romanos 4:11 que Abraham "recibió la circuncisión como señal, como sello de la justicia de la fe que tuvo estando aún incircunciso". Abraham se circuncidó muchos años después que "creyó a Jehová, y le fue contado por justicia" (Gn. 15:6). Su circuncisión fue la señal externa de un corazón justificado por la fe.

El Nuevo Testamento también recalca la circuncisión del corazón. Esteban acusó al sanedrín de ser "incircuncisos de corazón y de oídos" (Hch. 7:51). Pablo definió la verdadera circuncisión en Romanos 2:29: "sino que es judío el que lo es en lo interior, y la circuncisión es la del corazón".

Para los cristianos, el rito físico de la circuncisión es innecesario puesto que ya hemos sido **circuncidados con circuncisión no hecha a mano**. El propósito de la circuncisión de Cristo es remover **el cuerpo pecaminoso carnal**. Este se refiere a la remoción de la naturaleza pecaminosa y caída que existe en cada ser humano y que lo domina antes de experimentar la salvación, como en el caso del creyente. Los cristianos han sido limpiados de ese dominio pecaminoso y se les ha concedido una nueva naturaleza creada en justicia, habiendo sido **circuncidados con circuncisión no hecha a mano**, es decir, no física, sino espiritual. Al experimentar la salvación "nuestro viejo hombre fue crucificado juntamente con él, para que el cuerpo del pecado sea destruido, a fin de que no sirvamos más al pecado" (Ro. 6:6). Como resultado, "si alguno está en Cristo, nueva criatura es; las cosas viejas pasaron; he aquí todas son hechas nuevas" (2 Co. 5:17). En ningún otro pasaje se expresa con tanta claridad este aspecto como en las palabras de Pablo en Filipenses 3:3: "Porque nosotros somos la circuncisión, los que en espíritu servimos a Dios y nos gloriamos en Cristo Jesús, no teniendo confianza en la carne". Los creyentes han sido liberados de la dominación del pecado y del juicio, aunque aún siguen expuestos a su presencia.

Surge una pregunta respecto a si los cristianos, habiendo muerto a su naturaleza pecaminosa, todavía pueden pecar. Pablo responde a esta inquietud con un toque muy personal en Romanos 7:15-23:

Porque lo que hago, no lo entiendo; pues no hago lo que quiero, sino lo que aborrezco, eso hago. Y si lo que no quiero, esto hago, apruebo que la ley es buena. De manera que ya no soy yo quien hace aquello, sino el pecado que mora en mí. Y yo sé que en mí, esto es, en mi carne, no mora el bien; porque el querer el bien está en mí, pero no el hacerlo. Porque no hago el bien que quiero, sino el mal que no quiero, eso hago. Y si hago lo que no quiero, ya no lo hago yo, sino el pecado que mora en mí. Así que, queriendo yo hacer el bien, hallo esta ley: que el mal está en mí. Porque según el hombre interior, me deleito en la ley de Dios; pero veo otra ley en mis miembros, que se rebela contra la ley de mi mente, y que me lleva cautivo a la ley del pecado que está en mis miembros.

El nuevo carácter que desea hacer el bien y obedecer a Dios habita de todas formas en una carne no redimida: su aspecto humano. Esa carne todavía es susceptible a la tentación de "todo lo que hay en el mundo, los deseos de la carne, los deseos de los ojos, y la vanagloria de la vida" (1 Jn. 2:16). El nuevo hombre de Pablo deseaba obedecer a Dios, pero con todo dijo: "veo otra ley en mis miembros, que se rebela contra la ley de mi mente, y que me lleva cautivo a la ley del pecado que está en mis miembros" (Ro. 7:23). La nueva creación es pura y santa. Como creyentes debemos aguardar aún la redención de nuestros cuerpos (Ro. 8:23) cuando estarán listos para heredar el cielo. (Un estudio más completo de esta maravillosa verdad se encuentra en uno de mis comentarios de esta serie, *Romanos 1-8*, en la sección que trata los capítulos 6 al 8).

Cuando concebimos **el bautismo** como un rito necesario para la salvación resulta tan superficial y vano como la circuncisión. Algunos encuentran razones para argumentar la regeneración mediante el bautismo en 2:12, pero es improbable que Pablo descartara un rito para remplazarlo por otro (cp. 1 Co. 1:13-17). Pablo tomaría partido con los mismos ritualistas a quienes está rebatiendo si propusiera el paso de la muerte a la vida espiritual mediante el bautismo en agua. A la luz de 2:12, este no tiene otro significado diferente al de la circuncisión física mencionada en 2:11. Ambos versículos se refieren a realidades espirituales.

El bautismo simboliza la unión del creyente con Cristo. Al ser sepultado con Él en el bautismo, la unión del creyente con Cristo se lleva a cabo mediante la salvación (cp. 1 Co. 12:13). El bautismo es solo un símbolo de esa realidad. Simboliza la identificación del creyente con la muerte, la sepultura y la resurrección de Cristo (cp. Ro. 6:3-4).

La transformación espiritual solo puede lograrse **mediante la fe en el poder de Dios. Poder** es la traducción de la palabra griega *energeia*, de la cual deriva el término *energía*. Se refiere al poder activo de Dios: el mismo poder que **levantó de los muertos** a Cristo. Quienes creen que Dios resucitó a Jesús de entre los muertos también serán resucitados con Él: "que si confesares con tu boca que Jesús es el Señor, y creyeres en tu corazón que Dios le levantó de los muertos, serás salvo" (Ro. 10:9).

PERDÓN COMPLETO

Y a vosotros, estando muertos en pecados y en la incircuncisión de vuestra carne, os dio vida juntamente con él, perdonándoos todos los pecados, anulando el acta de los decretos que había contra nosotros, que nos era contraria, quitándola de en medio y clavándola en la cruz, (2:13-14)

Aquí Pablo aborda desde una óptica diferente la misma verdad tratada en 2:11-12. Allí subrayó que la salvación es completa y que no requiere ritual religioso alguno. En los versículos siguientes hace hincapié en el perdón completo que no requiere obras por parte del hombre. El perdón es quizás la doctrina más emocionante y reconfortante que contienen las Escrituras, pues es lo que necesitan los pecadores que viven bajo la culpa para ser justificados ante Dios.

Al igual que toda la humanidad pecadora, los colosenses estaban **muertos en pecados** antes de su salvación (cp. Ef. 2:1). La construcción en el griego es un locativo de esfera. Los no creyentes existen en la esfera o el reino de la muerte espiritual. Estar espiritualmente muerto significa estar desprovisto de todo sentido, ser incapaz de responder a estímulos espirituales de la misma manera que la muerte física supone la incapacidad de responder a estímulos físicos. Estar muerto en el espíritu es estar tan bloqueado por el dominio del pecado que no es posible responder a Dios. La Biblia y la verdad espiritual carecen de sentido para una persona en ese estado. Quienes están muertos espiritualmente están dominados por el mundo, la carne y Satanás, y no tienen vida espiritual ni vida eterna.

Pablo describe a los colosenses en su estado anterior como muertos en sus pecados, y también como muertos **"en la incircuncisión de vuestra carne"**. Esta frase se refiere a los gentiles, cuya condición de incircuncisión era la prueba de que estaban excluidos del pacto. Pablo escribió de ellos en Efesios 2:11-12: "Por tanto, acordaos de que en otro tiempo vosotros, los gentiles en cuanto a la carne, erais llamados incircuncisión por la llamada circuncisión hecha con mano en la carne. En aquel tiempo estabais sin Cristo, alejados de la ciudadanía de Israel y ajenos a los pactos de la promesa, sin esperanza y sin Dios en el mundo". De manera que los gentiles se encontraban en un estado mucho más desventajoso que el de los judíos no creyentes, que al menos pertenecían a la comunidad del pacto a la cual se le había confiado la ley de Dios. Así que no resulta sorprendente que Pablo los describiera como personas "sin esperanza y sin Dios en el mundo" (Ef. 2:12).

Pero por fortuna, la historia no termina ahí. Puesto que Dios es "rico en misericordia" (Ef. 2:4), nos **dio vida juntamente con él**. De nuevo, Pablo subraya la unión del creyente con Cristo (cp. 2:10, "en Él"; 2:11, "en Él"; 2:12, "con Él"). Quienes estaban muertos en sus pecados y sin esperanza recibieron nueva vida mediante esa unión. Dios toma la iniciativa en el proceso de salvación porque las personas muertas espiritualmente son incapaces de darse vida a sí mismas.

Como resultado de haber recibido vida juntamente con Cristo, los creyentes hemos sido perdonados de **todos los pecados**. Saber que todos nuestros pecados han sido perdonados es motivo de gran gozo. "Bienaventurado aquel cuya transgresión ha sido perdonada, y cubierto su pecado" (Sal. 32:1).

La verdad más importante de las Escrituras es que Dios perdona los pecados de quienes confían en Él y los hace partícipes de su reino eterno y su gloria. El salmista escribió: "JAH, si mirares a los pecados, ¿quién, oh Señor, podrá mantenerse? Pero en ti hay perdón, para que seas reverenciado" (Sal. 130:3-4). En Isaías 1:18 está escrito: "Venid luego, dice Jehová, y estemos a cuenta: si vuestros pecados fueren como la grana, como la nieve serán emblanquecidos; si fueren rojos como el carmesí, vendrán a ser como blanca lana". Asimismo dice Isaías en 55:7: "Deje el impío su camino, y el hombre inicuo sus pensamientos, y vuélvase a Jehová, el cual tendrá de él misericordia, y al Dios nuestro, el cual será amplio en perdonar". "¿Qué Dios como tú, que perdona la maldad, y olvida el pecado del remanente de su heredad?", exclama a su vez el profeta Miqueas (Mi. 7:18).

El perdón de Dios es un tema sobresaliente en el Nuevo Testamento. Nuestro Señor les dijo a sus discípulos en la última cena: "porque esto es mi sangre del nuevo pacto, que por muchos es derramada para remisión de los pecados" (Mt. 26:28). Pedro les dijo a quienes estaban reunidos en la casa de Cornelio que "todos los que en él creyeren, recibirán perdón de pecados por su nombre" (Hch. 10:43). En Hechos 13:38-39, Pablo dijo: "Sabed, pues, esto, varones hermanos: que por medio de él se os anuncia perdón de pecados, y que de todo aquello de que por la ley de Moisés no pudisteis ser justificados, en él es justificado todo aquel que cree". Asimismo escribió a los efesios: "en quien tenemos redención por su sangre, el perdón de pecados según las riquezas de su gracia" (Ef. 1:7). En Hebreos 8:12, el Señor dice: "Porque seré propicio a sus injusticias, y nunca más me acordaré de sus pecados y de sus iniquidades".

¿Cuáles son las características del perdón de Dios? En primer lugar, es lleno de gracia. No es algo que pueda ganarse por méritos, sino que es un don gratuito. Romanos 3:24 dice que somos "justificados gratuitamente por su gracia, mediante la redención que es en Cristo Jesús". Pablo refuerza esta declaración en Tito 3:4-7: "Pero cuando se manifestó la bondad de Dios nuestro Salvador, y su amor para con los hombres, nos salvó, no por obras de justicia que nosotros hubiéramos hecho, sino por su misericordia, por el lavamiento de la regeneración y por la renovación en el Espíritu Santo, el cual derramó en nosotros abundantemente por Jesucristo nuestro Salvador, para que justificados por su gracia, viniésemos a ser herederos conforme a la esperanza de la vida eterna".

En segundo lugar, el perdón de Dios es completo. El perdón, según Efesios 1:7, se recibe "según las riquezas de su gracia". La gracia de Dios siempre superará al pecado, porque "cuando el pecado abundó, sobreabundó la gracia" (Ro. 5:20). El apóstol Juan declara de plano: "Os escribo a vosotros, hijitos, porque vuestros pecados os han sido perdonados por su nombre" (1 Jn. 2:12).

En tercer lugar, el perdón es un anhelo de Dios. "¿Quiero yo la muerte del impío? dice Jehová el Señor. ¿No vivirá, si se apartare de sus caminos?" (Ez. 18:23; cp. 33:11). "Porque tú, Señor, eres bueno y perdonador, y grande en misericordia para con todos los que te invocan" (Sal. 86:5). Lejos de otorgar su perdón de mala voluntad, Dios anhela y desea con ansias perdonar.

En cuarto lugar, el perdón de Dios es seguro. En Hechos 26:18 Pablo dice que Dios lo envió a los gentiles "para que se conviertan de las tinieblas a la luz, y de la potestad de Satanás a Dios; para que reciban, por la fe que es en mí [Jesús], perdón de pecados y herencia entre los santificados". El perdón de Dios es seguro porque se basa en las promesas de Dios.

En quinto lugar, el perdón de Dios es incomparable. El profeta Miqueas dijo: "¿Qué Dios como tú, que perdona la maldad, y olvida el pecado del remanente de su heredad? No retuvo para siempre su enojo, porque se deleita en misericordia" (Mi. 7:18). La respuesta a esta pregunta es no, ningún dios es igual a Él. Ningún dios de cualquier religión falsa ofrece dicho perdón.

En sexto lugar, el perdón nos mueve a perdonar. Efesios 4:32 nos ordena: "Antes sed benignos unos con otros, misericordiosos, perdonándoos unos a otros, como Dios también os perdonó a vosotros en Cristo". Dios nos ha perdonado la enorme deuda que teníamos con Él y que éramos incapaces de pagar. ¿Cómo podemos hacer menos que perdonar a otros las insignificantes deudas que tienen con nosotros? (cp. Mt. 18:23-35). Este versículo es además la confirmación del perdón completo de Dios. ¿Cómo podría ordenarnos perdonar a otros si Él no nos hubiera perdonado?

Para finalizar, Pablo ilustra el perdón de Dios. Cuando Dios nos perdona, lo hace **anulando el acta de los decretos que había contra nosotros, que nos era contraria, quitándola de en medio y clavándola en la cruz**. **El acta de los decretos** traduce *cheirographos*, cuyo significado literal es "manuscrito" o "autógrafo". Se utilizaba para referirse a un certificado escrito a mano cuyo fin era reconocer la obligación en una deuda. Pablo describe ese certificado como **decretos que había contra nosotros**. *Dogmasin* **(decretos)** se refiere a la ley mosaica (cp. Ef. 2:15). Todas las personas (incluso los gentiles, cp. Ro. 2:14-15) son deudores ante Dios porque han infringido su ley. El certificado **nos era contrario**, lo cual significa que era suficiente para condenarnos al juicio y al infierno, porque escrito está: "Maldito todo aquel que no permaneciere en todas las cosas escritas en el libro de la ley, para hacerlas" (Gá. 3:10). *Exaleiphō* (**quitándola de en medio**) significa "quitar frotando", como cuando se borra un tablero. Los documentos antiguos se escribían con frecuencia en papiro, un material parecido al papel, hecho a partir de juncos o vitelas sacadas de piel de animal. La tinta usada no debía contener ácido ni mojar el material escrito. Ya que la tinta permanecía en la superficie, podía ser quitada frotando en caso de que el escriba deseara reutilizar el material. Pablo dice aquí que Dios borró nuestro certificado o acta de deuda, **clavándola** luego **en la cruz**. No queda el más mínimo rastro en nuestra contra. Nuestro perdón es completo.

VICTORIA COMPLETA

y despojando a los principados y a las potestades, los exhibió públicamente, triunfando sobre ellos en la cruz. (2:15)

Despojando (lit. "desnudando") **a los principados y a las potestades** (ángeles caídos), **los exhibió públicamente, triunfando sobre ellos en la cruz.** El lenguaje utilizado en este pasaje permite imaginar la escena de un general romano después de haber obtenido la victoria, exhibiendo en un desfile público los cautivos que acaba de derrotar a todo lo largo de las calles de Roma. La victoria de Cristo en la cruz despojó por completo a Satanás de todo su poder y acabó con los planes demoníacos cuyo fin es detener su obra redentora. Hebreos 2:14 dice: "Así que, por cuanto los hijos participaron de carne y sangre, él también participó de lo mismo, para destruir por medio de la muerte al que tenía el imperio de la muerte, esto es, al diablo".

Adorar a seres tan humillados y derrotados como los que Cristo derrotó sería el colmo de la locura. La cruz es la respuesta a los herejes colosenses que insistían en la adoración a los seres angelicales. Por medio del Señor Jesús y de su obra en la cruz (cp. Ef. 1:20-23; 3:10) Dios canceló la deuda del creyente, derrotando a Satanás y a sus ángeles caídos. Esa es la razón por la cual Pablo puede declarar en Romanos 8:37-39: "Antes, en todas estas cosas somos más que vencedores por medio de aquel que nos amó. Por lo cual estoy seguro de que ni la muerte, ni la vida, ni ángeles, ni principados, ni potestades, ni lo presente, ni lo por venir, ni lo alto, ni lo profundo, ni ninguna otra cosa creada nos podrá separar del amor de Dios, que es en Cristo Jesús Señor nuestro". Aunque aún debemos luchar contra las fuerzas del mal (Ef. 6:12), éstas no pueden vencernos. Cristo, el Señor de todos que fue crucificado y resucitó, reina soberano en el universo. Estar unido a Él es estar libre del dominio de Satanás.

La muerte de Cristo nos concede transformación, perdón y victoria. Todo esto resulta en una salvación completa con un perdón completo y una victoria completa. Con toda razón Pablo dijo: "Pero lejos esté de mí gloriarme, sino en la cruz de nuestro Señor Jesucristo, por quien el mundo me es crucificado a mí, y yo al mundo" (Gá. 6:14).

Intimidación espiritual

10

Por tanto, nadie os juzgue en comida o en bebida, o en cuanto a días de fiesta, luna nueva o días de reposo, todo lo cual es sombra de lo que ha de venir; pero el cuerpo es de Cristo. Nadie os prive de vuestro premio, afectando humildad y culto a los ángeles, entremetiéndose en lo que no ha visto, vanamente hinchado por su propia mente carnal, y no asiéndose de la Cabeza, en virtud de quien todo el cuerpo, nutriéndose y uniéndose por las coyunturas y ligamentos, crece con el crecimiento que da Dios. Pues si habéis muerto con Cristo en cuanto a los rudimentos del mundo, ¿por qué, como si vivieseis en el mundo, os sometéis a preceptos tales como: No manejes, ni gustes, ni aun toques (en conformidad a mandamientos y doctrinas de hombres), cosas que todas se destruyen con el uso? Tales cosas tienen a la verdad cierta reputación de sabiduría en culto voluntario, en humildad y en duro trato del cuerpo; pero no tienen valor alguno contra los apetitos de la carne. (2:16-23)

Hoy día, con la avanzada capacidad de difusión de los medios nos vemos asaltados por la falsa enseñanza en una proporción sin precedentes. Por todos lados, de manera manifiesta o implícita, se niega la suficiencia de Jesucristo. La falsa filosofía se ha infiltrado en la iglesia disfrazada de psicología, la cual se considera con demasiada frecuencia como un complemento necesario de la Palabra de Dios. Muchos se inclinan por el misticismo alegando recibir visiones de revelaciones no bíblicas. Otros son legalistas equiparando la santidad con la observancia de una serie de rituales culturales. Otros optan por practicar el ascetismo argumentando que la pobreza o la privación física son el camino a la santidad. Y con frecuencia los pastores, ancianos y otros líderes de la iglesia, que tienen a su cargo la responsabilidad de advertir a la iglesia acerca del peligro de estas falsas enseñanzas, son los mismos que proclaman semejantes errores.

Las iglesias del valle del Lico también enfrentaban el peligro de la intimidación espiritual. Los falsos maestros les decían que Jesucristo no era suficiente y que necesitaban algo más. Esas personas creían estar en un nivel superior de conocimiento espiritual y conocer los secretos de la iluminación espiritual. Esa verdad superior y oculta iba más allá de la persona de Jesucristo y de la Palabra. Estos herejes formaron una élite o grupo exclusivo que menospreciaba a los "no iluminados" e "ingenuos" cristianos, y llegaron a engañar a algunos apartándolos de la fe exclusiva en Cristo. El "elemento adicional" que ofrecían los falsos maestros consistía en un sincretismo de filosofía pagana, legalismo judío, misticismo y ascetismo. Como vimos antes, Pablo escribió a los colosenses para refutar estas falsas enseñanzas y presentar la absoluta suficiencia de Jesucristo para la salvación y la santificación. Puesto que los colosenses tenían a Cristo, y Él es suficiente, no debían sentirse intimidados por los falsos maestros.

En 2:8-23 Pablo refuerza su ataque contra los falsos maestros. En los versículos anteriores ya ha confrontado la filosofía (2:8-10) y presentado la suficiencia de Cristo (2:11-15). Ahora prosigue su refutación de la herejía colosense enfrentando el legalismo (2:16-17), el misticismo (2:18-19) y el ascetismo (2:20-23).

EL LEGALISMO

Por tanto, nadie os juzgue en comida o en bebida, o en cuanto a días de fiesta, luna nueva o días de reposo, todo lo cual es sombra de lo que ha de venir; pero el cuerpo es de Cristo. (2:16-17)

El legalismo es la religión de los logros humanos. Arguye que la espiritualidad no se basa solo en Cristo, sino también en las obras. La medida de la espiritualidad se conforma entonces a las normas hechas por el hombre. Los creyentes, sin embargo, están completos en Cristo, el cual ha provisto completa salvación, perdón y victoria. No deben sacrificar su libertad en Cristo para someterse a reglas humanas. **Por tanto**, dice Pablo, que **nadie os juzgue**. Por cuanto "el fin de la ley es Cristo, para justicia a todo aquel que cree" (Ro. 10:4), someterse de nuevo a un sistema legalista resulta dañino e inútil. Pablo les recordó a los gálatas que habían sido seducidos por el legalismo: "Estad, pues, firmes en la libertad con que Cristo nos hizo libres, y no estéis otra vez sujetos al yugo de esclavitud" (Gá. 5:1).

El legalismo es ineficaz por cuanto no puede refrenar la carne. También es una ilusión peligrosa porque los cristianos que en su interior consienten la rebelión o la desobediencia, o incluso los mismos no creyentes, pueden ocultarlo adoptando con facilidad una serie de costumbres o rituales externos. Gardiner Spring, pastor norteamericano del siglo XIX advirtió:

Un hombre moralista puede mostrar gran preocupación por sus deberes hacia el prójimo, en tanto que desatiende por completo los deberes ante Dios, que son superiores en importancia. Nada sabe acerca de amar y servir a Dios. De todo lo que hace o deja de hacer, nada es para

Dios. Es honrado en todos sus asuntos excepto para con Dios, a nadie roba sino a Dios, con nadie se muestra desagradecido e infiel sino con Dios, y hacia ningún otro siente desdén arguyendo reproches sino hacia Dios. En sus principios no hay cabida a una relación profunda con Dios y las obras que manifiesta así como su piedad tampoco constituyen el fruto de una relación alguna con Él. No solo es capaz de desconfiar de las Escrituras, sino que podría pasar toda su vida sin leerlas. No solo puede pasar por alto la autoridad divina, sino toda forma de adoración divina, y puede vivir y morir como si Dios no existiera para él ni él para Dios. El carácter del joven que presenta el evangelio es un cuadro doloroso y patético de la imperfección de la moralidad externa (vea Mt. 19:16-22). A este no le faltó honradez ni verdad, no era impuro ni rebelde. Tampoco lo eran los mandamientos que había observado con esmero en su exterior. Aun llegó a decir: "todo esto lo he guardado". No vivía una bondad esporádica, sino que llevaba un estilo de vida uniforme y continuo. Había cumplido con todo "desde su juventud". Tampoco fue esto. Se mostró dispuesto a conocer todos los deberes que debía cumplir preguntando: "¿qué más me falta?". Con todo, al llegar el momento de la prueba, este pobre joven se dio cuenta de que, con toda su moralidad jactanciosa, no podía negarse a sí mismo, tomar su cruz y seguir a Cristo (*The Distinguishing Traits of Christian Character* [Los rasgos distintivos del carácter cristiano] [Phillipsburg, N.J.: Presby. & Ref., s.f.], pp. 7-8).

Una preocupación constante de Pablo era que los cristianos no fueran intimidados por el legalismo. Ordenó a Tito no prestar atención "a fábulas judaicas, ni a mandamientos de hombres que se apartan de la verdad. Todas las cosas son puras para los puros, mas para los corrompidos e incrédulos nada les es puro; pues hasta su mente y su conciencia están corrompidas" (Tit. 1:14-15). Romanos 14-15 y 1 Corintios 8-10 también hablan de la libertad cristiana y la única razón legítima para restringirla: proteger a un hermano o a una hermana débil en su fe.

Los falsos maestros les decían a los colosenses que no era suficiente tener a Cristo, sino que necesitaban observar la ley ceremonial judía. Es muy probable que sus prohibiciones **en comida o en bebida** se basaran en las leyes de la dieta del Antiguo Testamento (cp. Lv. 11). Estas leyes fueron dadas a Israel como una marca distintiva del pueblo de Dios y para evitar que se entremezclaran con las naciones circunvecinas.

Ya que los colosenses estaban bajo el nuevo pacto, las leyes de la dieta del antiguo pacto no tenían ya ninguna relevancia. Jesús lo estableció con claridad en Marcos 7:

Y llamando a sí a toda la multitud, les dijo: Oídme todos, y entended: Nada hay fuera del hombre que entre en él, que le pueda contaminar; pero lo que sale de él, eso es lo que contamina al hombre. Si alguno tiene oídos para oír, oiga. Cuando se alejó de la multitud y entró en casa, le preguntaron sus discípulos sobre la parábola. El les dijo: ¿También vosotros estáis así sin entendimiento? ¿No entendéis que todo lo de fuera que entra en el hombre, no le puede contaminar, porque no entra en su corazón, sino en el vientre, y sale a la letrina? Esto decía, haciendo limpios todos los alimentos. (vv. 14-19)

Pablo les recuerda a los romanos que "el reino de Dios no es comida ni bebida, sino justicia, paz y gozo en el Espíritu Santo" (Ro. 14:17). El hecho de que las leyes de la dieta ya no están más en vigencia se demostró con la visión de Pedro (Hch. 10:9-16) y se ratificó de manera formal por el concilio de Jerusalén (Hch. 15:28-29).

Los **días de fiesta** formaban parte del calendario judío de fiestas solemnes tales como la Pascua, Pentecostés y la fiesta de los tabernáculos (cp. Lv. 23). También se ofrecían sacrificios durante la **luna nueva** que corresponde al primer día del mes (Nm. 28:11-14).

A diferencia de lo que muchos pretenden hoy día, no es obligatorio para los cristianos guardar los **días de reposo** para la adoración. Ni el sábado ni los demás días santos del antiguo pacto que menciona Pablo son obligatorios bajo el nuevo pacto. Existe suficiente evidencia en las Escrituras que respaldan esta verdad. En primer lugar, el sábado era una señal para Israel en el antiguo pacto (Éx. 31:16-17; Neh. 9:14; Ez. 20:12). Puesto que ahora estamos bajo un nuevo pacto (He. 8), ya no se nos exige guardar las señales del antiguo pacto.

En segundo lugar, no existe un solo mandato en el Nuevo Testamento que ordene observar el día sábado.

Tercero, el único culto de adoración de la iglesia primitiva registrado en el Nuevo Testamento se realizó un domingo, el primer día de la semana (Hch. 20:7).

Cuarto, no existe alusión alguna de parte de Dios a exigir a las naciones gentiles la observancia del sábado, y tampoco se les condena por no hacerlo. En realidad resulta extraño exigirle a todos los pueblos la observancia del sábado.

Quinto, no hay evidencia de que se guardara el sábado antes del tiempo de Moisés, y tampoco existen mandatos para hacerlo antes de la ley revelada en el Monte Sinaí.

Sexto, el concilio de Jerusalén no impuso esta norma a los creyentes gentiles (Hch. 15).

Séptimo, Pablo amonestó a los gentiles acerca de muchos pecados diferentes en sus cartas, pero jamás mencionó la no observancia del sábado.

Octavo, Pablo reprendió a los gálatas por pensar que Dios les exigía guardar ciertos días (inclusive el sábado) (Gá. 4:10-11).

Noveno, Pablo enseñó que la observancia del sábado era un asunto de libertad cristiana (Ro. 14:5).

Décimo, los padres de la iglesia primitiva, desde Ignacio hasta Agustín, enseñaron que el día de reposo (el sábado) del Antiguo Testamento había sido abolido y que el primer día de la semana (el domingo) era el día de adoración para los cristianos. Esto rebate el argumento de que la adoración dominical solo se instituyó hasta el siglo IV.

Las leyes de la dieta, las fiestas solemnes, los sacrificios y la adoración en el día de reposo eran **sombra de lo que ha de venir; pero el cuerpo es de Cristo**. Una sombra no es la realidad, pues la realidad es la que produce la sombra. Jesucristo es la realidad tras la sombra. Por ejemplo, en lo tocante a las normas alimentarias, Él es "el pan que descendió del cielo" (Jn. 6:41). No es necesario que los cristianos observemos la Pascua, "porque nuestra pascua, que es Cristo, ya fue sacrificada por nosotros" (1 Co. 5:7). ¿Qué razón habría para exigirles a los gentiles observar el sábado cuando Dios les ha concedido el reposo eterno (He. 4:1-11)? Seguir preocupándose por las sombras cuando ya ha llegado la realidad es un esfuerzo vano.

Lo que Pablo enseña aquí es muy sencillo: la verdadera espiritualidad no consiste en observar normas externas, sino en gozar de una relación íntima con Jesucristo.

EL MISTICISMO

Nadie os prive de vuestro premio, afectando humildad y culto a los ángeles, entremetiéndose en lo que no ha visto, vanamente hinchado por su propia mente carnal, y no asiéndose de la Cabeza, en virtud de quien todo el cuerpo, nutriéndose y uniéndose por las coyunturas y ligamentos, crece con el crecimiento que da Dios. (2:18-19)

El misticismo podría definirse como la búsqueda de una experiencia religiosa subjetiva mayor o más profunda. Es la creencia de que la realidad espiritual se conoce por fuera del intelecto humano o de los sentidos naturales. Busca la verdad en las sensaciones internas tales como los sentimientos y la intuición más que en la información objetiva, observable y externa. El misticismo infiere su autoridad a partir de la iluminación interior que se actualiza y se valida a sí misma. Esta actitud irracional y en contra del intelecto es la antítesis de la teología cristiana. Los falsos maestros hacían alarde de tener una unión mística con Dios. Pablo exhorta a los colosenses a no permitir que alguno de estos falsos maestros los **"prive de [su] premio"**. Los herejes pretendían actuar como árbitros espirituales y reprobaban a los colosenses por no guiarse según sus normas.

Humildad viene de *tapeinophrosunē*, que por lo general se traduce como "humildad". Algunas traducciones recalcan el uso negativo del término en este contexto. La humildad de los herejes colosenses era una falsa humildad. Estos, **afectando humildad**, hacían ver que su supuesta humildad no era más que un detestable orgullo. Su actitud era similar a la de Uriah Heep, uno de los personajes más despreciables de la literatura inglesa, que dijo: "soy muy consciente de ser la persona más humilde que existe" (capítulo 16 de *David Copperfield* de Charles Dickens).

No obstante, los falsos maestros padecían de un problema mucho más serio que la falsa humildad. También practicaban el **culto a los ángeles**, negando con ello la verdad de que "hay un solo Dios, y un solo mediador entre Dios y los hombres, Jesucristo hombre" (1 Ti. 2:5).

La adoración a los ángeles era una herejía que se había difundido como una plaga en la región de Frigia (donde estaba ubicada la ciudad de Colosas) durante siglos. El comentarista William Hendriksen señala que en 363 d.C. se llevó a cabo un concilio eclesiástico en Laodicea, ciudad vecina a Colosas. Este declaró: "No está bien que los cristianos abandonen la iglesia de Dios y se aparten para invocar a los ángeles" (Canon 25; citado en *Philippians, Colossians, and Philemon.* [Filipenses, Colosenses y Filemón]. Comentario del Nuevo Testamento [Grand Rapids: Baker, 1981], p. 126). Teodoro, quien fuera padre de la iglesia primitiva, hablando acerca de Colosenses 2:18 dijo: "La enfermedad que San Pablo denuncia prosiguió durante un largo tiempo en Frigia y Pisidia" (citado en Hendriksen, p. 126). Se sabe que el arcángel Miguel era adorado en Asia Menor hasta 739 d.C. También se le atribuyeron sanidades milagrosas.

La Biblia prohíbe con vehemencia la adoración a los ángeles. "Escrito está", le dijo Jesús a Satanás, "Al Señor tu Dios adorarás, y a él solo servirás" (Mt. 4:10).

Como podemos notar en la visión de Isaías, los ángeles mismos adoran a Dios:

> *En el año que murió el rey Uzías vi yo al Señor sentado sobre un trono alto y sublime, y sus faldas llenaban el templo. Por encima de él había serafines; cada uno tenía seis alas; con dos cubrían sus rostros, con dos cubrían sus pies, y con dos volaban. Y el uno al otro daba voces, diciendo: Santo, santo, santo, Jehová de los ejércitos; toda la tierra está llena de su gloria. Y los quiciales de las puertas se estremecieron con la voz del que clamaba, y la casa se llenó de humo. (Is. 6:1-4)*

En Apocalipsis 5:11-12 Juan escribe: "Y miré, y oí la voz de muchos ángeles alrededor del trono, y de los seres vivientes, y de los ancianos; y su número era millones de millones, que decían a gran voz: El Cordero que fue inmolado es digno de tomar el poder, las riquezas, la sabiduría, la fortaleza, la honra, la gloria y la alabanza".

Cuando Juan se dispuso a adorar a un ángel, fue reprendido por hacerlo: "Yo me postré a sus pies para adorarle. Y él me dijo: Mira, no lo hagas; yo soy consiervo tuyo, y de tus hermanos que retienen el testimonio de Jesús. Adora a Dios; porque el testimonio de Jesús es el espíritu de la profecía" (Ap. 19:10; cp. Ap. 22:9).

Además de practicar la falsa humildad y la adoración a los ángeles, los falsos maestros declaraban haber recibido visiones. Como muchos herejes y falsos cultos a lo largo de los siglos, pretendían apoyar sus aberrantes enseñanzas en visiones que alegaban haber experimentado. Algunos de los peores excesos del movimiento carismático de nuestros días se derivan de tales visiones. No hay necesidad de revelaciones adicionales extrabíblicas mediante visiones, porque "Dios, habiendo hablado muchas veces y de muchas maneras en otro tiempo a los padres por los profetas, en estos postreros días nos ha hablado *por el Hijo*" (He. 1:1-12, cursivas añadidas).

Pablo alerta a los colosenses a no sentirse intimidados por las declaraciones de los falsos maestros. Lejos de ser la élite espiritual que pretendían, estaban **vanamente** hinchados **por su propia mente carnal**. Al ser culpables de orgullo espiritual desmedido, carecían de cualquier respaldo del Espíritu Santo. Al pretender ir más allá de las enseñanzas de Cristo (cp. 2 Jn. 9), no se asieron **de la Cabeza** que es Cristo (cp. Col. 1:18). Él es **en virtud de quien todo el cuerpo, nutriéndose y uniéndose por las coyunturas y ligamentos, crece con el crecimiento que da Dios**. El crecimiento espiritual es el resultado de la unión con Cristo. Jesús dice en Juan 15:4-5: "Permaneced en mí, y yo en vosotros. Como el pámpano no puede llevar fruto por sí mismo, si no permanece en la vid, así tampoco vosotros, si no permanecéis en mí. Yo soy la vid, vosotros los pámpanos; el que permanece en mí, y yo en él, éste lleva mucho fruto; porque separados de mí nada podéis hacer".

En el ser humano existe la tendencia de pasar de la objetividad a la subjetividad; de apartar los ojos de Cristo para ponerlos en la experiencia. Esto ha sido siempre motivo de intimidación para los creyentes débiles y una amenaza para la iglesia.

Hoy día el misticismo se manifiesta con mayor frecuencia en el movimiento carismático donde a veces las Escrituras pasan a un segundo plano de importancia frente a las visiones y las revelaciones.

Cuando se produjo una intimidación de tendencia mística en los carismáticos del siglo XVI en la época de Lutero, el gran reformador se mostró enérgico con ellos, aferrándose a la revelación bíblica, a la suficiencia de Cristo y su lugar central y soberano. En particular, los seguidores de Thomas Munzer y los anabaptistas radicales concedieron gran importancia a la obra y los dones del Espíritu, así como al conocimiento místico. Su exclamación que expresaba las experiencias por encima de la Palabra era: "¡El Espíritu, el Espíritu!". Lutero respondía: "No iré a donde su espíritu los conduce". Cuando se les concedió una entrevista con Lutero, exclamaron como solían hacerlo: "¡El Espíritu, el Espíritu!". El gran reformador no se sintió impresionado y por el contrario vociferó: "Abofeteo su espíritu en la nariz".

Nosotros, al igual que los colosenses, no debemos sentirnos intimidados por quienes añaden otros requisitos aparte del conocimiento de Cristo y su Palabra en la búsqueda de la madurez espiritual. Cristo es todo suficiente, pues "todas las cosas que pertenecen a la vida y a la piedad nos han sido dadas por su divino poder, mediante el conocimiento de aquel que nos llamó por su gloria y excelencia" (2 P. 1:3).

EL ASCETISMO

Pues si habéis muerto con Cristo en cuanto a los rudimentos del mundo, ¿por qué, como si vivieseis en el mundo, os sometéis a preceptos tales como: No manejes, ni gustes, ni aun toques (en conformidad a mandamientos y doctrinas de hombres), cosas que todas se destruyen con el uso? Tales cosas tienen a la verdad cierta reputación de sabiduría en culto voluntario, en humildad y en duro trato del cuerpo; pero no tienen valor alguno contra los apetitos de la carne. (2:20-23)

Un asceta es una persona cuya vida exhibe una estricta negación a sí mismo. Los herejes colosenses, además de practicar el legalismo y el misticismo, procuraban alcanzar la justicia mediante la negación a sí mismos.

Durante siglos la iglesia ha sido intimidada por quienes defienden la pobreza como un medio para alcanzar la espiritualidad. Vale la pena recordar que el dinero en sí no es la raíz de los males, sino el amor al dinero (cp. 1 Ti. 6:10). Algunos de los más prominentes siervos de Dios del Antiguo Testamento, tales como Abraham, Job y Salomón, eran ricos en extremo.

Si habéis muerto con Cristo en cuanto a los rudimentos del mundo, pregunta Pablo: "**¿por qué, como si vivieseis en el mundo, os sometéis a preceptos tales como: No manejes, ni gustes, ni aun toques**...? Mediante su unión con Cristo los redimidos fueron liberados de las normas humanas cuyo propósito es promover la espiritualidad. Pablo escribe que practicar el ascetismo equivale a adoptar el sistema religioso del mundo que se basa en **rudimentos**.

Como vimos antes, los falsos maestros enseñaban una forma de dualismo filosófico. Practicaban el ascetismo con la intención de liberar al espíritu de su prisión que era el cuerpo.

La idea de que el cuerpo era malo logró abrirse paso en la iglesia. Según Atanasio, padre de la iglesia, Antonio, el fundador del monaquismo cristiano, nunca cambió su túnica ni lavó sus pies (*Life of Anthony* [Vida de Antonio], párr.

47). No obstante, fue superado por Simeón Estilita (390-459 d.C.), que pasó los últimos treinta y seis años de su vida encima de un pedestal de 15 metros de altura. Simeón pensó de manera equivocada que el camino hacia la espiritualidad consistía en maltratar su cuerpo y aislarse del mundo. Muchos han imitado estas costumbres a lo largo de la historia de la iglesia. Incluso Martín Lutero, antes de descubrir la verdad acerca de la justificación por la fe, casi acaba con su salud por practicar el ascetismo.

Es posible que Dios llame a algunas personas a una vida de negación a sí mismas. Muchos misioneros, por ejemplo, han llevado por necesidad una vida llena de privaciones. Con todo, no lo han hecho por voluntad propia para alcanzar la espiritualidad.

El ascetismo resulta inútil porque pone la mira en las cosas que **se destruyen con el uso**. "Las viandas para el vientre, y el vientre para las viandas; pero tanto al uno como a las otras destruirá Dios" (1 Co. 6:13). Someterse a **mandamientos y doctrinas de hombres** carece por completo de valor espiritual.

La razón por la cual el ascetismo es ineficaz se encuentra en 2:23. Aunque **tales cosas tienen a la verdad cierta reputación de sabiduría en culto voluntario, en humildad y en duro trato del cuerpo… no tienen valor alguno contra los apetitos de la carne**. El ascetismo puede lograr que una persona se vea espiritual porque ofrece la apariencia de la humildad y la pobreza, pero en realidad solo sirve para complacer a la carne. Resulta inútil tratar de parecer más santo que los demás. Jesús exhortó a sus discípulos acerca de esto: "Cuando ayunéis, no seáis austeros, como los hipócritas; porque ellos demudan sus rostros para mostrar a los hombres que ayunan; de cierto os digo que ya tienen su recompensa. Pero tú, cuando ayunes, unge tu cabeza y lava tu rostro, para no mostrar a los hombres que ayunas, sino a tu Padre que está en secreto; y tu Padre que ve en lo secreto te recompensará en público" (Mt. 6:16-18).

Alexander McClaren, el gran predicador escocés del siglo XIX, escribió acerca de la inutilidad del ascetismo en estas palabras: "Cualquier forma de ascetismo tiene que ver más con las preferencias de los hombres que con la negación a sí mismo. Estarían más dispuestos a clavar garfios en sus espaldas y a practicar el balanceo puja del hinduismo, antes que renunciar a sus pecados y rendir sus voluntades. Solo existe una cosa que puede sujetar con un collar el cuello del animal que existe en nuestro interior, y es el poder de Cristo en nosotros. La religión asceta desecha a Dios, pues quienes la practican en realidad se adoran a sí mismos. De manera que no debemos sentirnos intimidados por ella".

El mensaje de Pablo a los colosenses también es una advertencia para nosotros. No debemos sentirnos intimidados por la falsa filosofía humana, ni por el legalismo, el misticismo o el ascetismo. Estos no son más que "cisternas rotas que no retienen agua" (Jer. 2:13). Debemos asirnos a Cristo, en quien estamos "completos" (Col. 2:10).

Viviendo la vida resucitada 11

Si, pues, habéis resucitado con Cristo, buscad las cosas de arriba, donde está Cristo sentado a la diestra de Dios. Poned la mira en las cosas de arriba, no en las de la tierra. Porque habéis muerto, y vuestra vida está escondida con Cristo en Dios. Cuando Cristo, vuestra vida, se manifieste, entonces vosotros también seréis manifestados con él en gloria. (3:1-4)

Jesús dijo en Juan 17:18: "Como tú me enviaste al mundo, así yo los he enviado al mundo". Y envió a sus discípulos diciéndoles: "Por tanto, id, y haced discípulos a todas las naciones, bautizándolos en el nombre del Padre, y del Hijo, y del Espíritu Santo; enseñándoles que guarden todas las cosas que os he mandado; y he aquí yo estoy con vosotros todos los días, hasta el fin del mundo. Amén" (Mt. 28:19-20). Proclamar las buenas nuevas del evangelio "hasta lo último de la tierra" es tanto el privilegio como la seria responsabilidad de la iglesia (Hch. 1:8).

Aunque pueda parecer paradójico, es necesario que los cristianos abandonemos el mundo antes de alcanzarlo. En Gálatas 1:4 Pablo declaró que Cristo "se dio a sí mismo por nuestros pecados para librarnos del presente siglo malo". Los cristianos pertenecemos al reino de Cristo, y su reino no es de este mundo (Jn. 18:36). Nosotros hemos vencido al mundo mediante la fe en Cristo (1 Jn. 5:4-5). Aunque estamos presentes en este mundo en nuestro cuerpo, nuestro espíritu tiene su ciudadanía en el cielo (Ef. 2:6).

Es necesario mantener una perspectiva correcta en este mundo a fin de alcanzar nuestro crecimiento, gozo y fructificación espirituales. Somos "extranjeros y peregrinos sobre la tierra" (He. 11:13) porque "no tenemos aquí ciudad permanente, sino que buscamos la por venir" (He. 13:14). "Mas nuestra ciudadanía está en los cielos, de donde también esperamos al Salvador, al Señor Jesucristo" (Fil. 3:20). Somos "extranjeros y peregrinos" en esta tierra (1 P. 2:11). Estamos en el mundo pero no somos del mundo. Y solo hasta que descubramos y vivamos esta verdad seremos capaces de alcanzar al mundo con la verdad del evangelio.

En una ocasión, un amigo de Robert Murray McCheyne, el devoto pastor y evangelista escocés del siglo XIX, dijo de él: "El hombre a quien hablaba parecía haber alcanzado la máxima estatura... y haber entrado en los lugares secretos de la santidad de Dios". Cuando McCheyne predicaba el evangelio "los hombres que se veían fuertes, duros e inflexibles, se derretían como la cera delante del fuego. Sus pechos se henchían como si fueran a explotar, y todo el lugar se llenaba de llanto". Él aprendió a vivir en los lugares celestiales para alcanzar a las almas sobre la tierra. Cumplía con el mandato de Romanos 12:2: "No os conforméis a este siglo, sino transformaos por medio de la renovación de vuestro entendimiento".

Solo cuando nos levantamos por encima del mundo podemos estimar la espantosa pobreza espiritual en la cual tantas personas viven, y aprender a poner nuestros ojos en las realidades celestiales. Nuestras bendiciones están en el cielo (Ef. 1:3) donde están los ángeles (Ef. 3:10) y Cristo (Ef. 1:20). Nosotros existimos en el reino celestial mediante nuestra unión con Él en su resurrección, (Ef. 2:6). Puesto que las cosas más valiosas para nosotros están en el cielo, no debemos enredarnos en los asuntos del mundo presente. Todos estos pasajes de las Escrituras conforman el telón de fondo para el mensaje de Pablo en 3:1-4 al proseguir con la parte práctica de la epístola. Comienza con un llamado a los lectores a preocuparse por la realidad celestial, que es el sello de la verdadera espiritualidad y el punto de partida de la santidad puesta en práctica. Hay cinco características que permiten desplegar el poder de la vida celestial sobre la tierra: la señal, la responsabilidad, la fuente, la razón y la revelación.

LA SEÑAL

Si, pues, habéis resucitado con Cristo, (3:1*a*)

La palabra **si** denota realidad, como en 2:20, y una mejor traducción sería "desde". El creyente que ha sido **resucitado con Cristo** no vive en incertidumbre. El verbo significa en realidad "ser resucitado con". Se trata de un hecho cumplido.

Desde el punto de vista espiritual, los creyentes han participado en la muerte y la resurrección de Cristo en el momento de su salvación. Gálatas 2:20 dice: "Con Cristo estoy juntamente crucificado, y ya no vivo yo, mas vive Cristo en mí; y lo que ahora vivo en la carne, lo vivo en la fe del Hijo de Dios, el cual me amó y se entregó a sí mismo por mí". En este versículo el apóstol muestra la unión del creyente con el Señor mediante la cual comparten una misma vida. Romanos 6:3-4 nos enseña la misma verdad: "¿O no sabéis que todos los que hemos sido bautizados en Cristo Jesús, hemos sido bautizados en su muerte? Porque somos sepultados juntamente con él para muerte por el bautismo, a fin de que como Cristo resucitó de los muertos por la gloria del Padre, así también nosotros andemos en vida nueva".

El bautismo al cual se refiere aquí no es el bautismo en agua, sino la inmersión en la muerte y la resurrección del Salvador. Mediante su unión con Cristo, los creyentes han muerto, han sido sepultados y han resucitado con Él. A través de la fe salvadora han entrado en una nueva dimensión. Son poseedores de una vida divina y eterna que no consiste solo en una existencia sin fin, sino en una calidad de vida celestial que pueden disfrutar gracias al Señor que vive en ellos. Por lo tanto, están vivos en Cristo para experimentar las realidades del reino divino.

En virtud de lo anterior, los cristianos tenemos el deber de vivir una vida consecuente con esa realidad. Pablo habla de manera específica acerca de este deber en Romanos 6:11-19:

> *Así también vosotros consideraos muertos al pecado, pero vivos para Dios en Cristo Jesús, Señor nuestro. No reine, pues, el pecado en vuestro cuerpo mortal, de modo que lo obedezcáis en sus concupiscencias; ni tampoco presentéis vuestros miembros al pecado como instrumentos de iniquidad, sino presentaos vosotros mismos a Dios como vivos de entre los muertos, y vuestros miembros a Dios como instrumentos de justicia. Porque el pecado no se enseñoreará de vosotros; pues no estáis bajo la ley, sino bajo la gracia. ¿Qué, pues? ¿Pecaremos, porque no estamos bajo la ley, sino bajo la gracia? En ninguna manera. ¿No sabéis que si os sometéis a alguien como esclavos para obedecerle, sois esclavos de aquel a quien obedecéis, sea del pecado para muerte, o sea de la obediencia para justicia? Pero gracias a Dios, que aunque erais esclavos del pecado, habéis obedecido de corazón a aquella forma de doctrina a la cual fuisteis entregados; y libertados del pecado, vinisteis a ser siervos de la justicia. Hablo como humano, por vuestra humana debilidad; que así como para iniquidad presentasteis vuestros miembros para servir a la inmundicia y a la iniquidad, así ahora para santificación presentad vuestros miembros para servir a la justicia.*

Esta vida nueva es real y poderosa. No obstante, esto también es cierto para el pecado que resta. Aunque el pecado ya no es nuestro amo, aún puede ejercer dominio sobre nosotros si no nos presentamos ante Dios como siervos de la justicia (para profundizar el estudio de esta valiosa enseñanza, puede ver mis comentarios sobre Romanos 6-8 en *Romanos 1-8*, Comentario MacArthur del Nuevo Testamento [Grand Rapids: Editorial Portavoz, 2001]).

La espiritualidad, tal como lo señala Pablo en Filipenses 2:12, logra manifestar esa vida mediante la realidad de nuestra unión con Cristo. En Él tenemos todos los recursos necesarios para vivir la vida cristiana (cp. 2 P. 1:3). Pablo insiste en el papel central de Cristo en Colosenses 3:1-4. Al utilizar frases como **con Cristo** (3:1), **donde está Cristo** (3:1), **con Cristo** (3:3), **cuando Cristo** (3:4) y **con él** (3:4), Pablo recalca de nuevo la total suficiencia de Cristo (cp. 2:10). Resulta desafortunado que muchos cristianos no logren entender ni alcanzar la plenitud de Cristo. Al pasar por alto lo que dicen las Escrituras o al fallar en la aplicación de las mismas, pueden caer víctimas de la intimidación al pensar que necesitan algo más para vivir su vida cristiana aparte de Cristo. Así se convierten con facilidad en víctimas de la falsa filosofía, del legalismo, del misticismo o del ascetismo.

Pablo trae a la memoria de los colosenses el hecho de haber resucitado con Cristo. Este es el camino hacia la santidad, no la abnegación, ni la experiencia con ángeles, ni los rituales. Ya no viven la vida vieja que llevaban antes de su salvación, sino que poseen la vida eterna de Cristo y han resucitado para vivir en otra dimensión. No deben ignorar ni olvidar su identidad en Cristo ni la manera como hay que vivirla. Podemos controlar y vencer toda pasión pecaminosa mediante el poder de Cristo que mora en nosotros y nuestra unión con Él.

LA RESPONSABILIDAD

buscad las cosas de arriba, donde está Cristo sentado a la diestra de Dios. Poned la mira en las cosas de arriba, no en las de la tierra. (3:1*b*-2)

El tiempo presente de *zēteō* (**buscad**) indica una acción continua. La norma de vida para cada creyente consiste en ocuparse de las realidades eternas que le pertenecen en Cristo. Jesús lo declaró de la siguiente manera: "Mas buscad primeramente el reino de Dios y su justicia, y todas estas cosas os serán añadidas" (Mt. 6:33). Pablo no está defendiendo aquí alguna forma de misticismo. Antes bien, manifiesta a los colosenses su deseo de permitir en su vida terrenal que la dimensión celestial gobierne. Ocuparse de las cosas celestiales es ocuparse de aquel que reina sobre ellas, así como de sus propósitos, planes, determinaciones y poder. También implica ver las cosas, las personas y los sucesos en este mundo a través de sus ojos y desde una perspectiva eterna.

Las cosas de arriba se refiere al reino celestial y a los valores espirituales que caracterizan a Cristo, tales como la ternura, la bondad, la mansedumbre, la paciencia, la sabiduría, el perdón, la fortaleza, la pureza y el amor.

Cuando los creyentes se concentran en las realidades celestiales pueden disfrutar en toda su plenitud el mundo que su Padre celestial ha creado. Como lo expresó el autor del himno "Suyo soy y mío es Él":

> En lo alto el azul del cielo es más tenue
> En derredor el verde de la tierra es más dulce
> Tras cada matiz algo vive

> Algo que sin Cristo los ojos jamás contemplaron
> Cantos más alegres exaltan las aves
> Fulguran de hermosura las flores
> Desde que sé, como ahora sé,
> Que suyo soy y mío es Él.

Cuando los cristianos comenzamos a vivir en los lugares celestiales y nos consagramos a las riquezas de "la Jerusalén de arriba" (Gá. 4:26) somos capaces de manifestar en este mundo los valores del reino celestial para la gloria de Dios.

En 3:2 Pablo instruye acerca de la manera como se deben buscar las cosas de arriba diciendo: **Poned la mira en las cosas de arriba, no en las de la tierra**. **Poned la mira** viene de *phroneō* y podría traducirse "pensar" o "tener cierta disposición interior".

Una vez más, el tiempo presente indica una acción continua. Lightfoot parafrasea la idea de Pablo así: "Ustedes deben *buscar* solamente el cielo y *pensar* en el cielo" (*St. Paul's Epistles to the Colossians and to Philemon* [Las epístolas de San Pablo a los colosenses y a Filemón] [1879, Grand Rapids: Zondervan, 1959, reimpresión], p. 209; cursivas en el original). Toda la vida del cristiano debe estar orientada hacia lo celestial, **donde está Cristo**, de la misma manera que una brújula se orienta siempre hacia el norte.

Los pensamientos que se centran en las realidades celestiales y que deben llenar la mente del creyente deben provenir de las Escrituras. La Biblia es la única fuente confiable de conocimiento acerca del carácter de Dios y de los valores celestiales. Pablo señala esta preocupación al decir: "transformaos por medio de la renovación de vuestro entendimiento" (Ro. 12:2). Es así como logramos pensar en todo lo que es verdadero, todo lo honesto, todo lo justo, todo lo puro, todo lo amable, todo lo que es de buen nombre y en toda virtud (cp. Fil. 4:8).

Cuando estos valores celestiales prevalecen en la mente se produce como resultado un comportamiento piadoso. El pecado es vencido y vienen a establecerse la humildad, la seguridad, y un espíritu sacrificado.

LA FUENTE

donde está Cristo sentado a la diestra de Dios. (3:1c)

El recurso que tiene a su disposición el creyente no es otro, sino aquel en quien están escondidos todos los tesoros de la sabiduría y del conocimiento: el Cristo resucitado y glorificado, **sentado a la diestra de Dios** en un lugar de honor y majestad. La Biblia menciona con frecuencia la posición de exaltación de Cristo.

El Salmo 110:1 dice: "Jehová dijo a mi Señor: siéntate a mi diestra, hasta que ponga a tus enemigos por estrado de tus pies". Jesús les dijo a quienes lo acusaban en el juicio: "Pero desde ahora el Hijo del Hombre se sentará a la diestra del poder de Dios" (Lc. 22:69). En su sermón que tuvo lugar en el día de Pentecostés, Pedro le dijo a la multitud que Jesús había sido "exaltado por la diestra de Dios" (Hch. 2:33). Pedro y los demás apóstoles hablaron de Jesús ante el sanedrín como a quien "Dios ha exaltado con su diestra por Príncipe y Salvador" (Hch. 5:31). En el momento de padecer el martirio, Esteban exclamó: "He aquí, veo los cielos abiertos, y al Hijo del Hombre que está a la diestra de Dios" (Hch. 7:56). Pablo, a su vez, describe a Jesús como "el que también resucitó, el que además está a la diestra de Dios, el que también intercede por nosotros" (Ro. 8:34) porque Dios actuó "resucitándole de los muertos y sentándole a su diestra en los lugares celestiales" (Ef. 1:20). El autor de Hebreos dice que Cristo "habiendo efectuado la purificación de nuestros pecados por medio de sí mismo, se sentó a la diestra de la Majestad en las alturas" (He. 1:3). Por esta razón "tenemos tal sumo sacerdote, el cual se sentó a la diestra del trono de la Majestad en los cielos" (He. 8:1). Él es "quien habiendo subido al cielo está a la diestra de Dios; y a él están sujetos ángeles, autoridades y potestades" (1 P. 3:22).

Ya que Cristo fue coronado y exaltado a la diestra del Padre, se establece como la fuente de bendición para su pueblo. Jesús les dijo a sus discípulos: "Y todo lo que pidiereis al Padre en mi nombre, lo haré, para que el Padre sea glorificado en el Hijo. Si algo pidiereis en mi nombre, yo lo haré" (Jn. 14:13-14; cp. 15:16; 16:23-24, 26). Los creyentes podemos tener la certeza de que nuestra búsqueda concluye en Él "porque todas las promesas de Dios son en él Sí, y en él Amén" (2 Co. 1:20).

LA RAZÓN

Porque habéis muerto, y vuestra vida está escondida con Cristo en Dios. (3:3)

Pablo subraya la razón por la cual una vida dirigida hacia lo celestial debe ser la norma a seguir para el creyente. Los creyentes hemos muerto al sistema del mundo mediante nuestra unión de fe con Cristo en su muerte y su resurrección. Pablo escribió en Gálatas 6:14: "Pero lejos esté de mí gloriarme, sino en la cruz de nuestro Señor Jesucristo, por quien el mundo me es crucificado a mí, y yo al mundo". El tiempo pasado de *apothnēskō* (**habéis muerto**) indica que se muere en el momento de la salvación. "Si alguno está en Cristo", escribe Pablo a los corintios, "nueva criatura es; las cosas viejas pasaron; he aquí todas son hechas nuevas" (2 Co. 5:17).

¿En qué sentido se afirma que el creyente muere? En el sentido del pago que debía hacerse como castigo por el pecado. La paga del pecado es la muerte, así que nosotros mereceríamos morir. Mediante nuestra unión con Jesucristo, experimentamos en Él la muerte que nos correspondía, de manera que se cancela la deuda y el pecado no puede atarnos de nuevo. Hemos muerto al pecado en el sentido de pagar el castigo que este trae. La presencia y la fuerza del pecado aún nos afectan, pero no pueden condenarnos.

El creyente no solo ha muerto al pecado, sino que también su vida está **escondida con Cristo en Dios**. ¿Qué significa **con Cristo en Dios**? En primer lugar, los creyentes compartimos una vida común con el Padre y con el Hijo. Pablo escribe en 1 Corintios 6:17: "el que se une al Señor, un espíritu es con él". Los creyentes son "participantes de la naturaleza divina" (2 P. 1:4).

En segundo lugar, la nueva vida está escondida del mundo. Los no creyentes son incapaces de comprender toda la dimensión de la nueva vida del creyente, pues "el hombre natural no percibe las cosas que son del Espíritu de Dios, porque para él son locura, y no las puede entender, porque se han de discernir espiritualmente" (1 Co. 2:14). Pablo señaló que la verdadera manifestación de los hijos de Dios aún está por suceder en el mundo venidero, así que en el presente las personas no pueden ver lo que son en realidad los creyentes (Ro. 8:19). El apóstol Juan se refirió a esta verdadera identidad al escribir: "Amados, ahora somos hijos de Dios, y aún no se ha manifestado lo que hemos de ser" (1 Jn. 3:2). Los falsos maestros que perturbaban a los colosenses no podían captar la verdad de que éstos ya poseían vida y conocimiento espiritual trascendentales, así que sus falsas enseñanzas estaban por completo fuera de lugar.

En tercer lugar, los creyentes gozamos de seguridad por la eternidad, estando escondidos y protegidos de cualquier adversario espiritual. Las bendiciones de la salvación son "una herencia incorruptible, incontaminada e inmarcesible, reservada en los cielos para vosotros" (1 P. 1:4). Nuestro gran sumo sacerdote "puede también salvar perpetuamente a los que por él se acercan a Dios, viviendo siempre para interceder por ellos" (He. 7:25). A quienes el Hijo da vida eterna "no perecerán jamás, ni nadie las arrebatará de mi mano", dijo Jesús (Jn. 10:28). Están escondidos bajo el amparo de su Dios.

Ningún otro pasaje declara esta gloriosa verdad con tanta elocuencia como Romanos 8:31-39:

> *Si Dios es por nosotros, ¿quién contra nosotros? El que no escatimó ni a su propio Hijo, sino que lo entregó por todos nosotros, ¿cómo no nos dará también con él todas las cosas? ¿Quién acusará a los escogidos de Dios? Dios es el que justifica. ¿Quién es el que condenará? Cristo es el que murió; más aun, el que también resucitó, el que además está a la diestra de Dios, el que también intercede por nosotros. ¿Quién nos separará del amor de Cristo? ¿Tribulación,*

o angustia, o persecución, o hambre, o desnudez, o peligro, o espada? Como está escrito: Por causa de ti somos muertos todo el tiempo; somos contados como ovejas de matadero. Antes, en todas estas cosas somos más que vencedores por medio de aquel que nos amó. Por lo cual estoy seguro de que ni la muerte, ni la vida, ni ángeles, ni principados, ni potestades, ni lo presente, ni lo por venir, ni lo alto, ni lo profundo, ni ninguna otra cosa creada nos podrá separar del amor de Dios, que es en Cristo Jesús Señor nuestro.

Todas las riquezas del Dios eterno pertenecen a quienes tienen su vida escondida en Él por su Hijo.

LA REVELACIÓN

Cuando Cristo, vuestra vida, se manifieste, entonces vosotros también seréis manifestados con él en gloria. (3:4)

Aunque el mundo sea incapaz de reconocer a aquellos cuya vida está escondida con Cristo en Dios, no será así para siempre. **Cuando Cristo… se manifieste** en su segunda venida, nosotros seremos también manifestados con Él en gloria. El apóstol Juan describe la escena en Apocalipsis 19:11-13, 15-16:

Entonces vi el cielo abierto; y he aquí un caballo blanco, y el que lo montaba se llamaba Fiel y Verdadero, y con justicia juzga y pelea. Sus ojos eran como llama de fuego, y había en su cabeza muchas diademas; y tenía un nombre escrito que ninguno conocía sino él mismo. Estaba vestido de una ropa teñida en sangre; y su nombre es: EL VERBO DE DIOS… De su boca sale una espada aguda, para herir con ella a las naciones, y él las regirá con vara de hierro; y él pisa el lagar del vino del furor y de la ira del Dios Todopoderoso. Y en su vestidura y en su muslo tiene escrito este nombre: REY DE REYES Y SEÑOR DE SEÑORES.

Además de la descripción de nuestro Señor en su regreso para juzgar, la visión declara que lo hará acompañado de sus santos. Juan también escribió: "los ejércitos celestiales, vestidos de lino finísimo, blanco y limpio, le seguían en caballos blancos" (v. 14).

El veredicto de la eternidad revocará los veredictos hechos en los límites del tiempo. Ese día se sabrá con absoluta certeza quiénes pertenecen en realidad al Señor. "Conoce el Señor a los que son suyos" (2 Ti. 2:19), y los revelará al mundo. Lightfoot comenta: "El velo que ahora oculta su vida superior a los ojos de otros, y aun a los nuestros en parte, será quitado entonces. El mundo que persigue, desprecia y relega en el presente será al final cegado por la deslumbrante gloria de la revelación" (Lightfoot, p. 210). Juan escribió: "sabemos que cuando él se manifieste, seremos semejantes a él, porque le veremos tal como él es" (1 Jn. 3:2).

Pablo complementa esta verdad añadiendo una maravillosa idea. Describe a Cristo como nuestra **vida**. Cristo no solo da vida, Él *es* la vida. Pablo dijo: "Con Cristo estoy juntamente crucificado, y ya no vivo yo, mas vive Cristo en mí; y lo que ahora vivo en la carne, lo vivo en la fe del Hijo de Dios, el cual me amó y se entregó a sí mismo por mí" (Gá. 2:20). Declaró a los corintios que la vida de Jesús se manifestaba en su cuerpo (2 Co. 4:10). Cuando estaba a punto de padecer el martirio pudo decir: "Porque para mí el vivir es Cristo, y el morir es ganancia" (Fil. 1:21).

La clave para vivir la vida resucitada es tener una vida centrada en Cristo. El Hijo, y no el mundo presente, es el centro del universo del creyente.

Hacer morir el pecado 12

Haced morir, pues, lo terrenal en vosotros: fornicación, impureza, pasiones desordenadas, malos deseos y avaricia, que es idolatría; cosas por las cuales la ira de Dios viene sobre los hijos de desobediencia, en las cuales vosotros también anduvisteis en otro tiempo cuando vivíais en ellas. Pero ahora dejad también vosotros todas estas cosas: ira, enojo, malicia, blasfemia, palabras deshonestas de vuestra boca. No mintáis los unos a los otros, (3:5-9*a*)

Quizás nos parezca sorprendente notar que la vida resucitada implica hacer morir el pecado. ¿Acaso Pablo no acaba de decir que esto ya debía haberse hecho? En el momento de la salvación "nuestro viejo hombre fue crucificado juntamente con él, para que el cuerpo del pecado sea destruido, a fin de que no sirvamos más al pecado" (Ro. 6:6). Ahora bien, esto debe hacerse real en la vida del creyente en el ámbito práctico. Ni la santidad ni la madurez pueden existir en una vida que no pone freno al pecado.

Hemos muerto respecto a la paga del pecado, pero el poder de este aún puede permanecer fuerte y nuestra carne es débil. Esta es la razón por la cual debemos hacer morir el pecado sin cesar, rindiéndonos al Espíritu Santo (Ro. 8:13). El pecado es como un monarca destronado que ya no reina ni tiene autoridad para condenar, pero que se empeña en debilitar y destruir a sus antiguos súbditos. El pecado aún tiene fuerza, y lograr vencerlo requiere el poder del Espíritu. El principio de Zacarías 4:6 se aplica a la victoria sobre Satanás. Éste declara: "No con ejército, ni con fuerza, sino con mi Espíritu". Y el arma que utiliza el Espíritu es la Palabra (Ef. 6:17). En la medida en que el creyente esté fortalecido en la Palabra, habrá "vencido al maligno" (1 Jn. 2:14). Ser lleno del poder del Espíritu Santo (Ef. 5:18) es lo mismo que permitirle a la Palabra morar en abundancia en nosotros (Col. 3:16). Es cierto que el creyente ha muerto en el sentido de pagar la deuda del pecado al estar unido a Cristo en su muerte. Pero también es cierto que el pecado aún ataca su humanidad no redimida (cp. Ro. 8:23). Éste debe ser muerto por el poder del Espíritu mediante la Palabra, lo cual se logra al considerarlo como un enemigo mortal. Así que mientras aguardamos "la redención de nuestro cuerpo" (Ro. 8:23), el espíritu redimido y fortalecido por el Espíritu Santo debe hacer morir el pecado que ataca a la carne.

Por consiguiente, hacer morir el pecado no es una opción para la vida cristiana. El puritano Richard Baxter escribió: "Trate al pecado como este lo trata a usted. No se compadezca de él así como él no se compadece de usted. Trátelo como debe tratarse a un asesino. Hágalo morir antes que él lo haga con usted, y aunque lo lleve a usted hasta la tumba, como le hizo a su Cabeza, no podrá mantenerlo allí" (citado en I. D. E. Thomas, *A Puritan Golden Treasury* [Tesoros de los puritanos] [Edinburgh: Banner of Truth, 1977], p. 281). Ser cristiano es morir a uno mismo, a la ambición, al ego y al orgullo. Es postrarse en humilde sumisión al señorío de Cristo. Es obedecer el mandamiento del Señor dado en Lucas 9:23: "Si alguno quiere venir en pos de mí, niéguese a sí mismo, tome su cruz cada día, y sígame". Es seguir el ejemplo de Pablo mismo, quien les dijo a los corintios: "cada día muero" (1 Co. 15:31).

Haced morir viene de *nekroō* y su significado literal es "matar" o "llevar a la muerte". Los creyentes debemos tomar una decisión radical de hacer morir el pecado sometiendo la carne a la nueva naturaleza llena del Espíritu.

A menudo las personas interpretan de manera incorrecta las palabras de Pablo en este pasaje, lo cual sucede también con las palabras de Jesús en Mateo 5:29-30 y 18:8. Al tomar estos pasajes de manera textual, muchos han llegado incluso a lesionar su cuerpo. De acuerdo con la tradición, Orígenes, uno de los grandes teólogos de la iglesia primitiva, se castró por su propia voluntad (basado en una mala interpretación de Mateo 19:12). Durante la edad media era usual ver en las ciudades europeas a un grupo conocido como los flagelantes. Desfilaban por las calles en procesiones solemnes azotándose como castigo por sus pecados. Pero este tipo de errores en la interpretación no es cosa del pasado. Una vez conocí a un hombre que llevaba un cinturón lleno de clavos que continuamente laceraban su cuerpo. Él creía que con esta acción mataba la carne y pagaba la deuda por sus pecados.

Sin embargo, Pablo no está defendiendo el ascetismo que vimos en el capítulo 2. En cambio, hace un llamado a eliminar todo lo que en la vida del creyente sea contrario a la santidad. A los romanos dijo: "porque si vivís conforme a la carne, moriréis; mas si por el Espíritu hacéis morir las obras de la carne, viviréis" (Ro. 8:13). Solo entonces el creyente podrá experimentar la plenitud espiritual que Dios quiere para él.

La batalla contra el pecado está presente en todos los creyentes, incluso en Pablo (cp. Ro. 7:14-25). El anhelo del nuevo hombre de llevar una vida agradable a Dios se ve frenado por la carne pecaminosa y todos sus hábitos que vinieron como consecuencia de la caída. Aunque los creyentes son nuevas criaturas en su interior (2 Co. 5:17), éstas habitan en cuerpos viejos. Con todo, nuestro cuerpo puede ser instrumento de justicia o de iniquidad. Por esto Pablo escribió en Romanos 12:1-2: "Así que, hermanos, os ruego por las misericordias de Dios, que presentéis vuestros cuerpos en sacrificio vivo, santo, agradable a Dios, que es vuestro culto racional. No os conforméis a este siglo, sino transformaos por medio de la renovación de vuestro entendimiento, para que comprobéis cuál sea la buena voluntad de Dios, agradable y perfecta".

El uso de la palabra **pues** hace alusión a las verdades de 3:1-4. Pablo enlaza siempre la doctrina y la práctica en sus epístolas. Puesto que los creyentes compartimos la muerte y la resurrección de Cristo, nuestra vida está escondida y un día seremos manifestados con Él en gloria, es necesario que destruyamos el pecado. Como ciudadanos del cielo debemos cortar todos los lazos que nos atan a los hábitos pecaminosos de nuestra antigua vida.

La teología no es un ejercicio académico artificial y rígido que está reservado a los especialistas. La teología que profundiza en las verdades bíblicas es indispensable para el crecimiento espiritual. Como vimos en el capítulo anterior, Romanos 6 muestra también la concordancia entre la doctrina y la práctica. En 6:1-10 Pablo enseña a los creyentes la verdad de su unión con Cristo en su muerte, sepultura y resurrección. Sobre esa base él escribe: "Así también vosotros consideraos muertos al pecado, pero vivos para Dios en Cristo Jesús, Señor nuestro. No reine, pues, el pecado en vuestro cuerpo mortal, de modo que lo obedezcáis en sus concupiscencias; ni tampoco presentéis vuestros miembros al pecado como instrumentos de iniquidad, sino presentaos vosotros mismos a Dios como vivos de entre los muertos, y vuestros miembros a Dios como instrumentos de justicia" (Ro. 6:11-13).

Aunque la fuerza del pasaje es atenuada en algunas traducciones, el texto griego dice que debemos matar **los miembros de nuestro cuerpo terrenal** (no solo considerarlos como muertos). Pablo utiliza una figura literaria conocida como metonimia. Cuando habla de matar las partes o miembros del cuerpo en realidad se está refiriendo a los pecados relacionados con esos miembros. Debemos notar que esta afirmación choca con el dualismo colosense en cuanto al cuerpo y el espíritu. Pablo está afirmando que el cuerpo debe ser santo y que debe actuar bajo el control del espíritu redimido, y un cuerpo controlado por el Espíritu debe hacer lo bueno. Esto sucederá el día en que el cuerpo sea redimido (Ro. 8:23).

En 3:5-9*a*, Pablo ofrece dos listas de pecados que debemos hacer morir a manera de ejemplo. Las listas comprenden algunos de los pecados más comunes y molestos que enfrentamos los creyentes. Sin embargo, estas listas no son exhaustivas. La primera, en 3:5, contiene pecados en relación con el amor pervertido. La segunda, en 3:8-9*a* contiene pecados relacionados con el odio. La primera lista comienza con los actos y prosigue con las motivaciones, en tanto que la segunda comienza con las motivaciones y termina con los actos. La primera lista encierra pecados personales y la segunda pecados sociales. La primera lista atañe a los sentimientos y la segunda a la conversación. En medio de las dos listas (3:6-7) Pablo revela dos motivos por los cuales debemos hacer morir el pecado.

PECADOS DEL AMOR PERVERTIDO

fornicación, impureza, pasiones desordenadas, malos deseos y avaricia, que es idolatría; (3:5*b*)

Estos son pecados personales relacionados con nuestros sentimientos. Pablo los presenta en una progresión que va desde el acto de maldad hasta el motivo subyacente. La fornicación, que es el acto, se origina en la impureza. La impureza nace de las pasiones desordenadas y de los malos deseos, que a su vez proceden de la avaricia que es la raíz de todos los pecados.

Fornicación traduce *porneia* y se refiere al pecado sexual. La palabra *pornografía* viene de *porneia* y de *graphē*, que significa escritura. Así que pornografía es una escritura (o una imagen) que proyecta el pecado sexual. *Porneia* se refería originalmente a prostitución (una palabra relacionada, *pornē*, es la palabra griega que designa "prostituta"). En el Nuevo Testamento, sin embargo, su significado abarca cualquier forma de sexo ilícito. La Biblia establece un agudo contraste con la idea predominante en el mundo antiguo al prohibir cualquier tipo de actividad sexual entre un hombre y una mujer fuera de los límites del matrimonio.

El concilio de Jerusalén ordenó a los creyentes gentiles que se apartaran de la fornicación (Hch. 15:20, 29; 21:25). Pablo se sintió muy asustado al saber que la fornicación había surgido en la iglesia de los corintios (1 Co. 5:1) y les dijo que huyeran de ella (1 Co. 6:18). La fornicación encabeza la lista de las obras de la carne (Gá. 5:19) y es un asunto por completo impropio de los santos (Ef. 5:3). El concepto bíblico de la fornicación se resume en 1 Tesalonicenses 4:3: "pues la voluntad de Dios es vuestra santificación; que os apartéis de fornicación; que cada uno de vosotros sepa tener su propia esposa en santidad y honor".

Impureza es la traducción de *akatharsia*, palabra de la cual deriva el término *catarsis* o "limpieza". La letra alfa privativa del término (*a*) denota una negación, dándole el significado de "inmundicia" o "impureza". Es un término más general que inmoralidad, pues va más allá del acto para señalar los malos pensamientos y las intenciones de la mente. Jesús dijo: "Pero yo os digo que cualquiera que mira a una mujer para codiciarla, ya adulteró con ella en su corazón" (Mt. 5:28), porque "de dentro, del corazón de los hombres, salen los malos pensamientos, los adulterios, las fornicaciones, los homicidios, los hurtos, las avaricias, las maldades, el engaño, la lascivia, la envidia, la maledicencia, la soberbia, la insensatez" (Mr. 7:21-22). La impureza también es una de las obras de la carne (Gá. 5:19). No debe admitirse por los creyentes (Ef. 5:3) porque "no nos ha llamado Dios a inmundicia, sino a santificación" (1 Ts. 4:7).

La conducta pecaminosa se origina en los malos pensamientos. Esto significa que la batalla contra el pecado, y en especial contra el pecado sexual, comienza en la mente. Los malos pensamientos producen conductas pecaminosas y los pensamientos puros derivan en una conducta virtuosa. Por eso Pablo aconseja: "Por lo demás, hermanos, todo lo que es verdadero, todo lo honesto, todo lo justo, todo lo puro, todo lo amable, todo lo que es de buen nombre; si hay virtud alguna, si algo digno de alabanza, en esto pensad" (Fil. 4:8) y "la palabra de Cristo more en abundancia en vosotros" (Col. 3:16).

La diferencia entre **pasiones** y **malos deseos** es bastante sutil. *Pathos* (**pasiones**) se refiere a la pasión sexual liberada en el cuerpo, como lo indican las dos referencias que la contienen en el Nuevo Testamento (cp. Ro. 1:26; 1 Ts. 4:5). En este contexto, **malos deseos** sin duda se refiere a la lujuria sexual que se origina en la mente (cp. Stg. 1:15). Quizás la diferencia entre los dos términos radica en que las **pasiones** se concentran en el cuerpo y los **malos deseos** representan el aspecto mental del mismo vicio. Los dos términos aparecen juntos en 1 Tesalonicenses 4:5, donde Pablo ordena a los cristianos a no vivir "en pasión de concupiscencia, como los gentiles que no conocen a Dios". Estas conductas son por completo impropias de los creyentes.

Pablo menciona la **avaricia** o codicia en último lugar porque es el pecado que constituye la raíz de la cual surgen todos los anteriores. También se menciona en los Diez Mandamientos (cp. Éx. 20:17; Dt. 5:21). *Pleonexia* (**avaricia**) procede de dos palabras griegas: *pleon*, "más", y *exō*, "tener". Es el insaciable deseo de tener más y de tener lo que es prohibido. Como tal, es la fuente de todas las guerras y pleitos (Stg. 4:2), así como de la lujuria, la pasión y el pecado.

La avaricia, al poner sus deseos egoístas por encima de la obediencia a Dios, cae en la **idolatría**. La avaricia es la raíz de todos los pecados. William Barclay escribió: "Este es un pecado que se extiende a muchas áreas. Si se trata del deseo por tener dinero, lleva al robo. Si es el deseo por tener prestigio, conduce a la ambición perniciosa. Si es el deseo por tener poder, conduce a la cruel tiranía. Si es el deseo por una persona, conduce al pecado sexual" (*The Letters to the Philippians, Colossians, and Thessalonians* [Las cartas a los filipenses, colosenses y tesalonicenses] [Louisville, Ky.: Westminster, 1975], p. 152).

Siempre que las personas pecan, detrás de sus acciones subyace el deseo egoísta por encima de la voluntad de Dios. Esto es, en esencia, la adoración a uno mismo en vez de a Dios, lo cual es idolatría. El puritano Stephen Charnock escribió:

Todo el pecado se basa en un ateísmo silencioso... todas las inclina-
ciones malignas del corazón... son chispas de un fuego latente cuyo
lenguaje es siempre: "Seré mi propio señor y no tendré Dios alguno por
encima de mí"... en los pecados de omisión pasamos por alto a Dios al
desatender sus mandatos, y en los pecados de comisión ponemos cualquier deseo en el lugar que solo a Dios le corresponde y a ése le rendi-
mos el honor que solo debemos dar a nuestro Hacedor... negamos su
soberanía cuando transgredimos sus leyes... cada pecado atropella los
derechos de Dios y lo priva de alguna de sus perfecciones... cada pecado
es una manera de maldecir a Dios en el corazón, un intento por destruir
su propio ser, no de manera real sino implícita... el hombre, con cada
pecado, pretende establecer su propia voluntad como la norma, y su
propia gloria como el fin de sus acciones en contra de la voluntad y la
gloria de Dios (*The Existence and Attributes of God* [Existencia y atributos
de Dios] [Grand Rapids: Baker, 1979, reimpresión], 1:93-94).

En Efesios 5:3-5 Pablo enlaza la fornicación, la avaricia y la idolatría: "Pero
fornicación y toda inmundicia, o avaricia, ni aun se nombre entre vosotros,
como conviene a santos; ni palabras deshonestas, ni necedades, ni truhanerías,
que no convienen, sino antes bien acciones de gracias. Porque sabéis esto, que
ningún fornicario, o inmundo, o avaro, que es idólatra, tiene herencia en el
reino de Cristo y de Dios".

El Antiguo Testamento también asocia el pecado sexual con la idolatría. Las
personas adoraban deidades paganas porque las orgías, que formaban parte de
sus cultos, les permitían legitimar y satisfacer sus pasiones inmorales. Números
25:1-3 establece una clara relación entre el pecado de idolatría de Israel y la
inmoralidad sexual: "Moraba Israel en Sitim; y el pueblo empezó a fornicar con
las hijas de Moab, las cuales invitaban al pueblo a los sacrificios de sus dioses; y
el pueblo comió, y se inclinó a sus dioses. Así acudió el pueblo a Baal-peor; y el
furor de Jehová se encendió contra Israel".

El antídoto contra la avaricia es el contentamiento. Una persona que está
contenta con lo que tiene no tendrá el deseo de abusar de otra sexualmente,
y tampoco codiciará cosa alguna de otro. Una persona que puede decir con
Pablo: "he aprendido a contentarme, cualquiera que sea mi situación" (Fil. 4:11)
no será propensa a luchar con la avaricia. El contentamiento es el resultado de
confiar en Dios, y la base de esa confianza es el conocimiento de Él y de sus propósitos para su pueblo, tal como han sido revelados en las Escrituras.

El contentamiento es lo opuesto a la avaricia. Mientras que la persona avara y
codiciosa se rinde adoración a ella misma, la persona contenta adora a Dios. El
puritano Jeremiah Burroughs escribió:

Se llega a adorar más a Dios mediante el [contentamiento] que al escuchar un sermón, pasar muchas horas en oración o al celebrar sacramentos. Estos son actos de adoración a Dios, pero escuchar, orar y celebrar sacramentos son solo actos externos de adoración. El [contentamiento] es la adoración del alma, al someter la propia voluntad y luego rendirla a Dios… en obediencia activa adoramos a Dios haciendo lo que a Él le agrada, en tanto que en obediencia pasiva también lo adoramos al contentarnos y agradarnos con lo que Él hace (*The Rare Jewel of Christian Contentment* [La excepcional joya del contentamiento cristiano] [Edinburgh: Banner of Truth, 1979, reimpresión], p. 120).

Al atacar la avaricia se ataca la raíz del pecado. Cuando el contentamiento se pone en el lugar que ocupa la avaricia, ésta no puede dar inicio al proceso que culmina en un acto pecaminoso.

RAZONES PARA HACER MORIR EL PECADO

cosas por las cuales la ira de Dios viene sobre los hijos de desobediencia, en las cuales vosotros también anduvisteis en otro tiempo cuando vivíais en ellas. (3:6-7)

Después de haber presentado la primera lista de pecados, Pablo hace una pausa antes de proseguir con la segunda. Aquí ofrece dos razones de gran fuerza que nos motivan para hacer morir el pecado.

EL PECADO ACARREA EL JUICIO DE DIOS

cosas por las cuales la ira de Dios viene sobre los hijos de desobediencia, (3:6)

La **ira** de Dios es "su eterno aborrecimiento de toda impiedad. Es el desagrado y la indignación contra el mal, producto de la justicia divina. Es la santidad de Dios movida a actuar en contra del pecado" (Arthur W. Pink, *The Attributes of God* [Los atributos de Dios] [Grand Rapids: Baker, 1975], p. 83). La ira de Dios es su constante e invariable reacción frente al pecado.

Los no creyentes experimentarán la ira eterna de Dios con toda su fuerza.

Pablo escribe en Romanos 1:18: "Porque la ira de Dios se revela desde el cielo contra toda impiedad e injusticia de los hombres que detienen con injusticia la verdad". Ya que el no creyente rehúsa creer en Cristo, "no verá la vida, sino que la ira de Dios está sobre él" (Jn. 3:36; cp. Ro. 2:8). La Palabra dice acerca del inconverso: "atesoras para ti mismo ira para el día de la ira y de la revelación del justo juicio de Dios" (Ro. 2:5). Los creyentes no debemos participar de los pecados generales que Pablo acaba de mencionar, pues la ira de Dios viene por nosotros. El pecado acarrea ira, no bendición. Nunca trae verdadera felicidad. Ya que los creyentes han sido librados "de la ira venidera" (1 Ts. 1:10) y no caerán bajo la ira de Dios (1 Ts. 5:9), Pablo no está diciendo que si pecamos experimentaremos la terrible ira de Dios. Más bien está afirmando que quienes son de Cristo y han sido unidos a Él, lo aman y le sirven, con toda certeza no desearán participar de esos actos y pensamientos que sí corresponden al estilo de vida de quienes experimentarán la eterna ira de Dios.

Aunque los creyentes hemos sido librados de la ira de Dios (cp. Ro. 5:9), estamos sometidos a su disciplina. Hebreos 12:5-6 insta a no olvidar "la exhortación que como a hijos se os dirige, diciendo: Hijo mío, no menosprecies la disciplina del Señor, Ni desmayes cuando eres reprendido por él; Porque el Señor al que ama, disciplina, y azota a todo el que recibe por hijo". Dios siempre reacciona en contra del pecado. El no creyente sufrirá su eterna ira, mientras que el cristiano experimentará su disciplina amorosa. De todas formas, todo aquel que practique el pecado sufrirá las consecuencias.

EL PECADO ES PARTE DEL PASADO DEL CREYENTE

en las cuales vosotros también anduvisteis en otro tiempo cuando vivíais en ellas. (3:7)

Pablo nos ofrece una segunda razón por la cual debemos hacer morir el pecado diciendo de alguna manera: "ustedes saben bien lo que era vivir en pecado. Lo odiaban y eso los condujo a Cristo: para ser librados de esa manera de vivir". Pablo dijo también a los creyentes efesios:

> *Y él os dio vida a vosotros, cuando estabais muertos en vuestros delitos y pecados, en los cuales anduvisteis en otro tiempo, siguiendo la corriente de este mundo, conforme al príncipe de la potestad del aire, el espíritu que ahora opera en los hijos de desobediencia, entre los cuales también todos nosotros vivimos en otro tiempo en los deseos de nuestra carne, haciendo la voluntad de la carne y de los pensamientos, y éramos por naturaleza hijos de ira, lo mismo que los demás. Pero Dios, que es rico en misericordia, por su gran amor con que nos amó, aun estando nosotros muertos en pecados, nos dio vida juntamente con Cristo (por gracia sois salvos). (Ef. 2:1-5)*

Con base en esto, Spurgeon cuestiona:

Cristiano, ¿qué tienes que ver tú con el pecado? *¿no te ha costado ya* *demasiado?* Habiéndote quemado ya, ¿jugarás ahora con el fuego? ¡Qué! Si ya has estado entre las garras del león, ¿caerás de nuevo en su foso? ¿acaso no has recibido lo suficiente de la serpiente antigua? ¿no fue ella la que inoculó veneno en tus venas, y ahora vas a jugar alrededor de su nido y poner otra vez tu mano en la cueva del basilisco? ¡Oh, no seas tan perverso! ¡tan loco! ¿Alguna vez el pecado te procuró verdadero placer? ¿te permitió encontrar satisfacción duradera? Si así fue, vuelve entonces a tu antigua rutina, y ponte de nuevo las cadenas, si eso te complace. Pero por cuanto el pecado jamás te concedió lo que prometió darte, sino que te ilusionó con mentiras, no te dejes atrapar una vez más por este viejo cazador: ¡sé libre, deja que la reminiscencia de tu antiguo cautiverio te impida volver de nuevo a la red! (*Evening by Evening* [Noche tras noche] [Grand Rapids: Baker, 1979, reimpresión], p. 151; cursivas en el original).

¿Cómo es posible que alguien que se ha enriquecido quiera volver a una vida de pobreza? ¿Cómo puede una nueva criatura actuar como si fuera vieja? (cp. 2 Co. 5:17). "¿Qué, pues, diremos? ¿Perseveraremos en el pecado para que la gracia abunde? En ninguna manera. Porque los que hemos muerto al pecado, ¿cómo viviremos aún en él?" (Ro. 6:1-2).

LOS PECADOS DE ODIO

Pero ahora dejad también vosotros todas estas cosas: ira, enojo, malicia, blasfemia, palabras deshonestas de vuestra boca. No mintáis los unos a los otros, (3:8-9*a*)

Los pecados que conforman esta segunda lista son más de índole social que personal, pues atentan contra otras personas. Utilizando un orden inverso al de la lista precedente, Pablo comienza con los motivos y culmina citando los actos. **Dejad** viene de *apotithēmi*, una palabra utilizada para referirse a la acción de quitarse la ropa (cp. Hch. 7:58; 1 P. 2:1). De la misma manera que una persona se despoja de su ropa sucia al final del día, los creyentes debemos abandonar los harapos sucios y andrajosos de nuestra vida vieja. Pablo podría tener aquí en mente la práctica del bautismo en la iglesia primitiva. Quienes habían sido bautizados se despojaron de sus viejas vestiduras antes de ser bautizados y se les concedió luego una túnica blanca nueva. Pablo exhorta a los creyentes a desechar los vestigios de su vida vieja.

Orgē (**ira**) es una amargura profunda e intensa cargada de resentimiento. Es la actitud arraigada en el corazón de una persona airada. La ira no se produce como reacción a una provocación, sino que revela la actitud permanente de la persona y le brinda la ocasión de expresar su furor. Esto no tiene cabida en la vida del cristiano (cp. Ef. 4:31). En cambio, el creyente debe ser "tardo para airarse; porque la ira del hombre no obra la justicia de Dios" (Stg. 1:19-20).

A diferencia de *orgē*, *thumos* (**enojo**) denota un arranque de ira. Los griegos lo comparaban a la paja encendida en el fuego, la cual se quema en poco tiempo y se acaba. Se utiliza al hablar de quienes en la sinagoga de Nazaret estallaron en ira al escuchar las enseñanzas de Jesús (Lc. 4:28). También se usa de manera similar acerca de los obreros de Éfeso que se llenaron de ira por la predicación de Pablo (Hch. 19:28). La ira es una de las obras de la carne (Gá. 5:20) y es una conducta que no conviene en la vida del cristiano (Ef. 4:31).

La **ira** y el **enojo** están íntimamente relacionados. La ira que se encuentra latente bajo la superficie a menudo explota en arranques de ira. Y muchos no creyentes viven con un resentimiento arraigado en lo profundo de su ser, que alimenta la ira. Tal vez no comprenden la razón por la cual están vivos y soportan sufrimientos en la vida. No escogieron tales circunstancias y no saben cómo manejarlas. Todo eso aviva el fuego de su ira y los hace más propensos a manifestar explosiones de ira cuando ésta es provocada.

Malicia es la traducción de *kakia*, un término general para designar los males morales. J. B. Lightfoot la define como "el carácter vicioso que busca hacer daño a otros" (*St. Paul's Epistles to the Colossians and to Philemon* [Las epístolas de San Pablo a los Colosenses y a Filemón] [1879, Grand Rapids: Zondervan, 1959, reimpresión], p. 214). Es probable que en este contexto se refiera al daño causado por las malas conversaciones.

La ira, el enojo y la malicia a menudo acaban en **blasfemia**, cuyo término original en griego es *blasphēmia*. Cuando se emplea en relación con Dios se traduce "blasfemia". Cuando se emplea en relación con las personas significa "calumnia". No obstante, calumniar a las personas es blasfemar a Dios por cuanto Él creó al ser humano (cp. Stg. 3:9). No se debe tomar este tipo de conversación con ligereza. Nuestro Señor nos amonesta con vehemencia en Mateo 5:22 que "cualquiera que diga: Necio, a su hermano, será culpable ante el concilio; y cualquiera que le diga: Fatuo, quedará expuesto al infierno de fuego". Las personas deben ser tratadas con dignidad porque son creadas a imagen de Dios. La conversación del cristiano no debe estar contaminada con insultos o comentarios de menosprecio contra otros. Santiago deplora que "de una misma boca proceden bendición y maldición" (Stg. 3:10).

El fruto de la ira, el enojo y la malicia son las **palabras deshonestas**. Esta expresión se refiere a las palabras repulsivas y desdeñosas cuyo propósito es herir y hacer daño a alguien. Podría traducirse como "abuso malhablado" (Lightfoot, p. 214). Dicha conversación se sanciona de manera expresa en la Palabra. "Ni palabras deshonestas, ni necedades, ni truhanerías, que no convienen, sino antes bien acciones de gracias" (Ef. 5:4). Jesús dijo: "El hombre bueno, del buen tesoro del corazón saca buenas cosas; y el hombre malo, del mal tesoro saca malas cosas" (Mt. 12:35). Más adelante nuestro Señor subraya la seriedad de velar sobre nuestras palabras al advertirnos que "de toda palabra ociosa que hablen los hombres, de ella darán cuenta en el día del juicio" (Mt. 12:36).

Pablo se refiere a un último pecado amonestando a los creyentes diciendo: **no mintáis los unos a los otros**. Quizás resulte un estudio provechoso (y requiera también mucho tiempo) el descubrir cada mentira registrada en la Biblia comenzando desde Génesis. Satanás mintió al engañar a Adán y a Eva (Gn. 3:4-5). Caín mintió a Dios después de asesinar a Abel (Gn. 4:9). Abraham mintió al afirmar que Sara era su hermana y no su esposa (Gn. 12:11-19; 20:2). Sara mintió a los tres ángeles visitantes (Gn. 18:15) y al rey de Gerar (Gn. 20:5). Isaac mintió al negar que Rebeca era su esposa (Gn. 26:7-10). Rebeca e Isaac mintieron para llevar a cabo la conspiración por la primogenitura de Esaú (Gn. 27:6-24). Esta lista ni siquiera ha agotado los ejemplos registrados en el libro de Génesis.

La mentira es un rasgo característico de Satanás (Jn. 8:44), no de Dios (Tit. 1:2).

Cuando los creyentes mentimos estamos imitando a Satanás y no a nuestro Padre celestial. De entre todas las personas del mundo, somos los cristianos los que deberíamos decir la verdad. Así que resulta provechosa la exhortación de Pablo a hacer morir el pecado a quienes están completos en Cristo y participan de su vida resucitada. También lo es porque cada cristiano debe enfrentar en su vida diaria la batalla por alcanzar la santidad. Es por esta batalla que Pablo escribió: "nosotros también gemimos dentro de nosotros mismos, esperando la adopción, la redención de nuestro cuerpo" (Ro. 8:23). Ese gran día nuestra carne será redimida y nunca más seremos susceptibles a la tentación. Tendremos un nuevo hombre exterior que obra en santidad y que actúa en perfecta armonía con el hombre interior que ama desde el presente la santidad.

¿Cómo podemos salir victoriosos en nuestra lucha contra el pecado? Por un lado, dejándolo morir de hambre. No alimente la ira ni el resentimiento. No consienta la lujuria ni la codicia. Y por el otro, poniendo en su lugar los valores positivos: "Por lo demás, hermanos, todo lo que es verdadero, todo lo honesto, todo lo justo, todo lo puro, todo lo amable, todo lo que es de buen nombre; si hay virtud alguna, si algo digno de alabanza, en esto pensad" (Fil. 4:8). "La palabra de Cristo more en abundancia en vosotros" (Col. 3:16).

Vestir el nuevo hombre 13

habiéndoos despojado del viejo hombre con sus hechos, y revestido del nuevo, el cual conforme a la imagen del que lo creó se va renovando hasta el conocimiento pleno, donde no hay griego ni judío, circuncisión ni incircuncisión, bárbaro ni escita, siervo ni libre, sino que Cristo es el todo, y en todos. Vestíos, pues, como escogidos de Dios, santos y amados, de entrañable misericordia, de benignidad, de humildad, de mansedumbre, de paciencia; soportándoos unos a otros, y perdonándoos unos a otros si alguno tuviere queja contra otro. De la manera que Cristo os perdonó, así también hacedlo vosotros. Y sobre todas estas cosas vestíos de amor, que es el vínculo perfecto. Y la paz de Dios gobierne en vuestros corazones, a la que asimismo fuisteis llamados en un solo cuerpo; y sed agradecidos. La palabra de Cristo more en abundancia en vosotros, enseñándoos y exhortándoos unos a otros en toda sabiduría, cantando con gracia en vuestros corazones al Señor con salmos e himnos y cánticos espirituales. Y todo lo que hacéis, sea de palabra o de hecho, hacedlo todo en el nombre del Señor Jesús, dando gracias a Dios Padre por medio de él. (3:9b-17)

La manera de vestir de las personas en nuestra sociedad actual dice mucho acerca de lo que son. Las personas llevan el atuendo correspondiente a su profesión, sean jugadores de béisbol o conductores de autobuses, carteros o policías. Lo que somos determina lo que vestimos y no vestirse "de manera acorde" podría acarrear situaciones vergonzosas. Hace muchos años encontraron a un hombre muy rico de una ciudad del sur de California en los alrededores del club local vistiendo ropas andrajosas. Pronto fue apresado por los guardias de seguridad y en su contra se levantaron cargos por vagancia, aunque en realidad era el dueño del club. El único problema es que no se vistió de manera acorde con su identidad.

Este es el punto exacto que trata Pablo en 3:9b-17. Los cristianos debemos vestirnos en lo espiritual de manera acorde con nuestra nueva identidad. Hemos muerto con Cristo y hemos resucitado a una vida nueva. La salvación conlleva pues una responsabilidad doble para nosotros los creyentes. En un sentido restrictivo, debemos despojarnos del vestido de nuestro pasado estilo de vida pecaminoso, como señaló Pablo en 3:5-9*a*. En el sentido positivo, debemos vestir el estilo de vida del nuevo hombre. Para lograrlo, debemos entender la posición, el progreso, la compañía, la realización, la perfección y las prioridades del nuevo hombre.

LA POSICIÓN DEL NUEVO HOMBRE

habiéndoos despojado del viejo hombre con sus hechos, y revestido del nuevo, (3:9*b*-10*a*)

Este pasaje se relaciona con 3:5-9*a*, que expone aquello de lo cual debemos despojarnos los creyentes, y con 3:12-17 que describe lo que debemos vestir. Actúa como puente de transición en el abismo que separa al viejo hombre del nuevo, un abismo que los creyentes jamás habríamos cruzado a menos que Jesús nos hubiera hecho nuevas criaturas. **Habiéndoos** señala que la transición ya es un hecho. El creyente ya se ha despojado del **viejo hombre con sus hechos**.

La relación entre el **viejo hombre** y el **nuevo** hombre ha sido objeto de múltiples discusiones. Muchos sostienen que mediante la salvación los creyentes no solo recibimos un nuevo hombre, sino que también conservamos el viejo. Así pues, la salvación en vez de transformar, solo añade. Argumentan que la lucha en la vida cristiana proviene de la batalla entre estos dos.

Dicha visión de las cosas, sin embargo, no se ajusta con precisión a la enseñanza bíblica. Mediante la salvación el viejo hombre fue proscrito. Pablo les dijo a los corintios: "De modo que si alguno está en Cristo, nueva criatura es; las cosas viejas pasaron; he aquí todas son hechas nuevas" (2 Co. 5:17). A su vez, escribió a los romanos: "sabiendo esto, que nuestro viejo hombre fue crucificado juntamente con él, para que el cuerpo del pecado sea destruido, a fin de que no sirvamos más al pecado" (Ro. 6:6). La salvación es transformación, el viejo hombre se va y en su lugar viene el nuevo. R. C. H. Lenski escribió: "El viejo hombre no puede experimentar la conversión ni puede ser renovado. Solo puede ser sustituido por el nuevo" (*The Interpretation of St. Paul's Epistles to the Colossians, to the Thessalonians, to Timothy, to Titus and to Philemon* [Interpretación de las epístolas de Pablo a los colosenses, tesalonicenses, a Timoteo, Tito y Filemón] [Mineápolis: Augsburg, 1964], p. 162).

¿Qué es el **viejo hombre**? Es el hombre no regenerado, la anterior manera de vivir que heredamos de Adán. El viejo hombre, pecaminoso, corrompido y detestable está "viciado conforme a los deseos engañosos" (Ef. 4:22). Este viejo hombre es sustituido por el hombre regenerado. Argüir que los creyentes vivimos tanto con el viejo como con el nuevo hombre es afirmar que una parte del alma es regenerada y la otra no. Pero esta bipartición espiritual no halla respaldo en las Escrituras.

El **nuevo** hombre, por su parte, es el hombre regenerado. Representa lo que cada creyente es en Cristo. El nuevo hombre es la nueva criatura que Pablo menciona en 2 Corintios 5:17. Su andar es diferente al del mundo (Ef. 4:17), pues anda en amor (Ef. 5:2), en la luz de la verdad de Dios (Ef. 5:8) y en sabiduría (Ef. 5:15), ama la ley de Dios y al Hijo de Dios, odia el pecado y procura la justicia.

La Biblia ve a los hombres de dos maneras: en Cristo o en Adán. No existe un punto intermedio. El puritano Thomas Goodwin escribió: "Solo existen dos tipos de hombre ante los ojos de Dios, que son Adán y Jesucristo; y de los lomos de estos dos hombres se desprenden todos los demás" (citado en William Hendriksen, *Philippians, Colossians, and Philemon* [Filipenses, Colosenses y Filemón], Comentario del Nuevo Testamento [Grand Rapids: Baker, 1981], p. 150).

Pablo establece el contraste entre Adán y Cristo en Romanos 5:12-21, uno de los pasajes más preciosos y profundos en su teología del Nuevo Testamento. El pecado y la muerte vinieron por medio de Adán (vv. 12-14), mientras la gracia y la justicia vinieron por medio de Cristo (vv. 15-18). Debido a la desobediencia de Adán todos los hombres son pecadores, mientras que gracias a la obediencia de Cristo las personas son justificadas (v. 19). Al igual que es imposible estar en Adán y en Cristo al mismo tiempo, es imposible ser o tener un nuevo y un viejo hombre a la vez.

Pero surge entonces la pregunta de por qué los creyentes pecamos si el viejo hombre se ha ido. Los creyentes pecamos porque el nuevo hombre habita en un cuerpo viejo y por lo tanto debe luchar contra la carne. Pablo lo demuestra a través del conflicto que plantea en Romanos 7:14-25. Allí establece con claridad que el pecado no está en el hombre interior, el "yo" que ama lo santo, sino en la carne. "La carne no es el cuerpo en sí, sino el cuerpo usado y oprimido por el pecado. Es el cuerpo dominado por el pecado y por el mal, en tanto que el pecado habita en él durante su vida terrenal" (D. Martyn Lloyd-Jones, *Romans: The New Man: Exposition of Chapter Six* [Romanos: el nuevo hombre: exposición del capítulo seis] [Grand Rapids: Zondervan, 1978], p. 76). El concepto "carne" encierra todos los deseos, impulsos y pasiones pecaminosos relacionados con nuestra condición humana. La presencia de la carne no redimida nos lleva a gemir "dentro de nosotros mismos, esperando la adopción, la redención de nuestro cuerpo" (Ro. 8:23).

EL PROGRESO DEL NUEVO HOMBRE

el cual conforme a la imagen del que lo creó se va renovando hasta el conocimiento pleno, (3:10*b*)

Tener un nuevo hombre significa que el creyente tiene una vida nueva, pero no la madurez espiritual inmediata. La carne deja ver los vestidos del viejo hombre frente al nuevo para tentarlo a volver a usarlos en el transcurso de su vida. El nuevo hombre está completo, pero tiene la capacidad de crecer, así como un bebé al nacer está completo y puede crecer. Pablo escribió que el hombre "interior no obstante se renueva de día en día" (2 Co. 4:16), de manera que puede salir adelante a pesar del hombre exterior que se desgasta.

El nuevo hombre **se va renovando hasta el conocimiento pleno**. **Se va renovando** se refiere a ser nuevo en calidad. La preposición (*ana*) que antecede al verbo (*kaioō*) indica el contraste respecto a lo que estaba antes. Se trata de una nueva calidad de vida que nunca antes se había experimentado. A diferencia de la naturaleza depravada que va en decadencia, la nueva vida está siendo constantemente renovada por Dios. *Epignōsis* (**conocimiento pleno**) se refiere a un conocimiento completo y profundo (cp. 1:9). El proceso de renovación trae consigo un mayor conocimiento. William Hendriksen escribió: "Cuando un hombre es guiado hasta las aguas de la salvación, al principio éstas solo llegan hasta sus tobillos, pero a medida que progresa su profundidad llega hasta las rodillas, luego alcanza sus lomos y finalmente solo es posible atravesarlas nadando (cp. Ez. 47:3-6)" (*Philippians, Colossians, and Philemon* [Filipenses, Colosenses y Filemón] [Grand Rapids: Baker, 1981], p. 150). Es imposible crecer en la vida cristiana sin el conocimiento: "No os conforméis a este siglo, sino transformaos por medio de la renovación de vuestro entendimiento, para que comprobéis cuál sea la buena voluntad de Dios, agradable y perfecta" (Ro. 12:2). "Renovaos en el espíritu de vuestra mente" (Ef. 4:23). La vida santa fluye de un conocimiento maduro.

La fuente de conocimiento es la Biblia. Pablo escribió a Timoteo: "Toda la Escritura es inspirada por Dios, y útil para enseñar, para redargüir, para corregir, para instruir en justicia, a fin de que el hombre de Dios sea perfecto, enteramente preparado para toda buena obra" (2 Ti. 3:16-17). Pedro exhorta a los creyentes diciendo: "desead, como niños recién nacidos, la leche espiritual no adulterada, para que por ella crezcáis para salvación" (1 P. 2:2). La Palabra de Dios es el alimento que hace posible el crecimiento del nuevo hombre. La rapidez con la cual crecemos los creyentes depende de la cantidad de conocimiento que pongamos en práctica en la vida de cada uno de nosotros.

La meta del conocimiento es que el creyente se conforme a la imagen de Aquel que lo creó. El nuevo hombre se vuelve cada vez más como el Señor Jesús, que lo creó. Primera Corintios 15:49 nos dice: "Y así como hemos traído la imagen del terrenal, traeremos también la imagen del celestial". El plan de Dios es hacer que los creyentes lleguemos a ser como Jesucristo. "Porque a los que antes conoció, también los predestinó para que fuesen hechos conformes a la imagen de su Hijo, para que él sea el primogénito entre muchos hermanos" (Ro. 8:29). El nuevo hombre continuará progresando hacia la semejanza de Cristo hasta que muera o hasta que el Señor vuelva. El apóstol Juan escribió: "Amados, ahora somos hijos de Dios, y aún no se ha manifestado lo que hemos de ser; pero sabemos que cuando él se manifieste, seremos semejantes a él, porque le veremos tal como él es" (1 Jn. 3:2).

LA COMPAÑÍA DEL NUEVO HOMBRE

donde no hay griego ni judío, circuncisión ni incircuncisión, bárbaro ni escita, siervo ni libre, sino que Cristo es el todo, y en todos. (3:11)

La vida resucitada también trae consecuencias para la iglesia. De la misma manera que los creyentes nos despojamos de los hábitos del viejo hombre, la iglesia se despoja de las antiguas barreras que separaban a las personas. Allí no hay lugar para las barreras raciales, ni para las pretensiones sociales o culturales. Dios ha unido a todos los creyentes en Cristo Jesús (cp. Gá. 3:28; Ef. 2:15). Esta fue una revelación increíble y asombrosa a los ojos del mundo del primer siglo. Las barreras raciales, religiosas, culturales y sociales que separaban a las personas estaban tan arraigadas y tenían tanta fuerza como sucede en nuestros días.

El **griego** y el **judío**, el que estaba bajo la **circuncisión** y el que no, estaban separados por barreras raciales y religiosas que parecían infranqueables. Eran completamente extraños entre sí. Los judíos rehusaban entrar a la casa de un gentil. Tampoco aceptaban una comida preparada por gentiles ni compraban carne a sus carniceros. Cuando regresaban a Israel mostraban su desprecio hacia los gentiles sacudiendo el polvo de sus vestidos y calzado. Aun los apóstoles se mostraban reacios a aceptar a los gentiles en igualdad dentro de la iglesia (cp. Hch. 10-11). Es obvio que los gentiles manifestaban los mismos sentimientos hacia los judíos.

Pero el evangelio rompió esas barreras, y judíos y gentiles son uno solo en Cristo. Pablo describió ese suceso prodigioso en Efesios 2:13-16:

> *Pero ahora en Cristo Jesús, vosotros que en otro tiempo estabais lejos, habéis sido hechos cercanos por la sangre de Cristo. Porque él es nuestra paz, que de ambos pueblos hizo uno, derribando la pared intermedia de separación, aboliendo en su carne las enemistades, la ley de los mandamientos expresados en ordenanzas, para crear en sí mismo de los dos un solo y nuevo hombre, haciendo la paz, y mediante la cruz reconciliar con Dios a ambos en un solo cuerpo, matando en ella las enemistades.*

Fuertes barreras culturales también invadían el mundo antiguo. Los griegos o judíos que poseían un importante bagaje cultural miraban con desdén al **bárbaro** y al **escita**. Bárbaro es un término onomatopéyico que se utilizaba para referirse a pueblos cuyo dialecto simulaba un tartamudeo o parecía inarticulado. La intención de los griegos al utilizar ese término era burlarse de quienes no pertenecían a la élite (por ejemplo, ellos mismos). De entre todos los bárbaros, los escitas eran los más odiados y temidos. Eran un pueblo belicoso y nómada que invadió la media luna fértil en el siglo VII a.C. Los escitas se destacaban por su salvajismo. William Hendriksen anota varias referencias históricas que permiten describirlos con mayor precisión (*Colossians*, p. 154). Herodoto, el historiador griego, escribió acerca de ellos:

> Invadieron Asia después de haber desterrado a los cimerios de Europa... convirtiéndose en los amos de toda Asia. Desde entonces se avanzaron contra Egipto, y cuando pasaban por la región siria llamada Palestina, Samético, rey de Egipto, se encontró con ellos y logró persuadirlos mediante regalos y ruegos para impedir que avanzaran... dominaron Asia durante veintiocho años y toda la tierra fue devastada por causa de su violencia y arrogancia... en su gran mayoría fueron entretenidos y embriagados para luego ser asesinados por Ciaxares y los medos. Tenían como costumbre beber la sangre de la primera persona que mataban en la guerra. Además, hacían servilletas con el cuero cabelludo y vasijas para beber con los cráneos de sus víctimas. Tenían los hábitos más sucios y nunca se lavaban con agua. (4.64, 65, 75).

El historiador judío Josefo añadió: "Los escitas se deleitaban en matar a las personas y eran poco más que bestias salvajes" (*Against Apion* [Contra Apión], 2.269). Tertuliano, padre de la iglesia primitiva, no encontró peor insulto para calificar al hereje Marción que llamarlo "más sucio que un escita" (*Against Marcion* [Contra Marción], 1.1).

En el mundo antiguo era impensable reunir en comunión fraternal a griegos, judíos y escitas. Sin embargo, eso es precisamente lo que ocurrió en la iglesia. Cristo derribó las barreras culturales que separaban a los hombres.

Había otra barrera que separaba a los hombres libres de los esclavos. En palabras de Aristóteles, se veía al esclavo como "una herramienta viviente". No obstante, tanto esclavos como libres, llegaban a la salvación y se convertían en hermanos en Cristo, pues "fuimos todos bautizados en un cuerpo, sean judíos o griegos, sean esclavos o libres; y a todos se nos dio a beber de un mismo Espíritu" (1 Co. 12:13). Pablo les recordó a los gálatas que "no hay judío ni griego; no hay esclavo ni libre; no hay varón ni mujer; porque todos vosotros sois uno en Cristo Jesús" (Gá. 3:28). Le dijo a Filemón que viera a Onésimo, su esclavo fugitivo, "no ya como esclavo, sino como más que esclavo, como hermano amado" (Flm. 16).

La unidad entre esclavos y libres se demostró de manera dramática en la arena de Cartago en 202 d.C. Perpetua, una mujer proveniente de una familia noble, y Felicitas, una niña esclava, sufrieron el martirio por causa de Cristo. Al enfrentarse a las fieras salvajes unieron sus manos. Una esclava y una mujer libre murieron juntas por amor al mismo Señor (M. A. Smith, *From Christ to Constantine* [De Cristo a Constantino] [Downers Grove, Ill: InterVarsity, 1973], p. 107).

Las barreras que erigen los hombres no tienen cabida en la iglesia, ya que **Cristo es el todo, y en todos**. Puesto que Cristo habita en cada creyente, todos somos iguales. Cristo rompe todas las barreras raciales, religiosas, culturales y sociales, y une a todos los creyentes como un solo hombre (Ef. 2:15).

LA REALIZACIÓN DEL NUEVO HOMBRE

Vestíos, pues, como escogidos de Dios, santos y amados, de entrañable misericordia, de benignidad, de humildad, de mansedumbre, de paciencia; soportándoos unos a otros, y perdonándoos unos a otros si alguno tuviere queja contra otro. De la manera que Cristo os perdonó, así también hacedlo vosotros. (3:12-13)

En 3:5-9*a*, Pablo instruye a los creyentes acerca de lo que debían quitarse, mientras que en 3:9*b*-11 habla acerca de su nueva identidad en Cristo. En 3:12 Pablo señala lo que los creyentes debemos vestir. En 3:9*b*-11 describe lo que Dios ha hecho por el creyente, y en 3:12-17, lo que Dios espera del creyente como respuesta. Una identidad justa debe dar como resultado un comportamiento justo. Dicho comportamiento es la manifestación externa de la transformación interna, y constituye la única prueba segura de que esta transformación ha sucedido.

Nadie se hace cristiano solo por su propia elección. En cambio, los creyentes somos **escogidos de Dios**. La Palabra enseña con claridad la verdad de la elección divina. Efesios 1:4 dice que Dios "nos escogió en él [Cristo] antes de la fundación del mundo". Pablo confiaba que Dios había escogido a los tesalonicenses (1 Ts. 1:4) y le daba gracias a Dios por ello: "Pero nosotros debemos dar siempre gracias a Dios respecto a vosotros, hermanos amados por el Señor, de que Dios os haya escogido desde el principio para salvación, mediante la santificación por el Espíritu y la fe en la verdad" (2 Ts. 2:13). Dios no nos llamó debido a nuestras buenas obras, "sino según el propósito suyo y la gracia que nos fue dada en Cristo Jesús antes de los tiempos de los siglos" (2 Ti. 1:9). Los nombres de los creyentes fueron escritos en el libro de la vida desde antes de la fundación del mundo (cp. Ap. 13:8; 17:8). El plan y la iniciativa de Dios preceden nuestra respuesta a su gracia soberana.

Gracias a la elección de Dios, los creyentes somos **santos y amados**. *Hagios* (**santo**) significa "separado" o "apartado". Dios escogió a los creyentes de entre todos los seres humanos y los atrajo hacia Él. Somos diferentes del mundo. Cuando los creyentes no actuamos de forma diferente al mundo, arruinamos el propósito de su llamado.

Los creyentes somos **amados** por Dios. Esto significa que somos el objeto de su especial amor. La elección de Dios no es una doctrina impersonal ni fatalista. Por el contrario, se basa en su incomprensible amor por sus elegidos: "según nos escogió en él antes de la fundación del mundo, para que fuésemos santos y sin mancha delante de él, en amor habiéndonos predestinado para ser adoptados hijos suyos por medio de Jesucristo, según el puro afecto de su voluntad" (Ef. 1:4-5).

Escogidos (Dt. 7:6; 14:2; 1 Cr. 16:13; Sal. 105:43; 135:4; Is. 41:8; 44:1; 45:4), **santos** (Éx. 19:6; Lv. 19:2; Jer. 2:3) y **amados** (1 R. 10:9; 2 Cr. 9:8; Os. 11:1) son términos utilizados en el Antiguo Testamento para referirse a Israel. Lo que fue cierto para ellos como nación elegida es ahora una realidad para nosotros mediante la fe en Cristo. Por un tiempo Israel ha sido excluido y los gentiles han sido injertados (cp. Ro. 9-11). Quienes han llegado a la salvación en la iglesia son escogidos por Dios. Somos llamados "los escogidos" (cp. Jn. 15:16; Ro. 8:33; 2 Ti. 2:10; Tit. 1:1; 1 P. 1:1). Hechos 13:46-48 habla de quienes han sido destinados por Dios para recibir vida eterna:

> *Entonces Pablo y Bernabé, hablando con denuedo, dijeron: A vosotros a la verdad era necesario que se os hablase primero la palabra de Dios; mas puesto que la desecháis, y no os juzgáis dignos de la vida eterna, he aquí, nos volvemos a los gentiles. Porque así nos ha mandado el Señor, diciendo: Te he puesto para luz de los gentiles, A fin de que seas para salvación hasta lo último de la tierra. Los gentiles, oyendo esto, se regocijaban y glorificaban la palabra del Señor, y creyeron todos los que estaban ordenados para vida eterna.*

Romanos 9:13-16, 19-22 declara la soberanía de Dios al escoger a quienes Él desea:

> *Como está escrito: A Jacob amé, mas a Esaú aborrecí. ¿Qué, pues, diremos? ¿Que hay injusticia en Dios? En ninguna manera. Pues a Moisés dice: Tendré misericordia del que yo tenga misericordia, y me compadeceré del que yo me compadezca. Así que no depende del que quiere, ni del que corre, sino de Dios que tiene misericordia.*

> *Pero me dirás: ¿Por qué, pues, inculpa? porque ¿quién ha resistido a su voluntad? Mas antes, oh hombre, ¿quién eres tú, para que alterques con Dios? ¿Dirá el vaso de barro al que lo formó: ¿Por qué me has hecho así? ¿O no tiene*

potestad el alfarero sobre el barro, para hacer de la misma masa un vaso para honra y otro para deshonra? ¿Y qué, si Dios, queriendo mostrar su ira y hacer notorio su poder, soportó con mucha paciencia los vasos de ira preparados para destrucción?

Romanos 11:4-5 habla del remanente "escogido por gracia". Efesios 1:4 afirma que los creyentes son "[escogidos] en él antes de la fundación del mundo". Los tesalonicenses fueron "[escogidos] desde el principio para salvación" (2 Ts. 2:13). Es posible que 2 Timoteo 1:8-9 sintetice esta verdad mejor que cualquier otro pasaje: "Por tanto, no te avergüences de dar testimonio de nuestro Señor, ni de mí, preso suyo, sino participa de las aflicciones por el evangelio según el poder de Dios, que nos salvó y nos llamó con llamamiento santo, no conforme a nuestras obras, sino según el propósito suyo y la gracia que nos fue dada en Cristo Jesús antes de los tiempos de los siglos".

La doctrina de la elección divina abate el orgullo humano, exalta a Dios, produce gozo y gratitud hacia Él. Asimismo, concede privilegios y seguridad eterna, suscita la santidad, la valentía y el vigor en quienes han sido escogidos por Dios para la vida eterna, de manera que no hay persona ni cosa alguna que pueda causarles temor.

Vestíos viene de *enduō*, que significa "vestirse" o "cubrirse". Las cualidades que Pablo cita deben ser las vestiduras del nuevo hombre.

El primer rasgo de carácter que debe marcar al nuevo hombre es la **entrañable misericordia**. **Entrañable** viene de *splanchna*, un modismo hebraico que se refiere literalmente a las partes internas del cuerpo humano (corazón, pulmones, hígado, riñones, etcétera). Como vimos al comentar el versículo 2:2, se utiliza a menudo en el Nuevo Testamento para hablar en sentido figurado del lugar en el cual residen las emociones. Este es el uso en este versículo. *Oiktirmos* (**misericordia**) significa "piedad", "simpatía" o "compasión". Al reunir estas definiciones podríamos traducir así la frase: "vístanse de una compasión profunda" o "tengan un sentimiento de compasión interna y apremiante". Esta cualidad divina (Lc. 6:36; Stg. 5:11), demostrada en su máxima expresión en Jesús (Mt. 9:36), era requerida con urgencia en el mundo antiguo. Por ejemplo, las personas enfermas, ancianas o heridas eran con frecuencia abandonadas a su propia suerte. Como resultado, muchas morían. Los creyentes no debemos ser indiferentes al sufrimiento, sino que debemos preocuparnos por suplir las necesidades de las personas.

La **benignidad** está muy relacionada con la misericordia. El término griego se refiere a la gracia que penetra todo el ser de una persona y que suaviza toda dureza. Jesús utilizó esta palabra al afirmar: "mi yugo es fácil" (Mt. 11:30), no es duro ni cruel. La persona benigna se preocupa tanto por el bienestar de su prójimo como por el suyo propio. Dios es benigno hasta con las personas ingratas y malvadas (Lc. 6:35). En efecto, fue su benignidad la que nos llevó al arrepentimiento

(Ro. 2:4; cp. Tit. 3:4). La benignidad de Jesús se manifestó al lanzarnos su invitación: "Llevad mi yugo sobre vosotros, y aprended de mí, que soy manso y humilde de corazón; y hallaréis descanso para vuestras almas; porque mi yugo es fácil, y ligera mi carga" (Mt. 11:29-30). La parábola del buen samaritano ilustra muy bien la benignidad (Lc. 10:25-37) y nos muestra el ejemplo a seguir.

Tapeinophrosunē (**humildad**) y otras palabras relacionadas, siempre tienen una connotación negativa en el griego clásico (cp. H. H. Esser, *"tapeinos"*, en Colin Brown, ed., *The New International Dictionary of New Testament Theology* [Nuevo diccionario internacional de teología del Nuevo Testamento] [Grand Rapids: Zondervan, 1977], 2:259). Fue el cristianismo el que elevó la humildad al nivel de una virtud. Es el antídoto contra el amor propio que envenena las relaciones. Pablo defiende la verdadera humildad condenando la aparente humildad de los falsos maestros (cp. 2:18, 23). La humildad caracteriza a Jesús (Mt. 11:29) y es la virtud cristiana más estimada (Ef. 4:2; Fil. 2:3ss; 1 P. 5:5).

Prautēs (**mansedumbre**) también está muy relacionada con la humildad. No es debilidad de carácter ni flaqueza. La persona mansa reconoce que es también pecadora y está dispuesta a soportar las cargas que los pecados de otros le infligen. Esa mansedumbre solo viene como fruto del Espíritu Santo (cp. Gá. 5:22-23) y debería caracterizar la conducta permanente del cristiano, incluso en circunstancias que requieran restaurar a un hermano en pecado (Gá. 6:1) o defender la fe ante los hostigamientos de los no creyentes (2 Ti. 2:25; 1 P. 3:15).

Paciencia es la traducción de *makrotumia*. La persona paciente no se enoja contra otros. William Barclay escribió: "Es el espíritu que nunca pierde la paciencia con su prójimo. Su insensatez y terquedad nunca lo llevan al cinismo o a la desesperación; sus insultos y agravios nunca producen en él amargura o ira" (*The Letters to the Philippians, Colossians, and Thessalonians* [Las cartas a los filipenses, colosenses y tesalonicenses] [Louisville: Westminster, 1975], p. 158). La paciencia es lo opuesto al resentimiento y la venganza. Fue también una cualidad del carácter de Jesucristo. Pablo le escribió a Timoteo: "Pero por esto fui recibido a misericordia, para que Jesucristo mostrase en mí el primero toda su clemencia, para ejemplo de los que habrían de creer en él para vida eterna" (1 Ti. 1:16). Si no fuera por la paciencia de Dios nadie alcanzaría la salvación (2 P. 3:15).

Soportándoos unos a otros quiere decir "resistir, perdurar a pesar de la persecución, de las amenazas, de los agravios, de la indiferencia y de cualquier mal, sin buscar vengarse". Esta actitud caracterizó a Pablo, quien les dijo a los corintios: "nos maldicen, y bendecimos; padecemos persecución, y la soportamos" (1 Co. 4:12). Sin embargo, no fue una cualidad que caracterizó a los corintios, que se acusaban unos a otros ante la justicia. Pablo exclama: "¿Por qué no sufrís más bien el agravio? ¿Por qué no sufrís más bien el ser defraudados?" (1 Co. 6:7). Los creyentes deben ser pacientes (Ef. 4:2). Ese fue el ejemplo de los tesalonicenses, de quienes Pablo escribió: "nosotros mismos nos gloriamos de vosotros en las iglesias de Dios, por vuestra paciencia y fe en todas vuestras persecuciones y tribulaciones que soportáis [*anexomai*, la misma palabra usada aquí en 3:13]" (2 Ts. 1:4).

No solo la paciencia debe caracterizar a los cristianos. Pablo prosigue diciendo: **perdonándoos unos a otros**. La palabra griega *charizomenoi* significa literalmente "ser benigno", y el texto utiliza un pronombre reflexivo, así que quiere decir "perdonándose a ustedes mismos". La iglesia en su conjunto debe ser benigna y perdonarse mutuamente. Al incluir la frase **"de la manera que Cristo os perdonó, así también hacedlo vosotros"**, Pablo establece a Cristo como el modelo de perdón. Así como Él nos ha perdonado a nosotros, nosotros debemos perdonar a otros (Ef. 4:32; cp. Mt. 18:21-35). La frase **si alguno tuviere queja contra otro** se refiere a ocasiones en las cuales alguien nos agravia por error, por su pecado o por una deuda. El Señor Jesús es nuestro modelo a seguir para perdonar porque Él perdonó todos nuestros pecados, errores y deudas. También es el modelo a seguir en lo que atañe a todas las demás virtudes señaladas en este pasaje.

LA PERFECCIÓN DEL NUEVO HOMBRE

Y sobre todas estas cosas vestíos de amor, que es el vínculo perfecto. (3:14)

Siguiendo la misma analogía de ponerse la vestidura, el amor es el cinto que ajusta **todas estas cosas** que acaban de mencionarse (cp. Fil. 2:1-5). El amor es la cualidad moral más importante en la vida del creyente, pues es como el pegamento que hace posible la unidad en la iglesia. Los creyentes nunca disfrutaremos de la comunión fraternal mediante la misericordia, la benignidad, la humildad, la mansedumbre y la paciencia, así como perdonarnos ni soportarnos mutuamente, a menos que nos amemos unos a otros. De hecho, podemos resumir los mandatos de 3:12-13 diciendo: "ámense unos a otros". Pablo dijo en Romanos 13:10: "El amor no hace mal al prójimo; así que el cumplimiento de la ley es el amor". Tratar de practicar todas las cualidades descritas en 3:12-13 sin amor resulta en puro legalismo. Todas deben fluir del amor, que es el fruto de una vida llena del Espíritu (Gá. 5:22). Nada es aceptable ante Dios a menos que esté motivado por el amor (1 Co. 13:1-3). Esto también se aplica al conocimiento (Fil. 1:9), a la fe (Gá. 5:6) y a la obediencia (Jn. 14:15). En el amor reside la belleza del cristiano, pues disipa los horribles pecados de la carne que destruyen la unidad.

LAS PRIORIDADES DEL NUEVO HOMBRE

Y la paz de Dios gobierne en vuestros corazones, a la que asimismo fuisteis llamados en un solo cuerpo; y sed agradecidos. La palabra de Cristo more en

abundancia en vosotros, enseñándoos y exhortándoos unos a otros en toda sabiduría, cantando con gracia en vuestros corazones al Señor con salmos e himnos y cánticos espirituales. Y todo lo que hacéis, sea de palabra o de hecho, hacedlo todo en el nombre del Señor Jesús, dando gracias a Dios Padre por medio de él. (3:15-17)

Pablo concluye el tema de las cualidades del estilo de vida del nuevo hombre citando tres prioridades. Se trata de las vestiduras exteriores del nuevo hombre que cubren a todas las demás. El nuevo hombre se interesa por la paz de Cristo, por la Palabra de Cristo y por el nombre de Cristo.

LA PAZ DE CRISTO

Y la paz de Dios gobierne en vuestros corazones, a la que asimismo fuisteis llamados en un solo cuerpo; y sed agradecidos. (3:15)

Eirēnē (**paz**) encierra tanto la idea de un acuerdo, pacto o trato, como el de un estado de descanso y seguridad. En el sentido objetivo los creyentes estamos en paz con Dios: "Justificados, pues, por la fe, tenemos paz para con Dios por medio de nuestro Señor Jesucristo" (Ro. 5:1). El conflicto que existía entre el creyente y Dios ya no es más, y la tregua fue pagada por la sangre de Cristo. Por esta razón los creyentes gozamos de descanso y seguridad. Pablo les dijo a los filipenses: "Y la paz de Dios… guardará vuestros corazones y vuestros pensamientos en Cristo Jesús" (Fil. 4:7). Con frecuencia alude a la paz de Cristo pues se trata de la paz que Él otorga (cp. Jn. 14:27; Ef. 2:14).

Gobierne se deriva de *brabeuō*, una palabra utilizada solo en esta ocasión en el Nuevo Testamento (aunque una forma compuesta de la misma aparece en Col. 2:18). Se usaba para describir la actividad de un árbitro en el momento de decidir el resultado en una competición atlética. La paz de Cristo nos guía cuando debemos tomar decisiones. Cuando el creyente enfrenta un dilema, debe tener en cuenta dos factores. El primero es evaluar si su decisión está de acuerdo con su pertenencia a Cristo y con la paz que goza en Él. En otras palabras, evaluar si ésta preserva su unión con el Señor, que es su posesión como creyente. Primera Corintios 6:17-18 ofrece una excelente ilustración acerca de este punto: "Pero el que se une al Señor, un espíritu es con él. Huid de la fornicación". Es nuestra unión con Cristo la que nos impulsa a llevar una vida pura. El segundo factor radica en determinar si su decisión traerá como resultado una paz profunda y permanente en su corazón. Estos dos son los principales factores que le impiden pecar al creyente. Puesto que el pecado ofende a Cristo, con quien él está en paz, aquel podría acabar con el descanso y la seguridad que hay en su corazón.

La paz no es solo objetiva y subjetiva, sino también relacional. Los creyentes estamos **llamados** a vivir en paz **en un solo cuerpo**. Quienes gozan de paz con Cristo y en lo interno de su corazón vivirán en unidad y armonía con otros.

Para poder guardar un corazón en paz es necesario ser **agradecidos**. El agradecimiento es un tema constante en colosenses (cp. 1:3, 12; 2:7; 3:15, 16, 17; 4:2).

La gratitud es la respuesta natural del creyente a todo lo que Dios ha hecho (Ef. 5:20; Fil. 4:6; 1 Ts. 5:18; He. 13:15), mientras que la ingratitud caracteriza al no creyente (Ro. 1:21). Es indiscutible que un espíritu humilde y agradecido hacia Dios tendrá una influencia positiva en las relaciones con otras personas. La paz y la gratitud están estrechamente ligadas.

LA PALABRA DE CRISTO

La palabra de Cristo more en abundancia en vosotros, enseñándoos y exhortándoos unos a otros en toda sabiduría, cantando con gracia en vuestros corazones al Señor con salmos e himnos y cánticos espirituales. (3:16)

La palabra de Cristo se refiere a la revelación que Él trajo al mundo, es decir, a las Escrituras. La paz y la gratitud, así como la unidad, el amor y todas las virtudes que de él se desprenden fluyen de una mente controlada por las Escrituras. **More** viene de *enoikeō* y significa "habitar" o "estar en casa". Pablo exhorta a los creyentes a permitir que la Palabra de Dios halle en sus vidas su morada o habitación. *Plousiōs* (**en abundancia**) podría traducirse también "abundante de manera copiosa y exuberante". Las verdades de las Escrituras deberían impregnar cada área de la vida del creyente y controlar cada uno de sus pensamientos, palabras y actos. La Palabra mora en nosotros cuando la escuchamos (Mt. 13:9), la usamos (2 Ti. 2:15), la guardamos (Sal. 119:11) y nos aferramos a ella (Fil. 2:16). Para lograrlo, es necesario que el cristiano lea, estudie y viva la Palabra. Hacer que **la palabra de Cristo more en abundancia** es lo mismo que estar lleno del Espíritu (cp. Ef. 5:18). La Palabra que mora en el corazón y en la mente es la que permite al Espíritu inclinar nuestra voluntad. Está claro que estos dos conceptos son idénticos porque los pasajes que siguen a cada uno son muy similares.

Colosenses 3:18–4:1 es un pasaje paralelo aunque más breve que Efesios 5:19–6:9. El resultado que trae el estar lleno del Espíritu Santo es el mismo que se produce cuando dejamos morar la Palabra en abundancia en nosotros. Por lo tanto, se trata de dos realidades espirituales iguales vistas desde dos lados diferentes. Ser lleno del Espíritu Santo es estar controlado por su Palabra. Dejar que la Palabra more en abundancia es estar controlado por su Espíritu. Puesto que el Espíritu Santo es el autor y el poder de la Palabra, estas expresiones son equivalentes.

Pablo menciona luego dos resultados específicos de la Palabra de Cristo cuando mora en el creyente; un resultado es afirmativo y el otro restrictivo: **enseñándoos y exhortándoos unos a otros en toda sabiduría**. Por una parte, la enseñanza consiste en impartir la verdad en el sentido afirmativo. Y por la otra, la exhortación es el aspecto restrictivo de la enseñanza. Significa advertir a las personas acerca de las consecuencias de su conducta. Ambos son el resultado de una vida en la cual fluye en abundancia la Palabra de Cristo.

Permitir que la Palabra de Cristo more en abundancia en nosotros no solo proporciona información, sino emoción. Produce en nosotros esta respuesta: **cantando con gracia... al Señor con salmos e himnos y cánticos espirituales**. Los **salmos** eran tomados del libro de Salmos del Antiguo Testamento y les ponían música, tal como hacemos hoy día. Los **himnos** eran la expresión de alabanza a Dios. Se ha llegado a pensar que algunos pasajes del Nuevo Testamento (tales como Col. 1:15-20 y Fil. 2:6-11) se cantaban como himnos en la iglesia primitiva. Los **cánticos espirituales** destacaban el aspecto del testimonio (cp. Ap. 5:9-10), pues expresan en canciones lo que Dios ha hecho por nosotros. (Para profundizar en este tema, véase mi comentario *Efesios*, Comentario MacArthur del Nuevo Testamento [Grand Rapids: Editorial Portavoz, 2002]).

Los comentaristas tienen diversas opiniones acerca de la traducción de *chariti* **(gracia),** que se ha traducido como "gracia", y en otras versiones como "gratitud". Es probable que el uso del término en este pasaje se refiera a ambos significados, pues los creyentes cantan con gratitud por la gracia de Dios. Cuando Pablo dice que los creyentes deben cantar en sus **corazones**, no quiere decir que no deban cantar con su voz. Más bien, recalca la importancia de que haya acuerdo entre lo que se dice con la boca y lo que hay en el corazón (cp. Am. 5:23). Los cánticos deben dirigirse a Dios como alabanza y adoración para su deleite y su gloria. Como resultado adicional a este propósito primordial, el cristiano se edifica a sí mismo.

EL NOMBRE DE CRISTO

Y todo lo que hacéis, sea de palabra o de hecho, hacedlo todo en el nombre del Señor Jesús, dando gracias a Dios Padre por medio de él. (3:17)

El método más práctico y simple de vivir la vida cristiana es hacer todo, **sea de palabra o de hecho, en el nombre del Señor Jesús**. Hacer todo en el nombre de Jesús significa actuar de manera consecuente con su carácter y su voluntad. Pablo expresa esta misma verdad en 1 Corintios 10:31: "Si, pues, coméis o bebéis, o hacéis otra cosa, hacedlo todo para la gloria de Dios". Una vez más, Pablo señala que todo debe hacerse de buena voluntad y con confianza, no haciendo las cosas como una obligación legalista, sino **dando gracias a Dios Padre**.

Vestir la nueva vida es vestirse de Cristo. Este es el deber de todo creyente: "sino vestíos del Señor Jesucristo, y no proveáis para los deseos de la carne" (Ro. 13:14). La meta de la vida cristiana es alcanzar la semejanza de Cristo.

Guy H. King relata la siguiente historia:

> Hace algunos años me encontraba dirigiendo la misión de servicio especial de niños en uno de nuestros lugares de recreo en la costa sur. Al dirigirme a la playa una mañana, un niñito que caminaba con su madre dijo al verme: "Mami, aquí viene el hombre Jesús". Con esto quería decir que yo era el hombre que les hablaba a los niños acerca del Salvador. Pero ese día su comentario significó mucho más que eso para mí. ¿Qué derecho tenía o tengo yo para ser llamado un "hombre Jesús"? ¿Hasta qué punto me parezco a Él en realidad?

> Quizás usted haya leído alguna vez la conmovedora historia de Jerome K. titulada *El huésped del tercer piso de atrás*. En términos generales, la historia habla de una casa de alquiler de clase baja donde vivía un grupo muy diverso de personas menesterosas y desvalidas. Entre ellas había una niña que trabajaba como criada, pobre, ignorante y sucia, dispuesta a vender su virtud por cualquier baratija. Un día llegó un huésped que se alojó en la parte de atrás del tercer piso y que se veía diferente de los demás. Muy pronto dio muestras de tener un corazón y un modo de ser amable. Siempre tenía una palabra amable para la pequeña criada que por lo general era ignorada y maltratada. Ella casi profesaba adoración por él. Los otros huéspedes también le debían mucho por sus buenas obras y su gran ayuda. Siempre estaba ayudando a alguno de manera compasiva y benévola. Por fin llegó el día en el que debía partir para instalarse en otro lugar. La pequeña criada le observó con sus ojos bien abiertos mientras él se dirigía hacia la puerta con su diminuto equipaje. Después de mirarla con una sonrisa y de darle una suave palmada en la espalda, la niña se despidió a su vez diciendo: "Por favor, dígame, ¿es usted Él?" (*Crossing the Border* [Cruzando la frontera] [Fort Washington, Pa.: Christian Literature Crusade, 1974], pp. 92-93).

Los creyentes deberíamos vestir a Cristo de tal modo que cuando otras personas nos vean, vean a Cristo.

El nuevo hombre edifica un nuevo hogar

14

Casadas, estad sujetas a vuestros maridos, como conviene en el Señor. Maridos, amad a vuestras mujeres, y no seáis ásperos con ellas. Hijos, obedeced a vuestros padres en todo, porque esto agrada al Señor. Padres, no exasperéis a vuestros hijos, para que no se desalienten. Siervos, obedeced en todo a vuestros amos terrenales, no sirviendo al ojo, como los que quieren agradar a los hombres, sino con corazón sincero, temiendo a Dios. Y todo lo que hagáis, hacedlo de corazón, como para el Señor y no para los hombres; sabiendo que del Señor recibiréis la recompensa de la herencia, porque a Cristo el Señor servís. Mas el que hace injusticia, recibirá la injusticia que hiciere, porque no hay acepción de personas. Amos, haced lo que es justo y recto con vuestros siervos, sabiendo que también vosotros tenéis un Amo en los cielos.
(3:18–4:1)

El mayor problema social que enfrenta la sociedad actual es la incapacidad de las personas para relacionarse unas con otras. Desde la rivalidad entre niños pasando por la desintegración de los matrimonios, hasta los crímenes y conflictos entre los grandes poderes internacionales, el problema es el mismo. La razón por la cual existe este problema podría resumirse brevemente: ausencia de moral, desconocimiento y alienación. La ausencia de moral significa que el hombre separado de Dios no tiene patrones morales ni éticos con los cuales regular su conducta. El hombre también lucha con el desconocimiento. No sabe quién es ni por qué razón está en el mundo. Por lo tanto, su vida carece de significado desde su propia perspectiva. Por último, las personas viven en un estado de alienación. Como Francis Schaeffer señaló en su libro *True Spirituality* ([La verdadera espiritualidad] [Wheaton, Ill.: Tyndale], 1973), la caída no solo llevó al hombre a ser un extraño para Dios, sino para sí mismo y para otros.

Estos tres problemas se deben a la separación del hombre de su Dios. Las personas viven una vida inmoral y sin patrones morales porque aparte de Dios no existen normas morales absolutas. Están condenadas al relativismo moral y a la ética situacional.

El hombre separado de Dios también se enfrenta al desconocimiento o al vacío. Atrapado en un universo impersonal parece no ser más que una "combinación casual de átomos en medio de la corriente caprichosa de una historia aleatoria y sin sentido" (Francis A. Schaeffer, *Death In the City* [Muerte en la ciudad] [Downers Grove, Ill.: InterVarsity, 1972], p. 19).

Por último, el hombre sin Dios enfrenta un terrible sentimiento de alienación o de soledad. Sin alguien en el universo que pueda darle sentido a sus aspiraciones termina sintiéndose solo y aislado.

Un hombre que carece de normas morales y que enfrenta el vacío y la soledad en su vida, verá a las demás personas como una amenaza en su búsqueda de felicidad. Su negativismo y desesperanza lo llevarán con frecuencia a retraerse aún mas en su egoísmo y alienación. Esto provoca conflictos con los demás. Santiago escribe: "¿De dónde vienen las guerras y los pleitos entre vosotros? ¿No es de vuestras pasiones, las cuales combaten en vuestros miembros? Codiciáis, y no tenéis; matáis y ardéis de envidia, y no podéis alcanzar; combatís y lucháis, pero no tenéis lo que deseáis, porque no pedís" (Stg. 4:1-2).

Cuando una persona se hace cristiana, estos tres problemas dejan de existir. La Palabra de Dios provee normas morales absolutas que están enraizadas en la naturaleza misma de Dios. El creyente ya no es un desconocido, sino un hijo de Dios y coheredero con Jesús (Ro. 8:17). Tampoco el creyente padece de soledad ni alienación, pues es ahora un hijo amado de su Padre celestial y forma parte de la familia de creyentes.

El cristianismo no solo involucra al individuo, sino también sus relaciones. La vida del nuevo hombre es una vida que se desarrolla en compañía de otros como él. El nuevo hombre también está llamado a ejercer un efecto positivo en la sociedad donde vive. Esta responsabilidad del creyente es el tema en 3:18–4:1, donde se trata la relación del nuevo hombre con los demás.

La enseñanza acerca de las relaciones del creyente y su efecto en la sociedad no es exclusiva de la Epístola a los Colosenses. Jesús dijo en Mateo 5:13-14: "Vosotros sois la sal de la tierra; pero si la sal se desvaneciere, ¿con qué será salada? No sirve más para nada, sino para ser echada fuera y hollada por los hombres. Vosotros sois la luz del mundo; una ciudad asentada sobre un monte no se puede esconder". Pablo exhortó a los filipenses diciendo: "para que seáis irreprensibles y sencillos, hijos de Dios sin mancha en medio de una generación maligna y perversa, en medio de la cual resplandecéis como luminares en el mundo" (Fil. 2:15). Pedro aconsejó por su parte: "manteniendo buena vuestra manera de vivir entre los gentiles; para que en lo que murmuran de vosotros como de malhechores, glorifiquen a Dios en el día de la visitación, al considerar vuestras buenas obras" (1 P. 2:12; cp. Mt. 25:31-46; Stg. 2:15-16). Es pues evidente que el cristianismo no es una religión de monjes y ermitaños. Los creyentes no estamos llamados a aislarnos de la sociedad, sino a influir en ella por causa de Cristo, y de manera muy especial a través de nuestras relaciones.

A lo largo de la historia el cristianismo ha ejercido un influjo positivo en la sociedad. J. C. Wenger escribió acerca de la iglesia primitiva:

> El cristianismo irrumpió en medio de un mundo corrupto con el resplandor de una nueva moral... el nivel moral de la sociedad era deprimente y el pecado prevalecía en todas sus formas... en medio de este mundo sin esperanza llegó Cristo y sus discípulos transformados por su Espíritu, llenos de gozo santo, motivados por un amor que iba más allá de la comprensión de los gentiles, proclamando las buenas nuevas, que Dios había enviado a un Salvador... estos cristianos vivían en pequeñas comunidades unidas en el poder del Espíritu Santo como pequeñas colonias celestiales. Se veían a sí mismos como peregrinos en su caminar hacia la ciudad celestial, y sin embargo mostraban gran interés en manifestar el amor de Cristo en todas sus relaciones humanas.

> Estos cristianos primitivos subrayaban la importancia de someter toda su vida al señorío de Cristo... hombres y mujeres que exhiben tal pureza moral son quienes contribuyen a tejer la integridad y la fortaleza dentro de la sociedad.

> La vida no valía mucho en el mundo anterior a la era cristiana. Asesinatos, abortos, niños en riesgo, guerras en las cuales morían multitudes de hombres sin que alguien se sintiera culpable estaban a la orden del día. Los cristianos de la iglesia primitiva trajeron consigo una nueva preocupación social por estos temas ("Evangelical Social Concern", en *Baker's Dictionary of Christian Ethics* [Diccionario de ética cristiana de Baker], ed. Carl F. H. Henry [Grand Rapids: Baker, 1973], pp. 223-224).

En tiempos más recientes, la mayoría de las reformas sociales del mundo occidental han estado ligadas al cristianismo. Los líderes del avivamiento evangélico del siglo XVIII, como Juan Wesley, a menudo protestaban contra los males de la sociedad. John Howard, contemporáneo de Juan Wesley, trabajó sin descanso por lograr la reforma en las prisiones. Su trabajo prosiguió gracias a la colaboración de Elizabeth Gurney Fry. El gran avivamiento de principios del siglo XVIII en Estados Unidos, guiado por predicadores de la talla de Jonathan Edwards y George Whitefield, trajo consigo el establecimiento de varias universidades. La presión ejercida por algunos evangélicos liderados por William

Wilberforce produjo la abolición del tráfico de esclavos en Gran Bretaña en 1807 y la prohibición de la esclavitud en todas sus formas en 1833. Los cristianos estadounidenses también participaron en la lucha contra la esclavitud que culminó en la Proclamación de Emancipación de 1863. Lord Shaftesbury, un cristiano británico del siglo XIX, fue protagonista de la promulgación de leyes que regularan el trabajo infantil ante el Parlamento. También lo fue en el logro de un mejor trato para los enajenados mentales. Agencias tales como la *YMCA*, la *YWCA* y el Ejército de Salvación también participaron de manera activa en el trabajo social durante el siglo XIX. William Carey, misionero en la India, trabajó para lograr la abolición de la pena de muerte por incineración contra las viudas y el sacrificio de niños. Los misioneros en África lucharon contra la poligamia y el tráfico de esclavos, y construyeron escuelas y hospitales.

Sin embargo, en ningún otro lugar el aspecto social del nuevo hombre se hace tan evidente como en el hogar, la institución social por excelencia. El cristianismo genuino comprende tanto la doctrina como la manifestación de una vida santa. El Nuevo Testamento señala en muchos pasajes que el conocimiento intelectual de nuestra fe debe existir junto con una vida que acredite la realidad de la fe. Y esa vida solo puede ser real mediante el comunicación vital con Dios en Cristo. Es difícil demostrar que el cristianismo puede tener un efecto positivo en la sociedad si es incapaz de transformar el propio hogar de los creyentes.

Los dos principios básicos que menciona Pablo, que son la autoridad y la sumisión, no son conceptos exclusivos del cristianismo. Dentro del plan de Dios siempre ha estado el funcionamiento del hogar según estos principios. No obstante, el cristianismo incorpora nuevos elementos a la organización del hogar. En primer lugar, trajo una nueva presencia en el hogar, que es la persona del Señor Jesucristo (cp. 3:18, 20, 23-24; 4:1). Esta nueva presencia trae consigo un nuevo poder. Cristo está allí, y su Espíritu da el poder para que la familia alcance su pleno desarrollo. En segundo lugar, trae un nuevo propósito: "Y todo lo que hacéis, sea de palabra o de hecho, hacedlo todo en el nombre del Señor Jesús" (3:17). Por último, expone una nueva norma para el hogar: "Maridos, amad a vuestras mujeres, así como Cristo amó a la iglesia, y se entregó a sí mismo por ella" (Ef. 5:25). El nuevo modelo a seguir es Cristo.

En este pasaje, Pablo ofrece instrucciones breves y directas sobre el andar cristiano en el hogar. Habla acerca de las tres relaciones del hogar de ese entonces: la relación entre esposos (3:18-19), entre padres e hijos (3:20-21) y entre amos y siervos (3:22—4:1). Da instrucciones a las esposas, a los esposos, a los hijos, a los padres, a los siervos y a los amos.

INSTRUCCIONES PARA LAS ESPOSAS

Casadas, estad sujetas a vuestros maridos, como conviene en el Señor. (3:18)

Una exhortación en el pasaje paralelo en Efesios amplía este sencillo mandato: "Las casadas estén sujetas a sus propios maridos, como al Señor; porque el marido es cabeza de la mujer, así como Cristo es cabeza de la iglesia, la cual es su cuerpo, y él es su Salvador. Así que, como la iglesia está sujeta a Cristo, así también las casadas lo estén a sus maridos en todo" (Ef. 5:22-24). A pesar de la franca claridad de este pasaje, sus declaraciones han sido puestas en tela de juicio en nuestros días, hasta por parte de personas que profesan ser evangélicas. Muchos arguyen que las enseñanzas de Pablo en este tema no son inspiradas por el Espíritu, sino que reflejan una actitud hacia las mujeres de corte chovinista y sesgada por su trasfondo rabínico. Estas personas pretenden usurpar el lugar que solo le corresponde a Dios y deciden por sí mismas cuáles son los pasajes inspirados dentro del conjunto de las Escrituras. Aún hay otros que insisten en afirmar que Pablo está haciendo un comentario equivocado acerca de Génesis 2 en vez de Génesis 1. Sostienen que Génesis 1 enseña la igualdad entre los sexos y fue inspirado por Dios, mientras que Génesis 2, que señala al hombre como cabeza, es considerado como un comentario rabínico posterior y no inspirado. Este argumento, sin embargo, se basa en la hipótesis documentaria del Pentateuco que ya ha sido desacreditada por completo. Por último, otros afirman que la enseñanza de Pablo acerca de la autoridad y la sumisión es de índole cultural y, por lo tanto, no es aplicable a nuestra sociedad actual. No obstante, ninguno de estos críticos sostendría que la declaración de Pablo en 3:19 es cultural, y que ya no es aplicable que los hombres amen a sus esposas. Todos los ataques contra este claro principio de comportamiento producen graves heridas en el matrimonio. Cuando una esposa se somete al liderazgo amoroso de su esposo y obedece al plan de Dios para su vida, tanto ella como su esposo se sienten plenos. Los esfuerzos dirigidos a invertir o confundir los deberes de la esposa y del esposo destruyen la bendición que cada uno debe ser para el otro.

Los principios de autoridad y de sumisión dentro de la relación matrimonial están presentes en todo el Nuevo Testamento. Pablo escribe en 1 Corintios 11:3: "Cristo es la cabeza de todo varón, y el varón es la cabeza de la mujer". Asimismo anotó este principio en 1 Corintios 14:34-35: "vuestras mujeres callen en las congregaciones; porque no les es permitido hablar, sino que estén sujetas, como también la ley lo dice. Y si quieren aprender algo, pregunten en casa a sus maridos; porque es indecoroso que una mujer hable en la congregación". También le escribió a Timoteo: "La mujer aprenda en silencio, con toda sujeción. Porque no permito a la mujer enseñar, ni ejercer dominio sobre el hombre, sino estar en silencio. Porque Adán fue formado primero, después Eva; y Adán no fue engañado, sino que la mujer, siendo engañada, incurrió en transgresión. Pero se salvará engendrando hijos, si permaneciere en fe, amor y santificación, con modestia" (1 Ti. 2:11-14).

Pablo prosigue diciendo que la mujer se libera del estigma de inferioridad ante el hombre mediante la bendita labor de criar hijos en el temor de Dios (v. 15). Cabe notar que Pablo asocia la sumisión de la mujer con el orden original de la creación, no como una consecuencia de la caída. En Tito 2:5 enseña a las mujeres "a ser prudentes, castas, cuidadosas de su casa, buenas, sujetas a sus maridos, para que la palabra de Dios no sea blasfemada". La obediencia de Sara a su esposo Abraham es un modelo que otras mujeres deben seguir (1 P. 3:6).

Estar **sujetas** viene de *hupotassō*, y significa "someterse a sí mismo". Encierra la idea de ponerse a sí mismo abajo (*hupo*), no por coacción, sino por voluntad propia. El término se utiliza en Lucas 2:51 al referirse a la sujeción de Jesús a sus padres, y en Lucas 10:17 para describir a los demonios que se sometían a los discípulos. En Romanos 8:7 Pablo emplea esta palabra para referirse a la sumisión a los mandamientos de la ley de Dios. También la usa en Romanos 13:1, 5 para hablar acerca de la sumisión que se requiere de cada persona ante las autoridades del gobierno establecidas por Dios. Tanto en 1 Corintios 15:27-28 como en Efesios 1:22, el verbo utilizado hace alusión al tiempo en el cual todas las cosas del universo serán sometidas a Cristo y a Dios en la gloria eterna.

La exhortación de Pablo a las esposas se funda en la sumisión a sus esposos. No les pide que se sometan a una autoridad impersonal ni despreocupada. En cambio, les pide someterse al hombre con quien comparten una relación personal, íntima y vital. Efesios 5:22 añade la palabra "sus" (sus propios maridos) con el fin de demostrar el carácter único y exclusivo de esta sumisión.

Resulta provechoso aclarar algunas ideas falsas acerca de la sumisión. En primer lugar, la sumisión no significa inferioridad. Gálatas 3:28 afirma con toda claridad que desde el punto de vista espiritual no existe diferencia alguna entre hombres y mujeres. Jesús se sometió al Padre durante su vida en la tierra y sin embargo, no era de ninguna manera inferior a Él. En segundo lugar, la sumisión no es absoluta. En este pasaje, la obediencia está reservada a los hijos y a los siervos. Hay ocasiones en las cuales una esposa debe rehusar someterse a los deseos de su esposo (cuando estos infringen la Palabra de Dios). Por último, la autoridad del esposo no debe ejercerse de manera autoritaria ni arrogante. La sumisión de la esposa se da en el ámbito de una relación de amor.

La sumisión de las esposas a sus esposos debe ser **como conviene en el Señor**. La forma en griego para esta frase expresa un sentido de obligación, de un deber necesario. Es lo que el Señor ha mandado y establecido para que la familia funcione de manera adecuada.

INSTRUCCIONES PARA LOS ESPOSOS

Maridos, amad a vuestras mujeres, y no seáis ásperos con ellas. (3:19)

En Efesios 5:25 Pablo escribió: "Maridos, amad a vuestras mujeres, así como Cristo amó a la iglesia, y se entregó a sí mismo por ella". Es obvio que a pesar de las flaquezas de la iglesia, Cristo la ha amado siempre con su gracia y misericordia perdonadora, y por lo tanto jamás ha albergado ira debido a sus múltiples pecados. Pablo dirige dos mandamientos a los esposos. El primero es amar a sus **mujeres**. El tiempo presente del imperativo *agapate* (**amad**) indica una acción continua. El verbo en sí parece entenderse mejor en el Nuevo Testamento como un amor voluntario, no un amor pasional o emocional, sino el amor fruto de una decisión, el amor que requiere un pacto. Podría traducirse como "seguir amando". El amor que existía al comienzo del matrimonio debe continuar a todo lo largo del mismo y no debe dar lugar a la amargura. Este amor voluntario que es el resultado de un pacto implica el sacrificio de sí mismo en acción. Es un afecto profundo que ve a la esposa como a una hermana en el Señor y como la beneficiaria de una promesa que debe cumplirse. El amor que Pablo ordena permite que el esposo vea a su esposa como a un vaso más frágil que debe cuidar pues es al mismo tiempo su coheredera de la gracia (cp. 1 P. 3:7), como a su mejor amiga y a su compañera para toda la vida. Isaac manifestó esta clase de amor hacia Rebeca. "Y la trajo Isaac a la tienda de su madre Sara, y tomó a Rebeca por mujer, y la amó" (Gn. 24:67).

Efesios 5:22-28 expresa la naturaleza de este amor con gran belleza:

> *Las casadas estén sujetas a sus propios maridos, como al Señor; porque el marido es cabeza de la mujer, así como Cristo es cabeza de la iglesia, la cual es su cuerpo, y él es su Salvador. Así que, como la iglesia está sujeta a Cristo, así también las casadas lo estén a sus maridos en todo. Maridos, amad a vuestras mujeres, así como Cristo amó a la iglesia, y se entregó a sí mismo por ella, para santificarla, habiéndola purificado en el lavamiento del agua por la palabra, a fin de presentársela a sí mismo, una iglesia gloriosa, que no tuviese mancha ni arruga ni cosa semejante, sino que fuese santa y sin mancha. Así también los maridos deben amar a sus mujeres como a sus mismos cuerpos. El que ama a su mujer, a sí mismo se ama.* (Para profundizar acerca de este pasaje, véase *Efesios*, Comentario MacArthur del Nuevo Testamento] [Grand Rapids: Editorial Portavoz, 2002])

Dios ideó la sumisión de la mujer a su esposo en un contexto de amor. De esa manera ella se encuentra protegida porque un hombre que ama verdaderamente a su esposa nunca la forzaría a someterse a algo degradante, humillante, o que perturbe su conciencia. Un esposo piadoso ama a su esposa como Cristo ama a la iglesia.

Los esposos también están llamados a no airarse contra sus esposas. El imperativo *pikrainesthe* (**no seáis ásperos**) podría traducirse "dejar de ser áspero" o "no tener el hábito de ser áspero" (A. T. Robertson, *Word Pictures In the New Testament* [Ilustraciones del Nuevo Testamento] [Grand Rapids: Baker, 1931], 4:506). En los otros versículos donde este término aparece (Ap. 8:11; 10:9, 10) se refiere a algo de sabor amargo. En pocas palabras, Pablo les dice a los esposos que no llamen a sus esposas "mi dulce amor" cuando en realidad actúan con ellas como vinagre. No deben mostrar un carácter duro ni cruel hacia sus esposas. Tampoco deben provocarles irritación ni desesperación, sino que por el contrario, deben ejercer un liderazgo de amor en su hogar.

Pablo hace una observación adicional en 1 Corintios 7:33-34 al hablar acerca del interés mutuo en el matrimonio. El esposo debe buscar "cómo agradar a su mujer", y la esposa, a su vez, debe buscar "cómo agradar a su marido". Aunque la autoridad y la sumisión han sido establecidas por Dios, existe asimismo la igualdad espiritual y el mutuo deseo de cada cónyuge de agradar al otro. Lo que más complace al esposo es la sumisión amorosa de su esposa, y lo que más agrada a la esposa es un esposo que ejerce su autoridad con amor.

INSTRUCCIONES PARA LOS HIJOS

Hijos, obedeced a vuestros padres en todo, porque esto agrada al Señor. (3:20)

El texto paralelo en Efesios es casi idéntico: "Hijos, obedeced en el Señor a vuestros padres, porque esto es justo" (Ef. 6:1). Ahora Pablo habla acerca de la segunda relación en el hogar, que es la relación entre padres e hijos. Ésta no puede funcionar bien, a menos que la relación entre esposos esté en orden. *Tekna* (**hijos**) es un término general para designar a los hijos y no se limita a un grupo determinado de edad. Se refiere a cualquier hijo que aún vive en la casa con sus padres y que está bajo su tutela. El tiempo presente del imperativo *hupakouete* (**obedeced**) insta a una obediencia continua.

La enseñanza acerca de la honra y la obediencia que los hijos deben a los padres está presente de manera reiterada en las Escrituras. Aparece en los Diez Mandamientos: "Honra a tu padre y a tu madre, para que tus días se alarguen en la tierra que Jehová tu Dios te da" (Éx. 20:12). En el Antiguo Testamento herir o maldecir a los padres acarreaba como castigo la pena de muerte (Éx. 21:15-17; Lv. 20:9), al igual que la desobediencia persistente (Dt. 21:18-21). Los hijos deben estar atentos a la instrucción de sus padres y obedecerla (Pr. 1:8; 6:20). Las consecuencias de faltar al respeto a los padres se ilustran así en Proverbios 30:17: "El ojo que escarnece a su padre y menosprecia la enseñanza de la madre, los cuervos de la cañada lo saquen, y lo devoren los hijos del águila" (cp. Mt. 15:4-5; Mr. 7:10-13).

La desobediencia a los padres es una característica de los impíos: "Porque habrá hombres amadores de sí mismos, avaros, vanagloriosos, soberbios, blasfemos, desobedientes a los padres, ingratos, impíos" (2 Ti. 3:2; cp. Ro. 1:30).

Los hijos deben obedecer a sus padres **en todo**. El único límite establecido para la obediencia de los hijos es cuando un padre pide algo que está en contra de la ley de Dios. Jesús sabía que a algunos hijos les sería necesario enfrentarse a sus padres para poder seguirlo en una vida de fe. En Lucas 12:51-53 nuestro Señor dice: "¿Pensáis que he venido para dar paz en la tierra? Os digo: No, sino disensión. Porque de aquí en adelante, cinco en una familia estarán divididos, tres contra dos, y dos contra tres. Estará dividido el padre contra el hijo, y el hijo contra el padre; la madre contra la hija, y la hija contra la madre; la suegra contra su nuera, y la nuera contra su suegra". Luego, en Lucas 14:26 dice: "Si alguno viene a mí, y no aborrece a su padre, y madre, y mujer, e hijos, y hermanos, y hermanas, y aun también su propia vida, no puede ser mi discípulo". La salvación puede traer división a la familia haciendo que los hijos deban rechazar los mandatos de los padres si son contrarios a las Escrituras.

La razón por la cual se debe obedecer es que **esto agrada al Señor**. De la misma manera que se complace con su propio Hijo (Mt. 3:17), Dios quiere sentirse complacido con sus otros hijos. Muchos jóvenes luchan buscando la voluntad de Dios para su vida. La obediencia a los padres es el lugar correcto para comenzar a encontrarla.

INSTRUCCIONES PARA LOS PADRES

Padres, no exasperéis a vuestros hijos, para que no se desalienten. (3:21)

En Efesios 6:4 también existe un versículo paralelo para esta instrucción de Pablo: "Y vosotros, padres, no provoquéis a ira a vuestros hijos, sino criadlos en disciplina y amonestación del Señor". Los deberes en la relación entre padres e hijos no existen en una sola dirección. Los padres también tienen obligaciones que deben cumplir hacia sus hijos. *Pateres* (**padres**) se refiere tanto al padre como a la madre, como es el caso en Hebreos 11:23. La exhortación de Pablo para los padres es **"no exasperéis a vuestros hijos"**. Exasperar viene de *erethizō* y significa provocar, incitar, irritar o enojar. Otra manera de traducir el mandato de Pablo sería: "dejen de molestar a sus hijos". Si los padres no cumplen con esto, lo que esto produce es que los hijos **se desalienten**. El sentido de esta expresión es "perder el ánimo o el espíritu", y encierra la idea de estar apático, malhumorado, desanimado o abatido. Los padres pueden provocar desánimo en sus hijos cuando no los disciplinan con amor ni los instruyen en el camino del Señor de manera equitativa y justa.

Los padres pueden desalentar a los hijos de muchas formas.

Primero, protegiéndolos de manera excesiva. Los padres que protegen en exceso a sus hijos restringen toda libertad en ellos. Establecen normas estrictas en todos los aspectos y sin importar lo que los hijos hagan, estos padres no confían en sus hijos. Dado que resulta imposible ganar la confianza de sus padres, los hijos pierden la esperanza y llegan a creer que su comportamiento es irrelevante. Esto puede llevar a la rebeldía. Los padres deben establecer normas y directivas para sus hijos, pero estas no deben convertirse en un lazo que los ahogue. Por encima de todo, los padres deben hacerle saber a sus hijos que confían en ellos.

Una segunda manera de desalentar a los hijos es teniendo favoritismos en el hogar. A menudo esto sucede de manera inadvertida cuando se compara a un niño con sus hermanos o con sus compañeros de escuela. El niño que se siente como la oveja negra de la familia por la actitud de sus padres puede llegar a experimentar un terrible sentimiento de frustración.

Una tercera forma de causar desaliento en los hijos es desestimando su valor. Muchos hijos crecen con la convicción de que lo que hacen y lo que sienten es insignificante. Esto sucede cuando perciben que no son importantes. Muchos padres menosprecian el valor de sus hijos negándose a escucharlos. Los hijos que no son escuchados pueden darse por vencidos en su intento por comunicarse y caen en el desánimo, la timidez y la apatía.

Una cuarta manera de provocar desaliento en los hijos es imponerles metas poco realistas. Los padres pueden provocar esto al no recompensarlos o nunca hacerles sentir que han tenido éxito en algo. Nada es suficiente para ellos, así que los hijos nunca perciben la aprobación completa. Padres como estos intentan a menudo hacer de sus hijos algo que ellos mismos no lograron. Los resultados pueden ser desastrosos. Algunos hijos llegan a sentirse tan frustrados que se suicidan.

En quinto lugar, los padres pueden exasperar a sus hijos cuando son incapaces de expresarles amor. Los padres deben comunicar amor a sus hijos con manifestaciones físicas y verbales. Al no hacerlo, los hijos se sienten desanimados y extraños.

En sexto lugar, algunos padres exasperan a sus hijos al no suplir sus necesidades. Los niños necesitan privacidad, un lugar para jugar, ropa limpia, un lugar para estudiar, tener sus propias cosas y buena alimentación. Al suplir estas necesidades los padres muestran respeto y preocupación por sus hijos.

En séptimo lugar, los padres pueden exasperar a sus hijos al no establecer normas en el hogar. Este es el lado opuesto de la protección excesiva. Cuando los padres no disciplinan a sus hijos o lo hacen de manera inconsistente, los hijos terminan abandonados a su propia suerte. Luego son incapaces de manejar esa libertad excesiva y terminan sintiéndose inseguros y poco amados.

En octavo lugar, los padres pueden exasperar a sus hijos por medio de la crítica. Haim Ginott escribió: "Un niño aprende lo que vive. Si vive bajo la crítica no aprende a ser responsable. Aprende a condenarse a sí mismo y a encontrar las fallas en otros. Aprende a poner en duda su propio juicio, a menospreciar sus propias capacidades y a desconfiar de las intenciones de los demás. Y por encima de todo, aprende a vivir con el constante temor de la condenación inminente" (*Between Parent and Child* [Entre padre e hijo] [Nueva York: Macmillan, 1965], p. 72). Los padres también pueden exasperar a sus hijos al ser negligentes. El ejemplo clásico de este punto es Absalón. David fue indiferente hacia él y el resultado fue la rebelión, la guerra civil y la muerte de su hijo. Los padres deben participar en la vida de sus hijos.

Por último, los padres pueden exasperar a sus hijos ejerciendo una disciplina excesiva. Los padres pueden abusar de sus hijos de manera verbal, emocional o física. Son padres que pronuncian palabras contra sus hijos que no se atreverían a pronunciar contra otras personas. Los padres nunca deben disciplinar a sus hijos con ira. En cambio, deben corregirlos con amor, al igual que su Padre celestial lo hace con ellos.

El influjo que los padres tienen en la vida de los hijos fue resumido en un texto de Dorothy Law Nolte titulado "Los niños aprenden lo que viven":

> Si un niño vive en medio de la crítica,
> Aprende a condenar.
> Si un niño vive con hostilidad,
> Aprende a pelear.
> Si un niño vive con la burla,
> Aprende a ser temeroso.
> Si un niño vive con vergüenza,
> Aprende a sentirse culpable.
> Si un niño vive con tolerancia,
> Aprende a ser paciente.
> Si un niño vive siendo alentado,
> Aprende a vivir confiado.
> Si un niño vive con alabanzas,
> Aprende a apreciar.
> Si un niño vive con equidad,
> Aprende justicia.
> Si un niño vive con seguridad,
> Aprende a tener fe.
> Si un niño vive con aprobación,

> Aprende a amarse a sí mismo.
> Si un niño vive con aceptación y amistad,
> Aprende a encontrar amor en el mundo.

(1982, derechos reservados por Dorothy Law Nolte. Usado con permiso).

Es indispensable que los padres no exasperen a sus hijos a fin de criarlos "en disciplina y amonestación del Señor" (Ef. 6:4).

INSTRUCCIONES PARA LOS SIERVOS

Siervos, obedeced en todo a vuestros amos terrenales, no sirviendo al ojo, como los que quieren agradar a los hombres, sino con corazón sincero, temiendo a Dios. Y todo lo que hagáis, hacedlo de corazón, como para el Señor y no para los hombres; sabiendo que del Señor recibiréis la recompensa de la herencia, porque a Cristo el Señor servís. Mas el que hace injusticia, recibirá la injusticia que hiciere, porque no hay acepción de personas. (3:22-25)

La última relación que hay en un hogar, y en especial en los hogares de los tiempos de Pablo, es la relación entre siervos y amos. De nuevo, Pablo escribe un pasaje paralelo en Efesios 6:5-9. En nuestros días esta relación puede compararse a la de los empleados y sus patrones. Cabe aclarar que aunque la Palabra de Dios nunca se muestra a favor de la esclavitud, sí la reconoce como un elemento integrante de nuestra sociedad y que por lo tanto resulta provechoso tanto para amos como para siervos establecer buenas relaciones.

Sin pretender abolir la esclavitud, el Señor y los apóstoles utilizan esta figura para ilustrar sus enseñanzas espirituales al comparar al creyente, quien pertenece a Cristo y le sirve, con un esclavo. El Nuevo Testamento acepta la esclavitud como una realidad social e instruye a quienes se encuentran inmersos en ese sistema sobre la conducta apropiada en ese caso. Sin duda, Pablo resalta los deberes de amos y siervos en su carta a Filemón (escrita en la misma época de Colosenses). A aquel envió de regreso a su esclavo fugitivo, Onésimo. Pablo le pide a Filemón que trate a su esclavo con amabilidad y perdón, restaurando la relación al orden establecido por Dios.

En vez de ordenarles a los esclavos a rebelarse contra la esclavitud, Pablo les dice: **"obedeced en todo a vuestros amos terrenales"**. Sin la estructura social, esclavitud o libertad, carece de importancia siempre y cuando la relación sea correcta y esté fundada en la piedad. Al igual que en el caso de las relaciones entre esposos y entre padres e hijos, el principio de autoridad y sumisión es el eje del pensamiento de Pablo. **En todo**, hace ver que el versículo comprende tanto los deberes agradables como los que resultan gravosos. La obediencia que se exige de parte de los siervos cristianos no es un servicio externo que se cumple con una actitud displicente, **como los que quieren agradar a los hombres**, sino **con corazón sincero, temiendo a Dios** para agradarle en toda obra. La motivación adecuada radica en tener en gran estima a Dios y su voluntad. Deben trabajar **de corazón** (consagrando todo su ser en la realización de sus deberes), **como para el Señor y no para los hombres**, sirviendo a sus amos como servirían al Señor mismo.

Pablo recalca a Timoteo que la obediencia y el honor que los siervos manifiestan hacia sus amos impiden que "sea blasfemado el nombre de Dios y la doctrina" (1 Ti. 6:1).

Pablo ofrece dos razones por las cuales los siervos (o los empleados) deben obedecer a sus amos. En el sentido positivo, el Señor mismo los recompensará por su fidelidad. Es probable que en el presente sufran desigualdad, pero tienen esta certeza: **sabiendo que del Señor recibiréis la recompensa de la herencia**. Es probable que el amo o el jefe aquí en la tierra le niegue a su siervo lo que le corresponde, pero el Señor lo recompensará. Él es quien asegura la recompensa eterna de lo que es debido (cp. Ap. 20:12-13). Los siervos cristianos también son herederos de una recompensa eterna. De la misma manera que un empleado sirve a su empresa o un siervo al hogar, los cristianos sirven al Señor Jesucristo, y Él les recompensará con gracia y generosidad.

Luego Pablo ofrece una razón de censura para obedecer. Dice: **Mas el que hace injusticia, recibirá la injusticia que hiciere, porque no hay acepción de personas**. Advierte que Dios va a juzgar sin parcialidad los casos de desobediencia (cp. Gá. 6:7). Pablo reconocía que Onésimo, el esclavo cristiano, era responsable de resarcir a Filemón. El siervo cristiano no debe usar su cristianismo como excusa para desobedecer. Como hijos de Dios nosotros también cosecharemos lo que sembramos porque, Dios es imparcial en sus juicios (cp. Hch. 10:34).

INSTRUCCIONES PARA LOS AMOS

Amos, haced lo que es justo y recto con vuestros siervos, sabiendo que también vosotros tenéis un Amo en los cielos. (4:1)

Por su parte, los amos deben tratar a sus siervos de modo **justo y recto**, tal como ellos esperan ser tratados por su **Amo en los cielos**. Dios juzgará a los amos que maltratan a sus siervos así como juzga a los siervos que no sirven bien a sus amos. Como vimos en el comentario de 3:11, los esclavos y los amos son iguales ante Dios en Cristo. Por lo tanto, los amos deben tratar a sus siervos cristianos como a hermanos en Cristo, manifestando hacia ellos todas las virtudes que corresponden a la comunión de los santos. Deben tratar a sus empleados de la misma manera que desean ser tratados por el Señor Jesús.

Si todos los cristianos exhibiéramos en nuestras relaciones todas las cualidades descritas en este pasaje, los resultados serían sorprendentes. Los creyentes seríamos en verdad como luminares brillando en medio de la oscuridad.

La conversación del nuevo hombre 15

Perseverad en la oración, velando en ella con acción de gracias; orando también al mismo tiempo por nosotros, para que el Señor nos abra puerta para la palabra, a fin de dar a conocer el misterio de Cristo, por el cual también estoy preso, para que lo manifieste como debo hablar. Andad sabiamente para con los de afuera, redimiendo el tiempo. Sea vuestra palabra siempre con gracia, sazonada con sal, para que sepáis cómo debéis responder a cada uno. (4:2-6)

Cuando nuestro Señor les dijo a los fariseos que "de la abundancia del corazón habla la boca" (Mt. 12:34), estableció un importante principio espiritual: nuestra conversación refleja el tipo de persona que somos. Puesto que la lengua habla con tanta facilidad y es difícil de controlar, la conversación de una persona es el indicador más confiable de su estado espiritual (cp. Mt. 12:37).

La Biblia habla mucho acerca de la conversación que procede de una boca regenerada y de una que no lo ha sido aún. Esta última se caracteriza por la maldad (Pr. 15:28), la inmoralidad sexual (Pr. 5:3), el engaño (Jer. 9:8), la maledicencia (Sal. 10:7), la opresión (Sal. 10:7), la mentira (Pr. 12:22), la destrucción (Pr. 11:11), la vanidad (2 P. 2:18), la adulación (Pr. 26:28), la necedad (Pr. 15:2), la locura (Ec. 10:12-13), la desidia (Mt. 12:36), la jactancia (Ro. 1:30), la falsa doctrina (Tit. 1:11), las maquinaciones (Sal. 37:12), el odio (Sal. 109:3), el exceso de palabras (Ec. 10:14) y los chismes (Pr. 26:22).

En franco contraste con lo anterior, la conversación de una boca redimida se caracteriza por la confesión de pecado (1 Jn. 1:9), la confesión de Cristo (Ro. 10:9-10), la conversación edificante (Ef. 4:29), la proclamación de la ley de Dios (Éx. 13:9), la alabanza (He. 13:15), la bendición de los enemigos (1 P. 3:9), la conversación centrada en Dios (Sal. 66:16), la sabiduría y la bondad (Pr. 31:26), la amabilidad (Pr. 15:1). El ejemplo a seguir es el Señor Jesús que habló con gracia (Lc. 4:22), de manera constructiva (Mt. 5:2), intachable (Lc. 11:54) y sin engaño (1 P. 2:22).

En 4:2-6 Pablo prosigue tratando el tema del nuevo hombre en Cristo que comenzó en 3:5. En 3:5-17 habló acerca de las cualidades personales del nuevo hombre. En 3:18–4:1 habló acerca de su vida en el hogar. En este pasaje amplía el alcance del tema al incluir a los no creyentes (cp. 4:5). Se centra sobre todo en la conversación del nuevo hombre, puesto que se trata de un aspecto que el mundo observa con gran atención en el momento de juzgar al cristianismo. Junto con los pensamientos, las actitudes y las motivaciones, esta es el área que presenta las mayores dificultades para el creyente en el momento de ejercitar el control.

Una vieja historia relata que Bios, un hombre sabio de la antigua Grecia, recibió un animal para ser sacrificado. Se le solicitó que devolviera al oferente las mejores y peores partes del cuerpo del animal, y este le envió la lengua. La lengua es, en efecto, lo mejor y lo peor del hombre. Santiago concuerda con esta apreciación:

> *Porque todos ofendemos muchas veces. Si alguno no ofende en palabra, éste es varón perfecto, capaz también de refrenar todo el cuerpo. He aquí nosotros ponemos freno en la boca de los caballos para que nos obedezcan, y dirigimos así todo su cuerpo. Mirad también las naves; aunque tan grandes, y llevadas de impetuosos vientos, son gobernadas con un muy pequeño timón por donde el que las gobierna quiere. Así también la lengua es un miembro pequeño, pero se jacta de grandes cosas. He aquí, ¡cuán grande bosque enciende un pequeño fuego! Y la lengua es un fuego, un mundo de maldad. La lengua está puesta entre nuestros miembros, y contamina todo el cuerpo, e inflama la rueda de la creación, y ella misma es inflamada por el infierno. Porque toda naturaleza de bestias, y de aves, y de serpientes, y de seres del mar, se doma y ha sido domada por la naturaleza humana; pero ningún hombre puede domar la lengua, que es un mal que no puede ser refrenado, llena de veneno mortal. Con ella bendecimos al Dios y Padre, y con ella maldecimos a los hombres, que están hechos a la semejanza de Dios. De una misma boca proceden bendición y maldición. Hermanos míos, esto no debe ser así. ¿Acaso alguna fuente echa por una misma abertura agua dulce y amarga? Hermanos míos, ¿puede acaso la higuera producir aceitunas, o la vid higos? Así también ninguna fuente puede dar agua salada y dulce. (Stg. 3:2-12)*

En su examen sobre la conversación del nuevo hombre, Pablo subraya cuatro áreas que ésta comprende: la oración, la proclamación, la conducta y la perfección.

LA ORACIÓN

Perseverad en la oración, velando en ella con acción de gracias; (4:2)

Resulta muy apropiado que Pablo comience con la oración, pues es el tipo de conversación más importante que el nuevo hombre puede expresar. La oración es lo que da fuerza a la comunión del cristiano con el Señor y es la fuente de todo su poder en contra de Satanás y de sus ángeles (cp. Ef. 6:18). Mediante la oración, los creyentes confiesan sus pecados, ofrecen alabanza a Dios e invocan al Sumo Sacerdote (He. 4:15-16) que se compadece de ellos. La oración que proviene de un corazón puro (Sal. 66:18) debe dirigirse a Dios (Mt. 6:9), debe conformarse a la mente y a la voluntad del Espíritu Santo (Ef. 6:18), debe hacerse en el nombre de Cristo y debe glorificar al Padre (Jn. 14:13).

En 4:2, Pablo menciona la perseverancia, un aspecto de la oración que con frecuencia se pasa por alto. **Perseverad** viene de *proskartereō* que es una palabra compuesta por *kartereō* ("ser constante" o "permanecer") y una preposición que refuerza su significado. El verbo significa "persistir con valentía", "mantenerse y no claudicar". Pablo anima con vehemencia a los creyentes a perseverar en la oración, pues están llamados a orar "en todo tiempo" (Ef. 6:18; cp. Lc. 18:1), "sin cesar" (1 Ts. 5:17) y a consagrarse a la oración (Ro. 12:12). Al hacerlo, siguen el ejemplo de Cornelio (Hch. 10:2) y de los apóstoles (Hch. 6:4).

Orar en todo tiempo no significa hacerlo de manera audible y sin detenerse. Más bien, se refiere a un estado de sensibilidad y conciencia que nos lleva a vivir en Dios cada experiencia de la vida. Sin embargo, esto no descarta la necesidad de persistir con seriedad en la oración. Esta persistencia se ilustra en varios pasajes de las Escrituras. Los ciento veinte discípulos reunidos en el aposento alto "perseveraban unánimes en oración y ruego" (Hch. 1:14). La iglesia primitiva siguió luego su ejemplo (cp. Hch. 2:42).

Nuestro Señor habló mediante dos parábolas acerca de la importancia de perseverar en la oración:

También les refirió Jesús una parábola sobre la necesidad de orar siempre, y no desmayar, diciendo: Había en una ciudad un juez, que ni temía a Dios, ni respetaba a hombre. Había también en aquella ciudad una viuda, la cual venía a él, diciendo: Hazme justicia de mi adversario. Y él no quiso por algún tiempo; pero después de esto dijo dentro de sí: Aunque ni temo a Dios, ni tengo respeto a hombre, sin embargo, porque esta viuda me es molesta, le haré justicia, no sea que viniendo de continuo, me agote la paciencia. Y dijo el Señor: Oíd lo que dijo el juez injusto. ¿Y acaso Dios no hará justicia a sus escogidos, que claman a él día y noche? ¿Se tardará en responderles? Os digo que pronto les hará justicia. Pero cuando venga el Hijo del Hombre, ¿hallará fe en la tierra? (Lc. 18:1-8).

Les dijo también: ¿Quién de vosotros que tenga un amigo, va a él a medianoche y le dice: Amigo, préstame tres panes, porque un amigo mío ha venido a mí de viaje, y no tengo qué ponerle delante; y aquél, respondiendo desde adentro, le dice: No me molestes; la puerta ya está cerrada, y mis niños están conmigo en cama; no puedo levantarme, y dártelos? Os digo, que aunque no se levante a dárselos por ser su amigo, sin embargo por su importunidad se levantará y le dará todo lo que necesite. Y yo os digo: Pedid, y se os dará; buscad, y hallaréis; llamad, y se os abrirá. Porque todo aquel que pide, recibe; y el que busca, halla; y al que llama, se le abrirá. (Lc. 11:5-10)

El punto central de estas dos parábolas compara a los seres humanos con nuestro Padre celestial. Los hombres que son malos y perversos honran la perseverancia, así que con mayor razón Dios, que es santo y amoroso lo hará.

Virgina Stem Owens escribió lo siguiente acerca de la lucha por perseverar en la oración:

Los cristianos siempre han interpretado el rompimiento del velo del templo en el momento de la crucifixión como un símbolo de la libertad, antes *mediada*, para entrar en la presencia de Dios. En lo sucesivo serían "libres" para acercarse a Él sin impedimento —lo cual es casi lo mismo que ser "libre" para poner su cabeza entre las fauces del león. Porque una vez que empieza a orar, nada le garantiza que usted no termine frente al faraón, vestido de oveja en una isla desierta o en un foso con leones.

No nos estamos acercando a un gran osito de peluche para mimarlo. Uno de los niños de las *Crónicas de Narnia* de C. S. Lewis se refirió a Él diciendo: "No es un león *domesticado*". [Jacques] Ellul cree que la oración para quienes viven en la era tecnológica implica una lucha, no solo con el mal, sino con la sociedad en la que vive, o aun con su propio yo dividido, pero todavía más que eso, una lucha con Dios mismo. Debemos luchar con Él como lo hizo Jacob en Peniel cuando fue llamado Israel, "el que lucha con Dios". También debemos estar listos a decir: "No te dejaré hasta que no me bendigas".

Recordemos a Moisés, intercediendo vez tras vez ante Dios por los israelitas para aplacar su ira, a Abraham rogando por Sodoma, a la viuda clamando justicia ante un juez injusto. Pero en su lucha con Dios,

advierte Ellul, debemos estar dispuestos a asumir las consecuencias: "...
La cadera de Jacob se dislocó y regresó cojo. Con todo, en la mayoría
de los casos Dios pondrá a trabajar a la persona que ha clamado ante
Él... cualquiera que persevera con Dios en oración pone toda su vida
en juego".

Hay cosas desagradables que suceden a las personas que oran. A
menudo se interrumpen sus planes. A veces terminan en lugares extraños. Abraham "salió sin saber a dónde iba"... Tras la maravillosa oración de María en la anunciación se enfrentó al completo repudio de la
sociedad en Nazaret. ...Cuán tentador resulta bajar el nivel y hacer de
la oración un simple producto de consumo. Cuán vergonzoso resulta
admitir que la oración no solo puede encerrarlo en una cárcel, como
le sucedió a Jeremías, sino también acumular una larga lista de lamen-
tos y preguntas sin respuesta delante de Dios, destrozado en medio de
un foso lleno de lodo. ¿Cómo vamos a decirles que podrían terminar
lisiados y como vagabundos si se aferran a este Dios? ("Prayer: Into the
Lion's Jaws" [Oración: en las fauces del león], *Christianity Today*, noviembre 19, 1976, pp. 222-223; cursivas en el original).

Esto contrasta notablemente con las oraciones fáciles y egoístas de nuestros
días. Gran parte de la iglesia contemporánea ha perdido la reverencia hacia
Dios. A menudo se piensa que Él es una especie de cajero automático. Si opri-
mimos el código correcto, está obligado a darnos lo que queremos. Sin duda el
Señor podría preguntarle a la iglesia del siglo XX lo mismo que les preguntó a
los sacerdotes rebeldes de la época de Malaquías: "El hijo honra al padre, y el
siervo a su señor. Si, pues, soy yo padre, ¿dónde está mi honra? y si soy señor,
¿dónde está mi temor? dice Jehová de los ejércitos a vosotros, oh sacerdotes, que
menospreciáis mi nombre. Y decís: ¿En qué hemos menospreciado tu nombre?"
(Mal. 1:6).

La verdadera oración a menudo supone luchar con Dios y manifestarle las
preocupaciones más profundas de nuestro corazón. La oración debe ser una
lucha persistente y valiente de la cual el creyente sale cojeando.

Este tipo de oración le confiere al creyente el valor que necesita para orar
con vigor cuando está convencido de la voluntad de Dios, tal como lo muestra el
siguiente ejemplo:

En 1540 el gran amigo y colaborador de Lutero, Friedrich Myconius, cayó
gravemente enfermo y se esperaba que muriera en poco tiempo. En su cama
escribió con manos temblorosas una nota afectuosa para despedirse. Lutero
recibió la carta y envió una respuesta: "Te ordeno en el nombre de Dios que
vivas, porque aún tengo necesidad de ti en la obra de reformar a la iglesia...

el Señor nunca me permitirá escuchar que has muerto, sino que te concederá sobrepasarme en años. Esta es mi oración, esta es mi voluntad, y que mi voluntad se cumpla pues mi único anhelo es glorificar el nombre de Dios".

Estas palabras podrían sonar extrañas a nuestros oídos pero es obvio que proceden de un corazón ardiente. Aunque Myconius ya había perdido su capacidad de habla cuando llegó la carta de Lutero, se recuperó por completo y vivió seis años más sobrepasando en vida a Lutero por dos meses.

Existe un conflicto entre la valentía en la oración y el aprender a esperar en la voluntad de Dios. Este conflicto se resuelve mediante la persistencia y la aceptación final de la respuesta de Dios.

La verdadera oración también entraña un sentido de alerta (**velando en ella**). En su sentido más básico esto significa que debemos permanecer despiertos y no dormir durante nuestros tiempos de oración. Cuando estaba en Getsemaní, Jesús "Vino luego a sus discípulos, y los halló durmiendo, y dijo a Pedro: ¿Así que no habéis podido velar conmigo una hora? Velad y orad, para que no entréis en tentación; el espíritu a la verdad está dispuesto, pero la carne es débil" (Mt. 26:40-41). Es imposible orar mientras se duerme. Los cristianos debemos escoger tiempos convenientes en los cuales estemos despiertos para orar.

No obstante, la idea de Pablo en este pasaje va mucho más allá que el simple estar alerta para no dormirse. También se refiere a estar atento a las peticiones o motivos de oración. A veces los cristianos hacemos oraciones imprecisas y ambiguas que dificultan la respuesta de Dios porque en realidad no pedimos algo específico. Consagrarse a la oración también requiere motivos de oración precisos. Nunca persistiremos en oración por cosas que no nos interesan, y para interesarnos por las cosas debemos estar alerta a las necesidades específicas que encontramos a nuestro paso.

Un tercer elemento en la oración es la **acción de gracias**. Esta es la quinta ocasión en la cual Pablo menciona la gratitud en esta epístola. Los creyentes debemos expresar gratitud por nuestra salvación (1:12), por la comunión con Cristo y con su iglesia (3:15), por la oportunidad de servirle (3:17) y, como lo indica este versículo, por la promesa que Dios responderá nuestras oraciones de acuerdo con su propósito. Su respuesta siempre resultará en lo que es mejor para nosotros aquí en la tierra y en nuestra gloria en la eternidad.

Cuando los creyentes oramos podemos comenzar dando gracias por las múltiples bendiciones y privilegios que gozamos. Ante todo, debemos estar agradecidos por la presencia de Dios. En el Salmo 75:1, el salmista escribe: "Gracias te damos, oh Dios, gracias te damos, pues cercano está tu nombre". En segundo lugar, debemos dar gracias por la provisión de Dios. Cuando Pablo vagaba a la deriva en medio de una tormenta, también dio gracias a Dios por los alimentos provistos por Dios: "tomó el pan y dio gracias a Dios en presencia de todos, y partiéndolo, comenzó a comer" (Hch. 27:35). En tercer lugar, los creyentes debemos dar gracias a Dios por su perdón. Pablo dijo en Romanos 6:17: "Pero gracias a Dios, que aunque erais esclavos del pecado, habéis obedecido de corazón a aquella forma de doctrina a la cual fuisteis entregados". Los cristianos debemos mostrarnos agradecidos por nuestra salvación. En cuarto lugar, los creyentes debemos dar gracias por la promesa de Dios: "Mas gracias sean dadas a Dios, que nos da la victoria por medio de nuestro Señor Jesucristo" (1 Co. 15:57; cp. 2 Co. 2:14). "Porque todas las promesas de Dios son en él Sí, y en él Amén, por medio de nosotros, para la gloria de Dios" (2 Co. 1:20). Por último, los creyentes debemos dar gracias por el propósito de Dios: "Y sabemos que a los que aman a Dios, todas las cosas les ayudan a bien, esto es, a los que conforme a su propósito son llamados" (Ro. 8:28).

LA PROCLAMACIÓN

orando también al mismo tiempo por nosotros, para que el Señor nos abra puerta para la palabra, a fin de dar a conocer el misterio de Cristo, por el cual también estoy preso, para que lo manifieste como debo hablar. (4:3-4)

Pablo pasa de la oración, que es la conversación dirigida a Dios, a la proclamación del evangelio, que es la conversación dirigida a los hombres. Después de haber exhortado a los colosenses a la oración, les hace una petición específica: **orando también al mismo tiempo por nosotros**. El pronombre plural **nosotros** quizás comprende la lista de amigos y colaboradores de Pablo que comienza en 4:7. El contenido de la petición de Pablo era el siguiente: **que el Señor nos abra puerta para la palabra, a fin de dar a conocer el misterio de Cristo**. En el contexto del Nuevo Testamento, una *puerta* denota por lo general una oportunidad. En 1 Corintios 16:8-9 Pablo escribe: "Pero estaré en Éfeso hasta Pentecostés; porque se me ha abierto puerta grande y eficaz, y muchos son los adversarios". Más adelante escribe a los corintios acerca de la puerta que se abrió para él en Troas (2 Co. 2:12).

Los creyentes estamos llamados a orar porque se abran puertas, pues es Dios quien las abre. Al final del primer viaje misionero de Pablo, él y Bernabé informaron a la iglesia "cuán grandes cosas había hecho Dios con ellos, y cómo había abierto la puerta de la fe a los gentiles" (Hch. 14:27). En Hechos 16, después que muchas puertas se habían cerrado, "se le mostró a Pablo una visión de noche: un varón macedonio estaba en pie, rogándole y diciendo: Pasa a Macedonia y ayúdanos" (v. 9). Después de ver la visión, Lucas escribe: "en seguida procuramos partir para Macedonia, dando por cierto que Dios nos llamaba para que les anunciásemos el evangelio" (Hch. 16:10). Apocalipsis 3:7 describe a Jesús como "el que abre y ninguno cierra, y cierra y ninguno abre". Eso fue precisamente lo que sucedió cuando Dios abrió las puertas de la cárcel para liberar a Pedro a fin de que siguiera predicando el evangelio (Hch. 12:1-11).

Pablo anhelaba ver una puerta abierta **a fin de dar a conocer el misterio de Cristo**. Como vimos al estudiar 1:26-27, el término *misterio* se refiere a algo que estaba oculto en el Antiguo Testamento pero que se manifestó en el Nuevo. En este contexto señala al contenido del evangelio. Pablo les pide a los colosenses que oren para tener una puerta abierta que le permita proclamar toda la verdad del evangelio.

Pablo estaba **preso** por causa del evangelio. En Jerusalén, al final de su tercer viaje misionero, fue acusado falsamente de haber traído a los gentiles al área del templo que les era prohibida. Fue rescatado por los romanos de manos de la furiosa multitud y al final enviado a Félix, gobernador de Judea. Después de padecer bajo custodia durante dos años, Pablo ejerció su derecho como ciudadano romano y apeló al César (Hch. 25:11). Después de un atormentado viaje durante el cual naufragó debido a una terrible tormenta, llegó a Roma. El libro de Hechos termina relatando el arresto domiciliario de Pablo (Hch. 28:16, 30).

El encarcelamiento de Pablo no significó el fin de su ministerio. Fue durante este período que escribió Colosenses, Efesios, Filipenses y Filemón. También evangelizó a todos aquellos que lo rodeaban, entre los cuales se encuentran la turba de Jerusalén (Hch. 22:1ss), Félix (Hch. 24:10ss), Herodes Agripa (Hch. 26:1ss), los soldados romanos (Fil. 1:13), los miembros de la casa del César (Fil. 4:22) y los miembros de la comunidad judía de Jerusalén (Hch. 28:17ss). La actividad de Pablo durante su encarcelamiento en Roma se resume en Hechos 28:30-31: "Y Pablo permaneció dos años enteros en una casa alquilada, y recibía a todos los que a él venían, predicando el reino de Dios y enseñando acerca del Señor Jesucristo, abiertamente y sin impedimento". Para Pablo no existían circunstancias devastadoras, solo oportunidades únicas.

Pablo les pide además a los colosenses que oren para que, una vez abierta la puerta para el evangelio, **"lo manifieste como debo hablar"**. **Debo** puede interpretarse de dos maneras. La primera interpretación se refiere al apremio que sentía Pablo de predicar el evangelio. Esta era la carga permanente en su vida. Escribió a los romanos: "Porque no me avergüenzo del evangelio, porque es poder de Dios para salvación a todo aquel que cree; al judío primeramente, y también al griego" (Ro. 1:16). En 1 Corintios 9:16 dijo: "Pues si anuncio el evangelio, no tengo por qué gloriarme; porque me es impuesta necesidad; y ¡ay de mí si no anunciare el evangelio!". La segunda interpretación alude al mandato establecido por Dios para presentar el evangelio. Pablo predicó el evangelio "testificando a judíos y a gentiles acerca del arrepentimiento para con Dios, y de la fe en nuestro Señor Jesucristo" (Hch. 20:21). "Testificando" viene de *diamarturomai*, que significa dar un testimonio completo y cabal. El evangelio debe ser proclamado con claridad y valentía (Ef. 6:19), con sabiduría (Pr. 25:11) y con gracia (Ef. 4:15).

Hay tres tipos conocidos de evangelización acerca de los cuales este pasaje nos previene. El primero es la evangelización basada en la experiencia. Este resulta inadecuado porque no se centra en la explicación del mensaje del evangelio a partir de las Escrituras, sino en el testimonio basado en las experiencias y sentimientos personales. El peligro evidente de este método es que las personas no llegan a entender con claridad el evangelio y, sin embargo, pueden dar una respuesta emocional y pensar que son salvas.

Un segundo tipo de evangelización que debe evitarse es el que se centra en el yo. Esta evangelización promociona a Jesús como la panacea para todos los problemas de la vida y como la fuente de comodidad terrenal, de bienestar y de prosperidad. Promete que la felicidad sin límite y la libertad de todos los problemas están a su disposición por medio de Él. En pocas palabras, es un mensaje centrado en el hombre y no en Dios. Aunque la salvación trae gozo y paz, no promete una vida sin dificultades. Pablo advirtió: "Es necesario que a través de muchas tribulaciones entremos en el reino de Dios" (Hch. 14:22). Jesús les dijo a los discípulos: "El siervo no es mayor que su señor. Si a mí me han perseguido, también a vosotros os perseguirán; si han guardado mi palabra, también guardarán la vuestra" (Jn. 15:20; cp. Mt. 5:11, 44; 10:23). En efecto, Jesús prometió: "En el mundo tendréis aflicción; pero confiad, yo he vencido al mundo" (Jn. 16:33).

Una tercera y última forma de evangelización que debe evitarse es la evangelización de la conveniencia. Este método equivocado utiliza tácticas de presión, de manipulación, de estimulación emocional o cualquier otra que fuerza a las personas a realizar compromisos. Este también resulta en falsas profesiones de fe (Mt. 13:19-22; cp. Stg. 2:14-26).

Pablo deseaba que los creyentes oraran para que él pudiera proclamar el evangelio como es debido, como Dios quería que lo hiciera. Esta debe ser también nuestra oración por cada persona que proclama a Cristo.

LA CONDUCTA

Andad sabiamente para con los de afuera, redimiendo el tiempo. (4:5)

La conducta del creyente es lo que confiere credibilidad a sus palabras. Como vimos en el estudio de 1:9, la sabiduría comprende la correcta evaluación de las circunstancias y la toma de buenas decisiones. Los creyentes estamos llamados a llevar una vida organizada, coherente y justa.

Si quienes profesan ser creyentes viven como necios, **los de afuera** o los no creyentes (cp. 1 Co. 5:12-13; 1 Ts. 4:12; 1 Ti. 3:7) van a denigrar de la fe y a rehuir el evangelio. Solo si los creyentes viven de manera sabia, el mundo que es testigo a su alrededor verá el poder de Dios obrando en ellos. La advertencia no sobra, pues hay creyentes que viven como necios. Una manera de hacerlo es vivir en función del dinero. Pablo nos advierte al respecto en 1 Timoteo 6:9: "Porque los que quieren enriquecerse caen en tentación y lazo, y en muchas codicias necias y dañosas, que hunden a los hombres en destrucción y perdición".

Otra manera de vivir como necio es llevando la vida cristiana de manera legalista. Pablo les dijo a los gálatas: "¡Oh gálatas insensatos! ¿quién os fascinó para no obedecer a la verdad, a vosotros ante cuyos ojos Jesucristo fue ya presentado claramente entre vosotros como crucificado? ¿Tan necios sois? ¿Habiendo comenzado por el Espíritu, ahora vais a acabar por la carne?" (Gá. 3:1, 3). Otras formas en las que incluso los creyentes podemos mostrar nuestra necedad es actuando con envidias y ambiciones egoístas, las cuales son contrarias a la sabiduría (Stg. 3:16).

Por otro lado, existen varias fuentes de sabiduría. La primera es la adoración: "El temor de Jehová es el principio de la sabiduría, y el conocimiento del Santísimo es la inteligencia" (Pr. 9:10). La segunda es la oración: "Y si alguno de vosotros tiene falta de sabiduría, pídala a Dios, el cual da a todos abundantemente y sin reproche, y le será dada" (Stg. 1:5). La tercera es el estudio de la Biblia: "La palabra de Cristo more en abundancia en vosotros, enseñándoos y exhortándoos unos a otros en toda sabiduría" (Col. 3:16). La cuarta es la instrucción en la piedad: "a quien anunciamos, amonestando a todo hombre, y enseñando a todo hombre en toda sabiduría, a fin de presentar perfecto en Cristo Jesús a todo hombre" (Col. 1:28). Solo mediante una vida sabia las palabras de los creyentes tendrán algún significado. La iglesia primitiva no contaba con los medios modernos para promocionar el evangelio, tales como la televisión, la radio, los folletos, los libros, las revistas o las calcomanías para los automóviles, y mucho menos con los escándalos y los hipócritas. Con todo, viviendo en absoluta sencillez la verdad del evangelio en su vida personal y comunitaria, transformaron por completo el mundo en el que vivían. Dios quiera que lo mismo se diga de nosotros.

Vivir una vida sabia también abarca el aprovechamiento del **tiempo**. Moisés oró en el Salmo 90:12: "Enséñanos de tal modo a contar nuestros días, que traigamos al corazón sabiduría". Las oportunidades son efímeras. La vida es corta y cada día más personas mueren sin Cristo. "La noche viene, cuando nadie puede trabajar" (Jn. 9:4). Nuestro Señor puede regresar en cualquier momento. Pablo expresó la necesidad urgente de aprovechar el tiempo en Romanos 13:11-14:

Y esto, conociendo el tiempo, que es ya hora de levantarnos del sueño; porque ahora está más cerca de nosotros nuestra salvación que cuando creímos. La noche está avanzada, y se acerca el día. Desechemos, pues, las obras de las tinieblas, y vistámonos las armas de la luz. Andemos como de día, honestamente;

> *no en glotonerías y borracheras, no en lujurias y lascivias, no en contiendas y envidia, sino vestíos del Señor Jesucristo, y no proveáis para los deseos de la carne.*

Ya es hora de que los cristianos prediquemos con nuestras vidas.

LA PERFECCIÓN

Sea vuestra palabra siempre con gracia, sazonada con sal, para que sepáis cómo debéis responder a cada uno. (4:6)

Una vida consistente debe ir acompañada de una conversación consistente. Pablo no habla aquí de la predicación del evangelio, sino de la conversación cotidiana del creyente. Cada **palabra** debe decirse **siempre con gracia**, como lo hizo Cristo (Lc. 4:22). Es inaceptable que la conversación del creyente admita cualquier elemento de una boca no redimida. Sin importar si se encuentra padeciendo persecución, presiones, dificultades o injusticias con nuestro cónyuge, nuestros hijos, o con otros creyentes o no creyentes, en todas las circunstancias los creyentes debemos mantener una conversación agradable. Hablar **con gracia** significa decir lo que es espiritual, prudente, digno, amable, conveniente, significativo, pertinente, gentil, verdadero, amoroso y considerado. Pablo escribió en Efesios 4:29: "Ninguna palabra corrompida salga de vuestra boca, sino la que sea buena para la necesaria edificación, a fin de dar gracia a los oyentes".

La conversación del nuevo hombre también debe ser **sazonada… con sal**. No solo debe ser con gracia, sino que también debe producir un efecto positivo en otros. La sal puede arder cuando se pone sobre una herida (cp. Pr. 27:6). Pero también evita la descomposición. La conversación del creyente debe actuar como una fuerza purificadora que redime las conversaciones de la suciedad en la cual se sumergen tan a menudo. La sal también da sabor, así que la manera de hablar del nuevo hombre debe añadir gusto e ingenio a las conversaciones.

Los creyentes también debemos saber cómo **responder a cada uno**. Debemos ser capaces de decir lo apropiado en el momento apropiado. En palabras de Pedro, debemos estar "siempre preparados para presentar defensa con mansedumbre y reverencia ante todo el que os demande razón de la esperanza que hay en vosotros" (1 P. 3:15).

La conversación del nuevo hombre es de una importancia vital: "Porque todos ofendemos muchas veces. Si alguno no ofende en palabra, éste es varón perfecto, capaz también de refrenar todo el cuerpo" (Stg. 3:2). A diferencia de los impíos que dicen: "Por nuestra lengua prevaleceremos" (Sal. 12:4), como creyentes debemos unirnos a la oración del salmista en Salmo 141:3: "Pon guarda a mi boca, oh Jehová; guarda la puerta de mis labios".

Con un poco de ayuda de mis amigos

16

Todo lo que a mí se refiere, os lo hará saber Tíquico, amado hermano y fiel ministro y consiervo en el Señor, el cual he enviado a vosotros para esto mismo, para que conozca lo que a vosotros se refiere, y conforte vuestros corazones, con Onésimo, amado y fiel hermano, que es uno de vosotros. Todo lo que acá pasa, os lo harán saber. Aristarco, mi compañero de prisiones, os saluda, y Marcos el sobrino de Bernabé, acerca del cual habéis recibido mandamientos; si fuere a vosotros, recibidle; y Jesús, llamado Justo; que son los únicos de la circuncisión que me ayudan en el reino de Dios, y han sido para mí un consuelo. Os saluda Epafras, el cual es uno de vosotros, siervo de Cristo, siempre rogando encarecidamente por vosotros en sus oraciones, para que estéis firmes, perfectos y completos en todo lo que Dios quiere. Porque de él doy testimonio de que tiene gran solicitud por vosotros, y por los que están en Laodicea, y los que están en Hierápolis. Os saluda Lucas el médico amado, y Demas. Saludad a los hermanos que están en Laodicea, y a Ninfas y a la iglesia que está en su casa. Cuando esta carta haya sido leída entre vosotros, haced que también se lea en la iglesia de los laodicenses, y que la de Laodicea la leáis también vosotros. Decid a Arquipo: Mira que cumplas el ministerio que recibiste en el Señor. La salutación de mi propia mano, de Pablo. Acordaos de mis prisiones. La gracia sea con vosotros. Amén. (4:7-18)

Al finalizar su carta a Colosenses, Pablo nombra a varios de sus colaboradores en el ministerio durante su encarcelamiento en Roma, como adjuntando una fotografía descrita en palabras. Resalta la labor de algunos héroes olvidados del Nuevo Testamento poniendo la vida de cada uno de ellos como ejemplo e incentivo para quienes leen la carta. Este pasaje añade un toque cálido y personal a una carta de índole doctrinal. Se parece a las alusiones personales del capítulo 16 de

Romanos. La mención de muchas personas que habían perseverado al lado de Pablo durante años indica la tremenda fidelidad que él inspiraba.

Para Pablo, estas personas eran indispensables y de gran valor para su ministerio. Él sabía muy bien que no podía hacerlo solo, y de hecho nadie puede. Los siervos de Dios siempre han dependido de otros para sostenerlos en su trabajo. Éxodo 17:8-13 ilustra esta verdad:

> *Entonces vino Amalec y peleó contra Israel en Refidim. Y dijo Moisés a Josué: Escógenos varones, y sal a pelear contra Amalec; mañana yo estaré sobre la cumbre del collado, y la vara de Dios en mi mano. E hizo Josué como le dijo Moisés, peleando contra Amalec; y Moisés y Aarón y Hur subieron a la cumbre del collado. Y sucedía que cuando alzaba Moisés su mano, Israel prevalecía; mas cuando él bajaba su mano, prevalecía Amalec. Y las manos de Moisés se cansaban; por lo que tomaron una piedra, y la pusieron debajo de él, y se sentó sobre ella; y Aarón y Hur sostenían sus manos, el uno de un lado y el otro de otro; así hubo en sus manos firmeza hasta que se puso el sol. Y Josué deshizo a Amalec y a su pueblo a filo de espada.*

Con la ayuda de Aarón y de Hur, Moisés pudo guiar a Israel hasta conseguir una gran victoria.

Moisés, al igual que el apóstol Pablo, reconoció que necesitaba ayuda para poder cumplir con su ministerio. En otra ocasión, hastiado por las quejas de los israelitas, clamó a Dios:

> *¿Por qué has hecho mal a tu siervo? ¿y por qué no he hallado gracia en tus ojos, que has puesto la carga de todo este pueblo sobre mí? ¿Concebí yo a todo este pueblo? ¿Lo engendré yo, para que me digas: Llévalo en tu seno, como lleva la que cría al que mama, a la tierra de la cual juraste a sus padres? ¿De dónde conseguiré yo carne para dar a todo este pueblo? Porque lloran a mí, diciendo: Danos carne que comamos. No puedo yo solo soportar a todo este pueblo, que me es pesado en demasía. Y si así lo haces tú conmigo, yo te ruego que me des muerte, si he hallado gracia en tus ojos; y que yo no vea mi mal. (Nm. 11:11-15)*

El Señor le contestó ofreciéndole ayuda:

> *Entonces Jehová dijo a Moisés: Reúneme setenta varones de los ancianos de Israel, que tú sabes que son ancianos del pueblo y sus principales; y tráelos a la puerta del tabernáculo de reunión, y esperen allí contigo. Y yo descenderé y hablaré allí contigo, y tomaré del espíritu que está en ti, y pondré en ellos; y llevarán contigo la carga del pueblo, y no la llevarás tú solo. (Nm. 11:16-17)*

Gracias a su colaboración, Moisés recibió de Dios la capacidad para llevar a cabo cosas que nunca hubiera logrado solo.

Los líderes son más eficaces cuando reciben ayuda de otros. Proverbios 27:17 dice: "Hierro con hierro se aguza; y así el hombre aguza el rostro de su amigo". Eclesiastés 4:9-12 añade: "Mejores son dos que uno; porque tienen mejor paga de su trabajo. Porque si cayeren, el uno levantará a su compañero; pero ¡ay del solo! que cuando cayere, no habrá segundo que lo levante. También si dos durmieren juntos, se calentarán mutuamente; mas ¿cómo se calentará uno solo? Y si alguno prevaleciere contra uno, dos le resistirán; y cordón de tres dobleces no se rompe pronto".

Pablo nunca sirvió solo en el ministerio. Compartió su primera oportunidad para servir en la iglesia de Antioquía con otros cuatro hombres, y todos los años siguientes de viajes misioneros estuvo siempre acompañado. La única ocasión en la cual lo vemos solo en el libro de Hechos es por un breve tiempo en Atenas (Hch. 17). Aunque estaba prisionero mientras escribía Colosenses, tampoco allí estaba solo. Los ocho hombres que menciona no son personajes muy conocidos. Sin embargo, cada uno era especial para Pablo. Y cada uno estaba dispuesto a pagar el precio que implica estar al lado de un prisionero. En este pasaje encontramos al hombre con corazón de siervo, al hombre con un pasado oscuro, al hombre con un corazón simpatizante, al que tiene un futuro inesperado, al hombre de gran compromiso, al hombre con una sola aspiración, al hombre con un talento especializado y al hombre del futuro sombrío.

EL HOMBRE CON CORAZÓN DE SIERVO

Todo lo que a mí se refiere, os lo hará saber Tíquico, amado hermano y fiel ministro y consiervo en el Señor, el cual he enviado a vosotros para esto mismo, para que conozca lo que a vosotros se refiere, y conforte vuestros corazones, (4:7-8)

Tíquico significa "fortuito" o "afortunado". En efecto, era un hombre afortunado al haber servido al lado de Pablo durante tantos años. Se menciona en cinco ocasiones en el Nuevo Testamento y aunque las referencias son breves, arrojan información suficiente acerca de él.

La primera mención de Tíquico se encuentra en Hechos 20:4. Pablo estaba en Éfeso y se acercaba el fin de su tercer viaje misionero. Planificaba regresar a Jerusalén por Macedonia, donde pensaba recoger una ofrenda. Luego llevaría las ofrendas de Galacia y Acaya a los creyentes necesitados de Jerusalén (cp. 1 Co. 16:1-9). Mediante este acto, Pablo esperaba fortalecer los lazos entre las iglesias fuera de Palestina, en su mayoría gentiles, y la iglesia de Jerusalén, compuesta en su mayoría por judíos. También tenía planificado llevar a algunos de los creyentes gentiles de Grecia hasta Asia Menor en calidad de representantes de sus iglesias ante la iglesia de Jerusalén. Entre ellos se encontraba Tíquico.

La disposición de Tíquico para viajar con Pablo a Jerusalén muestra que tenía un corazón de siervo. Este viaje no debía emprenderse con ligereza. Los viajes en el mundo antiguo eran mucho más difíciles y peligrosos que en nuestros días. El viaje a Jerusalén sería arduo, y Tíquico tendría que separarse de su familia, sus amigos y su iglesia por un largo período. Durante el trayecto, Pablo recibió varias advertencias sobre las pruebas que le esperaban en Jerusalén. Aunque con seguridad Tíquico escuchó estas advertencias, decidió permanecer al lado de Pablo.

Cuando Pablo escribió Colosenses ya habían transcurrido más de dos años desde su arresto en Jerusalén. Desde entonces había sobrevivido a una conspiración de los líderes judíos para asesinarlo, al juicio ante Félix, Festo y Agripa, y a un espantoso viaje a Roma. Tíquico había acompañado a Pablo todo ese tiempo y con toda certeza también estuvo con él durante su encarcelamiento en Roma. Después de que Pablo fue liberado, Tíquico se quedó con él. Cuando Pablo necesitaba un suplente temporal para Tito como pastor de la iglesia de Creta, Tíquico estuvo entre los posibles candidatos (Tit. 3:12). Tíquico, que había comenzado como mensajero, ahora era candidato para ocupar el lugar de un gran hombre como Tito.

Hacia el final de la vida de Pablo, durante su segundo encarcelamiento en Roma, Tíquico aún estaba con él. Cuando se disponía a enfrentar una ejecución inminente, Pablo manifestó deseos de ver a Timoteo por última vez. Puesto que Timoteo no podía dejar a su congregación en Éfeso sin un suplente, Pablo envió a Tíquico (2 Ti. 4:12). Una vez más, su nombre aparece para ocupar el cargo de uno de los más prominentes colaboradores de Pablo. Esto dice mucho acerca de su carácter.

Mientras se escribía Colosenses, Tíquico estaba en Roma con Pablo durante su primer encarcelamiento. Ya en ese tiempo habían transcurrido cerca de cuatro años desde que Tíquico se había unido a él en Éfeso. Ya que era un hombre con una fidelidad a toda prueba, Pablo tenía una importante misión para encomendarle: llevar la carta a los colosenses. Y no solo llevó la carta a los colosenses, sino también a los efesios (cp. Ef. 6:21) y es probable que lo haya hecho también para Filemón (cp. 4:9). El viaje de Roma a Colosas fue difícil. Tíquico debía atravesar gran parte de Italia a pie, luego navegar a través del Mar Adriático. Después de cruzar Grecia a pie debía zarpar por el Mar Egeo hasta la costa de Asia Menor. Después de todo esto, aún le esperaba una jornada de más de 160 kilómetros a pie para llegar a Colosas. El hecho de que Pablo le haya confiado la entrega de tres libros inspirados de las Escrituras muestra la gran confianza que tenía en él.

Tíquico no solo entregó la Epístola a los Colosenses, sino que también trajo noticias a los colosenses para hacerles saber **todo lo que a [Pablo] se refiere.** Esto incluye información acerca de su salud, de sus esperanzas y de sus proyectos futuros. También confortaría sus **corazones** mediante las palabras de ánimo de Pablo en su carta y respondería las inquietudes relacionadas con su situación.

Pablo cita tres cualidades de Tíquico que lo hacían apto para ser su enviado personal. La primera es que era un **amado hermano** en el Señor. Al llamarlo **hermano**, Pablo hace saber que formaba parte de la familia de creyentes. Su carácter como persona le había hecho merecedor del título de **amado** por nada menos que Pablo mismo. Lo describe además como un **fiel ministro**. Nunca alcanzó un papel prominente, pero ejerció un importante servicio como vínculo entre Pablo y las iglesias. Fue un **fiel** administrador de su ministerio: el más alto elogio que Pablo podía dar (cp. 1 Co. 4:2). Por último, Pablo lo llama un **consiervo en el Señor**. Era un *diakonos* **(siervo)** con relación a Pablo, pero un *sundoulos* **(consiervo)** de Pablo con relación al **Señor**.

EL HOMBRE CON UN PASADO OSCURO

con Onésimo, amado y fiel hermano, que es uno de vosotros. Todo lo que acá pasa, os lo harán saber. (4:9)

Onésimo, el hombre con un pasado oscuro, es el esclavo fugitivo cuyo regreso a su amo llevó a Pablo a escribir la carta de Filemón.

Filemón era uno de los líderes de la iglesia de Colosas, y es probable que la iglesia se reuniera en su casa. Onésimo había sido esclavo en la casa de Filemón hasta que se escapó para llegar a Roma. Allí conoció al apóstol Pablo que lo guió a conocer a Cristo. Ahora regresaba a Colosas y a su amo. Pablo le escribe a Filemón para recomendarle que perdone a Onésimo por haber huido y por haberlo defraudado. También le pide que reciba a Onésimo como a un hermano en la fe.

Aunque Onésimo era un esclavo fugitivo, Pablo lo describe como un **amado y fiel hermano**. Cuando una persona pone su fe en Jesucristo, el pasado queda atrás. "De modo que si alguno está en Cristo, nueva criatura es; las cosas viejas pasaron; he aquí todas son hechas nuevas" (2 Co. 5:17). Onésimo daba testimonio del poder de Dios para transformar una vida. Pablo les dice a los colosenses que el esclavo fugitivo de Colosas ahora regresaba como **uno de vosotros**. Por lo tanto, debía ser tratado como un miembro de la iglesia, pues en Cristo no hay esclavo ni libre (Gá. 3:28). Pablo muestra su consideración hacia él, así como con Tíquico, al encomendarle la tarea de informar a los colosenses acerca de su situación. Un estudio más completo sobre Onésimo está en mi comentario a Filemón.

EL HOMBRE CON UN CORAZÓN SIMPATIZANTE

Aristarco, mi compañero de prisiones, os saluda, (4:10*a*)

Aristarco era un creyente judío pero tenía nombre griego como muchos judíos de la diáspora. Era nativo de Tesalónica (Hch. 20:4; 27:2). Aristarco aparece por primera vez durante el ministerio de Pablo en Éfeso, el cual duró tres años. Fue capturado por la turba que allí se alborotó cuando lo identificaron como uno de los compañeros de Pablo (Hch. 19:29). Acompañó a Pablo en su viaje de regreso a Jerusalén (Hch. 20:4) y en su viaje a Roma (Hch. 27:4). También es probable que haya permanecido junto a Pablo durante su encarcelamiento en Palestina. Cuando Pablo escribe Colosenses, Aristarco está a su lado.

La expresión **compañero de prisiones** viene de *aichmalōtos*, cuyo significado textual es "uno que fue atrapado por una lanza". Hace referencia a los cautivos o prisioneros. Es improbable que Aristarco haya sido en realidad un prisionero, pero Pablo se refiere a él en esos términos puesto que compartía la vida que Pablo llevaba en prisión. Su decisión de hacer del estilo de vida de Pablo el suyo propio hace ver que tenía un corazón simpatizante y solícito. Renunció a su propia libertad para suplir las necesidades de Pablo. Cualquier líder se sentiría dichoso de tener a su lado a un hombre tan fiel como Aristarco en medio de las pruebas. La obra de Dios no podría hacerse a menos que hubiera personas como Aristarco, que de manera humilde asumió un arduo y penoso trabajo renunciando a la fama que gozaban aquellos a quienes servía.

EL HOMBRE CON UN FUTURO INESPERADO

y Marcos el sobrino de Bernabé, acerca del cual habéis recibido mandamientos; si fuere a vosotros, recibidle; (4:10*b*)

Juan **Marcos** tenía una carrera ministerial muy diferente a la de Tíquico y a la de Aristarco. Fue compañero de Pablo y Bernabé en su primer viaje misionero (Hch. 13:5), pero desertó cuando la situación se puso muy difícil. Hechos 13:13 relata la historia: "Habiendo zarpado de Pafos, Pablo y sus compañeros arribaron a Perge de Panfilia; pero Juan, apartándose de ellos, volvió a Jerusalén". La deserción de Marcos se convirtió más adelante en una fuente de desavenencia entre Pablo y Bernabé. Bernabé quería llevar a su primo consigo en el segundo viaje misionero, pero Pablo se negó a aceptarlo pues no confiaba en su fidelidad. Esto desencadenó un desacuerdo tan serio entre Pablo y Bernabé que al fin se separaron (Hch. 15:37-39).

Afortunadamente, la historia no terminó ahí. Cuando Pablo escribe Colosenses, Marcos era ya un hombre transformado. Había sido restaurado en su servicio a Dios, quizás a través del ministerio de Pedro (el cual tampoco era ajeno al fracaso) en su vida (1 P. 5:13). En Filemón 24 Pablo lo nombra entre sus colaboradores. El hombre a quien Pablo rechazara en el pasado se convirtió en uno de sus mayores ayudantes. En 2 Timoteo 4:11 Pablo le dice a Timoteo: "Toma a Marcos y tráele contigo, porque me es útil para el ministerio".

Pablo les dice a los colosenses que si Marcos viene a ellos deben obedecer los **mandamientos** emitidos acerca de él (los cuales provenían de Pablo, de Pedro o de Bernabé) y recibirle. No debían rechazarlo por sus faltas cometidas en el pasado.

También podríamos llamar a Marcos el hombre de la segunda oportunidad. Su vida sirvió como testimonio del poder de Dios para extraer lo bueno de los fracasos humanos. En efecto, a Marcos se le concedió más adelante un privilegio que solo otros tres hombres tuvieron en la historia: escribir uno de los Evangelios.

EL HOMBRE DE GRAN COMPROMISO

y Jesús, llamado Justo; que son los únicos de la circuncisión que me ayudan en el reino de Dios, y han sido para mí un consuelo. (4:11)

Nada se sabe acerca de **Jesús, llamado Justo**, aparte de lo que dice este versículo. Es posible que haya sido uno de los judíos de Roma que creyeron el mensaje de Pablo (Hch. 28:24). El nombre **Jesús** es la forma griega de Josué, que significa "salvador". Es muy probable que resultara difícil llevar este nombre, pero su sobrenombre, **Justo** ("justo"), indica que de alguna manera daba honor a su nombre. Pablo se refirió a Jesús Justo, a Marcos y a Aristarco como **"los únicos de la circuncisión que me ayudan en el reino de Dios"**. No cabe duda de que la falta de respuesta por parte de los judíos llenaba de pena el corazón de Pablo. Los líderes judíos en Jerusalén rechazaron su mensaje, conspiraron para matarlo y lo denunciaron ante las autoridades romanas. Gran parte de la oposición que experimentó durante sus viajes misioneros provenía de sus propios compatriotas (cp. 2 Co. 11:26). Incluso los que creían el mensaje (cp. Hch. 28:24) parecían poco comprometidos con él. (Muchos gentiles que aparentaban haber recibido su mensaje también lo abandonaron pronto, según 2 Ti. 1:15). Solo estos tres hombres demostraron ser **un consuelo** para Pablo. *Parēgoria* (**consuelo**) solo aparece en esta ocasión en el Nuevo Testamento. Podría traducirse como "aliento". Jesús Justo, Marcos y Aristarco eran para Pablo un consuelo y un motivo de ánimo.

La actitud dispuesta de Jesús Justo para dejar a su pueblo e identificarse con Pablo hace ver en él un compromiso muy grande. Estuvo dispuesto a tomar su lugar junto a Pablo por causa de Jesucristo sin importar cuánto podría costarle.

EL HOMBRE CON UNA SOLA ASPIRACIÓN

Os saluda Epafras, el cual es uno de vosotros, siervo de Cristo, siempre rogando encarecidamente por vosotros en sus oraciones, para que estéis firmes, perfectos y completos en todo lo que Dios quiere. Porque de él doy testimonio de que tiene gran solicitud por vosotros, y por los que están en Laodicea, y los que están en Hierápolis. (4:12-13)

Como vimos en la introducción, **Epafras** fue el fundador de la iglesia de Colosas y lo más probable es que también haya sido su pastor. Había viajado hasta Roma para informar a Pablo acerca de la peligrosa herejía que amenazaba a las iglesias del valle del Lico. Al igual que Tíquico y el mismo Pablo, Epafras es llamado *doulos* (**siervo**) de Jesucristo. Puesto que **"es uno de vosotros"**, **"os saluda"** junto con Pablo.

Aunque estaba lejos, Epafras aún servía a las iglesias del valle del Lico. Lo hacía **siempre rogando encarecidamente** por ellos **en sus oraciones**. **Rogando encarecidamente** viene de *agōnizomai*, palabra que dio origen al término *agonizar*. Se usa en 1 Corintios 9:25 para referirse a la agotadora competencia que deben soportar los atletas en los juegos olímpicos. En Juan 18:36 se traduce como "pelea". Algunas palabras relacionadas con este término aparecen en Romanos 15:30 para referirse al combate en la oración, y en Lucas 22:44 al hablar de la agonía que experimentó Jesús en Getsemaní. Epafras era un vivo ejemplo del mandato de Pablo a los colosenses en 4:2 que dice: "Perseverad en la oración".

El fin de las oraciones de Epafras era que los colosenses estuvieran **firmes, perfectos y completos en todo lo que Dios quiere. Perfectos** viene de *teleios* y significa "completo", "maduro" o "enteramente desarrollado". **Firmes y completos** viene de *plērophoreō* y podría traducirse como "convencido" o "plenamente satisfecho". Epafras, al igual que Pablo (cp. 2:2, donde se usa una palabra relacionada), anhelaba que los colosenses llegaran a la madurez y estuvieran convencidos **en todo lo que Dios quiere**. Solo quienes viven en obediencia a la voluntad de Dios pueden alcanzar la plenitud de Cristo y vivir en contentamiento (cp. Ef. 4:13-14).

Pablo había sido testigo directo de la vida que llevaba Epafras, así que podía dar **testimonio de que tiene gran solicitud por** los colosenses y por **los que están en Laodicea, y... en Hierápolis**. Sus oraciones fervientes y angustiosas, así como su única aspiración de ver la madurez desarrollada en las personas que tenía a su cargo, debieron ser una fuente de aliento para Pablo y para todos sus colaboradores.

EL HOMBRE CON UN TALENTO ESPECIALIZADO

Os saluda Lucas el médico amado, (4:14*a*)

Lucas fue el **médico** personal de Pablo y también su amigo cercano. Era un creyente gentil (cp. 4:11) que acompañó con frecuencia a Pablo en sus viajes misioneros. De hecho, es muy probable que las continuas enfermedades de Pablo durante el primer viaje misionero fueran el motivo de la presencia de Lucas durante el segundo viaje. Al igual que Pablo, era un hombre educado y culto, como podemos constatar por la calidad literaria de su Evangelio y del libro de Hechos en el idioma griego. Es indiscutible que sus conversaciones con Pablo resultarían muy estimulantes.

Lucas es mencionado solo en otras dos ocasiones en el Nuevo Testamento y siempre se cita su nombre (cp. Fil. 24; 2 Ti. 4:11). Después de unirse a Pablo en su segundo viaje misionero permaneció con él durante casi el resto de su vida.

No conocemos con exactitud los antecedentes de Lucas. Según Eusebio y Jerónimo, padres de la iglesia, nació en Antioquía de Siria. Algunos han teorizado que Lucas fuera hermano de Tito, que conoció a Pablo cuando era estudiante en Tarso y que era un esclavo liberado de la casa de Teófilo (mencionado en el prólogo de Hechos). Sin embargo, estas teorías no pueden probarse.

Lucas era el prototipo del médico misionero. En el servicio al Señor no todos estamos llamados a tener el mismo nivel educativo. La obra de Dios también requiere especialistas. Lucas entregó su talento a Dios renunciando a todo lo que podría ganar mediante la práctica de su oficio. A cambio, Dios le concedió el privilegio de escribir un aparte considerable del Nuevo Testamento y de convertirse en el amado compañero del apóstol Pablo.

EL HOMBRE DEL FUTURO SOMBRÍO

y Demas. (4:14*b*)

Demas es el último hombre incluido en la fotografía descrita por Pablo, y constituye la única mosca en el perfume. Había hecho un importante compromiso con la obra de Dios y estuvo con Pablo durante los dos encarcelamientos. Pero a diferencia de los otros colaboradores de Pablo, su futuro fue sombrío. Pablo relata la tragedia de la deserción de Demas en 2 Timoteo 4:9-10: "Procura venir pronto a verme, porque Demas me ha desamparado, amando este mundo, y se ha ido a Tesalónica". La presión del mundo se volvió insoportable para Demas y al fin terminó abandonando a Pablo y al ministerio. Jesús tuvo a su Judas, y Pablo a su Demas. Y cualquiera que haya estado en el ministerio el tiempo suficiente, también habrá compartido esta desgarradora experiencia. No obstante, esta situación no refleja la condición del ministerio de una persona. Es alentador saber que hasta los líderes más prominentes que el mundo ha conocido fueron defraudados por otros.

COMENTARIOS FINALES

Saludad a los hermanos que están en Laodicea, y a Ninfas y a la iglesia que está en su casa. Cuando esta carta haya sido leída entre vosotros, haced que también se lea en la iglesia de los laodicenses, y que la de Laodicea la leáis también vosotros. Decid a Arquipo: Mira que cumplas el ministerio que recibiste en el Señor. La salutación de mi propia mano, de Pablo. Acordaos de mis prisiones. La gracia sea con vosotros. Amén. (4:15-18)

Pablo termina su Epístola a los Colosenses enviando un saludo **a los hermanos que están en Laodicea**. Los manuscritos presentan una variación en el nombre de **Ninfas**, que aparece tanto en femenino como en masculino, así como en el pronombre correspondiente. **La iglesia que está en su casa** pudo haber sido la iglesia de Laodicea o la de Hierápolis, que de otra manera iría sin nombre. **La iglesia de los laodicenses** debía leer la carta a los colosenses, y a su vez, los colosenses debían leer la carta que vendría de Laodicea. La identidad de la carta de Laodicea ha sido objeto de múltiples discusiones. Se ha pensado que quizá fuese una carta de los laodicenses para Pablo, o una carta escrita por Pablo desde Laodicea, o que exista una carta apócrifa a los laodicenses y que la carta original se perdiera. Es probable, sin embargo, que Pablo se refiera a la Epístola a los Efesios. Los manuscritos más antiguos de Efesios no contienen las palabras "en Éfeso" (Ef. 1:1) señalando quizás que se trataba de una carta dirigida a varias iglesias que debía circular entre ellas. Es posible que Tíquico haya llevado la carta de Efesios a los laodicenses, de manera que Pablo les manda a éstos y a los colosenses intercambiar las cartas.

Arquipo solo se menciona en este pasaje y en Filemón 2. Pablo le ordena: **mira que cumplas el ministerio que recibiste en el Señor**. Los ejemplos dejados por los colaboradores ya mencionados en la carta constituirían un gran incentivo para él. Lo que el Señor espera de todos nosotros es que cumplamos con nuestro ministerio.

Era la costumbre de Pablo servirse de un amanuense (un secretario que tomaba nota) cuando escribía sus cartas, pero a menudo añadía **la salutación de** su **propia mano** (cp. 1 Co. 16:21; 2 Ts. 3:17; Fil. 19). Les pide que se acuerden de sus **prisiones** en sus oraciones, y concluye con su conocida salutación **"la gracia sea con vosotros"** (cp. Ro. 16:24; 1 Co. 16:23; 2 Co. 13:14; 1 Ts. 5:28; 2 Ts. 3:18; 1 Ti. 6:21; 2 Ti. 4:22; Tit. 3:15).

Esta frase resume el mensaje de Colosenses: la salvación es por gracia mediante la fe en Cristo, que es en todo suficiente, y no mediante las obras humanas que defienden los falsos maestros.

Bibliografía

Abbott, T. K. *A Critical and Exegetical Commentary on the Epistles to the Ephesians and to the Colossians* [Comentario crítico y exegético de las epístolas a los efesios y a los colosenses]. Edinburgh: T & T Clark, 1985.

Barclay, William. *The Letters to the Philippians, Colossians, and Thessalonians* [Las cartas a los filipenses, colosenses y tesalonicenses]. Rev. ed. Filadelfia: Westminster, 1975.

Barnes, Albert. *Barnes' Notes on the Old & New Testaments: Ephesians, Philippians, and Colossians* [Comentario de Barnes sobre el Antiguo y Nuevo Testamentos: Efesios, Filipenses y Colosenses]. Grand Rapids: Baker, 1974.

Barrett, William. *Irrational Man* [El hombre irracional]. Garden City, N.Y.: Doubleday, 1962.

Bruce, F. F. *The Epistles to the Colossians, to Philemon, and to the Ephesians* [Las epístolas a los colosenses, a Filemón y a los efesios]. Grand Rapids: Eerdmans, 1984.

Carson, Herbert M. *The Epistles of Paul to the Colossians and Philemon* [Las epístolas de Pablo a los colosenses y a Filemón]. Grand Rapids: Eerdmans, 1982.

Chesnut, D. Lee. *The Atom Speaks* [El átomo habla]. San Diego: Creation-Science Research Center, 1973.

Dana, H. E., y Julius R. Mantey. *A Manual Grammar of the Greek New Testament* [Manual de gramática del Nuevo Testamento]. Nueva York: Macmillan, 1927.

DeYoung, Donald B. *"Design In Nature: The Anthropic Principle"* [Diseño en la naturaleza: el principio antrópico]. Impact 149 (Noviembre 1985).

Eadie, John. *A Commentary on the Greek Text of the Epistle of Paul to the Colossians* [Comentario del texto griego de la epístola de Pablo a los colosenses]. Grand Rapids: Baker, 1979, reimpresión.

Erdman, Charles R. *The Epistles of Paul to the Colossians and to Philemon* [Las epístolas de Pablo a los colosenses y a Filemón]. Filadelfia: Westminster, 1966.

Gromacki, Robert G. *Stand Perfect In Wisdom: An Exposition of Colossians and Philemon* [Permanecer perfectos en sabiduría: una exposición de Colosenses y Filemón]. Grand Rapids: Baker, 1981.

Guiness, Os. *The Dust of Death* [El polvo de la muerte]. Downers Grove, Ill.: Inter-Varsity, 1973.

Guthrie, Donald. *New Testament Introduction* [Introducción al Nuevo Testamento]. Downers Grove, Ill.: InterVarsity, 1970.

Harrison, Everett F. *Colossians: Christ All-Sufficient* [Colosenses: Cristo es todo suficiente]. Chicago: Moody, 1971.

Hendriksen, William. *Philippians, Colossians and Philemon* [Filipenses, Colosenses y Filemón]. Grand Rapids: Baker, 1964.

Henry, Matthew. *Matthew Henry's Commentary on the Whole Bible* [Comentario bíblico de Mathew Henry]. Vol. 6. Old Tappan, N.J. Revell, s.f.

Ironside, H. A. *Lectures on the Epistle to the Colossians* [Sermones sobre la Epístola a los Colosenses]. Nueva York: Loizeaux, 1928.

Jastrow, Robert, y Malcolm H. Thompson. *Astronomy: Fundamentals and Frontiers* [Astronomía: principios y fronteras]. Nueva York: John Wiley & Sons, 1977.

Kent, Homer A. *Treasures of Wisdom: Studies In Colossians & Philemon* [Tesoros de sabiduría: estuDios sobre Colosenses y Filemón]. Grand Rapids: Baker, 1978.

Lenski, R. C. H. *The Interpretation of St. Paul's Epistles to the Colossians, to the Thessalonians, to Timothy, to Titus and to Philemon* [La interpretación de las epístolas de San Pablo a los colosenses, tesalonicenses, a Timoteo, Tito y Filemón]. Mineápolis: Augsburg, 1946.

Lightfoot, J. B. *St. Paul's Epistles to the Colossians and to Philemon* [Epístolas de San Pablo a los colosenses y a Filemón]. 1879. Grand Rapids: Zondervan, 1959, reimpresión.

Maclaren, Alexander. *The Epistles of St. Paul to the Colossians and Philemon* [Las epístolas de San Pablo a los colosenses y a Filemón]. Nueva York: A. C. Armstrong e hijo, 1903.

Morris, Henry M. *The Biblical Basis for Modern Science* [La base bíblica de la ciencia moderna]. Grand Rapids: Baker, 1984.

Moule, H. C. G. *Colossian Studies* [Estudios sobre Colosenses]. Nueva York: Hodder and Stoughton, s.f.

Nieder, John, y Thomas Thompson. *Forgive and Love Again* [Perdonar y amar otra vez]. Eugene, Oreg.: Harvest House, 1991.

Richardson, Cyril C. *Early Christian Fathers* [Los padres de la iglesia primitiva]. Nueva York: Macmillan, 1978.

Rienecker, Fritz, y Cleon Rogers. *Linguistic Key to the Greek New Testament* [Llave lingüística del griego del Nuevo Testamento]. Grand Rapids: Zondervan, 1982.

Robertson, A. T. Word Pictures In the New Testament. Vol. 4, *The Epistles of Paul* [Las epístolas de Pablo]. Nashville: Broadman, 1931.

Rosenberger, Donald A. "What Happened to the Man Who Led the Attack on

Pearl Harbor?" [¿Qué sucedió al hombre que dirigió el ataque a Pearl Harbor?]. *Command*, otoño/invierno, 1991.

Schaeffer, Francis. *Escape from Reason* [Escape a la razón]. Downer's Grove, Ill.: InterVarsity, 1972.

__________. *He Is There and He Is Not Silent* [Él está presente y no calla]. Wheaton, Ill.: Tyndale, 1972.

__________. *The God Who Is There* [El Dios que está presente]. Downers Grove, Ill.: InterVarsity, 1968.

Schlatter, Adolf. *The Church In the New Testament Period* [La iglesia en el período del Nuevo Testamento]. Londres: SPCK, 1955.

Smith, M. A. *From Christ to Constantine* [De Cristo a Constantino]. Downer's Grove, Ill.: InterVarsity, 1973.

Vaughan, Curtis. "Colossians". En *The Expositor's Bible Commentary* [Comentario expositivo de la Biblia], vol. 11. Grand Rapids: Zondervan, 1978.

Vincent, Marvin R. Word Studies In the New Testament. Vol. 3, *The Epistles of Paul* [Las epístolas de Pablo]. Nueva York: Scribner's, 1904.

Vine, W. E. *An Expository Dictionary of New Testament Words* [Diccionario expositivo de palabras del Nuevo Testamento]. Old Tappan, N.J.: Revell, 1966.

Wuest, Kenneth S. *Wuest's Word Studies from the Greek New Testament* [Estudios de Wuest del Nuevo Testamento griego], vol. 1. Grand Rapids: Eerdmans, 1973.

Índice de palabras griegas

agapate, 173
agōn, 88
agōnizomai, 86, 200
aichmalōtos, 198
akatharsia, 142
amōmos, 69
anakaioō, 154
anegklētos, 69
anexomai, 161
apallotrioō, 64
apatēs, 104
aphesin, 48
apokatallassō, 60
apokeimai, 25
apokruphos, 95
apolutrōsis, 47
apothnēskō, 134
apotithēmi, 147
archē, 57
arrabōn, 45

bebaioumenoi, 97
blasphēmia, 148
blepō, 103
brabeuō, 162

charaktēr, 51
chariti, 164
charizomenoi, 161
cheirographos, 115

diakonos, 197
diamarturomai, 188

dogmasin, 115
doulos, 30, 200
doxa, 39
dunamoumenoi, 39

echthros, 64
eikōn, 50-51
eirēnē, 162
eis, 23
en, 23
enduō, 159
energeia, 112
enoikeō, 163
epi, 23, 33
epignōsis, 33, 154
epoikodomoumenoi, 97
erethizō, 175
errizōmenoi, 96
euangelion, 17
exaleiphō, 116
exousias, 46

gnōsis, 13, 33

hagiōn, 45
hagios, 20, 69, 158
hikanoō, 43
hikanōsanti, 44
hupakouete, 174
hupomonē, 39-40
hupotassō, 172

kai, 20

kakia, 148
katallassō, 59-60
katangellō, 83
katoikeō, 107
kopiaō, 85
kratos, 39
ktiseōs, 52

makrotumia, 39-40, 160
meta charis, 40
metanoia, 22
methistēmi, 46
monogenēs, 52
mustērion, 82

nekroō, 140
noutheteō, 83

oikonomia, 76
oiktirmos, 159
orgē, 147-148

paradosis, 105
parakaleō, 88-90
pateres, 175
pathos, 143
peithō, 21
peplērōmenoi, 108
perisseuontes, 97
phileō, 99
philosophia, 104
phroneō, 133
pikrainesthe, 174

Índice temático

FILEMÓN

Contenido

Prólogo

La predicación expositiva del Nuevo Testamento sigue significando para mí una gratificante comunión con Dios. Mi meta es tener siempre una comunión profunda con el Señor en la comprensión de su Palabra, y basado en esa experiencia, explicarle a su pueblo el significado de un pasaje. En palabras de Nehemías 8:8, mi intención es "ponerle el sentido" a fin de que puedan escuchar a Dios hablar, y de esta manera, corresponderle.

Es evidente que el pueblo de Dios necesita entenderlo a Él, y esto exige conocer su Palabra de verdad (2 Ti. 2:15) y permitir que more en abundancia en nosotros (Col. 3:16). La principal razón de ser de mi ministerio es contribuir a que la Palabra viviente de Dios cobre vida para su pueblo. Esta es una aventura siempre refrescante.

Esta serie de comentarios del Nuevo Testamento refleja la búsqueda de este objetivo que consiste en explicar y aplicar las Escrituras. Algunos comentarios son en esencia lingüísticos, otros de enfoque teológico, y otros homiléticos. El presente comentario es básicamente explicativo, o expositivo. Aunque no se especializa en la lingüística, recurre a ella en los casos que requieren una adecuada interpretación. Tampoco se extiende en lo teológico, aunque se centra en las principales doctrinas presentes en cada texto y en su relación con las Escrituras en su conjunto. Y aunque no es en esencia homilético, cada unidad de pensamiento abarca por lo general un capítulo con un bosquejo claro y un orden de ideas lógico. La mayoría de los conceptos están ilustrados y aplicados con base en otros pasajes de las Escrituras. Tras haber establecido el contexto de un pasaje, me he esforzado en seguir de cerca la evolución argumentativa y el razonamiento del escritor.

Mi oración es que cada lector pueda entender a plenitud lo que el Espíritu Santo dice a través de este pasaje de la Palabra, de manera que su revelación pueda fijarse en la mente de los creyentes y producir en ellos una mayor obediencia y fidelidad, para la gloria de nuestro gran Dios.

Introducción a Filemón

La carta a Filemón es única en muchos aspectos. Es la carta más corta que Pablo escribió y la única de sus epístolas de prisión que está dirigida a un individuo. Aunque no alcanza el nivel doctrinal de las demás (Colosenses, Filipenses y Efesios), trata un tema de importancia vital que posee un enorme valor práctico. Pablo aborda la enseñanza del perdón entre los cristianos mediante una situación específica (cp. Ef. 4:32; Col. 3:13). Esta enseñanza fue primero transmitida por el Señor mismo en el Evangelio de Mateo.

La Biblia enseña con claridad la maravillosa verdad de que Dios es un Dios perdonador. En Éxodo 34:6-7, Dios se reveló a Moisés como "¡Jehová! ¡Jehová! fuerte, misericordioso y piadoso; tardo para la ira, y grande en misericordia y verdad; que guarda misericordia a millares, que perdona la iniquidad, la rebelión y el pecado".

El tema de Dios en su carácter perdonador está presente a todo lo largo de las Escrituras (cp. Sal. 32:1; 85:23; 130:3-4; Is. 43:25; 55:7; Jer. 33:8; Ef. 1:7; Col. 1:14; 1 Jn. 1:9; 2:12) pero la suprema ilustración del mismo se encuentra en la historia del hijo pródigo (Lc. 15:11-32). Un padre tenía dos hijos, y uno de ellos decidió tomar su parte de la herencia y abandonar su hogar (vv. 11-12). Después de entregarse a los placeres y al libertinaje hasta agotar por completo su dinero, se vio obligado a asumir un trabajo humillante (vv. 13-16). Al final, volvió en sí y exclamó: "¡Cuántos jornaleros en casa de mi padre tienen abundancia de pan, y yo aquí perezco de hambre!" (v. 17). Entonces decide volver a casa de su padre (v. 18), aunque al parecer no esperaba ser perdonado. Solo aguardaba la esperanza de ser soportado (v. 19). Pero el padre no esperó a que su hijo en pecado llegara hasta él. Mientras aún se encontraba en el camino, corrió hasta encontrarlo y lo abrazó (v. 20). Luego ofreció una gran fiesta para celebrar el regreso de su hijo (vv. 22-24).

En esta historia, en la cual el padre representa a Dios, vemos cómo Él perdona: de manera anhelante, completa y abundante. Podríamos afirmar, en cierta forma, que Dios muestra toda la plenitud de su ser cuando perdona.

Hay dos conclusiones de extrema importancia que se desprenden de esta verdad. La primera es que si Dios se muestra en toda su plenitud cuando perdona, esto quiere decir que el hombre actúa como Dios cuando lo hace. Proverbios 19:11 dice: "La cordura del hombre detiene su furor, y su honra es pasar por alto la ofensa".

La segunda es que Dios nos perdona sobre la base de nuestro perdón a otros. Santiago escribió: "Porque juicio sin misericordia se hará con aquel que no hiciere misericordia; y la misericordia triunfa sobre el juicio" (Stg. 2:13). Nuestro Señor declaró esta verdad en sentido afirmativo en Mateo 5:7: "Bienaventurados los misericordiosos, porque ellos alcanzarán misericordia". Les enseñó a sus discípulos a orar así: "Y perdónanos nuestras deudas, como también nosotros perdonamos a nuestros deudores" (Mt. 6:12). Pero también advirtió: "Porque si perdonáis a los hombres sus ofensas, os perdonará también a vosotros vuestro Padre celestial; mas si no perdonáis a los hombres sus ofensas, tampoco vuestro Padre os perdonará vuestras ofensas" (Mt. 6:14-15).

El perdón que hemos mencionado en los anteriores pasajes no es el perdón amplio y completo que se lleva a cabo en el momento de la salvación. Se refiere más bien al continuo perdón que Dios concede a los creyentes en todo su proceso de santificación. Puede parecer paradójico afirmar que los cristianos ya hemos sido completamente perdonados (cp. Ef. 1:7) y que sin embargo, aún necesitamos perdón (cp. 1 Jn. 1:9). No debemos olvidar las serias consecuencias que trae la falta de perdón a otros, pues muchos creyentes podemos perder así la bendición de Dios y recibir su castigo. El tema implícito en la Epístola a Filemón es el perdón mutuo que debemos ejercitar los cristianos, igual que Dios nos ha perdonado a nosotros.

AUTOR

Solo en dos períodos de la historia de la iglesia se ha puesto en duda la autoría de Pablo en lo que respecta a la Epístola a Filemón. En primera instancia, algunos se enredaron en discusiones teológicas en el siglo IV y cuestionaron su autoría debido a la ausencia de doctrina en la epístola. A éstos se opusieron Jerónimo, Crisóstomo y Teodoro de Mopsuesto. En segunda instancia, algunos de los críticos radicales del siglo XIX que ya habían rechazado la autoría de Pablo sobre las epístolas de prisión, decidieron incluir a Filemón en la misma categoría. Sin embargo, esta posición carece de objetividad y no se basa en los hechos. En efecto, la misma ausencia de contenido doctrinal en la carta hace difícil postular cualquier falsificación. Si alguien fuera a falsificar un documento de esta índole, sin duda lo haría con el fin de desvirtuar alguna doctrina importante para la fe.

El fragmento muratorio de finales del siglo II que contiene la última lista de libros del Nuevo Testamento en existencia, incluye a Filemón. Tertuliano y Eusebio, padres de la iglesia, aceptaron la autenticidad de la carta a Filemón. Incluso el hereje Marción, que rechazó las epístolas pastorales, aceptó la autoría de Pablo para la Epístola a Filemón. El mismo libro declara la autoría de Pablo en tres ocasiones (vv. 1, 9, 19). No resulta extraño constatar que la autoría de Pablo, en lo que a la carta a Filemón se refiere, sea aceptada casi a escala mundial en nuestros días.

FECHA Y LUGAR

La Epístola a Filemón fue escrita en la misma época de Colosenses, durante el primer encarcelamiento de Pablo en Roma. Para revisar los argumentos a favor de la posición que afirma que las epístolas de prisión fueron escritas desde Roma y no desde Cesarea o Éfeso, puede ver la introducción a Colosenses.

OCASIÓN

Filemón había conocido a Jesucristo mediante la fe salvadora hacía varios años gracias a Pablo, quizás durante el ministerio del apóstol en Éfeso. Se había convertido en un miembro destacado de la iglesia de Colosas. Filemón era rico y poseía una casa tan grande como para reunir allí a la iglesia (Flm. 2). Es evidente que era un miembro activo en el servicio a la obra de Cristo porque Pablo se refiere a él como un "colaborador nuestro" (Flm. 1). También tenía a su cargo por lo menos a un esclavo, un hombre llamado Onésimo (cp. Col. 4:9, donde se relaciona a Onésimo con Colosas). Este último, que no era cristiano, había huido de la casa de su amo hasta llegar a Roma. Su intención era sin duda perderse entre las multitudes que atestaban la ciudad imperial. Una vez en Roma, y en medio de circunstancias que desconocemos, conoció al apóstol Pablo. Tal vez había acudido a Epafras, que también era de Colosas. O tal vez buscó por sí mismo a Pablo. También es probable que viajara a Éfeso con su amo y hubiera conocido a Pablo cuando ejercía su ministerio en esa ciudad. Y no cabe duda de que en casa de Filemón escuchaba hablar del gran apóstol en un tono afectuoso. Cualquiera que haya sido la ocasión que rodeó el encuentro con Pablo, su vida fue transformada por completo al conocer a Jesucristo gracias al ministerio de este gran predicador.

Onésimo se ganó con prontitud la estima del apóstol (cp. Flm. 12, 16). Luego procedió a vivir dando honor a su nombre (Onésimo significa "útil") al ayudar a Pablo (Flm. 11, 13). Pablo se habría quedado gustoso con él para discipularlo. No obstante, había un asunto pendiente que debía arreglarse. En su calidad de esclavo fugitivo, Onésimo era considerado un delincuente. Por el hecho de haber huido de su amo Filemón, había defraudado su confianza al negarle sus servicios. Es probable que también robara dinero a su amo en el momento de escapar (Flm. 18). Pablo sabía que la relación entre Onésimo y Filemón necesitaba restauración. Onésimo debía regresar a casa de su amo y procurar el perdón y la restauración.

Si Pablo hubiera enviado solo a Onésimo de regreso, tal situación habría significado poner en riesgo su vida pues podría ser capturado por buscadores de esclavos. Pero se presentó la oportunidad de enviarlo en compañía de Tíquico tras haber finalizado las cartas a los colosenses y a los efesios. Tíquico llevaría las cartas y Onésimo regresaría con él a Colosas, lo cual le garantizaría una mayor seguridad.

El regreso de Onésimo a casa de su amo significaba para Pablo un gran sacrificio y un gran riesgo para el mismo Onésimo. "La ley romana... prácticamente no establecía límites a la autoridad de un amo sobre su esclavo. La alternativa de vida o muerte para Onésimo estaba por completo en manos de Filemón, y sabemos que era costumbre usar la crucifixión como castigo para los esclavos cuando cometían ofensas, aunque éstas fueran menores. Un ladrón y un fugitivo no tenían derecho a implorar perdón" (J. B. Lightfoot, *St. Paul's Epistles to the Colossians and to Philemon* [Epístolas de San Pablo a los colosenses y a Filemón] [1879, Grand Rapids: Zondervan, 1959, reimpresión], p. 314).

También se tenía la costumbre de marcar la cabeza del esclavo con una "F" (de *fugitivo*) y de golpearlo. Un amplio porcentaje de la población del imperio era esclava, y los romanos vivían con el temor constante a una insurrección de esclavos. Aunque la última insurrección, bajo el liderazgo de Espartaco, había ocurrido hacía un siglo, los romanos no tomaban riesgos y trataban con toda dureza y rigor los casos de esclavos fugitivos. El hecho de que Onésimo estuviera dispuesto a enfrentar dichos castigos hace ver la autenticidad de su fe.

Pablo no estaba satisfecho con enviar a Onésimo bajo la protección de Tíquico, así que envía también una carta a Filemón. En esa carta insta a Filemón a perdonar a Onésimo y a recibirlo como a un nuevo hermano en Cristo. Pablo le pide a Filemón poner en práctica el principio establecido en Efesios 4:32 y en Colosenses 3:13, y tratar a Onésimo como lo haría Cristo mismo.

CRISTIANISMO Y ESCLAVITUD

Filemón es una carta que tiene como telón de fondo el fenómeno de la esclavitud, y es imposible apreciarla en toda su dimensión sin entenderlo un poco en el contexto del Imperio Romano.

La esclavitud era parte de la vida cotidiana del mundo antiguo. De hecho, toda la estructura de la sociedad romana se basaba en ella. "La esclavitud creció junto con el estado romano hasta que transformó la base económica de la sociedad aboliendo el trabajo libre y transfiriendo casi todas las industrias a manos de los esclavos" (Marvin R. Vincent, *The Epistles to the Philippians and to Philemon*, International Critical Commentary [Las epístolas a los filipenses y a Filemón, Comentario crítico internacional] [Edinburgh: T. & T. Clark, 1979], p. 162). Durante el período de las guerras de conquista la mayoría de los esclavos eran prisioneros de guerra. No obstante, en la época en la cual fue escrito el Nuevo Testamento, la mayoría de los esclavos habían nacido en la esclavitud. La cifra de esclavos era enorme, alcanzando cerca de un tercio de toda la población del imperio.

Se consideraba que los esclavos no eran en realidad personas bajo la ley, sino solo una propiedad de sus amos. Podían ser vendidos, intercambiados, regalados o utilizados como pago por las deudas de su amo. Un esclavo no tenía derechos legales para casarse y en caso de cohabitación debía ser aprobado y supervisado por su amo. Como ya hemos visto, los amos tenían un poder casi ilimitado para castigar a sus esclavos. El escritor romano Juvenal relató la historia de una mujer rica que ordenó la crucifixión de un esclavo y se negó a justificar el motivo, aparte del placer personal que le procuraba hacerlo.

Sin embargo, durante la era del Nuevo Testamento, la esclavitud había comenzado a cambiar. El trato que se daba a los esclavos estaba mejorando debido en parte a que los amos se dieron cuenta de que los esclavos satisfechos trabajaban mejor. Aunque aún no habían sido reconocidos como personas, los esclavos comenzaron a adquirir algunos derechos legales. En el año 20 d. C. el senado romano decretó que los esclavos acusados de crímenes debían ser juzgados en igualdad a los hombres libres (A. Rupprecht, "Slave, Slavery", en *The Zondervan Pictorial Encyclopedia of the Bible* ["Esclavo, esclavitud", en Enciclopedia de imágenes bíblicas de Zondervan], ed. Merrill C. Tenney [Grand Rapids: Zondervan, 1977], 5:459). En algunos casos se reconocía el valor de sus propias determinaciones y con frecuencia se les permitió tener propiedades.

Los esclavos a menudo aventajaban a los hombres libres. Tenían alimento, vestido y abrigo, en tanto que los hombres libres y menesterosos a menudo dormían en las calles o en refugios baratos. Los hombres libres no tenían seguridad laboral y podían perder toda su subsistencia en momentos de escasez económica. Muchos esclavos comían y se vestían tan bien como los hombres libres.

Los esclavos podían ser médicos, músicos, maestros, artistas, libreros y contadores. En ocasiones un romano instruía a su esclavo en su propio oficio. Tenían oportunidades para educarse y formarse en casi cualquier disciplina.

Durante el primer siglo, la libertad era una posibilidad real para muchos esclavos. A menudo, los amos alimentaban en ellos la esperanza de la libertad para estimularlos a realizar un mejor trabajo. Muchos compartían amistades muy estrechas con sus amos y eran amados y cuidados con prodigalidad. En muchos casos, los esclavos no habrían aceptado la libertad si se les hubiera ofrecido, pues su trabajo les resultaba agradable y beneficioso. Los esclavos también podían pagar su propia libertad. Los amos, por su parte, podían indicar en su testamento la liberación de sus esclavos o la concesión de una parte de sus bienes después de su muerte. La concesión de la libertad a los esclavos era una práctica difundida. Un estudio señaló que en el período de 81-49 a.C. quinientos mil esclavos habían sido liberados (Rupprecht, 5:458). Durante el período de Augusto César se liberaban tantos esclavos debido a la muerte de sus amos, que fue necesario dictar una ley que limitara esta práctica (Rupprecht, 5:459). En promedio, un esclavo debía esperar entre siete y veinte años para recibir su libertad.

Resulta interesante notar que el Nuevo Testamento no se opone a la esclavitud de manera explícita. Si Jesús y los apóstoles hubieran actuado de otra manera el resultado bien podría haber sido el caos. Cualquier insurrección de esclavos habría despertado la más violenta ofensiva, llevando a miles a ser masacrados. El evangelio habría sido consumido en aras de un mensaje de reforma social. A esto se agrega el hecho de que las relaciones correctas entre amos y esclavos instauraron una institución social viable, por no decir ideal.

No obstante, el cristianismo sembró las semillas que posteriormente trajeron la abolición de la esclavitud. Esta se destruiría no mediante la sublevación social, sino a través de corazones transformados. La carta a Filemón ilustra ese principio. Pablo no le ordenó a Filemón liberar a Onésimo ni pronunció enseñanza alguna en contra de la esclavitud. Pero al instarle a tratar a Onésimo como a un hermano (Flm. 16; cp. Ef. 6:9; Col. 4:1) Pablo desechó las injusticias de la esclavitud. Marvin Vincent comenta al respecto: "Los principios del evangelio no solo redujeron los abusos cometidos por la esclavitud, sino que terminaron destruyéndola, pues su existencia no era posible sin ellos. Exterminar los abusos de la esclavitud significaba destruir a la esclavitud misma" (Vincent, *Philemon* [Filemón], p. 167).

Un escritor resumió la importancia de Filemón en relación con la esclavitud con las siguientes palabras:

> La Epístola presenta de manera vívida todo el problema de la esclavitud en la iglesia cristiana. No se denuncia la esclavitud ni siquiera en su esencia. El apóstol trata con la situación tal como se presenta. Da por sentado que Filemón tiene derechos de posesión sobre la vida de Onésimo y no pretende interferir en su posición de autoridad. No obstante, en una sola frase llena de significado, Pablo transforma el carácter mismo de la relación entre amo y esclavo. Onésimo ya no regresa como un esclavo, sino como un hermano amado (v. 16). Es evidente la contradicción que resulta al afirmar que un amo cristiano "posee" a otro hermano en Cristo en lo que esto significa en la actualidad, y aunque las costumbres de la sociedad del momento no podían ser transformadas

de inmediato por el cristianismo sobre la base de una revolución política (lo cual es en esencia contrario a los principios cristianos), la relación cristiana entre amo y esclavo experimentó una transformación tal desde entonces que condujo inevitablemente a la abolición del sistema (Donald Guthrie, *New Testament Introduction* [Introducción al Nuevo Testamento] [Downers Grove, Ill.: InterVarsity, 1970], p. 640).

BOSQUEJO

Introducción (vv. 1-3)
El carácter espiritual de quien perdona (vv. 4-7)
Las acciones de quien perdona (vv. 8-18)
Los motivos de quien perdona (vv. 19-25)

El carácter espiritual de quien perdona

1

Pablo, prisionero de Jesucristo, y el hermano Timoteo, al amado Filemón, colaborador nuestro, y a la amada hermana Apia, y a Arquipo nuestro compañero de milicia, y a la iglesia que está en tu casa: Gracia y paz a vosotros, de Dios nuestro Padre y del Señor Jesucristo. Doy gracias a mi Dios, haciendo siempre memoria de ti en mis oraciones, porque oigo del amor y de la fe que tienes hacia el Señor Jesús, y para con todos los santos; para que la participación de tu fe sea eficaz en el conocimiento de todo el bien que está en vosotros por Cristo Jesús. Pues tenemos gran gozo y consolación en tu amor, porque por ti, oh hermano, han sido confortados los corazones de los santos. (1-7)

Vivimos en una sociedad egoísta que se centra en ella misma, y que desconoce y desatiende casi por completo el perdón. Hemos caído tan bajo en la impiedad que consideramos débiles a las personas que perdonan, en tanto que las que se niegan a perdonar son consideradas fuertes.

Nuestra cultura exalta y celebra a los héroes de la televisión que toman venganza contra otros. Los psicólogos de moda escriben libros que exaltan el culpar a otros, el guardar rencor y el buscar venganza. El resultado que esto produce es una sociedad llena de resentimiento, venganza, ira, odio y hostilidad. Los crímenes por venganza y los continuos litigios están a la orden del día, pues las personas buscan ejecutar venganza dentro o fuera de los límites de la ley. Además, la falta de perdón es tal vez la causa primordial de desintegración familiar.

La falta de voluntad para perdonar es algo impensable en la vida del cristiano. Es un acto de flagrante rebelión y desobediencia a Dios. Se nos ordena perdonar a otros como Dios nos ha perdonado (Ef. 4:32; Col. 3:13). El no hacerlo acarreará por lo menos cuatro resultados desagradables. El primero es que la falta de perdón encierra al cristiano tras las rejas del pasado. La falta de perdón mantiene vivo el dolor y deja la herida abierta impidiendo que ésta sane. Insistir en los agravios sufridos alimenta el resentimiento y la ira, lo cual sustrae el gozo de vivir. Por el contrario, el perdón abre las puertas de la prisión del pasado y libera al creyente.

En segundo lugar, la falta de perdón produce amargura. Cuanto más tiempo permanezca el creyente aferrado a las ofensas que han cometido contra él, más amargura tendrá en su vida. La amargura no es solo un pecado, sino una infección. El autor de Hebreos nos advierte: "Mirad bien, no sea que alguno deje de alcanzar la gracia de Dios; que brotando alguna raíz de amargura, os estorbe, y por ella muchos sean contaminados" (He. 12:15). La conversación de una persona amargada es cortante, sarcástica y hasta calumniadora. La amargura distorsiona toda la percepción que tiene una persona produciendo emociones violentas, intolerancia y pensamientos vengativos. Trae consecuencias especialmente devastadoras en la relación matrimonial. La amargura destruye por completo el afecto y la amabilidad que deben existir entre los cónyuges. La raíz de la amargura y la falta de perdón producen a menudo la cizaña del divorcio. El perdón, por el contrario, cambia la amargura por el amor, el gozo, la paz y demás frutos del Espíritu (cp. Gá. 5:22-23).

En tercer lugar, la falta de perdón abre la puerta a la obra de Satanás. Pablo advierte a los creyentes en Efesios 4:26-27: "Airaos, pero no pequéis; no se ponga el sol sobre vuestro enojo, ni deis lugar al diablo". También escribió a los corintios: "Y al que vosotros perdonáis, yo también; porque también yo lo que he perdonado, si algo he perdonado, por vosotros lo he hecho en presencia de Cristo, para que Satanás no gane ventaja alguna sobre nosotros; pues no ignoramos sus maquinaciones" (2 Co. 2:10-11). No es exagerado afirmar que gran parte del terreno que Satanás gana en nuestra vida se debe a la falta de perdón. (Si en el amor se cumple la ley respecto al prójimo [Ro. 13:8], la falta de perdón infringe esa misma ley, pues es lo mismo que la falta de amor). El perdón impide que cualquier ataque demoníaco avance en nuestra vida.

En cuarto lugar, la falta de perdón estorba nuestra comunión con Dios. Nuestro Señor nos advirtió con vehemencia: "Porque si perdonáis a los hombres sus ofensas, os perdonará también a vosotros vuestro Padre celestial; mas si no perdonáis a los hombres sus ofensas, tampoco vuestro Padre os perdonará vuestras ofensas" (Mt. 6:14-15). Como vimos en la introducción, este pasaje no hace referencia al completo perdón que sucede en el momento de la salvación, sino al perdón continuo que Dios concede al creyente en lo tocante a sus relaciones. Es un asunto muy serio saber que no podemos estar bien con Dios en tanto que no perdonamos a otros. El perdón restaura al creyente al lugar donde recibe la suprema bendición de Dios. Restaura la pureza y el gozo en la comunión con Dios.

La importancia del perdón es un tema presente en todas las Escrituras. En la Biblia existen por lo menos setenta y cinco ilustraciones diferentes acerca del perdón. Estas nos permiten comprender la importancia, la naturaleza y los efectos del perdón.

- Perdonar es girar la llave, abrir la puerta de la celda y dejar al prisionero salir libre.
- Perdonar es escribir en letras grandes sobre una deuda: "Cancelado".
- Perdonar es golpear con el martillo en la corte y exclamar: "¡Inocente!".
- Perdonar es lanzar una flecha tan alto y tan lejos que jamás pueda ser hallada.
- Perdonar es juntar y desechar toda la basura de la casa y dejarla limpia y fresca.
- Perdonar es soltar las amarras de un barco y dejarlo ir en mar abierto.
- Perdonar es otorgar completo indulto a un delincuente condenado.
- Perdonar es soltar a un oponente en la lucha.
- Perdonar es limpiar un muro destrozado por el grafito y dejarlo como nuevo.
- Perdonar es romper una vasija de barro en miles de pedazos de manera que nunca más pueda ser reconstruida. (John Nieder y Thomas Thompson, *Forgive and Love Again* [Perdonar y amar otra vez] [Eugene, Oreg.: Harvest House, 1991], p. 48).

El perdón es un tema tan importante que el Espíritu Santo le consagró un libro entero de la Biblia. En la breve carta a Filemón se subraya la importancia de la responsabilidad espiritual de perdonar, pero no mediante un principio, una parábola o una ilustración. Pablo lo hace a través de una situación de la vida real en la cual participaban dos personas muy queridas por él para enseñar la importancia de perdonar a otros. Tras el preámbulo de los versículos 1 al 3, Pablo describe el carácter espiritual de quien perdona en los versículos 4 al 7. Dicha persona se interesa por Dios, por las personas, por la comunión fraternal, por el conocimiento, por la gloria y por la bendición.

INTRODUCCIÓN

Pablo, prisionero de Jesucristo, y el hermano Timoteo, al amado Filemón, colaborador nuestro, y a la amada hermana Apia, y a Arquipo nuestro compañero de milicia, y a la iglesia que está en tu casa: Gracia y paz a vosotros, de Dios nuestro Padre y del Señor Jesucristo. (1-3)

Pablo comienza la carta con su nombre en conformidad con la práctica del mundo antiguo. El corazón de Filemón debió saltar de gozo tan pronto como vio el nombre del autor de la carta. Pablo fue el noble apóstol encargado de difundir el cristianismo en todo el mundo grecorromano. También fue el que guió a Filemón a Cristo (v. 19). Así que tanto desde la perspectiva de su importancia como de su historia personal en la vida de Filemón, el nombre de Pablo debió apremiar a Filemón a leer la carta con avidez. ¡Qué privilegio recibir una carta inspirada de Pablo! Solo Timoteo y Tito gozaron también de dicho privilegio.

Pablo se describe a sí mismo como **prisionero de Jesucristo**. Es la única carta en la cual comienza con esta descripción. Es usual que Pablo comience declarando su apostolado y señalando su autoridad. Lo mismo sucede con las epístolas pastorales. Éstas, al igual que Filemón, estaban dirigidas a individuos, pero trataban temas relacionados con la iglesia y por lo tanto poseían un matiz de autoridad. En esta carta, no obstante, Pablo decide no hacer uso de su autoridad (cp. vv. 8-9), sino más bien acudir a un amigo con gentileza y con un toque muy personal.

Aunque estaba encarcelado por Roma, Pablo se veía a sí mismo como un **prisionero de Jesucristo** (cp. Ef. 3:1; 4:1; 6:19-20; Fil. 1:13; Col. 4:3). Pablo estaba en prisión por causa de Cristo y de su voluntad para él. Al mencionar su encarcelamiento Pablo llama la atención de Filemón con sutileza. Está poniendo la situación en estos términos: "si yo puedo enfrentar la dura tarea de estar en prisión, ¿acaso no será más fácil para ti cumplir con el deber que voy a pedirte?". Filemón conocía bien los padecimientos de Pablo por causa de Cristo. Ese conocimiento le permitía estar dispuesto a acceder a cualquier solicitud hecha por Pablo.

Timoteo no fue coautor de Filemón pero acompañaba a Pablo en el momento de escribir la carta. Pablo lo describe como **el hermano** porque Filemón lo conocía. Timoteo había estado con Pablo en Éfeso donde quizás conoció a Filemón. De entre todos sus acompañantes, Pablo solo menciona a Timoteo al comienzo de la carta. La frecuente mención de Timoteo al comienzo de sus cartas (cp. 2 Co. 1:1; Fil. 1:1; Col. 1:1; 1 Ts. 1:1; 2 Ts. 1:1) muestra lo cercano que era al apóstol en su ministerio. Pablo sabía que algún día él mismo estaría entregándole el bastón de su liderazgo espiritual. Él quería que Timoteo fuera reconocido como líder y como próximo heredero ministerial.

Como vimos en la introducción, **Filemón** era un miembro adinerado de la iglesia de Colosas. La iglesia de Colosas se reunía en su casa y él era un miembro activo en el servicio cristiano. *Agapētos* (**amado**) es un apelativo familiar utilizado por Pablo tanto para individuos como para grupos (cp. Ro. 1:7; 16:5, 8-9, 12; 1 Co. 10:14; Fil. 2:12). **Colaborador** viene de *sunergos*, un término utilizado por Pablo para referirse a quienes han trabajado a su lado en la obra de Cristo (cp. Ro. 16:3; 2 Co. 8:23; Fil. 2:25; Col. 4:11). Dado que Pablo nunca había visitado Colosas (Col. 2:1) su amistad con Filemón quizás se alimentó durante su ministerio en Éfeso. En esta carta, Pablo apela a esta amistad en aras del principio espiritual del perdón y con el fin de lograr la reconciliación entre Filemón y Onésimo.

La carta también va dirigida a **Apia**, quien es sin duda la esposa de Filemón, y a **Arquipo** quien muy probablemente era su hijo. Pablo describe a Arquipo como **compañero de milicia** (cp. 2 Ti. 2:3), lo cual evidencia su activa participación en el ministerio (cp. Col. 4:17). Es posible que haya servido tanto en la iglesia de Colosas como en la de Laodicea.

Pablo también nombra **a la iglesia que está en… casa** de Filemón. Las iglesias del primer siglo se reunían en las casas y solo hasta el siglo III se conocieron los edificios denominados iglesias. La iglesia más antigua conocida fue hallada en Dura Europos en la ribera del río Éufrates en el desierto de Siria. Data de la primera mitad del siglo III y había sido construida uniendo dos habitaciones de una casa añadiendo una plataforma (E. M. Blaiklock, "Dura Europos", en *The New International Dictionary of Biblical Archaeology* [Nuevo diccionario internacional de arqueología bíblica], ed. E. M. Blaiklock and R. K. Harrison [Grand Rapids: Zondervan, 1983], p. 165). Aunque Filemón era una carta privada, Pablo quería que se leyera a toda la iglesia. Así comprenderían la importancia del perdón y confirmarían la responsabilidad de Filemón.

Gracia y paz a vosotros, de Dios nuestro Padre y del Señor Jesucristo es el saludo usual de Pablo. Aparece en todas sus trece epístolas (cp. Ro. 1:7; 1 Co. 1:3; 2 Co. 1:2; Gá. 1:3; Ef. 1:2; Fil. 1:2; Col. 1:2; 1 Ts. 1:1; 2 Ts. 1:2; 1 Ti. 1:2; 2 Ti. 1:2; Tit. 1:4). **Gracia** es el medio que provee salvación, y **paz** es el resultado de la misma. La unión de **Dios nuestro Padre** y el **Señor Jesucristo** como fuentes conjuntas de gracia y paz sería una blasfemia si Jesús fuera solo un hombre o un ángel. Esta frase debe entenderse como una afirmación de la deidad de Cristo, y su igualdad con Dios.

INTERÉS POR EL SEÑOR

Doy gracias a mi Dios, haciendo siempre memoria de ti en mis oraciones, porque oigo del amor y de la fe que tienes hacia el Señor Jesús, (4-5*a*)

Pablo comienza el principal bloque de texto de su carta elogiando a Filemón. Su intención no era adularlo, sino que mostraba más bien la convicción del apóstol de que el elogio legítimo nutre la virtud y constituye un antídoto contra el pecado. El carácter virtuoso de Filemón es la base sobre la cual descansa la intención de Pablo de obtener el perdón para Onésimo.

Pablo conocía de primera mano el carácter de Filemón pues fue el instrumento que Dios usó para llevarlo a Cristo y tenía la experiencia de haber trabajado con él. Epafras, el pastor de Filemón en Colosas, estaba con Pablo en Roma (v. 23). También él podía dar testimonio de Filemón, al igual que Onésimo. Estos testimonios reunidos llevaron a Pablo a decir: **Doy gracias a mi Dios, haciendo siempre memoria de ti en mis oraciones**. Pablo siempre daba gracias a Dios al orar por Filemón, y no hallaba reproches contra él. La Epístola a Filemón lo demuestra, pues Pablo no lo corrige ni sugiere que suceda algo indebido en su vida. Todo lo que Pablo escuchaba acerca de Filemón era bueno. No hay indicios de algún tipo de lenguaje amenazador que sugiera alguna dificultad de Filemón para perdonar a Onésimo, sino más bien el sentir de que lo haría sin problema.

La primera característica de quien perdona es la preocupación por el Señor. Pablo había escuchado acerca **del amor y de la fe** que Filemón prodigaba **hacia el Señor Jesús**. Como un cristiano genuino, Filemón se interesaba por Dios y deseaba agradarle. Puesto que Dios le había perdonado, él a su vez podía perdonar a otros. La convicción del Espíritu Santo actuando en él y la Palabra de Dios serían el incentivo para que Filemón hiciera lo correcto. El tiempo presente de *echō* (**tienes**) revela el continuo interés de Filemón por el Señor. Su fe invariable le dio a Pablo la certeza de su disposición para perdonar.

Los cristianos podemos perdonar porque hemos sido reconciliados con Jesucristo. Los no creyentes no poseen esa capacidad. Pablo lo señala en Romanos 3:10-16:

> *Como está escrito: No hay justo, ni aun uno; No hay quien entienda, No hay quien busque a Dios. Todos se desviaron, a una se hicieron inútiles; No hay quien haga lo bueno, no hay ni siquiera uno. Sepulcro abierto es su garganta; Con su lengua engañan. Veneno de áspides hay debajo de sus labios; Su boca está llena de maldición y de amargura. Sus pies se apresuran para derramar sangre; Quebranto y desventura hay en sus caminos.*

Para quienes actúan bajo el control de la amargura el perdón resulta muy difícil.

INTERÉS POR LAS PERSONAS

y para con todos los santos; (5*b*)

En el texto griego, este versículo es un quiasmo. **Amor**, que es la primera palabra del versículo, se relaciona con la última parte de la frase **"y para con todos los santos"**.

Agapē (**amor**) es el amor voluntario que surge de una decisión, el amor que se sacrifica y que es humilde. El amor es un fruto del Espíritu (Gá. 5:22) y la manifestación de una fe salvadora genuina (Gá. 5:6; 1 Jn. 3:14). Los creyentes no deberían requerir instrucción acerca de este amor (1 Ts. 4:9) pues la fuente del mismo ya está en ellos mediante la presencia del Espíritu Santo (Ro. 5:5).

Debido a que la fe de Filemón era real, su manifestación natural era el verdadero amor bíblico. Este amor se expresaba en un interés genuino por las personas, un interés que le dio la capacidad de amar.

INTERÉS POR LA COMUNIÓN FRATERNAL

para que la participación de tu fe sea eficaz (6*a*)

La fe y el amor verdaderos derivan en un interés por la comunión fraternal. En el Cuerpo de Cristo no hay lugar para el individualismo ni la indiferencia hacia los demás. El interés por la comunión fraternal era otra motivación en Filemón para perdonar a Onésimo. El no hacerlo produciría una desavenencia en la comunión puesto que Onésimo era también un creyente. Al perdonar a Onésimo, Filemón guardaría la armonía, la paz y la unidad en la iglesia de Colosas.

No es fácil traducir con precisión la palabra *koinōnia* (**participación**). Es usual que se traduzca "comunión", pero significa mucho más que solo disfrutar de la compañía de otros. Se refiere a compartir la totalidad de la vida y podría traducirse "pertenecer". Los creyentes nos pertenecemos unos a otros en un compañerismo mutuo en virtud de nuestra **fe** en Cristo. Al perdonar a Onésimo, Filemón reconocería que le pertenece a su nuevo hermano en Cristo. **Eficaz** viene de *energēs*, cuyo significado textual es "poderoso". Tal acto de perdón se convertiría en un mensaje poderoso para la iglesia acerca de la importancia de la comunión, la cual existe también entre amos y esclavos (cp. Gá. 3:28). Perdonar a otro creyente sin importar cuál haya sido la ofensa demuestra gran interés por la comunión entre los hermanos.

INTERÉS POR EL CONOCIMIENTO

en el conocimiento de todo el bien que está en vosotros (6*b*)

Los cristianos hemos recibido "toda bendición espiritual en los lugares celestiales en Cristo" (Ef. 1:3). Poseemos una nueva naturaleza en nuestro interior (2 Co. 5:17). ¿Cómo lograría descubrir Filemón **todo el bien que está** en él? *Epignōsis* (**conocimiento**) denota un conocimiento abundante, pleno, profundo y basado en la experiencia. Es el conocimiento que viene como resultado de estar en contacto directo con la verdad. Filemón podría leer acerca del perdón o escuchar un sermón sobre el tema. Pero a menos que ejercitara el perdón en su propia vida, no lograría obtener un conocimiento acerca del mismo basado en la experiencia. Al perdonar a Onésimo, Filemón experimentaría el bien que está en él, que es el perdón. Al caminar obedeciendo a la voluntad de Dios, los creyentes experimentarían todo el bien que Dios ha preparado para ellos.

Existe una gran diferencia entre leer un libro que habla del esquí e ir a esquiar. Hay una dimensión de conocimiento que se alcanza mediante dicha lectura, pero nada se compara a la escalofriante experiencia de descender con velocidad por una montaña. Esto también se aplica al reino espiritual. Es emocionante llegar a comprender una verdad de las Escrituras por medio de nuestra inteligencia. Pero lo es mucho más vivir esa verdad en la práctica. Poner en práctica las verdades de las Escrituras nos lleva al *epignōsis* que nos impulsa hacia la madurez espiritual (cp. Ef. 4:12-13). Es maravilloso entender lo que significa confiar en

Dios, pero lo es aún más experimentar su poder en momentos en los cuales ponemos nuestra confianza en Él sin apoyarnos en nuestras propias fuerzas.

Pablo da por sentado que Filemón desearía experimentar por sí mismo un verdadero conocimiento del perdón, al perdonar a Onésimo. Con este pasaje Pablo nos recuerda a todos la importancia que tiene el interés por el conocimiento.

INTERÉS POR LA GLORIA

por Cristo Jesús. (6*c*)

La vida cristiana, con todos sus deberes, dichas y responsabilidades tiene sentido **por Cristo Jesús**. El sentido literal del texto griego es "hacia Cristo". La meta de toda obra que hacen los creyentes debe ser la gloria de Cristo (cp. 1 Co. 10:31). Alguien consagrado a la gloria de Cristo no tendrá reservas para perdonar a su prójimo. Lo mismo se aplica a la realidad contraria, pues un espíritu no perdonador jamás glorificará a Cristo. Pablo estaba seguro de que Filemón perdonaría a Onésimo porque conocía su gran preocupación por glorificar a Cristo.

INTERÉS POR LA BENDICIÓN

Pues tenemos gran gozo y consolación en tu amor, porque por ti, oh hermano, han sido confortados los corazones de los santos. (7)

Filemón era conocido por el **amor**, y esto es algo que trajo **gran gozo y consolación** al corazón de Pablo. A través de Filemón, **los corazones de los santos** habían sido **confortados**. **Corazones** es la traducción de *splanchna*, cuyo sentido literal es "intestinos". Se refiere a la base donde residen los sentimientos. Los hermanos que afrontaban dificultades, que sufrían o estaban heridos en sus emociones habían sido **confortados** por Filemón. **Confortados** viene de *anapauō*, un término militar que hace referencia al descanso de una tropa tras haber realizado una marcha. Filemón proveyó descanso y renovación a todos los hermanos agobiados, actuando así como un pacificador.

Según la información que se tiene, Filemón no ejercía funciones en la iglesia como anciano, diácono ni maestro, sino que era más bien un hombre de negocios. No obstante, era un hombre que se destacaba por su bondad, y su vida bendecía a todos los que lo rodeaban. Pablo sabía que por ser ese tipo de persona, Filemón sería pronto para perdonar.

El siguiente poema titulado "Los juguetes", escrito por Coventry Patmore, un poeta inglés del siglo XIX (citado en *Masterpieces of Religious Verse* [Obras maestras de poesía religiosa], ed. James Dalton Morrison [Nueva York: Harper & Bros., 1948], p. 342), nos recuerda la simplicidad del perdón:

Hijito mío, que miras tan atento
hablas y actúas como adulto acallado dentro de ti,
siete veces incumpliste mis mandatos,
Lo golpeé y despedí
Con palabras duras y sin un beso
Su madre, paciente era, y ya no está.
Luego, temiendo robar su sueño por la pena,
Visité su cama,
Pero lo hallé en profundo sueño,
Sus párpados teñidos, y pestañas
Aún húmedas del último sollozo.
Y yo, lamentándome,
Besé sus lágrimas dejando las mías,
Pues en una mesa junto a su cabeza,
Había arreglado a su alcance,
Una caja de fichas y una piedra de colores,
Un trozo de cristal desgastado por la playa,
Seis o siete conchas,
Un botellín con flores,
Y dos moneditas de cobre,
Todo ordenado con delicadeza y arte,
Para consolar su triste corazón.
Oré pues esa noche
a Dios llorando y dije:
Ah, cuando por fin descansemos
Sin más molestias en la muerte,
Y tú recuerdes los juguetes
Que al corazón trajeron gozo,
Cuán poco entendimos,
El gran bien que has dispuesto,
Y como tierno Padre
De quien moldeaste del polvo,
Dejando de lado tu ira dirás:
"Perdono toda nimiedad".

Si Dios puede perdonarnos con tanta ternura, ¿qué nos impide tener el carácter para perdonar a otros como lo hizo Filemón?

Las acciones de quien perdona

2

Por lo cual, aunque tengo mucha libertad en Cristo para mandarte lo que conviene, más bien te ruego por amor, siendo como soy, Pablo ya anciano, y ahora, además, prisionero de Jesucristo; te ruego por mi hijo Onésimo, a quien engendré en mis prisiones, el cual en otro tiempo te fue inútil, pero ahora a ti y a mí nos es útil, el cual vuelvo a enviarte; tú, pues, recíbele como a mí mismo. Yo quisiera retenerle conmigo, para que en lugar tuyo me sirviese en mis prisiones por el evangelio; pero nada quise hacer sin tu consentimiento, para que tu favor no fuese como de necesidad, sino voluntario. Porque quizás para esto se apartó de ti por algún tiempo, para que le recibieses para siempre; no ya como esclavo, sino como más que esclavo, como hermano amado, mayormente para mí, pero cuánto más para ti, tanto en la carne como en el Señor. Así que, si me tienes por compañero, recíbele como a mí mismo. Y si en algo te dañó, o te debe, ponlo a mi cuenta. (8-18)

Aunque es el tema de la carta a Filemón, la palabra *perdón* no aparece en el libro. Tampoco anota principios doctrinales que permitan establecer una base teológica acerca del perdón. Pablo no apela a la ley ni a los principios, sino al amor (v. 9). Y podía hacerlo así porque sabía que Filemón era un hombre piadoso, maduro espiritualmente y con un corazón recto para con Dios.

Sin duda Pablo supuso que Filemón conocía los principios bíblicos acerca del perdón en los cristianos. Es triste que no podamos decir lo mismo de cada cristiano, por lo cual resulta necesario anotar ocho principios básicos acerca de la doctrina del perdón.

El primero determina que no solo el asesinato está prohibido por el sexto mandamiento que dice: "No matarás" (Éx. 20:13), sino también la ira y la falta de perdón. Jesús le dio un sentido mucho más amplio al mandamiento en Mateo 5:21-22: "Oísteis que fue dicho a los antiguos: No matarás; y cualquiera que matare será culpable de juicio. Pero yo os digo que cualquiera que se enoje contra su hermano, será culpable de juicio; y cualquiera que diga: Necio, a su hermano, será culpable ante el concilio; y cualquiera que le diga: Fatuo, quedará expuesto al infierno de fuego". Cuando Dios estableció el mandamiento de no matar, también prohibió el odio, la malicia, la ira, la venganza y la falta de perdón hacia cualquier persona. ¿Cómo debemos tratar con esas malas actitudes? En primer lugar, debemos recordar que quienes necesitan ser perdonados son criaturas de Dios. Los creyentes tienen en su interior la vida de Dios, en tanto que los no creyentes apenas son criaturas hechas a su imagen. Debemos amar y perdonar a las personas porque fueron creadas a imagen de Dios. Verlas como criaturas hechas a su imagen nos permite abandonar el rencor y sentir reverencia.

Otra manera de enfrentar las malas actitudes es recordar las palabras de Jesús en Mateo 22:39: "Amarás a tu prójimo como a ti mismo". Por lo general sentimos que todo el mundo debe perdonarnos y nos cuesta trabajo comprender por qué otros no nos perdonan. Nos resulta fácil perdonarnos y disculparnos a nosotros mismos. Es en extremo egoísta no extender ese mismo perdón a las otras personas. El egoísmo también nos lleva a exagerar las faltas de quienes nos ofenden. Por el contrario, las personas humildes y desprendidas de todo egoísmo, ven las ofensas cometidas contra ellos como algo insignificante.

El segundo principio establece que cualquiera que nos ofende, en realidad ofende en mayor medida a Dios. Todo pecado atenta en última instancia contra Dios mismo. Cuando David cometió adulterio con Betsabé, él pecó contra ella, contra su esposo, contra su propia familia y contra la nación. Con todo, en el Salmo 51:4 él clama a Dios diciendo: "Contra ti, contra ti solo he pecado, y he hecho lo malo delante de tus ojos". Por encima de las ofensas cometidas contra los hombres, la mayor ofensa causada por el pecado fue contra Dios. ¿Acaso no es más fácil que perdonemos las ofensas menores que cometen contra nosotros? Ninguno de nosotros es más justo, ni santo ni digno que Dios, y tampoco tenemos una corte más justa ni una ley más elevada que la suya.

Nadie puede llegar a ofendernos tanto como cada uno de nosotros ha ofendido a Dios. Con todo, Él en su gracia nos perdona. Los creyentes que rehúsan perdonar a otros son como el siervo malvado de la parábola de Jesús en Mateo 18. Aunque el rey le perdonó una gran deuda que era incapaz de pagar, el malvado hombre se negó a perdonar a otro siervo una deuda pequeña e insignificante. No hay punto de comparación entre las ofensas que otros han cometido contra nosotros y las que nosotros mismos hemos cometido contra Dios.

El tercer principio establece que quienes rehúsan perdonar a otros tampoco recibirán el perdón de Dios. Jesús dijo en Mateo 6:14-15: "Porque si perdonáis a los hombres sus ofensas, os perdonará también a vosotros vuestro Padre celestial; mas si no perdonáis a los hombres sus ofensas, tampoco vuestro Padre os perdonará vuestras ofensas". El no perdonar a otros estorba nuestra comunión con Dios y nos expone a recibir su castigo. El precio que se paga por consentir la falta de perdón es demasiado alto.

Un cuarto principio declara que quienes muestran un espíritu no perdonador no gozarán del compañerismo, de la comunión ni del amor de otros creyentes. En la parábola de Mateo 18, fueron otros siervos los que informaron al rey acerca de la conducta del siervo malvado (Mt. 18:31). Esto ilustra la disciplina en la iglesia. Una actitud rencorosa destruye las relaciones del creyente con sus hermanos en la fe. Éstos, a su vez, mediante la disciplina eclesial, pedirán a Dios ejecutar el justo castigo sobre su vida. La falta de perdón no solo obstaculiza nuestra relación con Dios, sino también con otros creyentes.

El quinto principio establece que al negarnos a perdonar y al buscar vengarnos, estamos usurpando la autoridad que solo a Dios le corresponde. Pablo amonestó a los hermanos así: "Bendecid a los que os persiguen; bendecid, y no maldigáis… no os venguéis vosotros mismos, amados míos, sino dejad lugar a la ira de Dios; porque escrito está: Mía es la venganza, yo pagaré, dice el Señor" (Ro. 12:14, 19). Al no perdonar, los creyentes tomamos por nuestra cuenta la espada del juicio divino y la empuñamos quitándola de las manos del mismo Dios. Dicha actitud desenmascara la creencia de que Dios es injusto, indiferente o incapaz de juzgar, y todo esto resulta blasfemo.

Dios es mucho más capaz que cualquiera de nosotros para tratar con las ofensas cometidas en contra nuestra. Él posee una comprensión cabal de cada situación, mientras que nuestro entendimiento es limitado. Él tiene la suprema autoridad, pero nosotros no tenemos autoridad alguna. Él es imparcial y justo, en tanto que nosotros somos parciales de acuerdo con nuestros propios intereses egoístas. Él es omnisciente y eterno, y está al tanto de todo lo que sucede. Nosotros tenemos la vista muy corta y somos ignorantes e incapaces de ver más allá de lo inmediato. Él es bueno y sabio, y todo lo hace conforme a sus justos propósitos. Nosotros nos dejamos cegar a menudo por la ira, y nuestras intenciones no siempre son buenas. Por todo esto debemos dejar la venganza en manos de Dios.

El sexto principio aclara que un espíritu no perdonador inhabilita al creyente para adorar. En el Sermón del Monte, nuestro Señor dijo: "Por tanto, si traes tu ofrenda al altar, y allí te acuerdas de que tu hermano tiene algo contra ti, deja allí tu ofrenda delante del altar, y anda, reconcíliate primero con tu hermano, y entonces ven y presenta tu ofrenda" (Mt. 5:23-24).

Cabe destacar que la reconciliación, el perdón y la restauración pueden y deben ser la iniciativa de cualquiera de las partes que participan en el conflicto. Quizás la persona que tiene algo en contra suya no le ha pedido perdón y todavía guarda resentimiento. Vaya y ofrézcale su perdón de todas formas. Busque la reconciliación. Tal vez usted lo ha ofendido y nunca le ha pedido perdón. Vaya y pídale perdón.

La falta de perdón inhabilita al creyente para tener comunión con otros creyentes, pero también comunión con Dios. Adorar a Dios pese a estar viviendo en una relación rota con otro creyente es hipocresía.

Un séptimo principio nos enseña que los agravios y las ofensas que sufrimos los creyentes forman parte de las pruebas y las tentaciones que debemos enfrentar. Jesús dijo: "Amad a vuestros enemigos, bendecid a los que os maldicen, haced bien a los que os aborrecen, y orad por los que os ultrajan y os persiguen; para que seáis hijos de vuestro Padre que está en los cielos, que hace salir su sol sobre malos y buenos, y que hace llover sobre justos e injustos" (Mt. 5:44-45). Si obedecemos este mandamiento y perdonamos a quienes nos ofenden, las ofensas se convertirán en pruebas. Las pruebas producen crecimiento y fortaleza en nuestra vida. Si desobedecemos y nos negamos a perdonar, esto se convertirá en una tentación que traerá como fruto el pecado. Deberíamos preocuparnos poco por lo que otros hacen contra nosotros. Más bien, deberíamos preocuparnos porque nuestra respuesta ante las ofensas las conviertan en una prueba y no en una tentación para nosotros.

Un último principio nos indica que debemos perdonar aun cuando no nos han pedido perdón. Nuestro Señor dijo: "Padre, perdónalos", pidiendo que fueran perdonados quienes ni siquiera estaban procurando el perdón. Esteban le pidió al Señor que perdonara a quienes lo estaban martirizando aunque éstos no estaban pidiendo perdón. Aunque la relación nunca podrá ser restaurada a menos que el ofensor procure el perdón, es nuestra responsabilidad abstenernos de guardar rencor y perdonar de corazón para ser libres de toda amargura; así estaremos en disposición de manifestar amor y misericordia.

Por lo cual vincula la introducción con el bloque de contenido principal de la carta. Pablo no insiste en la base doctrinal del perdón porque sabe que Filemón la entiende muy bien. Y aunque Pablo tenía **mucha libertad en Cristo** para ordenarle a Filemón **lo que conviene**, se abstuvo de hacerlo. Más bien, le rogó hacerlo **por amor**.

Pablo amaba a Filemón. En el versículo 1 lo llamó *agapētos*, **"amado"**. En el versículo 7 escribió: "tenemos gran gozo y consolación en tu amor". El lazo de amor que unía a estos dos hombres era tan fuerte que Pablo no tenía necesidad de darle órdenes a Filemón. Él sabía que Filemón se sentiría movido por el amor (cp. vv. 4-7). Dicho amor, que es el cumplimiento de la ley (Ro. 13:10) es el que impulsa al creyente a hacer **lo que conviene**. Por lo tanto, era innecesario que Pablo apelara a su autoridad apostólica.

A pesar de la madurez espiritual de Filemón y de su profundo amor por Pablo, el apóstol era consciente de la dificultad que entrañaba para él, en tanto que hombre, perdonar a Onésimo. Con toda seguridad Onésimo estaba justo frente a Filemón cuando este leyó la carta. Al ver a su esclavo fugitivo, que le había causado tantos males, quizás luchó para controlar sus emociones. Para ayudarle a Filemón a superar cualquier sentimiento de ira u hostilidad, Pablo anota una declaración acerca de sí mismo. De esa manera espera persuadir a Filemón de concederle su petición en lo que atañe a Onésimo. Esta declaración es: **siendo como soy, Pablo ya anciano, y ahora, además, prisionero de Jesucristo**. *Presbutēs* (**anciano**) difiere tan solo en una letra de *prebeutēs* ("embajador"), que en ocasiones se ha escrito *presbutēs* (cp. Ef. 6:20). Esta traducción, no obstante, parece estar fuera de lugar dentro del contexto. Pablo acaba de negarse a usar su autoridad apostólica y resulta difícil imaginar que tratara de hacer alusión a ella.

Aunque Pablo tenía unos sesenta años, una edad avanzada para esa época en la cual el promedio de vida era inferior, es probable que no superara en mucho la edad de Filemón, que tenía un hijo adulto en el ministerio. Pero cuando se trata de Pablo, **anciano** significa mucho más que la edad cronológica. Pablo era mucho más anciano que lo indicado por su edad. En su caso, el proceso de envejecimiento se había acelerado debido a todos sus sufrimientos (cp. 2 Co. 11:23-30). Los años de encarcelamiento, los azotes, la mala alimentación, las enfermedades, los viajes llenos de dificultades, la persecución y la preocupación por las iglesias habían cobrado su pago. Había vivido cinco vidas en solo tres veintenas de años. La descripción de Pablo de sí mismo como el **anciano** encerraba toda esta realidad. Es indudable que esto produjo en Filemón una respuesta de simpatía y amor hacia el anciano y valiente guerrero que lo había guiado a Cristo.

Como si esto no fuera suficiente para despertar la simpatía de Filemón, Pablo hace referencia a sus cadenas otra vez. Le recuerda a Filemón que es **prisionero de Jesucristo**. Filemón no podía negar petición alguna a un hombre que enfrentaba semejante sufrimiento honorífico.

A partir del versículo 10, Pablo procede a hacer la petición específica. En los versículos 10-18 describe las tres acciones que debe realizar quien perdona. El perdón implica recibimiento, restauración y restitución.

RECIBIMIENTO

te ruego por mi hijo Onésimo, a quien engendré en mis prisiones, el cual en otro tiempo te fue inútil, pero ahora a ti y a mí nos es útil, el cual vuelvo a enviarte; tú, pues, recíbele como a mí mismo. Yo quisiera retenerle conmigo, para que en lugar tuyo me sirviese en mis prisiones por el evangelio; pero nada quise hacer sin tu consentimiento, para que tu favor no fuese como de necesidad, sino voluntario. (10-14)

El recibimiento es el primer paso en el proceso de perdonar. Este significa abrirle de nuevo la puerta y recibir al ofensor. Filemón tenía el deber de recibir de nuevo a su esclavo Onésimo, pues este solicitaba el perdón mediante tres demostraciones claras.

La primera es que Onésimo estaba arrepentido. El hecho mismo de que Onésimo estuviera presente ante Filemón en el momento de leer la carta demuestra una actitud arrepentida. Había regresado a encarar al amo a quien había defraudado y quien tenía toda la autoridad para castigarlo severamente. Antes de pronunciar cualquier palabra de arrepentimiento, Onésimo ya había demostrado el fruto de un genuino arrepentimiento (cp. Mt. 3:8). Pablo aboga por su **hijo** en la fe, **a quien** engendró en sus **prisiones**, y quien procuraba restaurar su relación con su amo, al que había agraviado. Quien fuera antes un fugitivo, era ahora el fruto espiritual de Pablo, al igual que Timoteo y el mismo Filemón. Su arrepentimiento hace evidente la autenticidad de su fe.

La segunda es que Onésimo era una persona completamente cambiada. Filemón no recibiría al mismo hombre que huyó. El esclavo que antes era **inútil** había sido transformado por la gracia de Dios. Estaba listo para servir a Filemón "con corazón sincero, temiendo a Dios" (Col. 3:22). En el versículo 11, Pablo hace un juego de palabras. Onésimo era un nombre que se usaba con frecuencia para los esclavos y su significado es "útil". Pablo está diciendo, en efecto: "útil era antes inútil, pero ahora es útil". Era un hombre diferente, tal como Pablo lo había constatado y como Filemón pronto lo haría.

La tercera es que Onésimo había demostrado ser fiel. Tan útil era para Pablo, que al enviarlo de regreso a su amo expresó: "te lo envío de vuelta, y con él va mi propio corazón". Al igual que en el versículo 7, **corazón** es la traducción de *splanchna*, cuyo significado literal es "intestinos", el lugar donde residirían los sentimientos. Los sentimientos de Pablo hacia este esclavo fugitivo de origen frigio habían crecido hasta hacerse muy profundos. Pablo había descubierto en él a un gran hombre digno de conocerse y amarse. Pablo sabía que Filemón aprobaría también esta verdad acerca de Onésimo, y que lo recibiría de nuevo.

Onésimo se había convertido en un colaborador tan útil para Pablo que el apóstol **quisiera retenerle** a su lado. En Roma, Onésimo podría servir a Pablo en lugar de Filemón y **en** sus **prisiones por el evangelio**. Pablo afirma de nuevo el carácter gentil y amoroso de Filemón. Sabía que a este le habría gustado estar allí para asistir a Pablo en persona, pero contar con Onésimo para hacerlo en su lugar sería igualmente provechoso. Pablo da por sentado que esto es lo que Filemón querría, sin forzar el alcance de su relación con Filemón ni buscar sacar provecho personal a costa de la restauración que estaba por realizarse con Onésimo. Pablo no aspiraba a tomar iniciativa alguna sin el **consentimiento** de Filemón. No deseaba actuar con presunción sobre la base de su amistad, y era necesario que Filemón y Onésimo se encontraran de nuevo. Además, el apóstol no quería que Filemón actuara por **necesidad**, sino que todo surgiera de su ánimo **voluntario**. Pablo no pretendía forzar a Filemón a tomar cualquier determinación, sino que él mismo decidiera hacer el bien de manera voluntaria. Aun más que eso, el apóstol ansiaba que Filemón constatara por sí mismo la transformación y el gran valor de Onésimo.

RESTAURACIÓN

Porque quizás para esto se apartó de ti por algún tiempo, para que le recibieses para siempre; no ya como esclavo, sino como más que esclavo, como hermano amado, mayormente para mí, pero cuánto más para ti, tanto en la carne como en el Señor. (15-16)

Pablo le solicita a Filemón no solo recibir a Onésimo, sino también restaurarlo a su antigua posición de servicio. Su intención no era justificar la culpa de Onésimo, pero sí se vale de la ocasión para declarar que la divina providencia estaba obrando en la situación. Le dice a Filemón: **"quizás para esto se apartó de ti por algún tiempo, para que le recibieses para siempre"**, como a otro creyente con el cual compartiría las bendiciones de la vida eterna. Dice **"quizás"** porque en realidad ningún hombre puede llegar a comprender los designios secretos de Dios que se esconden tras cada circunstancia. Pero no cabe duda que resulta razonable pensar que Dios tenía esto en mente cuando Onésimo huyó. Pablo estaba sugiriéndole a Filemón que Dios había usado una circunstancia adversa para extraer de ella algo bueno (cp. Gn. 50:20; Ro. 8:28). Dios triunfa sobre el pecado mediante su poderosa providencia y su gracia. Él toma los innumerables sucesos provocados por las acciones humanas y los usa para llevar a cabo sus propios designios. La separación de Onésimo **por algún tiempo** resultó por fin en que Filemón lo tendría con él **para siempre**.

Onésimo había huido en calidad de esclavo, pero había regresado **no ya como esclavo, sino como más que esclavo, como hermano amado**. Pablo no está procurando la emancipación de Onésimo (cp. 1 Co. 7:20-22). Más bien, insta a Filemón a recibir a Onésimo ya no como un esclavo, **sino como más que esclavo, como hermano amado**, como lo era para él mismo. **Cuánto más** Filemón disfrutaría ahora la comunión con Onésimo **tanto en la carne**, al trabajar juntos, **como en el Señor**, al poder servir y adorar juntos a su Dios. Pablo gozaba de una relación con Onésimo basada en su compañerismo en Cristo. Filemón, por su parte, disfrutaría también esa relación en términos de amo y esclavo. Recibiría así una doble bendición. Por un lado, el servicio material en su calidad de esclavo, y por el otro, el servicio espiritual como hermano en la fe en Cristo.

RESTITUCIÓN

Así que, si me tienes por compañero, recíbele como a mí mismo. Y si en algo te daño, o te debe, ponlo a mi cuenta. (17-18)

Filemón había sufrido un agravio a causa de la huida de Onésimo. Puesto que desconocía si Onésimo iba a regresar, es probable que hubiera encontrado a alguien para tomar su lugar. Además, parece que Onésimo tomó dinero o bienes de Filemón para financiar su huida. La Biblia nos enseña con toda claridad que en esos casos es necesario restituir (cp. Nm. 5:6-8).

Para Onésimo era imposible pagar todo lo que le debía a Filemón. Lo más probable es que no hubiera conseguido empleo en Roma, y la Epístola a los Colosenses sugiere que invertía todo su tiempo en servir a Pablo. Pablo afronta el asunto de la restitución pidiéndole a Filemón que reciba a Onésimo **"como a mí mismo"**. Con toda seguridad Filemón veía a Pablo como un *koinōnon* (**compañero**), y Pablo le encomienda recibirlo como lo haría con él mismo.

La restitución es un componente esencial del perdón, de manera que sería justo por parte de Filemón esperar recibirla por parte de Onésimo. No obstante, también es correcto perdonar con misericordia y no esperar restitución. El hecho de perdonar la deuda de Onésimo sería una maravillosa manifestación de amor y misericordia por parte de Filemón. Con todo, el anhelo de Pablo era que Filemón no se sintiera presionado a hacerlo.

En conformidad con el principio de la restitución Pablo afirma: **"si en algo te daño, o te debe, ponlo a mi cuenta"**. Al ofrecerse a asumir la deuda de Onésimo, Pablo despeja cualquier presión que pudiera recaer sobre Filemón.

La disposición de Pablo a pagar la deuda de Onésimo con el fin de restaurar su relación con Filemón es una hermosa ilustración de la obra de Cristo. Filemón, al igual que Dios, ha recibido ofensas. Onésimo, como cualquier pecador, precisa la reconciliación. Pablo, por su parte, se ofreció para pagar el precio necesario para hacerla posible. Este es el mismo papel que desempeña Jesús en la relación entre el pecador y Dios. Pablo, al igual que Cristo, estuvo dispuesto a pagar el precio de la reconciliación.

En ninguna otra circunstancia nos mostramos más semejantes a Dios como cuando perdonamos. Lo mismo es cierto en cuanto a Cristo cuando pagamos la deuda de alguien para hacer posible la reconciliación. La disposición de Pablo a sufrir las consecuencias temporales del pecado de Onésimo refleja la misma disposición de Cristo a padecer las consecuencias eternas de nuestro pecado.

Aunque la Biblia no habla acerca de lo que hizo al fin Filemón, no cabe duda de que Filemón perdonó a Onésimo sin reservas y que no le cobró a Pablo deuda alguna. En vista de que Cristo lo había perdonado, y de la petición hecha por Pablo, Filemón no haría menos que eso.

Los motivos de quien perdona

3

Yo Pablo lo escribo de mi mano, yo lo pagaré; por no decirte que aun tú mismo te me debes también. Sí, hermano, tenga yo algún provecho de ti en el Señor; conforta mi corazón en el Señor. Te he escrito confiando en tu obediencia, sabiendo que harás aun más de lo que te digo. Prepárame también alojamiento; porque espero que por vuestras oraciones os seré concedido. Te saludan Epafras, mi compañero de prisiones por Cristo Jesús, Marcos, Aristarco, Demas y Lucas, mis colaboradores. La gracia de nuestro Señor Jesucristo sea con vuestro espíritu. Amén. (19-25)

Sir Thomas More, lord canciller de Inglaterra bajo el reinado de Enrique VIII, dirigió las siguientes palabras a los jueces que de manera injusta lo habían condenado a muerte: "Al igual que el bendito apóstol san Pablo… consintió en la muerte de san Esteban y guardó sus ropas mientras lo apedreaban hasta darle muerte, y ahora permanecen los dos juntos como santos en el cielo donde serán amigos por siempre, confío yo asimismo y en verdad, y es ésta mi oración fervorosa, que aunque en vuestro señorío habéis sido mis jueces en esta tierra para mi condenación, podamos aún en un futuro en el cielo encontrarnos juntos con gozo para nuestra eterna salvación" (citado en R. W. Chambers, *Thomas More* [Thomas More] [Londres: Bedford Historical Series, 1938], p. 342). La declaración de More revela la belleza del perdón. Vemos lo mismo en las palabras de Esteban: "Y puesto de rodillas, clamó a gran voz: Señor, no les tomes en cuenta este pecado" (Hch. 7:60) y en las de nuestro Señor: "Padre, perdónalos, porque no saben lo que hacen" (Lc. 23:34).

Al concluir su carta a Filemón, Pablo reflexiona acerca de los motivos para perdonar. Con palabras llenas de bondad pero con gran vehemencia, Pablo procura dar un toque final para mover el corazón de Filemón a fin de que perdone a Onésimo. Cada observación del apóstol contiene una semilla de verdad que debe motivarnos a cada uno en particular a perdonar. En este pasaje podemos destacar seis motivos para perdonar a otros: el reconocimiento de una deuda impagable, la posibilidad de bendecir, la necesidad de obedecer, el reconocimiento de la responsabilidad, la importancia de guardar la comunión y la necesidad de la gracia.

EL RECONOCIMIENTO DE UNA DEUDA IMPAGABLE

Yo Pablo lo escribo de mi mano, yo lo pagaré; por no decirte que aun tú mismo te me debes también. (19)

Al escribir sus cartas, Pablo tenía como costumbre servirse de un amanuense. No obstante, en muchas de sus cartas escribió un saludo de despedida **de** su **mano** (cp. Col. 4:18; 2 Ts. 3:17). Los versículos 19 al 25, y probablemente toda la carta, fueron escritos por la mano de Pablo.

En el versículo 18 Pablo se ofreció a pagar la deuda de Onésimo. Como vimos en el capítulo anterior, es muy probable que Onésimo hubiera robado dinero o bienes a Filemón en el momento de huir. Pablo sabía que la restitución era una parte esencial del perdón, y también sabía que Onésimo no contaba con los medios para pagarle a Filemón. Al ofrecerse a pagar esta deuda escribiendo con su propia mano, Pablo estaba firmando de su propio puño y letra un pagaré. Y a pesar de estar encarcelado es probable que Pablo contara con los recursos económicos para pagar la deuda de Onésimo (cp. Fil. 4:14-18).

Pablo hace luego una breve pausa para recordarle a Filemón: "**aun tú mismo te me debes también**". La intención de Pablo es cargar a su cuenta toda la deuda de Onésimo y luego cancelarla mediante la deuda misma que Filemón tiene para con él, la cual es mucho mayor. Onésimo le adeuda a Filemón algo temporal, mientras que Filemón tiene para con Pablo una deuda eterna. Pablo le había comunicado el evangelio y lo había guiado hasta el conocimiento salvador de Jesucristo. Esta es una deuda que Filemón jamás podría pagar.

El mismo principio se puede aplicar a todos nosotros. Cuando alguien nos ofende e incurre en una deuda con nosotros deberíamos recordar que también tenemos deudas con otras personas. Todos hemos recibido favores espirituales de otras personas que jamás podríamos pagar, y por lo tanto estamos en deuda con ellas.

En mi propia vida soy deudor a muchas personas. Estoy en deuda con mis padres que con tanta piedad me guiaron a Cristo enseñándome las Escrituras y animándome a participar en el ministerio. Tengo una deuda con ellos por haberme apoyado, por haber suplido todas mis necesidades y por educarme. Estoy en deuda con ellos por haberme disciplinado y enseñado a ser responsable por mis actos durante todo mi desarrollo.

Estoy en deuda con mi esposa por su amistad, su amor, su apoyo, su sabiduría y todo lo que ha invertido en mi vida. Tengo una deuda con mis hijos por su amabilidad, su cuidado e interés por mí, y por atender a mis demandas.

Estoy en deuda con muchos amigos que me han servido de muchas maneras. Estoy en deuda con mis profesores de la universidad y del seminario, así como con todos los hombres que han escrito los libros que he usado para instruirme. Estoy en deuda con mis colegas de trabajo y con mis compañeros en el pastorado con quienes testifico del evangelio. Estoy en deuda con mi congregación por todo su respaldo, su ánimo y su amistad.

Todos los que tenemos deudas tan grandes y con tantas personas debemos ser prontos para perdonar a otros que nos deben. Cuando hemos recibido de tantas personas todas esas riquezas espirituales que son impagables y que no nos están cobrando, ¿acaso es demasiado pedir que por nuestra parte perdonemos deudas temporales?

LA POSIBILIDAD DE BENDECIR

Sí, hermano, tenga yo algún provecho de ti en el Señor; conforta mi corazón en el Señor. (20)

Las expresiones **"yo"** y **"mi"** sirven en el texto griego para resaltar la frase. La vida de Filemón ha sido una bendición para muchas personas (cp. v. 7). Ahora Pablo le pide que reciba a su vez esa bendición. **Provecho** viene de *oninēmi*, el verbo que da origen al nombre Onésimo. Es posible que Pablo esté haciendo aquí otro juego de palabras usando este nombre (cp. v. 11). Al perdonar a Onésimo, Filemón brindaría algún **provecho** a Pablo **en el Señor** al procurarle gozo por su ejemplo de obediencia y de amor a la iglesia. Pablo interpela a los filipenses diciendo: "completad mi gozo, sintiendo lo mismo, teniendo el mismo amor, unánimes, sintiendo una misma cosa" (Fil. 2:2). Al perdonar a Onésimo, Filemón guardaría la unidad en la congregación de Colosas y esto produciría un gran gozo en el corazón de Pablo. Confortaría su **corazón en el Señor** y recibiría abundante bendición espiritual. En caso de no perdonar a Onésimo, el corazón del apóstol se llenaría de tristeza ya que amaba tanto a ambos hombres. Asimismo, tal actitud echaría a perder el testimonio de la iglesia de Colosas ante el mundo que era espectador y testigo de sus actos. Los creyentes debemos sentirnos motivados a perdonar al saber que el perdón procura gozo y bendición a otros creyentes.

LA NECESIDAD DE OBEDECER

Te he escrito confiando en tu obediencia, sabiendo que harás aun más de lo que te digo. (21)

Pablo estaba **confiando** en la **obediencia** de Filemón a Cristo. No ponía en duda su deseo de obedecerle (cp. v. 8), pero en este pasaje rememora la necesidad de obedecer a Cristo. Pablo conocía el carácter piadoso de Filemón (cp. vv. 4-7) y por eso confiaba en que lo haría.

Como ya hemos visto, podemos suponer que Filemón conocía bien la teología del perdón. Conocía el principio enseñado en Mateo 6 que instruye acerca de la disposición de Dios para perdonarnos cuando nosotros hemos perdonado a otros. Sabía también que nuestro Señor había enseñado que no hay límites para el perdón (Mt. 18:21-22; Lc. 17:3-4). Y es indudable que conocía las enseñanzas de Pablo acerca del perdón (cp. 2 Co. 2:7; Ef. 4:32; Col. 3:13). Dado que Filemón estaba al tanto de los mandamientos concernientes al perdón, Pablo no vuelve a insistir sobre ellos.

Algunos sugieren que las palabras de Pablo **"sabiendo que harás aun más de lo que te digo"** son un llamado a la emancipación de Onésimo. No obstante, dicha afirmación no puede justificarse (cp. v. 16). Hay otras posibilidades de interpretación. Por medio de esta frase Pablo podría estar solicitándole a Filemón que recibiera a Onésimo con los brazos abiertos y no de mala voluntad (cp. Lc. 15:22-24). Asimismo, puede significar que Pablo estaba pidiéndole a Filemón que le permitiera a Onésimo el poder servir junto con él en el ministerio, a la vez que le servía en su casa. Por último, es probable que Pablo estuviera exhortando a Filemón a perdonar a otros que lo hubieran ofendido.

Filemón debía obedecer a Dios, cuyo mandato era perdonar por amor y de manera voluntaria, no por miedo ni forzado por la ley.

EL RECONOCIMIENTO DE LA RESPONSABILIDAD

Prepárame también alojamiento; porque espero que por vuestras oraciones os seré concedido. (22)

Pablo aguardaba la esperanza de la liberación de su primer encarcelamiento, pues los cargos en su contra eran de poco peso (cp. Fil. 2:23-24). Ahora estaba convencido de que su liberación sería inminente, quizás porque ya se había establecido una fecha para su declaración ante la corte imperial. Por consiguiente, le pide a Filemón: **"Prepárame también alojamiento"** para su estadía en Colosas. Algunos años antes, Pablo les había escrito a los romanos acerca de su deseo de ir a España (Ro. 15:24, 28). Sin embargo, en los años siguientes estos planes cambiaron. Ahora el apóstol abrigaba la posibilidad de volver a visitar las iglesias del este, antes de dirigirse hacia el oeste.

De todas las peticiones de Pablo a Filemón ésta es la menos sutil. No utiliza la amenaza con Filemón como lo hizo alguna vez con los corintios (cp. 1 Co. 4:21). Sin embargo, podemos ver que "existe cierto apremio sutil al hacer mención de una visita a Colosas en persona. El apóstol podría de esa manera verificar por sí mismo si Filemón no había defraudado sus esperanzas" (J. B. Lightfoot, *St. Paul's Epistles to the Colossians and to Philemon* [Epístolas de San Pablo a los colosenses y a Filemón] [1879, Grand Rapids: Zondervan, 1959, reimpresión], p. 345).

Pablo prosigue mencionando los medios por los cuales se realizará su liberación. Le escribe a Filemón: **"espero que por vuestras oraciones os seré concedido"**. Las oraciones actúan como los nervios que comunican el movimiento a los músculos de la omnipotencia. La oración no es un ejercicio inútil que nos lleva a pensar que de cualquier manera se hará la voluntad de Dios. La oración es el medio a través del cual la voluntad de Dios se lleva a cabo. "La oración eficaz del justo puede mucho" (Stg. 5:16). Pablo comprendió que la soberanía de Dios ejecuta sus designios mediante la oración.

No cabe duda de que la petición de Pablo produciría algún efecto en la manera como Filemón trataría a Onésimo. Para Filemón resultaría en extremo difícil orar porque Pablo pudiera visitar Colosas si antes no hubiera perdonado a Onésimo. Pero si hubiera abandonado la oración por la liberación de Pablo, quizás éste hubiera permanecido encarcelado. El apóstol conduce a Filemón con gran destreza, hasta el punto del cual solo puede salir perdonando a Onésimo. Esto es responsabilidad espiritual en acción.

Todos los creyentes debemos rendir cuentas a los responsables de nuestra vida delante del Señor. Hebreos 13:17 dice: "Obedeced a vuestros pastores, y sujetaos a ellos; porque ellos velan por vuestras almas, como quienes han de dar cuenta". Ya que los líderes son responsables de velar por la vida de los que están a su cargo, también tienen el derecho de pedirles cuentas a éstos. Reconocer nuestra responsabilidad es un motivo poderoso para perdonar.

LA IMPORTANCIA DE GUARDAR LA COMUNIÓN

Te saludan Epafras, mi compañero de prisiones por Cristo Jesús, Marcos, Aristarco, Demas y Lucas, mis colaboradores. (23-24)

La vida cristiana no se vive en aislamiento. Los creyentes no actuamos solos ni separados de otros. Pablo nombra a cinco de sus colaboradores conocidos por Filemón, haciéndole ver que también era responsable ante todos ellos. El no perdonar a Onésimo habría causado en estos hombres una gran decepción pues esperaban lo mejor de Filemón, y habrían tenido que recurrir a la disciplina en su caso.

También se menciona a estos cinco hombres en Colosenses 4:10-14. Tíquico, quien fuera nombrado en Colosenses, no se menciona aquí. Como portador de las cartas a Filemón y a los colosenses podía dar su saludo en persona. El hecho de que Jesús Justo fuera mencionado en Colosenses pero no en este pasaje significa que Filemón no lo conocía. Tal vez era nativo de Roma.

Es muy probable que **Epafras** se hubiera convertido gracias al ministerio de Pablo, y que fuera el fundador de las iglesias de Colosas así como de Laodicea y de Hierápolis. Era nativo de Colosas (Col. 4:12) por lo que Filemón lo conocía muy bien. Quizás fue el pastor de la iglesia que se reunía en su casa. En Colosenses 1:7 se habla de él como "nuestro consiervo amado, que es un fiel ministro de Cristo para vosotros". Colosenses 4:12-13 también señala que era un hombre consagrado a la oración, con un gran corazón para pastorear a su iglesia. Pablo lo describe como su **compañero de prisiones por Cristo Jesús**. No sabemos si Epafras era en realidad un prisionero o si solo acompañaba a Pablo para identificarse con sus prisiones.

Marcos era el mismo Juan Marcos, el primo de Bernabé y autor del Evangelio que lleva su nombre. El error que cometió durante el primer viaje misionero de Pablo (Hch. 13:13) produjo la separación entre el apóstol y Bernabé (Hch. 15:36-39). Pero ahora Marcos era un hombre transformado. Mediante la disciplina impuesta por Pablo y bajo la supervisión de Pedro (cp. 1 P. 5:13) y de Bernabé, había alcanzado la madurez espiritual. Se había convertido en un colaborador tan preciado para Pablo, que el apóstol pidió verlo poco antes de su muerte (1 Ti. 4:11).

Aristarco era un creyente judío (Col. 4:11), nativo de Tesalónica (Hch. 20:4; 27:2). Se había unido a Pablo durante mucho tiempo y lo había acompañado en algunos momentos de dificultad. Estuvo con él en la ocasión del alboroto en Éfeso (Hch. 19:29) y durante el infausto viaje a Roma que culminó en el naufragio (Hch. 27:4). Era un amado colaborador de Pablo y también estuvo a su lado en su encarcelamiento (Col. 4:10). Según la tradición, Aristarco fue martirizado en Roma durante las persecuciones de Nerón.

No sabemos mucho acerca de **Demas**, pero lo que sabemos no es muy alentador. En 2 Timoteo 4:10 Pablo escribe acerca de él: "porque Demas me ha desamparado, amando este mundo, y se ha ido a Tesalónica". Lo más probable es que fuera un apóstata, pues Juan escribió: "Si alguno ama al mundo, el amor del Padre no está en él" (1 Jn. 2:15). No obstante, en ese momento todavía era colaborador de Pablo.

Lucas, "el médico amado" (Col. 4:14) era un médico gentil, cristiano y autor del tercer Evangelio. Fue un asiduo acompañante de Pablo en sus viajes, y sin duda cuidó de él debido a sus frecuentes quebrantos de salud. Fue un amigo fiel de Pablo y el único que lo acompañó en sus últimos días (2 Ti. 4:11).

Filemón conocía muy bien a estos cinco hombres. De manera que tenía frente a él la oportunidad de erigir un buen ejemplo perdonando a Onésimo. Por otro lado, el no hacerlo habría fracturado la comunión que gozaban como hermanos en la fe.

LA NECESIDAD DE LA GRACIA

La gracia de nuestro Señor Jesucristo sea con vuestro espíritu. (25)

Podemos saber con certeza que, en este punto, Filemón ya estaba persuadido de su necesidad de perdonar a Onésimo. Pero en caso de necesitar fortaleza para hacerlo, Pablo añade estas últimas palabras. Esta conocida bendición es en realidad una oración para que Filemón, su familia y la iglesia de Colosas reciban la gracia necesaria para perdonar a Onésimo.

Pablo sabe muy bien que su solicitud no puede llevarse a cabo en la carne, porque lo que la carne busca es la venganza. Tampoco es posible mediante la ley, porque la ley exige justicia. Aunque Filemón no podía perdonar a Onésimo en sus propias fuerzas, sí era posible mediante **la gracia de nuestro Señor Jesucristo** que obraba en su vida. Pablo ora para que Filemón despliegue la misma gracia que le permitió a Cristo perdonar.

CONCLUSIÓN

La Epístola a Filemón termina aquí, pero no la historia. ¿Qué sucedió al fin? No cabe duda de que Filemón perdonó a Onésimo. Es improbable que el libro hubiera sido aceptado en el canon del Nuevo Testamento si así no fuera. Si Filemón no hubiera perdonado a Onésimo, su inclusión en el canon habría dejado una falsa impresión permanente. Si Filemón no hubiera sido el hombre piadoso y lleno de virtudes que Pablo describe en su carta, no tendría propósito alguno que el Espíritu Santo añadiera este libro al Nuevo Testamento. Además, como parte del canon, este libro habría tenido una gran circulación en la iglesia primitiva. Si Filemón no hubiera perdonado a Onésimo resultaría impensable que no existiera oposición para incluirlo en el canon. (La amplia circulación de la carta también confirma su autenticidad).

Como un último acontecimiento en la historia de Pablo y Onésimo, al fin el apóstol fue liberado de prisión tal como lo había previsto (cp. v. 22) y viajó a muchos lugares. Uno de sus viajes fue sin duda alguna a Colosas, donde verificó por sí mismo el trato que Filemón le dio a Onésimo.

Cincuenta años más tarde, el padre Ignacio de la iglesia en Esmirna, de camino al martirio en Roma, escribió una carta a la iglesia en Éfeso. En esa carta dijo: "recibí vuestra gran congregación en la persona de Onésimo, su obispo [pastor] en este mundo, un hombre cuyo amor supera cualquier descripción con las palabras" (citado en Cyril C. Richardson, ed., *Early Christian Fathers* [Padres de la iglesia primitiva] [Nueva York: Macmillan, 1978], p. 88). ¿Es posible que se trate del mismo hombre? Quizás no, porque Onésimo sería en ese momento demasiado anciano. Pero si así fuera, sería un final muy apropiado para una de las más grandiosas historias de la era apostólica.

Hay una historia que sucedió en el presente siglo y que ilustra el poder del perdón. Comienza un domingo a las 7:55 a.m., el 7 de diciembre de 1941. En una audaz y sorpresiva incursión aérea, los japoneses atacaron la base naval de los Estados Unidos en Pearl Harbor, Hawai. En menos de dos horas, 2.403 soldados, marinos y civiles norteamericanos fueron asesinados, y otros 1.178 resultaron heridos. La fuerza aérea perdió 188 aviones en total y gran parte de la flota del pacífico de los Estados Unidos fue destruida o dañada.

La incursión estuvo bajo el mando de un brillante piloto japonés de treinta y nueve años llamado Mitsuo Fuchida, cuyo ídolo era Adolfo Hitler. Aunque su avión recibió varios disparos desde tierra, sobrevivió a los ataques. El ataque a Pearl Harbor llevó a los Estados Unidos a participar en la Segunda Guerra mundial, la cual culminó en la destrucción del territorio japonés mediante el uso de las bombas atómicas.

Después de la guerra, Fuchida se sintió asaltado por los recuerdos de tantas muertes que había presenciado. En un intento por encontrar sosiego, se mudó al campo cerca de Osaka. Sus pensamientos giraban cada vez más en torno al problema de la paz, y decidió escribir un libro acerca del tema. En su libro, que había pensado titular *No más Pearl Harbors*, instaría al mundo a buscar la paz. Sin embargo, Fuchida luchó en vano en su intento por encontrar un principio sobre el cual pudiera fundamentar la paz. Su historia fue recopilada por Donald A. Rosenberg, un asistente de la marina norteamericana que sobrevivió al ataque a Pearl Harbor. Éste escribió:

> [Fuchida] escuchó dos historias de prisioneros de guerra que lo llenaron de emoción. Las historias parecían ilustrar el principio que estaba buscando.

> La primera historia la escuchó de un amigo: un teniente que había sido capturado por los norteamericanos y encarcelado en un campo para prisioneros de guerra en Estados Unidos. Fuchida vio su nombre en un periódico en una lista de prisioneros que regresaban a Japón. Decidió ir a visitarlo y, cuando se encontraron, hablaron acerca de muchos temas.

Por fin Fuchida le lanzó la pregunta que prevalecía en su mente: "¿y cómo lo trataron en el campo de prisioneros de guerra?". Su amigo le dijo que lo habían tratado bastante bien aunque había sufrido mucho mental y espiritualmente. Luego prosiguió contándole a Fuchida una historia que le había impresionado mucho a él y a todos los prisioneros que estaban en el campo. Relató: "algo sucedió en el campo donde yo estaba recluido que nos permitió a todos superar nuestro resentimiento y odio, y regresar a cambio con un espíritu perdonador y un sentimiento de alegría".

Había una jovencita norteamericana llamada Margaret "Peggy" Covell, de unos veinte años de edad y que venía con regularidad al campo sirviendo en todo lo que podía a los prisioneros. Les traía cosas que podían agradarles, tales como revistas y periódicos. Cuidaba de los que estaban enfermos y en todo se mostraba solícita para ayudarles. Sin embargo, todos quedaron atónitos cuando le preguntaron la razón por la cual se interesaba tanto por ayudarles. Ella respondió: "¡Porque mis padres fueron asesinados por el ejército japonés!".

Semejante declaración habría conmocionado a cualquier persona de cualquier cultura, pero para los japoneses era sencillamente incomprensible. En su sociedad no existe mayor ofensa que el asesinato de los padres. Peggy trató de explicarles sus motivos. Les dijo que sus padres habían sido misioneros en Filipinas. Cuando los japoneses invadieron las islas, sus padres huyeron a las montañas del norte de Luzón para refugiarse. Pero mientras lo intentaban fueron descubiertos. Los japoneses los acusaron de ser espías y los condenaron a muerte. Sus padres declararon con insistencia que no eran espías pero los japoneses no lo creyeron y procedieron a ejecutarlos.

Peggy no supo nada acerca de lo sucedido a sus padres, sino hasta el final de la guerra. Cuando se enteró de la muerte de sus padres su primera reacción fue de ira y odio amargos. Estaba furiosa por su pena y por su indignación. Los recuerdos que tenía de las últimas horas que había disfrutado con sus padres la llenaban de dolor. Se los imaginaba atrapados, a merced de sus captores, indefensos y sin salida. Pensaba en lo crueles y despiadados que serían con ellos. Imaginó el momento en el que los japoneses realizaron la ejecución y ellos caían muertos a tierra en medio de una montaña lejana en Filipinas.

Luego Peggy comenzó a meditar en el amor abnegado de sus padres por los japoneses. Poco a poco se persuadió de que sus padres habrían perdonado sin reservas a este pueblo que Dios les había puesto a amar y servir. Entonces pensó que si sus padres habían muerto sin resentimiento ni rencor hacia sus verdugos, ¿por qué razón su actitud debía ser diferente? ¿Se llenaría de odio y ánimo de venganza mientras que ellos habían abrigado hasta el final el amor y el perdón? Su respuesta solo podía ser un no rotundo. Así que optó por el camino del amor y del perdón. Decidió servir a los prisioneros japoneses en las cercanías del campo de prisioneros de guerra como prueba de su sinceridad.

Fuchida se sintió conmovido por esta historia, pero lo que más le impresionó fue la posibilidad de haber descubierto lo que estaba buscando: un principio lo suficientemente sólido como para fundamentar la paz. ¿Sería posible que la respuesta a su pregunta fuera el amor perdonador que fluye de Dios hacia los hombres y luego entre los hombres? ¿Acaso sería ese el principio sobre el cual podría basar el mensaje de su libro *No más Pearl Harbors*?

Poco tiempo después, Fuchida recibió una invitación del general Douglas MacArthur para ir a Tokio. En el momento de descender del tren en la estación Shibuya alguien le entregó un folleto titulado "Yo fui un prisionero de los japoneses". En él se relataba la historia del sargento Jacob DeShazer, que había pasado cuarenta meses en la celda de una prisión en Japón y el cual, después de la guerra, había regresado a Japón para amar y servir a los japoneses guiándolos al conocimiento de Jesucristo.

Fuchida leyó la historia con gran interés. DeShazer había servido como bombardero en la tripulación de uno de los dieciséis aviones B-25. Estos aviones habían sido lanzados el 18 de abril de 1942 bajo el mando del general Jimmy Dolittle, desde la plataforma del portaviones USS para bombardear Tokio. Ninguno de los aviones fue derribado pero todos se quedaron sin combustible antes de poder aterrizar. Las cinco personas que conformaban la tripulación del avión en el cual volaba DeShazer saltaron en paracaídas sobre China, que se encontraba bajo la ocupación japonesa. La mañana siguiente fueron capturados y encarcelados hasta el final de la guerra.

DeShazer comentó que todos los prisioneros fueron maltratados. Afirmó que estuvo al borde de la locura debido al odio y la violencia con los cuales fue tratado por los guardias japoneses. Hasta que un día uno de los guardias le trajo una Biblia. Todos estaban confinados en la soledad absoluta, así que se turnaron para leerla. Cuando le llegó el turno a DeShazer, tuvo la Biblia en sus manos durante tres semanas. Leyó con ansias y recogimiento tanto el Nuevo como el Antiguo Testamentos. Al finalizar escribió: "El milagro de la conversión sucedió el 8 de junio de 1944".

DeShazer decidió que en caso de sobrevivir hasta el final de la guerra y de ser liberado, regresaría a los Estados Unidos para consagrar un período al estudio de la Biblia y luego volvería a Japón para comunicar el mensaje de Cristo al pueblo japonés. Y eso es exactamente lo que hizo... grandes multitudes llegaron a escuchar su historia y muchos recibieron su invitación de recibir a Cristo.

Fuchida se sintió muy impresionado. Por segunda vez veía un ejemplo del amor que vencía al odio. Comprendió el poder del perdón que cambia en verdad el corazón y la vida de las personas... y con mucha emoción sintió que esto podía ser un principio lo suficientemente sólido como para fundamentar el libro que tenía en mente. Se propuso aprender todo lo que le fuera posible acerca de DeShazer y sus creencias.

En la estación de tren al regresar a casa consiguió un ejemplar del Nuevo Testamento en japonés. Pocos meses después comenzó a leer a diario dos o tres capítulos de las Escrituras... un día, en septiembre de 1949, Fuchida leyó el capítulo 23 del Evangelio de Lucas. Era la primera vez que leía la historia de la crucifixión.

La escena del Calvario penetró el espíritu de Fuchida. Todo cobró vida en el precioso relato de san Lucas. En medio del horror de su muerte, Cristo dijo: "Padre, perdónalos porque no saben lo que hacen". Las lágrimas brotaron de los ojos de Fuchida. Su larga búsqueda había llegado a su fin. Ya no tenía la menor duda de que estas palabras eran la fuente del amor que DeShazer y Peggy habían manifestado... mientras Jesús colgaba allí, en la cruz, pidió no solo por quienes lo persiguieron, sino por toda la humanidad. Eso significaba que había orado y muerto por Fuchida, un japonés del siglo XX. ("What Happened to the Man Who Led the Attack on Pearl Harbor?" [¿Qué sucedió al hombre que dirigió el ataque a Pearl Harbor?] *Command*, otoño/invierno 1991, pp. 6-8. Usado con permiso).

Al terminar de leer Lucas, Fuchida recibió al Señor Jesucristo. Culminó su libro y le puso como título *De Pearl Harbor a Gólgota*. El versículo que escogió como lema para su vida y con el cual acompañó siempre su propia firma era Lucas 23:34: "Padre, perdónalos, porque no saben lo que hacen".

El perdón tiene un poder tremendo para transformar al mundo. Dios lo sabía, Pablo lo sabía, y Filemón necesitaba saberlo. El Espíritu Santo sabía que todos los hombres y mujeres necesitaban saberlo, y esa es la razón por la cual esta pequeña carta fue incluida en las Escrituras. Es mi oración que todos tomemos en serio este mensaje.

Bibliografía

Barclay, William. *The Letters to Timothy, Titus, and Philemon* [Las cartas a Timoteo, Tito y Filemón]. Rev. ed. Filadelfia: Westminster, 1975.

Barnes, Albert. *Barnes' Notes on the Old & New Testaments: Thessalonians, Timothy, Titus and Philemon* [Comentario de Barnes sobre el Antiguo y Nuevo Testamentos: Tesalonicenses, Timoteo, Tito y Filemón]. Grand Rapids: Baker, 1975.

Barrett, William. *Irrational Man* [El hombre irracional]. Garden City, N.Y.: Doubleday, 1962.

Bruce, F. F. *The Epistles to the Colossians, to Philemon, and to the Ephesians* [Las epístolas a los colosenses, a Filemón y a los efesios]. Grand Rapids: Eerdmans, 1984.

Carson, Herbert M. *The Epistles of Paul to the Colossians and Philemon* [Las epístolas de Pablo a los colosenses y a Filemón]. Grand Rapids: Eerdmans, 1982.

Dana, H. E., y Julius R. Mantey. *A Manual Grammar of the Greek New Testament* [Manual de gramática del Nuevo Testamento]. Nueva York: Macmillan, 1927.

Erdman, Charles R. *The Epistles of Paul to the Colossians and to Philemon* [Las epístolas de Pablo a los colosenses y a Filemón]. Filadelfia: Westminster, 1966.

Gromacki, Robert G. *Stand Perfect In Wisdom: An Exposition of Colossians and Philemon* [Permanecer perfectos en sabiduría: una exposición de Colosenses y Filemón]. Grand Rapids: Baker, 1981.

Guthrie, Donald. *New Testament Introduction* [Introducción al Nuevo Testamento]. Downers Grove, Ill.: InterVarsity, 1970.

Hendriksen, William. *Philippians, Colossians and Philemon* [Filipenses, Colosenses y Filemón]. Grand Rapids: Baker, 1964.

Henry, Matthew. *Matthew Henry's Commentary on the Whole Bible* [Comentario bíblico de Matthew Henry]. Vol. 6. Old Tappan, N.J. Revell, s.f.

Kent, Homer A. *Treasures of Wisdom: Studies in Colossians & Philemon* [Tesoros de sabiduría: Estudios sobre Colosenses y Filemón]. Grand Rapids: Baker, 1978.

Lenski, R. C. H. *The Interpretation of St. Paul's Epistles to the Colossians, to the Thessalonians, to Timothy, to Titus and to Philemon* [La interpretación de las epístolas de San Pablo a los colosenses, tesalonicenses, a Timoteo, Tito y Filemón]. Miniápolis: Augsburg, 1946.

Lightfoot, J. B. *St. Paul's Epistles to the Colossians and to Philemon* [Epístolas de San Pablo a los colosenses y a Filemón]. 1879. Grand Rapids: Zondervan, 1959, reimpresión.

Maclaren, Alexander. *The Epistles of St. Paul to the Colossians and Philemon* [Las epístolas de San Pablo a los colosenses y a Filemón]. Nueva York: A. C. Armstrong e hijo, 1903.

Nieder, John, y Thomas Thompson. *Forgive and Love Again* [Perdonar y amar otra vez]. Eugene, Oreg.: Harvest House, 1991.

Richardson, Cyril C. *Early Christian Fathers* [Los padres de la iglesia primitiva]. Nueva York: Macmillan, 1978.

Rienecker, Fritz, y Cleon Rogers. *Linguistic Key to the Greek New Testament* [Llave lingüística del griego del Nuevo Testamento]. Grand Rapids: Zondervan, 1982.

Robertson, A. T. *Word Pictures In the New Testament. Vol. 4, The Epistles of Paul* [Las epístolas de Pablo]. Nashville: Broadman, 1931.

Rupprecht, Arthur A. "Philemon". En *The Expositor's Bible Commentary* [Comentario expositivo de la Biblia], vol. 11. Grand Rapids: Zondervan, 1978.

Schlatter, Adolf. *The Church in the New Testament Period* [La iglesia en el período del Nuevo Testamento]. Londres: SPCK, 1955.

Smith, M. A. *From Christ to Constantine* [De Cristo a Constantino]. Downer's Grove, Ill.: InterVarsity, 1973.

Vincent, Marvin R. *Word Studies In the New Testament. Vol. 3, The Epistles of Paul* [Las epístolas de Pablo]. Nueva York: Scribner's, 1904.

Vine, W. E. *An Expository Dictionary of New Testament Words* [Diccionario expositivo de palabras del Nuevo Testamento]. Old Tappan, N.J.: Revell, 1966.

Wuest, Kenneth S. *Wuest's Word Studies from the Greek New Testament* [Estudios de Wuest del Nuevo Testamento griego]. Vol. 1. Grand Rapids: Eerdmans, 1973.

Índice de palabras griegas

Índice temático

"El *Comentario MacArthur del Nuevo Testamento* es la culminación de los comentarios bíblicos, así de sencillo. No se había visto desde los tiempos de Juan Calvino en Ginebra que un pastor permaneciera en el púlpito y produjera un conjunto teológico semejante a este. Hay aquí exégesis, exposición, doctrina, homilética, hermenéutica, revelación, pastoral y práctica; todo en esta serie. Si me encerrara en una habitación para preparar un sermón y solo tuviera una Biblia y una herramienta de referencia, esta sería la herramienta: el *Comentario MacArthur del Nuevo Testamento*, un tesoro expositivo sin par. No volveremos a ver en esta generación una obra de esta magnitud producida por un solo hombre".

    —Dr. Steven J. Lawson,
      Pastor principal, Christ Fellowship Baptist Church, Mobile, AL (USA)